见证发展

——《土地整治动态》精选汇编（1998～2014年）

国土资源部土地整治中心　编

中国大地出版社

·北　京·

内 容 提 要

为进一步扩大《土地整治动态》的社会影响力、进一步强化政策研究成果的决策支撑作用，同时清楚地回顾和反映近些年来土地整治工作的实践和成效，编者从1998~2014年间发表在《土地整治动态》的文章中精选出107篇优秀文章并汇编成册。这107篇文章分10个部分，几乎涵括了土地整治的方方面面，包括土地整治规划、农地整治、建设用地整治、项目资金管理、土地复垦、耕地质量管理、土地整治科技、机构队伍建设等，不仅准确反映了土地整治工作的进展动态，而且清晰展示了土地整治发展的历史脉络，是《土地整治动态》作为中国土地整治事业发展见证者和亲历者的应时之举、有力之举和创新之举。

本书可供从事土地整治的管理者、研究者及相关人员参阅。

图书在版编目（CIP）数据

见证发展：《土地整治动态》精选汇编．1998~2014年／国土资源部土地整治中心编．—北京：中国大地出版社，2015.1

ISBN 978-7-80246-697-5

Ⅰ.①见… Ⅱ.①国… Ⅲ.①土地整理-研究-中国-1998~2014 Ⅳ.①F321.1

中国版本图书馆CIP数据核字（2015）第011235号

JIANZHENG FAZHAN

责任编辑：柳 青 赵 芳
责任校对：王 瑛
出版发行：中国大地出版社
社址邮编：北京海淀区学院路31号，100083
电　　话：(010)82324573（编辑室）
网　　址：www.chinalandpress.com
传　　真：(010)82310759
经　　销：北京·中国大地出版社发行中心
电　　话：(010)82324508；(010)82324556
印　　刷：北京地大天成印务有限公司
开　　本：787mm×1092mm 1/16
印　　张：31.5
字　　数：760千字
册　　数：1—2300册
版　　次：2015年1月北京第1版
印　　次：2015年1月北京第1次印刷
定　　价：88.00元
书　　号：ISBN 978-7-80246-697-5

见证发展

——《土地整治动态》精选汇编（1998～2014年）

前　言

1997 年，中共中央、国务院以中发 11 号文下发的《关于进一步加强土地管理切实保护耕地的通知》第一次正式将“土地整理”写入中央文件，并明确提出要“积极推进土地整理，搞好土地建设”，土地整治工作开始纳入政府工作内容；1998 年全国人大常务会修订的《土地管理法》第三十八条至第四十二条分别就未利用土地开发和低效土地整理和生产建设损毁土地复垦做出了原则性规定，特别是第四十一条明确提出“国家鼓励土地整理”，土地整治工作从此有了较为明确的法律依据。1997 年中发 11 号文的发布和 1998 年《土地管理法》的修订，掀开了中国现代土地整治发展的新一页。

为及时反映土地整治领域的工作进展和研究动态，推动土地整治系统加强业务交流和信息沟通，国土资源部土地整理中心于 1998 年创办《土地整理动态》。作为内部资料，《土地整理动态》创刊伊始就明确了定位和方向，即坚持“示范性、权威性、前瞻性、应用性”办刊原则，树立“支撑管理决策，交流地方经验，加强探索创新，服务事业发展”的办刊宗旨，鼓励实地调研和政策研讨，推动总结和提炼地方经验，着力强化新制度供给能力，努力把《土地整理动态》建设成管理决策的窗口、地方交流的平台和事业发展的基石。

转眼间，《土地整理动态》已经走过了 17 年历程（2012 年第 6 期起更名为《土地整治动态》）。17 年间，在党中央、国务院的正确领导下，在地方各级党委、政府的高度重视和大力支持下，各级国土资源主管部门会同有关部门，持续深入推进土地整治工作，中国土地整治事业获得了跨越式发展，土地整治的范围、内涵、目标、手段和管理模式都发生了深刻变化，即土地整治范围由分散的土地开发整理复垦向集中连片的田、水、路、林、村综合整治转变，土地整治内涵由增加耕地数量为主向增加耕地数量、提高耕地质量、改善生态环境并重转变，土地整治目标由单纯的补充耕地向建设性保护耕地与推进城乡一体化发展相结合转变，土地整治手段由以项目为载体向以项目为载体并结合城乡建设用地增减挂钩、工矿废弃地复垦利用和城镇低效用地再开发等激励政策的运用转变，土地整治管理模式也由注重审批管理向注重实施监管转变。总体上看，中国土地整治工作健康有序发展，形成了国家－省－市－县四级规划体系，建立了来源基本稳定的专项资金渠道，构建了不断发展壮大的专业机构队伍，建设了天地网一体化的监测监管平台，并在巩固国家粮食安全资源基础、促进农业增产农民增收农村繁荣、推动城乡一体化发展以及加强生态文明建设等方面发挥了不可替代的重要作用。

可以说，《土地整治动态》创刊以来见证了土地整治事业的持续较快发展，并在推动土地整治事业发展中获得了长足进步，迄今已发刊700余期。随着刊物编辑工作日益成熟，《土地整治动态》日益成为土地整治系统展示土地整治工作进展和政策研究水平的一个重要渠道和窗口，不仅搭建了土地整治系统内部沟通交流的有效平台，而且对管理部门科学决策起到了较好的支撑作用，不少文章还得到各级领导的肯定和批示，影响范围不断扩大。

为进一步扩大《土地整治动态》的社会影响力、进一步强化政策研究成果的决策支撑作用，同时清楚地回顾和反映近些年来土地整治工作的实践和成效，我们成立了《土地整治动态》精选编辑委员会，从1998～2014年间发表的文章中精选出107篇优秀文章并汇编成册。这107篇文章几乎涵括了土地整治的方方面面，包括土地整治规划、农地整治、建设用地整治、项目资金管理、土地复垦、耕地质量管理、土地整治科技、机构队伍建设等，不仅准确反映了土地整治工作的进展动态，而且清晰展示了土地整治发展的历史脉络，是《土地整治动态》作为中国土地整治事业发展见证者和亲历者的应时之举、有力之举和创新之举。

面对新时期对土地整治工作提出的新要求，《土地整治动态》需要在总结过去的基础上，不断创新、永葆青春，再上新台阶。为此，我们将1998～2014年间发表的优秀文章汇编成册，接受读者审阅。鉴于我们的水平和能力，当中瑕疵和疏漏之处难免，恳请读者批评指正！

编委会

2014年11月20日

目　　录

综　　合

土地整治规划

农田整治（高标准基本农田建设）

建设用地整治

实施管理

土地复垦

耕地质量管理

土地整治科技（技术标准）

土地整治成效

其他相关

综　　合

ZONGHE

重视问题　探索对策 推动土地整理健康有序地开展*

——关于当前土地整理中存在的问题与建议

全国政协人口资源环境委员会专题调研组

〔按〕1999年9月至2000年6月，时任全国政协副主席李贵鲜率领全国政协人口资源环境委员会专题调研组，对上海、江苏、湖南、湖北、山东、安徽、海南7省（市）的土地资源利用和土地整理情况进行了调研。调研组先后深入22个县（市）的40多个土地整理现场做了实地考察，并听取了国土资源部对有关情况的介绍。之后，调研组撰写了《加大土地整理力度，实现土地资源集约利用——关于土地整理与可持续发展的调研报告》报送党中央、国务院。

国务院领导同志对调研报告做了重要批示，并在肯定土地整理对经济社会发展的重大作用后指出，我国土地整理存在的问题很多，任务十分繁重，需要加强规划，统筹安排，制定政策，发挥国家的宏观调控作用和导向作用，建立符合社会主义市场经济体制的运行机制。当前，要特别重视农业综合开发，实行山、水、林、田、路综合规划和治理；按照科学、适用、经济的原则搞好村镇规划和建设；采取切实有效的措施，加强对工矿废弃地和灾毁耕地的复垦整理。并特别强调，土地整理和土地资源集约利用，是实行最严格的土地管理制度的重要组成部分，各级国土资源管理部门要切实负起责任，加强管理和指导，推动这项工作健康有序地开展。

为使大家了解并切实重视当前土地整理工作中存在的主要问题，积极努力探索相应对策措施，以推动土地整理健康有序地开展，现将全国政协人口资源环境委员会专题调研组上述调研报告中的“存在的问题”和“建议”两部分刊登如下。主标题为编者所拟。

存在的问题

（一）土地整理资金严重短缺，投入机制尚未形成

从世界各国情况看，土地整理的投资主体都是政府，而我国的投资主体尚不明确。新《土地管理法》规定：“新增建设用地的土地有偿使用费，百分之三十上缴中央财政，百

* 本文原发表于《土地整理动态》2000年第34期（总第87期）。

分之七十留给有关地方人民政府，都专项用于耕地开发。”但目前收缴情况很不理想。此外，地方上明确用于土地开发整理的资金还有耕地开垦费和复垦费。这两项费用应是建设用地单位依法缴纳，专款用于补充耕地。但据调查，各地在管理使用上存在两个问题：一是一些建设单位没有把耕地开垦费、复垦费纳入投资预算，或以国家和省重点项目需要地方支持为由拖欠开垦费，一些地方政府为了上项目还把减免开垦费、复垦费作为优惠政策；二是管理不严，少数地方挤占、挪用现象严重，真正用于土地整理的资金仅占土地收益的2%～5%。目前，整理1亩❶农田需投入1000～2000元，复垦整治1亩废弃地需投入3000～5000元，以每年整理500万亩计算，就需投入上百亿元。目前土地整理的投入积累、滚动发展、经营产业化的运作机制尚未形成，土地整理缺少投入，后劲不足。

（二）对土地整理的认识和观念需要进一步转变

一些地方传统的用地管地观念还没有根本扭转：一是“用地积极，造地消极”，土地整理工作还只是停留在口头上，缺少具体的行动；二是“重开发、轻整理”，习惯于走开发宜农荒地补充耕地的老路子，没有看到土地整理蕴藏的巨大潜力，忽视过度开垦对生态环境的影响；三是认为农业比较效益低，土地整理投入大、周期长，在筹集资金、组织推动上缺少主动性、积极性。

（三）缺少统筹规划和规范管理

土地整理作为今后几十年实现全国耕地占补平衡的主要途径，也是促进经济和社会可持续发展的重要手段，其任务和目标还没有纳入“十五”国民经济和社会发展计划，对土地整理工作缺乏统筹规划、宏观调控和规范管理手段。

（四）政策、法规、制度不够完善

新《土地管理法》虽然对土地整理做出规定，但是与之相配套的土地整理专项法规尚未出台，该法中规定的土地整理原则还需具体细化。一是土地整理实施过程中的规范性管理制度还不完善，统一的技术标准尚未建立，土地整理无章可循的状况还未根本改变；二是缺少调动和保护社会各界和农民积极参与土地整理的相关政策；三是缺乏引导土地整理向产业化发展的措施和办法；四是生态退耕的相关政策和措施不明确。

建　　议

（一）稳定资金渠道，加大投资力度，探索建立新的运作机制

土地整理是政府行为，“占补平衡”是强制性政策目标，必须有稳定的资金投入，以便利用经济手段调动、调控地方资金，发挥国家对土地整理的宏观调控和导向作用。①土地整理行政主管部门要切实加强新增建设用地土地有偿使用费的征收与管理，对欠缴、拒缴的地区采取相应的制约措施，保障足额收缴，集中用于土地整理。②在国家“十五”计

❶ 1亩=666.67平方米。

划中安排专项资金，用于土地开发整理，以保证耕地的占补平衡。③在政府加大对土地整理投入的前提下，积极探索、推进土地整理产业化、市场化机制，动员社会各界参与土地整理事业。

（二）加强规划，统筹安排

应把《全国土地利用总体规划纲要》中提出的土地整理任务、目标纳入“十五”国民经济和社会发展计划。土地整理重点区域放在我国中东部人口密集地区及重点产粮区。在实施城镇化发展战略中，进一步加大土地整理力度，促进城镇土地集约利用，减少城市建设新占耕地；在实施生态建设战略中，将土地整理纳入重点生态工程，统筹安排土地整理项目布局。土地整理主管部门应尽快组织开展土地整理资源调查，进一步查清可整理资源的潜力和分布，开展县（市）土地整理专项规划的编制工作，将规划确定的目标和任务分解落实到地块。

（三）制定政策，完善法规

按照新《土地管理法》关于“国家鼓励土地整理”的要求，在土地整理成果收益分配、土地使用权取得、税收等方面制定具体的鼓励政策，加强对土地整理产业化的政策引导和扶持。建立规范的土地整理管理程序和制度，按项目组织实施。尽快组织制定《土地整理条例》，按新的形势要求修订 1989 年颁布的《土地复垦规定》。对需进行生态退耕的做出具体规划，给予一定的政策支持。

（四）健全机构，加强管理

土地整理工作面广量大，发展不平衡，任务繁重，亟须加强组织领导，并得到相关部门的支持。国土资源部已成立了专门机构——土地整理中心，负责对全国土地整理业务工作及理论技术方面的运作、指导。目前已开展了土地整理示范区试点工作，编制了土地整理的技术规程及标准。建议国家在人员编制、专项业务经费上给予进一步的支持，以推动全国土地整理工作的开展。

赴台参加“海峡两岸土地重划研讨会”的情况报告（摘要）*

赴台土地重划研讨与考察团

〔按〕中国台湾地区推行土地重划多年，成效卓著，积累了许多可资中国大陆借鉴的经验。为使本刊广大读者对此有所了解，本期特将中国土地学会与国土资源部土地整理中心组织的赴台土地重划研讨与考察团所撰写的《赴台参加“海峡两岸土地重划研讨会”的情况报告》摘要刊载如下。

应中国台湾地区“中国地政研究所”邀请，2000 年 12 月 11 日至 21 日，由中国土地学会与国土资源部土地整理中心共同组织的赴台土地重划研讨与考察团，在国土资源部耕地保护司司长潘明才的率领下赴台参加了海峡两岸土地重划研讨会，并对台湾地区土地重划及相关土地管理工作进行了实地考察。

在台期间，与中国台湾地区专家学者就农地重划、市地重划、区段征收、土地估价、农业综合开发、农地保护与土地使用管制等问题进行了深入的研讨与交流；访问了中国台湾地区“中国地政研究所”、中兴大学等单位；实地考察了台北市基隆河裁弯取直重划区、阳明山自办重划区、照门农村社区更新区、台中雾峰兴大市民农园、台中建设公司住宅开发项目、台中市市地重划区、云林县农地重划区等项目。对中国台湾地区办理土地重划的背景、目的、发展历程、相关法规、操作程序、实施情况、面临问题等进行了较为深入的学习和研讨。

一、中国台湾地区土地重划做法成熟，成效显著

中国台湾地区开展农地重划和市地重划工作已有多年的历史，并取得了突出成效。

（一）农地重划

（1）农地重划的概念与主要内容。中国台湾的农地重划，是将一定区域内经济效益不佳的农地加以重新规划整理，建立标准丘块，使每一块农地都十分方整，并通过土地交换分合，使农户原本分散的耕地集中，便于农业耕种及机械化操作。其主要工作内容包括：以土地重划的方式，将农地重新规列整理，建立标准丘块，通过土地交换分合，集中农户土地；规划配置了完善的农水路，使每一丘块都能直接面临道路、直接灌溉、直接排水，方便耕作运输，减少纠纷，改善邻里关系；配合农地重划的实施，同步整治区域性排水，

---

* 本文原发表于《土地整理动态》2001 年第 8 期（总第 99 期）。

修筑堤防，兴建农场道路，彻底改善农业生产环境，充分发挥农地的整体效益，达到提高经营效率的目的。

（2）概况。中国台湾地区自1958年开始实施农地重划，至今已有40余年的历史，大体分为两个阶段：一是已完成重划阶段（1958～1991年）；二是现阶段重划（1991年至今）。第一阶段的重划又分为早期（1958～1971年）和后期（1971～1991年）两个时期；现阶段重划根据不同的工作性质分为继续重划、早期农水路更新和农路改善三项工作。在不同阶段，开展农地重划的背景和目的不断发展，相应的工作内容、实施方式、技术要求及法律依据等也都在不断完善。

（3）农地重划法令依据。目前农地重划工作是以1980年颁布的《农地重划条例》和1982年订立的《农地重划条例实施细则》为依据。具体负责机构为中国台湾地区“内政部”，地方办理机构为各地“政府地政处”以及“农地重划委员会”、由农民组织成立的“农地重划协进会”。

（4）农地重划的办理程序。勘选重划地区；宣传及征询农民意愿；公告及限建；测量及调查；规划设计；工程施工；土地分配；举行公听会；分配结果公告；交接与清偿；地籍地权清理与重新登记。

（5）农地重划所需费用及负担。农地重划所需经费分为行政业务费、相关改善工程费、规划费、农水路工程费4项。其中行政业务费全部由“省”负担。相关工程改善费及规划费由“中央”、“省”各负担一半。农水路工程费每公顷约35.3万元（新台币），除由农民负担4万元（新台币）外，其余均由“政府”辅助。农民负担部分，可以土地折价抵付，或缴纳现金，或向政府申请低息贷款。至于建设农路及水路所需的用地，除了以原来公有及农田水利会所有的农路水路抵充外，不足的用地再由区内的农民，按照参加重划分配土地的面积比例分担。

（6）农地重划的成效。截至1999年，中国台湾地区共完成农地重划774区，面积达38万多公顷，约占中国台湾农地面积的48.2%，其中水田基本都完成了重划。通过开展农地重划，在增加直接生产用地面积，改善农业结构，扩大农场经营规模，改善农业生产条件，提高农地生产力，增加农民收入等方面发挥了重要作用，为中国台湾地区经济社会发展作出巨大贡献。

（二）市地重划

中国台湾地区早在1937年就已开始办理市地重划，但是规模和影响一直较小，直到1979年《市地重划实施办法》和《奖励土地所有权人办理市地重划办法》颁布以后，市地重划工作才得到重大发展。

（1）市地重划概念。市地重划是依照都市计划规划内容，将一定区域内各宗形式不整、面积狭小、使用分散的土地、丘块，加以综合整理，改善交通、水利及公共设施，重新勘定地界，而使各宗地适合经济使用，再按交换分合方式，重新分配给原所有权人的一种综合性土地改良措施。其目的在于改善土地使用结构，提高土地利用价值，促进土地有效利用。

（2）市地重划的法令依据。市地重划工作是以中国台湾地区所谓“土地法”“平均地权条例”及“都市计划法”中的原则开展的，具体依据是《市地重划实施办法》《奖励土地所有权人办理市地重划办法》《土地征收条例》《平均地权条例实施细则》等。在办理形式上分为由“政府”办理的公办市地重划和由土地所有权人自行组织的自办市地重划。

（3）市地重划的程序。其程序如图1。

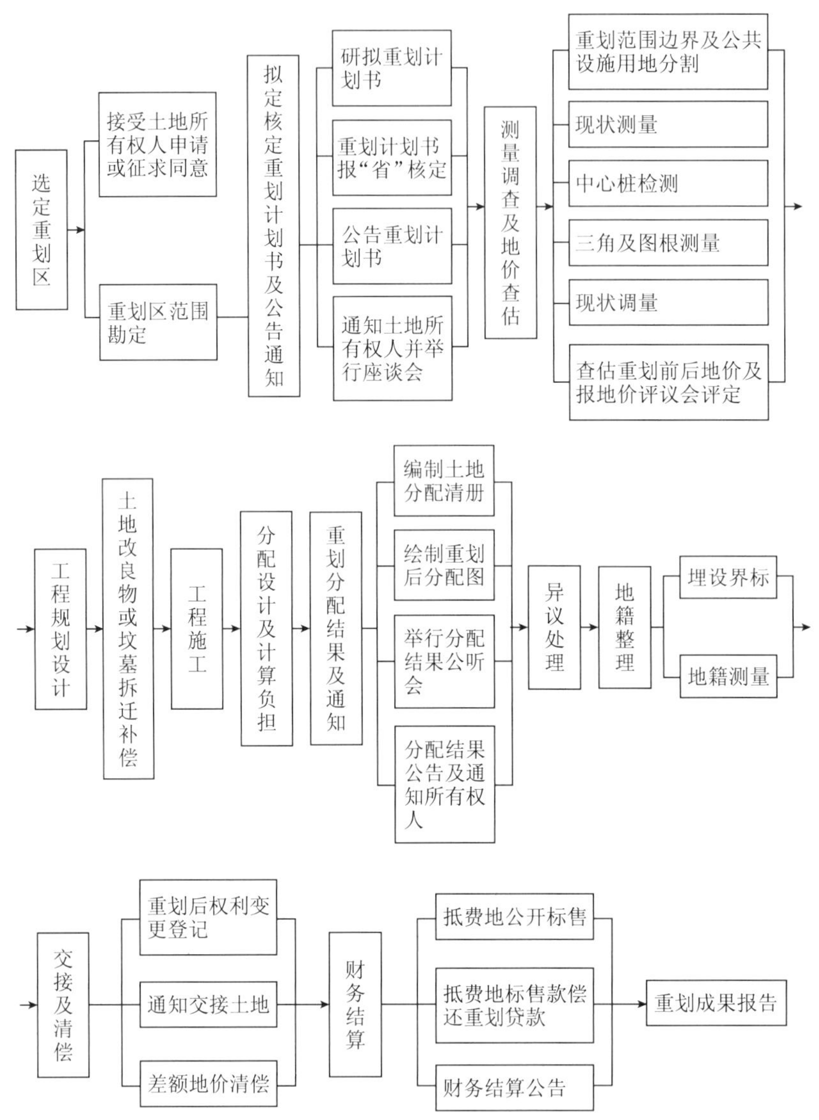

图1　市地重划程序示意图

（4）市地重划的经费与负担。市地重划是基于“受益者付费”的原则实施的，重划区内公共使用的道路、沟渠、广场等10项用地，除以原有公路、沟渠、河川及未登记地4项土地抵充外，其不足土地及工程费用、重划费用与贷款利息，由参加重划土地所有权人按其土地受益比例共同负担，并以重划区内未建筑土地折价抵付。如无未建筑土地者，改以现金缴纳。

（5）市地重划的成效。截至1999年12月，完成市地重划619区，重划区土地面积1.21万公顷。通过重划，提供便于使用的建设用地近8000公顷，无偿取得公共设施用地4000多公顷，节省“政府”征购土地经费约3250亿元（新台币），节省工程建设费用约

1214 亿元（新台币）。另外，正在办理之中的市地重划尚有 105 处，重划面积近 1800 公顷，可以无偿提供公共设施用地 650 公顷，其中，进公办的 23 个区（1194 公顷），预计可节省“政府”城市建设经费 1212 亿元（新台币）。开展市地重划，对于“政府”不花一分钱即可获得大量公共设施用地，同时落实了城市规划，促进了城市美化和繁荣；对于土地所有权人，重划后虽然土地面积减少了，但是土地价值大幅升值，也改善了居住环境和生活条件。因此，市地重划得到了社会各界的广泛支持。

综上所述，中国台湾地区通过开展土地重划取得了重大成效。同时，通过几十年的实践和不断完善，围绕土地重划建立的一系列规定和实施体系也较为成熟。更为重要的是，中国台湾地区土地重划与其他国家和地区的先进经验相比，对大陆更有借鉴意义。首先，中国台湾地区办理土地重划的背景与中国大陆非常相似，早期的中国台湾经济是以农业为主，1952 年的农业产值占总产值的 32%，农业就业人口占总就业人口的 56%，农产品的出口值占总出口值的 95%；到 1999 年，农业产值占总产值的比例只有 2.6%，农业就业人口只占总就业人口的 8.3%，农产品的出口值的比例也下降为 2.6%（1998 年数据），在这由农业为主转向工商业为主的过程中，土地重划发挥了重要作用，而这一阶段正是当前我们所面临的。因此，中国台湾地区土地重划所经历的过程和经验非常值得借鉴。其次，中国台湾地区人民和中国大陆人民同祖同宗，在思想观念，尤其是对土地的认识和情感上非常相近，因此，中国台湾地区在推动土地重划中所面临的问题和处理问题的方法，对我们很有意义。

二、收获与体会

（1）中国台湾地区推动土地重划的决心和力度值得学习。虽然目前土地重划在中国台湾地区得到了社会各界的认可，也取得了显著成效，但是，在开展之初，也遇到各种各样的阻力和困难，尤其是在土地私有制的前提下，可以说开展土地重划的难度比中国大陆还要大得多。如在中国台湾首次开展农村社区更新工作，由于没有地区响应，只得在当时“地政处处长”的家乡试办，可见其难度相当大。而如今能够取得巨大成效，是与中国台湾当局的高度重视和社会各界人士几十年的努力分不开的。为了促进土地重划工作，除了由地政部门负责土地重划外，多数地区还成立了重划大队，为重划工作的开展提供测量、设计、施工等方面的支持；每实施 1 公顷农地重划，财政资金支持 36 万多元（新台币）；对于自办市地重划，“政府”给予低息贷款、免收或减收地籍整理规费及换发权利书状费用、免征或减征地价税与田赋等鼓励措施。“政府”之所以对土地重划这样重视，愿意投入这么大的力量，主要是因为认识到办理土地重划是解决土地问题和发展问题的关键。

（2）中国台湾地区处理土地问题的指导思想明确，土地重划机制健全。无论开展农地重划还是市地重划，最核心的问题是利益调整和分配问题。而中国台湾地区在处理相关问题中一直遵循着“地尽其利，地利共享”的原则，本着“有利共享，有责同负”及“受益者付费”的精神制定各项政策措施，使之成为处理各种复杂和特殊问题的基本准绳，从根本上理顺了各部门及相关权利人的关系，保障了具体利益问题调整的顺利实施，对整个土地重划工作的开展意义重大。正是在这种思想的指导下，使土地重划工作实现了“惠而不费”“公私两利”的良好运行机制，这也是中国台湾地区土地重划取得成功的根本原因。

（3）中国台湾地区对农民问题非常重视，对土地问题解决得比较好。通过考察和交流，我们深切感受到中国台湾对于农民问题和土地问题是非常重视的。中国台湾地区从1949年起推行的以“三七五”减租、公地放领和耕者有其田为核心的土地改革工作，以和平渐进的方式完成了土地调整，同时促进了资金从农业转向工业，成效显著。在其后制定的“肥料换谷制度”“调整生产结构提高农民所得”等政策也充分体现了中国台湾地区对于农民问题的重视。在开展土地重划，尤其是农地重划中，同样体现了对农民利益的重视，在重划区的规划设计中往往与农业结构的调整结合起来，不盲目追求增产和增加面积，而是从农民的权益来考虑问题。特别是从学者到官员，甚至农民都在研究和关心加入WTO以后面临的竞争问题，使我们深受触动。

（4）中国台湾地区开展土地重划的相关规定健全。土地重划的实施，直接涉及利益的调整，而中国台湾地区的土地私有制和民众较强的法律意识决定了土地重划必须要有健全的制度做保障。目前，中国台湾地区仅与市地重划密切相关的规定就有10余项，从基本规定直到各地的地方规定，一环套一环，几乎土地重划实施中的各项问题都有明确规定，且对于一些如民意处理、权益分配等关键问题，都有非常细化、具有可操作性的明确要求。可以说，相关制度建设是土地重划的关键，也是影响土地重划开展情况的决定性因素。

（5）中国台湾地区土地重划的相关工作非常严谨细致。中国台湾地区土地重划工作与中国大陆的土地整理工作相比，无论是规定、操作规范上，还是相关理论研究上都要细得多，比如在具体实施程序和相关要求上，中国台湾地区对于如何征求和处理民意，如何测量和界定权界，如何制定分配方案等一系列问题都有分情况的具体规定，减少了实施过程中的人为因素影响，也避免了纠纷的产生。而之所以这些规定能够细化，与相关理论研究与实践积累是分不开的。如为了研究中国台湾地区实施农地重划的效益，中兴大学有关学者专门拟订了21项评价指标进行民意调查，这样得出的结果当然比较严谨。

三、几点建议

中国台湾地区的土地重划与中国大陆的土地整理基本一致，虽然中国台湾地区在土地所有制、管理体制、粮食安全等问题上与大陆有很大区别，中国台湾地区土地重划工作当前也面临着很多问题，但是中国台湾地区多年来积累的经验和做法，对大陆推动土地整理工作仍有重要的借鉴意义。

（1）进一步提高对土地整理工作的认识，加大投入。中国台湾地区土地重划工作取得的重大成就，充分体现了推进土地整理对于经济和社会发展的重要作用，同时说明，在工业化、城市化的高速发展期，土地整理是解决土地问题乃至经济社会可持续发展问题的必由之路。近年来，党和国家对于土地整理工作日益重视，但应看到土地整理是一项长期而艰巨的任务，应当作为经济社会发展的重要基础性工作来抓，在人员机构、政策和经费上进一步加大支持力度。一方面，全面推进农地整理，改善农民生产生活条件，保障耕地总量平衡目标的实现；另一方面，应结合土地收购储备、旧城改造等工作开展积极推进建设用地整理，促进城市土地的可持续利用。

（2）应深入研究社会主义公有制条件下土地收益的分配原则，为土地整理中涉及的各项土地权能的调整提供指导和依据。在当前国家财力有限的情况下，推进土地整理的关键是要建立良性的运作机制，中国台湾地区土地重划能够顺利运转的核心是把土地重划后产生的土地升值收益进行合理的分配，土地整理并不是投入大于产出，关键是利益如何分配，中国台湾地区实施的“受益者付费”的思想具有一定的借鉴意义。

（3）开展土地整理必须要考虑相关权利人的利益，尤其是要重视农民的利益。当前我国推进土地整理的主要任务是增加耕地，但增加耕地绝不是根本目的。衡量土地整理工作是否有价值，关键是看是否有利于促进资源的合理利用和切实提高人民生活水平。如果忽视农民的利益而片面强调增加耕地，往往会出现增地不增收，增加耕地越多赔得越多的情况，不会得到农民的支持。同时，单纯地追求增加耕地会造成对耕地质量的忽视和对生态的破坏，这样增加的耕地意义不大。而要避免类似问题的发生，首先要从政策上正确引导，加大对土地整理和复垦的支持力度，在规划中切实从农民的利益着想，在项目审查中细化经济效益的审查，在验收中严把质量关，这样我们的土地整理工作才能经得起历史的检验。

（4）进一步加强土地整理相关法规和技术规范建设，促进土地整理的法制化、规范化。近年来，我们在土地整理和相关法规和技术规范的制定上取得了一定成效，但是距离法制化、规范化的目标还有很大差距。首先应积极开展《土地整理法》的制定工作，为土地整理工作开展中涉及的权属调整、利益分配等重要问题提供依据；其次在继续完善国家政策法规和技术规范的基础上，加大地方法规与相关规范的制定工作，促进各项规章制度的细化和落实，为土地整理的全面开展创造条件。

（5）加大土地整理工作的科技投入，强化相关理论研究。与当前土地整理的实践相比，相关的理论基础和研究较为薄弱，直接制约了土地整理管理与实践的深化发展。因此，应当大力加强相关理论研究，增加科技投入，重视科研机构与科研人才的培养，为土地整理工作的科学开展创造条件。

（6）广泛借鉴先进国家和地区的宝贵经验，促进相互交流。中国台湾地区的土地重划工作，是在广泛借鉴德国与日本先进经验的基础上，结合中国台湾地区的实际不断发展起来的。通过本次考察，使我们对中国台湾地区的土地重划工作有了较为全面的了解和较深的感性认识，大家普遍感觉对于今后开展工作很有帮助。同时，通过与中国台湾同仁的交流，增加了他们对大陆的土地管理工作和整个社会经济发展情况的认识，促进了两岸人民的相互了解。因此，建议今后多组织类似的考察活动，促进相互交流。

在第一次全国土地开发整理工作会议上的讲话*

〔按〕2003年10月中旬，国土资源部在福建省漳州市召开了成立以来的第一次全国土地开发整理工作会议。会上，孙文盛部长作了《认清形势明确任务努力开创土地开发整理工作新局面》的书面讲话，鹿心社副部长作了《统一思想狠抓落实全面推进土地开发整理工作》的总结讲话。为便于大家学习贯彻会议精神，现将两位部领导讲话摘要刊发如下。

认清形势　明确任务　努力开创土地开发整理工作新局面（摘要）

国土资源部　孙文盛

这次会议的主要任务是：深入学习贯彻“三个代表”重要思想和党的十六大、十六届三中全会精神，认真落实党中央、国务院关于国土资源开发利用和耕地保护的一系列重要指示精神，总结交流土地开发整理取得的成效和经验，深入分析面临的新形势，进一步明确土地开发整理工作的指导思想、目标和任务，全面部署土地开发整理工作。

下面，我讲四点意见。

一、5年来土地开发整理取得了显著成效和宝贵经验

5年来，土地开发整理取得了显著成效。

一是保护了粮食综合生产能力。5年来累计补充耕地28.8万亩，31个省（区、市）逐步实现了当年耕地占补平衡，全国同期补充耕地面积大于建设占用与灾害损毁的耕地面积。通过推进土地开发整理，建设了一批适应现代农业发展要求的高标准、成规模的基本农田。全国基本农田面积稳定在16亿亩以上，粮食综合生产能力得到保护。

二是促进了生态环境保护和建设。按照生态环境保护和建设的总体要求，进一步规范了宜农土地后备资源开发，通过整理和复垦，补充耕地的比重逐年提高，毁林开荒、乱垦草场和围湖造田等得到遏制。西部地区结合小流域治理、生态退耕，实施了缓坡耕地“坡改梯”等综合整理工程，土地生态环境得到改善。重点矿山土地复垦的力度加大，矿区生态环境得到一定程度的治理和恢复。此外，土地开发整理项目的建设标准提高，强化了生

* 本文原发表于《土地整理动态》2003年特刊第8期。

态环境保护措施。据对国家土地开发整理示范区的调查，土地开发整理后植被覆盖率有不同程度的提高，抗御自然灾害能力明显增强。

三是优化了土地利用结构。上海、江苏、福建等地积极推进农田向规模经营集中、农村居民点向中心村和小城镇集中、工业向园区集中的土地整理；河北、山东、黑龙江等地大力开展“空心村”的整治；北京、浙江、湖北等地结合土地收购储备，积极拓展了城市建设用地整理；四川、贵州、广西、陕西、湖南等地还结合国家重大水利、交通和生态建设等工程，开展了移民建镇等专项土地开发整理，有力地推动了土地利用方式由粗放向集约的转变，优化了土地利用结构，提高了土地资源的利用效益。

四是取得了明显的社会效益。各地结合新农村建设，大力开展了田、水、路、林、村的综合整治。许多地方建成了一批村落布局规整、生产生活方便、生态环境改善、居住环境美好的新农村，改变了过去脏、乱、差的面貌，促进了农村的物质文明和精神文明建设。结合资源型城市经济转型，在重点矿区因地制宜地开展了工矿废弃地的复垦，将生产建设过程中挖损、塌陷和压占的土地恢复利用，为发展接续产业提供了用地空间，促进了当地职工再就业，维持了社会稳定，取得了明显的社会效益。

几年的土地开发整理工作积累了宝贵的经验。

第一，坚持以保护耕地为主线，增强资源保障能力。5 年来，我们始终把增加有效耕地面积、提高耕地质量、保护生态环境、确保耕地占补平衡、实现耕地保护目标作为土地开发整理工作的出发点和落脚点，加大补充耕地力度，努力为经济社会的可持续发展提供资源保障。目前，有 22 个省份建立了耕地保护目标责任制，把土地开发整理补充耕地任务作为责任制的重要内容，其中有 14 个省份，政府与国土资源部门双向逐级签订了责任书，逐级落实，一抓到底。许多县（市）成立了土地开发整理组织领导机构，多部门协作，主要领导亲自抓。土地开发整理作为国土资源管理的一项重要任务，逐步摆上了各级政府的重要议事日程，受到了全社会的广泛关注和重视。实践证明，只有牢牢抓住耕地保护这条主线，充分发挥对可持续发展的保障作用，土地开发整理工作才能在经济社会生活中，体现价值、提高地位、赢得重视和支持。

第二，坚持以统筹规划为龙头，引导健康有序发展。5 年来，各级土地利用总体规划对指导土地开发整理活动发挥了重要作用。为进一步发挥规划的宏观调控和指导作用，在土地利用总体规划指导下，去年部署开展了土地开发整理专项规划的编制工作。《全国土地开发整理规划》已正式发布实施，21 个省级、221 个地级和 170 多个县级土地开发整理规划已编制完成。国家、省、市、县土地利用总体规划与专项规划相衔接的规划体系初步形成，规划对土地开发整理的指导作用日益突出。实践证明，只有充分发挥规划的宏观调控和指导作用，才能从根本上处理好当前与长远、局部与全局的关系，才能有力地促进土地开发整理健康、有序地发展。

第三，坚持以投入机制为保障，形成资金稳定渠道。5 年来，国家十分重视和强化土地专项资金的征收管理。通过依法收缴新增建设用地有偿使用费、耕地开垦费和土地复垦费等，为土地开发整理提供了稳定的投入渠道。许多地方通过政府补助一点、企业拿一点、银行贷一点、群众筹一点，多方筹集资金，进一步健全和完善了土地开发整理投入机制。实践证明，只有建立完善的投入机制，形成稳定的资金渠道，加大投入力度，才能使土地开发整理持续发展。

第四，坚持以制度创新为动力，全面提升管理水平。5年来，着力推动国家投资项目管理制度的创新，逐步建立和完善了项目的申报、实施、验收等规章制度，以及可行性研究、规划设计、预算编制等技术规范，初步形成了比较健全的项目管理制度体系。据统计，多数省份制定了具体的土地开发整理项目管理办法，实行了项目库、耕地指标台账管理、占用耕地与补充耕地项目挂钩等制度，部分省份还根据当地实际情况探讨了省域内耕地易地补充政策。实践证明，只有不断推进制度创新，才能适应现代管理的要求，提升土地开发整理规范化管理水平。

第五，坚持以队伍建设为基础，充分利用社会力量。5年来，从无到有、从小到大，已经初步形成一支土地开发整理专业队伍。据统计，目前全国有30个省份、1/2以上的地（市）和1/3以上的市（县）设立了土地开发整理专门机构。有一批高等院校和科研机构的专业人员从事项目可行性研究和规划设计。通过招投标，不少企业承担了土地开发整理工程的实施和监理。全国有30个省份开展了土地开发整理管理与技术培训，福建、辽宁等省还试行了从业机构和人员的资质管理。通过几年的努力，土地开发整理初步呈现出行政部门组织推动、专业机构具体实施、社会力量广泛参与的良好势头，推进了土地开发整理工作的不断发展。我们也应该清楚地认识到，当前我们的工作中还存在一些亟待解决的问题。一是不少地方对土地开发整理在可持续发展中的重要作用认识不足，工作重视程度还不够；二是土地开发整理规划体系尚不完善，规划的宏观调控和指导作用尚未得到充分发挥；三是项目和资金管理工作还不完全到位，重项目申报、轻实施管理的现象还比较普遍；四是部门配合需要进一步加强，工作效率有待进一步提高。这些问题需要我们认真研究解决。

二、充分认识新形势下土地开发整理工作的重要意义

党的十六大确立了全面建设小康社会的奋斗目标，提出实施可持续发展战略，走生产发展、生活富裕、生态良好的文明发展道路，实现经济和人口、资源、环境的协调发展。今年中央农村工作会议把解决“三农”问题作为党和国家经济工作的重中之重。刚刚结束的党的十六届三中全会明确提出要实行最严格的耕地保护制度，保证国家粮食安全。这些都为土地开发整理工作提出了新的、更高的要求。我们必须把思想和行动统一到中央精神上来，从实现可持续发展的战略高度，充分认识新形势下土地开发整理工作的重要意义，进一步增强推进土地开发整理事业的责任感和紧迫感。

（一）土地开发整理是确保粮食安全的重要保证

在我国农业科技没有重大突破，粮食单产增幅有限的情况下，确保国家粮食安全，必须稳定一定数量和质量的耕地。今后因建设占用、生态退耕、农业结构调整和灾害损毁等原因还将不可避免地减少耕地，补充耕地只能依靠土地开发整理。因此，土地开发整理对实现耕地保护目标具有决定性作用，是我国特殊国情下，保护和提高粮食综合生产能力，确保粮食安全的必然选择。

（二）土地开发整理是促进资源可持续利用的主要手段

实现可持续发展必然要以资源的可持续利用为基础。只有通过对农村田、水、路、林、村进行综合土地整理，对工矿生产建设中挖损、塌陷、压占、污染等破坏的土地和自然灾害损毁的土地进行复垦，才能有效改善土地利用状况，充分挖掘资源潜力，提高集约化利用程度，促进土地资源的可持续利用。

（三）土地开发整理是促进农村经济发展的有效途径

实践证明，通过土地开发整理，在农业基础条件较差的地区，能够加强农田基础设施建设，提高耕地质量，改善农业生产条件；在粮食主产区，可以改善传统的农用地利用格局，扩大经营规模，优化农产品区域布局，从而促进农业增效和农民增收。此外，通过改造旧村庄，归并农村居民点，有利于改变农村面貌，提高农民居住水平和生活质量。所以说，土地开发整理是适应新时期建设高效农业、生态农业、现代化农业和建设社会主义新农村的需要。

（四）土地开发整理是改善生态环境的重要举措

在土地开发整理中，通过采取小流域治理、防风治沙和农田水利设施建设等措施，可以有效防止水土流失和耕地退化，建设一批土地优质、生态优良的农业区；通过对工矿废弃地的复垦，可以有效促进矿区生态环境的恢复和治理。土地开发整理也是促进生态退耕的有效措施，在生态退耕地区，通过迁村并点、移民建镇和整治缓坡地等，合理安排用地，可以妥善解决农民的生产和生活出路，保证生态退耕“退得下、稳得住”。实践证明，土地开发整理已经成为改善生态环境的重要举措。

三、进一步明确土地开发整理工作的指导思想、目标和任务

土地开发整理是国土资源管理的一项重要任务，是耕地保护的一项重要工作。在新的形势下，要进一步做好这项工作，必须进一步明确土地开发整理工作的指导思想、总体目标和主要任务。

（一）土地开发整理的指导思想

以“三个代表”重要思想为指导，认真贯彻党的十六大和十六届三中全会精神，落实保护资源基本国策和“在保护中开发，在开发中保护”的方针，立足保护和提高粮食综合生产能力和可持续发展能力，通过科学规划、规范项目管理、加大投融资力度、合理分配收益，推进标准化、信息化和队伍建设，建立适应市场经济规律的管理机制，全面提高土地开发整理工作水平，有效提供可利用土地资源，改善生态环境，促进资源可持续利用，为实现耕地保护目标，建设现代农业，发展农村经济，增加农民收入，全面建设小康社会作出贡献。

（二）土地开发整理的总体目标

适应经济社会快速发展和生态环境建设需要，按照耕地保护的基本要求，在充分考虑补充耕地的资源潜力、投入和区域协调的前提下，通过大力推进土地开发整理，补充耕地数量和质量不低于同期建设占用、灾害损毁的耕地、林地、牧草地等农用地总量增加，土地利用效率明显提高，土地生态环境得到改善，土地资源尤其是耕地资源可持续利用能力进一步增强。

按照《全国土地开发整理规划》的安排，到 2010 年，全国土地开发整理补充耕地 4110 万亩，平均每年补充耕地 411 万亩。

土地整理全面展开。到 2010 年，通过农用地和农村居民点整理补充耕地 2488 万亩，平均每年 248.8 万亩。

新增工矿废弃地得到复垦，历史欠账逐步消化。到 2010 年，复垦工矿废弃地补充耕地 526 万亩，平均每年 52.6 万亩。在保护和改善生态环境的前提下，宜耕土地后备资源得到适度开发。到 2010 年，通过开发宜耕土地后备资源补充耕地 1096 万亩，平均每年 109.6 万亩。

（三）土地开发整理工作的主要任务

1. 建立完善的规划管理体系

第一，要做好土地开发整理规划的编制工作，要以务实的态度、科学的方法编制土地开发整理规划，保证规划的科学性、可操作性。第二，严格实施土地开发整理规划。规划一经审定，就必须严格执行。任何不符合规划的土地开发整理行为都应当坚决制止。第三，深入研究土地利用的计划管理。进一步依据规划，落实土地开发整理计划任务，制定有效措施，增强计划的可操作性和权威性。

2. 建立规范的项目管理制度

各类投资的土地开发整理活动都必须纳入项目管理，各级国土资源部门要对政府投资的项目，实行项目申报、审查、实施、验收等全程管理；对其他社会投资项目要加强监管，做好项目实施前的审查和项目验收管理工作。在项目管理中，项目施工、监理及规划设计等要面向社会，逐步实行招投标。通过规范项目管理，逐步建立政府监管、分类管理、市场运作、社会监督的土地开发整理项目管理机制。

国家投资土地开发整理项目起点高、规模大，投资也较大，是项目管理的重点。各地要严格项目可行性研究与规划设计审查、严格项目预算、严格组织项目实施、严格资金管理、严格项目验收，确保国家投资项目在工程建设与规范管理上起到示范和引导作用。

3. 建立有效的投入与支出机制

第一，要巩固土地开发整理资金主渠道，依法足额收取新增建设用地土地有偿使用费、耕地开垦费和土地复垦费等土地专项资金。第二，要制定合理政策，吸引社会投资，积极开展国际合作，引进和利用外资，逐步形成政府投资为引导、政府投入与社会投资相结合、产业化运作为纽带的土地开发整理投入机制。第三，要跟踪财政改革对土地开发整理项目管理提出的新要求，积极推进和完善部门预算制度，进一步细化预算的编制，搞好项目预算的审查，硬化预算的约束，改进项目支出预算管理。第四，要严格执行政府投资项目资金专款专用、专项管理、单独核算，按批复的项目预算、施工合同和工程进度拨付项目资金；要建立健全项目会计核算制度和内部稽核制度，对项目资金实行全过程的财务管理与监督；要严格项目资金竣工核算，规范项目的业绩考评和追踪问效。

4. 建立有力的科技支撑

目前，这方面工作还相对薄弱，应大力加强。重点是针对土地开发整理特点，积极开展相关基础理论、工程技术等方面的研究和应用；加强土地开发整理标准化建设，大力推进土地资源调查评价、规划设计、工程建设、预算定额、效益评价等标准的制定工作，形成技术、经济和管理的标准化体系；积极开展土地开发整理信息化建设，建立信息系统，实现管理的数据化、信息化。

5. 建立有效的法律保障

我们要认真总结和借鉴各地的实践经验和国外的先进经验，尽快制定土地整理的专门法规和规章制度；随着市场经济的发展，要适应工矿企业经营机制和管理方式的转变，完善土地复垦法规，切实执行“谁破坏，谁复垦”的原则，保证用地单位和个人履行土地复垦义务；在土地开发方面，要进一步完善审批制度，进行更加严格的控制管理，在充分论证，切实保护生态环境的前提下，才能进行适度的土地开发。

四、积极进取，努力开创土地开发整理工作新局面

我们大家要以高度负责的态度、开拓创新的精神，抓住机遇，坚定信心，创造性地做好工作。

（一）要切实加强组织领导

各地要从贯彻落实“三个代表”重要思想，维护广大人民群众尤其是农民群众的根本利益出发，高度重视土地开发整理工作，切实加强组织领导。各级国土资源部门要把土地开发整理工作列入重要的议事日程，结合落实耕地保护目标责任制，明确土地开发整理目标责任，完善实施保障措施，加强监督检查；要切实履行职责，做好规划、完善制度、加强监督、管好项目、用好资金；要进一步加强部门合作，主动与财政、水利、农业、林业、环保、农业综合开发等部门联系，密切协作，形成合力；要强化项目实施的组织领导，特别是实施国家投资项目的县、市应该成立多部门参与的组织领导和协调机制，建立责任制度，加强项目实施过程中的规范管理，保障项目质量。

（二）要重视全面协调发展

推进土地开发整理必须重视全面、协调发展。一是要正确处理数量与质量的关系。要扭转耕地占补平衡中只重数量平衡、忽视质量平衡、占优补劣的倾向。要进一步完善土地开发整理的质量标准，把补充耕地的质量作为耕地占补平衡考核内容，进行严格考核。二是要把改善生态环境放在突出位置。各地在编制规划、制定政策、确定项目等过程中，都要把是否有利于改善生态环境、有利于土地资源可持续利用作为土地开发整理的重要标准。要切实以整理和复垦为重点，充分发挥整理和复垦在改善农村与矿区生态环境中的重要功能。要进一步严格控制宜农土地后备资源的开发，坚决杜绝毁林开荒、乱垦草场、围

湖造田和破坏湿地等现象。三是要与经济结构调整相结合。要根据区域经济结构调整方向和土地资源适宜性，因地制宜地确定开发整理后土地的用途。开发整理出的农用地在利用结构、布局和质量上要能够适应优化农业区域布局、发展现代农业、提高农产品竞争力和增加农民收入的要求，使土地开发整理成为推动结构调整的重要手段。

（三）要突出抓好重大工程

土地开发整理要突出重点，集中力量，讲究实效，形成规模。今后中央和地方对土地开发整理的投入要优先保证重大工程的实施。各省（区、市）在编制土地开发整理规划时，也要对本地区土地开发整理重点项目做出安排并优先实施。通过实施重大工程和重点项目带动面上工作的开展。

（四）要认真搞好调查研究

当前，如何更加有效地提高土地的质量与生态效益，如何推进建设用地整理，如何实现不同区域间土地后备资源与资金的优势互补，如何制定土地开发整理的区域政策等，都需要我们在实践中不断研究、总结、探讨。不仅要搞好项目申报、实施管理，而且要在调查研究上下功夫。各级国土资源部门都要大兴调研之风，深入、扎实地开展调查研究。同时，要抓好调研成果转化，及时出台有关政策措施，推进土地开发整理的不断发展。

（五）要进一步加强队伍建设

各地要从本地实际出发，加强行政管理力量，建立完善各级土地开发整理专门机构。有条件的地方，要积极争取有关部门的支持，充实行政和事业机构的人员。要有计划地组织开展业务学习和培训，不断提高队伍的整体业务素质。

土地开发整理涉及资金数额大，必须十分重视队伍的廉政建设。从近年来一些案件的查处情况看，许多腐败现象是从财务管理混乱、违纪违法使用资金开始的。各地要把加强财务管理与监督作为从源头上预防和治理腐败的重要内容，切实加强廉政建设。通过健全有关规章制度，形成有效的监督和制约机制。项目的申报、入库、实施、验收等要严格按章办事，严禁弄虚作假、以权谋私、徇私舞弊。要严肃有关纪律，切实防止不正之风，在全社会树立起土地开发整理队伍勤政廉洁的良好形象。

让我们以“三个代表”重要思想为指导，坚定信心，扎实工作，积极探索，开拓进取，努力开创土地开发整理工作的新局面。

统一思想　狠抓落实　全面推进土地开发整理工作（摘要）

国土资源部　鹿心社

全国土地开发整理工作会议今天就要结束了。会上，文盛同志作了针对性、指导性很强的书面讲话，总结了5年来土地开发整理的成效和基本经验，阐述了新形势下土地开发整理的重要意义，明确了土地开发整理的指导思想、工作目标和任务，部署了今后一个时期土地开发整理的主要工作；与会代表围绕文盛同志的讲话进行了认真的讨论，提出了很多好的意见和建议。

下面，结合文盛同志的讲话和会议讨论情况，讲三个问题。

一、关于会议的主要收获

（一）进一步提高了对新形势下土地开发整理重要意义的认识

在以前的工作中，有些地方对土地开发整理的认识仅仅停留在完成占补平衡任务、获取建设用地指标的水平上；有些地方对土地开发整理在生态环境保护和建设中的作用认识不足，这些都给工作和事业带来了一定的局限性。通过学习和讨论，大家深刻认识到，土地开发整理是落实保护资源基本国策、实行最严格的耕地保护制度、确保国家粮食安全的一项重要工作，是国土资源部门践行“三个代表”重要思想的重要举措，是提高农业竞争能力、增加农民收入、促进农业和农村发展的重要手段，是促进生态环境保护和建设及资源可持续利用的有力措施，是符合国情、顺乎民意、利国利民、大有前途的事业。只有把国家的要求、政府的责任和群众的利益有机结合起来，才能保证土地开发整理健康有序发展。这些认识进一步增强了我们做好土地开发整理工作的信心和责任感，是全面推进土地开发整理的重要基础。

（二）明确了新时期土地开发整理的指导思想和目标任务

新时期土地开发整理工作的指导思想，归纳起来就是“两个落实，两个立足，五个手段，三个服务”。“两个落实”就是要落实保护资源基本国策，落实“在保护中开发，在开发中保护”的方针；“两个立足”就是要立足于保护和提高粮食综合生产能力，立足于保护和提高土地资源可持续发展能力；“五个手段”就是要科学制定规划，规范项目管理，加大投融资力度，合理分配收益，推进标准化、信息化和队伍建设；“三个服务”就是要服务于实现耕地保护目标，服务于解决“三农”问题，服务于全面建设小康社会。这一指导思想为今后一个时期全国土地开发整理工作指明了方向。

土地开发整理的目标概括起来就是“一个确保，两个重点”。“一个确保”就是要确保开发整理补充耕地的数量和质量不低于同期建设占用、灾害损毁的耕地。以2000年为基期，到2010年全国土地开发整理补充耕地4110万亩；“两个重点”就是要全面开展土地整理，积极复垦新增工矿废弃土地并逐步消化历史欠账。土地开发整理的任务概括起来就是“五个建立”，即建立完善的规划管理体系，建立规范的项目管理制度，建立有效的投入和支出机制，建立有力的科技支撑，建立有效的法律保障。各级国土资源部门要振奋精神，真抓实干，努力实现和完成新时期土地开发整理的目标和任务。

（三）总结交流了土地开发整理的经验

会上，福建、山东、四川、湖南、江苏、黑龙江6个省和福建漳州、贵州遵义两个市、县，从加强组织领导、明确工作重点、发挥规划作用、严格财务管理、推进项目库建设、认真组织实施项目等方面，做了典型经验介绍。全国土地开发整理成效展示、33 个单位的书面交流材料及现场参观的漳州市两个土地整理项目，从土地开发整理工作的不同侧面提供了很好的经验。这些经验是宝贵的财富，大家要结合本地实际情况，认真学习借鉴，不断推进土地开发整理各项工作。

（四）研究探讨了当前工作中的热点、难点问题

会上，大家深入探讨了当前土地开发整理工作中的热点、难点问题，提出了解决问题和改进工作的建议。这里，我先简要归纳几个问题。一是关于易地补充耕地问题。一些省份根据当地的实际情况开展了省域内易地补充耕地的探索，取得了成效。当前仍要立足于挖掘本地区的潜力，跨省易地补充耕地牵涉到多部门和地区间的协调及一些重大政策问题，还需要慎重研究。二是关于区域政策的有关问题。会上许多地区提出，土地开发整理工作要考虑地区差异，应考虑在政策和资金上实行地区倾斜。对于地区差异，《全国土地开发整理规划》已做出适当安排，对我国不同地区土地开发整理的区域方向、重大工程、重点项目等都提出了明确的要求，各地要结合当地实际认真研究落实。对于各地上缴中央的新增建设用地土地有偿使用费，当前仍要坚持收支挂钩的原则，但对那些申报国家项目不足的省份，剩余资金可以调剂使用；对国家政策明确规定要给予扶持的地区，应在当地足额缴费的前提下适度倾斜。三是关于土地开发整理中的数量、质量和生态关系问题。《土地开发整理若干意见》中明确提出了实现数量、质量和生态管护相统一的要求，各地必须在确保补充耕地数量的前提下，不断提高耕地质量；在保护和建设生态环境的前提下开展土地开发整理。大家在讨论中还提出了加强宣传和培训、加强行业管理、提高国家项目报批效率、加快预算资金到位速度、用耕地质量折抵耕地数量等建议，这些建议有的要在今后的工作中具体落实，有的还要进一步加强调查研究，提出解决办法。

二、关于当前要重点抓好的几项工作

（一）认真做好土地开发整理规划的编制和实施

《全国土地开发整理规划》已于今年 3 月颁布实施，绝大多数省、市、县级土地开发整理规划已经编制完成或基本完成。下一步，没有完成规划编制的要抓紧时间尽快完成，已经完成规划编制的要按规定程序尽快送审报批。

关于规划的实施，重点强调以下几点：一要增强规划意识，各级国土资源部门要加强规划的宣传，提高认识，用规划指导土地开发整理工作。二要加强规划管理，依据规划制定下一年度土地开发整理计划和实施方案，分解落实规划制定的目标和任务。三要增强规划的权威性，按照《土地开发整理规划管理若干意见》的有关规定，严格审查各类土地开发整理活动和“占补平衡”方案，对不符合规划要求的不予批准立项，没有编制规划的市、县不予安排国家投资项目。四是要加强规划实施的监督检查，并将规划执行情况的检查作为国土资源执法监察的重要内容。

（二）进一步强化专项资金收支的管理与监督

土地专项资金征收方面存在的突出问题是耕地开垦费、土地复垦费和地方留成的新增建设用地土地有偿使用费征收不力。一些重点基本建设项目，尤其是国家级的大项目，耕地开垦费收缴中减、免、缓现象比较突出；土地复垦费收取困难；地方留成的新增建设用地土地有偿使用费欠缴严重，不少地方只收取上缴中央的部分。各级国土资源部门要把征收专项资金作为依法行政的重要任务，加大征收工作力度，要确保新增建设用地土地有偿使用费、耕地开垦费、土地复垦费等土地专项资金按照法律法规规定的范围和标准及时足额收取，并按规定全额缴入国库或专户。要加强内部稽核，开展专项检查，把收缴管理的各项制度、规定落到实处。

针对土地专项资金管理工作还不完全到位、项目资金拨付慢和周期长等问题，各级国土资源部门要强化专项资金管理，严格项目预算。一要严格执行专项资金的使用和管理制度，进一步推进和完善项目预算管理制度，规范项目预算的编制和支出预算管理；加强项目评估和预算审查，完善项目预算专家评审制度，尽快制定土地开发整理项目支出预算定额和取费标准，全面提高支出的科学性与合理性，确保专项资金及时、足额、合理、有效使用。二要加强专项资金的监督检查，按照事前审查、事中监督、事后检查的要求，建立健全资金监督检查制度，严禁专项资金被挤占挪用；建立健全资金内部稽核制度和绩效考核制度，自觉接受财政、审计、纪检监察等部门的监督检查，确保专项资金的使用安全。三要做好沟通和协调工作，解决专项资金项目预算批复、执行和管理过程中存在的困难和问题，将专项资金预算尽快下达到项目承担单位，确保项目的顺利实施。

（三）切实加强土地开发整理项目管理

首先要着力抓好国家投资土地开发整理项目管理工作。一要严格项目申报制度，加大项目前期工作力度。严格按规定的时间、规定的程序申报项目；合理选择项目，加强项目论证，提高报件质量，建立和完善各级土地开发整理项目库；尽快实行和完善窗口办文、网上申报、集中会审等制度，提高工作效率。二要加强项目预算执行管理与监督。切实转变思想观念和工作方式，从直接拨款管理资金，逐步转变到通过预算安排资金、监督财政资金到位上；主动适应财政部关于项目预算管理的要求，及时编报土地开发整理项目投资计划和预算；严格执行预算，硬化预算约束，项目预算一经下达，必须严格执行，不得擅自调整、修改，更不得超预算开支；进一步完善项目竣工决算制度和决算的稽核、审计制度，确保项目资金合理有效使用，提高使用效益。三要认真组织项目实施并加强监督检查。严格执行项目实施管理办法和竣工验收办法的规定，彻底改变“重项目申报、轻实施管理”的倾向；全面开展检查验收，对弄虚作假或不按进度和质量要求施工、违纪违规使用资金的项目要采取严厉的处罚措施，包括取消下一年度项目计划、追回财政资金、限制以后申报项目等，从严加强管理；对管理不力的单位要进行通报批评。要加强土地开发整理中的权属管理。准确界定项目区土地权属和利用现状，制定切实可行的权属调整方案，及时办理变更登记，依法保护土地权利人的利益，避免产生权属纠纷，维护社会稳定。

今后要对各种投资的土地开发整理全面实行项目管理。积极推行专家论证、项目法人、招投标、监理、合同和公告等制度，充分发挥中介组织和专业机构的作用，积极探索运用招投标方式选择可行性研究、规划设计和预算编制、工程施工、工程监理的承担单位，实行合同和资质管理。

（四）进一步健全完善土地开发整理制度和标准

土地开发整理工作建章立制的任务很重。要抓紧制定工作中急需的制度和标准，同时要对已出台但不完全适应形势发展要求的制度和标准进行修改完善。在制度方面，要根据客观情况的变化，对现行项目管理、财务管理、预算编制等办法进行修改完善，抓紧研究制定项目招投标、工程监理、会计核算、项目预算评审、项目统计等管理制度及具体操作要求。在标准方面，要根据试行情况和经济社会发展，及时修订完善土地开发整理规划编制规程、项目规划设计规范和验收规程三项标准，抓紧出台土地开发整理预算定额标准，积极开展土地开发整理项目可行性研究报告编制规程、工程建设标准、项目数据库标准等研究。省级国土资源部门也要根据当地的实际情况，制定相应的配套制度和标准，健全土地开发整理制度和标准体系。

（五）进一步加强机构和队伍建设

要重点做好以下工作：一要充分发挥事业机构的作用，配合行政部门做好项目的申报、审查，加强项目的组织实施、监督检查和验收。二要积极发展与土地开发整理相关的规划设计、监理、会计、审计等中介组织和专业机构，建立从业机构和人员的资质制度，规范行业管理，不断提高中介组织、专业机构的业务能力和服务水平。三要加强培训，不断提高相关人员的业务素质和工作能力。要层层抓好培训，使土地开发整理工作人员特别是业务领导尽快掌握相关法规、技术标准及管理的基本理论和方法。四要切实改进工作作风，增强责任心，强化服务意识，坚持廉洁自律、勤政为民，踏踏实实地为群众干实事、办好事。

三、关于会议的贯彻落实

这里，我就会议的贯彻落实提几点要求。

（一）认真领会贯彻会议精神

会议之后，各省（区、市）要根据会议提出的今后一个时期土地开发整理的指导思想和目标任务，结合本地实际，深入研究，理清工作思路，提出本地区近期土地开发整理工作的目标、任务和措施，并及时向党委、政府领导汇报，取得理解和支持。要采取适当方式，将会议精神传达到基层，把会议基本内容、部署安排和具体要求贯彻下去。各地要认真学习会议精神，准确理解和把握土地开发整理的指导思想和方针政策，切实把思想和行动统一到国家的大政方针和国土资源部的决策部署上来，进一步增强新形势下搞好土地开发整理工作的责任感和紧迫感。要把贯彻落实会议精神与贯彻落实《土地开发整理若干意见》通盘考虑，做出部署，提出本地区的贯彻实施意见。各省（区、市）要在年前将贯彻落实情况专题报部。

（二）抓紧抓好各项工作落实

各地要结合实际贯彻落实会议精神和部里的工作部署，进一步研究当前土地开发整理的各项工作，加强督促检查，确保各项工作落到实处。今年还剩下两个多月，各地要根据已有的工作安排，近期抓紧做好各级土地开发整理专项规划的审查报批；切实加强项目管理，按照规定的时间和要求，做好新项目的组织申报、实施项目的监督检查和竣工项目的验收；要抓紧组织完成土地专项资金的财务检查，全面、真实地总结情况，深入分析存在的问题，有针对性地提出改进措施。

（三）不断研究新情况、新问题

我国土地开发整理工作虽然取得了一定成绩，但毕竟还处在初级阶段，现实工作中遇到了很多难题，包括会议讨论中大家提出的热点、难点问题。随着国家经济社会进入新的发展阶段，按照可持续发展的要求，土地开发整理面临新的更大的挑战。各级国土资源部门要保持和发扬与时俱进、开拓创新的精神，在实际工作中积极探索，不断适应新情况，研究新问题，创造新经验，走出新路子。要深入调查研究，勇于实践探索，善于总结经验，不断完善提高，推动工作发展。

我们要以“三个代表”重要思想、党的十六大和十六届三中全会精神为指导，认真贯彻落实中央的大政方针，在各级党委、政府的领导下，努力开创土地开发整理工作新局面，为实现新时期耕地保护目标和全面建设小康社会作出新的更大贡献！

（摘自国土资源部办公厅《内部情况通报》第59期）

拓展土地整理领域　丰富土地整理内涵*

——学习党的十六届五中全会精神的体会和思考

国土资源部土地整理中心　高向军

〔按〕为配合土地整理系统深入学习党的十六届五中全会精神活动，本刊特刊发国土资源部土地整理中心主任高向军同志的学习心得体会文章。高向军同志站在国土资源事业全局的高度，联系土地整理工作实际，对如何搞好新时期土地整理工作进行了系统思考。

党中央、国务院对国土资源工作高度重视。党的十六届五中全会审议通过的《中共中央关于制定国民经济和社会发展第十一个五年规划的建议》（以下简称《建议》）对国土资源工作提出了明确要求，强调要把节约资源作为基本国策，提出耕地减少过多状况得到有效控制，指出要坚持最严格的耕地保护制度，搞好土地整理。《建议》把解决好“三农”问题仍然作为全党工作的重中之重，明确提出了建设社会主义新农村的目标和任务。最近，国土资源部召开的全国基本农田保护工作会议，针对我国基本农田保护的严峻形势，提出坚持基本农田保护“总量不减少，用途不改变，质量不降低”的总要求。新形势下土地整理工作面临着更艰巨的任务和挑战。这里，我结合学习党的十六届五中全会精神的体会和心得，谈谈对如何搞好土地整理工作的一些认识和想法。

一、重新认识新形势下搞好土地整理工作的重要意义

（一）土地整理是我国经济社会发展步入工业反哺农业、城市支持农村这一新阶段，促进社会主义新农村建设的重要手段

新时期土地整理工作被赋予了新的内涵，有了新的定位。

随着我国综合国力的不断增强，当前我国经济社会发展已经进入统筹城乡发展，实行工业反哺农业、城市支持农村方针，改变农村的落后面貌的新阶段。《建议》提出建设社会主义新农村的目标是“生产发展、生活宽裕、乡风文明、村容整洁、管理民主”。实现这一目标的重点是加强农业设施建设，提高农业综合生产能力，推进现代农业建设；加大农业投入力度，千方百计增加农民收入。

我国土地整理是田、水、路、林、村的综合整治，土地整理与新农村的建设密切相关。多年的实践已经证明，通过农田特别是基本农田整理，加强农田基础设施建设，可以

* 本文原发表于《土地整理动态》2005 年第 43 期（总第 318 期）。

有效改善农业生产条件，提高农田生产能力，降低农业生产成本；可以有效改善传统的农用地利用格局，扩大经营规模，促进农业增效和农民增收。通过改造旧村庄，归并农村居民点，可以有效改变农村面貌，提高农民居住水平和生活质量。土地整理是适应新时期建设高效农业、现代化农业的重要手段，是建设社会主义新农村的重要内容，将为促进农村生产发展和村容整洁发挥长期而重要的作用。

（二）土地整理是实现“耕地减少过多状况得到有效控制”这一新目标，确保国家粮食安全的重要保障

《建议》在“十一五”时期我国经济社会发展的主要目标中，明确提出耕地减少过多状况得到有效控制，这在党的全会关于五年规划的建议中，还是第一次。但是我国耕地保护面临着十分严峻的形势。从 1996 年到 2004 年，因建设占用、生态退耕、农业结构调整和灾害损毁等原因，我国耕地已从 19.51 亿亩减少到 18.37 亿亩，人均耕地仅为 1.41 亩，只有世界人均水平的 40%。当前我国正处在工业化、城镇化快速发展阶段，还要不可避免地占用一部分耕地。

耕地是粮食生产的第一资源，解决我国粮食问题必须立足于国内自给。随着人口增长和生活水平的提高，我国粮食需求将继续增加，保护耕地、确保国家粮食安全的压力将日益加重。要切实做到有效控制耕地减少过多的状况，确保国家粮食安全，必须稳定一定数量和质量的耕地特别是基本农田。这是土地整理工作首要的目标和任务。

（三）土地整理是落实“以建设促保护”这一新思路，切实加强基本农田保护工作的重要措施

基本农田是耕地的精华，基本农田保护在保障国家粮食安全、促进节约集约用地、推动农民农业增收、维护农村自然生态方面发挥着最核心、最积极、最有力的作用。但目前我国基本农田已减少到 15.89 亿亩，许多地方的基本农田还存在基础设施老化、不配套的问题，抗灾能力低；高产稳产的标准粮田比例偏少，高产田仅占 28%，中产田占 40%，低产田占 32%。基本农田保护的形势不容乐观。为全面落实国务院提出的基本农田保护“总量不减少，用途不改变，质量不降低”这一变被动保护为主动建设的全新的工作思路，要设立基本农田保护示范区。基本农田的土地整理将是加强基本农田基础设施建设、提高基本农田质量、改善基本农田生产条件的主要手段。今后基本农田整理将是土地整理工作的重中之重。

（四）土地整理是贯彻节约资源这一基本国策，促进土地节约集约利用的重要途径

实行节约集约用地，以尽可能少的土地资源消耗获得最大的经济效益和社会效益，是党中央、国务院的重大战略决策，是落实科学发展观的一项基本要求，是关系我国现代化建设全局的重大问题。

我国城镇建设用地数量巨大，利用粗放。在城市，人均用地用地高达 133 平方米，高出国家标准 33%，城镇建设用地的 3% ~5% 处于闲置状态，还有 40% 属于低效利用，城市容积率仅为 0.3，至少还有 60% 的容纳能力；在农村，居民点用地高达 16.4 万平方千

米，人均 185 平方米，远远超过国家标准。我国村镇建设用地总量是城市建设用地总量的 4.6 倍，且用地布局散乱，分散无序，粗放利用十分严重。

城乡建设用地整理能够根据城镇发展规划、土地利用总体规划，采取行政、经济、法律和技术手段将利用不充分的建设用地进行综合整治，调整土地权属，改善土地利用结构，提高土地利用率，促进存量土地盘活，这对于进一步缓解城乡建设用地供需矛盾，加快城镇化和工业化进程作用巨大，意义深远。

二、我国土地整理工作取得了新的进展

“十五”期间是我国土地整理由起步到较快发展的阶段。几年来，国土资源部门认真贯彻落实中央关于土地开发整理工作的方针和政策，开拓创新，扎实工作，土地整理基本实现了由自发、无序、无稳定投入到有组织、有规范、有比较稳定投入的转变。我们逐步明确了土地整理的基本政策和目标任务；开展了资源调查，基本建立了土地开发整理规划体系；确立了政府投资主渠道，社会投入机制开始形成；建立了以项目管理为主的工作机制和管理制度；初步建立了土地开发整理的专业机构和队伍。土地整理形成了目标逐步明确、制度比较完善、投入基本稳定、队伍逐步健全的良好局面，在保护和提高粮食生产能力、优化土地利用结构、促进生态环境保护和建设、解决“三农”问题等方面发挥了重要作用。

2003 年全国土地开发整理工作会议召开后，国土资源部门努力适应新形势，认真研究新问题，及时调整工作思路，切实改进工作措施，土地整理取得了新进展。主要体现在“四个转变”上：一是以落实规划、实现耕地保护目标为重点，积极实施土地开发整理重大工程，实现项目布局从零星分散向突出重点、相对集中转变。为此，2005 年，国土资源部组织开展了重大工程实施方案的编制。二是以保护和提高粮食综合生产能力为出发点，大力开展基本农田整理，实现土地开发整理由偏重追求耕地数量向数量、质量、生态三者并重转变。2005 年，国土资源部研究部署了基本农田保护示范区的设立工作，明确了基本农田整理的任务。三是改进国家项目的运作方式，建立了项目指南发布制度，实现项目由分散、自主申报向宏观指导下资源资金合理配置转变。四是改进了国家项目的管理方式，实现项目由中央集中管理向中央和地方共同管理、政府与社会力量共同参与、分工负责的转变。这“四个转变”初步解决了当前土地整理工作中存在的一些突出问题，取得了比较明显的成效。

从 2001 年至 2004 年，国家已正式安排下达 6 批国家投资土地开发整理项目 1507 个，总投资约 174 亿元，累积下达资金约 135 亿元。加上 2005 年准备安排的 2 批项目，总数将达 2325 个。8 批项目的建设总规模将达 163.5 万公顷，新增耕地约 37.5 万公顷，总投资约 299.8 亿元。其中，从投资重点上看，安排在粮食主产区的项目 1584 个，占项目总数的 68%，项目投资占总投资的 71%；从区域布局上看，安排在全国开发整理规划确定的重点区域的项目约 1600 个，约占项目总数的 69%，项目投资占总投资的 67%。这些数字充分说明，几年来，国土资源部认真落实了国家宏观政策和土地开发整理规划，切实加强了项目管理，较好地发挥了国家投资项目的宏观调控和导向作用，成效是显著的。

三、搞好新时期土地整理工作的总体思路和当前的重点任务

温家宝总理曾经指出："土地整理、土地资源集约利用，是实行最严格的土地管理制度的重要组成部分，各级国土资源管理部门要切实负起责任，加强管理和指导，推动这项工作健康有序地开展。"下一个五年，是拓展土地整理领域、丰富土地整理内涵的重要战略机遇期，需要进一步理清工作思路，明确工作任务。

我们的初步想法是：当前和今后一个时期内，搞好土地整理要以"三个代表"重要思想为指导，以科学发展观为统领，围绕国家经济社会发展的大局，立足保障国家粮食综合生产能力，大力开展基本农田整理，促进补充耕地数量、质量和生态三者统一；认真落实全国土地开发整理规划，积极实施重大工程，促进项目布局的相对集中；完善投资机制，加大集中统一投入力度，充分发挥政府投资的宏观引导作用，实现资金与资源的合理配置；推进标准化、信息化，提高土地整理的科技含量；积极推进城乡建设用地整理，促进城镇化健康发展；进一步完善项目管理制度，改进项目管理方式，加强队伍建设，全面提高土地开发整理工作水平。通过土地整理，为实现耕地保护目标，建设基本农田，切实提高农业综合生产能力，保障国家粮食安全，促进土地节约集约利用和城镇化健康发展，建设社会主义新农村作出应有的贡献。

新时期土地整理的任务仍然十分繁重，工作千头万绪。我们认为，当前应着力抓好以下几项重点任务，以重点带一般，推动土地整理工作的全面发展。

（1）尽快建立土地整理资金的集中投入制度。目前全国用于土地整理的专项费用主要有新增建设用地土地有偿使用费、耕地开垦费、土地复垦费、土地出让金用于农业开发的部分，每年总额在600亿元左右。收好、管好、用好这些专项资金，是搞好土地整理的基础条件和重要保证。但目前这些资金的收缴和使用上存在上缴不力、多头管理、各自为政的问题，国家统一使用的只有新增建设用地土地有偿使用费30%上缴中央财政的部分，其余专项资金由地方政府掌握，一些地方的资金收缴往往不到位。这种局面导致各项资金的投入没有形成合力，规模和"品牌"效应不突出。当务之急是切实扭转这种局面，从全国土地整理工作的全局统筹考虑，尽快建立专项资金的集中投入制度，保证土地整理专项资金集中统一投入在《全国土地开发整理规划》确定的基本农田整理、重大工程实施等重点领域内。为此，要进一步完善土地整理项目指南发布制度，明确一个时期土地整理的指导思想、基本原则、投资方向、投资重点和建设任务，切实发挥国家对土地整理工作的宏观调控与指导；要研究制定建立集中投入制度的激励政策和管理制度；要进一步加强专项资金的收缴力度，把征收专项资金作为依法行政的重要任务，保证各专项资金按规定全额缴入国库或专户，并加强内部稽核，保证收缴管理的各项制度和规定落到实处。

（2）切实搞好基本农田整理。全国基本农田建设的基本思路、主要任务和政策制度已经明确，关键在于落实。要把基本农田整理作为今后一个时期土地整理的首要任务，下力气抓紧、抓好、抓实。一要进一步确定今后5年基本农田整理的重点实施区域。国土资源部虽然明确提出了基本农田整理的重点支持区域，但覆盖面比较广，短时期内不可能同时实施。应按照《全国土地开发整理规划》确定的基本农田整理重大工程和设立基本农田保护示范区的要求，有选择地确定100个左右的粮食主产县，设立示范区，作为重点投入区

域。二要明确不同区域基本农田整理的方向，分类指导基本农田整理工作。东部地区要以建设高标准农田为主要任务，中部粮食主产区要以保护和提高基本农田的粮食综合生产能力为主要目的，西部生态脆弱地区要加大对平坝和缓坡耕地的整理力度，加大对坡改梯、淤坝地及出现沙化趋势耕地的建设和治理力度，加强基本口粮田建设。三要加快完善建立集中投入制度的保障措施。四要结合土地整理工程建设标准的试点工作，优先制定好基本农田整理项目的工程建设标准。五要结合农用地分等定级，积极推进土地评价工作，为基本农田标准化建设提供技术支撑。

（3）积极推进城乡建设用地整理。城乡建设用地整理是实现土地节约集约利用、减少建设占用耕地、实现耕地保护目标的根本出路。受当前法律法规和政策制度的限制，土地整理一直存在“重农用地、轻建设用地”的问题。搞好土地整理，必须开拓新领域，实现新突破，要积极稳妥地推进城乡建设用地整理。一是开展以土地收购储备为主要形式的城镇建设用地整理。通过城镇存量建设用地情况调查，分析城镇建设用地整理的潜力和限制性因素，积极开展整理试点工作。努力促进城市闲置、空闲、工矿废弃和低效利用土地的合理高效利用。二是开展以“空心村”的治理、宅基地整理为主要形式的农村建设用地整理试点。开展试点地区农村存量建设用地的专项调查，分析试点地区农村存量建设用地整理的潜力和可行性，确定试点项目区，制定项目区实施规划，并提出相关实施政策措施。三是开展城镇建设用地增加与农村建设用地减少相挂钩的试点工作。进一步整合城乡建设用地，优化用地布局，推进土地节约集约利用，缓解建设用地供需矛盾，促进城乡统筹发展。

（4）努力提高土地整理工作的科技含量。随着土地整理工作的深入开展，科技研究与应用的地位和作用越来越突出。目前，这方面工作还相对薄弱，应大力加强。重点是针对土地整理特点，落实科学发展观，积极开展可持续土地整理等相关基础理论、工程技术等方面的研究和应用；加强土地整理标准化建设，大力推进土地资源调查评价、规划设计、工程建设、预算定额、效益评价等标准的制定，形成技术、经济和管理的标准化体系；积极开展土地整理信息化建设，建立信息系统，实现管理的数据化、信息化。

（5）着力完善管理体制，提高队伍素质。搞好土地整理，必须加强基础建设。要按照“完善体制、提高素质”的要求，着力强化以下工作：切实加强组织领导，把土地整理列入重要的议事日程，建立土地整理目标责任制度，加强考核力度；建立有效的法律保障，结合《土地管理法》的修订，尽快研究制定土地整理条例，从法律层面上指导土地整理工作的健康发展；健全和完善土地整理制度，根据客观情况的变化，对现行制度、政策、项目和资金等管理办法进行修改完善；切实加强项目管理，特别是项目实施管理和监督检查，积极推行专家论证、项目法人、招投标、监理、合同和公告等制度；进一步加强队伍建设，加强相关人员培训，积极发展中介组织和专业机构，建立从业机构和人员的资质管理制度，规范行业管理。

我们相信，只要我们认真贯彻五中全会精神，认真落实中央关于国土资源管理的各项方针政策，按照国土资源部关于土地整理工作的各项部署，坚定信心，扎实工作，积极探索，开拓进取，就一定能够开创土地整理工作的新局面。

土地开发整理要把节约放在首位*

国土资源部土地整理中心　贾文涛

随着经济的快速增长和人口的不断增加，我国资源不足的矛盾日益凸显，耕地和淡水紧缺尤其是中华民族的心腹之患。中央提出了“十一五”期间加快建设节约型社会的战略部署，要求在生产、建设等领域厉行节约，提高资源利用效率。土地开发整理作为一项建设活动也不例外，我们应积极倡导节约理念，强化节约意识，开展节约型土地开发整理。

土地开发整理的首要目标是增加耕地，提高耕地质量。因此，首先，要考虑节地的问题，就是在能够实现项目建设目标的前提下，遵循能不占就不占、能少占就不多占、能占差的就不占好的原则，尽可能减少工程占地，增加有效耕地面积。目前，各地正在研究制定本地土地开发整理工程建设标准。标准的制定应因地制宜。个别地方打着农业机械化生产的幌子，硬着头皮盲目地提高道路宽度指标，实为陷入一种误区。工程占地多了，能种的地就少了，农民也是不欢迎的。

其次，要考虑节水的问题。当前我国水资源供需缺口主要在农业，因此，农业节水事关全局。应本着节约用水的原则，在土地开发整理中大力推广工程节水方法与技术。重点应是推广激光平地技术。激光平地是提高农田平整精度的关键技术，对提高农田灌溉水利用率、促进农业节水可持续发展具有重要的现实意义。采用激光平地技术平整后的土地还可以改善种床条件，有利于控制杂草和虫害，降低化肥使用量，减少环境污染，消除盐斑，有利于盐碱地改良。此外，应继续推进农业节水灌溉，推广农业节水灌溉设备应用。在丘陵、山区和干旱地区积极开展雨水积蓄利用，支持农村水窖建设，推广旱作农业技术，发展旱作节水农业，扩大节水作物品种和种植面积。土地开发整理灌溉与排水工程规划设计要与农田水利规划和节水发展规划衔接好。

再次，要考虑节材的问题。《国务院关于做好建设节约型社会近期重点工作的通知》中明确提出推行生态设计和使用再生材料，减少损失浪费，提高原材料利用率。土地开发整理有关部门和技术支撑单位也应积极开展新材料、新工艺的应用研究，尽量减少对原材料的消耗。在有条件的地方，可以设立新材料应用示范项目，发挥示范和导向作用，同时制定相关鼓励措施。

除了节约资源，还要节约资金。尽管专项用于农村土地开发整理的资金总量很大，但相对于资金需求仍十分有限。因此，降低成本、节约资金至关重要，要让有限的土地开发整理资金为服务“三农”、支持新农村建设发挥更大的作用。要杜绝虚报项目、虚报工程量、套取资金的行为，进一步研究加强监控手段。还要通过优化规划设计，尽量减少工程量和建筑材料用量。当然还要加强资金使用监管力度，提高资金使用效率和效益。

保证工程质量也是节约的一个方面。关键要抓好两点：一是施工过程中抓好工程质量

---

* 本文原发表于《土地整理动态》2007年第8期（总第379期）。

控制；二是项目完工后抓好工程管护，延长工程使用寿命，发挥长远效益。土地开发整理项目要建一个，成一个，不搞重复建设，不搞面子工程。

开展节约型土地开发整理，重在提高认识，广泛参与，需要大力宣传，同时建立相应的监督体系。让我们行动起来，践行节约理念，为建设节约型社会作出我们自己的贡献。

值得学习借鉴的日本韩国国土整治工作*

湖北省国土整治考察团

应日本福岛县的邀请，湖北省国土整治考察团一行18人，在省政府副秘书长杜祖森的率领下，于2008年9月19日至10月1日，对日本的国土整治、农村沼气建设和韩国的新乡村运动等进行了考察。

在日本期间，考察团拜会了福岛县农林水产部负责人，双方各自介绍了开展国土整治的基本情况。福岛有关专家讲授了国土整治的法规、制度、规划设计、预算、实施及监督管理的主要做法。考察团还重点考察了福岛会津国土整治项目实施管理的现场，与会津市农林事务所负责人和工程技术人员，就项目的申报立项、规划设计、实施管理、后期管护等进行了座谈和交流。福岛县是日本农业大县，国土整治工作位居全国前列。至2005年，该县国土整治面积已达67.1%。

在韩国期间，考察团听取了韩国新乡村运动中央研修院副院长的情况介绍，观看了电视录像片，参观了韩国开展新乡村运动成就展。韩国的新乡村运动始于1970年，37年来始终坚持勤勉、自助、协同的精神，紧紧围绕以改善乡村基础环境为主要内容的十大工程，坚持不懈地推进新乡村运动，取得了骄人的成绩。城乡差别、工农差别迅速缩小，人居条件得到了根本改善，农村村民过上了幸福的生活。

此外，经多方联系，考察团还考察了日本静冈县伊豆市天城放牧场沼气应用示范基地试验项目情况。该项目由政府投资1.5亿日元（约合人民币1000万元），于2005年建成并投入运行。该基地采取集中放牧养牛与沼气利用相结合的方式，将牛粪便、周边居民的生活垃圾作为原料，在经过集中分类、搅拌、发酵等技术处理后，产生出沼气，再通过发电装置（设备）实现发电，作为牧场正常用电的补充供给。

通过考察，大家一致认为，日本、韩国两国的国土整治工作主要有如下经验值得学习借鉴。

（1）健全的法规。日本1949年就颁布了《土地改良法》，对国土整治的内容、原则、规划、程序、监督、处罚、管理主体等进行了明确的规定，把政府的意志、社会的责任、农户的意愿通过法律统一起来。日本国土整治项目主要包括水利基础设施建设、农用道路建设、农田整修、农地建设等。主要目的是提高农业生产效率，改善农业生产条件，增加农业生产总量，调整农业结构，改善生态环境。

（2）科学的规划。迄今为止，日本已连续4次制定国家国土整治长期规划（每次规划期为10年），总投资89.4万亿日元，福岛县2000~2010年国土整治规划总投资8000亿日元。规划编制坚持以人为本、循环经济、可持续发展的基本方针，注重建立资源节约型和人与自然和谐相处的友好型社会。规划一经制定，就具有强制约束力，不因机构人员的变

---

* 本文原发表于《土地整理动态》2008年第13期（总第433期）。

化而变化，不得随意改变，必须长期坚持。

（3）严谨的设计。国土整治目的申报由项目区15户以上农户申请，经农林水产省实地调查评价，项目区2/3以上农户同意，福岛县要求95%以上的农户同意，方可立项。项目的规划设计准备期为3年（1年为征求农户意见，2~3年为项目规划设计），规划设计包括规划概要书、规划图纸、施工图纸、实施技术方案等。规划设计坚持流域治理、因地制宜、保护环境、尊重农户意愿的原则。

（4）稳定的投入。日本国土整治项目分国家项目、县级（都、道、府）项目、集体（市、町、村）经营项目。受益面积3000公顷以上的项目为国家项目，受益面积200公顷以上的为县级项目，受益面积200公顷以下的为集体经营项目。国家、县级、集体经营项目，国家投资50%~70%，县级投资20%~30%，农户投资10%~20%。

（5）完善的体制。国家项目由国家审批，县级项目由农林水产省组织调查评价报县长（知事）审批。国家项目的组织实施，由农林水产省负责，县级项目的组织实施由农林水产省下属的市、町、村农林事务所负责，农林水产省派员进行现场监督，每年向农林水产省书面报告项目实施情况，并对项目实施全过程承担法律责任。项目完工后，由项目审批部门组织竣工验收。参与项目实施管理与监督的工程技术人员，均为吃“皇粮”的国家公务员。

（6）严格的管理。日本的国土整治工作有一整套严格的质量监督体系，如土地平整工程，从施工前的测量，到表土的剥离、配方、回填等，要经过4~5次的检测验收。沟渠矩形槽由厂家统一生产，所有的工序、施工环节，都要经过严格的检测、检验和验收。在福岛会津项目施工现场，日本有关技术人员和专家的强烈事业心和责任感、精益求精的工作态度、一丝不苟的工作作风，给考察团一行留下了极为深刻的印象。

（7）良好的氛围。由于日本国土整治项目的申报由农户自己申请，项目建设体现了农户的意愿，并且参与了项目的投资，因此，农民积极支持和配合项目实施。项目建设期一般为6年，项目按年度计划实施，每年要完成项目计划任务的1/6。项目开工后，先将1/6的土地收归公有，实施后再返还农户，项目建设期失地农户的损失由另外5/6的农户共同承担。韩国的新乡村运动已开展37年，首先由农户自发进行，政府进行引导和总结，发展为政府指导、宣传、教育，有计划、有步骤地在全国推进。

（8）完善的管护。项目建成后，由投资主体迅速组织验收，并交还农户耕种。建成后的农田基础设施交由土地所有者维护管理，包括清淤、除草。基础设施维护资金来源向项目区受益农户收取，由民间施工队伍组织实施。

进一步加强土地整理工作保障和促进科学发展*

国土资源部土地整理中心　郧文聚　田玉福

随着经济的发展和人口的增加，我国土地资源尤其是耕地资源稀缺性的特性会日渐显著，人地矛盾、资源供应与需求的矛盾也将日趋加剧。在新形势下，要合理利用土地资源，保障和促进科学发展，务必进一步加强土地整理工作。

进一步加强土地整理工作，应当从如下两方面入手。

一、要完善现有机制、健全加强土地整理机构、加速专业技术队伍建设

（一）完善资金投入机制

目前我国用于土地整理的经费有新增建设用地土地有偿使用费、耕地开垦费、土地复垦费、土地出让金纯收益用于农业土地开发的部分。上述资金的使用方向，有关法律法规和资金管理部门都做了相应的界定。《土地管理法》第五十五条规定："新增建设用地的土地有偿使用费，百分之三十上缴中央财政，百分之七十留给有关地方人民政府，都专项用于耕地开发。"《国务院关于加强土地调控有关问题的通知》（国发〔2006〕31号）进一步明确："新增建设用地土地有偿使用费专项用于基本农田建设和保护、土地整理、耕地开发。"这些规定客观上限制了土地整理的实际建设内容，也使得土地整理的多重功能不能有效发挥。从另外一个角度来看，我国前些年开展的土地整理是"土地有偿使用费使用整理"，并不是完全意义上的土地整理。现有的这种投入机制也客观上限制了土地整理综合目标的实现。

要实现土地整理的综合目标，可以考虑从以下三个方面来改善投入机制。第一，以项目区为单位，由地方政府组织，国土资源部门牵头，整合项目区内各类支农资金，统一规划，分项实施，开展项目区综合整理。第二，实行土地资源价值核算，完善土地整理收益分配政策，合理分配土地整理后产生的土地增值收益，将市场机制引入土地整理之中，按照"谁投资，谁受益"的原则，通过政策激励，引导社会资金投入土地整理。第三，在资金充足地区，可以探索适当调整现有政府投资资金的使用范围，因地制宜地开展区域田、水、路、林、村全面治理。

（二）完善管理机制

新增建设用地土地有偿使用费分配方式调整后，我国由政府主导的土地整理专项资金

---

* 本文原发表于《土地整理动态》2008年第33期（总第453期）。

主要集中在各级地方政府，有些地区资金完全分散在各县级政府，有些地区由省级、市级、县级政府各支配一部分资金。土地整理工作也因此由各级地方政府具体组织开展，国家进行形式上的监督检查。同时，我国幅员辽阔，土地资源尤其是耕地资源分布极不均衡，地域差异很大，加上各地社会经济条件不同，经济发达地区后备资源相对较少，经济欠发达地区后备资源则相对较丰富，地域差异决定了各地土地整理潜力的差异。资金相对分散平均使用，而土地资源具有明显的地域差异性，引起一定地区土地整理资金持有量与土地整理潜力的不匹配，使得有些地区受资金限制难以有效开展土地整理，而同时个别地区土地整理潜力不大，土地整理效益不明显，开展土地整理的积极性也不高。现有的这种管理机制约束了土地整理综合效益的充分发挥。

要充分发挥土地整理的综合效益，在资金充足时，应结合土地资源差异和土地整理潜力匹配使用资金。在资金数量不足时，应优先整理潜力大的区域。在这方面，各级国土资源部门可以考虑组织有关人员开展土地整理潜力评价，分析不同地区的土地整理条件及潜力，测算不同潜力区所需的整理资金数量及整理后的效益。在此基础上，研究制订政府投资资金的科学分配办法，引导区域土地整理资金科学使用。

（三）健全和加强土地整理机构，加快专业技术队伍建设

土地整理是自然科学、社会科学、工程技术科学相结合的综合体系，涉及农业、水利、交通、电力、林业等专业，是一项技术性很强的业务工作，要求从业者具有较强的综合业务素质。土地整理工程建设是土地整理的主要工作内容，工程实体是土地整理成果的具体体现。从全国各地的实际状况来看，各地土地整理部门的工程技术力量普遍较弱、工程建设管理能力较低是导致土地整理实施进度慢、整理质量低的主要原因。从长远发展来看，健全和加强土地整理专门机构，培养一支高素质的土地整理专业技术队伍是保证高质量、高效益的土地整理效果，促进土地整理可持续发展的必要条件。

从国内外经验来看，搞好土地整理：一要有健全的法律法规和依法形成的管理程序；二要有专门的土地整理机构；三要保证公众参与，确保公共利益和公平、公正；四要有科学的技术标准，按等按级合理调整土地权属，确保整理工作顺利开展。在专门机构建设上，可以考虑借鉴国内外经验，进一步强化我国各级土地整理专门机构的职能，确保土地整理工作效能。在专业技术队伍建设方式上，可以考虑采用人才引进和业务培训两种方式。一方面，适当引进土地整理相关行业的专业工程技术人才，改善土地整理部门的专业技术人员结构，提高队伍的综合业务素质；另一方面，加大对现有队伍的技术业务培训，提高从业人员的整体素质。通过专业技术队伍建设，逐步建立土地整理项目规划设计队伍、工程施工队伍、工程监理队伍等，以保障土地整理科学发展。

二、要突出重点，抓好新的管理机制的落实工作

自 2007 年土地整理管理方式调整以后，我国土地整理初步形成了“国家监管、省级负总责、县乡（镇）人民政府组织农村集体经济组织具体实施”的新管理机制。落实好这一新的管理机制，是进一步加强土地整理工作，保障和促进科学发展的关键环节。

（一）有的放矢抓好国家监管

监管不是目的。监管是为了落实国家政策、规划、计划，是为了确保国家资源管理战略目标和任务的实现。实施监管的前提是切实做好宏观调控，发挥好国家宏观调控的导向作用。当前应重点抓好以下四个方面的工作：一要编制科学的土地整理专项规划。专项规划是国家引导土地整理方向，推进土地整理工作，实现土地整理综合效益的重要环节。二要尽快制定相关政策，明确土地整理不同类型专项资金的监管重点和各级政府相关部门在国家监管体系中的职责分工，按照专项规划有计划、有步骤、有重点地开展土地整理工作。三要加强信息化建设，逐步建立土地整理信息数据库，应用信息化技术，提高监管的科技化水平。四要加强土地整理宣传力度。宣传可以起到很好的舆论导向作用，突出土地整理所取得的成绩，扩大土地整理的社会影响力。五要加强教育培训力度，切实提高土地整理从业人员的综合业务素质。

（二）要明确省负总责的目标，建立责任考核体系

省负总责是落实“取之于土，用之于土”基本原则，切实发挥土地整理综合效益的关键。当前要进一步明确土地整理的省级目标，建立责任考核体系，逐步实现土地整理目标的三项挂钩：一是土地整理目标与耕地保有量责任考核挂钩；二是土地整理目标与新增建设用地计划指标挂钩；三是土地整理目标与下一年度土地整理资金拨付挂钩。在目标明确、考核方法切实有效的基础上，再开展分省指导，抓好落实，才能确保土地整理新机制有效运转。

（三）要加强县乡（镇）政府的责任感和使命感

县、乡（镇）政府作为土地整理项目的具体组织者和实施者，其对土地整理工作所持态度，决定了土地整理项目工程建设的成败。因此，应当加强对这两级政府的引导，使他们具有强烈的责任感和使命感，积极承担起组织实施好土地整理项目工程建设的任务。此外，还应做到如下两点：一要加强技术服务，积极制定科学的技术标准作为开展项目管理工作的技术依据，以及加强技术队伍建设，提高项目规划设计、施工、监理等工作的科学性。二要加强公众参与力度，切实维护民众利益，使广大农民从土地整理中得到实惠。

围绕中心服务大局积极作为 努力开创土地整治工作新局面*

——国土资源部土地整理中心2010年工作总结和2011年重点工作安排

国土资源部土地整理中心　吴海洋

2010年是“十一五”收官之年，是国内外经济发展形势最复杂的一年，也是国土资源部土地整理中心（以下简称中心）的“巩固提高年”。一年来，中心在部党组的正确领导和国土资源部领导的直接关怀下，在国土资源部机关各司局及地方整理机构的大力支持下，根据徐绍史部长指出中心的“两项核心业务”“三项主要工作”要求，按照2009年提出的“一二三四五”的总体工作思路，围绕年初提出的“六个更”的工作目标，积极跟进，主动作为，圆满完成了各项工作任务。

一、2010年工作进展与成效

（一）紧密围绕部重点工作布局安排，切实发挥服务和支撑作用

国土资源部2010年重点工作布局中中心参与其中6项工作。一年来，中心参与了土地整治制度设计和有关文件的研究起草，积极配合开展耕地保护责任目标考核和占补平衡考核，研究制定了加强新增费补充耕地监督管理具体措施，研究提出了进一步加强与改进新增费使用管理的政策建议，积极配合推进农村土地管理制度改革，切实发挥服务和支撑作用，取得明显成效。王世元副部长点评中心的创先争优活动时指出，围绕中心、保障服务，将创先争优活动与建强队伍、强化服务支撑有机结合起来，领导干部带头践行承诺，全体党员立足本职岗位创先争优，业务素质水平不断提高，着力抓好农村土地整治重大工程和示范项目实施管理，基础服务支撑能力不断增强。

（二）服务大局，着力抓好各项重点工作

1. 积极开展政策研究和制度设计

一是研究起草了《关于进一步加强对使用新增费开展土地开发整理补充耕地监督管理的具体措施》和《关于进一步加强与改进新增费使用管理的研究报告》。徐绍史部长主持召开第7次部长办公会，对研究报告进行了审议。二是参与了《国务院关于严格规范城乡

---

* 本文原发表于《土地整理动态》2011年第1期（总第530期）。

建设用地增减挂钩试点切实做好农村土地整治工作的通知》（国发〔2010〕47号）等7个重要文件的起草工作。三是参加了部机关百名机关干部集中下基层调研等11项重要调研检查活动，重点组织开展了重庆“地票”交易制度等7项调研工作，为部决策提供服务。四是开展了重大战略研究，较好地完成了“十二五”时期耕地保护与补充和国土综合整治两个专题研究，以及“土地综合整治研究”等4个应急软课题研究任务。

2. 全力推进土地整治规划修编工作

全国土地整治规划修编工作自2010年6月启动以来进展顺利，已形成《全国土地整治规划（2011—2015年）》文本（征求意见稿）并报部，主要内容已提交发展改革委；修订了《土地整治规划管理若干意见》和《省级土地整治规划审批管理办法》；起草了省、市、县三级土地整治规划编制技术要点；完成了“土地整治战略研究”等8个专题研究，形成了13个子专题研究成果。顺利完成了扬州市土地整治规划编制试点任务，为市级土地整治规划编制积累了宝贵经验。

3. 大力推进土地整治重大工程和示范建设

一是研究提出了重大工程和示范建设实施管理的年度考核、绩效考评、联络员制度、季报、年报等相关制度建议。二是参与起草了《中央财政支持农村土地整治示范建设的指导意见》、《农村土地整治示范建设指导意见》和重大工程2010年度预算评审要点，参与了9个重大工程的2010年度预算评审工作。三是配合开展重大项目的审核和前期准备工作，研究制定了《中央支持土地整治重大项目评审工作手册（初稿）》。四是开展了12个省份的调研检查工作，参与起草了关于示范建设工作进展情况的报告，徐绍史部长对报告做出“要注意形成数据，实时上图入库”的重要指示。五是协助开展国家投资土地开发整理项目撤销情况的梳理汇总工作。

4. 着力加强实施监管工作

一是根据部第7次部长办公会的要求及国土资源综合监管平台建设的总体部署，按照“集中统一、全面全程”的监管要求，完成了土地整治监测监管平台的建设任务，2011年1月1日已正式运行。二是开展了日常报备数据的审核与统计分析工作，自2010年一季度起有关数据已被国土资源综合统计报表正式采用；完成了全国31个省（区、市）及新疆生产建设兵团的58864个报部备案耕地占补平衡项目的审核；开展了2009年度全国耕地占补平衡台账、建设用地审批系统等数据审核工作。三是承担了2008～2009年新增费补充耕地情况检查任务；受财政部、国土资源部委托，完成2009年中央分成新增费稽查工作，形成了稽查报告，徐绍史部长认为稽查工作很有成效。四是开展增减挂钩理论研究和技术指导，配合编制了《2010年城乡建设用地增减挂钩周转指标分解下达方案》。

5. 大力推进农用地分等成果应用和考核评价工作

一是编写了《中国耕地质量等级调查与评定（全国卷）》，完成31个分省卷的编辑出版工作；完成了东北经济区土地质量地球化学评估与农用地分等成果整合研究工作；确定了分等成果与“二调”成果衔接的工作思路；在15个省份启动了耕地质量监测试点工作。二是积极参与了三部局组织的2009年度省级政府耕地保护责任目标履行情况检查，编写了《地方政府耕地保护责任目标考核及评价预警系统需求分析报告》，参与研究了2010年度考核工作；配合国土资源部耕地保护司开展基本农田上图数据分析比对工作，并开展了

2010年基本农田占用和补划核实工作。三是完成了2009年度和2010年度重庆等6个部省合作协议履行情况评估，协助起草了给重庆等6省（区、市）人民政府2009年度合作协议评估报告的函，协议评估工作得到国土资源部规划司的高度评价。

（三）强基固本，稳步推进各项基础工作

1. 加快土地整治技术标准体系建设

完成了《国土资源"十二五"标准化发展规划》、《国土资源标准体系》有关土地整治内容的编制工作；《土地整治规划编制规程》和《土地整治规划数据库标准》列入国土资源部2010年度标准制修订计划；《土地整治规划编制规程》、《土地复垦方案编制规程》和《矿山土地复垦投资估算编制》3项标准列入公益性行业科研专项；完成了预算定额标准（2010）修订和复垦方案编制规程报批稿，形成了灌溉与排水单元工程质量评定和全国土地整治工程建设标准初稿，开展了土地整治项目规划设计规范修订工作，启动了永久基本农田建设标准研究；加强技术标准管理的机构建设，完成了标准化技术委员会的换届调整工作。

2. 积极推进科技和国际合作工作

3个科技项目成果被评为2010年度国土资源科学技术二等奖；中心被国土资源部推荐为"十一五"国家科技计划执行突出贡献奖；"土地整理关键技术集成与应用"等3个国家科技支撑项目取得阶段性成果；成功申报"区域土地综合整治技术集成与示范"等2个公益性行业科研专项和"村镇土地综合整治重大科技工程"项目；完成了土地整治重点实验室评估工作；完成了与UNDP、欧盟的国际合作项目，得到外方的高度评价，研究成果进入世博会展览；承担了督察系统的出国培训考察的组团工作，组织了6个团组出国培训考察；配合召开了中美合作十周年研讨会；积极拓展新的国际合作渠道，与4个国家有关部门和机构签署了合作协议。

3. 积极做好土地复垦工作

积极配合《土地复垦条例》的制订工作，目前《土地复垦条例》已通过国务院法制办审议；开展全国范围函调，初步摸清了复垦潜力；参与修改《关于加强生产建设项目土地复垦监管工作的通知》，配合发布了《2011年农业综合开发土地复垦项目申报指南》；积极开展土地复垦方案咨询论证工作，配合国土资源部耕地司开展灾毁耕地项目审查；开展了复垦监管政策研究；加大土地复垦宣传力度，参加土地复垦国际研讨会。

4. 积极开展土地储备供应及建设用地节约集约工作

组织开展吉林等8个省份土地储备及政府其他机构土地融资专项调研，起草了《关于土地储备及政府其他机构土地融资有关情况的报告》，徐绍史部长认为，调研比较深入，情况比较清楚，所提建议要研究解决；稳步推进"招拍挂"、出让供地政策与房地产市场研究；配合国土资源部土地利用司开展了闲置土地清理相关工作；配合开展分行业建设项目用地指标编制修订，积极推进城镇土地等别调整更新修订工作。

5. 不断加强信息化建设和资料档案管理工作

丰富、完善中国土地整理网，全年外网信息发布量达1033条，同比增加173%，日均点击量达368次；基本完成了中心内网及OA系统建设，全年内网发布信息893条；完成

了中心与部机关内网的互联互通网络环境搭建；进一步强化了信息安全工作；整理完成9个重大工程项目、10个示范省建设、22个移土培肥工程项目及46个重大工程子项目的材料。

6. 着力推进宣传工作

会同中国国土资源报社在《中国国土资源报》开辟“土地整治大看台”专栏，宣传各地典型经验35例；出版21期《土地整理动态》和10期《土地整理纵览》；与国土资源部有关司局联合召开农村土地整治座谈会，接受中央电视台、经济日报社等中央主流媒体采访；召开了“6·25”全国土地日学术交流会，开展了土地整治在线交流活动；中心报国土资源部信息数量和质量在2010年8月跃居事业单位首位。

（四）坚持推进业务工作和党建工作的有机交融和深度结合，持续提升干部队伍的素质和能力

1. 深入开展“创先争优”活动

强化基层组织建设，完成了换届改选；设计了“七个一”的自选动作；组织各支部及全体党员进行公开承诺，开展以“五比五在前”为主要内容的岗位争创活动；坚持典型引路，邀请刘建文烈士先进事迹报告团作专场报告，并组织召开了座谈会，得到了国土资源部办公厅、机关党委、部推进办领导的肯定，《中国国土资源报》给予了专题报道；坚持党建带团建，推进共创共建，党委、团委、工会联手设计了“走进新田大地、情暖春陵学子”、“弘扬红船精神、携手争当先锋”、“学习英雄事迹、推进创先争优”3个实践方案，其中“走进新田大地、情暖春陵学子”获得了国土资源部十佳实践活动方案；举办了8期“土地整治大讲堂”。

2. 大力推进党风廉政建设

按照国土资源部党组部署，认真开展以学习《若干准则》为主要内容的学习活动，提高思想防腐的意识；深入开展“两整治一改革”专项行动，认真梳理业务工作各个环节，反复排查廉政风险点，确定了5个方面的风险防控重点，开展了自查自纠，制定了风险防控措施；增设了专职纪检干部岗位；开展了廉政文化建设，参加国土资源部“推进反腐倡廉建设科学化”征文活动，8篇论文全部获奖，中心获得优秀组织奖；完善了“三重一大”的集体决策制度，制定了“两项法规制度”落实方案；进一步完善财务、政务管理等规章制度，有针对性地开展培训，增强预算执行的规范性和合理性，加强预算执行的监管和“三项费用”的控制，确保“三项费用”控制在规定范围内。

3. 切实加强队伍建设

积极探索竞争性选拔聘用处级干部的方法，大力推进干部交流，积极稳妥地推进岗位设置优化。一是按照国土资源部党组部署，组织开展了副局级后备干部补充调整和推荐工作。二是开展处级干部的公开选拔聘用工作。按照德才兼备、以德为先的用人标准和民主公开、竞争择优原则，采取“一公开三推荐一陈述”的方式选拔配备了7名副处级干部。三是大力推进处级干部交流，组织完成了正处级干部的交流轮岗，正处级干部交流的比例达到了100%。四是调整了部分处室的工作人员，使人岗更加相宜。五是开展上下交流，选派1名副处级干部到吉林挂职锻炼，1名副处级干部参加援藏工作，选送2名新接收的

大学生到嘉兴市锻炼，有计划地接受基层干部到中心来挂职。六是抓好岗位设置聘用。制定了岗位实施方案和实施办法，完成了专业技术岗位的分级遴选。

二、当前土地整治形势和 2011 年重点工作安排

党的十七届五中全会和 2011 年中央经济工作会议对“十二五”时期和 2011 年的国土资源管理工作提出了新的要求，也给土地整治事业的发展带来了新的机遇和挑战。总体上看，土地整治形势更好。一是中央对土地整治工作高度重视，党的十七届五中全会审议通过的《中共中央关于制定国民经济和社会发展第十二个五年规划的建议》中明确提出“加快农村土地整理复垦”、“积极稳妥推进农村土地整治”。二是土地整治工作基础更加坚实。经过 10 余年发展，我国土地整治基本形成了有法律保障、有规划引导、有标准可依、有科技支撑、有监管平台、有机构推进、有稳定资金渠道的工作格局，为“十二五”持续发展奠定了坚实的基础。三是土地整治正在发生深刻转变。在整治范围上，已由分散的土地开发整理向集中连片的田、水、路、林、村综合整治转变；在整治内涵上，已由增加耕地数量为主向增加耕地数量、提高耕地质量、改善生态环境并重转变；在整治目标上，已由单纯的补充耕地向建设性保护耕地与推进新农村建设和城乡统筹发展相结合转变；在整治手段上，已由以项目为载体向以项目、工程为载体结合城乡建设用地增减挂钩政策的运用转变，土地整治管理模式有了显著改变，综合效益有了质的飞跃。土地整治已经成为应对资源环境约束不断强化、破解“双保”矛盾，坚守耕地红线，维护国家粮食安全的有效手段，推动农业现代化和新农村建设的主要抓手，促进区域和城乡协调发展的重要平台，落实节约优先战略、建立“两型”社会的基本途径，深受各级党委、政府的重视和广大农民群众的拥护。

但同时，应清醒地看到，资源环境对经济社会发展的约束不断强化，影响土地整治事业发展的不利因素在增多，土地整治压力空前。一是土地整治的综合作用尚未全面发挥，资金使用效益不高；二是少数地方存在的“占优补劣”、增减挂钩试点工作中强拆强建、侵害农民权益等不规范做法给土地整治造成了负面影响；三是土地整治重大工程和示范建设项目进展不理想，“亮点工程”不亮；四是外部压力不断加大。

2011 年是“十二五”开局之年，中心基于“开好局、起好步、夯实基础”的考虑，2011 年整理中心工作总体思路是：以促进土地整治科学发展为主题，以贯彻落实国发〔2010〕47 号文件为主线，以认真谋划“十二五”土地整治发展目标、科学编制土地整治规划为着力点，以加快实施土地整治重大工程和示范项目为重点，以强化实施监管、深化政策研究、完善标准体系、加强队伍建设为抓手，加快农村土地整理复垦，强化耕地质量建设，大规模建设旱涝保收高标准基本农田，积极稳妥推进农村土地整治，促进农业现代化和城乡统筹发展。重点抓好以下工作：

（一）切实抓好国发〔2010〕47 号文件和拟出台的《土地复垦条例》的贯彻落实

一是积极参与有关土地整治重大工程和示范建设、增减挂钩试点监管和土地复垦监管的配套文件起草工作；二是积极参加增减挂钩试点和农村土地整治清理检查工作；三是积

极配合做好土地整治工作会议有关工作；四是积极开展土地整治宣传和培训。继续加强与中央主流媒体的联系与合作，做好策划，系统宣传土地整治成效和典型经验；继续在《中国国土资源报》办好“土地整治大看台”专栏，扩大影响；系统总结各地土地整治典型模式，加大推广力度；开展业务培训，提升土地整理机构队伍素质和能力。

（二）全面完成土地整治规划修编任务

一是按时完成《全国土地整治规划（2011—2015 年）》修改完善工作；二是完成省、市、县级土地整治规划编制要点的起草工作；三是切实做好对地方土地整治规划编制工作的技术指导与培训，积极开展试点研究，加快健全土地整治规划体系。

（三）加快实施土地整治重大工程和示范建设

一是加大监管力度，开展中期检查和评估，督促各地加快实施进度；二是建立季报、年报制度，及时通报实施进展情况，开展土地整治绩效评价和遥感监测；三是建立共同责任机制，通过与相关省份签订合作协议，加强业务指导，共同推进项目实施。

（四）不断强化对各级各类土地整治活动的有效监管

一是全面运行农村土地整治监测监管系统，结合“一张图”，提升全面全程监测监管能力；二是加强日常备案数据审核分析，把握动态，掌握底数；三是加快增减挂钩试点和土地复垦监管系统建设，实现网上动态监管；四是做好 2010 年新增费专项稽查工作。

（五）着力推进农用地分等成果应用和考核评价工作

一是开展耕地质量等级监测试点工作，研究编制永久基本农田建设标准；二是探索分等成果动态更新机制，继续开展分等成果与地球化学评估成果的整合；三是积极承担 2010 年耕地保护责任目标考核和耕地占补平衡考核任务。

（六）加快健全土地整治技术标准体系

加快规划设计、工程建设、质量评定、预算定额、竣工验收、土地复垦、土地使用、节约用地等技术标准的修编工作，为实施有效监管提供依据。

（七）深入开展调查研究与科技工作

紧紧围绕土地整治中的热点、难点和重点问题深入开展调查研究工作，提高调研水平和调研质量，提升土地整治科技支撑能力。一是围绕《农村土地整治条例》起草和新增费使用管理办法的修改开展调研；二是围绕土地整治过程中的土地权属调整和农民权益维护问题开展调研；三是围绕后备资源枯竭地区重大建设项目补充耕地国家统筹政策、占补平衡市场化新机制和耕地保护补偿机制开展调研；四是继续做好国家科技支撑项目和公益性行业基金科研项目的研究工作，围绕土地整治关键技术开展技术攻关，提高科技支撑能力；围绕中心工作，统筹中心科技力量，谋划好“十二五”科研课题；五是加强国际交流与合作，巩固现有的国际合作关系，进一步拓展国际合作领域。

（八）坚持业务工作和党建工作有机结合，扎实推进党风廉政建设和队伍建设

以服务大局，建设队伍为目标，以开展“创先争优”活动和“两整治一改革”专项行动为抓手，切实加强作风建设和党风廉政建设，全面提高干部队伍执行力，勇破“两难”；大力推进学习型、研究型单位建设，全面提升干部队伍素质和能力，建设学习型、服务型、效能型、廉洁型单位。

“土地整治规划与节约集约用地”主题研讨会综述*

国土资源部土地整治中心　刘新卫

为加快推进土地整治规划实施、纪念第23个全国土地日，2013年6月24日上午，国土资源部土地整治中心联合北京市国土资源局海淀分局和中国土地学会土地整理与复垦分会，围绕2013年全国土地日主题——“珍惜土地资源　节约集约用地”，共同举办了“土地整治规划与节约集约用地”主题研讨会，旨在为推进土地整治规划实施和促进节约集约利用土地建言献策。会议由国土资源部土地整治中心副主任范树印主持，部分土地整治规划编制试点市县和省级土地整治中心负责同志、相关高校专家学者，以及国土资源部规划司、北京市国土资源局和北京市海淀区政府的有关负责同志参加了此次研讨会。现将会议有关情况概述如下：

一、关于土地整治规划工作的情况通报

国土资源部土地整治中心主任吴海洋在研讨会上通报了全国土地整治规划编制实施的基本情况。截至目前，全国32个省级土地整治规划（包括31个省（区、市）和新疆生产建设兵团）均已通过国土资源部组织的初步审查，天津、河北、山西、辽宁、吉林、黑龙江、上海、江苏、安徽、福建、江西、山东、湖北、湖南、广东、广西、四川、贵州、陕西、甘肃、青海、宁夏22个省（区、市）土地整治规划已经由省级人民政府批准实施；根据2012年12月进行的摸底调查，截至2012年底，除西藏计划在2013年部署编制工作外，其余31个省级单位均在2012年完成了规划编制部署。从目前各地反馈情况来看，除个别地方外，绝大多数省级单位已经完成市、县级土地整治规划编制工作。吴海洋强调，“十二五”进程即将过半，各级土地整治规划相继编制完成，已经或者即将由同级人民政府颁布，如何推进土地整治规划顺利实施是当前和今后两年需要着重考虑的问题。

吴海洋还介绍了即将开展的土地整治规划实施跟踪评估工作准备情况。2013年初，王世元副部长在国土资源部土地整治中心领导班子述职会上提出要“加强土地整治规划实施跟踪评估，做好‘十三五’规划谋划”后，国土资源部土地整治中心将开展土地整治规划实施跟踪评估列入2013年重点工作布局，并且组织专门力量加强这方面的研究。2013年以来，通过自主开展土地整治规划实施跟踪评估预研究，梳理了规划实施评估的相关理论和方法体系，提出了推进工作的技术路线和主要抓手。2013年5月、6月，在与国土资源部相关业务司进行研讨对接的基础上，初步拟定了土地整治规划实施跟踪评估工作方

* 本文原发表于《土地整治动态》2013年第8期（总第570期）。

案，将按照“统筹兼顾、突出重点”的原则，在省、市、县三级各选一定地区开展函调，了解不同层级规划实施进展情况；同时，将根据函调结果，拟在7～9月选择6～8个地区开展实地调研，重点了解土地整治尤其是高标准基本农田建设项目具体实施情况、土地整治项目布局安排和建设资金落实情况，以及调研地区的经验做法、主要问题和对策建议等。

二、关于土地整治规划工作的地方经验

北京市国土资源局海淀分局副局长向文在题为《土地整治助推海淀生态型文化大区、宜居型田园新区、现代化高科技核心区建设》的报告中指出，《海淀区土地整治规划（2011—2015年）》立足“城乡宜居、绿色科技、生态文明”战略定位，统筹安排了各类土地整治活动，科学规划了绿色基础设施网络，突出强调了景观生态建设。截至目前，海淀区已经申报并实施3个挂账综合整治项目，正在规划设计评审1个农村建设用地整治项目，并且研制了土地整治项目管理实施办法。下一步，海淀区农用地整治项目将由镇政府组织实施，并由区农委组织各镇提出立项需求；农村建设用地整治项目原则上由镇政府投资和组织实施，由海淀区北部指挥平台提出立项需求，另外，将由区农委提出村庄改造立项申请；城镇建设用地整治项目将结合“三山五园”地区改造计划等采取不同模式；低丘缓坡开发项目和土地综合整治项目将由各镇作为主体实施，并由大西山领导小组组织各镇提出立项需求。

辽宁省铁岭市国土资源局副局长杨再森在题为《注重规划实施，提高节约集约用地水平》的报告中指出，本轮铁岭市土地整治规划着重解决全域土地整治、高标准基本农田建设、差别化土地整治、土地整治模式创新和土地生态文明建设等重大问题。在推进规划实施方面，铁岭市正着力做好以下事情：一是保红线，加强高标准基本农田建设。用规划指导高标准基本农田建设和土地整治工作，以实现耕地数量不减少、质量有提高、农民合法权益有保障。二是深入挖潜，促进土地节约集约利用。依法收回闲置和低效利用土地，整合城市存量国有建设用地，以及拓展用地空间提高土地容积率等。三是争取政策支持，规范开展增减挂钩试点。科学编制增减挂钩实施规划，合理拆村并屯建设产业基地，适度开发荒山荒坡资源，积极争取“人地挂钩”试点等。

江苏省扬州市国土资源局副局长周国清在题为《扎实推进土地整治　集约利用城乡资源》的报告中指出，扬州市在国土资源部土地整治中心指导下率先编制了市级土地整治规划，探索集土地复垦开发整理、城乡建设用地增减挂钩、万顷良田建设工程等技术政策整合，田、水、路、林、厂、城、镇、村综合整治的新模式。在土地整治规划指导下，扬州市坚持量质共保共建，全面提升农地综合产能，近年来每年通过复垦开发整理新增耕地2万亩以上；坚持城乡协同整治，促进土地资源“空间流动”，在加强整治散乱、闲置、废弃、低效利用农村建设用地的同时，有计划、有步骤地大规模推进老城区、老小区、老宿舍、老宅子、老庄台、老市场、老厂房、老街巷“八老”改造；坚持节约集约利用，强势推进“内涵式”发展，既解决了发展用地需求，又促进了转型发展、集约发展。

浙江省嘉兴市南湖区国土资源局副局长刘春燕在题为《以农村土地整治为抓手　实现土地节约集约有增量》的报告中指出，近年来，南湖区按照浙江省和嘉兴市统一部署，以

全省统筹城乡发展先行先试为契机，围绕实现“土地节约集约有增量、农民安居乐业有保障”目标，积极探索农村土地使用制度改革，结合“两分两换”试点（宅基地与承包地分开，搬迁与土地流转分开，以土地承包经营权换股份、换租金、换保障）推进农村土地整治工作。截至目前，南湖区实施的10个农村土地整治项目完成复垦规模2400亩，新增有效耕地2400亩，4个项目已经全部竣工，6个项目将在2013年11月前竣工。面对城乡经济社会发展越来越受到土地制约，以及农村土地整治项目周期长、项目投入资金大等问题，南湖区希望举农村土地整治之力，在耕地、基本农田、建设用地置换方面加强探索创新，以真正做到“政府可承受、农民可接受、发展可持续”。

四川省土地统征整理事务中心主任李何超在谈及四川省推进土地整治规划实施时提出，规划实施必须始终坚持保护耕地、节约用地，高标准基本农田建设任务要真正落实到每个县、每个项目。鉴于宜耕后备土地资源开发是土地整治的重要类型，李何超建议：耕地后备资源调查工作由土地整治机构牵头开展；为了激励规划编制人员、提升规划工作地位，当前有必要推动土地整治规划成果评比报奖；为了更好推进土地整治工作，应该及早加强土地整治条例编制和政策制度顶层设计；在规划实施理念上，要从当前偏重耕地数量尽快实现向耕地质量、产能、景观、生态综合规划目标转变。

三、关于土地整治规划与节约集约用地的专家观点

中国人民大学教授严金明就“土地综合整治与新型城镇化”发表了自己的看法。他认为，目前我们在新型城镇化道路上还有很长的路要走，土地整治有利于在新型城镇化发展过程中优化结构、提高效率、释放空间、盘活存量。为此，要大力推进以“田、村、城”为重点的土地综合整治，注重城镇存量建设用地综合整治，力推景观生态型土地综合整治，扩展土地综合整治资金筹集渠道，积极推进公众参与保障农民利益，注重土地综合整治差别化区域调控。

北京师范大学副教授姜广辉谈了自己关于“耦合潜力与功能，优化土地整治空间格局”的看法。他认为，土地整治是优化国土空间格局的基础手段，区域功能最大化是土地整治的基础指向和终极目标；土地整治应关注与自然、经济社会时空耦合，依据地域功能空间格局进行土地整治项目功能合理设计与空间组织。为此，要关注土地整治空间格局问题，深入推进全域土地整治，构建多元土地整治目标评价及潜力测算技术体系，优化土地整治规划及分区体系，增强技术标准区域适宜性，实施差别化土地整治项目考核规范。

浙江大学副教授杨遴杰就“土地整治实施验收程序优化”谈了自己的看法。他认为，现在的土地整治项目验收只有政府和施工单位两个主体，跟土地整治工作有密切联系的农民反而被排除在外。为此，他通过建立相关模型，优化了验收流程，并且建议将土地承包人作为土地整治项目验收主体，这样有助于确保土地整治新增耕地质量。

浙江大学副教授岳文泽根据自己参与的美国棕地开发经历，谈了对当前国内推进土地整治工作的观点。他提到，在美国密歇根州立大学做访问学者时，有幸参加了底特律市一块棕地开发规划工作，这项工作要求生态学、城市规划、经济学、土地科学等学科人员组成，需要经过多轮公众参与，而且最终采纳了市民建议，将生态效益放在首位。他认为，随着党的十八大提出要建设生态文明、建设美丽中国，土地整治工作应把经济效益、社会

效益和生态效益有机结合起来，为建设美丽中国发挥更大的正能量。

国土资源部土地整治中心研究员高世昌就“推进制度创新促进土地节约集约利用”谈了自己的看法。他认为，土地整治是促进土地节约集约利用的主要途径，也是世界上许多国家和地区解决经济社会发展过程中土地供需矛盾的一项主要措施和政策工具；土地整治促进土地节约集约利用应从规划制度、实施制度和保障制度三个方面推进制度建设，而且要进一步建立健全资源配置机制、监管机制、评价机制、激励约束机制、利益整合机制、科技创新机制和保障机制。

国土资源部土地整治中心汤怀志博士就“规划节约是最大的节约”问题谈了自己的看法。他认为，土地整治规划是规范开展各类土地整治活动的基本依据，科学编制土地整治规划是促进节约集约用地的必要前提，要在土地整治规划编制中，充分认识节约集约用地的重要性，加强节约集约用地设计；土地整治规划实施过程中，需要加强规划管控、标准控制、市场配置、政策鼓励和考核评价，促进节约集约用地；当前要加强土地整治规划实施跟踪评估，对规划实施进行动态监测，对规划指标完成情况、布局安排情况、政策落实情况进行评价，研究完善促进节约集约用地措施。

总体上看，这次研讨会虽然时间紧凑，但内容丰富，气氛热烈，既交流研讨了规划实施理论方法和经验成效，也动员部署了规划实施跟踪评估工作。与会领导、专家和地方同志普遍认为，当前和今后一段时间要突出抓好三项工作：一是及早谋划“十三五”土地整治规划。从各地反馈情况来看，一些地方规划编制工作较为滞后，给推进规划实施带来很大障碍，要从本轮规划编制工作中吸取经验教训，及早加强“十三五”规划谋划和研究储备，为科学编制和及时出台“十三五”规划打下坚实基础。二是大力加强土地整治规划实施探索。本轮规划实施时间紧、任务重、压力大，各地应在推进规划实施中加大探索创新力度。编制试点市县在推进本轮规划编制中发挥了引领和示范效应，今后要在推进规划实施中继续发挥试点作用，创造更多更好经验，带动规划实施顺利推进。三是开展规划实施跟踪评估工作非常紧迫。随着各级土地整治规划相继编制完成和颁布出台，加上“十二五”时期即将过半，本轮规划实施任务重、时间紧、压力大，目前处在规划实施的关键时期，需要尽快启动规划实施跟踪评估工作，及时了解进展、发现问题和寻求对策，切实加强规划实施督促指导，切实落实既定规划目标任务。

总结实践经验　增进学术交流　着力提升土地整治服务城镇化和新农村建设的水平*

——在中国土地学会2013年学术年会上的讲话

国土资源部　王世元

〔按〕2013年11月25日~26日，中国土地学会2013年学术年会在上海举行，会议以“土地整治与新型城镇化、新农村建设”为主题，以深入学习贯彻党的十八届三中全会《决定》精神、全面深化土地管理制度改革为核心，开展学术研讨，交流学术观点。国土资源部党组成员、副部长，中国土地学会理事长王世元出席并讲话。现予以刊发，供各地学习。

正值全国上下学习贯彻党的十八届三中全会精神之际，在各有关方面大力支持和组织筹备下，中国土地学会2013年学术年会在上海成功召开。这次会议以“土地整治与新型城镇化、新农村建设”为主题，以深入学习贯彻党的十八届三中全会《决定》精神，全面深化土地管理制度改革为核心，开展学术研讨，展示学术成果，交流学术观点，集思广益，为进一步推进土地整治，促进新型城镇化健康发展和新农村建设建言献策，意义重大而深远。

在此，我谨代表国土资源部、代表中国土地学会第六届理事会，向中国土地学会2013年学术年会的召开表示热烈的祝贺！向获得优秀论文奖的作者表示敬意！向出席今天会议的黄融副秘书长，向各位专家、各位来宾和新闻界的朋友们表示欢迎和衷心的感谢！昨天，与会专家和代表们集聚一堂，围绕年会主题，进行了认真、深入的研讨交流，提出了很多好的建议和意见，为开好这次年会开了个好头，奠定了基础。下面，我讲三点意见，供大家参考。

一、在服务经济社会发展大局中统筹谋划和实施土地整治，成效明显

10多年来，在党中央、国务院的正确领导下，地方各级党委、政府高度重视，各级国土资源部门、财政部门围绕中心、服务大局，与有关部门共同努力，统筹谋划，大力实施土地整治，将土地整治作为促进发展、保护资源、维护权益的重大举措；作为城镇化发

* 本文原发表于《土地整治动态》2013年特刊第9期。

展和新农村建设、实现农业现代化的重要平台和抓手；作为一项利国利民、利城利乡的民生工程。充分借鉴国外有益经验，不断总结地方实践和做法，取得了显著成效。

（一）促进耕地保护，夯实了国家粮食安全基础

国土资源部会同有关部门和地方各级人民政府，重点围绕保护18亿亩耕地红线和15.6亿亩基本农田，按照“划得准、调得开、建得好、守得住”的要求，有规划、有计划地对田、水、路、林、村进行综合整治，不仅稳定了耕地数量、提高了耕地质量，还改善了农业生产条件。截至2012年底，通过土地整治新增耕地4000多万亩，建成高标准基本农田3亿多亩，整治后的耕地质量平均提高1～2个等级，粮食产能普遍提高10%～20%，保障了国家粮食安全，巩固了农业现代化基础。仅黑龙江省“十一五”期间就累计投入土地整治资金101亿元，实施土地整治工程项目180个，建成高标准基本农田近800万亩，新增耕地54万亩，年增产粮食38多亿斤[1]。

（二）改善农村人居环境，促进了农民增收、农业增效和农村发展

各地以高标准基本农田建设为重点，统筹安排、勇于探索，在尊重农民意愿的前提下，实行土地综合整治，完善农村基础设施、公共服务设施配套，改善了农业生产条件和农村人居环境，促进了农业规模化、产业化经营。同时，降低了农业生产成本，增加了农民收入。目前，全国土地整治惠及9000多万农民，项目区农民年人均收入增加700多元。浙江省将农村土地整治作为推动“千村示范、万村整治”工程和新农村建设的重要抓手，提高了耕地保护水平，撬动了农村存量建设用地，减少了农村闲置土地，促进了农村人居环境综合整治，带动了农村经济社会发展。

（三）优化土地利用布局和结构，推动了城乡统筹和城镇化转型升级

各地按照城乡统筹发展的总体部署，在严格保护耕地和节约集约用地的前提下，通过土地整治，改造旧村庄和低效利用的建设用地，不断优化城乡土地利用空间布局和结构，提高土地利用效率，不仅释放了建设用地的新空间，还有效释放了土地级差收益的红利，推动了建设用地供应从增量依赖逐步转向存量挖掘；引导和整合了涉农财政资金及相关社会资金投入农村，促进了城乡统筹和社会经济的转型发展。山东省将土地整治与农村新型社区建设相结合，将农村社区进行统一规划和综合整治，采取“多村一社区”模式建设农村新型社区，半径2千米左右区域内5～6个村、1000～2000户组成一个社区，共建共享生产生活服务设施，土地利用效率大幅提高。

（四）改善土地生态环境，促进了生态文明建设

国土是生态文明建设的物质基础和空间载体。农用地是农业生态系统的重要组成部分，发挥着湿地、绿地、景观等自然生态功能。各地在土地整治中，通过采取工程、生物等措施，着力改善土地生态环境，取得了明显成效。“十一五”期间，全国通过土地整治，种植农田防护林2.7亿多株；开展“坡改梯”和坡面防护建设，治理水土流失面积2000

[1] 1斤=500克。

多万亩；工矿废弃地复垦率从10%提高到15%，促进了矿山环境恢复治理。上海市在郊野单元规划建设中，以土地整治为核心内容，通过开展田、水、路、林、村等农村土地要素在功能和形态上的综合整治，使郊野地区兼具生态、景观、耕地保护等复合功能，同时实现提高农村生活环境质量、提升郊野地区生态空间功能等目标。

各地结合实际，充分考虑自然条件、经济发展水平等情况，积极创新土地综合整治模式和方法，取得了宝贵经验。2012年6月，国土资源部会同财政部在湖北省咸宁市召开了“贯彻实施全国土地整治规划，加快建议高标准基本农田现场会”，实地考察了湖北省嘉鱼县3个土地整治、高标准基本农田建设现场，切身感受了土地整治在促进城乡统筹发展和新农村建设等方面发挥的重要作用。来自陕西、宁夏等地的12个省、市、县代表介绍了实践经验。例如，陕西延安的“治沟造地”、云南的“兴地睦边”、宁夏的土地整治与生态移民工程等，这些创新模式和做法，具有广泛的借鉴意义。

二、以贯彻落实党的十八届三中全会为契机深入推进，土地整治前景广阔

我国已进入全面建成小康社会的决定性阶段，正处于深化改革开放和加快转变经济发展方式的攻坚期和战略机遇期，也迎来了土地整治更有作为的良好契机。党的十八届三中全会通过的《关于全面深化改革若干重大问题的决定》（以下简称《决定》）提出建立城乡统一的建设用地市场，健全城乡发展一体化体制机制，扶持发展规模化、专业化、现代化农业经营，加快生态文明制度建设等，明确了深化国土资源管理改革的方向和重点，也对土地整治工作提出了更高要求。学习领会《决定》精神，我们感到，土地整治服务经济社会发展全局的目标定位进一步确立，维护农民权益和共享土地增值收益的原则要求进一步明晰，实施的路径和资金筹措渠道进一步拓宽。具体表现在以下四个方面：

（一）进一步确立了土地整治的目标定位

党的十八届三中全会《决定》提出“健全城乡发展一体化体制机制”，“加快构建新型农业经营体系”，“推进城乡要素平等交换和公共资源均衡配置”，“有序实现耕地、河湖休养生息”等。这就意味着，土地整治需要进一步转变理念，在继续强化耕地保护核心地位的基础上，要以支撑农业产业化和现代化进程为重点和目标，着力改善农业生产条件，更多关注农村地区基础设施建设，更多关注生态环境修复，更多关注改善人居环境。

（二）进一步强调赋予农民更多的财产权利

党的十八届三中全会《决定》提出了“建立城乡统一的建设用地市场”，“赋予农民对承包地占有、使用、收益、流转及承包经营权抵押、担保功能，允许农民以承包经营权入股发展农业产业化经营”，“赋予农民更多财产权利”等。这就要求土地整治工作，要在城乡土地统一规划、城乡建设用地合理置换、承包经营权流转中，更加尊重农民土地产权主体地位和权益，促进集体建设用地在城乡统一建设用地市场中平等交换。这也要求开展土地整治工作，首先应做好确权登记颁证工作，这也是建立城乡统一建设用地市场的基础，是完善农村集体经营性建设用地权能的治本之策。

（三）更加强调让农民公平分享土地增值收益

党的十八届三中全会《决定》提出，“必须健全体制机制，形成以工促农、以城带乡、工农互惠、城乡一体的新型工农城乡关系，让广大农民平等参与现代化进程、共同分享现代化成果”，“保障农民公平分享土地增值收益”。这意味着开展土地整治工作，要积极为实现农村集体建设用地产权和农户宅基地用益物权，显化农村土地资产价值，增加农民财产性收入等创造条件；要协调好国家、集体、个人之间的利益分配关系，让广大农民更多地分享土地增值收益；要探索建立有利于资源要素向农村配置的激励机制，引导资金、技术、人才、管理等要素向农村聚集，加快推进新农村建设。

（四）更加强调加快生态文明建设的要求

党的十八届三中全会《决定》提出：“加快建立生态文明制度，健全国土空间开发、资源节约利用、生态环境保护的体制机制，推动形成人与自然和谐发展现代化建设新格局。”这是继党的十八大将生态文明建设纳入现代化建设“五位一体”总布局后做出的具体部署。面对当前城乡土地利用粗放、城镇化格局和用地结构不尽合理、生态环境总体恶化的严峻形势，土地整治应紧密围绕山、水、林、田、湖的统一保护和修复为目标，通过土地利用布局和结构的调整，加快促进国土空间开发格局优化，加大自然生态环境保护力度，提高资源环境承载能力，推动资源利用方式根本转变。

当前，面对新形势、新要求，应看到土地整治工作还存在一些差距和不足，主要有：一是土地整治综合效益目标任务还需进一步明确和细化；二是土地整治体制机制还需进一步健全；三是土地整治基础还需进一步夯实。

三、以学会学术交流为平台，进一步推动土地整治工作水平的提升

土地整治工作在城镇化发展和新农村建设过程中，具有广泛的实践基础，取得了显著成效。面对新形势、新要求，土地整治需要与时俱进，从更高的站位、更宽的视野谋划和推进。实践表明，土地整治既是服务经济社会发展大局的重要平台，也是土地制度政策不断改革创新的重要载体，更是土地学科建设和理论创新的源头活水。今天在座的有政策的执行者、理论的研究者，还有改革的推进者。希望大家借助学术年会这个重要的交流平台，集思广益，共享成果。在总结提升实践经验上下功夫，为完善制度政策奠定坚实基础；在试点探索的跟踪评估上下功夫，为深化改革提供服务支撑；在理论与实践良性互动上下功夫，为持续发展提供动力源泉，不断推动土地整治工作能力和水平的提升。重点把握好以下四个关键。

（一）夯实扩大权能基础，切实维护农民财产权益

在土地整治中，要始终把维护农民权益放在首位，更加尊重农民产权主体地位。要按照十八届三中全会《决定》关于改进社会治理方式的要求，土地整治要在健全乡村民主议事机制的基础上，以政府为主导、以农村集体和农民为主体开展，坚持群众自愿、群众参

与、群众受益。政府在土地整治中，更多的是发挥规划统筹、监管、调控等服务功能，引导资源优化配置。要进一步加快农村土地确权登记颁证工作进程，明确集体成员的土地权益。让农民以产权保生存、谋发展。要建立兼顾国家、集体、个人的土地增值收益分配制度，提高农民在土地整治产生的土地增值收益分配中所占比例。

（二）强化顶层设计，积极拓展整治空间和范围

土地整治应对新要求和新挑战，需要加强顶层设计，统筹规划，规范程序。应将土地整治尤其是土地置换、增减挂钩放在城乡统筹发展、新农村建设的大格局中谋划，放在深化农村整体改革的总体部署中推进才能有生命力、才能可持续。要注重土地整治规划与各相关规划的衔接，拓展土地整治空间和范围，完善整治制度和机制设计，充分发挥土地整治在城镇化转型发展、新农村建设和生态文明建设中的基础支撑作用，发挥整治的综合效益。要继续强化田、水、路、林、村综合整治，以耕地保护和质量提升为核心，以城乡建设用地增减挂钩和新增建设用地有偿使用费两大政策制度设计为抓手，以土地整治重大工程和示范建设为重点，加快4亿亩高标准基本农田的建设；着力农村人居环境的改善，加大对山水林田湖生命共同体的整体修复。

（三）坚持因地制宜，更好地适应区域经济社会协调发展的需要

我国地域辽阔、经济社会发展水平差异很大，自然资源禀赋也极不相同，一些边远地区社会发展阶段也有差异。开展土地整治，必须遵循经济社会发展的客观规律，把握好土地整治的规模和时序，坚持因地制宜、尽力而为、量力而行。西部地区土地整治工作主要以扶贫和生态移民为重点，中部地区主要以提高耕地质量和新农村建设为重点，东部发达地区更多的是着眼于稳定耕地数量和促进城乡统筹发展。城乡结合部以“城中村”改造，优化城乡土地利用结构和布局，促进节约集约用地为重点；农村地区要以着力改善农村人居环境为重点。土地整治还要与农村自身发展相适应，要充分考虑农民生产生活方式的特点，突出乡村特色，保持田园风貌，体现地域文化风格，注重农村文化传承。

（四）着力实践经验总结提升，不断完善土地整治体制机制

各地按照要求，适应地方特点和发展，以土地整治为平台，综合运用城乡建设用地置换和增减挂钩政策，积极创新管理方式，探索实施模式，完善体制机制，积累了丰富的实践经验。可以说，土地整治在城乡统筹发展和新农村建设过程中起到了“牵一发动全身”和“四两拨千斤”的作用。围绕贯彻落实《决定》精神，各地正在统筹谋划土地整治新探索、新试点。这些都是我们提升土地整治工作的动力源泉，需要我们持续跟踪评估，深入总结提升，及时形成政策制度在面上推广，取得更大的时效。

新时期开创土地整治工作新局面，还要强化宣传引导。应充分利用中央主流媒体等，采取多种宣传形式，对土地整治促进新型城镇化健康发展和新农村建设的典型经验进行深度挖掘、跟踪报道，不断释放正能量，实现宣传效果最大化。同时，要进一步发现新的典型，及时加以总结宣传，努力营造良好的舆论氛围。

土地整治与节约集约用地*

〔按〕“十二五”时期，是全面建设小康社会的关键时期，是深化改革开放、加快转变经济发展方式的攻坚时期，也是资源环境约束加剧的矛盾凸显期，耕地保护和节约集约用地任务更加艰巨。新形势下，土地整治不仅是落实最严格的土地管理制度、大力推进耕地保护和节约集约用地的重大举措，也是推动破除城乡二元结构、加快推进新农村建设和城乡一体化的重要途径。本文摘编了土地整治促进土地节约集约利用的专家观点，以供参考。

土地整治促进节约集约用地刍议

国土资源部土地整治中心　刘新卫

进入新世纪以来，特别是“十一五”时期以来，面对工业化、城镇化快速发展导致的土地供需矛盾日益突出状况，我国在如何走出一条“耗地少、结构优、效率高、可持续”的土地利用新路子方面进行了不懈探索。2008 年 1 月国务院发布的《关于促进节约集约用地的通知》（国发〔2008〕3 号）强调指出节约集约用地是“我国必须长期坚持的一条根本方针”，同年 10 月召开的党的十七届三中全会首次提出要“实行最严格的节约用地制度”，2011 年 3 月发布的《中华人民共和国国民经济和社会发展第十二个五年规划纲要》明确提出要“落实节约优先战略”，2012 年党的十八大再次明确“节约资源”为基本国策。随着节约集约用地从管理需求发展成为国家战略，包括土地整治在内的促进节约集约用地的手段和方式也在不断创新和发展。

一、发展与成效：土地整治从围绕“保护耕地”一个中心到高举“保护耕地”和“节约用地”两面大旗

20 世纪 80 年代中期以来，中国真正现代意义上的土地整治活动得以大规模、有组织开展，在相当长一段时间内，“切实保护耕地”都是土地整治工作的核心任务。1987 年，全国首次土地开发经验交流会在辽宁本溪召开，会议号召加强土地开发以保持全国耕地面积相对稳定；1997 年，中共中央、国务院联合下发《关于进一步加强土地管理切实保护耕地的通知》（中发〔1997〕11 号），要求“实行占用耕地与开发、复垦挂钩政策”和“积极推进土地整理”；1998 年修订的我国《土地管理法》提出“国家实行占用耕地补偿制度”和“国家鼓励土地整理”，进一步明确了土地整治在耕地保护中的法律地位；2004

* 本文原发表于《土地整治动态》2013 年第 12 期（总第 574 期）。

年《关于深化改革严格土地管理的决定》（国发〔2004〕28号）重申“严格执行占用耕地补偿制度”，要求定期考核土地开发整理补充耕地情况，并且明确政府主要领导是本行政区域内耕地保有量和基本农田保护面积第一责任人。虽然在这一时期，以中低产田改造为主的农用地整理、以工矿废弃地复垦为主的土地复垦，以及国发〔2004〕28号文件鼓励的“农村建设用地整理”已经在一定程度上具有了节约集约用地的内涵，但其初衷无疑仍然主要是“保护耕地”。

国发〔2004〕28号文件提出“城镇建设用地增加要与农村建设用地减少相挂钩”后，国土资源部从2005年开始部署实施城乡建设用地增减挂钩试点工作。2009年国土资源部和广东省政府共同推进节约集约用地试点示范省建设后，旧城镇、旧厂房、旧村庄“三旧”改造取得明显成效，并且直接促成国土资源部2013年印发《开展城镇低效用地再开发试点指导意见》；2011年国务院颁布实施《土地复垦条例》后，国土资源部谋划部署工矿废弃地复垦利用试点工作，并于2012年印发《关于开展工矿废弃地复垦利用试点工作的通知》。与此同时，土地整治日益关注耕地质量建设。国发〔2004〕28号文件提出“补充耕地的数量、质量实行按等级折算，防止占多补少、占优补劣”后，国土资源部2005年印发的《关于开展补充耕地数量质量实行按等级折算基础工作的通知》要求各地开展土地整治要以提高农业综合生产能力为出发点，2012年国土资源部印发的《关于提升耕地保护水平全面加强耕地质量建设与管理的通知》更是对土地整治提升耕地质量提出明确要求。由此可见，随着工作对象从传统农用地向存量建设用地拓展，以及促进耕地保护数量质量并重，土地整治已经不再仅仅围绕“耕地保护”一个中心，而是同时高举“保护耕地”和“节约用地”两面大旗。

近年来，土地整治在落实最严格的节约用地制度方面成效较为明显，主要表现为：一是通过提高耕地质量提升了农业综合产能。随着包括土地平整、田间道路、农田灌排和农田林网等工程在内的农用地整治深入推进，特别是高标准基本农田建设的大规模开展，耕地质量的提升一定程度上缓解了耕地数量的减少，在坚守“红线”前提下集约高效利用有限耕地已经成为确保国家粮食安全的根本出路。“十一五”期间，全国经整治耕地平均亩产提高10%～20%，实现新增粮食产能130多亿斤。二是通过推进内涵挖潜提升了建设用地效率。随着包括“空心村”治理和农村闲置用地利用在内的村庄整治的推进，以及城镇“三旧”改造从试点到推广，土地整治在促进实现“各类建设不新占地、少占地或少占耕地，以较少的土地消耗支撑更大规模的经济活动和经济高增长”过程中发挥了重要作用。“十一五”期间，全国土地节约集约利用水平显著提高，单位国内生产总值建设用地面积下降29%，土地整治可谓功不可没。三是通过调整用地格局提升了土地整体效益。随着城乡建设用地增减挂钩和工矿废弃地复垦利用等试点的相继实施，土地整治通过调整优化城乡土地利用结构布局，既增加了有效耕地面积，又为经济社会协调发展提供了用地保障，提升了区域土地利用整体效益。“十一五”期间，全国通过实施增减挂钩，实际复垦还耕148.1万亩、建新占用耕地113.7万亩，确保了耕地面积有增加，建设用地总量有减少、布局更合理。四是通过统筹土地利用提升了持续用地水平。各地在推进土地整治工作过程中，注意坚持经济效益、社会效益和生态效益协调统一，充分发挥土地的多样性功能，统筹各类土地复合利用，促进土地利用综合效率提高。在一些生态脆弱地区，通过采取工程、生物等整治措施，控制了土地沙化、盐碱化，减轻了水土流失，提高了土地生态涵养能力；在城镇化发达地区，通过构建生态网络，特别是发挥耕地作为城市“绿心”“绿带”功能，促进了区域生态文明建设和土地资源持续利用。

二、方向与路径：土地整治需要进一步深化内涵、加强统筹，切实巩固促进节约集约用地的抓手和平台

当前及今后较长一段时期，我国土地资源约束不断强化局面不会根本改变，传统粗放用地方式日益不可持续，“宽供应，保发展”的方式更加难以为继，必须大力推进节约集约用地，加强节地型社会建设，促进土地资源持续利用和经济发展方式转变，土地整治应该而且可以在落实最严格的节约用地制度中发挥更大作用。

（一）加强统筹各类土地整治活动

根据国务院批复的《全国土地整治规划（2011—2015年）》，土地整治是对低效利用、不合理利用和未利用的土地进行治理，对生产建设破坏和自然灾害损毁的土地进行恢复利用，以提高土地利用率的活动，包括农用地整理、土地开发、土地复垦和建设用地整治等。按照这一界定，当前国土资源部正在部署开展的城乡建设用地增减挂钩试点、工矿废弃地复垦利用试点、城镇低效用地再利用试点，以及低丘缓坡戈壁荒滩开发利用试点等活动，本质上都属于土地整治范畴，都是促进节约集约用地的有效手段。但是，目前相关试点的各自为战及与一般土地整治工作的事实割裂，既不利于加强土地整治集中统一管理，也不利于落实最严格的节约用地制度。以2005年以来国土资源部部署开展的城乡建设用地增减挂钩试点为例，挂钩项目的立项、管理、实施、验收、报备等均与一般土地整治项目不同，既打乱了土地整治项目管理体系，也往往由于监管不力而出现“建新”但不“拆旧”的现象，明显有悖建设用地总量不增加的节约集约用地初衷。其他相关试点也存在较为突出的类似问题。有鉴于此，亟须进一步明确界定土地整治的内涵和范围，在土地整治规划的统一调控下，统筹推进各类土地整治活动，切实加强监管，确保实现节地目标。

（二）积极推进土地整治模式创新

各地在保障发展用地过程中，不断完善节约集约用地模式，积极推动节地技术创新。如借鉴国外紧凑城市和精明增长理念，推行立体开发、复合利用、循环利用、劣地优用等节地模式，促进城镇地上地下空间开发利用，鼓励企业实施产业用地增容改造等；开展交通、水利等工程建设节地技术研发，推进省地型住宅及地下空间开发利用等新技术研制，加快工矿废弃地、污染土地、盐碱地治理和修复技术创新等。这些节地模式和技术创新，丰富了土地整治的手段和内容，但同时对加快土地整治模式创新提出了要求。由于土地整治涉及面广、影响面大，各级政府、中介机构和基层群众都不可避免牵涉其中，必须因时因地总结和提炼适于应用推广的合理使用节地模式和技术的土地整治模式。当前各地已不乏这样的案例。以旨在提高农村建设用地利用效率的农村居民点整治为例，一些地方就出现了针对城市及城乡结合部“城中村”和“近郊村”的社区化整治模式、针对原址不宜建设村庄的整体搬迁异地改造模式、针对远离市区或中心镇农村腹地地区的缩并自然村建

设中心村整治模式、针对远离市区或中心镇且村庄分布较为分散农村地区的村内集约型整治模式，以及针对具有浓郁地方特色乡村景观环境农村地区的田园型整治模式等。

（三）建立健全土地整治激励机制

为切实推进节约集约用地，各地加快建立健全土地节约集约利用激励机制，综合运用财政、金融、税收、价格等政策工具和经济手段，促进土地使用主体珍惜土地，主动采用节地新技术，积极转变土地利用方式，抑制土地粗放利用和闲置浪费，以及改变不合理的消费需求。作为促进节约集约用地的重要手段，土地整治也要围绕节约集约用地目标加快健全完善激励机制。如加大中央和地方财政转移支付力度，完善新增建设用地土地有偿使用费因素法分配制度，重点支持基本农田保护和补充耕地重点地区；探索促进建设用地整治政策机制，鼓励挖掘存量建设用地潜力，支持各类企业在符合规划、不改变用途的前提下深度开发土地；按照“谁投资，谁受益”原则，鼓励和引导社会资金参与土地复垦，综合运用退还耕地占用税、补充耕地指标奖励、经济补贴等手段，调动土地复垦义务人、社会投资主体、土地权利人及地方政府等积极主动参与土地复垦工作；研究探索土地整治市场化资金运作模式，建立多元化土地整治投融资渠道，形成以政府资金为主导，吸引社会资金投入的土地整治资金保障体系，以及制定社会资本投资土地整治项目的优惠政策，建立健全社会资本准入和退出机制，推进土地整治产业化等。

（四）加快搭建国土综合整治平台

在经过近年持续快速发展后，土地整治已经具有了国土综合整治的部分特征。针对当前资源约束趋紧、环境污染加重、空间开发失序和生态系统退化的严峻形势，土地整治工作应进一步深化拓展内涵，从提升资源环境承载能力、优化国土空间开发格局、提高资源开发利用效率、加强自然生态环境保护，以及改善提升生产生活条件等角度入手，加快向国土综合整治领域延伸拓展，促进形成节约集约用地的空间格局、产业结构、生产方式、生活方式，从源头上扭转土地资源浪费和低效利用趋势。应该说，近年来土地整治一直在做类似尝试，而且取得了较为明显的成效，但土地整治工作较为浓厚的部门特色仍然限制了促进节约集约用地作用的进一步发挥。有鉴于此，要立足已有工作基础，加快搭建国土综合整治平台，特别是要围绕优化国土空间开发格局、推进资源节约优先战略等，加快组织编制国土整治规划，统筹安排国土整治活动，有序推进重点地区整治，并在国土整治规划统领下，加快构建部门联动机制，尤其是要在节约集约用地任务面前最大程度凝聚共识、共担责任，建立健全共同责任制度，确保项目整合到位、资金投入到位、技术指导到位和监督管理到位，切实提升国土整治促进节约集约用地成效。

对当前我国城镇工矿建设用地整治的思考和建议

国土资源部土地整治中心　汤怀志

2011 年，我国城镇化率首次超过 50%，设市城市数量达到 658 个，按行政辖区面积统计约为 476 万平方千米，接近国土总面积的 50%。人口和城市土地的快速集聚，为我国经济社会发展增添了巨大活力。但高速城镇化的背后，城镇土地长期处于低效利用状态，城镇建设用地内部挖潜不足、新区建设的土地闲置和浪费等现象普遍存在。2009年土地变更调查数据显示，全国城市空闲地面积约占城市土地总面积的5.26%，相当于浙江省城市土地总面积或新建20个100万人口特大城市的用地需求。亟须加强城镇工矿建设用地整治，促进城市土地节约集约利用，保障新型城镇化健康发展。

一、我国城镇工矿建设用地整治的特点和形式

（1）城镇发展与土地供需矛盾是推动整治的主要原因。通过对比我国主要城市的土地利用总体规划和城市总体规划可以发现，几乎大部分城市认为，城市“发展”受到“建设用地总量匮乏”的制约。为解决人口激增和空间不足问题，长期以来，各类城市采取的基本手段是扩大用地规模、不断向外围扩张，以致用地方式不断粗放，全国城市人均用地面积到2007年已高达160.3平方米/人（按市辖区非农业人口计算），大大超过了国家制定的城市人均占地100平方米/人的标准。城镇建设用地低水平扩张的同时，周边优质耕地快速流失，环境问题层出不穷。随着建设用地供需矛盾不断加剧，耕地保护难度日益突出，各级政府越来越意识到土地资源的有限性，为破解土地供需矛盾、实现“保经济发展和保耕地红线”，城镇用地逐步转向内部挖潜。一方面，通过治理闲置、低效建设用地，挖掘存量用地潜力，控制城镇外延，减少占用耕地；另一方面，不断拓宽城镇发展新空间，尽可能利用低丘缓坡等未利用地进行城镇建设，充分利用零散建设用地和废弃地，尽量少占用耕地。

（2）旧城镇、旧工矿、旧村庄是整治的主要对象。与国外相比，我国城镇工矿建设用地整治对象十分具体明确，如2009年《深圳市城市更新办法》中提出的“旧工业区、旧商业区、旧住宅区、城中村及旧屋村”。2012年发布实施的全国土地整治规划中进一步将“三旧”改造明确为未来5年整治的重点。这一方面与我国开展城镇土地整治起步较晚有关，更主要的是由于整治目的重在解决建设用地指标不足等“制约”城市发展的瓶颈问题。因此，在整治过程中，需要明确的整治对象界定整治范围，甚至有地方按发展需求“倒推”整治规模，再依据整治难度或经济收益确定整治的对象和范围。这也导致我国城镇工矿建设用地整治偏重经济因素，容易忽视其他因素。国外开展整治较为成熟的国家，对象更加多样，目标更加综合多元，除了上述类型以外，还有交通基础设施整治、历史文化风貌整治、水岸整治等。

（3）增“厚度”、调结构、优布局是整治的主要途径。“增‘厚度’”就是通过提高容积率，不断填充“城中村”、“空心镇”、闲置土地等用地效率低谷区，提高单位面积土地的投入和产出水平等方式增加土地利用空间厚度，我国城镇工矿用地的容积率和产出水平与国外相比有较大差距。例如，2009年工业用地的单位面积工业总产值为1886万元/公顷，仅相当于新加坡、日本东京、中国香港的1/12～1/8。“调结构”就是通过整治加快实现存量建设用地的功能再造，解决住宅、商服、工业、基础设施、公共服务设施用地比例不协调等问题，拓展现代产业发展空间，推动高附加值高新技术产业、现代服务业的发展，充分发挥出这些土地的最佳效益。“优布局”就是与城市功能相结合，改变城市内部用地穿插、功能分区混乱、土地利用无序等问题，尤其是我国不少城市发展过程中存在工

业用地过于靠近城市中心的现象，传统老工业企业的迁移是城市发展的必然。

（4）寻求政策突破、建立整治机制是现阶段整治的重点内容。我国城镇建设用地整治并不成熟，需要解决的首要问题依然是明确整治内涵、范围及其相互关系，明晰政府、部门、市场等各方职能，理顺整治的实施、管理、参与、利益分配等机制问题。地方实践探索中也是将此作为首要需解决的问题。如广东省“三旧”改造试点工作的基本政策依据是《关于推进“三旧”改造促进节约集约用地的若干意见》。该意见主要围绕规划编制实施、土地市场建设、土地产权制度、利益共享机制等4个方面制定了共19条政策措施，并在与国土资源部合作共建节约集约用地示范省的过程中，不断从体制机制方面深入创新。以及前文提到的《深圳市城市更新办法》，不仅设定了明确的目标、对象、路径和程序，更重要的是配置了政府特有的政策资源，为土地整治活动提供特殊政策，以推进整项工作进程。

二、进一步推进城镇工矿建设用地整治的几点建议

（一）淡化行政区划，坚持城乡统筹，实施全域整治，服务一体化发展

（1）逐步突破行政区划限制。现代社会的经济社会联系愈加紧密，城镇的发展、产业的结构和用地的布局越来越受到其他城镇的影响，也影响其他城镇的发展。城镇工矿建设用地整治不能仅仅局限于局部、单目标，需要更高视野从区域整体、多功能角度考虑，如日本原浦和、大宫与野三市合并设立琦玉市，江苏华西村由0.96平方千米扩大到30平方千米，还有太原—榆次等地同城化发展等，原有城镇建设用地的功能和定位都发生了剧烈变化。尤其是城市群已经成为我国未来城镇化发展的重要方向，更勇于淡化行政区划意识，建立一体化的发展平台和协调机制，避免区域产业的同质化竞争和用地的低效扩张，通过推进跨区域、连片的综合整治，调整区域土地利用结构和布局，让城镇产生更大的辐射力。

（2）坚持城乡统筹发展。不仅城镇地区面临土地利用方式的转型升级，农村地区同样面临提高土地利用效率的问题。坚持城乡统筹一直是我国城镇化道路的重要特色，也探索出城乡建设用地增减挂钩等机制，有效推进推动农业现代化和新农村建设。不过，值得注意的是，当前经济社会发展、城镇化进程面临转折点，传统城市发展模式和思维惯性有可能使城镇化落入新一轮的城镇建设用地重复低效扩张、耕地资源流失、资源环境问题加剧的陷阱。因此，城镇工矿建设用地整治始终应将推进城乡统筹发展作为核心内容之一，提出城乡统筹发展的思路和模式，协调城乡之间的发展关系，促进资源要素在城乡之间的合理流动。

（3）坚持全域整治。我国的国情决定了城镇化不可能像美国那样发展城市连绵区，必须走紧凑型、集约化、高密度的城镇化道路。除了城镇工矿建设用地整治能够重新塑造城市用地结构和布局，区域土地格局还可以通过其他整治途径调整实现，英国的“绿道”理念、美国的“增长边界”、荷兰兰斯塔德的“绿心”等都为我们提供了有益借鉴。从我国土地整治总体发展趋势来看，坚持全域土地整治，一方面，通过城镇工矿建设用地整治、农村建设用地整治、低丘缓坡未利用地开发、基础设施建设与修复，调整建设用地格局；另一方面，通过农用地整治、生态型土地整治，提高农用地质量和土地利用的多功能性，

构建区域土地生态安全格局，运用“反规划”的思想，通过合理布设永久保护耕地和生态功能区，增加建设用地低效扩张的经济社会成本，达到合理塑造建设用地格局的目的。

（二）应与经济水平、城镇化阶段相匹配，不轻易实施“跨越式”整治

世界多个国家和地区成功实施了城镇建设用地整治，并将其作为城市建设过程中的一种常态化工作，在开发理念和管理制度中也有不少共同点，反映了经济社会发展到一定阶段的必然趋势。但在我国，城镇建设用地整治发展还不成熟，尤其城镇建设用地整治周期性长、涉及利益群体广、复杂性强。从各地实施成效较好的城镇工矿建设用地整治案例来看，这些地方的整治一般在整治策略上更注重与国家政策的相互影响；在整治方向上，与城市发展目标和定位、产业发展的关系更加紧密；在整治需求上，与城镇化发展阶段更加匹配；在整治资金上，能够得到有效保证。很显然，不同经济发展水平、不同城镇化过程所处阶段的城市在政策影响力、城市定位、产业结构、资金保障能力方面会有明显差异。轻易实施短期、快速、全面的城镇工矿建设用地整治，一方面，受到国家土地政策和城市经济支撑能力的限制；另一方面，更要防止利用城镇工矿建设用地整治扭曲正常建设用地开发机制，侵占人民群众利益。因此，适度、适量、适时地开展城镇工矿建设用地整治在实施过程中具有必然性。

（三）树立底线，加大对文化和生态的保护，注重群众权益

合理运用土地整治能够促进城镇化、工业化、农业现代化同步发展，解决区域发展空间不足、土地利用结构布局不合理等问题，但土地整治的对象是土地，直接参与其中的有政府、部门、居民、市场主体，一旦突破某一方的底线，必然导致混乱。单纯为解决城市发展用地而盲目撤并村庄，如此节约下来的土地用在大城市，只能导致城市进一步蔓延式扩张，城乡矛盾和粗放利用会继续存在，且越来越严重；或是因为新农村建设完全丢弃乡土文化的合理部分，致使乡土风貌和文化景观遭到彻底破坏；甚至忽视资源环境的承载能力，肆意大规模实施“城市上坡”、“工业上山”及过度开发未利用地用来补充耕地。守住底线是维护区域经济社会运行和发展的基本要求，土地整治不仅仅要关注提高土地利用效率即土地的生产价值，同时应注重它的文化价值、生态价值、体验价值等。因此，土地整治底线应建立在：减少土地资源的不合理损耗；保护区域生态安全格局；保护土地整治参与主体的合理需求；避免破坏具有文化载体功能的土地；实现土地资源的多元、高附加值开发利用。

（四）完善系统化的配套支持政策

城镇建设用地整治是一项复杂的系统工程，涉及利益主体广泛而复杂，因此在整治的过程当中，需要建立一套系统化的政策支持系统，以保证城镇建设用地整治的顺利完成。这一系列的配套支持系统，应该包含财政支持体系、用地标准体系、拆迁补偿安置体系、法律法规支持体系等。通过这一系列的配套措施，来支持和规范实施主体的行为，协调不同利益主体的利益分配，从而减少整治实施的阻力。同时，为促进整治工作的有序实施，应积极运用信息化手段，如以土地整治规划和相关规划为依据，建立整治项目库，促进成片推进和规模开发，并保持一定的实施弹性，确保实施过程具有更大的选择性和灵活性。

上海土地综合整治的探索与实践

上海市建设用地和土地整理事务中心　黎而力
浙江工商大学　谷晓坤

上海市作为国际大都市，正处于落实国家“四个率先”总要求，加快推进“四个中心”建设的转型发展时期。在此关键时期，市委、市政府在积极推进经济发展的同时，着力把优化空间、改善民生、推进生态文明建设放在突出位置来抓，积极探索以土地整治为突破口，提出具有大都市特色的土地综合整治战略，为更好促进土地节约集约利用，加速城乡一体化发展提供助力。

一、创新大都市土地综合整治战略，构建土地节约集约利用空间新格局

《上海市土地整治规划（2011—2015年）》立足大都市土地利用的突出矛盾与实际问题，提出坚持“以综合型土地整治推进上海转型发展”的战略导向，聚焦“规范推进多功能农地整治、合理有序推进滩涂圈围开发、分类推进农村居民点整治、积极开展集建区外工业用地渐进性整治、创新性探索价值提升型市地整治”五大战略方向。上海具有大都市特色的土地综合整治战略，以增加耕地数量、提高土地节约集约利用水平、改善生态状况和优化空间形态为目标，通过农用地、农村居民点用地、工业用地及城市用地等土地类型的综合整治，构建了覆盖城乡、“全域”整治、分区分类推进的土地节约集约利用新格局。

不仅如此，上海市依托规划和国土管理机构整合的特殊优势，建立了基于“同一空间平台与统一编制管理”、涵盖“总体规划、专项规划和详细规划”的土地管理“一张图”。一方面，上海市土地整治规划，以及正在编制的区（县）级整治规划和镇级整治规划，均与全市统一的“一张图”紧密对接；另一方面，土地整治的类型及涉及区域，分别与“一张图”空间划定的“基本农田控制线”“生态空间控制线”“工业用地控制线”及“建设用地控制线”保持一致。大都市特色整治战略与先进的信息化技术有机融合，强化了整治规划的引领作用，也为土地整治实施、土地节约集约管理提供了坚实的技术基础。

二、尝试多功能生态型土地整治，促进生态文明建设，丰富农用地节约集约利用内涵

近年来，上海面临生态休闲、耕地保护与城市扩张的三重困境，而都市郊区的农用地利用在三个功能之间的冲突也最为剧烈。以农用地的多重功能为依据，把城市郊区农地传统的生产功能，与必要的生态保障功能和观光休闲功能相结合，开展多功能生态型土地整治，是发展为上海市土地综合整治的实施模式之一。从土地节约集约利用的角度来看，区别于以生产能力高低评价集约利用水平的传统农地整治，体现了大都市郊区以生产、生

态、休闲相结合的多功能来评价集约水平的显著特色，不仅丰富农业地区节约集约利用的内涵，也扎实有效地提高了郊区农用地节约集约水平。

比如，青西郊野土地综合整治项目位于“基本农田控制线”和“生态空间控制线”的青松生态走廊内，整治规划以生产、生态、休闲的多重功能提升为目标。通过区域农业生产基础设施的完善，区域特有的农田、河湖、村庄、林地等江南水乡特色生态景观的保护和塑造，建设基本农田，坚守耕地红线。同时，针对上海市民绿色游憩的强烈需求，充分利用整治项目区内的农田、河道、田间道、传统村居等，合理设置徒步、远足、健身、探险等居民休闲活动，吸引城市居民到农村“接地气”，为都市观光休闲农业发展另辟新径。

三、探索集建区外建设用地整治机制，通过“减量化”和“存增转化”，推进城乡一体化发展

转型期上海发展重心由中心城区向郊区转移，集建区外现状建设用地约为 780 平方千米，其中大部分为零星分散的农村居民点及镇村工业点。《规划》提出农村居民点整治和集建区外工业用地整治是上海市土地综合整治的两个重点。然而，由于建设用地整治涉及的利益主体复杂、技术要求高，无论是农村居民点整治、工业用地整治，都有很大的难度，这也是上海土地整治的难点所在。经过近两年的探索，上海市土地整治摸索出了“规划引领，政策引促”相结合的集建区外建设用地整治机制。

集建区外建设用地“减量化”，是指通过土地综合整治，收拾农村地区的“旧山河”，即淘汰复垦有污染、高能耗、低效益的工业用地，适当归并零星分散的宅基地，盘活闲置的其他集体建设用地等，减掉低效用地、减掉污染、减少城镇管理运营成本等；通过奖励规划空间、指标和建立“造血机制”来开辟镇、村发展的广阔“新天地”，实现增效、增产、增收和增绿。具体实施中，将集中建设区外建设用地的减量化与新增需求结合考虑，互相转化，通过规划实施中的动态管控实现集中建设区内外不同的发展需求，最大限度地激发区县、镇乡级政府对于减量化工作的积极性。“存增转化”机制的实施，贯穿在规划编制、操作实施、年度考核、新增空间使用的整个过程中，是实现集建区外工业用地减量化的主要手段。

生态脆弱区土地整治赋予集约用地新内涵

浙江大学土地管理系　岳文泽　张　亮

我国人多地少，耕地资源稀缺。随着工业化、城镇化的快速推进，建设用地供需矛盾日益突出。2008 年，国务院在《关于促进节约集约用地的通知》（国发〔2008〕3 号）中强调“切实保护耕地，大力促进节约集约用地，是关系民族生存根基和国家长远利益的大计，是我国必须长期坚持的一条根本方针。”可见，节约集约用地已经上升为我国重要的国家战略之一。

土地集约利用的概念最早可追溯至古典经济学家对农业地租的研究。其中代表性的观

点，如李嘉图认为，土地集约利用可简单理解为依靠土地投入的增加来获得较高的报酬。国土资源部曾提出节约集约用地的三层含义：一是节约用地，即各项建设都要尽量节省用地；二是集约用地，即每宗建设用地必须提高投入产出强度，提高土地利用的集约化程度；三是通过整合置换和储备，合理安排土地投放的数量和节奏，改善建设用地的结构、布局，挖掘用地潜力，提高土地配置和利用效率。国内学者对节约集约的研究主要集中于建设用地，其内涵可以概括为：以城镇建设用地为主，狭义上，通过增加土地投入获得土地的最高经济报酬；广义上，以合理布局、优化用地结构为指导，通过增加存量土地投入、改善经营管理等途径，不断提高土地的使用效率和经济效益。

提高土地利用的节约集约水平，事关我国未来的耕地保护与建设保障。《中华人民共和国国民经济和社会发展第十二个五年规划纲要》中提出，在工业化、城镇化深入发展中必须同步推进农业现代化，推进农村环境综合整治，建设旱涝保收高标准基本农田，加强土地整治。原来相对孤立、分散的土地开发整理已经转变为全域的、集中连片的土地综合整治，在内涵上已经由自然性工程转变为综合性社会工程，成为国家层面的战略部署。具体来看，土地整治主要是指对低效利用、不合理利用、未利用的土地进行治理，对生产建设活动破坏和自然灾害损毁的土地进行恢复利用，以提高土地利用率的活动。可以看出，土地整治目标与节约集约用地的要求高度契合，即都是为了提高土地利用效率。土地整治通过开发、复垦、整理，实现土地利用结构优化，农用地规模经营、居民点集中布局、产业用地集聚发展和低效用地盘活以提高土地利用效率，这与节约集约的广义内涵是一致的。

针对当前土地利用新问题，《全国土地整治规划（2011—2015 年）》（以下简称《规划》）突出了整治过程中景观生态建设，要求积极推进土地生态环境整治示范工程建设。《规划》把增加数量、提高质量、改善环境、增加效率作为一个系统工程来建设，重点强化了耕地数量、质量、生态管护的理念。针对生态脆弱区，提出以提升耕地生态功能为主，建成集水土保持、生态涵养、特色农产品生产于一体的生态型基本农田的整治模式。

土地集约利用是一个相对概念，在不同时代和环境条件下，针对不同对象，集约用地的标准是不一样的。我国改革开放以来一直保持着将近 2 位数的经济增长率，用 30 年时间完成了西方国家几乎上百年的发展历程，产生了所谓“时间压缩效应”。在土地管理上，土地数量问题尚未解决的前提下，土地质量问题、土地生态问题和土地社会问题集中出现。而传统集约用地的内涵主要是针对城镇建设用地的经济效益，显然不符合现实要求。新一轮土地整治取代用地指标和经济效益，将改善生态环境质量与促进区域生态系统安全作为生态脆弱区土地集约利用的基本要求，这拓展了土地集约利用的内涵，即针对农用地、生态用地，通过整治，改善土地利用条件、结构、布局，挖掘用地潜力，提高土地配置和利用的经济、社会与生态效益。

可见，针对传统以提高建设用地的经济效率为核心，集约利用新内涵注重提升包括农用地、生态用地和建设用地为整体的经济、社会与生态综合效益。特别对于生态脆弱区来说，提高土地集约水平，则主要是通过整治措施，改善生态环境，提高生态系统生物多样性为核心，例如我国西南面积广大的岩溶地貌区。

岩溶地貌区因地质地貌复杂、界面敏感度高、环境容量低、稳定性差，石漠化、水土流失、地面塌陷、植被退化严重，导致自然灾害频繁，生态系统十分脆弱，生产生活与环境保护之间矛盾突出。而且这一生态系统在我国西南地区分布极为广泛，仅广西的岩溶地貌就占到全区总面积的41%。以广西岩溶山区天等县为例。该县位于广西西南部，耕地地势相对较高，难以直接灌溉，土壤肥力和养分含量水平偏低；大量旱坡地的开垦和耕作，水土流失严重；降雨分配不均，水旱灾害频发，生态系统安全形势严峻。

天等县土地整治以消除或减弱限制土地利用方式和影响土地利用效益的不利因素为主要目标。结合农田水利建设工程建设和小流域综合治理，一方面，调整、合并细碎分散的田地，使农田趋于完整；另一方面，渠系续建配套及节水改造，改善农业耕作条件和农民的生产生活环境。在项目总体空间布局基础上，针对沟、路、林、渠、廊道、林地等要素进行景观生态设计：合理布置排水沟，开展路边绿化带及缓冲区植被建设，保护原有的灌溉体系和水网系统；利用生物措施，开展河流、溪流、沟渠等脆弱生态系统的功能重建，恢复生物栖息地和生态系统功能。还通过取石砌坎，碎石垫底，回填土方，归并田间地角零星地，整理坡耕地，合理确定田块规模、改进田块形状，并进行沟、渠、田、林、路的配套建设。在土地整合的基础上，结合新的机耕道路与耕作灌区，因地制宜地确定喷灌、滴灌、微灌等灌溉模式，充分利用地形差异化条件，通过采用地下埋设水管的方式，直接利用自然落差进行压灌，建立高效节水灌溉生产综合示范片区。调查显示，2011～2013年，天等县实施3个片区建设，项目区内形成完善的灌排工程体系，新增耕地率3%以上，有效灌溉面积提高12.56%，节水灌溉面积增加15.44%，灌溉水利用系数提高至0.55，生态环境得到明显改善；粮食综合生产能力也比现状提高10.11%。局部地区生态系统的生物多样性得到一定恢复。

广西天等县土地整治实践说明，在生态环境极为脆弱的岩溶地区，通过土地整治，确立以提高区域农业生态系统的生态效益为核心的土地集约利用目标。在项目设计和实施过程中，将生态环境保护与景观生态建设贯穿于土地整治的全过程，以生态效益为核心的土地利用集约水平显著提高，经济效益与社会效益也明显改善。实现社会经济持续发展与生态系统优化的双赢。这一经验对于我国面积广大的生态脆弱区具有重要的借鉴意义。

因此，生态脆弱地区的土地集约利用，核心是提高土地生态效率。针对我国目前土地数量、质量、生态及社会问题集中爆发的现状，赋予集约用地新内涵，确立经济、社会与生态多目标的土地整治模式，对指导下一阶段全国土地整治工作意义重大、影响深远。另外，我国幅员辽阔，区域自然条件与社会经济差异显著，不同区域对土地集约利用的内涵要求也不同。因此，要深化因地制宜的原则，经济发达的城市地区，强化以经济效率促进集约；社会矛盾突出的城乡结合部，强化以社会和谐促进集约；生态环境脆弱地区，则要强化以生态安全促进集约。

土地整治规划

TUDI ZHENGZHI GUIHUA

土地开发整理规划试点工作总结报告*

国土资源部规划司　国土资源部土地整理中心

〔**按**〕为取得土地开发整理规划编制工作经验，以指导各地土地开发整理规划编制工作，国土资源部规划司会同国土资源部土地整理中心选定河北省玉田县，浙江省义乌市、平阳县，重庆市秀山县进行了土地开发整理规划编制试点。试点工作于2000年2月开始，2000年9月全部结束。由于各试点单位的努力工作，试点取得了成功，并积累了一些经验。本刊拟从本期起连续摘要刊登国土资源部规划司与国土资源部土地整理中心关于这次试点工作的总结报告及试点单位的试点工作报告，以供大家参考。

为探索土地开发整理规划编制工作经验，以指导各地土地开发整理规划编制工作，在综合考虑部分地区土地开发整理规划的工作基础、领导重视程度和工作积极性，以及资金保障情况的基础上，国土资源部规划司会同国土资源部土地整理中心于2000年2月选定河北省唐山市玉田县、重庆市秀山县、浙江省金华市义乌市、浙江省温州市平阳县进行了土地开发整理规划试点。4个试点单位各有特点，具备一定的代表性，其中河北省唐山市地处华北平原地区，是重要的煤炭基地，矿区复垦工作成效较大，有一定工作基础，又是原国家土地管理局设立的土地复垦示范区；重庆市地处西南山区，位于长江上游，土地利用类型多种多样，水患灾害比较严重，为国家重点退耕还林地区；浙江省金华市、温州市地处东部沿海，江南低山丘陵的地貌特征比较明显，自然条件优越，经济发达，土地开发整理工作开展较早，有一定基础和经验。

为保证试点工作的顺利开展，国土资源部规划司会同国土资源部土地整理中心成立了试点工作领导小组；制定了试点工作方案和工作计划；召开了土地开发整理规划试点工作座谈会，确定试点要以《土地开发整理规划编制规程》（以下简称《规程》）为指导，并落实了工作任务。

经过7个月的努力，所有试点县、市均按时完成了试点任务。2000年9月中旬，在义乌市召开了土地开发整理规划试点工作总结会，对4个试点单位的如下成果进行了验收：土地开发整理规划文本、说明；土地开发整理潜力分布图件和土地开发整理规划图件及土地开发整理潜力专题研究等。义乌会议后，国土资源部规划司会同国土资源部土地整理中心总结了试点的经验、存在的问题，研究了今后土地开发整理规划工作的安排，并将这次试点工作成果进行了汇编。

* 本文原发表于《土地整理动态》2001年第3期（总第94期）。

一、试点取得的主要经验

一是验证了《规程》关于土地开发整理规划文本的内容是切实可行的。试点的规划成果表明，《规程》关于规划文本、说明内容的规定基本符合客观实际，是可行的。试点使人们对土地开发整理规划的内容、结构、体系等有了比较全面深入的认识，奠定了下一步开展土地开发整理规划编制工作的基础。

二是解决了土地开发整理规划与土地利用总体规划如何相衔接的问题。土地开发整理规划是土地利用总体规划的专项规划，土地开发整理规划应与土地利用总体规划相衔接，但《规程》并未明确二者应当如何衔接。在规划试点过程中，各试点单位对此进行探讨，找到了土地开发整理规划与土地利用总体规划相衔接的办法：①考虑到土地开发整理规划编制滞后于土地利用总体规划，且土地利用总体规划已实施了一段时间，因此，土地开发整理规划应在保证规划的基期、规划期与总体规划一致的前提下，着重对规划期剩余时段内的土地开发整理工作进行安排；②土地开发整理规划的开发整理指标应与土地利用总体规划中开发整理指标的分解和安排相对应；③土地开发整理规划确定的开发整理后的土地，其用途应与土地利用总体规划规定的用途相一致。

三是解决了土地开发整理规划与土地开发整理项目如何相衔接的问题。各试点单位经过探索，初步掌握了土地开发整理规划与项目相衔接的方法：①依据土地开发整理规划划定土地开发整理区，并对整理区内大的交通、水利、林网等工程进行安排；②依据土地开发整理规划选择土地开发整理项目；③现正实施和已立项的土地开发整理项目，如有不符合或不完全符合土地开发整理规划总体安排的，应当予以调整。

四是掌握了突出规划图件主题内容的表示方式。《规程》对土地开发整理规划图件的内容进行了比较详细的规定，但各试点单位在编制图件的过程中，发现土地开发整理规划图件按《规程》的规定编制，存在主题内容不突出的问题。为了增强图件的效果，各试点单位在图件编制过程中，对土地开发整理规划图件底图的内容、色度进行了淡化，强化了土地开发整理的相关内客。针对土地开发整理潜力图中潜力难以表示的现象，平阳县还对土地开发整理潜力进行了分等定级，并按潜力等级在土地开发整理潜力图上进行表示，为土地开发整理规划图件的制作提供了较好的经验。

二、试点工作的主要做法

一是成立试点工作领导机构。4 个试点单位都成立了以分管县（市）长为组长，以土地、农业、水利、林业、交通、城市规划、财政、环保、农业综合开发办等部门主要领导为成员的领导小组。领导小组对规划编制工作进行具体领导，并负责协调解决规划编制过程中遇到的问题。

二是内外结合、优势互补。平阳县把规划编制任务委托给北京中地国华土地整理规划设计事务所，同时组织土地管理局内的业务骨干参与工作；秀山县则以县国土资源有关业务力量为主，同时聘请西南师范大学教授参与规划编制。这种规划编制人员中既有具有实际工作经验的土地管理工作者，又有具备较高科研能力的专家、教授，实行内外结合、优势互补的办法，保障了规划的科学性和可操作性。

三是因地制宜贯彻《规程》要求。4 个试点单位在规划编制过程中，不但贯彻了《规程》的精神，同时结合自身特点，丰富了土地开发整理规划的内容。玉田县根据复垦矿区多的情况，在土地开发整理规划中突出了对矿区复垦的内容；秀山县根据地处西部山区，且又处在长江上游，境内河流较多，经常发生水患的特点，同时考虑国家生态环境建设的要求，在土地开发整理规划中加强了土地开发整理结合小流域治理和生态退耕的内容；平阳县和义乌市属经济发达地区，土地利用率较高，为适应建设高标准农田的需要，突出了农用地整理的内容。

四是开展专题研究，做好规划编制的基础工作。各试点单位非常重视规划编制的基础工作，为此，特别注意收集基础资料，开展专题研究。玉田县在规划编制过程中，重视待开发整理复垦土地资源的清查和适宜性评价工作，组织大量人力、物力对全县土地后备资源做了大调查，建立了土地后备资源储备库，并进行了适宜性评价，使规划的编制有的放矢。平阳县根据本县资源特点，依据土地开发整理的难易程度、经济实力及全县社会经济发展的安排，分专题对县域内的土地开发整理资源情况进行研究，并依据专题研究的结果对全县进行了土地开发整理分区。秀山县、义乌市也结合本地区土地开发整理资源优势进行了较为深入的研究探讨，取得了较好的效果，为规划的编制提供了较好的支撑。

三、试点中遇到的主要问题

（一）土地开发整理潜力与效益的定量分析与评价方法问题

土地开发整理潜力大小的确定是划定土地开发整理区的重要依据，但在《规程》中没有明确土地开发整理潜力的评定方法。通过研究国内外资料，发现土地开发整理潜力多以定性评价为主，指标体系也千差万别，使得土地开发整理潜力难以确定，增加了划定土地开发整理区的难度。在规划编制过程中，各试点单位都对此问题进行了探讨，虽然有的试点单位对土地开发整理潜力的分析比较深入，并初步提出了一套耕地整理潜力分析的指标体系和评价方法，但由于这是在某一行政区域内土地资源的基础上进行的，并且其内容也仅针对农用地中的耕地潜力分析，内容比较窄，因而难以适用于全国各个地区。

土地开发整理的效益分析也是在土地开发整理规划编制过程中遇到的问题之一。虽然《规程》强调土地开发整理的效益分析要增加定量分析内容，但是土地开发整理的效益分析在目前条件下，仍以定性分析为主，并且土地开发整理的效益分析也仅是内部效益分析，而对外部效益分析涉及较少。在这次试点中，各试点单位试图进行土地开发整理效益的定量分析，但由于时间、精力、人员有限，未能形成关于土地开发整理效益分析比较成熟的成果。

（二）图件的内容、色度及表现形式问题

土地开发整理图件作为土地开发整理规划主要内容的反映，是重要的规划成果，其内容的丰富程度应与规划文本内容相当。《规程》对图件内容做了非常详细的规定，各试点单位在此基础上也做了一些探索。但在实际操作中，发现有些规划内容尚不能有完全合理

而又美观的表示，如农用地、建设用地与“空心村”整理潜力等。

（三）土地开发整理规划的审批权限问题

《规程》对土地开发整理规划的审批权限问题没有做出明确规定。这次规划试点过程中，对土地开发整理规划的审批权限问题虽也做了探讨，但未得出比较满意的结果。

四、有关建议

针对试点工作中所遇到的问题，特提出如下建议：

（1）做好土地开发整理规划实施的试点工作。要真正发挥土地开发整理规划在落实土地利用总体规划、实现耕地占补平衡和有序安排土地开发整理项目方面的重要作用，就必须做好土地开发整理规划的实施工作。因此，建议这轮试点成果通过审批后，各试点单位继续开展土地开发整理规划实施的试点工作，为土地开发整理规划的实施探索新经验。

（2）扩大试点范围。由于全国不同地区自然、经济条件千差万别，这轮试点的经验难以适用于全国所有地区；而这轮试点中发现的问题也有待于进一步探索。因此，建议扩大试点范围，继续探索解决规划编制过程中土地开发整理规划图件的表示形式、规划编制完成后的审批权限等关键问题，提高试点经验的适用性和代表性，为在全国范围内开展土地开发整理规划编制工作提供经验。

（3）开展专项研究。建议结合下一轮试点工作，开展“土地开发整理潜力与效益分析方法”课题研究，以最终建立一套定量评价土地开发整理潜力与效益的指标体系和科学的评价方法。

（4）开展计算机手段在土地开发整理规划工作中应用的研究。已修编完成的土地利用总体规划正在建立土地利用规划管理信息系统，土地开发整理规划作为土地利用总体规划的专项规划也应采用计算机手段进行管理，以提高专项规划的自动化管理水平。因此，建议在进行土地开发整理规划编制工作试点的同时，开展计算机手段（如地理信息系统）在土地开发整理规划工作中的应用研究。

《全国土地开发整理规划》颁布实施*

国土资源部土地整理中心综合业务处

日前，《全国土地开发整理规划》（以下简称《规划》）经部长办公会审查批准后，由国土资源部正式印发各地实施。

国土资源部在《关于印发〈全国土地开发整理规划〉的通知》（国土资发〔2003〕69号，以下简称《通知》）中指出，土地开发整理规划是土地利用总体规划的补充，是科学指导土地开发整理活动的重要依据，对规范土地开发整理活动，保护和改善生态环境，确保耕地占补平衡，实现耕地保护目标具有重要意义。各地要提高对《规划》实施和土地开发整理规划工作的认识，采取有效措施，全面贯彻实施《规划》，发挥规划对土地开发整理活动的宏观调控和引导作用，促进土地开发整理活动健康、有序开展。

《通知》要求各省、自治区、直辖市国土资源管理部门要以《规划》为依据，尽快组织完成省级土地开发整理规划的编制工作。同时，要加强对基层各级土地开发整理规划编制的督促和指导，尽快完成规划编制。

《通知》指出，土地开发整理规划一经批准，必须严格执行。土地开发、整理和复垦活动都必须符合土地利用总体规划和土地开发整理规划。土地开发整理项目的立项审查、规划设计、项目实施和检查验收，都必须依据土地开发整理规划。凡没有土地开发整理规划的土地开发整理项目，一律不得安排。

《通知》要求，各地要加强土地开发整理规划实施的监督检查工作。逐步建立健全土地开发整理规划实施的监督管理制度，将规划实施情况作为土地执法巡查的重要内容，定期对土地开发整理规划实施情况进行监督检查。对违反规划的行为，要依法严肃查处，保证规划的有效实施。

另据悉，《规划》的编制工作由国土资源部组织，具体工作由国土资源部土地整理中心会同规划院、信息中心承担。为加强对《规划》编制工作的领导，国土资源部成立了由鹿心社副部长为组长的领导小组，并组成了由国土资源部规划司、耕地保护司、地籍管理司、财务司和有关事业单位参加的《规划》编制小组。

《规划》编制过程中贯彻了以下指导思想：实施可持续发展战略，坚持“在保护中开发，在开发中保护”的基本方针，实现土地开发整理与生态建设相结合，改善生态环境；坚持内涵挖潜，突出土地整理和复垦，推进土地利用方式由粗放向集约转变，提高资源利用效率；坚持耕地占补平衡，有效补充耕地，实现耕地保护目标，提高土地资源特别是耕地资源对我国经济社会可持续发展的保障能力。

《规划》编制的基本原则是服从、细化和完善《纲要》。主要体现在：《规划》的指导思想、总体目标和基本政策措施等符合《纲要》的总体要求；对《纲要》提出的总体目

* 本文原发表于《土地整理动态》2003年第12期（总第191期）。

标、分区方向等进行分功能、分类型细化，突出土地开发整理重点区域的确定、重大工程的安排和投资测算分析等专项规划的特色内容，增强《规划》的针对性和可操作性；适应《纲要》实施以来国家宏观政策调整的变化，充分考虑国家近年来在生态建设、结构调整、适应加入WTO和小城镇建设上的总体要求，对《纲要》提出的土地开发整理规划目标、方向、任务和布局做必要的调整和完善。

《规划》由土地开发整理的基本状况和面临的形势、规划目标和基本方针、土地开发整理重点区域、土地开发整理重大工程、投资测算与筹资分析、规划实施的保障措施6个部分组成。在总体安排上，立足于大力开展土地整理、积极推进土地复垦、适度开发宜农土地后备资源，并提出了保障《规划》实施的相关政策措施。

依据全国土地详查、2000年土地利用变更调查数据和最新的国土资源大调查土地后备资源调查成果，以及典型调查资料，并对国家投资土地开发整理项目进行实证分析，《规划》确定全国土地开发整理补充耕地的潜力为2.01亿亩。其中土地整理潜力约9000万亩；土地复垦潜力约2300万亩，其中集中连片的潜力约610万亩；土地开发潜力约8800万亩。

《规划》在充分考虑补充耕地的资源潜力、投入、区域协调和生态环境建设要求的前提下，遵循占补平衡的基本原则，按照通过土地开发整理实现补充耕地数量和质量不低于同期建设占用、灾害损毁和不可逆的农业结构调整损失耕地的总体思路，确定土地开发整理的具体目标是：到2010年，全国土地开发整理补充耕地4110万亩。其中通过农田和农村居民点整理补充耕地2488万亩；通过消化历史欠账复垦工矿废弃地补充耕地526万亩；通过开发宜耕土地后备资源补充耕地1096万亩。整理和复垦目标占补充耕地总目标的73%，与《纲要》相比，土地开发补充耕地任务大幅度减少，充分体现了中央关于积极推进土地整理和复垦的方针，以及《纲要》实施以来国家进一步加大生态环境建设和保护力度的要求。

为引导土地开发整理方向和结构，实现土地开发整理长远目标，《规划》在潜力调查、分析和评价的基础上，确定了10个土地整理重点区域，涉及全国1180个县（市、区），基本涵盖了我国主要的粮食产区；11个土地复垦重点区域，涉及325个县（市、区）；6个土地开发重点区域，涉及115个县（市、区）。同时，为了有重点地开展土地开发整理活动，落实重点区域内土地开发整理任务，或解决重大能源、交通、水利等基础设施建设和流域开发治理、生态环境建设等国土整治活动中出现的土地利用问题，发挥引导示范作用，《规划》提出了规划期内重点组织实施的7项重大工程，其中6项工程以土地整理和复垦为主要内容。

《规划》针对当前我国土地开发整理工作中存在的主要问题，重点从加强宣传、强化规划管理、完善运行机制、加强法制建设、规范管理和加强基础建设等方面提出了相关政策措施。

市域全面谋划　整村整镇推进
创建符合科学发展观要求的土地综合整治新机制*

——扬州市土地综合整治规划调研报告

国土资源部土地整理中心调研组

为贯彻落实中央和国土资源部关于大力推进土地综合整治工作的指示精神，统筹规划好生产、生活、居住、建设、生态用地等，做到科学合理布局，探讨从市（地）层面部署和推动土地综合整治工作，2009 年 6 月 15 日至 17 日，我们对扬州市的农田整理、整村整镇推进土地整治、城市规划、产业布局规划、交通规划等情况进行了实地调研。调研组先后走访了市规划局、建设局，现场考察了宝应县、邗江区两个土地整理项目区，召开了 5 个座谈会，分别听取了扬州市规划局、建设局、县、乡及农民代表等就有关情况的介绍。下面就本次调研的情况汇报如下。

一、扬州市基本情况

扬州市域范围 6638 平方千米，市域人口 400 万。

（1）土地整理项目基本情况。1999 年以来，国家投资土地整理项目 27 个，总规模 47148 公顷，新增耕地 5476.9 公顷，总投资 99750 万元。实地调研的两个项目分别是宝应县泾河镇土地整理项目和邗江区公道镇土地整理项目，这两个项目都是单纯的耕地整理项目，没有与当地的村庄改造相结合。

（2）村镇规划基本情况。扬州市现有 2.7 万个自然村，按照村镇规划，到 2020 年，农村人口减少到 100 万左右，相应村庄将减少到 1870 个，按 1 个行政村有 1 ~2 个点组成，则 2020 年有 3251 个的村庄点。通过对村庄现有占地情况分析，按照村镇规划，到 2020 年通过村庄合并搬迁，农村建设用地总规模将缩小 36 万亩。

二、实地调研体会

通过对扬州的实地调研，认为土地综合整治潜力较大，在未来的一段时期内，土地综合整治应是贯穿土地管理工作的主要内容。

（1）通过土地综合整治能实现建设用地总量不增加。根据扬州市村镇规划测算，到

---

* 本文原发表于《土地整理动态》2009 年第 24 期（总第 494 期）。

2020年，通过村镇搬迁合并，农村建设用地总规模将缩小36万亩。根据扬州城市规划测算，到2020年，扬州市规模由现在的100平方千米发展到260～280平方千米，据此推算，需要新增建设用地24万～27万亩。那么，通过对村镇改造，就能满足扬州到2020年发展需要。可见，通过对农村宅基地的综合整治就能实现建设用地总量不增加。

（2）通过土地综合整治能实现耕地集聚、建设用地集聚。随着农村生产方式的转变，耕作半径不断扩大。根据扬州村镇规划中农民耕作半径问卷调查结果，农民现在能接受的耕作半径为1.5千米。据此推算，扬州农村居民点可由现在的2.7万个减少到3251个，大大提高农村居住的集聚。不仅如此，通过对耕地整理，改变土地利用结构，扩大耕地规模，改善农业生产条件，减少耕作区中村庄用地、交通用地及其他地类的面积，也可以实现耕地集聚。

三、市（地）层面推进土地整治工作的难点

通过对扬州市土地综合整治工作调研，我们发现，在推进土地综合整治过程中存在4个方面困难。

（1）部门协调难。扬州市涉及土地综合整治的部门包括城市规划局、建设局、国土资源管理局3个部门，每个部门都有自己的规划，分别是城市规划、村镇规划和土地利用总体规划。其中城市规划的内容包括城市建设布局、产业布局和交通体系建设的相关内容，村镇规划的主要内容是未来村镇发展的布局安排。土地综合整治的内容不同程度地散落其中，由于隶属于不同的部门、职能和专业范围，各个部门规划在编制时间、规划期、规划内容和规划之间衔接的内容上不是完全统一，给推动该项工作带来一定难度。

（2）资金整合难。土地综合整治资金涉及土地整治、农业综合开发、中小水利、以工代赈、农村扶贫、退耕还林、中低产田改造等涉地、涉农资金，将各类资金整合起来集中使用，综合发挥各项资金的叠加效应，真正发挥中央和地方惠民资金的作用，是中央提出土地综合整治的根本。通过扬州调研发现，要实现各类资金综合使用，需要强有力的政府主导。

（3）政策落实难。在扬州调研过程中发现，开展农村宅基地整理，实现农民集中居住政策，在落实过程中有诸多难点，概括起来有两类情况：一类是政府引导、农民自己建房，实现集中居住的过程。由于一个村落的搬迁过程与当地社会发展阶段、农民经济条件等有很大关系，农民建房还需要一个很长的过程，这要求当地政府的政策始终如一地坚持执行。一类是政府出资建房，实现农民集中居住的过程。政府在出资建设的过程中，存在两方面的困难，一是政府启动资金的来源问题，二是老百姓对房屋的需求不同。

（4）制度设计难。要开展农村土地综合整治，明晰产权，真正维护土地实际占有、使用者的权利是非常必要的，但根据我国《宪法》和《物权法》农村土地集体所有的规定，农民从根本上不能实现对土地的真正拥有，使有关制度的设计存在一定难度。

四、建　议

土地整治上升为国家层面的战略部署已被写入2009年中央1号文件和温家宝总理的

政府工作报告。国土资源部门积极投身于这项工作，并通过政策引导、搭建平台，促进这项工作在各地以更大的力度得以实施。徐绍史部长在2009年全国国土资源厅局长会议上提出推进土地整治工作。国土资源部2009年印发的《关于促进农业稳定发展农民持续增收推动城乡统筹发展的若干意见》（国土资发〔2009〕27号）也已对“万村土地整治”工程做出了具体部署；同时提出，农村土地整治，一要统筹规划，二要整村整镇推进，三要集聚集约，四要整合资金。各地陆续开展了村镇土地整治规划编制工作，内容包括土地整理、居民社区建设、基础设施建设、公共设施建设、生态环境建设和产业发展6个方面，但各地普遍反映在村镇土地整治规划编制过程中，明显感觉到编制村镇土地整治规划需要从全局角度统筹考虑，避免整治过程中浪费现象发生非常必要。通过对扬州市土地整治工作调研，调研组认为，从市（地）层面谋划土地整治全局，以村镇为具体操作模式，开展土地整治工作，应该是当前土地整治工作科学合理的工作模式。

（调研组成员：郧文聚、范金梅、田玉福；调研报告由范金梅执笔）

总结经验　分析问题
研讨下一轮土地整治规划编制思路*

国土资源部土地整理中心　范金梅

为贯彻落实党中央、国务院关于大力推进土地整治工作的指示精神，根据国土资源部领导关于加强土地整治研究工作的要求，国土资源部土地整理中心日前在北京召开全国土地整治规划编制工作研讨会，邀请北京、天津、河北、山西、内蒙古、辽宁、黑龙江、江苏、浙江、安徽、福建、江西、河南、湖北等24个省（区、市）的土地整理机构的同志和部分专家学者，共同总结梳理土地整理规划编制工作所取得的成功经验，研究分析规划编制与实施工作中存在的突出问题，探讨做好下一轮土地整治规划编制的工作思路。

一、土地整理专项规划编制成效显著

与会同志对上一轮土地整理规划编制与实施工作给予高度评价，普遍认为编制土地整理专项规划是我国土地规划管理的重大创新，规划实施的成效十分显著，取得的经验应在今后的工作中予以坚持。

（1）健全了规划体系，增强了规划的可操作性。在上轮土地规划编制工作中，全国和各省（区、市）及多数市、县编制完成了土地开发整理专项规划，国家、省、市、县土地利用总体规划和土地整理专项规划相衔接的四级规划体系初步形成。土地开发整理规划是对土地利用总体规划关于土地开发整理专项内容的深化，确立了土地整理的管理模式和运行机制，明确了土地整理的方向、重点和任务，大大增强了规划在指导土地整理活动中的可操作性。

（2）有效推动了土地整理工作的开展。一是各级土地整理规划，尤其是全国规划，确定土地整理分区，分区域、分类型指出了土地开发整理的方向、重点内容等，避免了土地整理工作中的盲目性。二是各级土地整理规划，尤其是全国规划，划定了土地整理重点区域、土地复垦重点区域和土地开发重点区域，使土地开发整理项目选择有据可依，提高了项目管理、实施的科学性。三是全国和各省级土地整理规划，针对各地土地开发整理潜力与可能，确定了土地开发整理的重大（点）工程，为在全国或省域范围内统筹土地整理工作，保障土地整理工作的全局性起到了积极作用。

（3）推动落实了以建设促保护的政策。各级土地开发整理规划的实施，为实现耕地占补平衡发挥了不可替代的重要作用。一是增加了耕地面积。2001～2008年，全国通过土地整治补充耕地3621.82万亩，实现了规划确定补充耕地4100万亩指标的88%，为坚守18

* 本文原发表于《土地整理动态》2009年第32期（总第502期）。

亿亩耕地红线发挥了积极作用。二是提高了耕地质量。通过土地开发整理，农田产出效力提高了10%～20%。三是改善了耕作条件。例如，浙江通过土地平整、治理沟渠、修筑田间道路和生产路，建设标准农田，在规划期内，全省建成标准农田1650万亩，占浙江省耕地总量的61%，改善了耕地耕作条件。

二、上轮规划与实施的矛盾

虽然土地整理专项规划的编制与实施取得了显著成效，但作为土地管理中的一项新事物，各地在编制与实施过程中，都还不同程度地面临着一些困难和问题。

（1）规划的基础性作用发挥不够充分。一是一些地方虽然编制了土地开发整理规划，但由于种种原因没有正式审批，因此，当地在选择、审查土地开发整理项目时，规划依据不充分，不能有效保障土地整治政策的落实。二是规划确定的新增耕地指标没有与行政管理中的新增建设用地有偿使用费分配相挂钩，导致资源与资金不相匹配，规划指标的实现有一定困难。三是规划指标中，除新增耕地指标是定量的外，其他都是定性指标，不易衡量，规划目标实现情况各省相差较大。

（2）规划编制、审批与实施管理不完善。一些地方在规划编制、审批与实施管理过程中，还存在着重规划编制、轻审批与实施管理的问题。从实践工作来看，各省都按照国土资源部的要求，编制并上报了专项规划，但由于国土资源部对专项规划审批程序没有明确，省级专项规划一直没有得到审批，实施监管更是由各省自己掌握，导致专项规划实施监管不力。

（3）规划目标与内容单一。上轮土地整理专项规划的主要内容是农用地整理，主要指标是新增耕地面积，虽然兼顾了土地整理的其他目标，但在具体的土地开发整理任务的时空安排中，缺乏对其他规划目标的具体安排。不仅如此，随着土地整理工作的不断发展，农村建设用地整理、城镇土地整理等已经成为其新的增长点，相应的现有土地开发整理规划的内容与目标已不能满足现实工作的要求，需要在新一轮规划编制中丰富土地整治内容，使土地整治的目标更综合。

三、对新一轮规划编制的建议

与会同志都指出，从上轮土地整理规划编制与实施工作取得的经验与成效看，编制土地整理专项规划十分必要，因此，建议在下一轮土地规划编制中不仅要继续坚持，而且要进一步提高编制质量，切实抓好规划实施。

（1）为提高规划编制的科学性与可操作性，在新一轮全国土地整治规划编制工作中，要充分发挥省级土地整理机构的作用，省级土地整治规划要与全国土地整治规划同步编制。

（2）要明确各级土地整治规划编制的主体、审批部门和规划编制经费的来源等。

（3）要扩展土地整治的范围，包括农村和城市。纯农区土地整治内容要包括农用地、农村建设用地；城乡结合部土地整治的内容要包括农用地、农村建设用地和城市建设用地，城市土地整治的内容主要是进行土地节约集约利用。

（4）土地整治是调整土地利用结构、实施土地利用总体规划的重要手段，其具体的操作单元一般是乡、村级，因此，要在原有规划体系建设的基础上，增设乡级土地整治规划和村级土地整治规划。

（5）要进行各级土地整治规划重点及内容的设计。全国层面的土地整治规划要统领土地整治工作，重点是制定土地整治的宏观政策，省级层面的土地整治规划要引导省域范围内土地整治工作，重点是安排省域内重点土地整治工程，市、县级层面的土地整治规划要结合本区域内的产业规划、村镇规划、城市规划等，全面谋划土地整治全局，做好土地整治的时空安排，而村级土地整治规划是操作层面，要因地制宜进行土地整治模式的设计。

（6）根据社会经济发展状况，对土地整治规划进行阶段性实施评价，根据实施评价结果及时调整规划，保障土地整治规划的现势性。

完善的公众参与机制是保障规划有效实施的基础*

——加拿大安大略省县级土地利用规划考察学习报告

国土资源部土地整理中心　张清春

一、科学的政策法规体系

《安大略省规划法案》（Planning Act）、《安大略省规划政策规定》（Provincial Policy Statement）、《县级土地利用规划》（Official Plan）和《乡镇土地利用区划细则》（Zoning By-laws）共同构成了规范县域土地利用活动、实现环境保护与经济社会发展目标的规划政策法规体系。

《安大略省规划法案》和《安大略省规划政策规定》是控制省域土地利用活动的政策法规框架。《安大略省规划法案》对土地利用规划编制、报批和实施程序及不同级别规划间的衔接关系进行规范，而《安大略省规划政策规定》则对省域范围内的土地利用活动进行规范。

《县级土地利用规划》是为确保本县健康发展，在综合考虑环境、经济和社会等方面影响因素的基础上编制的规范县域内土地利用行为的法律性文件。它既要切合本县实际情况，还必须与《安大略省规划法案》和《安大略省规划政策规定》中的有关规定一致。

《乡镇土地利用区划细则》实际上是县辖各乡镇依据县级土地利用规划确定的原则，结合各乡镇发展需要编制的土地利用区划和不同土地利用类型开发技术标准。作为最低级别的规划，《乡镇土地利用区划细则》将省、县级土地利用规划原则和法规要求落实到不同的土地利用类型和地块，对每一宗地的土地利用率、容积率及土地利用空间布局和相互关系都有量化要求。

二、完善的公众参与机制

（一）规划编制中的公众参与机制

《安大略省规划法案》对县级土地利用规划的整个编制过程有一套严格的控制程序，特别是对如何保障公众充分有效参与提出了明确而具体的要求：规划编制一经启动，相应的公告就应向公众公布，并提供必要的信息资料；在规划草案报县议会审议前，至少要举

* 本文原发表于《土地整理动态》2010年第2期（总第511期）。

行一次完全公开的任何人都可以参加的会议，以充分听取和讨论公众意见和建议；规划草案获议会审议通过后，须向公众发布通知，并报省城乡事务部审批；无论城乡事务部的审批结果如何，都应将其公之于众；如果公众或公共机构、政府组织对城乡事务部的审批结果有异议，可在审批结果通知下达后 20 天内向城乡事务仲裁委员会（Ontario Municipal Board，OMB）进行投诉，用法律手段解决争议；城乡事务仲裁委员会通过召开听证会并根据相关各方提供的证据做出终审裁定（图 1）。

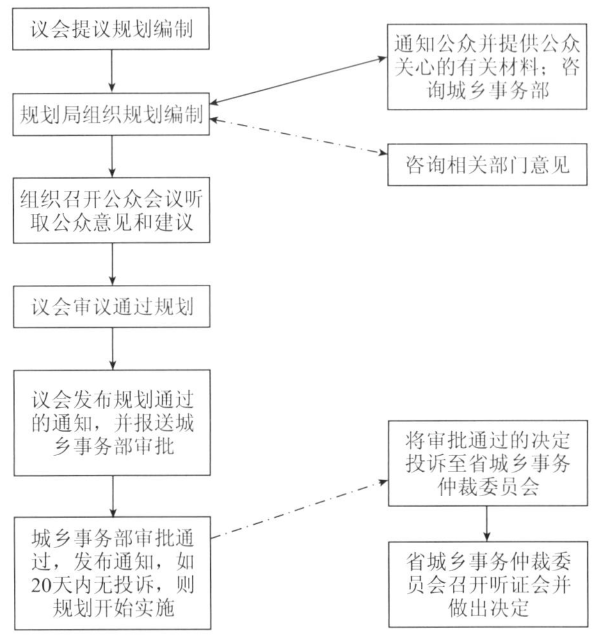

图 1　县级规划编制流程图

公众获取相关事项信息的方式一般是通过当地报纸上刊登的公告。由于当地报纸是免费送到每家每户的，确保了利益相关方能够及时获取有关信息。

（二）规划实施中的公众监督机制

规划实施过程中的公众监督机制是通过畅通的投诉渠道构建的，这个渠道就是安大略省城乡事务仲裁委员会。该委员会实际上是安大略省政府设立的独立的具有准司法性质的特别行政法庭，它既具有法院的严肃性、权威性，又在程序上和形式上表现出一定的灵活性，更容易被普通民众接受。

OMB 的主要职责是受理解决各级地方政府管辖范围内发生的土地利用纠纷，比如土地利用规划、小区开发利用规划、土地分割、土地开发标准微调、土地补偿、开发收费、行政区划界和矿产资源开发等方面的权益纠纷。OMB 依照《安大略省规划法案》、《OMB 法案》等一系列法规赋予的职责权限独立开展工作。

OMB 由省政府任命的若干委员组成，他们分别来自省内不同区域，具有不同的专业背景和工作经历；OMB 对省司法部长负责，并定期向其报告工作。

对土地利用规划实施有异议的任何公众，不论是个人、公共机构或公司，甚至是地方政府等，都可以进行投诉。投诉函件一般先交到被投诉的部门，由其在投诉期限结束后的

15 天内交到 OMB。OMB 确认投诉事项属于其受理范围并受理后，即根据投诉事项的性质特点，展开调查和收集证据，经审理后发布判决命令。

一般来说，OMB 所做的判决是终审判决，轻易不允许进行重审或改变判决；除非此事项能被证明超出了 OMB 受理权限，或者 OMB 违反公正原则，在案件受理过程中采信错误证据且该证据足以影响最后的判决结果；或者当前出现了以前不具备的足以能够影响最后判决结果的新证据。

三、对中国编制、实施规划的几点启示

（一）完善土地利用规划的政策法规体系，切实维护其法律地位，是确保规划有效实施的根本

安大略省从县到乡镇的土地利用规划之所以能够得到全面、有效的贯彻实施，其原因就在于：一方面，从《安大略省规划法案》到县级土地利用规划和乡镇级土地利用区划细则，形成了安大略省自上而下、各有分工、权责对等、逐级细化的土地利用规划政策法规体系。另一方面，土地利用规划一经制定即具有法律效力，不得随意更改；如果在其实施中遇到确实需修改变更的情况，都需经一定级别的立法机构审议通过方可。

我国尚无土地利用规划法，土地利用规划的法律地位还未得到全社会的广泛认可，还存在随意更改规划、不按规划用地的现象，应当考虑从制定专门的土地利用规划法入手，逐步建立完善的政策法规体系，在全社会树立和营造自觉维护规划法律地位的意识和氛围。

（二）构建土地利用规划编制及实施中的公众参与机制，是保障规划有效实施的基础

安大略省普通公众自觉支持土地利用规划实施的意识，来自规划编制过程中有效的公众参与机制。而目前我国的土地利用规划和土地利用政策法规制定过程中不够重视公众参与，公众参与制度流于形式，没有发挥实质作用，由此制定出来的土地利用规划和相关政策法规不为公众了解和理解，实施起来也很难得到公众的支持。加强公众参与制度建设，细化保障公众参与的措施，提高公众参与缺失带来的成本，从而最终确保土地利用规划的公众参与度，是我们必须切实做好的工作。

（三）成立类似于 OMB 的独立仲裁机构，为公众提供便捷、低门槛的投诉渠道，是确保规划有效实施的举措

我国目前尚未建立低门槛、独立于司法与行政之外的公众反映意见和解决纠纷的渠道，公众有了意见和问题除了到政府信访部门上访和到法院起诉外，别无其他渠道。参照 OMB 模式，建立公众信任的投诉渠道，一方面可以充分发挥广大公众的监督作用，降低政府的实地巡视压力；另一方面可以有效化解社会矛盾，消除不稳定因素，有助于和谐社会的建设。

就土地利用而言，成立类似 OMB 模式的独立仲裁机构，最便捷的方案是对国家土地

督察机构的职责进行调整、充实，授权其代表中央政府对土地利用方面产生的各种矛盾纠纷独立行使准司法职权。虽然当前实现起来困难很大，但这不失为一种保障土地利用规划有效实施的举措。

充分认识土地整治规划编制工作的重要性和紧迫性　加快推进各级土地整治规划编制工作*

——董祚继司长在土地整治规划编制工作部署会上的讲话

国土资源部规划司　董祚继

〔按〕2010 年 5 月 17 日，徐绍史部长主持召开第 11 次部长办公会，审议通过了《关于推进土地整治规划工作的总体安排》和《全国土地整治规划修编工作方案》。6 月 24 日，土地整治规划工作组召开第一次会议，讨论确定了全国规划修编具体实施方案。10 月 13 日，第 29 次部长办公会原则通过了《省级土地整治规划编制工作指导意见》和《国土资源部关于做好市县土地整治规划编制试点工作的通知》。按照国土资源部领导的指示，10 月 15 日，国土资源部召开了土地整治规划编制工作视频部署会，国土资源部规划司董祚继司长就土地整治规划编制工作进行了动员部署，现将会议讲话主要内容刊发如下，供各地在土地整治规划编制中学习参考。

一、充分认识土地整治规划编制工作的重要性和紧迫性

（一）土地整治已成为国家层面的战略部署，搞好土地整治规划是落实中央决策部署的重要举措

党的十七届三中全会《决定》指出："我国总体上已进入以工促农、以城带乡的发展阶段，进入加快改造传统农业、走中国特色农业现代化道路的关键时刻，进入着力破除城乡二元结构，形成城乡经济社会一体化新格局的重要时期。"这是对我国当前所处发展阶段及时代特征的重要判断，也是对我国现阶段发展任务和发展路径的战略部署。作为这一战略部署的重要内容和实施手段，《决定》提出，要"大规模实施土地整治，搞好规划、统筹安排、连片推进"。近年中央 1 号文件和政府工作报告都对大力推进农村土地整治提出了明确要求。

贯彻落实党中央、国务院关于大力开展农村土地整治的精神，当前的一项重要工作就是搞好土地整治规划的编制，统筹安排、科学指导土地整治活动。中央领导高度重视土地

---

* 本文原发表于《土地整理动态》2010 年第 16 期（总第 525 期）。

整治规划工作。温家宝总理指出，农村土地整治是一项重大工程，并要求规划好、使用好、监管相关投入；2010年7月9日，回良玉副总理在听取国土资源部关于农村土地整治专题汇报时强调，推进土地整治要坚持规划统筹。5月17日至23日，全国人大常委会副委员长、民建中央主席陈昌智，全国政协副主席、民进中央常务副主席罗富和率领特邀国土资源监察专员考察团，赴安徽、山东两省考察农村土地整治工作时指出，要把政府主导、统筹规划、整合资金、共同推进、注重实效作为开展农村土地整治的工作机制。可见，做好土地整治规划是有序推进农村土地整治的前提和基础，意义重大、十分关键、极为必要。

（二）土地整治的范围和内涵正在发生深刻转变，提升土地整治工作水平迫切需要科学编制土地整治规划

近年来，各地按照党中央、国务院的要求，积极探索开展农村土地整治，取得了重要进展。随着工作的不断推进，我国土地整治正在发生深刻转变，即在整治范围上，由分散的土地开发整理向集中连片的田、水、路、林、村综合整治转变；在整治内涵上，由增加耕地数量为主向增加耕地数量、提高耕地质量、改善生态环境并重转变；在整治目的上，由单纯的补充耕地向建设性保护耕地与推进新农村建设和城乡统筹发展相结合转变；在整治手段上，由以项目为载体向以项目、工程为载体结合政策工具的运用转变，特别是将农用地整理与城乡建设用地增减挂钩相结合，土地整治管理模式有了显著改变，综合效益有了质的飞跃。许多地方的实践表明，统筹城乡发展，难点在农村，焦点在用地，而农村土地整治正是破解这一难题的“金钥匙”，不仅找到了一条建设性保护耕地的重要途径，而且可有效解决农业发展和农民增收“缺渠道”、新农村建设“缺资金”的难题，为城乡统筹发展提供了重要平台和抓手，广受各地政府和群众欢迎。

在土地整治范围、内涵等发生深刻变化的情况下，为保障土地整治规范、有序、有效地实施，开展土地整治规划、统筹谋划土地整治就日显重要和紧迫。归纳起来说，科学编制和严格实施土地整治规划，一是有利于整合资源、引导资金，整体推进土地综合整治，有效补充耕地，提高耕地质量，建设高标准基本农田，切实落实耕地保护目标任务；二是有利于有序推进农村建设用地整治，改善农民居住条件和农村环境，完善农村基础设施，推动农业现代化和新农村建设，促进“三农”问题的解决；三是有利于优化城乡建设用地布局和结构，节约集约利用土地，缓解工业化、城镇化加快发展的土地供需矛盾，促进城乡一体化建设和经济社会全面协调可持续发展。

（三）各级土地利用总体规划修编即将完成，编制实施土地整治专项规划是保障总体规划目标任务全面实现的重要措施

继2008年10月国务院批准《全国土地利用总体规划纲要（2006—2020年）》后，先后有28个省级规划、10个市级规划经国务院批准实施，另有2个省级规划、45个市级规划已上报国务院，正在征求部门意见；其他各级地方规划修编也在抓紧进行之中，河南、福建、广东、山东等省地方各级规划修编和审查接近完成。按照要求，2011年上半年各地规划修编审批要完成，从2011年起，土地审批都要以依法正式批准的新一轮土地利用总体规划为依据。借此机会，希望各地进一步采取措施，加快规划修编审批进度，同时，按

照“一张图”要求加快土地利用规划数据库建设，为土地审批和监管方式改革创造条件。

《全国土地利用总体规划纲要（2006—2020年）》提出了严格保护耕地、节约集约用地、加强国土综合整治和优化土地利用结构布局等目标任务；地方各级土地规划修编按照自上而下、层层落实的要求，也提出了本区域规划期内的各项目标任务。这些目标任务都很重要，是一个相互联系的整体，应当全面落实。但从以往情况看，各地大多重视建设用地目标的落实，甚至还有所谓“提前实施”，规划实施措施都比较明确、具体和管用，但一些地方对如何落实规划期内的其他目标任务，特别是土地整治和结构调整的目标任务，往往就不那么重视了，存在“一手硬、一手软”问题。这个问题在新一轮规划的实施中必须尽力克服，按照总体规划提出的目标任务编制实施好土地整治规划就是我们要努力的重点之一。从“十二五”时期开始，实施节约优先战略，要求我们必须树立新型资源观和资源管理观，即从外延粗放利用资源向内涵集约利用资源转变，从偏重资源的数量管理向数量质量生态综合管理转变，从单纯的资源管理向资源、资产、资本三位一体管理转变，这对土地管理来说，也要求我们更加重视土地整治。总之，编制好土地整治规划，科学谋划土地整治，是全面落实土地利用总体规划目标任务的重要手段，也是树立新型资源观和资源管理观、切实转变土地管理职能和管理方式的有力工具，是有效提升土地管理水平的根本要求。各级国土资源管理部门要充分认识做好土地整治规划编制的重要性和紧迫性，加强领导、周密组织、协调各方、抓紧落实。

二、统筹推进各级土地整治规划编制工作

国土资源部党组高度重视土地整治规划编制工作，将其列入了国土资源部重点工作布局。2010年以来，徐绍史部长两次主持召开部长办公会研究土地整治规划编制工作，审议工作方案，提出工作要求。现在，各级土地整治规划编制工作的总体安排已经确定，指导原则和工作目标已经明确，各级国土资源管理部门要严格按照有关部署要求推进工作、抓好落实。

（一）指导原则

一要依法依规科学规划。要以我国《土地管理法》等有关法律法规为依据，落实和细化土地利用总体规划对土地整治的部署安排，在调查研究的基础上，合理确定土地整治目标，明确规划期间整治规模和范围、补充耕地任务、土地整治重点工程或项目、土地整治示范项目区和相关政策措施等，确保规划确定的目标任务科学可行。

二要促进城乡统筹发展。要结合城镇化和新农村建设规划要求，以土地整治与城乡建设用地增减挂钩相结合为平台，整合资源，聚合资金，统筹推进田、水、路、林、村综合整治，提高耕地综合生产能力，促进土地节约集约利用，改善农民生产生活条件，发挥土地整治综合效益。

三要上下结合相互协调。坚持上下结合，充分考虑当地经济社会发展要求和土地整治潜力，按土地利用总体规划确定的目标等，统筹安排土地整治目标任务，广泛听取意见，在重要指标、重点工程和重点项目安排上必须做到省、市、县三级相互衔接；加强部门协调，重点做好与城乡规划、区域发展规划、基础设施建设规划、产业发展规划、生态建设

规划等的衔接。

四要专家领衔公众参与。要充分利用土地利用总体规划修编和土地资源调查评价成果，加强重大问题研究，认真听取专家意见，加强规划的咨询论证。采取多种方式和渠道，扩大规划编制的公众参与，认真听取土地整治范围内的群众意见，增强规划编制的公开性和透明度，实行科学、民主决策。

（二）总体目标

编制土地整治规划，要以科学发展观为统领，以落实最严格的耕地保护和节约用地制度、有序推进土地整治、增加耕地与提高耕地质量并重、促进现代农业和新农村建设及城乡统筹发展为目的，依据土地利用总体规划和城镇发展规划，科学制定土地整治的方针和目标，以农用地整治为重点，合理安排土地整治的规模布局、重点区域、重点工程和重点项目，明确城乡建设用地增减挂钩布局安排。

具体目标，一是有序推进田、水、路、林、村综合整治，确保田、水、路、林、村综合整治取得明显成效，土地利用结构和布局得到优化；二是落实补充耕地任务，坚守耕地红线，提高耕地质量，实现耕地数量、质量和生态管护的统一；三是推进散乱、废弃、损毁、闲置、低效建设用地集中整治，节约集约用地水平明显提高；四是农村生产生活设施逐步完善，农村人居和生态环境显著改善，促进新农村建设和城乡统筹发展，增强可持续发展能力。

（三）工作安排

各级土地整治规划编制工作的安排，既要充分考虑统筹土地整治的需要，又要充分考虑规划编制和实施管理的要求，合理定位各级规划功能，全面部署、突出重点、因地制宜、搞好衔接，切实提高规划的科学性、针对性和实用性。总体考虑是，全国和省级规划重在战略布局、宏观调控和政策引导，要合理安排土地整治规模，科学划定土地整治重点区域，确定土地整治重点工程和示范项目，研究制定政策措施，为市县规划提供依据和指导。市县规划是实施性规划，要立足实际、着眼实施、做深做实，以土地利用总体规划和上级土地整治规划为依据，与城乡建设规划等相关规划相衔接，提出土地整治各项任务，并落到实地，指导土地整治活动科学、有序开展；土地利用总体规划确定的城市建设用地区以外的乡（镇）、村，可结合土地整治示范项目、建设用地增减挂钩项目区安排等，以乡（镇）、多村或单村为单位，因地制宜编制乡（镇）土地整治规划、村土地利用规划和土地整治项目区规划。

在具体工作安排上，全国和省级土地整治规划要同步编制，交叉双向推进，力争 2011 年 3 月完成全国规划编制并批准实施，2011 年 6 月完成省级规划编制并报国土资源部批准实施；市、县规划编制先行开展试点，并在总结试点经验、完善规划编制规范的基础上，全面部署编制工作，同时与省级规划双向衔接，力争 2011 年底前完成；乡、村土地整治规划，结合实际适时安排。

《全国土地整治规划（2011—2020 年）》修编工作已于 2010 年 6 月全面启动。为加强组织协调和研究论证，国土资源部成立了规划工作组和修编组，分别由规划司和土地整理中心牵头，相关司局、中国土地勘测规划院、信息中心等单位参加。目前，“全国规划”

修编工作正按计划进行，土地整治潜力调查分析评价、土地整治战略研究、土地整治重大工程布局研究等8个专题研究已完成初稿；规划文本初稿预计2010年底前完成，再经征求意见和修改完善，2011年3月底前可形成规划送审稿报部审批；规划主要内容将纳入“十二五”土地整治专项规划，报国务院审批。与此同时，我们在调研基础上，已启动省级和市县级土地整治规划编制技术规范的制定和修订工作。上述工作，为全面启动省级土地整治规划编制和开展市县级试点土地整治规划编制打下了一定基础，同时对加快推进地方各级土地整治规划编制提出了迫切要求。

三、抓紧开展省级土地整治规划编制工作

省级土地整治规划是土地整治规划体系中承上启下的重要规划层次，既是对全国土地利用总体规划和整治规划目标任务的落实，又是编制市县土地整治规划的依据，对完善土地整治规划体系、指导地方科学开展土地整治工作具有重要作用。《通知》明确了省级土地整治规划的主要任务、编制程序和成果要求。

（一）主要任务

土地整治规划以2010年为规划基期，以2020年为规划期，提出2015年阶段性目标。规划编制的主要任务，一是全面评价上一轮规划及相关工作情况。要全面总结、客观评价上一轮土地开发整理规划实施和城乡建设用地挂钩试点工作情况，认真研究成功做法、经验和存在的问题，提出有序推进的意见和措施。二是深入分析土地整治潜力。要充分利用第二次全国土地调查和国土资源大调查成果，结合规划编制重点，做好补充调查，全面分析测算土地整治潜力，包括土地整治补充耕地的规模、质量、条件和空间分布，农村建设用地整治及其节约土地的规模和范围等。三是开展土地整治重大问题研究。要围绕中央对土地整治工作提出的新要求和规划目标，结合地方实际，组织开展土地整治目标任务、土地整治与城乡统筹发展、土地整治与农业发展、土地整治与生态环境保护、土地整治权属管理、土地整治重点工程安排、城乡建设用地增减挂钩、实施土地整治规划政策措施等重大问题研究。四是明确土地整治的目标任务。要研究提出规划期间土地整治的总体目标、主要任务和基本原则，确定土地整治的规模、结构、布局和时序，明确城乡建设用地增减挂钩的规模、重点区域布局和推进步骤。五是确定土地整治重点布局安排。要以土地整治潜力为基础，围绕粮食产能核心区和战略后备区建设、基本农田集中区建设、城乡经济社会一体化发展示范区建设，科学划定土地整治重点区域，确定土地整治重点工程和项目，提出实施计划和资金使用安排方案。六是制定保障规划实施的政策措施。包括经济、科技、行政等措施和手段。重点加强耕地占补平衡、补充耕地、整治土地权属调整、城乡建设用地增减挂钩和统筹推进土地整治等政策的研究，加强制度创新。七是推进土地整治规划信息化建设。要按照“一张图”综合监管平台建设的总体部署，充分运用信息技术与第二次全国土地调查成果，与同级土地利用总体规划数据库建设相衔接，同步建设土地整治规划数据库，实现规划成果叠加上图、动态更新。

（二）程序方法

土地整治规划编制按照以下程序进行。第一，组织准备。建立由政府负责，国土资源、发展改革、财政、农业、建设、环保、水利等部门参加的规划编制工作领导小组，负责制定工作计划、审查规划方案、协调重大问题、落实编制经费等。由国土资源管理部门牵头设立规划编制工作组，负责规划编制具体工作。第二，调查分析。以县为单元，收集自然资源条件、经济社会状况、生态环境状况、土地利用现状、相关规划及标准等基础资料，必要时进行实地核实和补充调查，分析评价土地整治条件和潜力，开展土地整治重大问题研究。第三，拟订方案。在土地整治潜力评价和重大问题研究的基础上，明确土地整治战略和目标，根据土地利用总体规划和当地经济社会发展要求等，与相关规划相协调，提出土地整治规划方案，并与上级规划相衔接。第四，协调论证。采取多种方式广泛征求公众意见，组织有关部门、专家对规划供选方案进行论证。综合各方面意见，修改、确定规划方案，完善规划成果。第五，评审报批。组织有关部门和专家对规划成果进行评审。规划成果经同级人民政府审核同意后，报上级国土资源部门审批。

结合规划编制程序，在此简要强调一下工作方法。一是充分利用已有工作基础。规划数据以第二次全国土地调查及年度土地变更调查数据为基础，并与土地利用总体规划基础数据相衔接。规划编制中要充分利用第二次全国土地调查和国土资源大调查成果，充分利用土地整治重大工程、重大项目和土地整治示范省份建设的相关资料，充分吸收相关规划编制研究等成果，在此基础上做好补充调查，加强土地整治潜力评价和空间布局研究。二是既要体现综合性又要突出重点。土地整治规划编制要有战略眼光，围绕耕地保护目标落实、促进新农村建设和城乡统筹发展，综合安排农用地整理、工矿废弃地复垦、城乡建设用地增减挂钩等活动。同时要突出重点，土地整治潜力分析评价等关键性内容要做扎实，为规划编制提供依据；规划的目标任务、重大工程布局等要加强论证，切实提高规划的可行性和可操作性；规划实施保障措施要有针对性，要在系统梳理已有政策措施的基础上，结合新情况、新要求深入研究，制订切合实际的政策措施，促进规划有效实施。三是突出“三个加强”。即加强统筹、加强衔接、加强论证。要加强补充耕地、占补平衡、增减挂钩和矿山地质环境治理等的统筹谋划，加强整治规划与城乡规划、区域规划、行业规划、部门规划等相关规划的协调衔接，加强重点区域、重大工程、重点项目、增减挂钩安排的咨询论证。四是做到“三个同步”。规划编制与调查研究同步开展，省级规划编制与市县规划试点同步开展，规划编制与规划数据库建设同步开展。

（三）成果要求

规划成果由规划文本、规划说明、规划图件、规划附件和规划数据库组成。规划文本重点阐述土地整治的条件和要求，土地整治战略和目标，土地整治规模、结构、布局和时序安排，土地整治重点区域、重点工程和重点项目，资金安排与效益分析，环境影响评价，规划实施保障措施等。规划说明简述规划编制的背景，说明规划目标任务、重点区域、重大工程、重点项目和资金安排等确定的依据，以及规划方案拟定、论证、确定的情况。规划图件包括土地整治潜力分布图、土地整治规划图，以及土地整治重点区域、重点工程、重点项目和增减挂钩安排等规划专题图。以基期年土地利用现状图为底图，比例尺与同级土地利用总体规划图相一致。规划附件包括规划专题研究报告、基础资料、评审论证材料等。规划数据库要与规划成果同步完成。

四、扎实做好市县试点土地整治规划编制工作

市、县土地整治规划是土地整治活动的基本依据，是土地整治规划体系的主体和关键。为更好地指导各地全面开展市、县土地整治规划编制工作，国土资源部决定同步开展市、县规划编制试点工作。在各省（区、市）推荐的基础上，根据前期工作基础和区域代表性，确定了开展土地整治规划编制试点工作的部分市、县，其中市级8个，包括北京市海淀区、山西省吕梁市、辽宁省铁岭市、江苏省扬州市、浙江省嘉兴市、河南省商丘市、湖南省常德市、重庆市江津区；县级6个，包括河北省三河市、山东省诸城市、湖北省仙桃市、四川省邛崃市、云南省嵩明县、宁夏回族自治区石嘴山市惠农区。为扩大试点面，各省（区、市）国土资源管理部门也应确定1个县级单位，开展土地整治规划编制试点工作。

各试点单位要切实把握市、县土地整治规划编制试点工作的重点。一是深入探索新形势下市、县土地整治规划编制的基本思路，研究土地整治与促进统筹城乡发展、解决“三农”问题、加强生态建设和环境保护等的关系，明确规划的原则、目的、任务、内容和重点；二是深入探索上下结合、落实和细化省级土地整治规划目标任务的途径和要求，探索市、县土地整治规划编制技术，着重研究土地整治规模、结构和布局安排的方法和措施，特别是农村土地整治与城乡建设用地增减挂钩相结合的规划方法，为修订完善市、县规划编制技术规范提供基础；三是深入探索研究规划实施的政策措施，为有效实施规划提供保障，为修订规划实施管理办法提供参考。总之，通过试点探索，要为全面推进市、县土地整治规划编制提供经验。

五、强化土地整治规划编制工作的保障措施

这次土地整治规划编制工作时间紧、任务重、要求高，为保证规划编制任务按时完成，确保成果质量，下面我再强调几点：

（一）加强领导，迅速启动

各省（区、市）国土资源管理部门要在省级人民政府的统一领导下，加强组织领导，建立议事协调机制，及时解决规划编制中的重大问题，做好与相关规划的衔接。今天视频会后，各地要按照要求，立即组织启动省级土地整治规划编制和市县试点土地整治规划编制工作。

（二）改进方法，加强指导

坚持政府组织、专家领衔、部门合作、公众参与、科学决策的工作方针，科学安排规划编制各项工作，切实提高规划决策水平。各省（区、市）国土资源部门既要抓紧组织开展省级土地整治规划编制，又要加强对市、县试点土地整治规划编制工作的指导；要立足

自身力量，注重发挥土地整理机构作用，加强规划编制人员培训，切实掌握各项编制要求；参与土地整治规划编制的专业技术队伍，必须具备土地规划编制相应资质。国土资源部规划司将会同有关司局和部土地整理中心，加强对工作的指导。

（三）落实经费，加快进度

要协调财政部门，落实规划编制经费。各省（区、市）和试点市县国土资源管理部门要把土地整治规划编制列为当前的重点工作，按照全国、省级规划编制和市县规划试点同步推进、上下双向衔接的要求，全力推进，确保 2011 年 6 月底前全面完成各项工作任务。国土资源部和省（区、市）国土资源管理部门确定的试点分别由国土资源部和省（区、市）组织验收。各省（区、市）和试点市县国土资源管理部门要及时向国土资源部反馈工作进展、经验和存在的问题，提出改进工作的对策建议。

总之，土地整治规划编制工作意义重大，领导高度重视，社会广泛关注，时间十分紧迫，需要周密组织、通力协作，需要加大力度、扎实推进。参加此次会议的人员，是参与本轮规划编制工作的主要力量，大家肩负着光荣的使命和重大的责任，要进一步提高认识，增加使命感和责任感，齐心协力推进工作。会后，请各省（区、市）国土资源管理部门及时向分管省领导汇报本次会议精神，主动与相关部门沟通，全面做好土地整治规划编制工作。

关于开展土地整治规划实施评估工作的几点思考*

国土资源部土地整治中心　梁梦茵　汤怀志　杨华珂

〔按〕规划重在实施！2013 年 1 月 24 日，王世元副部长在国土资源部土地整治中心领导班子述职会上强调"要加强土地整治规划实施的跟踪、指导和评估"。随着本轮土地整治规划全面进入实施阶段，开展规划实施评估也提到了议事日程。围绕做好规划实施评估工作，国土资源部土地整治中心开展了"土地整治规划实施评估理论与方法研究"，起草了《土地整治规划实施评估办法（初稿）》，编制了《关于开展土地整治规划编制实施跟踪调查工作方案》，国土资源部规划司给予大力支持和有力指导，下发了《关于开展土地整治规划编制实施跟踪调查的函》，选取部分省、市、县开展规划编制实施情况函调和实地调研，探索推进相关工作。本文是作者结合规划编制实施实践，对如何推进土地整治规划实施评估工作所做的思考，现刊出，以供参考。

随着我国土地整治工作持续、深入推进，土地整治规划体系不断完善，目前初步建成全国 - 省 - 市 - 县 4 级规划体系。但在土地整治规划工作中，一些地方不同程度地存在着"重编制轻实施"现象，规划实施评估工作更是未能全面开展，极大地影响了土地整治规划成效的充分发挥。2012 年《全国土地整治规划（2011—2015 年）》经国务院批复同意后，各地加快部署编制实施各级土地整治规划，土地整治规划工作呈现良好发展态势。我们认为，以此轮规划实施为契机，建立土地整治规划实施评估制度，意义重大。

一、基本概念

规划实施评估是指在规划实施一段时间或规划结束后，对规划的目标、效益、影响等情况进行的系统的、客观的总结和分析。是否开展规划评估工作是一个国家规划制度是否成熟的重要标志。纵观发达国家的规划、计划或政策管理，在实施过程中，大多包含评估方面的管理内容。近年来，国内各种规划，包括国民经济和社会发展规划、土地利用总体规划、城市总体规划等，都开展了针对不同时期、不同目的的规划评价研究和实践。

从系统科学角度来看，土地整治规划是一个涉及多学科、多部门的规划，为了加强土地整治规划的操作性，除了加强规划编制的科学性外，还应当由政府主管部门对执行情况进行监督、检查和评价。土地整治规划实施评估是通过全面了解和分析评价土地整治规划

* 本文原发表于《土地整治动态》2013 年第 17 期（总第 579 期）。

实施过程和实施效果的基本情况，有效地检测、监督既定规划的实施过程和效果，并在此基础上总结出正反两方面经验，形成相关信息反馈，从而对规划内容、政策设计和运作制度等提出修正和调整的针对性建议，以及对完善规划编制和实施管理制度提出相应的政策意见。

二、目的意义

（一）建立土地整治规划实施评估制度是落实国家政策的根本要求

为推进规划编制工作的规范化、制度化，提高规划的科学性、民主性，更好地发挥规划在加强宏观调控、政府管理和资源配置中的作用，《国务院关于加强国民经济和社会发展规划编制工作的若干意见》（国发〔2005〕33 号）要求建立各级各类规划评估制度，包括各级政府部门编制的总体规划、专项规划和区域规划，在规划实施中适时开展实施评估，及时发现问题，认真分析原因，提出有针对性的对策建议，评估结果作为规划修订重要依据。《国土资源部规章和规范性文件后评估办法》（国土资源部令第 47 号）要求规章和规范性文件实施后，要按照规定的程序、标准和方法，对政策措施、执行情况、实施效果、存在问题及其影响因素进行客观调查和综合评价，并且提出完善制度、改进管理的意见。继国土资源部《关于开展土地利用总体规划实施评价和修编前期调研工作的通知》（国土资发〔2004〕133 号）首次明确开展土地总体规划实施评价并将其视为规划编制实施管理的基础和依据后，《国土资源部办公厅关于规范土地利用总体规划评估修改试点工作的通知》（国土资厅发〔2011〕41 号）强调要建立土地规划定期评估制度。土地整治规划作为土地利用总体规划的专项规划和规范性政策文件，也需对其实施情况进行评估，推动建立规划评估制度。

（二）开展土地整治规划实施评估是推动本轮规划实施的客观要求

2012 年 3 月 16 日，国务院批准通过《全国土地整治规划（2011—2015 年）》，正式拉开了本轮土地整治的大幕。2012 年 4 月，国土资源部和财政部联合下发了《关于加快编制和实施土地整治规划大力推进高标准基本农田建设的通知》（国土资发〔2012〕63 号），要求加快编制和实施地方各级土地整治规划。目前各地综合考虑地方经济社会发展态势、土地资源利用状况和土地整治工作基础等因素，科学编制规划，并从加强计划管理、鼓励机制创新、整合项目资金等方面推进规划实施，涌现出一些好的经验做法，但个别地方也暴露出规划编制工作迟滞、规划实施措施不力等问题。为保证本轮规划能够有效实施，目标任务能够圆满完成，布局、项目能够及时落地，需要开展土地整治规划实施评估，对规划目标任务完成情况进行督促检查，分析规划实施中促进或阻碍规划实施进展的影响因素，并且提出针对性的政策措施建议。因此，国土资源部领导高度重视规划实施评估工作，并且明确指出国土资源部土地整治中心在考虑今后工作布局时要更加突出规划实施评估工作。

（三）进行规划实施评估是谋划好下一轮规划编制的前提基础

从《全国土地开发整理规划（2001—2010 年）》到《全国土地整治规划（2011—2015

年）》，随着土地整治事业的发展，资源环境和经济社会形势的变化，土地整治的需求与任务也在发生着变化，在规划理念、规划体系、规划内容方法、规划程序制度等方面还需完善，要在规划实施的过程中不断反馈，总结实施经验与问题，逐渐完善提升。土地整治规划实施评估，就是以规划实践为平台，在总结经验的基础上，提出改进规划编制和实施管理的建议，以评估促改进，以评估促发展，为做好下一轮规划编制工作奠定基础。

三、基本考虑

（一）总体目标

土地整治规划实施评估之初，应结合专题研究、试点探索，逐渐建立规划实施评估机制。主要表现在建立各个层级规划实施评估的工作体系；明确评估内容，探索评估方法，建立科学、可行的评价指标体系；制定规范的评估工作程序及反馈机制。

从长期目标看，土地整治规划实施评估应作为国家规划评估体系中的一个重要组成部分，形成宏观层面有管理办法做统领，实施层面有操作手册做指导的制度架构。具体来说就是，制定出台《土地整治规划实施评估办法》，为指导规划实施评估工作提供政策依据；制定《土地整治规划实施评估操作守则》为开展规划实施评估工作提供技术指南。

（二）评估任务

土地整治规划具有层次性。国家级、省级、市级、县级，不同层级的规划任务、重点不同，实施评估应根据不同层级规划的任务，制定分层次的评估方案。

省级层面评估应分析省内土地整治规划体系建设情况、高标准基本农田建设任务、补充耕地总量，掌握规划目标的确定和分解，评价土地整治重点工程和重大项目布局及实施进度、资金安排情况、规划实施效益，以及规划实施保障措施等，分析总结规划编制实施中存在的主要问题和经验做法。

市级层面评估应分析高标准基本农田建设任务、补充耕地总量，高标准基本农田年度任务下达情况，掌握土地整治重点项目和一般项目建设情况，评价落实省级重点工程、资金安排情况，分析规划实施效益及规划实施保障措施等，总结规划编制实施中的主要问题和经验做法。

县级层面评估应分析高标准基本农田实施方案编制情况，掌握农用地整治（主要为高标准基本农田建设）、农村建设用地整治、城镇工矿建设用地整治、土地复垦和宜耕后备土地资源开发等土地整治项目安排、实施和资金安排（含工程建设和预算定额标准）情况，评价规划实施效益、规划实施保障措施及其有效性，分析规划编制实施中的主要问题，总结经验做法。

（三）评估内容

一是分析规划编制实施总体情况。主要掌握规划获批时间，分析规划编制实施中与相关规划的衔接，政府及相关部门对规划的认知程度及公众参与规划编制实施的具体做法；了解规划是否统筹土地整治相关活动发挥了作用；分析在规划编制和具体实施中对农业产品原产地、文化传承和生态景观格局建设考虑等情况。

二是分析规划目标任务完成情况。主要分析规划中设置的约束性和预期性指标的完成情况。约束性指标有高标准基本农田建设任务、补充耕地总量，预期性指标有经整治的基本农田耕地质量提高程度、土地复垦率提高程度、单位国内生产总值建设用地降低水平、农村建设用地整治规模、城镇建设用地整治规模，以及其他有关指标实施情况，预期性指标可以根据地区的实际情况进行调整。

三是分析规划实施配套政策情况。主要分析高标准基本农田年度计划下达和实施方案编制情况，土地整治项目具体实施（省级主要分析土地整治重点工程、重大项目建设情况，市级主要分析土地整治重点项目、一般项目建设情况，县级主要分析项目具体落实情况），土地整治相关资金整合使用及效益发挥等。

四是分析规划实施保障措施情况。主要分析土地整治相关法律、政策、标准的建设情况，以及规划实施的激励机制建设、相关制度完善等。

五是对规划进行总体评估。总结规划实施的经验与不足。分析规划编制过程如何进行规划定位，编制体现地方特色，对各部门进行组织协调，以及规划编制调研、项目选址中农民如何参与等。在规划实施过程中，包括组织领导，与其他部门资金的协调、统筹，保障规划实施配套措施（含信息化建设）的建设，规划实施中农民的参与情况，实施模式创新，土地权属调整，项目后期管护，以及宣传工作等。查找规划编制实施中存在的突出问题，主要是规划编制实施中在资金筹集、项目安排、农民参与、政策配套及其他方面存在的困难，为下一轮规划的编制和实施提出重点问题和建议。

（四）评估方法

土地整治规划实施评估是一个系统的、具有持续性的动态过程，应有一套科学合理的评估方法体系。规划实施评估指标体系设计和标准确定应充分考虑反映规划实施的各个方面，既要体现科学性、延续性，又要易于理解和操作。建议将定性与定量评估相结合，利用可信的统计和检测数据，对比规划目标、任务和措施，考核规划目标的实现、任务的完成及措施执行的力度和效果，评估过程和结果尽量以定量化体现，利于评估成果的比较，对于不能量化的进行定性分析；将全面评估与典型评估相结合，通过全面评估掌握宏观面上情况，同时在500个高标准基本农田示范县、116个高标准基本农田保护示范区、整治规划编制试点等区域选择部分地区开展典型评估；将统计分析与空间分析相结合，既在数量上评估目标完成情况，同时在空间上评估规划布局的落实。

（五）评估程序

根据不同层级规划的功能定位、评估需求，明确评估时限和评估目的。土地整治规划是目的性、实施性很强的专项规划，原则上应当每年组织一次规划实施评估，以督促规划落实，并在规划中期进行一次全面的中期评估。实施评估可由上级国土资源主管部门组织，同级国土资源主管部门负责具体实施，技术性工作可以委托有土地规划资质的机构承担，评估成果报上级国土资源行政主管部门审查、备案。在实施评估过程中，应建立有效的实施评估信息交流和共享机制，加大公众参与评估力度，采取切实有效的形式，征求公众对规划实施的意见和建议。

（六）评估成果

规划实施评估应在前期调研与分析的基础上形成完整的评估报告。在土地整治规划实施评估制度设计中，要进一步加强对评估成果的应用，可适时、有选择地公开相关评估成果，对于土地整治规划实施较好，积极开展土地整治规划实施模式创新、成效突出的地区给予表彰和奖励。建立土地整治规划实施监测体系和反馈机制，及时掌握规划实施进展，发现和解决规划实施中存在的问题，保证规划顺利实施。

四、保障措施

（一）明确规划实施评估的法律地位

建议在即将开展的《土地整治条例》前期研究中，增加土地整治规划实施评估相关内容，对规划实施评估的目的、内容、方法、工作程序和要求等进行深入研究，力争在将要出台的《土地整治条例》中做出有关详细规定。

（二）加强规划实施评估的理论和技术研究

目前关于土地整治规划实施评估的研究尚处于探索阶段，规划实施评估工作远不能满足需要。需进一步研究分析规划实施评估的相关理论、概念、内涵，提出评估约定、评估原则，建立评估指标体系，完善评估标准、评估技术流程、评估方法等一系列技术要求，建议尽快出台《土地整治规划实施评估办法》或者《土地整治规划实施评估技术规程》。

（三）加强规划实施评估队伍建设

土地整治规划实施评估有两种形式，一种是自己组织相关部门人员开展，另一种是委托有土地规划资质的机构承担，都需要优先培养一支专业、稳定的评估队伍来开展工作，以适应土地整治规划实施评估工作的常态化发展。建议加强土地整治规划实施评估人才队伍建设，通过专业培训、评估实践、继续教育等来提高业务能力。

农田整治（高标准基本农田建设）

NONGTIAN ZHENGZHI（GAOBIAOZHUN JIBEN NONGTIAN JIANSHE）

农村土地综合整治理念正在湖南落地*

——湖南省农村土地综合整治调研报告

国土资源部土地整理中心“农村土地整治差别化管理政策研究”课题组

〔按〕2009 年 9 月 25 日，国土资源部部长徐绍史在直属事业单位负责同志专题座谈会上提出，“事业单位应围绕部中心工作，充分发挥事业单位职能作用，进一步提高政策研究和咨询水平。”国土资源部土地整理中心（以下简称中心）结合土地整治事业发展面临的新形势与新任务，成立了专题研究工作小组，进一步加大了农村土地整治政策研究力度。中心 2009 年启动了“农村土地整治差别化管理政策研究”，主要围绕不同区域、不同经济社会发展条件下，农村土地整治应采取的差别化政策与模式，以及政策实施后的风险评价进行应用研究，并开展一系列调研活动。现刊出专题研究工作小组的首份调研报告，与读者分享。

2009 年 10 月 13 日至 15 日，中心“农村土地整治差别化管理政策研究”课题组对湖南省农村土地整治与城乡建设用地增减挂钩试点项目（以下简称挂钩项目）运作情况进行了专题调研，与湖南省国土资源厅、长沙县、宁乡县、望城县、株洲县等相关部门进行了座谈交流，实地踏勘了长沙县北山镇、宁乡县金洲乡关山村、望城县白箬铺镇光明村、株洲县渌口镇松西子村等 4 个土地综合整治项目。课题组经过分析讨论，形成了本报告。

一、基本情况

（一）土地整治及挂钩项目实施情况

湖南省作为农业大省，土地整治工作起步较早。自 2000 年以来，湖南省已实施各类土地整理复垦开发项目 2532 个，整理复垦开发土地 369.13 万亩，新增耕地 72.07 万亩，总投资 54.22 亿元。2009 年 3 月，国土资源部批复下达湖南省 1.2 万亩挂钩周转指标，湖南省国土资源厅在调查摸底全省范围内挂钩潜力资源情况、编制挂钩专项规划的基础上，启动了 26 个挂钩项目区建设，使用周转指标约 1 万亩，投入资金 6.3 亿元，整合社会资金 3.8 亿元。目前湖南省正在着手开展“万村土地整治”示范工程建设。

（二）土地整治与挂钩项目制度建设情况

湖南省注重土地整治管理制度建设，2007 年 11 月，在全国率先出台了《土地开发整

---

* 本文原发表于《土地整理动态》2009 年特刊第 6 期。

理条例》，逐步建立了湖南省土地开发整理项目管理制度与技术标准体系。2008年，湖南在省政府与国土资源部签署合作备忘录、启动挂钩试点之后，出台了《湖南省人民政府办公厅关于做好城乡建设用地增减挂钩工作的通知》（湘政办发〔2008〕28号）。2009年又制定了《湖南省城乡建设用地增减挂钩拆旧区土地整理复垦项目管理细则的通知》（湘国土资办发〔2009〕24号）等政策。

为切实发挥土地整治对统筹城乡发展的促进作用，湖南省委政策研究室和国土资源厅组成联合调研组，先后赴四川、安徽、浙江、福建等省学习土地整治与挂钩项目实施经验，对长沙、株洲、岳阳等地土地整治项目进行专题调研，历时4个月，提出了将土地整治工作与土地承包经营权流转、农业产业结构调整、新农村建设、城乡建设用地增减挂钩相结合的思路，有效整合各类涉农资金投入项目区建设。目前已形成了《湖南省委省政府关于推进农村土地综合整治的意见》（待发布），明确市、县人民政府为责任主体，提高政策效力，有效解决相关职能部门的资金争议等问题，为推动土地综合整治提供了有力的政策支撑和组织保障。同时，湖南省政府起草了《湖南省农村土地综合整治工作考核办法》，对市、州人民政府开展农村土地综合整治工作情况进行考核，结果作为领导干部绩效考评的重要内容。此举调动了市、州人民政府开展土地综合整治工作的积极性，为推行"政府主导、国土牵头、相关部门参与"的土地综合整治组织模式创造了条件。

（三）土地整治与挂钩项目运作模式

湖南省在搭建平台、整合工作、聚合资金、理顺关系的整体思路和理念指导下，在土地综合整治与挂钩项目实施上，有两种运作模式，即政府主导下企业投资运作的土地综合整治模式和政府主导下村集体经济组织运作的土地综合整治模式。这两种模式基本实现了政府主导的各类涉农资金共同投入项目区集中使用，可综合发挥各类涉农资金的效益。

长沙县北山镇圣毅园土地综合整治项目属于第一种模式，即在长沙县人民政府主导下，由圣毅园现代农业发展有限责任公司具体运作，按照农业产业发展要求和土地整治项目管理有关规定进行综合整治，保证了土地整治资金有效投入和规范运作，带动了市、县16个部门安排相关支农项目在区内建设。

光明村、关山村和松西子村等3个项目属于第二种模式，即在县级人民政府主导下，由当地村集体经济组织为主体具体运作，按照县级政府组织编制的土地综合整治规划，以土地综合整治为平台，吸引现代农业公司以租赁经营或合作经营等方式，经营整治后的土地。一个综合整治项目区可能会有多个农业公司进入，如光明村项目区土地综合整治还未结束，便有6家公司商谈合作经营事宜。

从调研情况看，湖南省土地综合整治未出现"大拆大建"和损害农民利益等情况，在农村土地综合整治规划的引导下，项目区内农民住宅拆建、建设用地盘活与农业企业基地建设等融为一体，实现了城乡土地的节约集约利用和用地结构的优化。在土地承包经营权流转方面，农民自愿将承包经营的土地以入股方式流转到村集体合作社，再以土地使用权租赁或入股方式参与到有关现代农业企业经营中；而企业则需先支付一定的租赁费或保证金，并优先聘请当地农民为农业产业工人，以工资收入作为农民持续的生活保障，从而形成"村集体经济组织（合作社）+农业企业+农户（农业工人）"的土地规模经营模式。目前，项目区建设已初显成效，一幢幢崭新民居、一排排在建民宅、一条条宽阔马路，昭示着现代化的新农村即将在湖南土地综合整治区内诞生。

二、主要特点

（一）以土地综合整治规划为主导，统筹农村各项建设与发展规划

湖南省国土资源厅和市县人民政府密切协作，注重编制农村土地综合整治规划，将村庄建设、交通水利、产业发展等相关规划与土地综合整治规划有机融合，为项目区“全域规划、全域设计、全域整治”奠定基础，有效带动省、市（州）、县相关部门参与项目区建设。如关山村综合整治项目，在项目启动前，统一编制了村级土地利用规划、道路交通规划、产业发展规划、水利建设规划、生态环境保护规划、公用设施规划、土地开发整理规划、村镇建设规划和城乡建设用地增减挂钩规划等 9 个规划。通过统筹规划，带动了相关职能部门参与项目区建设，聚合了各类涉农资金。

（二）以培育农村经济增长点为出发点，着力培育现代农业企业

湖南省按照“用办工业的方法办农业”的思路，以土地综合整治项目为载体，培育具有可持续发展潜力的农业企业，推动湖南省由农业大省向农业强省转变。一是土地综合整治项目完成后，力求项目区内各部门投资所产生的经济效益最大化，并使经济效益长期稳定地发挥；二是按照现代农业企业发展需要，政府聚合各部门涉农专项资金，实施土地整治和项目挂钩，缓解企业和村集体经济投资压力，有效促进农业企业快速发展；三是以“投资一片造福一方、打造县域经济增长点”为目的，通过扶持农业企业和村集体经济，最终实现地方经济增长的目标；四是土地承包经营权流转至农业企业后，企业从自身经济利益考虑，会自发促进工程持续稳定发挥效益，这有助于解决土地综合整治项目工程后期管护难题。

（三）以因地制宜为原则，着力改善农村生产生活条件

湖南省在认真总结 10 年来各类土地开发整理项目实践的基础上，结合建设社会主义新农村的要求，注重因地制宜开展工作，着力改变农村生产条件和生活环境。一方面，对项目区内符合规划要保留的旧农房，实施内部功能改造和外部“穿衣戴帽”工程，即屋顶和外墙进行统一装饰，达到改善村容村貌的目的；另一方面，对零星分散的农户，按照“统规统建”或“统规自建”方式，建设集中居民点，节约农村建设用地，实行“增减挂钩”政策，实现“农村支撑城市建设用地指标、城市支持农村发展资金”的互动局面。

（四）以政府先期资金投入为支撑，推动土地综合整治工作顺利进行

农村土地综合整治项目实施前，需要进行土地利用现状、整治潜力和权属状况调查、编制土地综合整治规划等基础工作，启动经费数额巨大；在项目实施过程中，农户拆迁安置、旧房改造等也需要大量资金。如果单纯依靠村集体或一般农业公司，项目区建设很难顺利启动。湖南省人民政府要求土地综合整治项目所在县级人民政府，要设立土地综合整治项目周转资金，为土地综合整治工作顺利开展提供保障。如在松西子村项目区，株洲市国土资源局派专人进驻现场，协调有关工作和资金使用。

三、需要深入研究解决的几个问题

（一）关于土地整治资金支持现代农业企业发展问题

土地综合整治对培育现代农业企业发展起到重要的支撑作用。如关山村项目区省级土地整治资金投入1920.15万元，松西子村项目省级土地整治资金投入3679.47万元。这些项目存在国家投资、企业受益问题。因此，土地整治专项资金的投资方向，需要进一步明确。此外，对土地整治国家投资和企业投资的产权归属问题，也需要事前做出规定，否则企业经营期满后，各方投资形成的产权归属将难以界定。还有，对农民权益保护问题，需要进一步研究与细化。如农民参与公司管理、农用机具等生产要素流转到公司等，涉及一系列问题，权益如何保障？有关部门应尽快完善相关政策，确保项目实施合法合规。

（二）关于增减挂钩与土地整治项目结合问题

湖南省将增减挂钩作为政策工具，运用于农村土地综合整治项目中，提出了土地整治项目挂钩难以封闭运行和增减挂钩难以一一对应问题。拟实行相对灵活的对应方式，即在优先保证农民宅基地、农村基础设施建设，并为当地农村集体经济发展留足空间的前提下，将指标富余部分用于城乡建设用地增减挂钩。能与新建项目对应的对应安排，不能对应的纳入增减挂钩指标储备库，可以跨行政区有偿转让。这与国土资源部现行增减挂钩试点管理办法“封闭运行”的规定不符。

（三）关于吸引社会资金参与农村土地综合整治问题

湖南省认为，土地综合整治最大资金潜力来源于社会，资金是农村土地综合整治的首要制约因素，应当进一步拓宽资金渠道，创新融资模式。目前，湖南省实施的土地综合整治项目是在资源调查摸底基础上，经过筛选，将综合整治后节余农村建设用地指标少、资金平衡难度大、经济效益不好的项目暂缓实施。湖南省委、省政府虽然出台了土地综合整治聚合各部门涉农资金的相关政策，但项目区投入大，总体资金平衡较困难。要保障农村土地综合整治区经济的全面持续发展，引导社会资金投入是关键。国家应当尽快明确社会资金参与土地综合整治的有关政策。

此外，在调研过程中还发现了一些问题，诸如土地综合整治规划主体、各类规划标准确定问题；项目区宅基地使用权、承包经营权等权属调整与相关政策、法律支撑问题；市、县区域经济总体布局、产业指南缺乏对特色农业布局的引导，农业企业存在市场风险等。

建议对湖南省农村土地综合整治工作予以充分关注。针对湖南省现行政策进行评估，在探索中不断规范，确保土地综合整治事业健康发展；尽快出台农村土地整治具体政策，对农村土地整治中形成的建设用地节余指标的内涵、流转范围、流转方式和收益返还等问题进一步明确；对社会资金参与农村土地综合整治形成的新增耕地和建设用地指标使用、转让及收益分配等进一步规范，正确引导地方实践。

（调研组成员：罗明、周旭、王军、高世昌、沈飞、鞠正山、张清春）

江苏省启动“万顷良田建设工程”试点工作*

江苏省土地开发整理中心

2008年江苏省国土资源厅决定，为促进城乡统筹和社会主义新农村建设，实现保护资源和保障发展的双赢，强化节约集约用地，优化土地利用结构，推进规模化、现代化农业的发展，促进农村耕地资源、建设用地资源、劳动力资源和市场需求与公共服务资源的有效聚集，开展“万顷良田建设工程”试点工作。

万顷良田建设工程是指依据土地利用总体规划、城镇规划，按照城乡统筹发展、加快社会主义新农村建设的要求，以土地开发整理项目为载体，以实现城乡建设用地增减挂钩政策为抓手，通过对田、水、路、林、村的综合整治，增加有效耕地面积，提高耕地质量；将农村居民迁移到城镇，节约集约利用建设用地；建成大面积、连片的高标准农田，优化区域土地利用布局，实现农地集中、居住聚集、用地集约、效益彰显目标的一项系统工程。

万顷良田建设工程的目标任务

江苏省是沿海经济最为发达的省份之一，也是资源相对匮乏的省份：以占全国1.06%的国土面积，养育了占全国5.74%的人口，提供了超过全国10%的国内生产总值，吸引了超过全国25%的外商直接投资，高投入、高产出、高负载成为江苏省土地资源的主要特点。但另一方面，农村分散、小型的耕作方式和散乱、粗放、低效的建设用地，也直接影响到推进农村新一轮的改革发展。实施万顷良田建设工程，有利于解决耕地分散经营、生产方式落后、村庄布局凌乱、户均占地过大、保障水平较低等问题和矛盾，是促进农业由分散经营向规模转变，传统农业向现代农业转变的具体举措；是破解保护资源、保障发展难题，实现土地资源集约高效利用的有力手段；是落实科学发展观，打破城乡二元结构，促进城乡统筹协调发展，提高城镇化水平，构建和谐社会的有效途径，更是贯彻落实党的第十七届三中全会审议通过的《关于推进农村改革发展的若干重大问题的决定》的题中应有之义。

改革发展越深入，越需要勇气和智慧。江苏省国土资源厅精心为实施万顷良田建设工程确立了指导思想，坚持以科学发展观为统领，以保护资源、保障发展，促进社会主义新农村建设为出发点，通过大规模的农地整理，推进农业生产经营规模化、现代化；通过建设用地空间整合，优化用地结构，节约集约用地；通过农民向城镇集中居住和享受社会保

* 本文原发表于《土地整理动态》2009年第10期（总第480期）。

障，促进农民到市民的身份转变，加快城镇化进程；最终实现耕地资源、建设用地资源、劳动力资源、市场需求与公共服务资源的有效集聚。显然，这是江苏省为有效缓解保护资源与保障发展矛盾所进行的精彩探索。江苏省万顷良田建设工程试点的目标是，至2010年，建成高标准农田2万公顷以上，新增耕地面积600公顷以上。形成一批集中连片、基础设施配套的高标准农田，为现代农业的发展提供良好的平台，有效改善农民的生活水平和生活质量。

实施万顷良田建设工程的基本原则

开展万顷良田建设工程试点是在“耕地面积不减少、建设用地不增加、农民利益不受损、国土法规不违背”的前提下，遵循以下具体原则：一是科学规划，统筹城乡。万顷良田建设工程土地整理规划、集中居住区规划等要与土地利用总体规划，土地开发整理规划、基本农田保护规划、城镇规划等相衔接，通过科学规划，促进城乡统筹协调发展。二是突出重点，以农为主。以建成大面积连片高标准农田为重点，确保建设工程实施后，增加有效耕地面积，提高耕地质量，实行规模化经营，发展现代农业。三是政府主导，部门配合。建设工程试点由县（市、区）政府统一组织，相关部门协同配合，共同推进，采用市场化等多种方式进行运作。四是试点先行，规范操作。要坚持从本地的实际出发，量力而行，选择工作基础较好，有一定经济基础和资金保障能力的地方先行开展试点工作，对农民拆迁安置、就业、农村土地承包经营权流转等进行探索研究，在取得成功经验后，逐步推广。五是依法维权，农民认可。严格执行相关法律法规和政策，切实保障农户和集体经济组织的合法权益，工程实施要充分尊重群众意愿，取得农民认可，维护土地所有者和使用者的合法权益，切实维护社会稳定。六是创新思路，积极探索。万顷良田建设工程是一个全新的系统工程，直接关系农民的切身利益，涉及领域多，政策要求高，要开拓思路，大胆创新，积极探索，勇于实践，走出一条保护资源、保障发展的新路子。

万顷良田建设工程试点工作的具体要求

为了使万顷良田建设工程试点取得扎实成效，江苏省国土资源厅展开认真调研，明确了试点单位应具备的具体条件：一是工程区（土地开发整理区）以县（市、区）为单位，应具有总面积1000公顷以上、分片面积在300公顷以上的农用地整理规模，工程区范围内不得安排安置用地；二是地方政府积极组织，具有与工程建设相适应的政府财力或社会化资金配套能力；三是征得工程区内集体经济组织成员同意；四是符合土地利用总体规划和城镇规划；五是工程区内无土地权属矛盾。

在工程规划编制要求上，试点县（市、区）人民政府组织编制万顷良田建设工程规划方案，并按照3年内实施完成的要求，制定工程年度实施方案，明确工程建设具体实施的时序安排。规划方案要在工程区进行公示，听取群众意见。公示内容包括：规划方案的主要内容规模与范围，土地利用现状与权属状况，涉及的人口等基本情况；土地开发整理潜力分析；土地开发整理方案；拆迁补偿和迁建方案；农业人口安置方案；城乡建设用地增减平衡方案；工程区内土地权属调整方案；资金预算与筹措；工程实施计划安排；土地承包经营权流转方案；综合效益评价等。

在操作程序上，首先是申报。试点县（市、区）的万顷良田建设工程规划方案须经省辖市人民政府审核同意并出具初审意见后，由县（市、区）人民政府向省国土资源厅提出申请。申请时提交万顷良田建设工程规划方案及其公示、听证材料和省辖市人民政府初审意见。其次是审查。省厅对申报方案进行审查论证，符合试点要求的，下达试点建设任务。再次是实施。试点县（市、区）人民政府根据省厅下达的建设任务，及时组织有关部门编制具体的实施方案，并切实抓好实施工作。最后是检查验收。省厅会同部门对建设工程适时组织督查，并进行年度考核，其结果作为安排省级土地开发整理资金和城乡建设用地增减挂钩周转指标的依据。工程全部完工，对照工程规划、实施方案等组织验收。验收合格后，及时做好工程区土地登记、确权工作。

万顷良田建设工程的相关政策

万顷良田建设工程是一项全新工程，既是促进城乡统筹发展的重大举措，也是一项实实在在的行动，江苏省国土资源厅推出了一系列政策和措施为试点支撑和保障。这些政策包括：万顷良田建设工程涉及的土地开发整理，可按照省以上投资土地开发整理项目管理的相关要求申报项目，并优先安排；万顷良田建设工程参照执行城乡建设用地增减挂钩的相关政策。工程中对建设用地复垦形成的耕地和农用地，可等面积用于安置农民的住房建设和基础设施建设，结余部分可统筹用于城镇建设等。

在保障措施上，江苏省国土资源厅设立了试点工作指导小组，由省厅主要领导任组长，分管厅长为副组长，相关处室负责人为成员，负责审查万顷良田建设工程规划和年度实施方案，及时研究试点工作中出现的重大问题，制定相关政策，跟踪督查指导，评估工作成效，有序推进工作的顺利开展；试点县（市、区）人民政府成立领导小组，由政府主要领导任组长，相关部门主要负责人担任领导小组成员，负责协调万顷良田建设工程的组织实施，落实各项配套政策措施；试点地区要结合当地实际制定具体的实施细则，边试点、边规范、边推进，并报省厅备案。

创新铸就跨越。相信随着江苏省“万顷良田建设工程”试点的实施，不仅对推进社会主义新农村建设、对实现保护与保障的双赢，而且对贯彻落实党的第十七届三中全会所提出的加快形成城乡经济社会发展一体化的新格局，都具有深远的意义。

积极实施重大工程 努力实现耕地占补平衡目标*

国土资源部土地整理中心 张中帆 杨 剑 吕 婧

实施土地整治重大工程（以下简称“重大工程”）是土地开发整理专项规划（以下简称“专项规划”）所确定的目标任务，是落实土地利用总体规划，促进土地高效利用，合理保护资源和开发资源的重要手段，在引导和调控投资重点和方向，实现资源和资金的合理配置方面起到不可低估的作用，尤其对实现耕地占补平衡目标起到决定性的作用。

一、实施重大工程的现实意义

（1）实施重大工程是国家主动作为，努力实现耕地占补平衡目标的有效手段。随着国家4万亿元刺激经济方案的实施，保障发展与保护资源的矛盾更为突出，国家大型能源、交通等基础设施建设占一补一面临巨大压力。为实现占补平衡目标，确保18亿亩耕地保护红线不被逾越，必须既要大力保护现有耕地，又要采取有力措施主动补充耕地。重大工程作为积极主动补充耕地的有效手段，可以在确保耕地总量平衡和国家大型基础设施建设统筹占补中发挥重要作用。以吉林、新疆、黑龙江和宁夏4省（区）在重大工程区域内开展的土地整治重大项目为例，平均每年补充耕地120余万亩，相当于规划期内全国每年400万亩补充耕地任务的30%。仅此4省（区）的重大工程即可极大地缓解全国耕地保护工作面临的压力，为全国耕地占补平衡提供有效缓冲。

（2）实施重大工程是大力推进土地整治，确保粮食安全的重要保障。确保国家粮食安全，需要积极开展土地整治，建设一定数量的高产稳产农田。十七届三中全会提出，要“搞好规划、统筹安排、连片推进，大幅度增加高产稳产农田比重”。重大工程是依托土地开发整理重点区域，针对不同土地利用问题开展的集中连片的大规模土地整治工作，可以改善农田基础设施，增强农业抵御自然灾害能力，建设一批高产稳产农田，全面提高农田的综合生产能力，实现以建设促保护、以保护促发展的目标，为确保国家粮食安全提供重要保障。

（3）实施重大工程是改革资金分配要素，提高投资效益的抓手。一是有助于实现资金与资源的合理匹配，避免出现有资源、无资金或有资金、无资源的错位现象发生，提高资金的使用效益和资源的利用效率。二是有助于按照统筹规划、集中资金、突出重点、逐一落实的原则开展土地整治工作，建设一批补充耕地基地，防止国家资金“撒胡椒面”现象的发生，最大限度地实现国家投资的规模效益。三是以重大工程建设为抓手，可以创造更

---

* 本文原发表于《土地整理动态》2009年第20期（总第490期）。

为有利的条件在更大范围内聚合和引导各类支农资金集中投入土地整治重大工程建设，以更大的力度推动土地整治工作，进一步发挥各项资金的叠加效益。

（4）实施重大工程是建设社会主义新农村，促进城乡一体化发展的载体。实施重大工程可以将土地整治与社会主义新农村建设和统筹城乡一体化发展有机结合起来，从而加速社会主义新农村建设和城乡一体化发展。如规划确定的东中部基本农田整理、三峡库区移民安置土地开发整理等重大工程等都是通过对农田和村庄进行的综合整治，把农村的建设和发展纳入城乡一体化发展的布局中，通过调整农村建设用地和农用地利用格局，改善生态环境，优化自然景观，提高农民居住水平和生活质量，从而解决民生问题，实现兴农利民，彻底改变农村面貌。

二、重大工程现状和存在的问题

2003 年，国土资源部编制出台了《全国土地开发整理规划（2001—2010 年）》，提出要依托土地开发整理重点区域组织实施重大工程。为此，国土资源部提出了两步走战略，先期实施“东中部粮食主产区基本农田整理工程”等 5 大工程。几年来，为落实专项规划所确定的重大工程目标任务，国家和地方陆续开展了一批重大项目建设。其中，国土资源部批准实施的“三峡移土培肥工程”是按照一事一议原则以重大项目形式组织开展的。吉林、黑龙江、新疆和宁夏等省（区）组织实施的重大项目，与专项规划所确定的重大工程主要实施区域和治理重点基本一致，其他省份也在陆续开展或筹划重大项目。目前，重大工程实施工作总体上还处于起步和探索阶段，相关的管理机制正在探索研究中。

从几年来实施重大工程的实践情况看，主要存在以下问题：

（1）没有纳入计划管理。国土资源部制定的年度土地开发整理补充耕地计划是指导性的，与资金分配和重大工程、重大项目不挂钩，也没有分别明确地方建设项目耕地占补、总量平衡和国家大型基础设施建设补充耕地任务。

（2）责任分工不明确，落实不到位。国家和省（区）在实施重大工程中的责任分工不明确，国土资源部没有制定具体实施计划和资金承诺，而地方期望以国家资金支持为主，使得规划确定的重大工程或是没有实施，或是各干各的，规划确定的目标任务没有得到有效落实。

（3）资金无法保障实施重大工程的需要。《土地管理法》规定新增建设用地有偿使用费“专项用于耕地开发”，主要用途应是补地。但目前中央分成新增费按照基本农田面积、灌溉水田面积及上一年缴入中央的新增费情况返还给各地，突出了保地，弱化了补地。专项资金也没有按有关要求足额征收到位，且标准偏低，无法满足实施重大工程的需要。

（4）配套制度不到位。国土资源部至今没能出台针对实施重大工程的相关管理制度，导致重大工程建设无法得到有效的指导和规范，在申报、审批和实施等管理环节无章可循，完全采取一事一议的方式，受其他部委牵扯过多，工作比较被动。

三、要努力推进土地整治重大工程建设

2009 年 3 月，国土资源部出台了《关于促进农业稳定发展农民持续增收推动城乡统

筹发展的若干意见》（国土资发〔2009〕27号），提出要大力推进重大工程建设，发挥土地整治示范作用。面对新形势和新任务，要在认真总结重大工程实践经验的基础上，进一步理清思路，明确方向，通过大力推进重大工程建设，更好地发挥土地整治的示范带动作用和完成补充耕地任务的砥柱作用，为实现耕地占补平衡目标而努力。

（1）要细化年度计划，严格绩效考核。要进一步细化年度土地开发整理补充耕地计划，分别明确建设占补、重大工程、重大项目等各类补充耕地任务，把专项规划确定的重大工程目标和相关重大项目建设任务分解落实到年度补充耕地计划中，将指导性指标变成刚性的任务要求。同时，要建立追踪问效机制，将实施重大工程完成补充耕地任务的绩效考核情况作为年度省级耕地保护目标责任制考核和国土资源部开展相关稽查检查工作的重点，并作为下一年度建设用地计划指标和资金分配的重要依据。

（2）要理清利益关系，明确责任主体。要高度重视重大工程在实现耕地总量平衡和国家大型基础设施建设统筹占补中的重要作用，在进一步理清责、权、利关系的基础上，明确实施重大工程的责任主体和职责分工。可考虑由国土资源部土地整理中心作为组织实施重大工程的直接责任主体，按照国土资源部工作重点，根据专项规划确定的目标和重大项目批复情况提出年度重大工程补充耕地计划建议，以全面推进这项工作。

（3）要改革分配要素，加大支持力度。要遵循“任务是龙头，资金跟着任务走”原则，调整现有新增费的分配要素，强化新增费补充耕地的法定用途，将中央留成新增费的分配和地方留成新增费等专项资金的使用与国土资源部下达的年度重大工程任务和补充耕地计划紧密结合起来。进一步加强专项资金的征收力度，确保应收尽收、足额征收，并根据土地整治和占优补优的需要，提高土地出让金用于农业土地开发的比例，提高新增费和耕地开垦费征收标准，增加补充耕地的资金总量，进一步加大对重大工程的支持力度。

（4）要加强政策引导，规范管理流程。研究配套政策措施，引导将“万村土地整治”示范工程和增减挂钩试点项目安排在重大工程区域内，实现重大工程建设和增减挂钩政策的有机结合。积极研究聚合和引导各类支农资金共同投入的体制机制，集中连片推进重大工程建设，建设一批高标准农田，真正做到整治一片，造福一方。同时，根据实施重大工程的需要，研究制定指导意见和管理办法，细化相关管理程序，以规范和指导重大项目的申报、审批和实施等各项管理工作。

加强黄淮海农区土地整治保障工作势在必行*

国土资源部土地整理中心　杨　红

黄淮海平原是京津冀、环渤海经济圈所在区域，耕地面积占全国的27.9%，粮食总产量占全国的31.0%，小麦和玉米的总产量分别占全国的52.0%和41.0%，是我国重要的粮食生产基地。因此，黄淮海平原土地资源的可持续利用，直接关系到全区乃至全国现代农业与农村的可持续发展。保证该区粮食产量的稳定提高和农业综合生产能力的持续发展，是国家对黄淮海农业发展提出的重要目标。要实现这一目标，加强土地整治保障工作势在必行。

一、黄淮海农区土地利用形势不容乐观

（一）中低等级耕地比重大，耕地细碎化程度高

黄淮海农区由于受旱涝盐碱的影响，农作物产量不高不稳，中低产田占全区耕地的70%，产量水平只相当于高产田的30%～60%。耕地细碎化主要表现在：一是等级差异的耕地在承包分配过程中形成的细碎化，即一户多田；二是占用耕地多分布在耕地集中的区域内，而补充耕地相对比较零散，从而形成零碎化。这种现象在黄淮海经济发展区域较为严重，即最强劲的经济发展区域与最需要保护的优质耕地分布区域在空间上是重合的。占用优质耕地无法避免，而补充耕地相对零散，在一定程度上加重了耕地的细碎化。

（二）村庄建设规划滞后，用地布局分散

黄淮海农区受传统农业及自然条件和社会经济条件的影响，村落大多呈分散式布局。改革开放以来，农民生活水平大大提高，农村住宅建设也逐年增多，但规划的引导与控制力度不够，未能有效改变这种分散局面，农村居民点不断加速向外围扩张，某些地区甚至出现沿公路两侧条带式发展的不良局面，造成大量耕地资源转为建设用地。随着农村经济的发展，许多居民点建在干道两旁，呈现出“线状沿路爬”的零散分布状态，形成所谓的“马路经济”。造成村庄的旧宅基地、空闲地不断增加，形成了“村外光、村内糠”的“空心村”。这不仅带来许多安全隐患，而且造成基础设施和公用设施投资分散，村庄用地外延。

（三）建设占用耕地现象严重，耕地生产力整体水平低

除了大中城市用地盲目扩张占用耕地外，大大小小的工业开发区以及农村居民点扩展和小城镇的无序发展建设，也大量占用耕地。据统计，2008年黄淮海五省二市，即北京、

---

* 本文原发表于《土地整理动态》2009年第37期（总第507期）。

天津、河北、江苏、安徽、山东、河南，年内新增建设用地149.20万亩，其中建设占用耕地89.47万亩，年内耕地减少106.48万亩，因建设占用耕地的数量占耕地减少量的84.03%。可见，黄淮海作为我国重要的产粮区，恰是建设占用耕地较为集中的区域，这无疑将导致我国耕地生产力整体水平降低。

二、加强黄淮海农区土地整治保障工作势在必行

黄淮海农区土地整治是一项综合性系统工程，为了保障土地整治工作取得实效，应加强以下几方面保障工作。

（一）加快土地整治专项规划编制

全面推进黄淮海农区土地整治，要坚持规划先行。按照“统一规划、统一设计、统一整治、统一发展”的要求，突出土地整治区域综合性、多功能性、多效益性的特点，协调耕地和基本农田保护、产业发展、城镇和村镇建设、交通水利等基础设施建设及生态环境保护等的关系，因地制宜地制定土地整治专项规划，提出与区域自然条件和社会经济条件相符合的土地整治方案，通过公众参与等方法，切实将方案落到地块，确保土地整治能够规范有序实施。

（二）推进土地整治法律制度建设

黄淮海农区土地整治涉及面广、政策性强、资金投入大，需要有完善的法律机制保障土地整治目标的实现。对土地确权登记、宅基地管理和退出机制、土地承包经营权流转、集体建设用地流转、项目资金政策支持、改革征地制度和维护农民权益等现实性问题，要积极探索，及时跟进研究，总结经验，化解矛盾，转化成果，尽快出台相关的法律法规政策和制度，将土地整治活动纳入法制化轨道，并适应形势需要，不断予以完善，做好土地整治的法制保障。

（三）实施基本农田基地化管理

近年来，由于忽略了“优质、集中、连片”的耕地保护方针，基本农田呈现“劣质、分散、细碎化”的状态，既无法在耕地利用过程中推广规模农业，又增加了土地流转过程中的纠纷。党的十七届三中全会提出“划定永久基本农田”，应着眼宏观全局，从战略高度确定基本农田保护区域，划定集中连片的永久基本农田，把黄淮海农区大面积、集中连片、优质高产基本农田圈定住、保护好，防止各类非农建设包围、切割基本农田保护区，实现基本农田基地化管理。通过土地利用总体规划，禁止随意切割基本农田，逐渐归并小块基本农田为大板块基本农田，推动基本农田集中连片，发挥集聚效应，促进农业发展战略转移，即从依赖良种、化肥和劳动密集型为主的农业生产技术体系，向以经营规模化、田块标准化、农田水利化、耕作机械化的省力型、资本密集型农业生产体系转变，实现农业优质高产高效。

（四）完善土地整治相关规程、规范和标准

中央经济工作会议提出把统筹城乡区域协调发展与推进城镇化结合起来，大力拓展发展空间，形成城镇化与新农村建设良性互动的发展局面。根据中央精神，土地整治在加强农村基础设施建设、推进农村和城市基本公共服务设施均等化、引导产业有序转移、促进区域协调发展等方面的作用将进一步加强。土地整治的主要内容将从以农地整理为主向农地整理与村庄土地整治相结合的综合整治转变，成为促进城镇化与新农村建设的重要抓手和平台。根据土地整治工作的新形势和新要求，在已有土地整理复垦开发相关规程、规范和标准的基础上，从满足田、水、路、林、村综合整治的需求出发，有计划、有重点地开展土地整治工程建设、预算定额、工程质量、检查验收等相关规程、规范和标准的制定、修订工作，逐步建立完整、统一的土地整治规程、规范和标准体系，既是开展项目可行性研究、规划设计、宏观监管等各项工作的技术支撑和依据，更是多造地、造好地的重要基础保障。对于更好地规范和指导土地整治工作，适应新的历史条件下对土地实施全面整治的要求，确保投资发挥应有的效益具有重要作用。

（五）强化农村土地定级估价工作

农村土地整治必然涉及土地的重划和调整，长期以来农村土地按照远近搭配、肥瘦搭配的原则进行分配，导致土地规模狭小、破碎化严重，制约了农地资源的产出效率，也制约了我国现代农业发展。为了保障土地整治规模化，不仅需要建立基于土地整治需求的农地资源潜力、生产能力、规模利用等评价方法，还需要对已有的农用地定级和估价规程进行修改完善，形成集体建设用地、农村住宅用地、农村废弃土地的定级估价方法，为实施土地综合整治提供土地利用潜力、土地质量和不同产权约束下的农地资源价值等技术支撑。

基本农田保护工作的成绩、问题及其对策*

——湖北省基本农田保护与建设情况调查

国土资源部土地整理中心　彭茹燕

〔**按**〕自1988年湖北省荆州市划定第一块基本农田保护区以来，基本农田在保护耕地资源、维护粮食安全、稳定农业基础地位、惠民利民等方面发挥了极其重要的作用，但也面临着不少问题与困难。本文以湖北省为例，总结了地方保护基本农田的典型做法及存在的主要问题。针对基本农田保护未能有效保障农民增收，基本农田划定和调整划定中偏重数量平衡、不够重视质量提高，违法行为查处难等问题，文章提出了5项对策建议：科学调整划定基本农田，真正落到地块和农户；加强基本农田保护基础性工作；切实加强基本农田建设与管理；严格控制占用基本农田，实行严格的监督管理；落实责任，充分调动保护基本农田的积极性。

1988年湖北省荆州市面对当时耕地被大量占用、保护农田日趋紧迫的形势，划定了我国第一块基本农田保护区；1994年国家出台了《基本农田保护条例》，将基本农田保护纳入法制化管理轨道；1998年修订的《土地管理法》确立了基本农田保护制度在耕地保护制度中的核心地位；2005年国土资源部提出了“以建设促保护”的工作思路，加大了对基本农田的建设投入，基本农田保护工作从被动保护走向主动建设，从注重数量保护走向数量、质量并重的新路子，走到了一个新的历史起点。20年来，基本农田在保护耕地资源，维护粮食安全，稳定农业基础地位，惠民利民等方面发挥了极其重要的作用。

为了解地方基本农田保护的做法，研究下一步工作思路与安排，2009年12月5日至8日，国土资源部耕地保护司、土地整理中心派员赴湖北省进行了基本农田保护与建设情况调研。调研组与湖北省国土资源厅沟通情况后，赴仙桃市、洪湖市和荆州市实地调查考察了基本农田保护与建设状况。

一、湖北省基本农田保护与建设的基本情况

湖北省从1988年探索基本农田保护始，在保护基本农田、保障和促进可持续发展中，坚持以建设促保护、以保护促发展，不断探索基本农田保护工作新方法、新机制，实现了基本农田面积不减少、用途不改变、质量有提高。全省累计投入200多亿元，用于耕地建设和保护工作，始终保持基本农田面积稳定在6053万亩以上，比新一轮规划确定的基本

＊ 本文原发表于《土地整理动态》2010年第1期（总第510期）。

农田保护面积高出300万亩；全省农业基础设施逐步完备，生产条件得到有效改善，农业生态环境得到优化，农业综合生产能力明显提高，粮食连续6年增产，油菜籽总产量连续14年居全国第一。

湖北省的主要做法是：

（一）建立健全工作机制

一是建立责任机制。在层层落实各级政府耕地保护责任制的基础上，湖北省将耕地保有量、基本农田保护面积列入《湖北省县（市、区）“三农”发展综合考评办法》和《湖北省地方党政领导贯彻落实科学发展观情况考核办法》，纳入各级党政领导班子和领导干部目标考核体系，作为年度综合考核的重要内容，实行量化指标考核。二是建立投入机制。统筹土地整理资金，整合相关部门涉农资金，集中用于农业重点基础设施建设，发挥资金的聚集效应和放大效应。三是建立激励机制。对基本农田面积、基础工作、信息化建设、占用补划、动态巡查等考核内容进行量化，每年组织专项检查评分。对基本农田保护好的地区，实施奖励，包括建设用地指标倾斜、基本农田土地整理项目安排、对单位与个人进行奖励等。四是建立保障机制。按照每亩2元的标准，从新增建设用地有偿使用费中安排基本农田保护经费，省财政每年安排1.21亿元，列入预算，用于基本农田保护的日常经费开支和基本农田保护的基础设施建设。

（二）完善强化管理手段

一是规范基础工作。建立全省统一的基本农田保护图、表、册、卡，设立保护标志，发放明白卡，将基本农田落实到地块和农户，对基本农田变化进行实时更新，确保图、表、册的现势性。2008年以来，对全省基本农田标志进行统一更新。二是完善监管网络。建立省、市、县（市、区）、乡（镇）、村五级监管网络，实行分级负责，一级监督一级，一级对一级负责。三是加强信息化建设，推进“数字国土”管理。从2006年起，先后在荆州市和6个国家基本农田保护示范区推广，进而在全省全面展开，计划用3~5年时间完成全省基本农田保护信息化建设工程。四是严格执法监察，查处违法行为。全省建立部门联动机制、执法快速反应机制和群众巡查机制，每个村选聘一名基本农田保护协管员或信息员，做到动态信息实时采集，变化及时跟踪，违法及时查处。

（三）坚持以建设促保护

一是统一规划，分步实施。按照“高起点、高标准、高投入、高产出”的要求，在详细调查耕地资源的基础上，以区域为单位，把高产农田建设与村庄规划、通村公路、血防灭螺、一建三改、水利工程、村庄整治等农村基础设施建设进行有机整合，努力适应新农村建设和现代农业发展的需要。二是统一调控，整合资金。根据“渠道不变、用途不变、统筹安排、各计其功”的原则，将新农村建设中的水、电、路等基础设施建设资金与基本农田建设资金进行集并，按规划、分阶段、分部门、分项目综合投入。在实施过程中，地方政府对项目进行统一调控、统一管理，有效避免了各自为政、修甲毁乙、重复浪费等问题的发生，提高了投资效益。三是统一整治，整体推进。实行集中投入、连片建设，整县、整乡推进土地整治，充分利用迁村腾地、增减挂钩、集体土地流转等相关政策，推动农田整治规模化，实现了村庄整治与新农村建设的协同开展。

（四）制定实施高产农田计划

湖北省计划到2020 年，建设 2000 万亩“田成方、林成网、路相通、渠相连、土肥沃、水畅流、旱能灌、涝能排”的高产农田。现已投资超过 120 亿元，建设高产农田 900 多万亩。一是以建设粮食核心区为抓手，实行连片集中开发。按照“突出重点、培植亮点、集中连片、整乡整村推进”的思路，在全省46 个粮食主产县（市、区），实施百万亩高产农田示范区建设。二是以仙洪新农村建设为创新模式，推进区域整体开发。2008 年采取整合资源、整体推进、改革创新、试验示范的方式，计划用 5 年的时间对仙洪试验区 100 万亩基本农田进行全面整理，探索建立“政府为主导、农民为主体、社会共参与”的长效投入机制。目前，试验区各项建设正有序推进，已建成的项目效益开始显现，农民收入明显增加。三是以民生为导向，推进专项整治。结合三峡移民搬迁，实施库区移土培肥工程；结合血防工程，推进“兴地灭螺”工程；结合低产田改造工程，建设“吨粮田”、“口粮田”。新建高产农田平均每亩新增粮食生产能力 50 千克，每亩高产农田为农民增收 230 多元。

（五）激励社会参与

耕地保护是各级政府的责任，政府必须常抓不懈，但仅靠政府的力量是不够的，还需要社会各方面的参与和协助。近年来，湖北省通过政府引导，调动社会团体、龙头企业、专业合作社等社会组织的积极性，共同参与耕地保护工作。一是建立政府引导资金，鼓励企业在基本农田保护区投资建设生产原料基地。2006 年起，监利县福娃集团按照“公司 + 基地 + 农户”的模式，建立 120 万亩优质稻生产基地，企业提供种子、化肥、农药、技术，指导农民进行规模化生产，既有效地保护了基本农田不被改变用途，也增加了农民的收入。二是通过产业化方式，带动企业和农民参与基本农田建设。京山国宝桥米公司在政府的扶持下，以农业产业化为纽带，联结 4 个乡镇的 6. 2 万农户，3 年内自筹资金，加上农民投工投劳累计投入 2. 94 亿元，对 78 万亩基本农田进行综合整治开发，极大地改善了当地农业生产条件。京山县及周边钟祥市等地农民从种植桥米中获利 8000 多万元，户均增收近 1300 元。全省 20 多家社会组织都通过不同的方式参与基本农田建设，不仅推动了耕地保护工作，也促进了企业自身的发展。

二、存在的主要问题与困难

从湖北省的调研及所掌握的全国情况看，当前基本农田保护工作中存在如下一些突出问题：

（一）基本农田保护与农民发展相冲突

目前我国的基本农田保护工作主要是依靠行政手段和法律手段，上级下达保护指标，乡镇具体落实指标。而按照《农村土地承包法》，农民只要在自己承包的基本农田里维持农业用途即可。在一些经济比较发达、农业结构调整具有特殊优势的地方，由于种粮比较效益低，农民为增收、农业为增效，在基本农田里种植经济作物、发展林果业，发展畜禽养殖，挖塘养鱼等，对耕地资源造成一定损害。这就与“不准占用基本农田进行植树造林，发展林果业；不准以农业结构调整为名，在基本农田内挖塘养鱼和进行畜禽养殖，以及其他严重破坏耕作层的生产经营活动”等基本农田保护政策相违背。因此，在这类地方要保护好基本农田就会在某种程度上牺牲农民发展的机会；而如果要维护农民的发展机会，则会使基本农田得不到完善的保护。

（二）基本农田保护激励机制缺失

虽然新增建设用地土地有偿使用费等支农资金专款用于土地整治，改善了农业生产条件，促进了粮食增产，但农民的收益是间接的，不如种粮补贴、粮种补贴和农机具补贴直接和具体，农民和农村集体经济组织没有明显感受到保护耕地特别是基本农田能得到经济方面的实惠。经济激励机制的缺失，使农民和农村集体经济组织缺少保护耕地特别是基本农田的积极性。

（三）基本农田划定和调整划定中偏重数量平衡、轻质量提高

《基本农田保护条例》规定：经国务院批准占用基本农田的，当地人民政府应当按照国务院的批准文件修改土地利用总体规划，并补充划入数量和质量相当的基本农田。但在执行过程中，这一政策成为极少数地区非法占用基本农田进行非农建设的借口。他们在眼前经济利益驱动下，占用基本农田甚至优质高产基本农田进行非农建设后，或者以次充好，将区位、地形和水热条件相对较差的一般耕地补划为基本农田；或者将荒地划入基本农田，造成这类地区基本农田数量虽然没有减少，但质量却有所降低，或者基本农田数量减少了，质量更谈不上。

（四）包括基本农田违法行为在内的土地案件查处难

目前，我国对违法侵占基本农田问题的监察手段已比较先进，“天上在看，地上在查，网上在管”，许多地方推行了动态巡查责任制，及时发现违法用地情况已不存在任何问题，但普遍存在查处难的问题。其根本原因就在于《土地管理法》没有赋予国土资源部门强制执行权，国土资源部门查处土地违法案件不适用强制措施。案件查处后，国土资源部门按程序下发处罚决定，如果当事人拒绝执行处罚决定，国土资源部门只能申请法院强制执行。而法院强制执行前，履行各种法定程序快则几个月，慢则一年或者数年，有的甚至以影响稳定或者不具备执行条件而不了了之。土地违法案件查处难对社会产生了很大负面影响，使包括侵占基本农田在内的土地违法案件连续多年呈现增长趋势。

三、对策建议

当前基本农田保护的核心工作：一是要搞好划定工作，实现永久保护，确保保护区位稳定，基本农田面积不减少；二是要加强质量建设，努力提高高产稳产农田的比重，全面提升基本农田的综合生产能力。因此，当前和今后一个时期做好基本农田保护工作，需根据新一轮土地利用总体规划确定的基本农田保护目标，科学划定永久基本农田，全面提升

基本农田建设与保护水平，严守耕地红线，保障国家粮食安全，促进经济社会全面协调可持续发展。

（一）科学调整划定基本农田，实行永久保护

按照《关于划定基本农田实行永久保护的通知》（国土资发〔2009〕167号）要求，结合新一轮土地利用总体规划修编，做好基本农田布局调整，科学划定基本农田，实行永久保护，落实最严格的耕地保护制度。调整后基本农田总体质量等别要高于调整前的平均质量等别，提高集中连片程度；县级土地利用总体规划要划定基本农田保护区，乡级规划要进一步落实到保护地块。同时，国土资源部门要会同农业部门把划定的基本农田落实到承包农户，标注到土地承包经营权证书上。

（二）加强基本农田保护基础性工作

基本农田保护基础性工作是提升基本农田管理水平的重要保证。一是健全基本农田保护台账，各地要对每一宗基本农田保护地块所涉及的保护责任、承包经营和质量等信息进行收集、整理，建立完整的图、表、册等台账。二是尽快完成全国第二次土地大调查中基本农田上图工作，将基本农田保护的实际情况落实到土地利用现状图上，标示出基本农田所有权界线、地块及编号等基本信息，做到图件、数据库、实地相一致。三是将基本农田相关信息纳入数据库管理，并做好日常更新维护。四是加快推进基本农田信息化、网络化管理，尽快建立起国家、省、市、县、乡基本农田信息五级报备制度，确保及时准确地掌握基本农田现状与变化情况。五是在基本农田保护区、交通沿线及城镇村庄周边的显著位置设立统一规范的基本农田保护标志牌和标识，接受群众的监督。

（三）切实加强基本农田建设与管理

在保护基本农田数量的同时，把提高基本农田质量摆在更加突出的位置。从土地整治入手，按照以整治促建设、以建设促保护的思路，编制基本农田重点建设工程计划，明确建设目标、内容和标准等，建立基本农田整治项目库。把土地整治尤其是农田整治项目优先安排在基本农田保护区内，土地整治专项资金向基本农田保护区倾斜。聚合相关部门资金、引导社会资金，加强粮食主产区的基本农田建设。继续加强基本农田保护示范区建设投入力度，发挥全国116个基本农田保护示范区典型示范和带动作用，积极探索开展土地利用总体规划确定的基本农田整备区建设。国土资源部门要会同农业部门采取措施，进一步提高基本农田质量和综合生产能力。按照《关于加强占补平衡补充耕地质量建设与管理的通知》（国土资发〔2009〕168号）要求，抓紧完善验收程序和“占补平衡”补充耕地质量评定的相关技术规范，制定操作办法，切实把好补充耕地验收关。

（四）严格控制占用基本农田，实行严格的监督管理

对基本农田要严格控制占用、实施严格监督管理。一是严格控制非农建设占用基本农田。凡涉及基本农田的规划修改或调整，都要报国务院批准。二是将基本农田的变化情况纳入年度变更调查，同时将变更信息进行“五级”备案。三是充分利用“一张图”成果和“批供用补查”监管平台，发挥基层国土所动态巡查职能，畅通社会监督渠道，充分发

挥国家土地督察机构的作用，全方位强化基本农田的日常监管。

（五）落实责任，充分调动保护基本农田的积极性

加大省级耕地保护责任目标考核力度，落实地方政府基本农田保护责任。将考核结果作为下达年度土地利用计划指标的重要依据，及时兑现奖惩。鼓励有条件的地区建立基本农田保护基金，对农民和农村集体管护、利用基本农田给予补贴和奖励。国土资源部门要积极配合财政部门，探索建立加大对永久基本农田保护任务较重地区财政转移支付的途径和方式。积极探索建立基本农田保护经济补偿机制，调动各方保护基本农田的积极性。

发挥农村土地整治平台作用 加强农田水利建设*

国土资源部土地整理中心　杨晓艳　李志辉

中央水利工作会议提出："着力加强农田水利建设，下大力气在全国大规模开展农田水利建设，健全农田水利建设新机制，全面提高农业用水效率，持续改善农业水利基础条件，显著提高农业综合生产能力。"为落实中央水利工作会议的有关要求，我们对农田水利建设与农村土地整治的关系、近年来土地整治在农田水利建设方面取得的成就进行了梳理，并提出了"十二五"时期在土地整治中进一步加强农田水利建设的建议。

一、农田水利建设是土地整治的一项重要内容

当前，我国农田水利设施普遍标准低、配套差、老化失修、功能退化，全国农田灌溉水利用率只有46.0%，农田有效灌溉面积仅占耕地总面积的48.7%。一些地方在小型提灌泵站和塘、坝、堰、窖、井以及田间末级渠系等田间水利工程建设上存在着缺失和不配套，"最后一千米"工程"卡脖子"问题较为突出。农田水利建设面临田间末级灌排沟渠不到位、节水技术应用范围不够广、农田水利工程后期管护机制不健全等一些亟须解决的难题。

农村土地整治通过工程措施对田、水、路、林、村进行综合治理。其中"水"就是指按照农业生产灌溉与排涝要求，开展小型水源工程建设，完善农田水利设施及其配套工程，使整治后的农田实现"旱能浇、涝能排"的目标。自20世纪90年代末国家大规模开展土地整治以来，农田水利设施一直被作为土地整治的四大工程措施之一进行了重点建设。

针对各地农业发展方向、水资源条件、农业耕作与灌溉方式的不同，国土资源部土地整理中心组织各地研究制定了土地整治工程建设标准。其中明确了灌溉与排水系统要达到的目标和规划设计建设标准，规定了农田灌溉设计保证率、渠系水利用率、排渍与防洪等标准，为农田水利建设提供了依据。

我国大规模开展土地整治工作10余年来，在农田水利设施建设方面投入了大量资金。据统计显示，国家投资土地整治项目中，农田水利工程投资一般占预算总额的40%以上，一些地方达到50%以上，有的项目甚至超过了70%。"十一五"期间，国家将中央分成新增建设用地土地有偿使用费（以下简称新增费）825.3亿元投入到土地整治项目中，用于农田水利设施建设的资金就达到330.0亿元。如果将同期地方留成新增费1925.7亿元计

* 本文原发表于《土地整理动态》2011年第8期（总第537期）。

算在内，按照40%的比例计算，投入农田水利设施建设的资金仅新增费一项就高达1100亿元。这还不包括耕地开垦费、土地复垦费、用于农业土地开发的土地出让金对农田水利建设的投入。

二、土地整治在农田水利建设方面取得了巨大成就

2001年以来，通过开展土地整治，全国新增耕地4200多万亩。同时，通过平整土地、归并零散地块、建设农田水利设施、田间路网和生态防护林体系，建成高产稳产基本农田2亿多亩，其中“十一五”时期1.6亿亩，新修建排灌沟渠670多万千米，农田机械化耕作水平、排灌能力和抵御自然灾害的能力显著提高，为实现夏粮“八连增”提供了重要保障。据调查，土地整治项目完成以后，农田基础设施基本达到了“旱能浇、涝能排”的要求，耕地综合产能明显提高，项目区群众对建成的农田水利设施普遍满意。近年来，农业抗旱形势严峻，旱灾严重地区很多地方的土地整治在抗旱保产中发挥的重要作用得到社会的广泛认可。

2001年以来，河南省完成的土地整治项目共新建和改建田间道路2万多千米，新建灌溉渠和管道3万多千米、新打机井6万多眼，改善了项目区灌排、农机具通行等农业生产条件，使项目区的生产能力提高了10%～20%。在2008年、2010年发生的罕见旱灾中，土地整治项目建设的水利设施在抵御旱灾方面中发挥了重要的作用。

湖北省针对该省农田水利设施年久失修，特别是田间水利设施不配套的问题，土地整治中农田水利工程重点做好斗渠（沟）、农渠（沟）的疏浚、硬化，新建与修复小型泵站、水坝（闸）、塘堰等。2001年以来，土地整治项目区建成沟渠近12万千米，新建、修复排灌泵站9300余座，修建水闸（坝）58500余座，已建成的项目区灌溉保证率达到85%以上，排涝标准达到20年一遇，实现了“旱能灌、涝能排”，农业生产抵御自然灾害能力明显增强。

广东省通过土地整治改善了农田灌溉系统，灌溉水有效利用率从原来土渠的0.3～0.4提高到了0.6以上，扩大了有效灌溉面积，增加了旱涝保收面积，农业抗灾能力得到显著提高。

在土地整治实践中，宁夏、甘肃、新疆等一些干旱地区结合实际，积极探索干旱地区土地整治抗旱的工程模式，也形成了一些行之有效的抗旱经验：一是在土地整治中积极开展抗旱井等小型水源工程建设，解决工程性缺水和满足农业补充灌溉问题；二是通过土地整治完善田间灌溉渠系，疏通田间灌溉的“毛细血管”，有效解决“最后一千米”工程“卡脖子”问题；三是根据实际需要，因地制宜地实行节水技术改造，兴修防渗渠道、低压管道和喷微灌系统，有效提高水资源利用效率。

三、关于在土地整治中进一步加强农田水利建设的建议

2011年中央一号文件提出如下目标：“十二五”期间农田灌溉水有效利用系数提高到0.55以上，新增农田有效灌溉面积4000万亩；到2020年，基本完成大型灌区、重点中型灌区续建配套和节水改造任务。7月20日，国务院常务会议要求制定并实施全国土地整治

规划，加快建设高标准基本农田，力争“十二五”期间再建成4亿亩旱涝保收的高标准基本农田。为把中央要求落到实处，“十二五”时期土地整治工作应充分做好“水”文章，重点把握好以下几点：

（一）以农田水利建设为重点，大规模建设旱涝保收高标准基本农田

严格执行农田整治工程标准，加强农田基础设施建设，按照“田成方、树成行、路相通、渠相连、旱能灌、涝能排”的标准，大规模建设旱涝保收高标准基本农田。加强田间灌溉与排水工程建设，提高耕地灌溉面积比例和渠系水利用系数，增强农田防洪排涝能力。“十二五”期间，通过农用地整治，新修建排灌沟渠1000万千米，整治后农田灌溉水有效利用系数达到0.66以上。

（二）与灌区水利规划、农田水利工程建设规划衔接，科学设置土地整治重大工程和项目

《全国土地利用总体规划纲要（2006—2020年）》和正在编制的《全国土地整治规划（2011—2015年）》设置土地整治重大工程时，在依托大、中型灌区，做好与灌区水利规划衔接的基础上，提出了新疆伊犁河谷地土地开发工程、粮食主产区基本农田整治工程、“南水北调”水利工程沿线土地整治工程等重大工程。在编制省、市、县土地整治规划时，也要与大中型水利建设规划、农田水利工程建设规划有机衔接，合理布局土地整治项目。在土地整治项目规划设计时，应认真开展水资源平衡分析，依据有关标准，切实做好农田水利工程设计。土地整治项目应优先安排在水源丰富、靠近大中型灌区的地方。

（三）统筹资金，共同推进农田水利建设

在土地整治规划的引导控制下，充分发挥新增费等土地整治资金的聚合效应，调动多方面力量参与，按照“统一设计、统一标准、统一实施、各计其功”的原则，加大小型水源工程和田间末级灌溉渠系工程建设投入力度，以土地整治资金为主导，带动相关涉水涉农资金投入，共同推进农田水利设施建设。

（四）完善建设标准，加强实施监管，确保农田水利工程质量

结合农业生产和推进现代农业发展的要求，进一步完善土地整治工程建设标准，适当提高农田水利工程建设标准，提高项目区灌溉能力和防洪保障等级。进一步强化各级主管部门的监管责任，加强土地整治项目实施监管和稽查工作，严格项目竣工验收，确保农田水利工程建设质量。

（五）建立健全土地整治项目后期管护机制，延长农田水利设施使用寿命

坚持“责、权、利”相统一的原则，明确土地整治项目后期管护责任主体的利益与责任，逐项明确管护目标、内容、措施；运用市场机制等多渠道筹集管护资金，落实管护人员和管护经费，充分调动管护各方的积极性。完善土地整治项目后期管护移交与管理制度，建立农田水利设施档案，实行定期抽检，提升管护水平，延长农田水利设施使用寿命，使之持续发挥效益。

（六）加大土地整治权属调整力度，积极推广节水技术应用，促进农田灌溉水资源高效利用

在促进农田灌溉水资源高效利用方面，土地整治权属调整和新技术推广应用两个领域还有很大挖潜空间。一方面，通过加大土地整治权属调整力度，促进农用地规模经营，着力解决因土地细碎、分散耕作而造成的农田水利设施利用率低、水资源浪费、运营和维护成本高等问题；另一方面，积极推广渠道防渗、管道输水、喷灌滴灌等节水技术应用，建立节水新技术推广应用激励机制，力争达到国家提出的“十二五”时期农田灌溉水有效利用的目标。

规划引导 标准支撑 加快建设高标准基本农田*

国土资源部土地整理中心 郧文聚

前不久，国务院常务会议研究部署近期加强土地管理的重点工作。会议要求近期重点做好的工作中，明确提出，制定并实施全国土地整治规划，加快建设高标准基本农田，力争“十二五”期间再建成4亿亩旱涝保收的高标准基本农田。对此，笔者有以下几点感想：

一、土地整治必须要有规划统筹

在过去的“十五”计划、“十一五”规划中，发生在土地管理领域的一个重大事件，就是依法在全国范围内，有组织、有规划、有计划、有标准、有监管地推进了土地整治工作，并且做出了声势、做成了亮点。土地整治使我国最严格的耕地保护制度从防卫性保护拓展到建设性保护、激励性保护；从数量管护拓展到数量质量并举、产能生态并重的管护。

规划是战略的载体和具体化。土地整治工作离不开规划的引导。为了在全国范围内统筹好土地整治，2010年国土资源部部署开展了全国、省、市、县四级土地整治规划的编制工作，要求国家级规划和省级规划同步编制，同时开展市、县级土地整治规划试点工作。目前，全国土地整治规划编制工作基本完成，省级土地整治规划进展顺利，扬州、吕梁两个市级土地整治规划已经通过专家评审，云南省嵩明县土地整治规划也通过专家评审。

要正确认识和处理土地整治战略与土地整治规划的关系。战略是涉及全局、全过程的总体安排，而规划是有选择性、阶段性的总安排。考虑到与国家和地区经济社会发展五年规划的衔接，本轮土地整治规划要把重点放在“十二五”、“十三五”时期的土地整治目标、任务和工程布局上。再建成4亿亩旱涝保收的高标准基本农田，是全国“十二五”期间的基本农田建设目标，其中土地整治要担当主力军角色，承担主要攻坚任务。在处理与其他相关规划的关系方面，土地整治规划要以本区域经济社会发展五年规划和土地利用总体规划为依据，与本区域城乡规划、产业规划等其他相关规划相衔接，把可操作性放在突出位置。

二、土地整治必须要有标准依据

根据全国耕地分等定级调查与评定结果，我国耕地质量等级不高、区域间等级差别很

---

* 本文原发表于《土地整理动态》2011年第9期（总第538期）。

大，受光、热、自然降水条件制约，我国南方地区 2 分地可以养活一个人，北方地区 2 ~ 3 亩地才能保证一个人的口粮。加快建设高标准基本农田，提升耕地等级是一个重要而迫切的民生保障工程。

那么，什么是高标准基本农田呢？国务院常务会议上加了一个限定词："旱涝保收"。这个目标在"十二五"期间是可以实现的，但若据此就认为可以把全国 15.6 亿亩基本农田都建设成为旱涝保收的高标准基本农田，则犯了一个大错误。这是一个绝对不可能实现的目标。我国耕地充其量只有一半左右可以实现较有保障的灌溉，相当比例的旱地、坡地无法建设成为旱涝保收的基本农田。因此，不能诗意地想象出一个通用的高标准，实现所谓的"旱能灌、涝能排，耕牛退休、铁牛下田"，必须因地制宜、实事求是地确定区域基本农田建设标准。事实上，如果在中低等级耕地采用高等级耕地上的农业生产技术模式，不仅不能实现高产的目标，还会破坏耕地，造成环境问题。

一般认为，高标准应该包括三种含义：一是高产稳产，很显然这个高产稳产是相对概念、区域概念；二是方便耕作，高标准基本农田应该是农业生产条件好，能够节省劳力、节约生产成本的农田，有利于实现农业现代化，有条件利用水资源，有条件使用机械作业，有条件利用现代农业科学技术及产品；三是健康，高标准基本农田必须是农田环境和土壤环境健康的，同时还要保证农业生产过程健康，只有这样，才能够生产出放心的农产品，才能够实现从田头到餐桌的食品安全。

在标准问题上，还有一个重要概念，就是区分建设标准、投资标准和管护标准。谈到土地整治标准，必须知道这三个内容是相互支撑、不可替代、不可或缺的统一体。有一种说法比较近似地描述了这三者之间的关系：每亩投资 1200 元，亩均增产 100 千克，保证工程完好使用 10 多年。这个表述已经是一个不小的进步，但从国际经验和我国土地整治实践来看，这个提法还很不够：一是投资标准低，缺少整治后土壤培肥改良、后期管护资金安排；二是增产幅度小；三是工程寿命短。在新一轮土地整治规划中，我们建议提高投资标准，安排整治后土壤培肥改良、后期管护资金；亩均增产 150 千克以上，提高 1 ~ 2 个耕地等级；加强高标准基本农田工程寿命期的工程管护，使工程寿命达到 30 年以上。日本的土地整治工程设计寿命 40 年，实际达到了 60 年以上。

三、土地整治必须要有计划安排

考虑到各地条件不同，要有效挖掘耕地资源潜力，加快稳步提升基本农田生产能力的步伐，提高土地整治资金利用效率，就必须在规划的指导下，制定一个切实可行的工程建设计划、资金安排计划，对重点地区、重点项目做出优先保障。

上一轮土地整治规划，确定了国家土地整治重点区域和重大工程。"十一五"期间，国家又确定了 116 个国家级基本农田保护示范区，要求土地整治资金向示范区倾斜。这些措施，对全国范围的土地整治工作发挥了积极的引导作用，提高了土地整治工作的组织程度，充分发挥了土地整治资金效益。新一轮土地整治规划，特别是新一轮高标准基本农田建设也将突出重点，扩大国家级基本农田保护示范区数量、明确土地整治重点区域、安排土地整治重大工程。突出对基本农田示范区、基本农田整治重点县的计划安排，引导资金向有条件建设高标准基本农田、有能力保护高标准基本农田、有积极性利用好高标准基本农田的地区和项目倾斜，切实落实建设高标准基本农田、永久保护高标准基本农田的战略意图。

正在实施的全国土地利用总体规划纲要中，有一个与高标准基本农田、土地整治相关度很高的概念是基本农田集中区。这个概念的提出是一个创新，目的是落实对大面积连片的基本农田实行集中整治和永久保护。在土地利用上，将对集中区内的各类建设实行严格管制，原则上各类非农建设只能退出，不能进入。很显然，各级土地利用总体规划所确定、落实的基本农田集中区应该成为加快建设高标准基本农田的重点区域。

在土地整治资金计划安排上，将对重点区域、重大工程予以优先保障，同时制定相关政策，整合相关资金投向土地整治、引导社会资金投资土地整治，加快全国范围内通过土地整治建设高标准基本农田的步伐。

四、土地整治必须要能加快推进

国际土地整治领域有一个基本经验：土地整治所涉及的各项工作拆开看都很简单，但组合在一起就很不简单。各国土地整治管理程序中最能体现这种艰巨性的是土地整治区域各种权利人的利益协调和平衡问题。比如，荷兰土地整治项目工程建设周期平均长达 25 年，其中土地整治区域内各种权利人的利益协调和平衡问题就需要 20 多年才能达成，而工程建设往往是 2～3 年就可以完成，其后是签署新的土地协议。我国当前的土地整治实际上也受制于土地权利人的制约。有不少地方，少数人的反对造成了大多数要求进行土地整治的人的权益难以实现。因此，要尽快制定土地整治条例，从法律上解决好支持和维护大多数人的土地整治权益问题。这是土地整治的复杂性问题。

其次是土地整治组织领导工作的协同性问题。我国的土地整治实践已经探索出了一个有效的管理机制："政府牵头、国土搭台、部门协同、规划引导、资金整合、群众参与"。其中的"部门协同"是一个大难题。总体上看，我们的管理机制还是部门说了算，各干各、单打一。但是，土地整治的本质要求就是要打破部门界限，把田、水、路、林、村，农田整治、村庄整治、城乡统筹结合起来综合考虑，把不同土地权利人组织起来，按照更有利于组织高效土地利用的方式重新安排土地利用空间格局。因此，必须坚持土地整治规划的统筹作用，坚持政府牵头下的多部门协同运作，坚持群众主体作用的有效发挥。只有这样，才能把好事办好，切实做到利民惠民。

最后是土地整治的公益性问题。土地整治是国家自然资源保障能力建设工程，是改善、拓展中华民族生存空间的公益事业，国土资源部门担负着义不容辞的首要职责，也拥有职能管理优势。其一是规划职能。土地利用总体规划、国土规划、土地整治规划是国务院赋予国土资源管理部门加强土地管理的重要手段。其二是地籍管理职能。这是社会主义市场经济的重要基础工作，所有涉及土地权利人利益变化的建设活动，都应该纳入土地权利管理框架中进行。其三是用途管制职能。土地用途管制不仅包括土地利用类型管制，也包括土地利用强度管制、土地合理利用管制。比如耕地用途管制，就不能简单理解为耕地转用管制，也包括耕地等级管制、耕地退化管制、耕地生态功能管制。土地用途管制是坚持耕地数量、质量、生态管护的法律基础。其四是相对稳定的土地整治资金优势。

关于农民耕地保护协会的调研报告*

——推进耕地保护社会化、大众化的探索与思考

国土资源部土地整治中心调研组

自2009年6月2日江苏省金坛市诞生全国第一家农民耕地保护协会以来，江苏省邳州市、湖南省隆回县、湖北省沙洋县和黄梅县、河南省泌阳县、安徽省马鞍山市等地相继成立类似组织，社会各界关注程度越来越高。根据国土资源部2012年重点调研计划安排，我们在国土资源部耕地司大力支持和指导下，会同有关单位相继调研了湖北省沙洋县、湖南省隆回县和江苏省金坛市的5家农民耕地保护协会，经过实地走访、座谈交流与查阅资料等，深入了解了这些地区农民耕地保护协会的发展现状、经验做法和存在问题等，并对未来发展进行了研究思考。现将有关情况报告如下：

一、农民耕地保护协会的基本情况

作为农民自发组成的、以保护耕地、维护自身土地权益为诉求的非营利性组织，农民耕地保护协会的成立背景、组织架构及其运行方式颇具特色。

（一）成立时间及背景

湖北省沙洋县地处鄂中腹地，是全国500个高标准基本农田示范县之一。全县耕地保有量120万亩，基本农田面积100万亩。该县李市镇彭岭村地处江汉平原北部，人均耕地1.29亩，耕地质量高，产出效益好，村民长期以来形成了自发护地的优良传统。2011年6月27日，李市镇彭岭村村民自发成立湖北省第一家农民耕地保护协会。

湖南省隆回县位于湘中偏西南，是全国500个高标准基本农田建设示范县之一，也是一个人地矛盾突出、人均耕地少、耕地后备资源严重匮乏的农业大县。在湖南省最早诞生农民耕地保护协会的红光村，人均耕地仅0.58亩。2010年9月30日，经由几位返乡老教师、老干部倡议，一种农民群众自主管理土地、自觉保护耕地的新模式——村级耕地保护协会在该村应运而生。

江苏省金坛市地处江苏省南部，位于宁沪杭三角地带中枢，是116个国家级基本农田保护示范区之一，经济快速发展导致建设用地需求日益加剧，耕地保护压力不断加大，作为工业建设重点村的直里村更是如此。2009年上半年，主要出于解决征地难问题的考虑，经村党支部书记和部分群众倡议，并在地方党委、政府大力支持下，直溪镇直里村农民耕地保护协会于2009年6月2日成立，首开全国先河。目前，该市已挂牌成立16家各类农

* 本文原发表于《土地整治动态》2012年第14期（总第560期）。

民耕地保护协会。

（二）会员构成及运行

经调研了解，农民耕地保护协会的会员一般由能力较强、群众公认度较高的村支两委干部、党员、离退休国家公职人员、村民小组长和农民群众组成。我们实地走访的这5家协会会长都是党员，均在当地享有较高威望。这些协会制定有专门章程，并在村支两委领导下开展工作，一般每5年换届一次，理事长每月主持召开一次理事会，每年召开一次会员大会。

协会职责主要包括：宣传土地管理法律法规和政策；初审村民建房用地申请；开展土地动态巡查，协助制止和查处违法用地行为；开展土地矛盾纠纷调处；引导土地有序流转；配合开展村庄规划、农村土地综合整治、征地拆迁等工作。为完成前述职责，协会一般下设耕地保护巡查组、法律政策宣传组、涉土纠纷调处组等小组，并按照各自分工在理事会领导下开展具体工作。

二、农民耕地保护协会的功效与作用

虽然各地探索建立农民耕地保护协会的时间不长，但作为一种创新的农村土地管理模式，协会仍然在促进解决农村土地管理尤其是耕地保护中长期存在的沉疴痼疾方面发挥了积极作用，特别是增加了解决现实问题的路径选择。

（一）农民耕地保护协会促进了耕地保护

从调研地方的实际做法来看，农民耕地保护协会的成立和运行，特别是政策宣传和群众监督作用的发挥，真正使耕地保护的利益攸关者——农民尤其是种地农民成为耕地保护第一人，在耕地保护方面拥有了更多的知情权、话语权甚至决定权。而且，由于土生土长的农民较之政府部门更加了解实际情况，相互沟通也更加顺畅，因此在促进耕地保护方面往往成效更加明显。调研数据表明，截至目前，湖南省隆回县11个农民耕地保护协会共制止非法占用耕地建房20余起，避免了30余亩耕地被建设占用，而且，该县有的协会还通过设立耕地流转中转站，将举家外出村民耕地流入协会，并由协会流转给种田大户耕种，有效防止了耕地抛荒现象蔓延；江苏省金坛市16家农民耕地保护协会自成立以来，共协助完成流转土地3万亩，制止违法用地112亩，监督整治土地2万余亩，确保了耕地数量稳定、质量提升和有效利用。

（二）农民耕地保护协会促进了节约用地

中国农民有着精耕细作的优良传统，特别是在爱护和珍惜土地方面世界诸国之中无出其右者。虽然近年来农业生产比较效益相对低下影响了部分人对耕地的朴素情愫，但大多数农民依然在节约用地方面不遗余力。农民耕地保护协会的成立和运行，更加使得这些农民有了促进土地节约集约利用的平台和抓手。调研中我们发现，湖南省隆回县农民耕地保护协会近年来协助完成规划村民住宅点6个，建成3个，节约耕地50余亩；江苏省金坛市农民耕地保护协会在招商引资项目用地之前，往往要进行摸底调查，查清企业是否有污染、是否破坏耕地、是否浪费土地，在多次项目用地时提出建议并被采纳，明显减少了耕地征占，杜绝了土地粗放浪费。

（三）农民耕地保护协会促进了管理规范

农村土地管理目前正处在土地管理制度改革的风口浪尖，多样化的利益诉求常常使得农民在面对土地利用和管理问题时思绪混乱，基层国土管理部门又因为种种原因而往往鞭长莫及，导致农村地区违规违法用地近年来在全国范围内仍然处于易发高发态势。农民耕地保护协会的成立，特别是其扮演的依法依规用地守护人角色的正常发挥，极大地促进了农村土地规范有序管理，在探索土地管理制度改革方面增加了路径选择。调研中我们了解到，农民耕地保护协会在村民用地申请，土地规划、村庄规划、农村产业结构调整，农村土地综合整治，以及征地拆迁等方面积极鼓励公众参与，并且取得了显著成效，如湖南省隆回县农民耕地保护协会近年来初审村民建房用地申请210宗，通过这种公开公正的预审环节杜绝了过去个别村干部一人说了算的暗箱操作；江苏省金坛市农民耕地保护协会近年来制止违法用地112亩；湖北省沙洋县农民耕地保护协会也在相关方面发挥了积极作用。

（四）农民耕地保护协会促进了社会和谐

农村工作无小事，在和谐社会建设成为国家战略的情况下，如何在通过输入项目和资金促进农村地区经济发展的同时促进农村地区和谐稳定日益成为党和国家关注的重点所在，特别是在当前，由于土地问题处理不当往往成为农村社会不稳定的导火线，党和国家更加关注农村土地问题的合理解决。农民耕地保护协会的成立，特别是会员组成上的特殊性，以及处理问题时的灵活性，更加凸显了其在促进解决农村问题方面的重要性。调研中我们了解到，湖南省隆回县红光村部分村民曾要求收回一个国有渔场并险酿宗族矛盾，村干部、国土所干部多次工作无果，最终农民耕地保护协会通过协会会员做通族人工作后解决；江苏省金坛市直里村曾为征一块地开了42次村民大会，但农民耕地保护协会成立后，由于事先发动群众进行大量政策宣传，一个30亩地的征地任务仅开3次会就妥善解决，而且近3年来，金坛市在征地拆迁、耕地保护方面一直保持着零上访的记录；湖北省沙洋县农民耕地保护协会成立以来，在土地整治方面，整个项目区就没有出现过一起上访和阻挠施工事件。

三、关于正确看待农民耕地保护协会的思考

作为一种新生事物，农民耕地保护协会的产生有其必然性与合理性，总体趋势符合形势发展需要，这一点我们必须予以高度认可，但对于一些应该进一步研究和完善的问题我们也必须认真对待。

（一）农民耕地保护协会的产生动因

（1）农民耕地保护协会是农民自发行为和国土资源部门自觉引导相结合的必然结果。调研过程中了解到，这些地区的农民与中国其他地区农民一样都有着深厚的“恋土”情

结，并由此产生自发护地行为，但他们之所以能够找到正确表达合理利益诉求的渠道，主要原因就在于当地基层国土资源部门自觉和主动进行积极引导。特别是，当一些先进农民群众代表和一部分具有创造性思维的基层国土资源干部产生思想火花碰撞时，就直接导致了农民耕地保护协会的产生和发展。

（2）农民耕地保护协会是党的群众路线和现代管理理念在农村实践的必然结果。2011年2月19日，胡锦涛总书记在中央党校省部级主要领导干部社会管理及其创新专题研讨班开班式上，围绕如何加强和创新社会管理、做好新形势下群众工作，明确提出要“进一步加强和完善基层社会管理和服务体系”。农民耕地保护协会就其本质而言，是农村基层社会加强和改善自我管理的重要形式，是现代公共管理理念向农村地区渗透和发展的重要成果，更是新时期牢固树立宗旨意识并在农村管理事务中坚持依法行政以及发扬优良传统灵活运用党的群众路线的重要成果。

（二）农民耕地保护协会的发展趋势

（1）农民耕地保护协会将成为落实耕地保护共同责任的重要抓手。调研中发现，农村耕地保护协会在这些地区的产生发展和发挥效用，主要原因在于真正确立了农民在耕地保护中的主体地位，强化了农民的谈判能力，使得耕地保护环节不再缺环。同时，也调整了耕地保护涉及主体的利益关系，特别是变对抗为协商，变扭力为合力，成为有效实施最严格耕地保护制度的重要机制，成为基层构建耕地保护共同责任机制的重要探索，并有望成为涉地矛盾的减压机制、惠农工程的推动机制。

（2）农民耕地保护协会将成为促进农民维护自身权益的重要平台。从调研地区农民耕地保护协会的运作情况来看，协会不但定期组织会员学习土地管理政策，还在加强政策法规宣传方面不遗余力，成为促进农民学法知法用法的基础平台。而随着对土地管理政策的了解和掌握程度加深，相关农民开始自觉运用法律和政策依据，更好维护自身的合法权益，并进而促进了农村土地规范管理和农村社会和谐稳定。

（3）农民耕地保护协会将成为促进集体经济组织发展的重要动力。近年来，随着一系列惠农支农强农政策的相继出台，国家不断强化农村地区的自我发展能力。“十一五”期间，全国仅使用新增费安排的土地整治项目就在灌溉与排水工程建设方面投入1100多亿元。但在国家主导的工程项目和农民的实际意愿之间，需要搭建沟通桥梁，而调研情况表明，农民耕地保护协会可以而且将继续扮演这一角色，促进相关项目有效实施，进而促进集体经济发展，强化农村基层组织。

应该说，农民耕地保护协会的出现符合现行法律要求，由于尊重了农民的主体地位，维护了农民的合法权益，而且运作方式与党的“群众路线”这一优良传统一脉相承，符合现代公共管理理念，不仅不会对基层组织建设构成威胁，不会引发新的党群和干群冲突，而且有助于将矛盾化解在基层，将冲突消弭于萌芽。

（三）当前农民耕地保护协会运行中存在的一些不可忽视的问题

调研中，我们也了解到，由于还处在发展初期，相关政策规定尚未涉及，有关制度规范有待健全，农民耕地保护协会在其运作过程中也经常遇到一些问题和挑战，如协会注册问题，目前有的协会在民政部门注册，有的则没有正式注册；会员资格问题，各协会在会员资格认证方面各不相同，会员的代表性和权威性有待进一步界定；资金问题，现有协会大多在当地政府或基层国土部门资助下开展工作，经费问题制约着各协会独立自主和规范有效运作；参与程度问题，如何界定协会的职能边界，确保在法律允许范围内合理参与农村土地管理事务，不与基层政府及其相关部门职能冲突；监管问题，当地政府以及相关部门如何加强对协会的指导和监管，以使其更好地发挥效用等。

四、关于支持农民耕地保护协会发展的建议

农民耕地保护协会自产生以来，在促进耕地保护等方面发挥了重要作用，随着影响范围的不断扩大，一些问题也开始显现。为了促进这一适合农村土地管理制度改革需要的新生事物更好地发展，我们应从以下几方面加大支持力度。

一是有序扩大协会试点范围。目前虽然农民耕地保护协会在东、中、西部地区均有成立的案例，但总体上从地域分布情况来看，仍然相对集中于中东部的个别省份，典型性和代表性有限。今后，应有意识地在高标准基本农田示范县或土地整治重大工程所在的示范省选取一些地方，鼓励和支持成立类似组织，从推进试点的角度不断扩大影响范围。在此基础上，可以参考国外的会员产生理事会、区域性理事会促成全国性理事会的经验做法，推动成立全国性农民耕地保护协会，并在条件合适时纳入全国耕地保护协会。目前，应该考虑支持湖南省隆回县、江苏省金坛市等地区进一步加大发展农民耕地保护协会力度，条件成熟时推动成立县级农民耕地保护协会联合会。

二是持续跟踪并做好相关政策研制。要持续开展针对不同地区农民耕地保护协会的跟踪调研，并且对在实地调研中发现的、各地实际运行中出现的诸如协会资金来源问题、会员资格问题、协会注册问题、职能边界问题等，通过设置应急类软课题、组织集中攻关研讨等形式加大研究力度，在现有法律框架内加强政策创新，并及时以出台文件、颁布规章等形式对有关研究成果进行应用推广，引导农民耕地保护协会规范有序发展。

三是部级层面不断加大业务指导力度。针对各地协会在实际运行过程中所遇到的困难和障碍，特别是在土地管理政策理解和执行方面遇到的问题，要从部级层面加大业务指导力度。建议由国土资源部耕地保护司牵头，国土资源部咨询研究中心、土地整治中心等单位参加，组成相应的部级农民耕地保护协会指导小组，对各地协会开展工作给予指导和帮助；建议在国土资源部门户网站、《中国国土资源报》等媒体上及时开设农民耕地保护协会专栏，可由国土资源部土地整治中心等单位负责内容维护和更新，以进一步扩大社会影响和加强经验交流。可以考虑在不同地区选取并建立10个农民耕地保护协会基层联系点，对地方实践进行长期跟踪研究，特别是可以结合“创先争优”的“联创齐争”活动，选派专人到湖南省隆回县、江苏省金坛市等地方“进村入点”，加强研究趋势性和苗头性现象，督促纠偏失当或失范行为。

四是及时总结、提炼和宣传地方经验。从增加新制度供给的角度，加强跟踪和研究各地农民耕地保护协会成立和工作开展情况，及时总结和提炼地方的鲜活经验，并及时转化为相关政策制度，以更好地规范和推进这项工作。与此同时，要做好地方经验的宣传工作，加大正面引导力度，不断扩大影响，树立标杆，争取更多的理解、支持和参与，稳步推进。可以在总结提炼各地经验做法的基础上，筹备举办农民耕地保护协会专家研讨会，

在广泛听取专家意见的同时，邀请一些地方的协会派人参与交流，做到理论探讨和经验总结相互促进，切实增强制度供给能力。

（调研组成员：郧文聚、孙国瑞、杨磊、刘新卫、任佳）

116 个国家基本农田保护示范区建设成效显著*

国土资源部土地整治中心　刘新卫

〔按〕2012 年 3 月，国务院批复的《全国土地整治规划（2011—2015 年）》明确了“十二五”时期“建设旱涝保收高标准基本农田 2666.7 万公顷（4 亿亩）”的规划目标，并把“继续实施 116 个基本农田保护示范区建设”作为完成既定任务的重要抓手之一。为更好地了解进展、宣传成效和总结经验，以切实有助于“改造提高 116 个基本农田保护示范区”，在耕地司指导和支持下，国土资源部土地整治中心于 6 月给各省（区、市）、新疆生产建设兵团国土资源厅（局）耕保处和土地整理中心（局）发函，要求各地及时总结报送 116 个国家基本农田保护示范区建设情况。在对各地报送材料进行认真汇总和细致分析基础上，我们对当前国家基本农田保护示范区建设情况进行了较为系统全面的总结。

2006 年 11 月，国土资源部印发的《关于正式确定国家基本农田保护示范区的通知》（国土资发〔2006〕270 号）确定 116 个县（市、区）为国家基本农田保护示范区（以下简称“示范区”），从此拉开了基本农田保护示范建设序幕。此后，各地按照有关文件精神，根据批复的示范区建设实施方案，围绕“基本农田标准化、基础工作规范化、保护责任社会化、监督管理信息化”（以下简称“四化”）总体要求，坚持“以建设促保护”理念，有计划、有步骤地推进示范区建设。

一、国家基本农田保护示范区成为高标准基本农田建设的“样板工程”

根据初步统计，2006 年以来，30 个省份的 112 个示范区（有 2 个省份的 4 个示范区未按要求上报相关数据）共设立各类土地整治项目 2769 个，投资金额 300.41 亿元。截至 2012 年第二季度，这 112 个示范区共完成验收项目规模 890.69 万亩，完工待验项目规模 250.74 万亩。一些省份还以此为契机，部署实施省级基本农田保护示范区建设工作，进一步扩大了国家级示范区的模范带动作用。浙江省明确了 8 个省级示范区，安徽省确定了 19 个省级示范区，福建省设立了 2 个省级示范区，海南省确定了 5 个省级示范区等。各示范区建设多以基本农田整理项目形式推进，不仅达到了“田成方、路成网、树成林、沟渠配套、旱涝保收”的高质量基本农田标准，而且促进形成了一批田块平整、灌排通畅、交通

* 本文原发表于《土地整治动态》2012 年第 16 期（总第 562 期）。

便捷、绿树成荫的规模化、生态化基本农田产业区，成为所在省份高标准基本农田建设的样板。

二、国家基本农田保护示范区成为高标准基本农田建设的“标杆工程”

各地在推进示范区建设过程中，大都按照建设方案要求，组织实施有关工作，积极落实各项目标任务。

一是以土地整治项目为载体，推进基本农田标准化建设。各地结合实际对基本农田整理项目做出计划安排，明确其规模结构、空间分布、实施步骤、资金渠道和新增耕地管理措施等，并在项目实施中按照标准化建设要求，推进土地平整、灌溉排水、田间道路、农田防护与生态环境保持工程。辽宁省在示范区建设中坚持突出特色、统筹规划、分步实施，通过统一组织、逐年操作、制定标准、分级验收方法全面推进；山东省坚持整地、治水、通路、绿化、开发“五位一体”，把基本农田整理成健康农田、景观农田和生态农田。

二是以基础工作建设为抓手，推进基本农田规范化管理。各地在开展示范区建设中大都强化基础工作建设，努力做到档案资料完整齐全、数据资料及时更新、保护标志统一规范，以全面反映基本农田现状、加快落实动态监测措施和切实明确保护的范围、面积、要求及责任单位等。湖南省2009年就已完成所有示范区基本农田调查上图及数据库建设工作，重新划定了基本农田的区、片、块；四川省各示范区利用二调成果，开展永久基本农田划定，将基本农田逐一落到地块、落到农户，做到了图、表、卡、册一致。

三是以责任制度建设为核心，推进基本农田社会化保护。各示范区从完善责任体系、明确保护责任和探索长效机制等方面入手，严格执行基本农田保护制度，同时探索调动各方力量保护基本农田积极性的激励机制。内蒙古自治区对整理后的基本农田层层签订保护责任状，及时把基本农田土地整理项目建设成果纳入国有资产进行管理，重新进行土地使用权登记；青海省积极探索建立人大、纪检监察部门、人民群众三级基本农田保护监督体系，把保护工作与农民利益挂钩，实行基本农田保护与农业补贴挂钩政策。

四是以信息系统建设为重点，推进基本农田信息化监管。各示范区按照要求拟定了信息化建设方案，确定了目标任务，并以基本农田基础资料和土地变更调查为基础，逐步建立基本农田基础数据库和信息管理系统，准确反映基本农田现状和变化情况。广西壮族自治区将“二调”基本农田上图成果汇总至全区“一张图”工程，完成了基本农田地类、数量、权属、土地利用现状等基本要素统计汇总上图；宁夏回族自治区研发了土地开发整治动态监测与管理信息系统，并利用航拍对项目区地貌、工程内容和项目建设进度等进行动态监测。

三、国家基本农田保护示范区成为高标准基本农田建设的“示范工程”

各地把建设示范区作为落实科学发展观、服务“三农”发展、提高农业综合产能和改善农业生态环境的重要举措，基本实现“四化”总体要求，综合效益明显、示范效应突出。

一是拓宽了增收和创收渠道，促进农民收入持续较快增长。示范区建设不仅因为增加耕地面积、提高综合产能而拓宽了项目区农民的增收渠道，而且因为项目建设增加就业机会以及带动关联产业发展而开拓了创收门路，夯实了示范区农民收入增长基础。贵州省结合实施土地整治项目，推进农业结构调整和集体土地流转，大力培育地方优势特色产业，带动周边产业发展，提高了土地产出率；云南省通过大力实施农田排灌工程，减少了每年清淤整修劳力投入，大部分农田还实现自流灌溉，节约了农业生产成本。

二是改善了生产和生活条件，促进农村社会保持和谐稳定。各地在示范区建设中，既坚持“确保基本农田总量不减少、用途不改变、质量不降低”总要求，也通过田、水、路、林、村综合整治而推进了所在地农村生产、生活条件改善。河南省统筹规划安排项目区内农村道路与田间生产路、灌溉设施与人畜饮水工程、项目区电力配套与民用电力建设等，极大改善了农村生产生活条件；宁夏回族自治区示范区实施土地整治项目后，中粮集团等大型国企先后来宁开展土地流转，推动了少数民族贫困地区群众脱贫致富和社会和谐稳定。

三是优化了农田和村庄环境，促进农村地区生态文明建设。示范区建设突出体现了基本农田特有的生态景观功能，不仅优化了农田和村庄的景观格局和生态功能，而且促进了农村地区生态文明建设。天津市通过示范区建设，实现了项目区内河流、公路和田间道路的林网全覆盖，并辅以千顷稻田和原生植被，形成有路皆绿、有水皆绿、林水相依的生动景观；甘肃省在示范区建设中，凉州区新增防护林 80 万株，民乐县栽植农田防护林 155017 株，泾川县还结合农用地分等定级建立配方施肥方案，指导农户秸秆还田，增施有机肥。

四是发挥了示范和引领作用，促进基本农田保护思路创新。示范区建设工作得到了各级党委和政府的高度重视，也得到广大干部和群众的关心支持，全社会保护基本农田的自觉性逐步提高，保护基本农田的工作思路不断创新。黑龙江省通过示范区建设，彰显了引领现代农业发展功能，探索出一条坚守耕地红线确保粮食安全的有效途径，提升了珍惜耕地意识、崇尚科学热情和生活幸福指数；江西省通过示范区建设，促进了相关试点工作成果应用，上高县永久基本农田划定经验总结提升后在全省范围应用推广。

四、国家基本农田保护示范区成为高标准基本农田建设的“创新工程”

各地结合所在地区经济社会发展水平实际和基本农田保护工作基础，积极推进示范区建设，努力做到“划得准、调得开、建得好、保得住”，积累了许多宝贵经验，增强了制度供给能力，值得当前正在大规模开展的高标准基本农田建设工作参考借鉴。

一是必须加强组织领导和部门配合。示范区所在省份省级国土资源部门都按要求对本省示范区建设负总责，而涉及的县（市、区）也相应成立了以政府领导挂帅、由有关部门和所在乡镇主要领导组成的专门领导机构或部门联席会议制度，具体负责示范区建设组织协调工作。高规格、跨部门领导机构的建立有助于统一领导示范区建设，建立良好的配合工作机制，从而有助于形成内外有序、条块结合、各负其责的工作格局，为有序推进示范区建设提供了强有力的组织保障。

二是必须注重规划引领和统筹推进。建设成效突出的示范区大多重视编制实施示范区建设总体规划、分期项目规划和工程规划设计，形成完善、配套的规划体系，精心谋划不同时期工作重点、目标任务，做到总体有规划、年度有计划、建设有方案和措施有保障。在有关规划引领下，各示范区统筹推进相关工作，特别是把基本农田整理与农业综合开发、农田水利建设以及新农村建设有机结合，既通过基本农田建设促进了“三农”发展，也确保了示范区建设有条不紊推进。

三是必须引导资金整合和多元投入。各示范区所在省份土地整治项目资金重点向示范区倾斜，而所在县（区、市）政府则统筹安排农田水利建设、农业综合开发、土地开发整理、农田林网建设等有关资金，集中用于示范区基本农田整理项目，发挥了资金的集聚效应和放大效应。此外，一些示范区积极探索以地入股、政府贴息贷款、提供信用支持、群众投工投劳等途径，广泛吸纳社会资金和民间资金，形成了基本农田建设资金多元化投融资机制。

四是必须强化实施监管和督促指导。为了确保示范区建设持续推进，省级国土资源部门往往与示范区所在县（市、区）建立联系制度，定期对示范区建设进展情况进行监督检查和指导。对检查中发现的问题会及时提出改进意见，对达不到标准的暂停项目安排，对确实难以完成任务的取消资格。示范区所在县（市、区）国土资源部门在建设过程中，大都按照有关制度，通过采取工作汇报、工程巡查等形式定期对各示范区建设进展情况进行监督检查和技术指导。

五是必须推进政策创新和机制完善。各地在推进示范区建设中，大都结合实际，努力改进基本农田保护管理模式，出台有助于基本农田保护建设的政策措施，充分运用法律、制度、计划、标准等手段，形成有利于建设方案实施的工作环境。不少地方通过示范区建设，适应了新形势下对耕地尤其是基本农田实行特殊保护的需要，创造了以利益调节为核心的基本农田保护激励机制，调动了多部门参与基本农田保护和建设的积极性，促进了形成多部门集中投入、齐抓共管的局面。

六是必须重视宣传教育和公众参与。各示范区大都利用电视、电台、报纸、网络等各种媒体平台，广泛宣传示范区建设意义，进一步增强了大家对示范区建设的责任感、紧迫感和使命感，形成了广大群众参与建设、监督和保护基本农田的社会氛围。在坚持尊重民意、维护权益前提下，重视和发挥群众积极性，动员组织群众参与项目建设全过程，充分尊重了项目区农民群众的知情权、参与权和监督权，增加了示范区建设的透明度，也有助于进一步提高社会满意度。

七是必须推动手段创新和技术提升。有关省级国土资源部门结合示范区基本农田整理，研究制定基本农田技术指标，并且通过建立基本农田保护数据库和建设基本农田管理信息系统等，确保了基本农田动态变化信息及时采集和更新，以及快速、准确进行查询、汇总统计和成果输出等，改变了传统的以手工操作为主的管理方式，有助于实现信息化和动态化管理，大大提高了工作效率和管理水平，为构建“天上看、地上查、网上管”的新型高效基本农田监管体系提供了经验。

在加快推进高标准基本农田示范县建设动员部署视频会议上的讲话*

国土资源部　王世元

〔**按**〕为了落实《国土资源部关于加快推进500个高标准基本农田示范县建设的意见》(国土资发〔2012〕147号),2012年10月11日,国土资源部召开加快推进高标准基本农田示范县建设动员部署视频会议,要求加快建设500个高标准基本农田示范县,"十二五"期间,在划定的基本农田保护区范围内,建成不少于2亿亩集中连片、设施配套、高产稳产、生态良好、抗灾能力强、与现代农业生产和经营方式相适应的高标准基本农田,确保完成全国4亿亩高标准基本农田建设任务。现将王世元副部长在视频会议上的讲话予以转载,供各地学习。

同志们:

我们这次视频会议的主要任务是:深入贯彻全国土地整治规划、国土资源部和财政部联合印发的关于加快建设高标准基本农田及加强新增费使用管理的两个通知,以及在湖北召开的土地整治现场会精神,落实《国土资源部关于加快推进500个高标准基本农田示范县建设的意见》(国土资发〔2012〕147号,以下简称《意见》),进一步统一思想、提高认识,明确任务和要求,部署下一阶段工作,确保全面完成示范县建设任务。国土资源部党组对示范县建设高度重视,把这项工作列入2012年的重点工作,绍史同志在2012年"6·25"全国土地日启动了这项建设活动,并主持召开办公会议专题研究这项工作。刚才,之尧同志宣读了《意见》。这个《意见》是开展示范县建设的指导性意见。请同志们认真学习领会,结合各地实际,抓好贯彻执行。下面,我讲三点意见。

一、充分认识示范县建设的重大意义

第一,示范县建设是切实加强耕地保护,保障国家粮食安全的重大举措。多年来,按照党中央、国务院的要求,在地方各级政府的支持下,国土资源部门与有关部门密切协作,重点围绕15.6亿亩基本农田,有规划有计划地推进土地整治,以整治促建设、以建设促保护,在加强耕地保护、保障国家粮食安全方面取得了显著成效。"十二五"后几年,通过500个示范县建设,将进一步提升对粮食安全的支撑能力。示范县中有393个县属于国家确定的产粮大县。据统计,500个示范县粮食产量超过3500亿斤,约占全国粮食总产量的1/3以上,在国家粮食生产格局中占有重要地位。建设好500个示范县,预计可以新

---

* 本文原发表于《土地整治动态》2012年特刊第9期。

增 200 亿斤以上的粮食产能，将为保障国家粮食安全奠定更加坚实的物质基础。

第二，示范县建设是夯实农业现代化基础，促进县域经济发展的有效保障。我国耕地总体质量不高，细碎化问题突出，农业基础设施薄弱，与建立规模化、集约化和机械化现代农业生产体系的要求还存在差距。通过开展 500 个示范县建设，着力提高耕地质量，改善农业生产条件，建设一大批集中连片、设施配套、高产稳产、生态良好、抗灾能力强、与现代农业生产和经营方式相适应的优质良田，将为发展现代农业提供重要支撑。同时，还将大幅度增加农民收入，有效拉动农村消费和投资需求，促进县域经济发展。

第三，示范县建设是深入推进农村土地整治、落实 4 亿亩高标准基本农田建设任务的主要抓手。实践证明，通过开展基本农田保护示范区建设，实施土地整治重大工程和示范省建设，具有重要的示范效应。“十二五”后几年，在总结 116 个基本农田保护示范区建设经验的基础上，进一步扩大示范规模，把 500 个示范县建设作为推进全国高标准基本农田建设和保护工作的主要抓手，将进一步突显示范引领作用。示范县将成为全国高标准基本农田建设的主战场，500 个示范县将建成 2 亿亩以上的高标准基本农田，完成 4 亿亩的建设任务就有了可靠保障；示范县也将成为产能提升的集中区，通过建设可以大幅提升粮食综合生产能力；示范县还将成为制度创新的先导区，在加强组织领导、有效整合资金、创新实施方式、落实建后管护等方面先行先试，为全国提供鲜活经验。

第四，示范县建设是国土资源管理部门主动履行职责、积极发挥职能作用的重要平台。组织开展好示范县建设，是国土资源部门在新形势下更好地履职尽责，在保护和建设耕地红线，保障和改善民生，主动服务于扩内需、稳增长等方面发挥重要作用的有效手段，也是国土资源部门积极参与新一轮扶贫开发工作的有力举措。全国土地整治规划将乌蒙山片区、江西赣州南部、湖南新田等 47 个国家级贫困县纳入 500 个示范县，引导土地整治项目和资金向贫困地区倾斜，为贫困地区扶贫开发工作探索新路，积累经验。

二、准确把握示范县建设的任务和要求

第一，把握总体要求。各地要以科学发展观为统领，坚持最严格的耕地保护制度和最严格的节约用地制度，认真按照“以整治促建设、以建设促保护”的科学思路，在保护和改善生态环境的前提下，全域规划、统筹推进，促进基本农田布局优化、质量提高，夯实农业现代化基础。要通过建立健全制度体系，形成“高标准建设、高标准管护、高标准利用”基本农田的长效机制。要始终坚持以服务“三农”为导向，以切实维护农民的土地合法权益为出发点和落脚点，以土地整治为平台，以市县级政府为主导，充分发挥相关部门优势，调动各方积极性，按照“划得准、调得开、建得好、保得住”的要求，因地制宜，集中连片推进土地整治、建设高标准基本农田。“划得准”就是要依据土地利用总体规划和土地整治规划，首先查清基本农田利用现状和权属状况，掌握已建成和需要通过全面整治或局部改造达到高标准基本农田要求的基本农田数量和分布情况，做到底数清、情况明。同时，科学编制规划和建设方案，合理确定建设区域和整治项目。“调得开”就是土地整治涉及的地块归并、权属调整等，要充分尊重农民意愿，严格执行《关于加强农村土地整治权属管理的通知》（国土资发〔2012〕99 号）规定，凡涉及权属调整的，要制定土地权属调整方案，签订土地权属调整协议，及时办理土地确权、变更登记等手续；凡权

属有争议的，不得强行开展土地整治，切实保障农民土地合法权益。“建得好”就是要在政府主导、国土牵头、多部门参加、共同履责的前提下，充分调动农村集体经济组织和广大农民的积极性，依照规划和建设方案，有效整合资金，严格执行国家有关政策和技术标准建设好高标准基本农田。“保得住”就是要建立建后管护制度，完善动态监测体系，实现实时、全面跟踪监测监管，对已建成和新建的高标准基本农田要及时划界，及时上图入库，设立统一标识，明确管护主体，落实管护责任，保障管护经费，确保整治后的耕地特别是高标准基本农田得到永久保护。强化项目实施全过程监管和信息化管理，将示范县建设有关情况纳入国土资源遥感监测“一张图”和综合监管平台管理。实践证明，上述四句话是国土资源部门在各级政府领导下充分履行职能最有效的工作环节，一定要高度重视，履职到位。

第二，明确建设任务。示范县建设任务主要有三项：一是实现基本农田全域整治。要对已建成的高标准基本农田实行全面管护，对未达到高标准的基本农田进行全面建设。“十二五”后几年，500 个示范县要建成不少于 2 亿亩高标准基本农田。二是着力提高基本农田质量。建成的高标准基本农田质量等级平均提高 1 个等级以上，亩均粮食产能提高 100 千克以上。三是提高管理工作水平。示范县要完善基本农田建设和保护规章制度、规范基本农田基础性工作，探索建立基本农田保护长效机制，充分发挥示范和引领带动作用，成为建设国家粮食核心产区的样板，发挥土地整治综合效益、促进现代农业发展的典型，推动高标准基本农田建设、保护和信息化管理的示范。在确定具体建设任务时要充分考虑地区差异，对示范县建设实行分类指导、差别化管理。属于国家产粮大县的 393 个示范县，在“十二五”后几年，要率先将全域基本农田建成高标准基本农田；其他示范县要优先选择建设条件好、地方积极性高的乡镇作为整治重点，推进高标准基本农田建设，提高高标准基本农田占基本农田面积的比重。

第三，严格执行标准。国土资源部已制定并颁布《高标准基本农田建设标准》，对田块规格和平整度、耕作层厚度，灌溉保证率、防洪排涝标准，田间道路通达程度以及农田林网防护面积等做出了明确的规定。建成的高标准基本农田要达到集中连片、田块平整规则、灌排设施配套、田间道路通达、防护林网配套、方便机械作业的综合标准。目前，国土资源部正会同有关部门研究制定国家标准，补充完善有关粮食产能以及管护利用方面的指标规定。同时，要充分利用农用地分等定级等技术方法和成果，依据《农用地质量分等规程》、《农用地定级规程》两个国家标准，对整治前后的基本农田质量等级进行评定，建成的高标准基本农田要全部纳入质量等级动态监测范围。

三、确保示范县建设取得实效

第一，要切实加强领导，认真组织实施。各地要按照“政府主导、国土牵头、部门协同、群众参与、上下联动”的要求，把推进示范县建设纳入政府绩效考核内容，进一步明确责任，精心组织，确保示范县建设组织领导到位、实施管理到位、廉政建设到位。国土资源部门要主动争取党委和政府的支持，积极与相关部门紧密配合，共同推进示范县建设。省级国土资源主管部门要会同有关部门，切实负起责任，加强监督和指导，把好建设进度和质量关。市县级人民政府承担示范县建设的具体任务，是示范县建设的主体，要在明确责任，落实分工，统筹安排，狠抓落实上下功夫。国土资源部有关司局和单位要加强对示范县建设的指导，适时开展抽查、评估，及时掌握示范县建设情况，有针对性地采取措施，督促各地规范有序推进示范县建设。今后，示范县建设情况也要纳入省级政府耕地保护责任目标考核内容。

第二，积极筹措资金，保障建设需要。示范县建设任务重，资金需求量大，资金筹措是完成示范县建设的重要保障。要努力形成财政投入持续加大、社会力量广泛参与、市场机制不断完善的多元化资金投入渠道，保障示范县建设资金来源。按照要求，从2012年开始，中央分成新增费的分配是“以任务定资金”的原则，集中投入高标准基本农田建设，并向粮食主产区和中西部地区倾斜。各省（区、市）在安排使用土地整治专项资金特别是新增费时，也要按照要求集中投向高标准基本农田建设，并重点向示范县倾斜。各示范县要用好、管住各项资金，以土地整治资金为主体，聚合各类涉地涉农资金，集中投入土地整治和高标准基本农田建设，保障示范县建设资金需求。

第三，不断改革创新，增强制度供给。示范县建设要探索实行“以补代投、以补促建、先建后补”的方式，充分发挥农村集体经济组织和农民的主体作用，让农民用国家的钱整集体的地。鼓励有条件的地方，结合增减挂钩试点，将部分土地收益用于高标准基本农田建设。同时，探索土地整治产业化运作模式，鼓励现代农业企业，结合现代农业、特色农业发展积极参与建设。省级国土资源主管部门可设立示范县建设基层联系点，及时总结提升示范县建设经验，做好政策储备和制度供给。

第四，加强宣传引导，营造良好氛围。各地要充分发动各种宣传媒体，采取多种宣传形式，对示范县建设的意义、目标任务等进行宣传报道，对建设过程中涌现出的好做法、好经验、好典型进行深度剖析，跟踪报道，及时加以总结宣传，要让示范县建设深入人心，争取社会各界的理解和支持，努力营造良好的舆论氛围。下一步，国土资源部将联系协调中央主流媒体，围绕高标准基本农田建设进行宣传报道。2013年，将选择示范县建设的典型，适时召开现场会，交流各地经验，提升示范县建设水平。

同志们！今天的视频会既是一次部署会，也是一次动员会。开展500个示范县建设，推进高标准基本农田建设，使命光荣，责任重大。我们要进一步提高认识，把思想统一到国务院的决策部署上来，把行动统一到国土资源部党组的要求上来，齐心协力，坚定信心，扎实推进示范县建设，为保障国家粮食安全、促进经济社会全面协调可持续发展作出新的更大的贡献。

谢谢大家！

加快良田建设　促进农业转型*

——对宁夏高标准基本农田建设的思考

国土资源部土地整治中心　杨　磊　郧文聚

加快良田建设（在此我们将之理解为高标准基本农田建设）、促进农业转型是当前确保国家粮食安全、加快经济转型发展的全局性和战略性重大问题。为切实贯彻党的十八大提出的“给农业留下更多良田”的战略部署，深入研究农业转型背景下高标准基本农田建设内涵拓展问题，我们于近期采取实地考察、座谈交流等方式，专题调研了宁夏回族自治区4市9县高标准基本农田建设情况，并结合之前开展的相关工作，对良田建设作了进一步深入思考。

一、良田建设是现代农业发展的先决条件

民以食为天、食以地为本，粮食生产离不开耕地。2012年3月16日，国务院正式批复的《全国土地整治规划（2011—2015年）》提出，到2015年再建成4亿亩旱涝保收高标准基本农田。按此部署，各地开展了新一轮的大规模高标准基本农田建设，不仅顺利完成2012年1亿亩年度建设任务，而且对于高标准基本农田建设重要性的认识也日益提高。

（一）建设高标准基本农田是稳定提高农业综合生产能力，保障国家粮食安全的需要

根据有关方面测算，当前及今后一段时间内，我国人口总量仍将持续增长，对粮食等农产品需求依然维持在较高水平。同时，大量农村人口逐步转为城镇人口，居民收入水平稳步提升，消费结构升级日趋加快，对粮食等主要农产品需求的压力日益加大。要实现长期稳定产出能力、持续挖掘增产潜力目标，当务之急是加快改变农业基础薄弱现状，大力推进高标准基本农田建设。

（二）建设高标准基本农田是加快发展现代农业，提升农业科技水平和抗御灾害能力的需要

规模化种植、标准化生产、农机化作业、精细化管理和科技普及应用是现代农业的重要标志。加强高标准基本农田建设，既显著增强了农田防灾减灾、抗御自然风险能力，也便捷了农机作业，能大幅提高生产效率，更为土地流转和适度规模经营有序推进创造了条件，有利于促进农业生产方式转变，加快发展现代农业。

---

* 本文原发表于《土地整治动态》2013年第10期（总第572期）。

（三）建设高标准基本农田是促进农业可持续发展，推进生态文明建设的需要

目前，我国人均水资源不足世界平均水平的1/4，农田渠系水利用系数只有50%，1立方米水的粮食综合产出率不足1千克，仅为世界平均水平的一半；亩均肥料用量达到21.2千克，是美国的3倍、欧盟的2.5倍，肥料平均利用率在30%左右，较发达国家低近20个百分点。通过建设高标准基本农田，可有效增强土壤养分协调、蓄水纳墒能力，降低资源消耗，并为推广科学施肥、节水技术创造有利条件，对于减轻农业面源污染，加快改善农业生态环境具有重要作用。

（四）建设高标准基本农田是提高农业比较效益，促进农民增收的需要

从“十一五”时期的建设实践看，加快推进高标准基本农田建设，有利于增产增收，改造后农田的粮食亩产年均至少增加70千克。加快推进高标准基本农田建设，有利于促进农民就业增收。农民通过投工投劳参与高标准基本农田建设，国家投资中有相当比例转化为参与施工者的现金收入，并可促进运输、机械设备制造、建筑建材等行业发展，增加农民在当地的就业机会，提高农民整体收入水平。

二、宁夏良田建设的主要做法值得重视

近年来，宁夏着力推进国土整治“三大工程”，即中北部土地开发整理重大工程、中南部生态移民土地整治工程和高标准基本农田建设工程。在“三大工程”推进过程中，宁夏根据土地整治重大工程建设要求，同时结合区情实际，主要采取了以下行之有效的做法：

（一）注重顶层设计，建立政府主导的工作机制

宁夏回族自治区党委政府高度重视国土整治工作，在国土整治工程申请之初，就将其从国土资源部门行为上升为政府行为，成立了以政府主席为组长、两位副主席为副组长，15个相关厅局负责人为成员的土地整治领导小组。专门成立了国土开发整治管理局，还于2013年将国土整治工作和耕地保护责任目标、建设用地指标、项目安排等结合，并且加大奖罚力度，以确保完成任务，促进形成了“政府主导、国土搭台、部门协作、群众参与”的工作新机制。

（二）注重规划设计，确保工程建设有序推进

宁夏回族自治区政府先后从发改、财政、水利、农业、移民等相关部门抽调40多位专家，集中精力，群策群力，高标准编制了《中北部土地开发整理重大工程项目总体规划》、《生态移民土地整治规划》和《高标准基本农田建设年度方案》。在规划编制过程中，特别注重农村土地整治与农田水利建设、农业综合开发和生态移民工程紧密结合，从而使土地整治总体规划更能贴近宁夏实际，更有利于发挥项目的综合效益。

（三）加强廉政建设，构建严密的防范风险体系

一是建立风险防范机构。成立了由纪委、检察、监察、国土、审计、财政等部门参加的重大项目监督办公室，加强对重大工作环节监督管理。二是完善廉政制度。梳理了项目实施中容易产生职务犯罪和滋生腐败的环节和风险点，制定《重大项目监督管理办法》加以防范。三是防控关口前移。变传统的事后监督为事前、事中监督，对关键环节实行事前介入、重点监督、全程监控。四是统一招标平台。将项目招投标全部集中到自治区公共交易平台进行，统一评标办法，最大限度地减少外围干预。五是完善施工合同。实行“合同双签制度”，在签订施工合同的同时，项目法人与各施工单位签订廉政协议书，建立廉政约束机制，有效防范了腐败案件的发生。

“三大工程”实施以来，取得了明显成效：一是保障了耕地红线和粮食安全。通过土地整治新增耕地 64 万亩，改造盐碱地 9.2 万亩，耕地质量普遍提升 1~2 个等级，粮食亩均单产增加 110 千克左右。二是优化了农业产业结构。通过土地整治，北部项目区耕地的排水条件得到改善，中部项目区耕地由旱地无灌溉改善为节水灌溉，为发展设施农业、生态农业奠定了基础，提高了农业综合生产能力。三是促进了农业节水和农民增收。通过推广节水灌溉技术，灌水时间节省一半，节水 20%，老灌区总用水量减少约 1/4；项目区农民人均年纯收入增加 785 元，亩均节约劳动力 1.1 个。四是改善了区域生态环境。通过土地整治，共整理沙漠 5.6 万亩，治理盐碱地 9.2 万亩，栽种各种树木 298 万株，初步形成了乔灌草结合的农田防护林体系，项目区 80% 的农田得到了保护。

三、宁夏高标准基本农田建设提供了很好的启示

宁夏高标准基本农田建设实践充分说明，农业问题千头万绪，但根在土地，高标准基本农田建设是夯实农业现代化发展物质基础的重要举措。宁夏高标准基本农田建设也为其他地区推进相关工作提供了很好的启示。

（一）农业要转型发展，高标准基本农田建设必须先行

宁夏实践充分说明，高标准基本农田建设是加快农业先进科技和现代装备普及应用，促进农业发展方式转变，着力提高土地产出率、资源利用率和劳动生产率，稳步提升农业综合生产能力的重大举措；高标准基本农田建设，充分发挥了宁夏作为西部省份的后发优势，沙漠农业、贺兰山酒廊、供港蔬菜基地等特色农业方能应运而生，“塞上江南”重新焕发生机。

（二）高标准基本农田建设，应该成为全社会和各部门的共同责任

宁夏“政府主导、群众参与、标准规范、常抓不懈”的土地整治模式，变单打独斗为齐抓共管，乘数效应明显，值得向全国其他地区推广。土地整治不仅整的是农民的“田”，更整的是农民的“钱”。通过土地整治，不仅提高了耕地质量，更重要的是增加了种植收入、务工收入，促进了社会和谐稳定。只有充分认识土地整治的关联性，土地整治才能体现更加深刻的政治意义、经济意义和社会意义。

（三）高标准基本农田建设，需要基层做好统筹，群众有效参与

务实苦干，群众参与，是做好土地整治工作的内在动力。土地整治从规划到实施，每一个环节、每一项内容都需要高标准、严要求，需要务实的作风和苦干的精神。只有如此，土地整治工程才能成为优质工程、精品工程和示范工程。农民群众是工程建设的主体，必须充分调动和发挥其参与工程建设和质量监督的积极主动性。

四、高标准基本农田建设需进一步提高认识和加强统筹

截至目前，包括宁夏在内的各地高标准基本农田建设已经取得较为突出成效，并在农业转型发展中扮演了日益重要的角色，但较之土地整治目标任务，特别是党的十八大有关要求，今后还需进一步提高认识、加强统筹。

（一）高标准基本农田建设要作为全面建成小康社会的农村民生工程抓紧抓好

土地整治必须充分尊重农民意愿，坚持走“群众自愿、群众参与、群众受益”的群众路线，切实维护项目区域农民土地合法权益，提升生产生活水平。为此，要加快建立健全土地整治工作公众参与机制，特别是要进一步拓宽农民参与土地整治的渠道，搭建农民参与土地整治的平台，积极创造条件让土地整治项目能够及时、合理地反映群众自己的需求和愿望，把土地整治工作办成真正的“惠民工程”和“民心工程”。

（二）高标准基本农田建设要瞄准建成“良田”

目前，我国中低产田占比约为70%，受干旱、渍涝、酸化、盐碱、坡薄黏酸瘦、冷浸烂泥等因素影响，这些中低产田产量低，经建设改造后增产潜力较大。占比30%的高产田基础条件较好，产量水平已经较高，增产潜力有限。因此，瞄准高标准基本农田建设应主要针对中低产田开展，要立足改善或消除主要限制性因素、全面提升农田质量，有效开展中低产田的土地平整、土壤改良、灌溉与排水、田间道路、农田防护与生态环境保持、农田输配电以及其他工程建设。

（三）高标准基本农田建设要加强高效利用和科学管护

针对当前一定程度上存在的高标准基本农田建设“重建设、轻管护”现象，应着手建立建后管护长效机制。要按照“高标准建设、高标准管护、高标准利用”要求，积极探索管护工作模式，从制度层面落实建后管护补助资金，对建成的高标准基本农田要及时划入永久基本农田实行保护，确保高标准基本农田长久发挥功效；建立动态监测系统，完善基础数据和档案资料管理，对建成后的高标准基本农田，特别是集中连片高标准基本农田实行跟踪监测；积极组织协调有关部门开展高标准基本农田后续地力培肥和农业产业发展工作，不断提高耕地质量和土地利用水平，推进农业产业化发展，切实发挥高标准基本农田在农业现代化发展中的基础平台作用。

（四）高标准基本农田建设要统筹考虑土地整治、增产增收和土地流转问题

土地整治是手段而不是目的，必须着眼保障国家粮食安全和推动农村深化改革等经济社会发展战略而进行部署和推进。针对目前国家粮食安全基础尚不稳固的现状，土地整治要从增加耕地数量、提高耕地质量，进而提升耕地综合产能出发，深入推进土地整治，加强高标准基本农田建设；针对当前承包地块普遍较为细碎和不适合农业现代化发展需求的事实，土地整治要大力推进土地平整工程，着力配套农田基础设施，切实做好土地权属调整，为促进土地流转、推动农业适度规模经营创造条件，让良田在农业现代化发展中发挥更大作用。

当前，我国正处在经济结构调整和发展方式转变的关键时期，面对部分产业产能过剩和国内需求总体不旺的现状，要进一步调整思路，统筹考虑稳增长、调结构和促改革，把农业和农村作为消解过剩产能和扩大消费需求的重要领域，不断提升农业物质技术装备水平，切实提高农业综合生产能力。高标准基本农田建设应该是值得深入研究和实践的方向，宁夏已经而且必将继续在这方面提供很好的参考和借鉴。

治理视角下的土地整治工作分析*

——基于华中地区四县市的考察

华中科技大学中国乡村治理研究中心土地整治研究课题组　桂　华　余　彪

〔**按**〕在经过近些年持续快速发展后，土地整治的内涵和外延不断拓展，主要变化之一就是从之前的自然性技术工程转变为综合性社会工程，并已上升为国家层面的战略部署，成为保发展、守红线、促转变、惠民生的重要抓手和基础平台。在土地整治发展过程中，不同学科背景的专家学者都给予了高度关注，推动了这项工作持续健康发展。本文就是两位具有社会学背景的专家，基于大量翔实的社会调查资料，从治理视角对如何进一步做好土地整治工作进行深入思考的研究成果。现予以摘编，供各地参考。

一、土地整治是一项治理工作

土地整治首先是一项工程性工作，通过改善农业生产“硬件”条件，提高生产力。土地整治同时也是一项治理工作，需要与农民打交道，需要处理工程实施过程中的各类矛盾。工程问题解决的好坏决定土地整治效果，治理问题解决的好坏直接影响土地整治工作效率。表面上以“自然物”土地为对象的整治工作最终是以人为对象的，即工程实施与项目管理最终要转变成为地方行政工作和农民参与过程，因此需要从治理的角度认识土地整治工作。

土地整治本为一件利国利民的好事，但在实施过程中却是充满各种矛盾，且自上而下的统一土地整治项目，会在不同地方产生不同效果，这些都是由土地整治工作的治理性造成的。土地整治工作所具有的治理性主要与以下两个方面的矛盾有关：一是土地整治工作中各级主体的利益诉求与土地整治项目目标的张力；二是小农经营体制与公共品供给模式的矛盾。在对华中地区四县市实地考察的基础上，本报告得出的结论是：土地整治过程中越是能够解决治理问题，工作就越是容易开展并越是有成效。

土地整治工作的复杂性和难度产生于与农民打交道的过程中。由于作为整治对象的“土地”，基本为农民承包经营的农地，或者是集体分配给农民使用的宅基地，或者是由集体管理经营的土地，因此，附属在土地之上的“权利”，连同土地权利所产生的利益，才是土地整治工作真正要处理的对象。土地整治的治理性质是指，土地整治过程不仅包含着工程技术因素和管理技术因素，而且包含着复杂的利益调整与大量矛盾化解工作，土地整

* 本文原发表于《土地整治动态》2013 年特刊第 8 期。

治工作的治理性质在于进行利益调整并化解矛盾冲突。土地整治过程牵扯到越多的利益关系时，该项工作的治理性就越强。

二、治理因素影响土地整治工作效率

尽管土地整治的最终成果表现为工程技术形态，但是土地整治工作过程却是治理性的，并且土地整治效果要受到土地整治过程的影响。H 市 H 村是让当地土地整治中心工作人员“伤透了心”的地方，原因是这个村的土地整治工作无法开展。据当地乡镇一位领导介绍：“这个村的群众基础很差，村两委班子很薄弱，这个村是镇郊村，历史以来土地狭窄，改革开放以来稍微有头脑的人都外出谋生路，留下的人都是喜欢扯烂皮、不讲道理的。”H 村一直就是本镇出了名的“落后村”，村内的遗留矛盾越积累越多，造成工作越来越难开展，当前基本陷入瘫痪地步，现任支部书记上任不到几个月就被村民打了，前任书记也是在土地整治工作中被村民赶下台。由于村级治理工作无法开展，H 村的土地整治效果很差，处理矛盾属于治理工作，施工方和土地整治中心都没有能力处理农民之间的矛盾，这类治理工作应该由村干部去做，H 村的村两委班子太弱，矛盾处理不了，必然妨碍土地整治。

与 H 村相邻的 T 村在项目规划、利益调整方面工作做得很到位，土地整治效果非常好，土地整治为该村带来四大好处：一是增加耕地面积，实现地块集中；二是降低生产成本，提高粮食产出；三是适应机械化；四是旱涝保收。T 村土地整治成效高的原因是，该村在土地整治过程中进行了全村土地权属的“大调整”，土地权属调整属于治理问题，不是土地整治工作内容，但却是高效的土地整治工作基础。

H 村和 T 村的例子说明，治理工作是决定土地整治成效的重要因素。传统思路在研究土地整治效率时，主要聚焦于项目管理方法和工程技术因素，忽视了土地整治工作实施过程的重要性。本报告主要将土地整治理解为一项治理工作，提出从治理角度考察土地整治工作效率的思路。土地整治工作的治理性不仅体现在与农民打交道的环节上，还体现在自中央到地方的项目执行落实过程中。站在治理的角度上，主要有以下几类主体参与土地整治工作。

一是中央政府。土地整治被上升到国家战略部署层面，土地整治与化解“三农”问题、统筹城乡发展、推进四化同步等工作紧密相关，土地整治包含了国家治理意图，由国土资源部代表中央政府执行国家政策。

二是县市地方政府。在整个土地整治操作程序中县市政府非常重要，项目规划、项目管理和项目实施都是在县市一级完成的，县市一级发挥着承上启下的作用。在现有的行政体制与政绩考核体系中，县市地方政府有其独立的利益诉求，县市一级组织按照自身利益最大化的逻辑对待土地整治工作，由此而产生的央地关系，赋予土地整治工作自上而下执行过程的治理性。

三是自上而下的国土系统。国土部门既要为地方政府的经济社会发展服务，也要贯彻执行国土资源部下达的土地管理和土地整治工作任务，这两方面本身存在张力。在土地整治工作上，各级土地整治中心需要协调处理部门工作与当级和下级政府组织的关系，理顺“条块”关系，这也是一项治理工作。

四是乡村基层组织。乡镇政府和村组组织是国家权力深入基层社会的触角，是国家政策落实的抓手，正式的国家权力无法与单个具体农民对接，土地整治工作必须要依靠乡村基层组织的参与配合。在土地整治工作中，乡村组织自身也是各自构成利益主体，如何调动它们的积极性，也是一个复杂的利益博弈过程。

五是农民。农民是土地整治的直接受益者，土地整治工作者面对的是各有具体利益诉求的千家万户农民，如何与这些在利益千差万别，且相互之间存在利益冲突的农民打交道，不是工程技术人员和项目管理人员可以完成的。

为了分析治理过程对土地整治工作效率的影响，先暂将土地整治的工程技术因素和项目管理因素悬置，假设工程技术和管理技术都不存在问题（现实中并非如此）。在此前提下，可对土地整治实施过程做出三种类型分析。

第一种是土地整治工作牵扯到的利益关系非常简单，各级主体之间不存在利益矛盾，土地整治工作可以单纯依靠国土系统自上而下“一竿子到底”地执行。这种情况下的土地整治工作的治理性质弱，土地整治效果基本取决于工程技术指标的科学性与项目管理过程的规范性。

第二种是土地整治工程牵扯到调整复杂利益关系，土地整治工作具有较强治理性质，土地整治实施过程需要各级政府与基层组织的参与配合，但是国土部门不能够调动各级主体的参与积极性，或者纵然是各方参与也无法处理既存的利益冲突，结果只能将土地整治当作工程性工作去做，在这种情况下，纵然是工程技术指标十分科学，项目管理过程十分规范，土地整治工作也依然是很难开展的，整治效果也必然很差。

第三种是土地整治工作既具有工程性，也具有治理性，在项目落实过程中，国土部门在基本满足工程技术和项目管理规范的基础上，尽可能地调动地方政府和基层组织参与，最大限度地调和工程技术工作与治理工作，将国家项目转化为地方工作，将外部资金投入转化为满足农民需求的公共品。

建立以上三种类型是为了从逻辑上展示土地整治实施过程中治理性工作与工程性工作的关系。在现实中，第一种类型是比较少见的，这反过来说明，单纯地从工程技术和项目管理技术角度来推动土地整治工作机制创新的思路是不可行的，因为几乎所有的土地整治工作都具有治理性。第二种类型在现实中是比较常见的，主要存在于那些利益冲突特别严重的地区，比如前面所举的H市H村例子。T市Y镇的政府工作人员认为，与普通农村相比，城郊和镇郊农村的土地整治工作难度更大，因为这些地区的土地更加“值钱”，农民对土地利益看得更重，寸土必争，造成利益关系更加复杂，会带来更多的治理工作任务。第三种类型是当前土地整治工作的实际形态，这说明，下一步的土地整治工作机制创新要沿着兼顾工程技术指标提高、管理模式改进和治理工作效率提高的角度进行。

三、土地整治项目管理机制分析

（一）央地关系对项目管理的影响

1. 项目制与中央利益

土地整治以项目制方式落实，包含了两方面内涵：一是由中央政府承担土地整治成本；二是通过以专款专用的方式保障中央意图。

中央之所以要承担土地整治成本，是因为土地整治包含着国家利益。土地整治最根本的职能是解决我国人多地少基本国情下土地资源相对稀缺对经济社会发展造成的约束问题。当前的土地整治工作已经具备国家发展战略部署的政治性质。通过土地管理，实现对土地资源利用的宏观控制，是国家的基本任务。对于党中央、国务院而言，通过土地整治挖掘土地存量，增加土地增量，是化解上述矛盾的重要手段。

2. 土地整治中的央地利益错位

中央与地方在土地整治工作中的第一个错位是，在开发利用和保护土地资源上，中央政府与地方政府具有不同的利益。在中央政府那里，土地资源总量是有限的，要在保障基本耕地规模的前提下扩大建设用地，中央政府主要行使土地资源管理的职能。地方政府并不关心土地资源总量问题，它的利益来源于扩大建设用地规模，千方百计地向上级国土部门跑政策、争取指标，目的是突破现有的土地管理制度。

中央与地方在土地整治工作中的第二个错位表现为农业与工业的差别。俗话说：“无农不稳、无工不富”。所谓“稳”是指，农业基础稳固，粮食供给有保障，才能保障国家安全稳定，这是政治意义上的稳，这个层面上的稳，是中央政府的责任，各级地方政府并不直接关心。自农业税费改革以来，县市级财政收入主要来自于工商税收和土地出让收入，除了少数县市的农业企业能够缴税之外，农业方面几乎不能够为当地的财政收入作出贡献。这样一来，整个县市的工作基本是围绕着工业、商业展开的，农业越来越处于边缘地位。对于地方政府而言，发展农业具有很强的外部性，即农业发展所溢出的国家战略利益，不能给当地政府带来直接收益。相反，发展工业则直接能够增加当地的财政收入。地方政府重工业、轻农业的奥秘在于：工业之富，富的是当地；农业之稳，稳的是国家。

中央与地方在土地整治工作上的错位，还源于中央政府职责与地方政府行政逻辑的差别。中央政府的职能为追求经济社会全面协调可持续发展，考虑的是整体利益、全面利益、长期利益，因此中央政府要担负宏观调控与公共服务建设的责任。地方政府在现有考核、政绩和升迁体制中，追求单一的经济发展，表现为重视财政收入，重视工业发展，重视建设用地指标。

由中央政府所代表的国家利益与地方政府代表的地方利益错位，造成二者在耕地保护和土地整治工作上积极性差异。

3. 项目管理机制及其利弊

可将中央政府与地方政府都看作是追求自身组织利益最大化的行动主体。中央政府是土地整治的直接推动者，采用复杂严格的项目管理技术，是为了将其意志贯彻下去，避免地方政府受自身利益驱使而偏离土地整治的初衷。从实际效果来看，项目制管理模式基本上能够保障土地整治资金的专款专用，对消除中央与地方的利益错位是有效的。

从实施过程来看，项目制的技术性体现为尽可能地压缩地方政府在土地整治工作上的自主操作空间，其本质是削弱地方政府权力。这就产生出了另外的矛盾，中央政府丧失了可依靠的抓手。调查发现，在土地整治项目落户到县市以后，剩下绝大部分工作是由当地国土部门，具体是当地国土资源局的土地整治中心完成的。我们所调查的四个县市的土地整治中心的工作人员普遍反映“太忙！太辛苦！”大量土地整治工作变成了单纯的部门工作。

所谓部门工作是指整个土地整治工作基本是依靠自上而下的土地整治中心所组成的“条条”完成的。“条条”的权力与政府“块块”的权力不同，“条条”的权力来自于项目管理过程，“条条”的权力具有很强的技术性、专业性和针对性，而“块块”所具有的权力具有较强的行政性、区域性和强制性。土地整治工作采取项目制的根本目的在于，通过赋予“条条”较强的管理技术权力以约束地方政府的行政自主权。尽管约束效果能够实现，但是，技术性权力既不能支配地方政府的行政权力，也不能激励地方政府投身到土地整治工作中。其后果是，地方政府置身于土地整治工作之外，变成了冷眼旁观的角色。项目制在弱化“块块”权力的同时，也削弱了地方政府在土地整治工作中的职责，这反过来又影响了土地整治实施效率。中央政府很清楚在现有的行政体制下，离开地方政府的配合，任何一项具体工作都很难开展。因此，在推动土地整治工作时，又强调“政府主导”，目的是想调动地方政府参与土地整治工作。这一点反映在构建“土地整治机制”的思路中。《全国土地整治规划（2011—2015年）》中提出的“完善统筹推进土地整治机制”包括“加强规划统筹”、“有效聚合资金”与“共同推进责任机制”三个方面，分析其具体内容可以发现，这三个方面都不是单一国土部门所能完成的。

从实际考察到的情况来看，在现有土地整治工作模式下，“加强规划统筹”、“有效聚合资金”与“共同推进责任机制”基本都无法实现。首先，科学合理的规划需要牵扯到整个县市的诸多具体职能部门的合作才能够完成，这必须由县政府直接出面牵头协调才能够完成。其次，在资金整合方面，与土地整治有关的项目很多，比如发改委的项目、水利局的项目、农业局的项目、林业局的项目等，都包含着改进农业基础设施的内容，它们在工程上能够与土地整治工作结合起来。但实际上，我们所调查的四个县市都很难真正实现“部门资金整合”。因为单凭任何一个部门都无法统筹协调其他部门的工作。

项目制是依靠强化“条条”权力完成，项目管理模式与“政府主导”存在矛盾，影响了土地整治工作效率。这个矛盾从根子上是由地方政府的利益追求和土地整治工作目标的错位所造成的。在被项目管理技术约束的背景下，地方政府自利的行政逻辑，会体现在项目制本身的运作逻辑中，比如，地方政府尽量减少参与土地整治工作以减低工作量，就是一种理性选择。因此便产生出“政府主导”在实际工作过程中落为空话的局面。

在政策允许的范围内，变相地利用土地整治项目，也属于地方政府的自利行为。比较常见的做法是，地方政府通过“整合”项目资金用于打造新农村建设亮点。地方政府主动地推动这类工作的积极性，依然产生于现有的政绩考核方式，这些亮点具有很强的形象工程性。原本为民生工程和具有公共服务性质的资金，就会被全县少数几个亮点所吸纳。这种不公平的投入方式，会引起当地农民的不满，就连一些基层干部也直言，很多“项目”只做“锦上添花”的事情，而不做“雪中送炭”的事，这会造成重复建设与投资上的浪费。

（二）县乡关系对项目实施的影响

1. 条块关系与项目落实

县市政府一般将土地整治工作全盘委托给当地土地整治中心完成，土地整治中心的业务能力强，却不具有行政权力，这样就产生了责任与权力不匹配的尴尬局面。土地整治中心虽然拥有项目管理方面的权限，但是却没有调配乡镇政府和村组干部的权力，这依然是项目管理模式自身矛盾的体现。

在规范操作的前提下，技术化的项目管理模式在工程管理方面是有效的，能够保障专款专用和工程技术达标，但在动员地方行政系统和基层组织方面存在缺陷。项目管理模式致使作为土地整治项目直接责任主体的土地整治中心陷入两难境地。

一方面，土地整治工作具有治理性质，作为一项与农民打交道的基层治理工作，离开了乡村两级组织的支持，单靠土地整治中心是不可能将工作落实下去的。另一方面，与中央采取项目制来约束县市地方政府的逻辑相似，县市国土部门也希望通过项目管理来约束乡村两级组织。若是缺乏对土地整治资金的严格管理，乡村两级有可能将资金用于他处，造成偏离土地整治目标的后果。既要约束乡村基层组织，又离不开乡村组织的配合工作，同时国土部门又缺乏激励乡村组织的手段，这便造成土地整治工作上的两难困境。

国土部门为了将工作落实下去，在实际操作中，采取多种对乡村两级组织制度外的激励措施。制度外激励是当前农村基层工作中普遍存在的一种工作机制。由于作为“条条”的土地整治中心没有行政权力去命令乡村组织，为了激励乡村组织的配合，或者说为了激励乡镇分管领导和村支书的配合，土地整治中心就会在政策规定之外，以各种变通方式给予这些直接负责人某些利益。土地整治中心的工作人员多次表达：“做基层工作，要讲感情。”所谓讲感情，是指要搞好与乡镇分管领导的关系，要搞好与村支书的关系，甚至要搞好与农民的关系。讲感情是缺乏行政权力时所采取的工作策略，具体的方法包括尽可能地听取乡村干部的意见，平时通过吃饭喝酒一类方式建立良好的私人关系，或者对于乡村干部在项目实施过程中谋取私利的行为也是睁一只眼闭一只眼，等等，这些都属于制度外激励。

县市以下的土地整治实施过程是一项复杂的治理工作，在这个环节上，项目管理技术与土地整治工作性质不匹配，制度外激励是应对这一矛盾的自然结果。没有任何一种管理技术是完美的，因此可将制度外激励及其引发的不规范行为看作是项目制的代价。

2. 乡镇的农业工作

对于乡镇一级来说，土地整治项目可以改善当地农民的生产生活条件，但是这并不能转化为乡镇政府在土地整治工作上积极性。因为土地整治项目包含的公共利益并不一定能够转化为乡镇组织的直接利益。

在农村税费改革之前，整个乡镇的中心工作是收取农业税费，农业税是国家任务，附加费用是维持乡镇运转和支持地方公共事务的基础，而完成农业税费的前提是保障当地农业生产的顺利完成，因此，当时的乡镇组织与农业生产联系在一起。农业税费改革以后，农业逐步被边缘化，乡镇政府的工作重心转移到发展工业上。与县市政府一样，乡镇政府也是受现有政绩考核机制所支配，只有发展工业才能够增加GDP，工作才能够出成绩，地方行政首脑才可能得到提拔。

农业是大事，全国人民都知道农业是大事，但对于乡、镇领导来说，对于当地乡镇发展来说，农业却不是大事。决定乡镇行为的，不是农业事物本身的重要性，而是这项工作做得好坏对政绩的影响。地方政府在农业工作上持有“不出事的逻辑”，只要没有农民上访，就不会主动关心农业基础设施问题。

3. 委托乡镇代建制的失效

农业在乡镇工作中的位置，决定了乡镇政府对于土地整治项目的基本态度。土地整治极大地改善当地农业基础条件，可以减少农民到乡镇“扯皮”，减少农民上访，减轻乡镇的维稳压力，这是土地整治带给乡镇组织的直接利益。乡镇欢迎土地整治项目，但并不一定会花大量精力参与土地整治过程。各地土地整治中心的工作人员在落实项目的过程中都体会到，乡镇政府在土地整治工作消极参与的态度对土地整治工作所带来的难度。于是，H 市在土地整治工作中尝试了乡镇代建制的管理模式。

乡镇代建制的具体操作方式是，土地整治中心将项目管理权下放到乡镇，由乡镇政府承担项目实施管理责任。为了保证试点成功，T 市国土资源局特意将某个土地整治项目委托给经济基础雄厚、组织战斗力强的 Y 镇来管理实施，由 Y 镇的一位党委副书记任总指挥长（在常规的管理模式中，一般是由土地整治中心的专人任项目总指挥），Y 镇国土分局局长（即其他乡镇的土管所所长）和该镇负责土地、城建和规划工作的社会事务办副主任分别任副指挥长。将项目管理权下放到乡镇的目的是调动乡镇政府在土地整治工作中的积极性。从实际效果角度看，乡镇的积极性并没有被调动起来，由于获得项目管理权力并不能够给乡镇带来额外收益，因此，承担项目管理职责相当于增加了乡镇的负担。尽管土地整治中心拨付 10 万元的管理费给乡镇，但对于财政收入早已超过千万元的 Y 镇来说，这 10 万元的确不算回事。

Y 镇承担代建工作，是为了配合上级工作安排。尽管有一位副书记担任总指挥长，但是真正负责工作的还是社会事务办的代（副）主任。在权力高度集中的乡镇政府，只要不是书记、镇长亲自抓的工作，都不属于中心工作，整个乡镇投入该项工作的精力都是有限的。从这次试点来看，委托代建制实际功能是将原本归土地整治中心做的工作转交给乡镇，相当于增添了一层管理主体，并没有改变项目管理机制本身。

项目管理是一项技术性工作，乡镇政府实际上并不具备这方面的专业能力，乡镇随意变更工程，各项材料准备不充分、不规范，这些都会造成项目验收上的困难。Y 镇的委托代建项目已经实施 3 年了，现在还没有通过验收。从 H 市土地整治中心工作人员反映的情况来看，他们对这次尝试并不满意。委托代建制之所以没有取得良好的效果，根本的原因是乡镇组织行为受自利逻辑支配。

四、土地整治中的农民参与机制

（一）土地整治中矛盾纠纷

农民是土地整理的直接受益者，但土地整治实施过程矛盾最多的环节却是发生在与农民接触的过程中。正如一些基层干部所说的，做群众工作不可能保证所有老百姓满意，存在矛盾是必然的，只要做到 80% 的群众满意就可以了。做土地整治工作也是如此，首先要具体分析土地整治工作所产生的矛盾。

第一类矛盾反映的是农民对土地整治的诉求。比如，农民要求增加投入，要求扩大覆盖面，要求项目变更，要求提高工程质量，等等。这类矛盾针对的是土地整治本身，有些属于合理诉求，有些是不合理诉求。合理的诉求，如要求改进前期规划没有考虑到的问题，是土地整治工作者必须重视的。不合理的诉求，比如修渠占地、砍树，有些农民借机提出过高的赔偿要求，不达目的誓不罢休，必然会给土地整治工作带来难度。

第二类是因土地整治造成的利益纠纷。土地整治涉及田块变动、面积变动，这些可能引发利益调整问题。调整权属是农村工作中最难的一件事，不重新分田，土地整治工作可能就没有办法开展，重新分田又是要打破二轮承包格局，必然会造成更多额外矛盾。

第三类是借土地整治表达的利益纠纷。这类矛盾所包含的利益纠纷并不产生于土地整治，土地整治只不过是触发矛盾的引子。借土地整治来表达矛盾的例子很多，常见的做法有对干部不满，或者选举中挫败者故意刁难现任干部。

上述第一类矛盾既具有工程技术性，也具有治理性；第二类矛盾基本都是治理性矛盾；第三类矛盾尽管是发生在土地整治过程中，但是却不是反映土地整治工作本身的问题。第一类矛盾包含着农民参与不足与土地整治工作不完善的问题。对于第二类矛盾，无论在工程技术方面和管理技术方面做何种改进，都不可能消除农民的利益分歧，因此这类矛盾不是技术问题而是治理问题。第三类矛盾与技术性因素完全无关，不是土地整治工作所能够解决的，也不应该由土地整治来解决。

（二）农民的参与机制

土地整治是向农民提供公共品，因此要十分重视农民参与。土地整治属于自外而内的公共品供给，土地整治采取了项目管理技术，对所提供的公共品数量、性质、规格等都具有严格技术指标，这样“标准化”的公共产品，有可能与当地的自然条件和生产方式不相适应，即：公共品供给与农民需求的矛盾。强化农民的参与度，在规划和实施过程中多听取农民的意见，有利于减少这方面的矛盾，提高外部公共品供给的针对性。

如果没有搞清楚农民的参与机制，单纯强调程序的规范性，就有可能造成“走过场”的局面。在调研中，我们发现一个奇怪的现象是，在前期规划阶段，农民的参与度很低，多数农民认为：“那是国家的事情，我说了也不算数。”但在实施过程，却经常出现“扯皮”现象，有的农民抱怨工程设计不合理，还有些农民要求满足自己一家一户的要求。与基层土地整治工作者讨论这个现象时，甚至有工作人员提出说：“上访就是农民的参与方式。”在对这类现象深入考察后，我们发现“农民参与”是与小农生产方式和土地整治性质有关的，并最终认识到：“农民参与”是治理工作而非技术性工作，其逻辑如下：

在土地整治中，（绝大多数）农民受自利逻辑驱使，站在自家“一亩三分地”的立场对土地整治提出要求，农民的需求和利益是个体化的，个体利益是激励农民参与土地整治的根本动力。

在小农生产的现实下，土地整治改善农业生产条件具有公共性，土地整治不满足一家一户的利益，单个项目区覆盖村组，土地整治针对的最小单位为村民小组。

在以上两方面约束下，建立农民参与机制的目标是化解土地整治与小农生产方式的冲突，引导农民参与的本质是将个体利益整合为集体利益，农民参与土地整治过程需要依托村组集体完成。在技术化视角下，农民是抽象的，农民的权益也是抽象的，由之而提出的农民参与机制也是程序化的。在治理的视角下，小农权益表现为生产方便的具体权益，所谓农民参与是指农民通过集体组织将个体利益整合为集体利益并与土地整治所提供的外部公共品供给最大程度对接起来的过程。

这样一来，具有很强技术性的农民参与程序就变成了村民自治与基层治理工作。有效率的基层组织是农民参与的载体，是整合农民利益的前提，是向上表达农民需求的中介。因此，提高土地整治工作中的农民参与程度的根本在于发挥村组集体“统筹”的功能。

（三）集体“统筹”能力与土地整治效果

调查时我们观察到一个十分典型的现象是：土地整治的效果与当地村组能力高度相关。强有力的集体组织除了能够化解土地关系结构固化与土地整治的矛盾之外，还能够从其他方面促进土地整治工作。

首先，强有力的基层组织可以最大限度地将外部项目转化为本地所需的公共品。A市的S村是省级生态村，该村工作排在全镇40多个村的前三位，村支部的李书记当了20多年的村支书，群众基础好，S村集体经济基础较好，两委班子战斗力强。这个村一直善于从上级跑项目用于村级发展，土地整治项目下来之后，村里十分重视，将整治工作嵌入整个村级发展中，借助土地整治项目完成之前没有解决的基础设施建设问题。S村的土地整治之所以能够搞好，原因是村级本身有发展规划和发展方向，村里自身的发展冲动与外部力量结合起来，就能够产生最大效益。

其次，强有力的基层组织可以处理土地整治实施过程中出现的利益纠纷问题。A市在土地整治工作中普遍推广土地权属调整的工作方法，但却不是所有的村都开展得顺利。尽管在理论上可以通过土地权属调整解决利益冲突问题，但是权属调整工作却是相当复杂的，能否顺利完成将考验基层组织的工作能力。调整权属与二轮承包政策相冲突，这是一个非常敏感的问题，因此乡镇政府在这件事上一般采取“不过问的态度”，不过问就是不承担责任。调整权属全靠村干部的工作能力，村干部愿意花费大力气去做，说明他们有积极性将土地整治工作做好，村干部若能够将权属调整工作做成功，这说明该村的村级组织是有战斗力的。在这样的村中，既然土地权属调整可以做成，那么损毁青苗、伐树、迁坟、拆旧居等工作基本都可以做成，农村工作本身就是综合性的，村级组织化解矛盾的能力可以体现在方方面面的工作上，而较少受具体工作性质的影响（技术性工作则不同，技术性工作需要专业技术能力解决，有很强的针对性和匹配性）。

另外，强有力的基层组织在土地整治工作中可以协调好各方关系。在项目实施过程中，作为业主的土地整治中心希望项目能够顺利实施并通过验收，施工队做工程的目的是赚钱，因此会尽量减少投入，农民是收益方，但是单个农民的利益是无法表达出来的。尽管土地整治中心也希望提高规划的科学性，也希望提高工程的质量，也希望满足农民的利益，但是土地整治中心没有能力与单个农户接触。在这三方中间，村组集体起到了关键性的连接作用。村组集体可以代表农民向土地整治中心反映利益需求，可以对施工方进行实时监督，实际上，站在管理者角度和施工方角度，他们也不愿意与单个农民打交道，因为他们无法判断单个农民诉求的合理性，项目管理者和施工方也希望村组集体是强有力的。可举一个简单的例子说明这个逻辑，假若村组集体软弱无力，不能整合并表达农民的利益，当土地整治引起农民不满时，那些无处表达正当利益诉求的农民就可以到政府“上访”，这是土地整治中心不愿意看到的，也会影响施工进度。H市土地整治中心的刘副主任说：“我就愿意将项目倾斜到那些战斗力强的村里。”战斗力强的村可以将项目落到实处，战斗力差的村不仅不能发挥项目效益，反而有可能给管理方造成不必要的麻烦。

从工作性质上看，村组集体组织所做的工作多数属于处理治理性矛盾。施工方解决的是工程问题，土地整治中心解决的项目管理问题，这些都属于技术问题，而土地整治中产生各方利益分歧则属于治理性问题，项目落户后在实施过程中出现的治理性问题基本要依靠村组集体组织解决。强有力的村组组织可以较好地处理治理性矛盾，强有力的村组组织可以提升土地整治工作效率，改善土地整治效果。

五、结　　论

（一）土地整治工作的两个前提

我国的土地整治工作起步较晚，工作任务重，推行速度快，实际工作经验不足，在制定政策和落实过程中强调对国外土地整治工作经验的借鉴。吸收国外成熟的经验，有利于推动我国土地整治工作更好地开展。不过需要说明的是，中国的土地整治工作有其特殊性，国外的做法要与中国特殊性结合才能够发挥积极作用。造成中国土地整治工作特殊性有两点：一是中国土地（农地）产权制度设置；二是中国农业经营方式。

我国农村土地属集体所有，村组集体拥有土地所有权，农民向集体承包获得土地经营权。一方面，二轮土地承包确定的 30 年期限的承包关系受到法律保护；另一方面，受农民的传统“平均地权”观念影响，在法律和地方习惯两方面支配下，各地农村土地承包实践是在稳定承包关系和土地权属调整两方面平衡的。总体而言，除非是在发生大规模征地或者土地整治这一类涉及重大利益调整时，才会发生打破二轮承包进行土地权属调整的事情，并且，这也是以强有力的基层组织为前提的。也就是说，当前我国农村的土地承包关系基本保持稳定，并由此造成附着在土地承包关系上的利益结构固化。农村土地所有权与经营权分离，是中国特色，国外土地多为私有，“两权”分离与私有制的差别造成中国土地整治工作与国外的差异。

我国农村人均耕地不足 2 亩，户均不足 1 公顷，且地块上呈现“插花田”格局，这种小农生产形态产生出严重的农业生产需求与公共服务供给的矛盾。土地整治提供的是公共品，与个别农户的利益需求存在错位。在农业税费改革之前，我国发展出“统分结合的双层经营体制”，较好地弥补了小农生产方式的不足。税费改革之后，国家加大对农业投入，随之产生的问题是：国家投入可以解决资金问题，却不能够解决集体经济组织退出农业生产利益所造成的“统筹”缺失问题。

当前土地整治工作面临的基本问题是：承包经营权物权化后，集体所有权被虚化，集体经济组织的基础被抽空，双层经营体制名存实亡，分散而固化的承包经营权造成了公共品供给上的“反公地悲剧”，增加农民合作成本，造成国家难与分散农民对接的困局。

（二）土地整治工作的性质

直观地看，土地整治的对象是自然物土地，目标是增加耕地面积、提高耕地质量和改善生产条件，站在这个角度，土地整治工作属于一项推动生产力发展的工作。实际上，土地并不是纯粹的自然物，而是有权属的对象，权属即利益，因此要想顺利地将工程性工作完成，必须要取得土地支配者的支持，必须要化解不同权属人的利益矛盾，从这个角度看，土地整治工作还包含了调整生产关系的内容。

本报告中重点展现的农户个体利益与公共利益的冲突，体现了土地整治工作与现有生产关系的矛盾，农民参与的积极性和参与方式由生产关系决定。改造对象为自然物的土地，使土地整治工作包含了工程技术性质，调整生产关系赋予了土地整治工作治理性质。在土地整治过程中发生工程技术方面的问题，可以通过提高技术指标解决，土地整治实施过程中必然包含的利益冲突，依赖各级政府部门和基层组织的治理能力。

（三）工作创新的两种思路

在现有体制和制度下，各级主体在土地整治中存在利益冲突和错位，这是选择土地整治工作方法必须面对的约束性条件。采用项目制这种管理模式，基本保障了土地整治工作的顺利开展。在推动土地整治工作管理机制创新时，必须要区分两个层面的不同：一是在既有约束条件范围以内，对现有管理模式进行改进创新；二是推动约束条件本身变化。前一个层面的创新，可称之为技术层面的创新，因为它不涉及基本体制与制度问题；后一个层面的创新为体制创新，它已经超越了土地整治工作本身，涉及整个行政体制和基本经营制度。

从对《全国土地整治规划（2011—2015 年）》中提出的“完善统筹推进土地整治机制”这部分内容的分析可以看出，土地整治工作实践者在制定政策时，并没有刻意区分技术问题与体制问题。我们在实际调研中发现，很多土地整治工作的困难是由现有体制和制度造成的，单纯在技术层面上改进，并不能解决问题。在实践中，各级国土部门工作者都希望政府能够真正参与到土地整治工作中来，因为有很多矛盾不是国土部门单独能够解决的。

本报告提出以治理的视角研究土地整治实施过程，目的是弥补单纯从技术层面上理解土地整治工作的不足。优化工程指标或者是提高规划的科学性，或者是改进项目管理方式，都属于技术层面的创新。本报告不着重解决这些专业技术问题，而是从行政体制和农村基本经营制度的角度揭示土地整治实施过程的复杂机制。

土地整治中的农民参与*

华中科技大学中国乡村治理研究中心　贺雪峰

〔按〕土地整治的服务对象和终极受益者是与土地密切相关的农民，离开农民的深度参与，土地整治的各种效益就难以充分发挥。近年来，土地整治公众参与研究日益受到重视，不同领域的专家分别从经济学、政治学、社会学等角度展开相关研究。现编发一位社会学领域专家对这一问题的调研与思考，以供参考。

一、整治后的土地为何分不下去

2013 年暑假到某县调查，得知该县是西南地区某省 10 个土地整理试点县之一。未来 3 年，国家将有大约 4.2 亿元土地整治资金投入到某县，用于整理某县大约 40 万亩耕地。

土地整治的目标大致有三：一是增加耕地面积，主要是通过土地平整，将之前无法使用的废地（废沟、废塘、废田埂）变成耕地，据说土地整治一般可以增加 10% 的耕地。某县土地整理中心主任讲，在某县，好像土地整理不仅不能增加耕地，反而会减少耕地，因为修路修渠都要占地。二是提高耕地质量，方便土地耕作。三是农民连片耕作。其中直接目标只有前面两个，间接可能达到第三个目标。下面讨论第三个目标。

土地承包经营权是农民的，农民通过种地来获取土地收益。土地整理可以方便农作，农民当然是欢迎的。从当前全国农村农民的普遍情况来说，农民有两盼：一盼农业基础设施配套，其中关键是路和渠，分别解决机械下田和农业用水的问题；二盼之前分散在各处的细碎耕地可以连片，据农民的意见，连片耕作可以减少农作时间的 1/3 以上。就是说，过去耕种 10 亩地，要 50 个工作日，连片后只要 30 个工作日就够了。可见连片耕作对农民的重要性。

土地整治不解决耕地连片的问题，因为土地经营权如何分配是村组的事情；但能解决沟渠路桥等基础设施的问题，及对不平整土地进行平整的问题。土地整治要在农民具有承包经营权的耕地上作业，主要涉及这样几块：第一，修沟渠路桥要占地，占谁的地，如何调整分摊利益；第二，土地整理，田成方，之前不规则的土地变得规则了，这样一来，势必要调整过去属于不同农户的田块；第三，土地平整更是极大地将过去农民承包地进行了变动，新的承包权关系如何确定是个问题；第四，土地整治修建沟路渠桥，改变了过去的用水、作业路径，因此调整了不同农民之间的利益，如何平衡这种利益调整是个问题。对于土地整治部门及招标进入土地整治现场的工程队来讲，以上都是土地整治中常常遇见的烦心事。

* 本文原发表于《土地整治动态》2013 年第 11 期。

也就是说，作为工程项目，土地整治对于提高耕地质量，方便农业作业，保证粮食安全，都具有重大意义，正因此，国家每年拿出数以千亿元计资金进行土地整治。由于土地整治项目是在农民已有承包经营权的土地上进行的，土地整治事实上会改变现有的土地利益关系，土地整治因此容易闹出矛盾。同时，农民除了期待通过土地整治来方便耕作之外，还希望借土地整治这一难得机遇，将过去零碎的耕地变成连片耕作。农民说，上级不能只给我们资源，还要给我们权利。这个权利，就是土地连片耕作的权利。

二、权属调整，单个谈不如集体调

该县自2009年开始，已实施10多个土地整治项目，每个项目整理耕地面积在数百公顷，资金在2000万元左右。该县最早实施的土地整治项目是××洞村和×洞村的项目（简称“两洞”项目）。2009年实施的“两洞”项目，项目规模431公顷，其中大约500亩是土地平整。项目实施4年来，仍有500亩耕地分不下去，因为土地整治改变了过去土地上的利益结构（比如用水方便程度、排涝问题），而且工程质量也不太好，因此整理过的土地分不下去，农民提出各种意见，县土地整理中心也就只好一再修改项目方案，一再打补丁续建项目。现在农民又提出几年没有种地的损失应由县土地整理中心来赔，而土地整理中心是不可能有这样一笔赔偿资金的。乡和村两级则责怪县土地整理中心和工程队没有让乡村两级组织和村民参与到“两洞”项目的设计、施工与监管之中。总之，“两洞”项目到现在也没有能解决好，成了一个难解的历史遗留问题。

“两洞”项目好事没有办好，对县、乡、村三级都有很大震动。县委书记因此要求县土地整理中心今后实施项目的规划及施工都必须要有村民参与，尤其是规划必须有村民签字。但问题是，村民往往不懂规划和施工图，签字也签了，但他不认账，县土地整理中心也没有办法。

实际上，对于几乎所有农户来讲，土地整治都是好事。国家每亩投入上千元来进行基础设施建设，极大地改善了机耕、灌溉等作业条件，怎么可能不是好事呢？因此，实施项目前，县土地整理中心让农民签字，农民都同意。问题是，施工已经完成，虽然所有农民都从项目中获益了，但这种获益可能会不均衡，农民之间一比较就出了问题，然后向工程队和县土地整理中心找补。一个农民找不是问题，越找人越多，似乎土地整治极大地损害了农民利益。得到利益时，无论大小，都很高兴。但哪怕只有一丁点利益受损，则不仅不高兴，还会用行动来阻拦施工、破坏项目。

为什么会出现这样的情况呢？在当前国家实施的项目中，国家所面对的是分散的一户一户的农民，而不是组织起来的农民。与分散的一户一户农民打交道，往往就是由农民中的“刁民”来出头，各种合理不合理的要求都会提出来，国家根本不可能应付得了。或者说，由国家与分散小农打交道的成本很高，即使好事，往往也办不好。

若农民组织起来又如何？或者说，由国家与组织起来的农户打交道，从而来办土地整理这一类的好事，能否办好？

前面已经引用过农民的话“国家不能只给我们钱，还要给我们权利”。这话是什么意思呢？这话的意思是，当前国家不向农民收取税费，还发放农业补贴，还为农民承包地建基础设施，这都是好事，农民都非常欢迎。但当前农民最焦虑的一件事是承包地无法连片经营，若国家给农民权利，让农民能组织起来进行连片经营，那就太好了。

但要注意的，这里农民所要权利是什么权利？是农民个体的经营权利？显然不是，因为农民个体承包经营权越大，个体农户阻挡耕地调整以利连片经营的能力就越强，连片经营就越难。农民所要权利，其实是村社共同体调整土地乃至重新分配土地的权力，是进行“划片承包”的权力。只有村社集体具有一定的调整土地的权力，农民通过村社组织来凝聚他们的共同意愿，才可以重新进行以方便耕作为基础的“划片承包”。农民个体土地权力越大，尤其是在当前大量农民外出务工经商甚至早已在外工作的情况下，重新调整土地以利连片经营，并为在农村从事农业生产的耕者提供耕作方便就越难。农民所要求的国家给的权利，不是给到农户个体更大的承包经营权，而是给到村社集体调整耕地的权力。这个例子可以充分说明，对农民情况不理解时，仅仅按照字面意思理解会误多大的事情。

也就是说，如果在土地整治中，一方面承认农民承包经营权和承包土地的面积，一方面又允许调整耕地位置，则土地在整理时，完全可以通过村社组织的深度介入，大稳定，小调整，从而有效地解决土地整治可能带来的利益分配不均衡问题。甚至可以对所有土地按过去承包面积进行重新分配，这个分配的过程中，充分重视农民的参与，让农民通过一而再地讨论，达成关于土地连片承包的共识，然后在整理土地之后，通过划片抓阄再承包到户。广西龙州土地整治中的所谓“小块并大块”，正是借土地整治中容易出现的矛盾和利益调整，让农民深度参与进来，又借农民深度参与，解决一家一户在平常情况下根本不可能解决的连片经营问题。

这样，在土地整治中，就有可能通过深度动员农民参与，充分发挥村社集体的力量，不仅化解土地整治中可能带来的利益调整矛盾，而且借此机会来解决一直困扰中国农民的土地权利零碎不能连片经营的难题。国家给村社集体一定的调整土地的权力，可以防止分散农民中的边缘群体（比如钉子户）的无理阻拦或不当索利。有一定权力、一定能力的村社组织的出现，也有利于国家低成本地办好事，把好事办好。

三、制度设计方向：资金整合、职能整合、利益整合

该县已经争取到 2014 ~2016 年共计 4.2 亿元的土地整治资金，在 3 年内将对全县 40 万亩耕地的大多数进行整理。如此大规模的土地整理，如果都像“两洞”项目一样，某县的土地整治就会出大问题。

怎么办呢？该县县委书记说，在土地整治中，必须要让农民参与。问题是如何让农民参与，是让农民个体参与还是组织起来参与，如何组织农民的参与。他讲了自己的一些看法。

第一，在县一级，除国土部门有大量的土地整治资金以外，其余部门也大多有以土地为中心的各种项目资金，如农业局、发改委、财政局、水利局、林业局、农机局、交通局、扶贫办、移民办、民政局、住建局、组织部、妇联等，都有项目基金，如果项目资金不整合，就可能出现重复无序建设的问题。因此，书记认为，在未来 3 年，县一级要整合条条，将各个条条的项目资金整合起来，共同规划，共同施工，分别验收。

第二，如此巨大的工程必须要有乡镇这一级来发挥上引下联、设计项目、实施项目和监督管理的作用。乡镇是一个块块，这个块块除乡镇政府大约 20 个公务员以外，还有 7

站8所近100个事业编人员（不算医生和教师），若将公务员和事业编人员整合起来，以土地整治实施为中心开展工作，乡镇这一级是可以发挥巨大能量的。乡镇一级的加强要借县一级对条条的整合，合起来就是“整合条条，加强块块”。

第三，土地整治涉及每个农户的利益，农户因此要参与进来。但不能让农户分散无序地参与，而应通过制度设计，让农民通过村社组织参与到项目中来。这个制度设计的关键是要落实村社组织一定的调整具体地块的权力。也就是说，在这个制度设计中，应该让农民通过讨论达成共识，即每个农民的承包经营权不等于承包具体地块的权利及30年不变，而是承包经营村社集体土地的权利30年不变。

这样，就可能借土地整治，不仅极大地改善了农民耕作条件，实现农民梦寐以求的连片经营（小块变大块），而且，借此使村社集体组织变得有一定权力和一定能力，使地方政府在之后办其他好事时可以借其将事办好。唯有健全有力的乡镇一级的上引下联，才能让中国农村治理稳定有序。

我们可以借该县未来3年的土地整治，来搞一个农村基层治理模式的实验。该县若能实验成功，其经验就可以推广到全国其他地方。

最后说一句，土地整治并非工程问题，也不是局部的管理问题，而是地地道道可以影响中国基层治理大局的重大问题。

为何黑龙江农垦的土地整治效果好*

华中科技大学中国乡村治理研究中心　桂　华

〔按〕2013年10月，华中科技大学中国乡村治理研究中心有关专家赴黑龙江省农垦建三江管理局下属农场，实地考察了农场经营方式与土地整治工作。此前，他们也曾考察过华中地区和西南地区一般农村的土地整治工作，与地方农村相比，黑龙江农垦的土地整治不仅矛盾少，而且效率高。现将其研究成果予以刊出，供各地参考。

一、黑龙江农垦的土地整治

土地整治项目实施时既要解决工程技术问题，也要解决施工过程中的利益关系调整问题。建三江管理局下属农场与南方平原地区都以水稻种植为主，土地整治最基本内容都是水利基础设施建设和田间道路建设，二者占工程总量60%以上。同样是国家项目投资，且工程技术也大致相似，而项目实施效率却不相同，这与农业经营方式的不同有关。

（一）经营规模的差异

建三江管理局下属的农场与地方农村都采取了土地家庭承包经营体制，不过，农场的家庭经营规模要大得多。我们所考察的华中和西南地区以小农家庭经营为主，人均1.3亩地，户均不过10亩左右，而建三江管理局下属16个农场的总耕地约1100万亩，人口20万，人均耕地面积55亩，除去其他就业人口，实际人均经营规模更大，户均经营面积一般超过200亩。

经营规模差异对土地整治工作影响，首先表现在对项目的需求程度上。小农经营规模太小，导致农业收入不足以支撑起农民家庭生活，因此一般农村的农业就具有了“副业”性质。这些地方的普遍情况是，家庭青壮年劳动力流向第二三产业，农业生产主要由妇女或者老年人完成。农业的“兼业化”与“副业化”造成农业自身发展动力不足，农民对土地整治项目的需求不十分迫切。与之不同，黑龙江农垦中土地经营收益较大，以最低200亩计算，每亩纯收入400元，每年8万元的农业收入足可以维持较好的家庭生活条件，因此，黑龙江农垦中的农业经营是主业。当家庭收入全部来源于农业生产时，农民对生产条件就更加敏感，土地整治项目的“激励”性更强，农民对项目更加欢迎。可举一个例子说明，若土地整治可以带来每亩50元的增收，土地整治项目对于经营5亩的农民和经营200亩农民的刺激效果完全不同。一般农村地区的家庭经营规模太小，是造成农民参与土地整治积极性不足的重要原因。

---

* 本文原发表于《土地整治动态》2013年第19期。

（二）产权性质的差异

黑龙江农垦的土地属国有，一般农村的土地属集体所有，农垦与一般农村都实施土地的所有权与经营权的“两权”分离制度。不同的是，作为主权利的所有权在农垦系统中凸显，而作为附属权利的经营权在一般农村中相比则更加重要。无论是国有土地还是集体土地，当农民获得承包经营权时，向农场或者集体支付租金，都是所有权的实现。在经营方面，建三江管理局下属农场的土地分为两块，一块是基本口粮地，属于农场户口的人每年可以无偿分到 8 亩，另一块是承包地，采取市场发包机制，农场职工与非农场职工都可以向农场承包土地，由农场决定承包价格，农场职工具有优先承包权，且租金略低于非农场职工。2013 年的承包市场价格为 400～450 元/亩，农场职工的承包价格每亩低于市场价 50 元左右。取消农业税费之后，在一般农村中农民承包土地不再向集体缴纳租金，虚化了集体所有权。另一方面，与一般农村土地承包关系的“30 年不变”甚至“永久不变”不同，黑龙江农垦的土地承包期为 1 年，每年重新签订合同强化了农场的权利。

土地整治提供的是公共利益，土地整治工作必须解决的问题是公共利益与经营主体个体私人利益的冲突。土地整治项目在一般农村地区实施时所遭遇的基本难题是公共利益与私人利益的错位。当前一般地区农村中农户的土地经营权在实践中已经基本替代了集体土地所有权，这所造成的后果是，越来越分散和越来越坚固（受到法律保护）的“私有产权”提高了公共利益实现难度，出现了土地整治中的“反公地悲剧”（即权利过于琐碎造成合约难以达成），最典型的现象是站在自家“一亩三分地”利益角度上阻碍土地整治的“钉子户”越来越多。在黑龙江农垦中，土地所有权主导性与承包经营权附属性的产权结构，形成了公共利益与私人利益的平衡关系。当农场有能力调整不同农户之间的利益关系时，土地整治项目建设过程中所产生的利益矛盾就可以被化解。例如，在农场进行土地整治施工时，很少出现“钉子户”，因为工程占地可以通过调整承包合同解决，而在一般农村中，由于土地承包权固化和集体所有权虚置，造成政府或者村组集体都没有制度化手段解决施工过程中的占地、伐树等问题。

（三）经营主体分散程度的差异

表面上看，土地整治的对象是自然物土地，从根本上看，土地整治工作的对象是作为利益主体的农户。有效地解决人的问题，是推进土地整治工作的关键。土地整治工作主体与农民打交道会产生交易成本，农民数量越多越分散，打交道的成本就越高。在一般农村进行土地整治，同等规模的项目所牵扯的农户数量是农场的数十倍甚至上百倍，并且农场农民的组织化程度要远远高于一般农村，因此，农场的土地整治工作难度要远小于一般农村。

土地整治不仅是一项工程技术工作，而且也是一项治理工作。一般地区农村的小农生产具有“小而散”的特征，受当前农村经营体制变化和农村土地管理制度改革影响，这些小而分散的农户具备越来越充分的“私权”，因此造成了农业经营“原子化”特征。规模小、高度分散、数量庞大且利益固化的小农，不仅提高了土地整治工作难度，还降低了资金使用效率，使得土地整治项目的公共利益目标难以实现。与之相比，农场中的经营主体规模大、数量少、组织化程度高、公共利益与私人利益关系平衡，降低了土地整治工作难度，提高了资金使用效率。

二、收益内部化是投资高效的奥秘

土地整治是政府投资进行农业基础设施建设的活动，投资主要来自中央政府或者省级政府。2008～2012年间，建三江管理局累计实施土地整理重大工程项目33个，建设规模85627公顷，总投资14.89亿元，其中国家投资12.29亿元，省级投资2.60万元。一方面，政府投资解决了农业生产剩余不足以支持自身发展的困境；另一方面，土地整治工作是由多方参与完成的，投资主体与受益主体不同所造成的利益错位会影响投资效率。中央政府承担了保护耕地资源、保障粮食安全的任务，因此支付了绝大部分的土地整治成本，地方政府和地方组织直接承担土地整治工作任务，农民是土地整治的最终获益者。这就形成了中央政府与地方政府（组织）的“委托－代理”关系，由地方政府（组织）与分散的农民对接，将外部投资转化为农民需求。

我们在考察一般农村的土地整治工作中发现，受现有的财税体制和政绩考核制度影响，直接承担土地整治工作任务的县（市）地方政府没有发展农业的积极性。由于农业发展很难转化为政绩，受利益最大化逻辑驱使，地方政府不会将土地整治当作中心工作来抓。在土地整治上，中央政府的“保资源、保粮食”的目标与地方政府的发展GDP、追求政绩的目标错位。解决“目标冲突”问题是提高“委托－代理”效率的关键。对此，中央政府采取了项目管理模式，即：通过设置一套严格标准化的申报、规划、审批、验收、督查程序来规范资金投入过程。从实际情况来看，这套项目管理技术基本上实现了上级政府对地方政府（组织）的有效“监督”，基本上保障了资金的规范使用，贯彻了作为“委托人”中央政府的意图。

与之伴随所产生的另外一个问题是，当项目管理技术严格限制作为“代理人”地方政府（组织）的自主操作空间时，又产生出了“激励”不足的困境。即：当县（市）政府不能改变项目资金用途时，它就会消极地对待土地整治工作，尽可能少地减少行政投入，并因此产生现实中“政府主导”落为空话的局面。项目管理模式所造成的“监督”有效而“激励”不足的困境，也延伸到了乡村两级。税费改革之后，乡镇主要围绕着“招商引资”和增加财政收入这两项工作转，而当村一级不能够从农业收费后，村级不关心农业发展，并逐步退出农业生产领域。与县（市）地方政府相似，在土地整治工作中，乡村两级与县（市）土地整治中心也同样存在“目标冲突”。当项目管理技术基本解决“监督”问题后，乡村两级参与土地整治工作的积极性却无法被调动。进一步看，由于项目“进村”时必然要与千家万户的农民打交道，要触动各种利益，而这个过程却不是项目管理所能够完成的，解决项目“进村”过程中出现的矛盾冲突必须依靠乡村基层组织参与。现有的项目管理模式对地方政府和基层组织的“激励”不足，极大地影响了一般农村地区的土地整治工作效率。

相较而言，农垦的土地整治工作效率要高得多，这与农垦的性质和管理体制有关。上级政府投向农垦系统的土地整治项目是委托给农场（作为项目业主的土地储备与整治中心属于农场内部的一个管理科室）完成，表面上看，这与一般农村的土地整治项目管理方式是一样的。不过，作为“全民所有制农业企业”的农场与地方政府不同，现有财税体制造成地方政府工作重心在工商业方面，而农场是主要从事农业生产的经营单元。中央政府与地方政府在土地整治上所产生的“目标冲突”，并不存在于政府与农场之间。农场具有“自主经营、自负盈亏、自我发展、自我约束”的性质，改善农业生产条件是农场经营的必要环节。因此，我们看到在获得土地整治项目之前，农场会主动提取部分资金投入基础设施建设中。对于农垦来说，农业基础设施相当于企业的“固定资产”，“固定资产”投资是维持生产过程不可或缺的。我们在调查中听到某一位农场领导评价土地整治项目说：“要不是国家项目投入5000万元改善我们的田间道路，靠我们自己每年投入500万元，至少需要10年才能够完成。”在获得国家项目支持后，农场可以解决之前依靠自身力量无法解决的困难，比如建三江地区正在实施的大型灌区建设，预计总投资数十亿元，这是单靠农场自身积累无法完成的。

作为经营性“企业”，农场的目标是降低生产成本、提高收益，改善生产条件是实现此目标的重要手段。国家安排土地整治项目是为了保障粮食安全，国家的战略目标与农场的经营目标并不完全相同，但二者却可以很好地对接起来。农场借助土地整治项目改善自身生产条件，提高经营效率，国家因此而获得了“粮食安全保障”。中央政府与农场在土地整治上存在“目标一致”性，极大地提高了项目“委托-代理”效率。与一般农村的土地整治工作相似，项目管理模式首先可以“监督”农场行为，避免农场将项目资金投入土地整治之外的领域，不同的是，政府将项目委托给农场后却不会产生“激励”不足的困境。

可以将土地整治收益区分为三类：一是“委托人”的利益；二是“代理人”的利益；三是农民的利益。中央政府作为“委托人”获得战略利益，农民获得农业生产利益。当“代理人”较好地完成项目实施工作时，国家利益和农民利益都可以更好地实现。造成农场土地整治工作效率高的关键原因是，作为项目“代理人”的农场可以获得经营利益。与之不同，土地整治不能直接增加地方财政收入和提升政绩，影响了地方政府投入土地整治工作的积极性。农场比地方政府更加欢迎土地整治项目并能更好地落实项目，原因是农场内部化土地整治收益的程度更高。

农场与一般农村都实施“统分结合的双层经营体制”，农场土地发包给农户经营，分散的家庭经营单元被农场（下设管区和生产队）统筹起来；在一般农村地区，村组集体也参与生产过程，组织农户解决一家一户“办不好和不好办”的事情。农场与一般农村的制度设置相似，但在“统筹”方面上，二者的执行程度完全不同。税费制度改革之后，村组集体不再向农民收费，农民承包土地不需要向集体缴纳租金，这就切断了集体组织与农户的利益关联，农户生产状况好坏与村组组织的利益无关。这样一来，村组干部不再关心农业生产，双层经营体制中“统”的一层名存实亡。与之不同，农场的“统筹”功能却相当完备，我们调查发现，建三江管理局下属各个农场都深度参与到农业生产过程。当地农场干部将其形容为“军事化”作业特征，选种、种植、防虫、施肥、收割、技术、品种改良、机械管理等所有环节都实现了“统一”。农场高度标准化、规范化的管理模式远较一般农村地区的小农分散经营方式有效率。

土地整治工作强调“农民参与”，由于土地整治提供的是公共利益，因此“农民参与”土地整治过程的本质是将分散的个体农户利益整合为集体公共利益，并向上表达，实现与自上而下的项目对接。由于一般农村的集体组织“统筹”能力丧失，分散的农民无法参与土地整治过程，增加了项目实施难度，降低了土地整治工作效率。在农场中，由于农场组织十分牢固，个体农户可被“统筹”起来，因此土地整治项目最终对接的主体主要是农场而非单个农户，这就回避了公共利益与个体利益错位的矛盾。当农场站在改善农业基础设施以提高地租的角度积极引进土地整治项目时，就会给作为直接经营主体的农户创造更好的生产条件，农民的利益因此而实现。

自上而下看，国家土地整治项目要通过地方政府或农场转化为农民的实际需求；自下而上的看，农民分散的利益诉求要通过基层组织整合为公共利益向国家表达。地方政府与基层组织的行为逻辑直接影响土地整治工作效率，是国家利益和农民利益实现程度的关键，而地方政府和基层组织在土地整治工作上的态度又取决于它们所受的“激励”。具有经营性质的农场可以内部化土地整治收益，而对于具有行政性质的地方政府来说，土地整治具有外部性，这是造成二者执行土地整治项目时行为逻辑差异的原因。

三、强化项目管理是改进土地整治工作的抓手

土地整治工作可以分为两个环节：一是项目管理，主要存在于县（市或农场）以上各级政府部门之间的，包括项目设置、申请、审批和验收等内容；二是项目实施，主要是县（市或农场）土地整治中心动员地方组织和农民参与土地整治过程，项目“进村”所触动的既有利益关系越是复杂，土地整治工作的难度就越大。黑龙江农垦的土地整治效率高的原因是，在项目管理环节上，农场与上级政府目标一致，避免了项目“监督”与“激励”的两难困境；在项目实施环节中，有较强“统筹”能力的农场组织能够将农民的需求整合为公共利益，并借助土地整治项目实现。

由于土地整治项目管理模式与农场经营体制能够很好地对接起来，不存在一般农村中常见的，项目管理技术与行政逻辑的冲突，以及项目公共利益与分散农民需求的矛盾，因此，现有的管理技术能够较好地满足农场中的土地整治工作。严格项目监管、改善项目管理技术，是进一步提高农场土地整治工作效率的抓手，具体有以下三个可以改善的方面。

一是在项目审批时引入竞争机制。对于农场来说，国家投资可以替代自身投资，变相地提高了农场的经营效率，土地整治项目对农场有极大的吸引力。将项目倾斜于那些前期土地整治工作成效高的农场，可以激励农场改善工作机制，进而提高项目投资效率。

二是强化项目监管。当前土地整治项目招标中常见施工方和监理方“借”资质的情况，这既与单个标段工程规模小而不足以吸引正规建筑公司和监理单位有关，也与政府监管不力有关。规划、施工和监理三方共同完成工程环节的工作，这三方的技术水平直接决定工程质量，招标时要对这三方的资质进行严格审查。农场土地整治效果好的一个重要原因是，农场自身具备一定的规划、建设和管理能力，农场也参与规划、施工和验收过程，提高了项目监管力度。

三是建立后期工程管护机制。当前国家项目投入农村基础设施建设中普遍存在“重建轻管”问题，离开当地政府、组织和农民的参与，后期管护是无法完成的。农场较一般农村的优势是，它在组织、经济上都有能力进行后期管护，而税费改革后一般农村的集体经济组织被虚化，离开了集体“统筹”，分散农民不能实现对公共基础设施的管理维护。为了提高工程管护效率，可在项目审批时附加农场后期管护条件，确定农场责任，规定农场每年拿出一定比例资金用于基础设施管护。

建设用地整治

JIANSHE YONGDI ZHENGZHI

土地储备的内涵、存在问题、运行机制及管理模式之我见（摘要）*

浙江大学土地管理学院　吴次芳

土地储备是政府高效控制城市土地开发利用的一种常用手段。随着土地使用制度改革的深入和土地市场的不断发育，土地储备制度在我国也应运而生。现就如下几个问题谈谈我的意见。

一、关于土地储备的内涵

在我国，土地储备主要是为了配合企业改制，盘活存量土地资产，使其及时地变现，并对存量土地进行有效配置而产生的。但是，土地储备的内涵不应当局限于此，而应更加丰富。广义的土地储备不仅应该包括对城市建设用地的储备，也应包括耕地指标储备。城市建设用地储备，是指城市政府依照法律程序，运用市场机制，按照土地利用总体规划和城市规划的要求，对通过收回、收购、置换、征用等方式取得的土地进行前期开发、整理，并予储存，以供应和调控城市各类建设用地的需求，确保政府切实垄断土地一级市场的一种管理制度，其本质是一种以公共目的为导向的城市土地资产运营手段。耕地指标储备，是指根据法律法规的规定，在一定地区范围内，通过土地的开发整理，将新增耕地补偿已占用的耕地预先储存起来，以备将来建设项目需要占用耕地时予以使用，确保一定地区范围内耕地总量动态平衡的一种管理制度。当前人们关注的目光主要停留在城市土地储备上，常说的土地储备也就是指城市建设用地储备。

从土地储备的内涵可以看出，土地储备包括土地征购、土地储备、土地供应三个密切相关的环节。土地储备的征购不仅包括政府花钱收购的土地，而且包括依法无偿收回的土地、置换的土地和征用规划范围内的土地。所以，笔者认为，土地储备本身必然包含了土地收购的内容，同时也包括土地收回、置换和征购的内容，把这一制度称为“土地储备”即可，这样，既简洁明了，又合乎实际，也合乎国际惯例。

二、关于土地储备中存在的问题

本人认为，目前土地储备中存在的主要问题是：

（1）土地储备机构的性质不清。土地储备机构的性质直接关系到土地储备机构的责权利。以储备的手段，实现土地一级市场的垄断，优化配置土地资源，是土地储备的出发点

* 本文原发表于《土地整理动态》2001 年第 20 期（总第 111 期）。

和归宿。从这个角度讲，土地储备是一种行政行为，应该由具有行政主体资格的组织机构来实施。但是，土地储备机构不是第二土地局，不能代表政府管理土地。如果一定要土地储备机构行使政府的某些职能，那么政府必须按照法律法规赋予土地储备机构以行政授权或行政委托，使土地储备机构取得行政主体资格。如果是行政授权，即政府将这一行政职权授予土地储备机构，那么土地储备机构将以自己的名义实施管理活动和行使行政职权，并由自己对外承担行政活动的法律责任；如果是行政委托，即政府依法将其行政职权委托给土地储备机构，那么，土地储备机构将以政府的名义实施管理行为和行使行政职权，但法律责任必须由政府承担。由于储备土地这一行政行为在实施上受政府机关意思表示的限制，因此，我认为，它只能在政府机关委托的范围内严格实施。

（2）相关法律法规不健全。在我国，由于土地储备制度实施的时间还比较短，关于土地储备制度的法律法规还不完善，故应加强立法，通过法律、法规明确土地储备的目的、运作方式等内容，使之有法可依、有规可循，为土地储备工作建立法律保障。

（3）土地储备与城市规划的结合不够密切。城市规划部门对城市建设的发展规划、土地用途的变更、土地容积率的调整等，都对城市土地的利用和价格产生重大影响。因此，土地储备应同城市近期建设规划结合起来，使土地储备与近期建设用地建立有机的联系，及时了解城市规划调整的动态。

（4）融资渠道单一。当前，土地储备机构的融资渠道较为单一，其资金来源主要是向银行贷款。由于土地储备所需资金数量大，变现性差，如果融资渠道单一，很容易出现受制于他人的尴尬局面，且加大了自身投资的风险。

（5）对风险的分析与研究不够。风险是影响投资收益的一个重要因素。由于土地储备投资价值量大又投资期长、市场竞争不充分以及其实物形态是不动产等特点，所以投资的风险程度较高。但是，目前对风险的数量分析及如何规避风险研究不够。

（6）对储备期间土地的利用不充分。对征购进入储备库的土地，在出让前闲置或利用不充分的现象较多，应当及时纠正。

（7）部门间存在不协调现象。部门不协调现象主要包括两个方面：一是涉及土地储备的各部门之间如国土、规划、财政、房管等存在不协调；二是国土地内部各部门之间如用地、地籍等部门也存在不协调现象。

三、土地储备的运行机制

（一）融资机制

我认为，土地储备资金的来源主要有以下几个方面：

一是政府贷款。土地储备的初始投入可以从地方财政先予以垫付，待储备土地出让后再将部分收益返还财政。

二是银行贷款。以土地使用权作抵押向银行申请贷款，土地抵押贷款能确保贷款安全，大大降低金融机构的贷款风险，又可以增强对借款人的风险约束。

三是土地有偿使用收益。土地有偿使用制度的实行，已经为政府积累了一定数量的土地收益。要争取财政部门的大力支持，按“取之于地，用之于地”的原则，从这些土地收益中留出一定数额作为土地储备基金。

四是土地储备收益。土地的购进和售出之间的巨大差价，即储备收益，这些收益中的大部分可考虑列入土地储备基金。

五是发行土地债券。依发行主体不同土地债券可分为政府债券、金融债券和企业债券。

（二）部门协调机制

土地储备是一项系统工程，涉及计委、建委、经委、国土、规划、房管、财政、交通等政府职能部门，只有这些部门进行积极的配合，工作才能做好。另外，国土局内部各部门与土地储备机构的协调工作也非常重要，尤其是用地、地籍等部门。

（三）委托代理机制

城市土地资产是国有资产的一部分。但又不同于其他资产，它应作为特殊资产由政府部门加强对其进行调控、使用、周转并不断增值。土地储备机构就是受政府的委托，并在政府的监控下，开展土地资产运营的代理机构，具有垄断性、公共性和经营性。

（四）风险规避机制

土地储备风险是指对土地储备进行投资的过程中，导致投资损失或某种低于预期利润的可能性。可分为以下几种类型：①资产专用性风险。是指征购土地并对其进行开发整理所支付的各种费用可能造成的损失。由于地产具有固定性的特征，一旦将资金投入，就很难转移，即产生沉淀成本，这样，如果投资时价格出现偏差，其投资收益将不能弥补支出，或低于预期收益。②财务风险。来自财务方面的风险因素主要有两个：融资风险和违约风险。融资风险是指在储备土地时运用财务杠杆，即使用贷款的条件下，虽扩大了投资的利润范围，但也增加了营业收入不足以偿还债务的可能性。财务杠杆受预期利润率和贷款利率两方面的影响，投资的利润范围扩大，投资的不确定性增大，不能达到预期收益的可能性也随之增大。这是因为，财务杠杆的使用提高了税前年收益的期望值和可能收益的上限，但是也扩大了年收益波动的范围，降低了可能收益的下限，下端风险增大了，加上抵押贷款贷方对净收入有优先要求权，而投资者的税前现金流量是还贷后的余额，所以加贷款量的同时也增加了营业收入不足以偿还债务的可能性。违约风险是指储备土地出让或出租过程中，由于受让者或承租者财务状况恶化而使土地投资及其报酬无法全部收回的可能性，或者是受让者或承租者不按约按期支付款项，拖欠严重，使投资者入不敷出所造成的一种风险。③利率风险。是指出由于利率的变化产生的风险。这是因为，一方面利率是土地投资的机会成本的标志，获取贷款的利率提高，会直接增加开发成本；另一方面利率的浮动会影响房地产的销售市场，进而影响土地的出让市场。④变现风险。储备土地的变现性较差，除了非货币性资产的兑现能力本身就比货币性资产兑现能力差外，其原因主要还有：一是它是不动产，不能由需求低的地方搬往需求高的地方；二是它的投资周期长：三是它的价值量大，占用资金多，交易所需时间也长，变现性较差。一方面使土地储备中心垫付了大量的流动资金，从而影响了资金周转期，增加了资本的风险，也将规模较小的机构投资者、广大的公众，拒之于商业性地产投资之外，使投融资渠道因此而受到阻塞。

另一方面当投资者需要现金时，无法很快完成交易，只能等待合适的机会或以较低的价格出让，从而影响投资收益水平。⑤社会风险。是指出于国家政治、经济的大变动，引起土地需求下降，价格跌落所造成的风险。常用处理风险的方法主要有：①风险自留。是指土地储备机构以其自有的财力来负担未来可能的风险损失，包括承担风险和自保风险。承担风险是指当风险发生时，直接将损失摊入成本，适合于规模较小的损失。自保风险是根据对未来风险损失的测算，采用定期摊付、长期积累的方式在企业内部建立起风险损失基金，用以补偿这些风险所带来的损失，适用于处理损失较大，无法直接摊入成本的风险。②风险转移。是指土地储备机构以参加保险等多种方式将风险损失转嫁给他人承担。③风险组合。是将许多类似的、但不会同时发生的风险集中起来考虑，从而能较为准确地预测未来风险损失发生的状况，并使这一组合中发生风险的损失部分能得到其他未发生风险损失取得风险收益的部分补偿。④风险预防。是指事先采取相应的措施，阻止风险损失的发生。⑤风险回避。是指有意识地回避投资可能带来的较大损失。

风险的防范策略主要有：①保险策略。定期向保险公司投保，一旦风险损失发生，就可向保险公司索赔，获得保险公司的补偿。②投资策略。土地储备机构应按收益最大、风险最低的原则，优化储备土地的时间和数量；选择适当的时间和储备的对象进行投资；同时选择适当的时机把储备土地抛向市场。③融资策略。通过发行股票、债券等有价证券的方式进行融资，可将风险分散。

四、关于土地储备的管理模式

目前土地储备主要有三种模式：以市场为主导的上海模式，政府主导与市场运作相结合的杭州模式，政府主导市场运作与土地资产管理相结合的南通模式。

（1）市场主导模式。这一模式的特点是：土地储备机构根据每年的储备计划和同级政府的要求，土地收购时，首先向规划部门申请确定规划条件，对拟收购地块进行评估，然后与原土地使用者协商，确定土地收购价格，签订收购协议，再按规定办理储备的相关手续，支付收购金，取得土地后，按现行规定办理土地过户手续。储备土地出让时，首先通过各种渠道广泛招商，依据资信、资质和业务等条件选择合适的开发商，然后与开发商协商，签订协议，再由政府有关职能部门办理土地出让手续。

（2）政府主导与市场运作相结合的模式。这一模式的特点是：收购土地的范围由政府的规范性文件规定，规定范围内的土地统一由储备机构根据计划进行收购、储备、开发；对可收购的土地，由土地储备机构与原用地者签订收购合同，储备机构按合同规定支付土地收购补偿费用，取得土地使用权，土地管理部门根据用地需求用招标拍卖等方式对储备土地实行统一出让。

（3）政府主导市场运作与土地资产管理相结合的模式。这一模式的特点是：政府规定用于储备的土地范围，对可收购的土地由土地储备机构与原用地者签订国有土地使用权收购合同，储备机构按合同规定支付土地收购补偿费用，取得土地使用权。有的储备机构还受政府委托作为国有土地资产代表，对国有企业改革中土地使用权作价出资部分进行管理，收取企业改革中以租赁方式处置的土地使用权的租金和其他用地者按规定向政府缴纳的租金。

不管采用何种模式，土地储备的本质应该是政府控制下的土地资产运营。这是因为，土地本身具有稀缺性，在我国城市土地属于国家所有，决定了我国土地储备的模式不可能是完全的市场主导模式；而完全的政府主导模式又可能会使土地储备的体制变得僵化，与市场经济体制和土地使用制度的改革相违背。

关于广东省“三旧”改造的调研报告*

国土资源部土地整理中心综合业务处　扬州市国土资源局

为了做好土地整治规划的编制工作，国土资源部土地整理中心和土地整治规划编制试点市扬州市国土资源局的有关人员联合组成调研组，赴广东省深圳市、佛山市、广州市等地考察旧城镇、旧厂房、旧村庄（以下简称“三旧”）改造工作。调研组通过开展座谈、实地考察等方式，深入了解广东“三旧”改造具体运作模式和实际操作办法，调查研究在“三旧”改造工作中的政策、资金、规划、用地等问题。现将有关情况报告如下。

一、开展“三旧”改造的背景

广东省作为改革开放的先行地，经历了30年的高速发展，在经济社会快速发展的同时，也大量消耗了土地资源，经济发展与土地资源制约的矛盾突出。广东省建设用地面积达1.79万平方千米，占土地总面积的10%。调研表明，广州市土地开发强度为23%，佛山市为33%，深圳市已经超过40%。广州市2003年就已突破土地利用总体规划确定的到2010年的建设用地规模，按照目前年平均新增41平方千米用地的发展速度计算，规划到2020年的建设用地指标3年内就将用完；深圳市现有建成区面积达900多平方千米，已经突破国务院确定的890平方千米的发展规划，未来深圳基本生态控制线外新增建设用地潜力不足150平方千米，而各类建设用地需求高达300平方千米，供需矛盾突出。

建设用地巨大需求与有限供给、产业经济现状与转型发展需求等矛盾成为制约广东新一轮发展的瓶颈，单靠新增建设用地已无法满足经济社会发展需求。为此，广东省抓住与国土资源部合作共建节约集约用地示范省的有利机遇，将发展的目光锁定在对存量建设用地再开发上，将“三旧”改造作为推动集约内涵式发展的重要措施，利用3年期限内“先行先试”的政策契机，通过“三旧”改造破解用地难题、推进经济转型发展。据了解，广东全省旧城镇、旧村居、旧厂房等“三旧”用地面积超过175万亩，相当于国家每年下达广东省新增建设用地计划数的7倍，土地潜能巨大。这也是广东省花大力气开展“三旧”改造的根本动因。

二、“三旧”改造的具体做法

开展“三旧”改造是广东省转变发展方式，推动城市发展和经济转型升级的重大创新。通过深入调研，我们认为有五点具体做法值得学习参考。

---

* 本文原发表于《土地整理动态》2010年第18期（总第527期）。

（一）实施规划科学，推进目标明确

此次调研的三市均把规划作为开展“三旧”改造工作的先导，围绕城市功能再造、城乡空间布局优化、产业转型升级、拉动经济增长等战略，编制“三旧”改造总体规划和年度实施计划。深圳市依据城市总体规划、土地利用总体规划和近期建设规划，出台《深圳市城市更新办法》，提出以“三旧”改造为重点，注重城市品质和内涵提升的“城市更新”理念，明确全市城市更新的重点区域及更新方向、目标、时序和规模，编制了城市更新单元规划和年度实施计划；佛山市编制了市、区两级“三旧”改造专项规划，明确了25.3万亩的改造总规模，确定了“532”具体实施计划，即2010年实施5万亩、2011年实施3万亩、2012年实施2万亩；广州市编制了“三旧”改造专项规划纲要，确定5年内的改造规模、调整方向和时序安排，并专门编制旧厂改造专项规划，明确处置“退二”企业和集体旧厂土地处置工作。上述三市“三旧”改造工作推进的实际效果证明，科学的规划和计划，不但使“三旧”改造工作有计划、有步骤、有重点的稳步推进，而且增强了政府宏观调控能力，充分发挥出政府对改造工作的主导作用。

（二）创新改造模式，实事求是推进

广东省在“三旧”改造中充分坚持因地制宜原则，针对不同区域确定不同改造模式，宜拆则拆，宜改则改，宜留则留。深圳市采取以综合整治为主，辅以功能改变和拆除重建的办法，结合改造地原有产业特色，实行“绿色改造”，将城中村、旧厂房整治改造为文化产业、珠宝产业等综合基地，促进产业发展，形成规模效应；佛山市采取以宜居为主的旧城镇改造、以城中村改造为主的村居改造、以发展三产为主的工矿企业改造、以休闲和公用配套为主的生态环境改造、以复耕复绿和提升农业效益为主的都市农业和现代农业开发、以提升文化产业为主的主题文化公园建设等6种改造模式，推动形成了若干相对集聚的功能区；广州市采取成片重建、零散改造和历史文化保护性整治等方式开展旧城改造，采取全面改造和综合整治双结合的办法改造“城中村”，实现了经济效益和人文效益的共赢。这种因地制宜的多元化改造方式，不仅更具科学性和可行性，而且彰显了城市特色，促进产业加快形成集聚、集群的规模效应。

（三）注重以人为本，突出维护群众权益

广东省在“三旧”改造中突出“多方共赢、民赢为先”的理念，充分发挥被改造主体的知情权和自主权，最大化保障被改造地群众合法权益，不但使群众成为最大获益者，而且使他们成为“三旧”改造的推动者。深圳市制定《深圳市城市更新项目保障性住房配建比例暂行规定》，要求改造后包含住宅的拆除重建类城市更新项目，必须按5%～8%的比例配建保障性住房；广州市在拆迁改造过程中实行“两轮征询”制度，第一轮征询改造区域居民意愿，获90%以上居民同意后启动改造工作，第二轮征询改造区域居民对补偿安置方案意见，三分之二以上居民签订房屋拆迁协议后实施拆迁，这种做法避免了拆迁改造矛盾的产生。同时，广东省还注重“让利于民”，对土地出让纯收益按最高不超过60%的比例返还村集体。广州市在城中村改造过程中还实行成本先行拨付，土地出让纯收益政府与村四六分成、政府收益部分市与区按8:2分配等运作模式，既保证了投资人与产权人

的利益关系，又让改造惠及群众，调动了群众参与改造的积极性。

（四）明确政策措施，强化规范管理

为深入推进“三旧”改造工作，广东省出台了《关于推进三旧改造促进集约用地的若干意见》（粤府〔2009〕78号，以下简称78号文），进一步明确了“三旧”改造的范围：对市区“退二进三”产业用地、城乡规划确定不再作为工业用途的厂房（厂区）用地、国家产业政策规定的禁止与淘汰类产业的原厂房用地、不符合安全生产和环保要求的厂房用地、布局散乱且规划确定改造的城镇和村庄、列入“万村土地整治”示范工程的村庄等纳入“三旧”改造。明确三种改造方式：对原先属于国有土地的，如果权属改变，进行协议出让或招拍挂；原先属于集体土地的，征收后进行招拍挂，土地性质变为国有；原先属于集体土地的，也可以出租、作价入股等方式进行流转，改变使用权人，但不改变集体土地性质。深圳、佛山、广州等地在78号文的基础上，结合各自实际，出台了具体操作办法。广州市出台了《关于加快推进“三旧”改造工作的意见》，在改造成本控制、改造流程、专项资金扶持、拆迁补偿等方面做了详细规定。全方位、立体式的制度和管理措施体系，既有效解决了历史上的遗留问题，又保证了权利相对人的利益，使政府的工作处于主动地位。

（五）组织领导有力，工作合力增强

此次调研的广州、佛山、深圳三市各级政府均成立了“三旧”改造领导小组，并由政府领导任责任人，设立了专门办公机构。深圳市成立了市查违和城市更新工作领导小组，设立了处级建制的城市更新办公室，融合了规划、建设、房管等多项职能，专项负责“三旧”改造工作；佛山市南海、顺德、高明、三水等四区将“三旧”改造办公室作为常设办事机构，明确固定人员和固定办公场所；广州市从规划、建设、房管、水利等部门抽调人员40多名，设立了正局级建制的“三旧”改造办公室，由分管副市长兼任“三旧”改造办公室主任，统筹协调“三旧”改造工作。从上述三市工作推进的实际来看，这种政府主导、机构专设、专项负责的工作模式有效避免了部门联系脱节、上下沟通不畅等问题，使“三旧”改造工作上下同抓、部门联动、层层推进，形成了强大合力，为改造工作的顺利推进奠定了基础。

三、“三旧”改造取得的成效

从深圳、佛山、广州开展“三旧”工作的实践看，“三旧”改造在破解用地难题、促进产业结构调整、推动城镇化建设、持续有效改善民生等方面都取得明显成效。

（一）加快了产业结构调整和经济发展方式转型升级

通过“三旧”改造，促进了现代产业体系的构建和现有产业的升级改造，进一步提高了经济运行的质量。深圳市将南山区南油第二工业区、罗湖区水贝工业区、宝安区西乡宝源工业区、龙岗区大芬油画村、三联玉石村等5个区域分别改造成为文化、板画、玉石加工基地，总产值由改造前的4亿元上升至79亿元，增长了近20倍；佛山市将顺德区天富

来工业城整合改造为电器产业基地，产值由原来的10亿元增加到150亿元；广州市一批“二转三”项目改造后，年产值上升至21.4亿元，为改造前的9倍。

（二）较大幅度地缓解了土地供需矛盾

开展“三旧”改造，促进了低效用地的二次开发，不断提高土地利用效率，实现了向存量土地资源要增量、向土地利用效率要空间的目的。佛山市至2009年底实施改造项目730个，改造前平均容积率约0.8，平均建筑密度约60%，改造后平均容积率提高到约2.0，平均建筑密度降低到约35%。该市建设用地产出GDP从2007年的2.84亿元/千米^{2}提高到2009年的3.76亿元/千米^2，增长了32.3%。2009年每亿元GDP耗地同比2007年减少8.6公顷，下降了24.4%；广州市在未来10年内，通过“三旧”改造将腾出建设用地面积达353平方千米，相当于其未来10年新增建设用地的2.4倍。

（三）有力推进了城镇化进程

通过老城区、城中村进行集中的整治改造，进一步完善城市基础设施建设，增加城市绿地、改善市民的生活居住环境，有效解决环境脏乱差、基础设施不配套、建筑安全隐患多等一系列问题。佛山市“三旧”改造完成后，将新增公共绿地面积837万平方米，新增基础设施用地面积4200万平方米，将极大改善城乡面貌，提高城市综合竞争力。同时，“三旧”改造促进了城乡公共服务均等化，有效解决了长期以来公共配套设施不全、城乡公共服务不均等的问题；深圳市结合城市更新，规划落实幼儿园和中小学47座，社区健康服务中心35处，公交首末站8个，并同步完善城市道路等基础设施，推动了城乡一体化建设。

（四）切实增强了群众的幸福感

通过开展“三旧”改造，不但村集体可以腾出土地来发展集体经济，增加群众的分红收入，而且带来的产业结构调整，使得原有的土地与物业价值上升，增加了群众的工资性收入和物业收入，保障了群众的土地权益。佛山市家居博览城改造项目可使村集体每年获得土地租金4000万元，增幅达5倍，增加就业岗位约2万个；深圳市龙岗区三联玉石文化村综合整治项目，使该社区的出租屋价格从250元/月增长到600元/月，居民年终分红由改造前的5800元/年增长到1万元/年，居民直接收入大幅增加，对“三旧”改造的支持率和满意度明显提高，幸福感得到显著增强。

广东省“三旧”改造影响日益扩大，已成为社会各界共识，但在实施改造的过程中也存在一些困难和问题。一是政策环境仍须优化。基于现有政策，目前“三旧”改造项目历史遗留、土地确权、功能转换、土地调换等手续办理仍较复杂，不利于项目有效推进；税费减免的办法未能突破“先收后返”的操作模式，实际运作较为烦琐，从而弱化了政策扶持力度。二是土地整合操作难度大。佛山禅城区“三旧”改造项目土地权属和功能多元化，要发挥最佳改造效益，避免“见缝插针”零星式改造，就要对不同权属和功能土地进行整合开发，而实际操作中土地整合协调难度很大，整合工作推进缓慢。三是改造方向仍偏重房地产。近几年来房地产市场高速发展，其财富快速积累效应对项目改造方向产生明显影响，各个集体经济组织都有发展房地产业的强烈愿望，都要求将自己目前能够拿出来的改造地块通过改变功能和市场化运作，开发利润率高、回报快的房地产项目。这种片面追求房地产改造的倾向，将对产业调整升级产生不利影响，需要加大引导力度，处理好房地产业与其他产业发展关系，重点扶持产业转型提升项目和新型产业发展。

四川省积极推进地震灾后恢复重建土地整理复垦重大工程建设*

国土资源部土地整理中心项目计划处　四川省土地统征整理事务中心

近来，四川省采取有力措施，积极推进汶川地震灾后恢复重建土地整理复垦重大工程建设，取得了较好的成效。

截至2010年1月30日，全省39个重灾县（市、区）组织开展土地整理复垦项目569个，计划建设规模208.27万亩（整理复垦耕地面积182.21万亩，复垦临时占用耕地2.93万亩，复垦废弃建设用地23.13万亩）。目前已完成建设规模53.74万亩（整理复垦耕地面积46.16万亩，复垦临时占用耕地5.05万亩，复垦废弃建设用地2.53万亩）。其中，自行整理项目248个，完成建设规模37.40万亩；工程整理复垦项目321个，完成建设规模16.34万亩。四川省的主要做法有：

一、深入灾区实地，加强调研指导

为全面推进因灾失地农民安置与灾区土地整理复垦工作，四川省土地统征整理事务中心派员到绵竹市开展实地调研，先后深入清平乡、天池乡、金花镇、九龙镇清泉村等地就因灾失地农民返乡安置和灾毁土地整理复垦工作进行了详细调查，通过先期介入、主动服务的方式，推动灾区失地农民返乡安置和灾毁土地整理复垦工作的顺利实施。

在调研过程中，四川省中心相关人员对当地在项目前期工作中存在的疑问进行了解答，对一些工程方案进行了讨论，提出合理化建议，指导开展项目可行性研究，并对项目申报提出了具体要求。针对市、县提出的具体建议有：一要合理安排项目申报类型。绵竹市多数村镇因灾失地农民数量多，安置点附近耕地资源有限，在项目申报时，不能拘泥于以往形式，要根据具体情况合理安排申报重点项目和补助项目，加大河滩地和荒草地开发力度，满足因灾失地农民口粮田的需求。二要合理确定复垦类型。将工程复垦和自行复垦相结合，对规模较大、集中的地块采取工程复垦，对零星分散、规模小的地块实行自行复垦；小的自行复垦以及工程复垦中的一些工序如筑埂、平土等简单工作尽量让当地农民完成。这样既能让灾区群众通过参与项目建设直接受益，又能让农民参与监督工程质量。

二、抓好制度设计，保障工程建设

北川羌族自治县是“5·12”地震中损失最严重的县之一，地震导致全县耕地不同程

---

* 本文原发表于《土地整理动态》2010年第3期（总第512期）。

度受到损毁，面积超过13万亩。该县根据国家和四川省已有的政策、规定，结合本地实际，建立完善了项目公告制度、资金拨付管理制度、竣工验收制度、土地调剂及后期管护制度等一系列规章制度，如《北川羌族自治县“5·12”地震因灾失地农民安置办法》、《北川羌族自治县“5·12”地震因灾失地农民调地费使用管理办法》等，专门用于规范灾后重建中的土地整理复垦及其相关工作，强调按制度办事，用制度管人，为工作的顺利推进起到了非常重要的作用。

三、充分尊重民意，引导群众参与

北川县在推进工作中一直强调，农民群众是灾毁耕地复垦的主体。项目实施过程中，该县经常召开动员会和联系会议，面对面地向农民群众宣传，让农民群众充分了解政策，让灾区农民群众自主选择自行整理复垦或工程整理复垦。选择工程整理复垦的，严格按照项目管理制度，将项目范围、设计图纸等公示并反复征求群众意见；选择自行整理复垦的，该县又根据群众意愿推出了三种模式：一是农民群众自己施工复垦土地。二是农民群众自行复垦与专业队伍施工相结合，即由农户自己负责土地翻挖、平整、捡石砌坎等，专业队伍负责排水沟等技术含量高、不便分到各家各户施工的工程。三是农民群众通过一事一议选举业主委员会确定施工队伍按设计施工。

四、结合当地实际，助力产业发展

为更好地推动灾后重建土地整理复垦工作，受灾区注重把整理复垦与当地实际相结合，推动当地产业发展，提高群众收入。如北川县擂鼓镇许家村种植山药有一定基础，亩均收入在5000元以上，但由于该村土地普遍瘠薄，山药种植一直未形成规模。灾后重建整理复垦项目的实施，用增厚土层、培肥地力等措施使土地质量得到明显改善，该村山药种植已初具规模。曲山镇云力村结合该村传统的羌寨风情，对复垦后的土地进行综合利用，种植核桃、药材、蔬菜等，同时发展观光农业，使群众收入普遍提高。红岩村一社则把土地整理复垦后的新增耕地调剂给因灾失地农民，作为基本口粮田。

五、落实共同责任，严格规范管理

受灾县在土地整理复垦项目实施建设过程中，落实责任，明确分工，取得了很好的效果。如北川县明确规定，国土资源局负责政策、质量把关和进度掌控，乡、镇人民政府负责宣传和组织协调，村、社负责组织群众具体实施以及施工安全及纠纷调解，县、镇、村、社四级齐抓共管，互相配合，确保了复垦工作的有序进行。工程施工过程中，北川县国土资源局派技术人员进行现场指导，并选派了监理单位进行质量监督，发现质量问题及时依法处理。规划设计预算核定的补助费用，先拨付30%的土地复垦启动资金给乡（镇），乡镇根据进度拨付给村民，剩余部分经县、乡（镇）组织验收合格并经公示无异议后拨付。

坚持“两先两保” 推行“两分两换”实现“两新两统”*

——嘉兴市通过土地整治推动城乡统筹发展的调研报告

国土资源部土地整理中心 马 啸

近年来，嘉兴市以科学发展观为指导，坚持“两先两保”、推行“两分两换”、实现“两新两统”，走出了一条以土地整治推进社会主义新农村建设、推动城乡统筹发展的新路子。

一、实践动因

嘉兴市土地总面积601.3万亩，其中农用地411.8万亩，占总面积的68.5%；建设用地135.4万亩，占22.5%；未利用地54.1万亩，占9.0%。全市耕地面积335.14万亩，其中基本农田283.05万亩。嘉兴市在推进城镇化建设和实现社会主义新农村的进程中，遇到了一些新情况、新问题，既对土地整治事业提出了新课题，又需要通过土地整治工作去化解。

（一）用地紧缺的瓶颈制约需要土地整治来破解

一方面，随着城镇化和工业化进程的加快，用地需求特别是居住、产业、配套基础设施、公共服务设施等用地需求快速增加，城市建设用地量逐年增大；另一方面，自古以来，当地农民习惯沿河而建、沿路而居、沿田而造，全市农村居民点占建设用地面积的46%，户均占地面积609.85平方米，人均占地面积184.23平方米，农村住宅存在散、乱、松等粗放利用情况。同时，嘉兴市无未利用地开发，也缺少滩涂资源围垦，解决用地紧缺问题的根本出路就在于土地整治，以此增加耕地面积，拓展用地空间，优化城乡用地结构。

（二）农民分享城镇化成果的愿望需要土地整治来实现

2010年嘉兴市82.8%的农村劳动力实现了从一产向二、三产业的转移就业；农村劳动力收入来自工资性和家庭经营性收入的总和占91.92%。农民对以耕种等方式养家生财的依赖性已较低。据对嘉兴市秀洲区5镇14村1155户农户调查，60%的农村住宅已有20年房龄，打算未来10年建房的占60%，打算未来5年建房的占30%；打算搬迁到市镇的

* 本文原发表于《土地整理动态》2010年第10期（总第539期）。

近 20%，小集镇近 10%，中心村近 30%。开展土地整治，用宅基地置换城镇房产，转换农民生活方式，实现资产保值增值，符合农民意愿，具有现实机遇。

（三）经济实力强、社会保障完善、工作基础好成为土地整治的推力

嘉兴市自 1998 年到 2009 年投入农地整理资金 32.7 亿元，净增耕地 44.48 万亩，连年实现耕地占补平衡。2010 年，投入村庄整治财政专项资金 5.8 亿元，推进 15 个试点镇、100 个示范性项目建设。“十一五”期间，企业职工基本养老保险参保人数净增 64 万人，企业退休人员月人均基本养老金由 864 元提高到 1509 元。41.1 万名 60 周岁以上符合条件的城乡居民按月领取基本养老金。城乡居民合作医疗保险人均筹资水平超过 300 元。开工建设经济适用房 82.7 万平方米，实现低保标准两倍以下城市低收入住房困难家庭廉租住房“应保尽保”。较高的城乡发展水平、较强的区域发展均衡度和较完善的社会保障体系，为土地整治提供了支撑条件。

二、主要做法

嘉兴市始终把土地整治作为推动城乡统筹的重要抓手、改善农民生产生活条件的根本措施、提高土地节约集约利用的重要手段和部门联动的重要平台。工作中把农民满不满意、愿不愿意、受不受益作为根本的出发点，严格执行有关政策，以“两先两保”为前提，以“两分两换”为手段，以“两新两统”为目的，统一规划，统筹推进城乡协调发展，促进社会主义新农村建设。

（一）坚持“两先两保”

“两先”即：①坚持规划先行。抓住被列为全国地市级土地整治规划编制试点单位的重要机遇，注重城乡一体、产业集聚、重大基础设施建设规划用地布局，并充分与交通、能源、水利、电力、文化、旅游等用地进行对接，科学编制土地整治规划，合理安排增减挂钩的规模、布局和时序。同时，编制实施“1 + X”村镇布局规划，把全市 855 个行政村、17000 多个自然村，规划为 47 个现代新市镇（即为“1”）和 376 个城乡一体新社区（即为“X”）；突出做大做强“1”，增强“1”对广大农民安居乐业的吸引力，力争“十二五”期间容纳镇域 50% 以上的人口；着力做精做优“X”，3 年内基本建成 100 个具有浓郁现代气息和江南水乡特点的示范性一体新社区。②坚持政策先行。政策是土地整治工作顺利推进的基本保障。坚持把政策先行作为前提和保证，按照上级政策规定，广泛征求意见，制定出台了以优化土地使用制度为核心，包括城乡就业、社会保障、户籍制度、新居民管理、涉农体制、村镇建设、金融体系、公共服务、规划统筹等“十改联动”政策。国发〔2010〕47 号文件出台后，嘉兴市迅速制定实施意见，先后在集体土地调换、农民宅基地置换、农户跨行政村搬迁建房、整合各类涉农资金、建立土地流转平台等方面制定操作性和实效性强的政策措施，促进农村土地规范、有序、高效流转。目前，嘉兴市认真组织开展了增减挂钩和土地整治自查清理整改工作，各地均高度重视、高位推进、高效运行，工作取得了积极的成效。

“两保”即：①以土地节约集约有增量保耕地红线。一是推进农民居住向中心城镇集

中。经过5年努力，实现五分之一农民向城镇和中心村集聚，主、副中心城区和开发区内以公寓式安置为主，新市镇镇区内以公寓式和联立式安置为主，“X”点新社区以联立式安置为主，争取实现50%以上的节地率。二是推进耕地向适度经营集中。以村、镇为基本整治区域，对区域内的田、水、路、林、村实行综合整治，聚集要素，推进适度经营。力争经过5年努力，土地流转达到100万亩以上，50%左右的农田实现规模化集约经营。三是推进产业向园区集中。按照总量不增、动态平衡、占补平衡的原则，将农村集中居住后节余的建设用地指标用于城市和园区规划建设，建成一批现代化宜居的新社区和新市镇。②以农民安居乐业为根本保科学发展。在充分尊重农民意愿的前提下，坚持做到：确保农民安置过程中财产保值增值。采取政府主导开发建新安置，既对置换农户实行土地流转补助、社保补贴补助、创业职业培训资助，减免相关费用、降低置换成本，又给安置公寓房办理土地使用证、房产证，允许进入房地产市场，使农民财产得到保值增值。一些试点地区结合工业功能区和市镇商贸区建设，为农户安排相应的产业和商业用房，农民获得租金红利，加上土地流转收益，拥有长期稳定收入。确保农民社会保障得到保证。完善基本生活保障制度，扩大参保人群范围。确保农民权益得到保障。充分保障农民群众的知情权、参与权、监督权和财产处置权，项目立项时落实好“二图一表”（建新图、拆旧图，搬迁确认表）。确保农民生活质量得到提升。不断完善各项配套基础设施，建立社区图书馆、社区大舞台、社区活动中心等，丰富农民物质文化生活。

（二）推行“两分两换”

所谓“两分”，就是严格规划、严格政策，引导农民把宅基地与承包地分开，搬迁与土地流转分开。“两换”，就是转换生产经营方式，以土地承包经营权换股、换租、增保障，推进集约经营；转换农民生活方式，以宅基地换钱、换房、换地方，推进集中居住。根据“两分两换”的土地整治模式，制定了如下政策规定：对放弃土地承包经营权的农户，按政策规定办理相关社会保障手续。对以租赁或入股形式长期（10年以上）流转土地承包经营权的，土地流转收益归农户所有。按规定参加城乡居民社会养老保险的，可选择按城镇居民缴费基数缴费，给予对应的财政补贴。对自愿全部放弃土地承包经营权（法律上认可），符合有关条件的，可参加社会养老保险。农民自愿放弃农村宅基地（包括住宅），到城镇购置商品房定居落户、到城市和新市镇规划区置换搬迁安置（公寓）房、到产业功能区置换标准产业用房的，出台相关政策，严格规范操作，维护农民利益，不搞“大呼隆”，不搞“一刀切”，积极稳妥推进。

（三）实现“两新两统”

就是按照现代化网络型大城市规划目标，建设新市镇、新社区，统筹经济发展与耕地保护、统筹城乡一体化发展。以土地综合整治为抓手，加快构建以主副中心城市、新市镇和城乡一体新社区为基础的“1640300”城乡布局体系（1个主中心、6个副中心、40个新市镇、300个新社区）。推进功能区建设，合理布局优先开发区域、重点开发区域、限制开发区域和禁止开发区域，规范空间开发秩序，逐步形成区域经济优势互补、主体功能定位清晰、国土空间高效利用的发展格局。

三、面临难题

嘉兴市的做法符合科学发展观的要求，顺应人民群众的愿望，在城乡统筹水平较高、经济较发达的地区具有典型性和示范性，不仅有利于优化城乡国土空间布局和拓展，而且有利于加大“三农”投资、拉动社会消费，提高农民居住水平，改善城乡环境面貌，提高人民群众生活品质，促进社会和谐稳定。同时，由于这是一项开创性工作，一些与之相配套的政策规定处在制定规范完善的过程中，工作中还存在难点和问题，需要在实践中进一步探索解决。

（1）项目启动筹资困难，资金回笼压力较大。目前来看，政府主导项目区的筹资和运营，由政府投入并兜底，随着农户拆迁安置、原宅基地复垦、基础设施配套等费用的逐步提高，政府先期垫资用于每户房产置换及各种补助的费用由原来 20 万元左右涨到目前 40 万元左右，政府在项目的启动方面存在着较大的财政压力，并且可能因为政策的改变带来一定的债务风险；资金的平衡主要通过节余指标出让后的土地出让收益来实现，嘉兴市土地整治项目最早开展于 2009 年底，按照 3 年的建设期限，到目前各项目均没有完成验收并产生节余指标。但从当前嘉兴市土地市场的形势来分析，在远郊地区，土地级差收益小，投入资金难以平衡，需要将指标流转到土地级差收益较大的地区；土地级差收益较大的地区，产生的指标仅通过工业用地出让的形式也很难平衡资金，只有以商业用地、房地产用地等方式出让获得的收益才能平衡先期投入的资金。由村集体和企业主导项目区筹资和运营的地区，要求村集体和企业有很强的经济实力做支撑，不具备面上的推广性，客观上也容易造成“农民栽树，政府乘凉”的情况。

（2）整治后农民生活成本明显提高。搬迁之前农民打井喝水、柴火烧饭等传统的生活方式成本较低，搬入新居后水、电、路、垃圾处理、物业管理等方面得到全面提升，但伴随而来的是费用支出的升高，有的城乡结合部地区农民日常生活成本提高了 2 倍以上。而且，农民置换城镇房产时往往要投入 20 万元左右用于支付置换后房屋面积增加的部分和房屋装修的费用。

（3）置换后农民增收机制还不牢固。农民集中居住后，大多通过出租部分闲置的房屋来取得一些收益，但由于供需关系、地理位置等因素的影响，难以租出较高的价格甚至租不出去；由于经济作物价格普遍高一些，部分农民放弃了种植大田作物，影响了粮食产量，而经济作物受市场波动的影响较大，部分年份有些经济作物很难卖到好价格，农民亏本现象时有发生。

四、工作建议

嘉兴市作为土地整治工作的先行地区，要按照国发〔2010〕47 号文件要求，严格政策，深化改革，积极创新，发挥其试点示范作用，推动工作健康有序开展。

（1）严格实施土地整治规划。通过合理规划布局，统筹农村生产、生活、生态用地整治，促进农业发展、农民增收、农村繁荣。在已实施推进的示范项目的基础上，明确“十二五”期间各示范项目的目标任务、区域定位、实施步骤、保障措施，确保农村土地综合整治项目的实施始终在依法、合规、有序的轨道上健康发展。调整优化城乡区域空间布局，积极引导村庄社区合理调整布局，明确村庄定位，按照“以人为本、尊重民意、有利生产、方便生活、布局合理、配套完善、造价适中、彰显特色”的思路，建立集产业发展、农民建房、基础设施、公共服务、农田水利、环境治理、生态效益于一体的城乡发展新格局。以深化城乡综合配套改革为重点，着力推进城乡区域统筹发展。完善相关配套政策，深入实施以优化土地使用制度改革为核心的“十改联动”政策。

（2）建立健全集中、全面的监督机制。建立项目基础信息备案和跟踪监管制度，对土地整治项目实行规划、立项、实施和验收等情况进行动态实时监管。充分运用土地利用变更调查，第二次全国土地调查，建设用地批、供、用、补、查等“一张图”成果，强化对土地整治的基础支撑和监管。清理检查后的项目区信息要及时上图入库，纳入统一的监管平台。

（3）进一步保障农民权益。进一步加大土地整治工作中公众参与力度，逐步建立土地整治项目事前听证、论证，事后公示等制度。加强土地整治工作中的确权登记，做到产权明晰。紧密结合社会主义新农村建设的要求，积极探索建立挂钩后的土地有偿收益“反哺农业、返还农民”的机制和手段，进一步改善农民的生产和生活条件。探索制定和完善挂钩周转指标收益返还使用的具体办法，确定收益主体，明确资金用途，确保指标收益用于整治区域内改善农村生产生活条件、满足农村基础设施和公共服务设施建设等需要。

（4）规范管理，稳妥推进。嘉兴市开展土地整治工作时间较早、范围较广，各地的做法与模式也不同。按照国发〔2010〕47 号文件的有关规定，以“政府可承受、百姓可接受、发展可持续”的原则，尽快建立指标管理、项目验收等一系列相关制度机制，进一步规范管理程序、维护工作秩序、提高工作水平。要不断总结各地的工作经验，因地制宜、差别化开展工作。在现有土地制度基本框架内，严格按照法律法规办事，根据自身经济发展水平、用地紧张情况及整治潜力等综合条件进行项目立项，充分发挥土地整治政策的作用，体现土地整治政策的价值。按照先建新后拆旧、先复垦后使用的原则，加强项目管理。切实做好规划选址等前期基础性工作，并注重保留江南水乡特色的村庄特点。下一步要加强对基层一线干部的业务培训，认真分析工作开展中的新问题和新形势，统一思想，提高政策的理解和把握水平。

（5）积极引导，强化整合。积极鼓励引导农民自愿参与，不搞“强迫命令”、“一刀切”。探索研究农民搬迁安置房产权政策，积极创造条件为农户发放房产证和土地使用证。统一减免部分农民建房规费，由财政给予相应补贴，对小于核定建房面积的农户给予节地奖励。整合各类涉农资金，特别是加强新增费的管理和使用。组建市镇国有投资公司，探索建立村镇银行、小额贷款担保公司，加大对农民建房金融扶持。建立土地流转平台，进一步促进农村土地流转规范、有序、高效。

实施管理

SHISHI GUANLI

真抓实干　措施得力*

——国土资源部土地整理中心认真做好项目资金管理工作

国土资源部土地整理中心财务资金处

为积极做好国家投资土地开发整理项目实施管理工作，国土资源部土地整理中心坚持以“项目管理”为龙头，“资金管理”为核心，“制度建设”为保障，“技术权威”为目标的工作原则，在国土资源部相关业务司的大力支持下，承担并出色完成了土地开发整理领域中大量的基础性、技术性和事务性工作，为国家投资土地开发整理项目的顺利实施奠定了坚实的基础。

一、积极、稳妥地推进土地开发整理项目实施，努力做好项目资金管理的前期准备工作

（一）工作主线明确，基础工作扎实

2001 年 6 月 10 日财政部、国土资源部共同下发了《关于印发〈新增建设用地土地有偿使用费财务管理暂行办法〉的通知》（财建〔2001〕330 号），文件明确了国家投资中央承担土地开发整理项目和国家投资地方承担土地开发整理项目两种形式。目前，国土资源部已明确将国土资源部土地整理中心作为国家投资中央土地开发整理项目的承担单位。按照国土资源部的要求，国土资源部土地整理中心在对 2001 年第一批国家投资土地开发整理项目可行性研究报告技术经济审查的基础上，编制完成并上报了《2001 年第一批国家投资中央承担土地开发整理项目预算草案》，协助国土资源部相关业务司编制完成了《2001 年第一批国家投资地方承担土地开发整理项目预算草案》，并对国土资源部土地整理中心承担的 2001 年第一批中央项目实施中涉及的关键环节进行了实地考察、调研。在此基础上，国土资源部土地整理中心进一步细化了 2001 年第一批中央项目规划设计及预算，从而为项目实施中资金管理工作的顺利开展奠定了坚实的基础。

（二）规范土地开发整理项目资金管理工作，制度先行

国土资源部土地整理中心自成立以来一直把制度建设作为一项重点工作来抓。为进一步做好土地开发整理项目管理工作，国土资源部土地整理中心负责组织编制完成国土资源行业技术标准——《土地开发整理标准》，并于 2000 年 10 月 1 日由国土资源部正式颁布执行；同时协助国土资源部相关业务司研究起草了《国家投资土地开发整理项目管理暂行

---

* 本文原发表于《土地整理动态》2001 年第 33 期（总第 124 期）。

办法》、《土地开发整理项目资金管理暂行办法》，由国土资源部分别以国土资发〔2000〕316号和国土资发〔2000〕282号文件颁布施行。

资金管理制度建设是项目实施中资金管理工作的重中之重，为规范土地开发整理项目预算的编制与审查工作，提高项目预算编制的科学性与合理性，国土资源部土地整理中心与国土资源部相关业务司共同研究起草了《土地开发整理项目亩均预算标准》和《土地开发整理项目预算编制暂行办法》。目前，《土地开发整理项目预算编制暂行办法》已由国土资源部相关业务司正式印发试行。为规范项目承担单位与项目实施单位间项目资金请拨付管理工作，确保土地开发整理项目资金安全、合理、有效使用，国土资源部土地整理中心研究制订了《土地开发整理项目资金申请拨付管理工作要点》等相关文件。

二、项目实施中的资金请拨付管理工作全面启动

根据财政部《关于批复国土资源部2001年度第一批土地开发整理项目支出预算的通知》（财建〔2001〕399号），国土资源部于2001年8月5日以《关于下达2001年第一批土地开发整理项目支出预算的通知》（国土资发〔2001〕232号）向国土资源部土地整理中心正式下达了预算，包括全国27个省（区、市）4个计划单列市共计82个项目，2001年中央预算为44906万元。

（一）适时召开了项目实施工作会议，2001年第一批项目正式启动

按照国土资源部的统一部署，为顺利推动2003年第一批中央项目实施工作，国土资源部土地整理中心于2001年9月5日召开了2001年第一批国家投资土地开发整理项目实施工作会议，各省（区、市）国土资源厅确定的项目实施单位参加了会议。此次会议对保证国家投资土地开发整理项目顺利实施，切实加强项目管理，确保资金安全、合理、有效使用发挥了重要作用。

会议明确了项目实施管理及资金请拨付管理工作的相关内容，要求项目实施单位要切实提高对项目资金管理工作重要性的认识，建立健全资金财务管理机构、完善资金管理制度，项目资金必须按规定的用途使用，严禁挤占挪用，同时应大力加强对资金使用情况的经常性监督检查，发现问题及时纠正，确保资金安全、合理、有效使用。

会议要求项目实施单位结合当地实际情况，建立和完善各项管理制度，已经制定的要认真执行，没有制定的要抓紧研究制定，与工作实际不相适应的要抓紧修订完善，真正做到用制度管项目，实现项目管理的科学化、规范化和制度化。

会议特别强调，管好、用好这笔资金，各级国土资源管理部门都负有重大责任，一定要把好自家的门，看好自家的人，加强管理人员的思想教育，牢固树立勤政廉洁的公仆意识，防微杜渐，警钟长鸣。

（二）严格项目资金请拨付管理工作，确保资金及时、安全、合理拨付

第一批国家投资土地开发整理项目实施工作会议结束后，项目资金请拨付管理工作全面展开，为确保项目资金及时、安全、合理拨付，必须严格项目资金请拨付管理工作，国土资源部土地整理中心重点从以下几方面着手加强项目资金请拨付管理工作：

（1）督促各省（区、市）国土资源厅正式行文确定项目实施单位，并明确项目资金拨付单位名称、开户银行、账号等内容。

（2）按有关规定认真审核请款材料，编制完成《2001 年第三季度第一批次项目资金拨付计划》并经审批同意后的 1 个工作日内办结资金拨付手续，全面完成项目启动资金的拨付工作。截至 2001 年 9 月 21 日，国土资源部土地整理中心共拨付完成 26 个省（区、市）及计划单列市级项目实施单位 70 个项目共计 1.28 亿元资金。

（3）下发《关于 2001 年第一批土地开发整理项目第三季度资金拨付工作的函》，明确了项目启动资金核拨额度、资金使用范围及请款注意事项等内容。

（4）及时了解并落实项目实施单位资金到账情况，认真做好相关票据的接收、审核、入账等工作，同时积极做好项目资金请拨付工作中的档案管理及后续管理工作。项目资金管理档案是项目资金管理工作中的重要材料。为管好这些档案资料，国土资源部土地整理中心正在制定相关制度。

三、今后项目实施中资金管理工作的几点设想

（一）继续加强项目实施中的资金管理制度建设，为项目顺利实施提供全面完善的制度保障

国土资源部土地整理中心将在项目实施中资金管理的制度建设方面加大研究力度，本着“全面规划，突出重点，渐次推出，滚动修改”的原则，首先根据国家有关政策法规及国家投资土地开发整理项目资金管理有关文件要求，全面研究并规划项目实施中资金管理制度建设的框架体系，构筑制度建设的总体框架；然后制订制度研制的工作方案；根据研究工作方案；借助专家队伍，结合土地开发整理项目管理及资金管理实际工作需求，逐步研制，陆续出台。

目前，国土资源部土地整理中心正在着手研究《国家投资土地开发整理项目财务资金管理规范框架体系》，并根据工作需要，细化项目资金财务管理、请拨款程序、会计核算、决算、监督检查、档案管理等方面的工作规范。

（二）促进土地开发整理机构及资金管理部门的建设，为项目顺利实施提供强有力的组织保障

机构建设是做好项目实施工作的组织保障，建立健全机构中的资金管理部门是做好项目资金管理工作的前提和保障。国土资源部领导对国土资源部土地整理中心的机构建设非常关心和重视，特别是在人员编制和机构职能上都给予了极大的支持。国土资源部土地整理中心也非常重视自身机构建设，不断完善内部职能处室的设置，明确职能分工，同时不断充实专业技术人员力量，努力为土地开发整理事业的稳步发展培养并造就一支“敢打硬仗、能打硬仗、训练有素、廉洁奉公”的专业队伍。

（三）严格项目资金管理，加大监督检查力度，确保项目实施达到预期目标

项目组织实施成败的关键就在于资金使用管理，因此，国土资源部土地整理中心将严

格项目资金的使用管理，加大监督检查力度，除建立健全中心内部监督控制机制外，还将督促项目实施单位在项目实施的资金管理方面加强制度化、规范化建设，同时还将引入社会监督机制，不断强化监督手段，确保项目资金安全使用，最终实现项目实施的预期目标。

边实践　边探索　边总结
努力把项目实施管理工作提高到一个新水平*

国土资源部土地整理中心项目处

经过长时间的酝酿和准备工作，以2001年9月国土资源部土地整理中心（以下简称部中心）组织召开中央承担项目实施工作部署会为标志，国家投资土地开发整理项目进入实质性的建设阶段。从此，项目实施管理成为整个国家投资土地开发整理项目管理工作的重心。部中心作为中央项目的承担单位，一手抓制度建设，一手抓制度落实，积极审慎地推进实施管理工作。他们边实践，边探索，边总结，逐步深化项目管理理念，提高管理认识、管理能力和管理水平。2002年国家投资土地开发整理项目实施在即，如何在过去工作的基础上，把实施管理工作提高到一个新的水平，是摆在部中心面前的一件大事。为此，必须对过去一年来的项目实施管理工作做出一个客观的评价，认真分析工作中存在的主要问题和薄弱环节，提出切实可行的措施。

一、实施管理工作一年来的简要回顾

部中心作为国土资源部的直属事业单位，被赋予中央承担项目组织实施的职能，是国土资源部党组做出的一项重要决策。如何很好地挑起这副担子，履行好工作职责，出色地完成国土资源部党组交给的任务，部中心从一开始起就感到责任重大，不敢有丝毫的懈怠。在国家投资项目正式启动之前，部中心就从建设20个国家级示范区的实践中积累了经验，掌握了土地开发整理项目实施的基本套路。国家投资项目正式启动之后，部中心又开始结合新的实际，积极地研究项目实施管理的办法，并率先从实践角度有效地开展了一系列工作。

第一，成功地召开了全国中央承担项目实施工作部署会。2001年首批中央承担项目计划和预算下达后，为稳妥推进项目实施工作，部中心在国土资源部尚未出台有关实施管理办法，实施工作缺乏直接政策指导的情况下，积极思考，深入研究，于2001年9月成功地组织召开项目实施部署工作会。会议明确三点：一是以省级实施单位签领《项目任务书》的形式，下达项目建设任务和资金；二是决定通过《项目实施方案》备案和检查落实的形式，来规范项目的实施工作；三是提出资金请拨款要求和具体程序，以此确保资金安全、及时下拨。实践证明，这种项目任务的分解和落实方式是符合当时实际情况的。实施部署会的召开，标志着项目实施工作的正式开始，意味着国家投资项目进入了实际建设阶段。这既是一次工作布置会，更是一次实施动员会。但是，今后随着国家预算管理体制

---

* 本文原发表于《土地整理动态》2002年特刊第8期。

的改革和国库集中支付制度的实行，可能会对以往项目任务分解落实的渠道和方式带来很大影响。目前，部中心正在加紧这方面的研究。

第二，及时开展了项目实施半年总结工作。为了全面了解和掌握中央承担项目的实施进展情况，2001年12月，部中心向26个省级项目实施单位下发了《关于上报2001年第一批国家投资中央承担土地开发整理项目实施进展情况的通知》，要求各省级项目实施单位在认真调查所辖区域项目建设进度、工程质量及资金拨付使用管理情况的基础上，以报告形式组织上报。这是部中心自项目实施以来，第一次以函调的形式在全国范围内调查了解项目建设进展情况，事前进行了认真准备。《通知》设计了一套完整的调查表格，要求认真填写并附详细的文字说明材料。部中心通过对各省（区、市）报告材料进行细致的统计分析和集中总结、初步了解和掌握了项目的整体进展情况和存在的问题，提出了比较有针对性的措施和建议。之后，部中心将这项工作的结果向部里作了正式汇报，并与地方进行了及时沟通，提出了明确的要求。这次半年工作总结，发挥了很好的查缺补漏作用，特别是对项目实施进度缓慢的地方更是一次很大的推动。

第三，适时地开展了第一次国家投资项目中期大检查。根据《关于对国家投资土地开发整理项目进行中期检查的通知》，2002年4～6月，部中心开展了中央承担项目的中期检查工作。这次中期检查，部中心共先后派出12个小组，累计150人次，依据《项目规划设计书和预算书》和《项目实施方案》，采取实地查勘、座谈、财务检查、档案抽查等方式，对62个中央承担项目进行了深入细致的检查。在检查过程中，每个检查小组根据发现的问题和不足，指出了需要改进的措施和建议。这次检查声势高，规模大，时间长，对各地产生了很强的影响力。各项目所在地政府和有关部门引起了高度重视，提高了认识，推进了工作。同时，这次中期检查还根据《半年工作总结报告》中存在的问题进行了有针对性的落实，更进一步提高了检查效果。最近，部中心拟在进行认真总结的基础上，以适当形式向各地通报中期检查结果，进一步扩大中期检查的成果。

第四，积极开展有效的技术培训和指导。2001年10月，部中心在认真准备的基础上，通过全国土地开发整理项目管理培训班，讲授了项目实施管理、资金管理、项目验收等方面的管理办法、程序和业务要求。各省（区、市）国土资源厅（局）耕保处、财务处、土地整理中心的负责同志和业务骨干参加了培训，为在全国各地做好层层培训、搞好项目实施工作奠定了基础。同时，部中心还多次协助、指导山东和吉林等省举办地区性培训班，帮助提高地方土地开发整理干部的业务水平。为使各级项目实施单位及时领会并认真贯彻落实国土资源部领导关于项目管理的指导精神，部中心还先后抓了两项工作：一是向各级项目实施单位下发了《关于认真学习×部长指示加强项目实施管理的通知》，对实施管理中涉及的主要环节和问题提出具体要求；二是向521个入库项目所在的30个省（区、市），466个地（市），521个县（区、市）寄发了2936份刊有国土资源部领导以及业务司和部中心领导的相关批示、讲话的《土地整理动态》，确保上情下达，使地方及时掌握国土资源部的新精神和新要求。

第五，积极开展项目实施管理阶段的制度体系建设。部中心作为中央项目的承担单位，负责项目组织实施工作，熟悉项目实施情况，具有较为丰富的实践经验和认识积累，有能力也有必要为国土资源部出台相关政策、管理办法和技术标准积极提供好基础性服务。一年来，在经过大量调研的基础上，部中心起草了《国家投资土地开发整理项目实施管理暂行办法》、《国家投资土地开发整理项目招投标管理暂行规定》、《国家投资土地开发整理项目县级工作规程》、《国家投资土地开发整理项目县级文件资料管理暂行办法》、《国家投资土地开发整理项目会计核算暂行要求》、《国家投资土地开发整理项目资金规范化管理要求》，且均已成稿。有的已经被列入国土资源部业务司2002年立法计划，有的在部中心内部开始试行，并已经初步发挥作用。每一项政策和技术规范的颁布，对进一步规范土地开发整理行为，提高土地开发整理的管理水平，都具有十分重要的作用。今后，部中心将在原有的基础上，一如既往地配合支持行政管理部门加快制度建设的步伐。

一年来，中央承担项目实施整体进展情况顺利，施工质量大都符合要求，项目资金拨付与工程建设进度基本同步。除极个别项目进度缓慢之外，绝大多数项目建设在稳步推进，没有发现重大工程质量问题和严重挪用、挤占项目资金的情况。实践证明，部中心对中央承担项目的实施管理是有效的，与地方各级土地整理部门之间的配合是成功的。对于管理工作中暴露出来的薄弱环节，部中心一直抱着积极的态度努力改进。

二、实施管理工作中存在的主要问题和薄弱环节

与任何一项带有开创性质和意义的事业一样，国家投资土地开发整理项目在实施初期也有一个成长发展的过程。对此，需要有一个比较清醒的认识。对实施管理中遇到的问题、阻力和困难，要以一个比较客观的态度正确对待。任何极端过分的要求和消极等待的态度，都是于事无补的，也是不负责任的。通过分析项目实施半年工作总结和中期检查结果，结合平时调研情况，逐步形成了以下几点比较一致的认识。

（1）各项管理规章制度的执行还不十分到位，特别是实施阶段的规章制度还没有真正建立和完善起来。几年来，国土资源部初步建立了一套土地开发整理规章制度，为开展项目管理提供了基本的政策依据。各项目所在县（市）国土资源管理部门是项目管理的基层组织，实施国家投资土地开发整理项目还是第一次。从掌握情况看，各地对项目实施工作是重视的，对规章制度的执行也是认真的，有的地方还创造性地摸索出好的管理办法，补充建立了一些比较具体的制度规定。但是，有的地方还没有按要求落实“五项制度”，仍习惯于乡村组织、群众会战的做法；有的地方虽然实行了“五项制度”，但落实不够，流于形式；有的项目随意变更规划设计；有相当多的县级国土资源管理部门作为项目建设单位或法人单位，主要负责人为项目法人代表，将行政管理与项目法人混在一起，不符合项目管理要求，也不利于政府职能转变。有的地方反映，国土资源部对“五项制度”有总体要求，但如何操作没有具体规定。也有的地方反映，国土资源管理部门和项目承担单位、项目建设单位在项目实施中的责权利关系不清，会计核算、资金决算、财务监督检查等有关制度还没有完全建立起来。各地普遍存在着对规章制度“凭理解执行”的问题，实际工作中往往出现偏差。

（2）项目监督检查机制基本建立，但只是开了一个头，机制完善工作任务仍然很重。监督检查是项目实施管理的一项重要内容。部长曾在一份材料中做出重要批示，要求不仅要按程序审批下达项目，还要全过程地监督项目实施，切实加大检查监察和审计力度。为了搞好项目实施管理工作，从上到下都在积极探索一套有效的监督检查机制，以便有效发现问题，及时解决问题。在这方面，各地发展是不平衡的。有的地方工作主动，实施管理

有条有理；有的地方则是被动地执行，实施管理效果相对较差。有的地方建立了全方位目标管理责任制和工程质量巡查巡视制度，有的地方投入的力量则较少。从总体情况看，大多数地方基本建立了项目监督检查机制，但只是开了一个头，尚需进一步健全和完善。

（3）部分地方土地整理机构职责不够明确，职能还不够稳定。就全国而言，大部分省级土地整理部门都分设了内部机构，而且职能明确，基本满足了工作需要。但是，部分省级土地整理机构还存在着职责不明确、职能不稳定的问题；不少地方内部分工也不够清楚，职责职能未具体确定，工作起来有时感到不知所措。有的地方临时工作多，主体工作少，今天干这项工作，明天干那项工作。从各省级土地整理机构职能情况看，不同程度地存在着“两极”现象。有的地方职能较强，工作内容充实；有的地方职能较弱，工作单一。总之，就职能和职责来说，尚没有形成一个很好的定位。

（4）项目管理的内部工作关系还没有完全理顺，科学高效的管理机制尚未真正建立起来。土地开发整理工作，无论在哪个层次，都同时涉及几个部门。从各地反映和部中心所了解的情况看，由于行政与事业之间分工衔接不够，给开展工作带来了一定难度。搞好项目管理工作，既要处理好纵向的关系，又要处理好横向的关系。在横向关系上，各自的职责分工虽然是明确的，但还没有建立起有效的沟通协调与信息反馈机制。反映在工作上，有时感到缺乏衔接，时间拖拉，信息运行不畅。在纵向关系上，现有的制度对彼此的职责没有做出明确的分工，在实践中也没有找到一种有效的形式和途径。同时，也要清醒地认识到，全国统一的《实施管理办法》还没有正式出台，要想在具体工作中不出现缺位和不到位问题以及某些环节衔接不够、信息反馈不灵等问题是很难的。

（5）土地开发整理队伍成长很快，但相对蓬勃发展的事业来说，干部素质、技术力量和管理能力还不能很好地适应工作需要。随着项目实施工作的逐步深入、管理工作的日益深化和项目数量的逐年增多，实施管理任务将越来越重，各级土地整理机构面临的压力也将越来越大。就总体而言，土地整理队伍是一支年轻的队伍。绝大部分机构是最近两年设立的，时间不长，工作经验不足。有的地方机构虽然建起来了，但人手不够，人员结构也不尽合理。个别地方的机构还不同程度地存在着临时思想、临时观念和观望态度，影响了工作的主动性和扎实性。随着形势的变化和事业的发展，对土地整理机构和人员队伍提出的要求将越来越高。如何提高土地开发整理队伍的业务素质和技术水平，就成为一项十分紧迫的任务。据了解，许多省级土地整理机构多次呼吁，迫切需要加强业务培训工作。同时，有些省级机构因为是自收自支单位，常常感到生存压力，一定程度上影响了工作职责的履行和工作任务的完成。

三、进一步做好实施管理工作的新对策

项目实施是整个项目管理过程中的关键阶段，部中心作为中央项目的承担者也就处于管理的核心位置。对上，部中心要向国土资源部负责；对下，部中心要分解任务，布置工作，督促检查。2002年6月，鹿心社副部长来部中心检查工作时指出，今后“项目管理工作重点应逐步转移到项目实施管理上来，在如何完善实施管理机制和管理措施上下功夫”。在总结项目实施一年来成败得失的基础上，如何做到承前启后，继往开来，进一步做好今后的实施管理工作，他们主要提出以下五项政策建议：

（1）进一步理清中央承担项目实施管理工作思路，理顺工作关系，使各管理主体和实施主体能够对号入座，相辅相成。中央承担项目实施管理是一项涉及面广、整体性强的工作，需要理顺关系，明确职责，搞好协作，发挥整体功能。借鉴世界银行的管理经验和国内项目管理的成功做法，中央承担项目实施管理的工作思路应该是，按照统一组织、分级管理的原则，由部中心代表国土资源部组织实施，省、市（地）两级土地整理部门协助实施（市、地一级没有设立土地整理专门机构的地方，由国土资源行政管理部门负责），项目所在县（市）土地整理机构具体实施（没有设立土地整理专门机构的地方，由国土资源行政管理部门负责）。①部中心负责下达项目任务书；拟定项目实施方案编制要点及审查要求；统一管理项目资金，办理项目资金拨付手续；对项目实施进行全面监督检查。②省级土地整理机构负责落实本行政区域内项目计划任务；审定项目实施方案，连同审定意见报部中心备安案；审定并汇总编制项目资金请款材料；协助部中心对项目实施进行监督指导。③市（地）土地整理机构协助部、省两级土地整理机构，对项目进行监督指导。没有设立土地整理专门机构的地方，由国土资源行政管理部门负责落实。④项目所在县（市）土地整理机构负责根据项目规划设计、投资计划与支出预算编制项目实施方案；编制项目资金请款材料；严格按照审定的项目实施方案进行项目建设。没有设立土地整理专门机构的地方，由国土资源行政管理部门负责落实。各级国土资源行政管理部门做好监督检查和服务工作。上下级之间、行政与事业之间要根据职责分工，在工作中逐步摸索形成有效的会商、会审、会办制度。

（2）建立并执行一套科学高效的项目实施监测评价体系，建立健全必要的危情预警机制和问题处理机制。部中心作为中央承担项目的组织实施单位，管理的项目分布在全国各地，加之项目数量每年都在增加，管理任务越来越重。日常管理和中期检查发现的项目规划设计变更、工程建设进度缓慢以及资金管理不规范等问题，暴露出了管理的薄弱环节。鉴于实施阶段变化快于计划、经常出现变数的现实情况，部中心拟建立一套科学高效的项目实施监测评价系统，并建立健全必要的危情预警机制和问题处理机制，及时发现问题、分析问题和解决问题。第一，依据实施计划中的具体内容和进度要求，检查每个项目的任务落实和完成情况，及时、准确、全面地收集掌握有关项目执行情况的信息。第二，对发现的偏离计划的问题及时组织调查，多方取证，认真分析问题性质和产生原因。第三，根据工作需要，在对项目实施进展情况进行监测之后，要通过一定的形式，对各地项目做出优劣评价，并对实施不力的项目发出信号，及时预警通报。第四，按照统一组织、分类指导的原则，对实施监督中发现的问题分门别类地提出要求和措施，并督促落实，及时将项目实施导入正常的轨道，确保项目建设顺利推进。最近，部中心正在研究制定的《项目规划设计变更程序与办法》，就是这项工作的一个重要内容。

（3）总结以往经验，认真研究中期检查方法，建立必要的检查处理机制，努力提高中期检查质量和效果。中期检查是项目实施管理的重要手段，形式多样，方法各异。既有普遍检查，又有抽样检查；既有综合检查，又有专项检查；既有定期检查，又有不定期检查；既可以是垂直检查，也可以是平行互查；等等。要遵循科学、务实、高效的原则，认真研究，综合运用，优化组合。中期检查是一项政策性、权威性和严肃性都很强的工作，要严把检查质量关，避免搞花架子，走形式、走过场。对中期检查结果，要本着好的坚持下去、不好的立即纠正的原则，建立必要的处理机制。一是对于项目建设中创造的好的经验和做法进行认真的总结推广；二是对检查中发现的问题要进行通报批评。对于出现工程重大质量问题、严重挤占挪用项目资金等情况的，要追究有关人员责任，给以必要的党纪、政纪和经济性处罚。对于触犯刑律的，要移交司法部门处理。在中期检查工作中探索出来的好的经验和做法，要在认真总结的基础上形成理论，上升为制度，相对固定坚持下来。

（4）继续坚持用制度管人管事的原则，切实抓好项目实施阶段的制度体系建设，并认真抓好制度执行的检查落实工作。国家投资项目实施刚刚一年，项目管理制度体系的建设任务很重，特别是实施环节的管理办法和规定更需要加紧制定颁发。一是要抓紧出台《国家投资土地开发整理项目实施管理办法》，作为指导项目实施管理的根本大纲；二是根据土地开发整理工作特点，研究制订本行业的项目招投标、工程监理、公告、合同管理等规定以及相应的技术范本；三是参考国家农口有关行业规定，制定土地开发整理项目工程建设标准；四是适应国家财政预算改革的要求，及时制定出新的项目资金预算和资金管理制度；五是在《土地开发整理项目验收规程》基础上，制定出更加具有指导性和操作性的《土地开发整理验收管理办法》和《土地开发整理项目考核办法与评分标准》。对于这些实施阶段的制度、办法和规定，要边制定、边执行、边检查，切实抓好规章制度的落实工作。在实际工作中，要进一步树立市场经济意识，强化项目管理的思想，逐步改变各地“乡村组织、群众会战”的习惯做法，积极推进招投标制、工程监理制和合同管理制等，严格执行请拨款制度，努力提高项目和资金管理水平。

（5）适应管理工作的要求，切实加强业务培训工作。过去，国土资源部每年举办一次全国性的培训班，现在看来远远不够。今后，除定期举办综合性质的培训班之外，还可以考虑搞一些形式灵活的专项业务培训班，以提高培训质量和培训效果。全国性的培训班范围广，人员多，组织起来相对困难。今后可考虑按大区分片组织，更为机动灵活。各省也可以自行组织，做到层层培训，必要时部中心可以派人协助。2002 年的项目实施要突出抓好以招投标制为主的管理制度的落实工作，抓好可研报告、规划设计与预算编制深化以及资质发证工作，需要培训的内容很多，培训任务很重。根据工作需要，2002 年第四季度或 2003 年第一季度可组织一次全国性培训班，对项目实施管理办法和“五项制度”内容进行系统培训。要督促各省（区、市）制定培训计划，层层培训，尽快建立一支政策性强、技术水平高的具有综合业务素质的专业队伍，以适应不断提高项目管理水平、完成更加繁重管理任务的需要。同时，要继续办好《土地整理动态》，进一步活跃办刊思路和形式，提高办刊质量和效果，充分发挥其政策指导、经验交流和沟通信息的作用。

2001 年第一批国家投资中央承担土地开发整理项目实施工作进展顺利*

国土资源部土地整理中心项目处　资金处

2001 年 8 月 5 日，根据财政部《关于批复国土资源部 2001 年度第一批土地开发整理项目支出预算的通知》（财建〔2001〕399 号），国土资源部对国土资源部土地整理中心（以下简称中心）正式下达了第一批土地开发整理项目（包括全国 27 个省、自治区、直辖市的 20 个示范区项目、33 个示范项目、29 个重点项目）支出预算。项目建设总规模 136979 公顷，其中土地开发 26056 公顷（占 19.0%），土地整理 103654 公顷（占 75.7%），土地复垦 7269 公顷（占 5.3%）。预计新增耕地面积 48898 公顷，新增耕地比例为 36.0%。项目预算总额 71381 万元，其中，2001 年预算 44906 万元。

支出预算下达后，中心认真制定工作方案，抓紧组织部署中央承担项目的实施工作，各相关地区及时行动，按照中心的部署认真开展项目实施工作，且进展顺利。

一、实施组织工作得力

（一）召开工作部署会，下达项目建设任务和资金

2001 年 9 月，中心在北京召开 2001 年第一批国家投资土地开发整理项目实施工作部署会，各有关省级实施单位参加了会议。会上明确了由省级实施单位签领项目任务书，并宣布实行项目实施方案备案制的项目组织管理方式。全国 31 个省（区、市）、计划单列市国土资源管理部门的实施单位，全部签领了项目任务书，并将项目任务书回执和实施方案报送中心备案。

中心根据《国家投资土地开发整理项目资金申请拨付管理工作要点》，结合各单位上报的项目实施方案、任务书回执及项目预算情况，于 2001 年 9 月底开始拨付项目启动资金。

（二）开展培训指导

2001 年 10 月底，举办了全国土地开发整理项目管理培训班，中心有关人员讲授了《项目组织实施管理》、《资金使用管理》、《项目验收实务》等，使各地土地整理从业人员初步掌握了实施管理工作方法、程序和要求。

为使各级项目实施单位及时领会并认真贯彻落实部领导有关项目管理的指示精神，中心又采取了两项措施：一是向项目所在地的省、市、县级土地开发整理项目组织实施单位

* 本文原发表于《土地整理动态》2002 年第 13 期（总第 145 期）。

下发了《关于认真学习部领导批示加强项目实施管理的通知》。二是向521个立项项目所在的30个省（区、市），466个地级市，521个县市寄发了2936份《土地整理动态》。这些《土地整理动态》分别刊发了鹿心社、董道华两位部领导及潘明才、高向军等有关领导的相关批示和讲话。

（三）狠抓监督检查

为进一步加强项目实施过程中的监督检查力度，2001年12月20日，中心向26个（不含只有示范区的1个省）省级项目实施单位下发《关于上报2001年第一批国家投资中央承担土地开发整理项目实施进展情况的通知》，要求上报2001年下半年中央承担项目实施进展情况报告，重点说明项目建设进度、质量及资金使用管理等情况。

（四）开展中央承担重点、示范项目规划设计后规范工作

2001年6～7月，中心及时组织开展了中央承担项目的现场踏勘、各项目省土地整理专门机构基本情况的调查摸底工作，形成了《项目踏勘报告》和《各省土地整理专门机构基本情况报告》，为落实项目规划设计工作赢得了时间、收集了资料，为推进2001年中央承担项目的顺利实施发挥了重要作用。

根据《关于进一步明确国家投资土地开发整理项目管理有关问题的通知》（国土资发〔2001〕226号），中心起草了《关于组织落实2001年第一批国家投资土地开发整理中央承担项目规划设计与预算编制工作的函》（国土整理函字〔2001〕61号），组织专业技术力量完成了中央承担项目规划设计与预算的编制工作。

（五）起草实施管理制度

为加强对项目实施的管理，中心在经过大量调研的基础上，起草了《国家投资中央承担土地开发整理项目实施管理暂行办法》、《国家投资土地开发整理项目建设招投标试行办法》、《国家投资土地开发整理项目县级操作规程》、《国家投资土地开发整理项目县级文件资料管理暂行办法》、《国家投资土地开发整理项目会计核算暂行要求》、《国家投资土地开发整理项目资金规范化管理要求》，且均已形成初稿，有的已经列入中心和国土资源部相关业务司2002年立法计划。

（六）完成示范区项目验收总结工作

1999年2月，国土资源部在全国16个省（区、市）批准设立20个国家土地开发整理示范区。经过两年多的建设，示范区项目已全面竣工。在省（区、市）国土资源管理部门初验基础上，2001年11月至12月，中心积极配合国土资源部耕地保护司、财务司对示范区项目进行了验收总结，为其他项目建设提供了典型经验。

二、项目实施工作进展顺利

截至2002年3月31日，共收到25个省（区、市）的55个项目实施进展情况报告，尚有7个项目（涉及4个省）未上报半年实施进展情况报告。综合各地上报的《项目实施

进展情况报告》，可以看出，项目实施工作进展顺利。

（一）普遍成立领导机构

各项目县（市、区）基本上都成立了由党政领导任正副组长、政府有关部门主要领导为成员的土地开发整理领导小组，负责制定政策、协调工作，以保证项目顺利实施。有的项目县（市、区）还成立了由专业技术人员组成的技术指导小组。

（二）普遍重视管理制度建设

55 个重点、示范项目中，47 个实行了工程监理制，占 86%；44 个实行了工程招投标制，占 80%；41 个实行了项目法人制，占 75%；38 个实行了公告制度，占 69%；37 个实行了项目合同管理制，占 67%。云南省麻栗坡县政府发文正式成立招投标小组，由分管副市长任组长，吸收土地、农业、交通、监察、审计等部门主要负责人参加；具体招标事宜由县土地事务中心（即土地整理机构）负责，对项目工程采取分片、分期、分段向社会公告，公开招投标选择施工队伍，县公证处、监察局、工商局对招投标工作进行全过程监督公证。工程质量监督控制方面，有的通过招标确定具有专业资质的监理公司进行监理，有的委托县、市或省土地整理专门机构进行监督。山西省国土资源经济发展中心聘请具备资质的相关部门的监理人员，联合市、县有关部门的技术人员组成监理队伍，对项目开展日常工程监理工作，并要求随时接受省中心的监督和检查，每季度书面报告一次工程监理意见，较好地实现了对工程质量的有效控制。

（三）绝大多数项目工程已经开工建设

55 个已上报实施进展报告的重点、示范项目中，52 个项目工程已动工建设，占 95%；3 个项目尚未动工，占 5%。

（四）资金使用管理力度大

截至 2001 年底，中心先后拨付了包括 20 个示范区项目在内的项目资金共计 33848 万元，占 2001 年国土资源部拨款的 80% 以上。

据项目实施进展报告显示，55 个重点、示范项目中，有 40 个明确了资金已经到位，占 73%；多数项目建设单位重视资金使用管理，注重加强资金管理，做到专款专用、专户储存、专人负责，并建立了项目资金管理小组，资金按照项目预算和项目片区工程进度进行拨付，单独核算。浙江义乌市设立资金专户，严格执行“先报后审再批用”原则，单独建账，专人审批，专款专用，要求账目清楚，票据齐全，拨付手续完备，资金拨付需由工程质量监督人员及技术人员确认同意。

（五）普遍重视权属管理

55 个重点、示范项目中，50 个项目考虑了项目实施后的权属调整问题，占 91%，其中，39 个项目已制订权属调整方案，部分还签订了权属调整协议，为妥善解决土地开发整理后的权属问题打下了基础。

（六）省级实施单位积极进行指导和监督检查

为保证项目顺利实施，大多数省（区、市）实施单位积极进行项目实施指导和监督检查工作。山西省国土资源经济发展中心每月检查一次工程进度、工程质量、资金使用情况，并对发现的问题及时提出指导性意见。

（七）普遍重视文件资料管理

从55个重点、示范项目看，绝大部分对涉及项目管理过程中的有关文件资料设专人管理，进行了分类收集整理与归档。

三、要努力做好下一步工作

虽然各项目建设单位都在积极探索，努力抓紧抓好项目实施工作，但也还存在一些问题。有的项目未完全按照实施工作会的有关要求执行项目管理制度（如公告制度、合同管理制度、项目法人责任制、招投标制度和工程监理制度等）；有的忽视土地开发整理中产权调整工作；有的没按照有关要求及时上报实施进展情况报告；有的上报报告中存在报告编制简单，不按照有关文件要求编制，反映情况不全面、统计口径不一致等问题，在一定程度上影响了对项目实施进展情况的全面了解和判断。

为进一步加强项目实施管理，确保所有中央承担项目全面顺利实施，中心拟抓紧做好如下几项工作：

（一）全面了解项目实施情况和资金使用与管理情况，加大监督检查力度

中心已经制定了《2001年第一批国家投资中央承担土地开发整理项目实施检查工作方案》，下发了《关于开展2001年第一批国家投资中央承担土地开发整理项目实施检查工作的通知》，2002年4月中旬启动中央承担项目的实施检查工作。

一是组织人员对中央承担重点、示范项目进展情况、工程质量、组织管理、权属调整等方面进行检查，了解项目未动工或未上报实施进展情况的原因等，以便及时总结情况，发现问题，提出对策，力争项目建设有一个好的开端。

二是对实施单位的资金使用和管理情况进行摸底调查。主要内容包括项目实施单位财务机构设置、项目经费管理制度、项目资金核算、项目资金使用的合规性、项目工程结算、预结算和竣工决算以及项目招投标情况和工程造价的确定标准等。

（二）进一步建立和完善实施管理制度

要积极配合国土资源部业务司抓紧修改完善《项目实施管理办法》、《项目建设招投标办法》、《项目验收办法》、《项目县级操作规程》、《项目资金请拨款办法》、《项目会计核算办法》、《项目决算办法》和《资金财务监督检查办法》等，并争取尽快出台，为项目实施提供操作规范。

（三）建立协调反馈机制

项目实施过程中可能会出现新问题、新情况，因此，应加强信息沟通，建立及时有效的协调反馈机制。如针对可能出现的项目局部变更调整问题，应制定项目局部变更的申报、审核要求与程序，并明确局部调整（地点调整、规划设计调整、批复指标的微调等）的审核权限。为此，中心已起草了《国家投资中央承担土地开发整理项目规划设计变更管理暂行规定（初稿）》，正抓紧做进一步修改完善，争取尽早出台。

（四）加大试点力度，深化专项研究

2002 年马上面临 1 年期项目竣工验收，必须在《土地开发整理项目验收规程》的基础上，细化有关技术标准，抓紧开展新增耕地质量评价和权属调整等专项研究试点，目前已制定出工作方案，要争取尽早出成果。

（五）加大培训指导力度

土地开发整理项目实施工作刚刚启动，对各级国土资源管理部门都是一项新的工作，且又政策性强、技术难度大，必须加大对地方各级从事土地整理工作人员的培训指导，以尽快建立一支政策性强、技术过硬的专业队伍。为此，中心正抓紧组织土地开发整理项目管理培训教材的编写出版工作。

国家投资土地开发整理项目技术管理工作目前存在的主要问题及相应对策建议*

国土资源部土地整理中心项目计划处

最近，项目计划处组织全体同志认真学习了《国务院关于投资体制改革的决定》及《研究改进土地开发整理有关工作》部长专题会议纪要，全面总结了历年来项目技术管理工作的经验教训，系统研究并提出了进一步加强和改进项目技术管理工作的对策建议。

一、当前项目技术管理工作存在的主要问题

总体来看，虽然国家投资土地开发整理项目的技术管理工作水平在逐年提高，但随着工作的深入，在规划设计编制及其审查方面也逐渐暴露出了一些问题，主要表现在：

（1）项目规划设计难以指导项目实施工作。由于时间紧、任务重，很大一部分项目的规划设计深度不够，特别是前期基础调查研究工作深度远远不够，甚至根本未进行现场踏勘和测量，基本是室内操作，同一版本互相照抄；对项目区的基本情况描述不清，基础资料的取得方法不科学，设计依据不足，设计成果缺漏严重，脱离实际，难以实施，甚至破坏了原有的生产条件，严重影响了农民的生产生活，已有个别项目成为当地媒体反面报道典型。反映在规划设计报告上，一是报告内容泛泛的多，重复的多，重点内容交代不清，关键问题论述不详；二是基础资料缺乏，对项目现状的描述不详，设计方案中对现状设施的利用也不充分；三是土地适宜性评价、水资源供需平衡分析普遍不充分，有的甚至基本概念不清，分析方法错误；四是总体布置方案论述不详，工程布置针对性不强，脱离实际；五是单项工程设计过于简单，缺乏完整的设计程序、计算方法和成果表达方式，套用、抄用的内容多；六是设计方案理论性的内容多，实际可操作性考虑的少，也未广泛征求项目区群众意见；七是设计图纸不齐全、不规范。

（2）审查工作标准尺度难以统一。同样是由于时间紧、项目数量多、专家少，目前只能是由一个专家独立审查一个项目，无法做到专业搭配、集中会审。土地开发整理涉及专业多，各位专家受专业背景、工作经验的限制，在审查标准的把握上可能会有偏差，对同一个问题，不同专家可能会做出不同的判断。同时，由于规划设计材料中提供的项目区基础资料不全或基本情况交代不清，专家没有时间进行现场调查，又缺少与设计人员、地方同志的沟通交流，导致专家对项目的实际情况掌握不够，审查时，难以对规划方案和工程布置的合理性、可行性及计算参数选取的准确性和计算结果的精确性做出准确判断。同样的问题，反映在省级评审论证工作上，主要是评审意见流于形式，没有真正起到评审论证

* 本文原发表于《土地整理动态》2004 年特刊第 5 期。

的效果，许多重大问题没有指出，增加了部级审查工作的难度，也增加了修改、复核的时间跨度和工作量。

二、改进项目技术管理工作的几点建议

（1）完善相关制度，全面重视项目的技术管理工作。在我国土地开发整理的初始阶段，国家投资项目管理的核心是技术管理，而技术管理的核心是项目的工程规划和工程设计，其他相应的权属管理和资金管理等内容均要依附于一个切合实际、科学合理的规划设计。建议国土资源部在修订相关项目管理制度时，一定要体现这一思想，进一步明确项目技术管理工作程序，界定各个阶段的具体工作内容和工作方法，保障技术工作时间和技术工作经费。要通过制度解决认识问题。

（2）全面系统地研究制定土地开发整理工程技术标准体系。尽快组织专家全面系统地研究制定土地开发整理工程技术标准体系，科学地制定工作时间表，分阶段、分年度地开展编制研究工作，并在国土资源部年度预算中安排相应的研究经费。当前应重点开展土地开发整理项目可行性研究编制规程、规划设计编制规程、工程建设标准的研究制定工作。建议国土资源部要重视此项工作，要安排相应的财政预算（可争取在2%中安排）。

（3）规划设计要理论联系实际，充分征求项目区相关部门和农民群众的意见。在相关办法、制度和可行性研究规程、规划设计编制规程中明确要求，规划设计机构和工程技术人员在设计前要进行现场踏勘，充分了解当地的自然条件、基础设施、耕作制度、承包情况和农民的生产、生活习惯；在设计过程中，要充分与项目区相关管理部门、集体组织和农民群众沟通、交流，听取方方面面的意见和建议；设计成果要与群众见面，确保设计科学合理、经济可行，要符合项目区的实际情况，要农民群众能用、会用、方便使用，要用得起，效果好。

（4）进一步改进审查工作方法，明确审查内容和责任。《国务院关于投资体制改革的决定》明确要求，要严格政府投资项目的初步设计、概算审批工作。根据国土资源部的工作实际，要明确划分技术工作阶段；土地开发整理项目规划设计应定位于初步设计；审查内容重点是“三个基本”，即规划设计基本程序符合技术规程、管理办法要求，基本方案合理可行、符合实际，基本指标满足管理办法要求。审查方法采取专家审查与土地整理中心人员复核相结合，各专业专家合理搭配组成专家组负责审查规划设计基本方案，土地整理中心人员负责审核基本程序、复核基本指标，并汇总审查、审核、复核意见。初步设计审查通过后，项目单位要组织设计机构完善施工设计，按照施工设计开展工程招投标。

（5）加强技术培训，试行“以审代训”和“现场审查”。最近几次审查中，国土资源部土地整理中心邀请了部分省土地整理中心的同志参与，直接与审查专家面对面沟通交流，介绍项目情况、学习了解审查要点，实现了“专家了解项目、省里了解要点”的基本目的，提高了审查工作质量和效率，也提高了这些省规划设计水平。这一方式与集中授课相比，其明显特点是针对性强、直接明了，可以作为对省土地整理中心培训的延续方式。建议今后在总结经验的基础上进一步扩大“以审代训”的对象和范围，对部分技术水平较低的省份、重点项目、有疑问的项目还可以试行到省里、到项目区与设计人员、农民群众面对面的现场审查制度，以提高技术培训效果。

要尽快确立土地整理管理新思路　积极开展土地整理绩效评价工作　确保和提升土地整理成效*

国土资源部土地整理中心　张中帆　杨　剑　吕　婧

公共投资项目是政府向社会提供公共服务和调控经济运行的重要手段，对公共投资项目进行绩效评价是市场经济和社会进步对公共投资项目建设和管理提出的必然要求。随着我国政府公共管理体制的转变，特别是近年来各地屡屡发生的“豆腐渣”工程案件，使党和政府对开展绩效评价工作有了进一步的认识和紧迫感。2008 年，第十一届全国人民代表大会通过的《关于深化行政体制改革的意见》明确提出了“推行政府绩效管理和行政问责制度，建立科学合理的政府绩效评估指标体系和评估机制”的要求。土地整理是国家使用专项资金实现“工业反哺农业、城市支持农村”政策目标的重要公共投资项目，建立科学完善的土地整理绩效评价体系，大力开展绩效评价工作，既是强化土地整理管理工作，确保和提升土地整理成效的迫切需要，也是深化国土资源管理体制改革，推行绩效管理和行政问责制度，建设服务型部门的迫切需要。

一、尽快确立土地整理管理新思路

当前土地整理工作还存在重微观、轻宏观，重审批、轻监管等问题，土地整理的决策、执行和监督体系还有一定脱节，影响了土地整理成效的全面提升。要从构建保障科学发展新机制出发，按照“中央监管、省负总责，整体联动、各有侧重”的原则，尽快确定土地整理决策、执行和监督紧密衔接的土地整理管理新思路。

所谓土地整理管理新思路，是国土资源部代表国家负责抓好土地整理的决策和监督等宏观管理工作，包括制定土地利用总体规划、开发整理专项规划和年度土地整理计划，明确土地整理的阶段目标和年度任务，开展绩效评价和稽查等工作；省级国土资源部门负责具体的执行工作，将国土资源部下达的年度土地整理计划分解落实为项目计划，开展项目审查，编制年度项目计划与预算、组织项目实施、竣工验收和绩效自评等工作。在这一新的管理方式中，土地整理绩效评价作为加强宏观管理工作的重要手段，可以很好地将土地整理的决策、执行和监督各阶段的工作串联起来，是土地整理管理工作的重要环节。

（1）开展土地整理绩效评价有利于提高投资决策水平。努力提高政府公共投资的决策水平是当今世界的发展趋势。通过开展土地整理绩效评价，可以使国土资源部全面了解各地土地整理年度计划任务完成情况和项目建设所取得的实际成效，准确掌握土地整理专项

* 本文原发表于《土地整理动态》2008 年特刊第 1 期。

资金分配使用的效率及有效性，为决策部门在新管理方式下科学编制年度土地整理计划和土地整理资金分配使用指南，实现建设绩效与资金分配使用挂钩，指导专项资金的科学分配和使用，充分发挥宏观调控作用提供了重要的依据和抓手。

（2）开展土地整理绩效评价有利于促进监督管理水平的提高。绩效评价是新体制下加强土地整理监督管理工作的重要手段。通过开展土地整理备案分析和统计，将年度土地整理所要实现的建设目标以及所需经费分解成可考核的、具体的、量化的绩效目标。年度结束后，通过开展绩效评价，比较分析绩效目标的执行情况及最终完成情况，及时发现土地整理实际建设与预期目标之间存在的差距和不足，促进各地积极采取有效措施加以提高改进。绩效评价的结论和成果还将成为国土资源部开展稽查等相关工作的重要依据，为进一步加强土地整理宏观监管工作创造有利条件。

（3）开展土地整理绩效评价有利于规范和引导各地积极提高建设成效。绩效评价的目标及由此产生的评价指标体系可以体现出绩效评价主体开展绩效评价的目的及对土地整理建设目标和任务的理解，对各地科学开展土地整理，加强土地整理工作的内控，提高建设成效起到十分重要的规范和引导作用。同时，通过绩效评价，将土地整理建设的成绩和效益与建设用地审批、中央资金分配和建设用地计划下达相挂钩，可以形成一套有效的提高土地整理成效的激励和约束机制，确保专项资金充分发挥效益最大限度地实现土地整理工作成效。

（4）开展土地整理绩效评价有利于加强全社会对土地整理工作的评价和监督。随着社会主义市场经济的深入发展，社会公众参与土地整理项目建设的意识逐步增强。土地整理绩效评价体系建立后，通过开展绩效评价并将评价结论公之于众，可以使公众全面了解和监督土地整理项目建设成效和专项资金的使用情况及其有效性，有助于加强全社会对土地整理工作的评价与监督，使土地整理建设工作真正成为“阳光工程”。

二、积极开展土地整理绩效评价工作

土地整理绩效评价业务新，涉及广，技术要求高，政策性强。全面组织开展土地整理绩效评价工作，必须以构建保障科学发展新机制为统领，以求真务实的态度为原则，以建立科学、规范、高效、权威的土地整理绩效评价工作体制机制为目标，认真抓好以下几方面工作：

（1）建立土地整理绩效评价机制。按照项目管理新方式确定的原则，建立起省级自我评价，国土资源部组织综合评价为一体的绩效评价机制。具体来说就是为增强各省土地整理建设的绩效观念和责任意识，有利于绩效评价和相关监管工作的开展，将土地整理绩效评价分为各省自我评价和国土资源部组织全国评价两大阶段。各省在每一年度终了时，对上一年度土地整理绩效总体情况进行自我评价，向国土资源部提交自评报告。国土资源部对自评报告组织进行核查和抽查，并在此基础上开展年度国家土地整理绩效评价工作。为提高绩效评价工作的公信力，应邀请财政、审计、纪检等部门以及有关知名专家等共同参与土地整理绩效评价，形成评价结论，以作为下一年度安排中央分成新增建设用地有偿使用费的重要依据。

（2）制定土地整理绩效评价制度。土地整理绩效评价作为一项新生事物，目前国土资源部和各省都处于探索研究阶段。为使此项工作的开展有法可依、有章可循，应积极研究推进绩效评价工作的制度建设。要在吸取其他部门开展绩效评价工作经验的基础上，抓紧制定《政府投资土地整理绩效评价试行办法》。办法应具有一定的统筹性、前瞻性和指导性，以指导今后一个时期的土地整理绩效评价工作。同时，还应积极研究在即将制定或修订的《土地整理条例》和《中央分成新增费资金使用管理办法》、《土地整理复垦开发项目管理办法》和《中央分成新增费分配使用稽查办法》等法规、文件中加入土地整理绩效管理和评价的有关内容，确立土地整理绩效评价工作地位，为全面推进绩效评价工作奠定扎实的制度基础。

（3）明确土地整理绩效评价机构。为使土地整理绩效评价真正成为对计划下达、资金分配、项目建设和资金使用的有效监督制约手段，必须明确土地整理绩效评价工作的组织机构，对全国土地整理绩效评价工作实施统一管理。西方国家为更好地开展公共投资项目绩效评价，一般在公共项目所在部门都设有专门机构负责开展项目绩效评价工作。如美国既有联邦绩效评估委员会，又在有关部门内设有专门的绩效评估组织，负责共同组织开展公共投资项目的绩效评价工作。结合我国土地整理工作的实际情况，建议由国土资源部土地整理中心作为负责土地整理绩效评价工作的专门机构，在信息查询、资料获取、独立取证以及行政处罚建议等方面赋予必要的职权，全面负责研究制定土地整理绩效评价制度、标准、方法和程序，统一实施绩效评价工作和组织管理，指导各地开展土地整理绩效评价工作。

（4）建立完善的土地整理绩效评价信息系统。绩效评价工作量大、技术性强，需要建立计算机和网络技术支持系统和完整的土地整理基础资料数据库，在此基础上还要建立完善的绩效评价信息交流与沟通机制。西方国家在推进政府绩效评价工作时，根据评价工作的实际需要提出了构筑以公众为导向的数字政府和在线服务的发展目标，以提高政府收集处理绩效评价信息的能力和对公众的回应能力。因此，我们在构建土地整理绩效评价系统时，应充分利用现代信息网络技术，将土地整理绩效评价与发展国土资源管理电子政务有机结合起来，在国土资源综合信息监管平台基础上，建立土地整理绩效管理和评价信息系统，以项目绩效信息为主线开展绩效信息的有效报备，将绩效信息的有效报备与资金分配使用等挂钩，实现全国土地整理绩效信息的可统计、可分析、可查实和可奖惩，为土地整理各项管理和决策提供基础支撑。

（5）科学应用土地整理绩效评价结果。土地整理绩效评价结果应作为国土资源部进行重大决策和开展相关工作的参考和依据。一是国土资源部将根据年度土地整理绩效评价中发现的问题，提出加强和改进土地整理项目建设和资金使用管理的措施或整改意见，督促相关省份进行整改。二是把绩效评价结果作为安排下一年度中央分成新增费和开展土地整理重大项目的重要参考依据，逐步建立起一套科学合理的绩效激励与约束机制。对绩效考评优良的，在下一年度安排中央新增费和土地整理重大项目时予以重点支持；对绩效考评差劣的，在下一年度安排中央新增费时从紧考虑，并扣减下一年度用地计划指标。三是年度土地整理绩效评价结果经国土资源部批准后，可以通过新闻媒体或以年度土地整理绩效公告的形式对外公布，接受广大社会公众的监督，进一步加强社会舆论的监督力度。

（6）完善土地整理绩效评价指标体系。评价指标是土地整理绩效评价的载体，也是土地整理绩效评价内容的外在表现。绩效评价指标体系由投入性指标、过程性指标、成效性指标、影响和发展性指标等组成。从适用性角度考虑，各类指标可划分为通用指标、专用指标、补充指标和评价指标等 4 种类型。从指标范围考虑，评价指标尽可能简单实用，不宜太多，主要对土地整理建设的成绩、社会效益、经济效益及生态环境效益等进行考核。总之，设计一套符合科学发展观要求的绩效评价指标体系，需要将局部与整体、当前与长远、评价与指导等有机结合起来，做到既通用可比、简单适用，又便于采集统计和分析评价。2008 年恰逢新《土地管理法》实施 10 周年，也是我国正式开展土地整理工作的第十个年头。当前首要任务是研究制定一套充分体现土地整理工作成绩和效益效果的成效分析指标体系，对 10 年来国家开展土地整理工作所取得的成效进行全面的分析回顾，查找问题，总结经验，提高改进，进一步推进土地整理工作又好又快地发展。

土地开发整理权属调整中存在的问题亟待解决*

——基于10840个项目权属调整情况调查分析

国土资源部土地整理中心　高世昌　刘昊博

〔**按**〕土地整理主要是通过工程措施和土地权属调整手段，对规划区内“田、水、路、林、村”进行综合整治。它必然涉及土地权属界线的调整和地块归并，必然涉及被调整人的切身利益。随着《物权法》的实施，土地所有者和使用者物权意识不断提高，权益保护越来越强烈。权属调整工作关系到工程建设的顺利实施和农村社会稳定，是土地整理的核心工作和提升项目成效的关键环节，也是土地整理与其他农田水利设施建设行业的核心竞争力所在。

国土资源部高度重视土地开发整理权属管理工作，连续8年安排了农村土地开发整理权属管理相关专题研究。最近半年，在国土资源部地籍管理司的指导下，国土资源部土地整理中心组织开展了土地开发整理权属调整情况调查工作，调查涉及28个省份10840个项目。本调查是国土资源部第一次对10年来土地开发整理项目权属调整情况的全面调查，对我国即将启动的农村土地综合整治和“万村土地整治”示范工程权属管理制度建设，具有十分重要的参考价值。现将这次土地开发整理权属调整情况调查分析报告刊发如下，供参考。

2008年11月至2009年5月，国土资源部土地整理中心组织，对1998年7月1日至2008年6月30日全国28个省（区、市，不含上海、天津、西藏及新疆建设兵团）新增建设用地土地有偿使用费（以下简称新增费）安排的国家和省级土地开发整理项目（以下简称项目）的权属调整情况进行了专项调查。经过认真分析，形成了本报告。

一、我国土地开发整理权属调整概况

根据各省同口径调查资料统计，10年来，全国新增费安排的项目为10840个，总投资约708.63亿元，建设总规模6469.18万亩，新增耕地1061.71万亩，惠及农户951.72万户、4755.72万人。

（一）全国项目权属调整情况

全国涉及土地权属调整的项目为5731个，占项目总数的52.87%，其中竣工项目4552

* 本文原发表于《土地整理动态》2009年特刊第4期。

个，占项目总数的41.99%。在28个省份中，开展土地所有权调整的有17个省份，土地调整总面积为353.75万亩，占项目建设总规模的5.47%。其中集体土地所有权调整面积339.97万亩，占项目建设总规模的5.26%；国有土地所有权调整面积13.78万亩，占项目建设总规模的0.21%。开展土地使用权或承包经营权调整的有24个省份，调整总面积为1131.21万亩，占项目总规模的17.49%，涉及440.59万农户，1540.71万人，平均每户调整面积2.56亩。总体看，项目调整数量和调整面积比例较低，耕地破碎程度降低和农田景观改善有限，达到“田成方、地成片、渠成网、林成行、路相通、机配套、旱能浇、涝能排”的效果还有差距。

（二）土地开发整理权属调整的模式

部分省份少数项目实行了项目区内土地全面调整模式。即将项目区内的全部土地收回，在项目整理完成后，重新进行土地分配。采用这种模式开展权属调整的，只有云南、重庆、浙江等几个省份的少数项目。云南省华宁县青龙镇大村项目，整理前将土地全部收归村集体，整理后按村组现有农户人口数量重新分配土地，农户承包经营的土地由整理前的10多块调整为3～4块。这既解决了农村家庭联产承包责任制实施多年后，因家庭人口变动而产生的土地分配不公问题，又解决了农用地破碎难以规模经营的问题，还解决了因增人不增地导致擅自开山毁林造地等问题，保护了生态环境。

绝大部分项目采取土地部分调整模式。即在开展土地整理时，只对因修建路、沟、渠等农田水利设施占用的部分土地，用新增耕地或用集体保留土地进行补偿。但项目区内土地的破碎状况得不到有效改善，插花地和飞地等现状依然存在，不利于土地集中和规模化经营，农田水利设施不能充分发挥效能。在人均耕地面积较多，且原有农田基础设施较为缺乏的西北方地区，农户对土地整理工作持支持态度，对占用的土地不要求补偿，也不需要进行土地调整。

个别地方出现了土地流转调整模式。重庆市结合农用地流转政策，在土地调整时，一般以8～10户人为一单元，将土地租赁给种植大户或经营公司，按其要求对土地进行统一调整，农民享有原土地份额获取租赁收益或股权收益的权利。

（三）权属调整工作主体

权属调整工作以行政村委会为承担主体的，占权属调整项目的57.08%。如重庆市在进行权属调整的705个项目中，38%的项目以行政村为主，37%的项目以村民小组为主。以乡镇政府为承担主体、村委和村民小组共同参与的，占权属调整项目的29.01%。在甘肃省的195个权属调整项目中，97个项目由乡镇府承担。以县国土资源局为承担主体的，占权属调整项目的11.74%。权属调整工作以项目承担单位为承担主体的，占权属调整项目的1.17%。总体看，土地整理权属调整工作主体不够明确，呈现多样化；缺少专门的队伍和固定人才，权属调整技术力量薄弱，基层工作经验不足，工作方法简单，常常以行政权代替土地所有权或物权，引起不必要的纠纷与矛盾。

二、权属调整存在的主要问题

（一）权属调整政策与法规缺失

目前我国土地开发整理权属调整没有专门的法律法规，仅有一个《关于做好土地开发整理权属管理工作的意见》（国土资发〔2003〕287号）。对农村土地历史遗留问题没有明确的政策规定，对土地权属确认、各类证书土地面积差异权利判定、农民自发开发的耕地是否纳入再分配基数、纠纷处理等都缺乏政策界定。特别是土地权属调整与现行《农村土地承包经营法》和《物权法》存在冲突，给权属调整工作带来了法律风险。

（二）权属调整程序不够规范

我国土地权属调整工作还没有形成一套完整的操作规范。部分省份未进行公告，权属调整程序简单化，个别地方存在强行土地权属调整等现象。同时，权属调整工作进展情况也没有向有关政府部门汇报，政府部门也难以掌握权属调整工作情况，导致土地权属调整纠纷无法及时解决，出现了耕地撂荒，甚至农民集体上访，影响农村社会稳定等问题。

（三）权属调整缺乏技术支撑

我国土地开发整理权属调整技术基础较为薄弱，全国还没有建立起一套土地开发整理质量评价规程与技术标准。虽然各地在实际工作中进行了大量探索。四川、新疆土地整理中心创造了“亩产量＋距离因素”综合评价土地质量方法；广西壮族自治区整理中心以农用地分等定级成果为指导进行评价；湖南省整理中心采用专家方法，拟定10个因素，赋予权重进行土地质量评估。但目前各地在实际工作中，权益量化大多是通过协商方式解决。不同人员对同一块土地评价的结果可能存在较大的差异，在一定程度上影响了权属调整工作的开展。

（四）权属调整宣传工作不到位

一些地方宣传工作不到位，没有将土地开发整理相关政策法规及权属调整目的、意义、内容、程序等做深入广泛的宣传，导致农民对土地开发整理以及权属调整的理解不够或者不理解甚至误解，产生抵触情绪。一些农户认为其拥有的土地使用权或承包经营权等同于土地所有权，不愿意将自己的土地与别人的土地进行调换，总认为自己的土地比别人的好，拒绝参加权属调整。个别农户缺乏全局观念，强调自身利益，提出一些不合理要求，阻碍权属调整。

（五）权属调整缺乏工作经费

目前工作经费已成为制约权属调整工作的根本性问题。权属调整需要耗费大量的财力、人力和时间，需要县、乡（镇）、村各级人员共同参与。据陕西、重庆、云南、广西等省（区、市）权属调整项目测算，一个3万亩项目权属调整工作需要4～6个月时间，费用接近60万元，占项目建设总投资的2%左右。但现行《土地开发整理项目预算定额标准》中只有土地清查费和拆迁补偿费，且标准较低，不能满足权属调整工作需要。经费的缺乏，不利于土地权属调整专业人员的培养和队伍建设，影响土地权属调整工作质量。

三、加强土地整治权属调整工作的建议

（一）制定保障权属调整政策法规

一是在修订的《土地管理法》中，增加土地权属调整的有关内容，调整各类土地关系、统领土地权属调整工作，衔接《农村土地承包经营法》和《物权法》。二是制定《农村土地整治权属管理办法》，明确土地整治权属调整宗旨、权属调整工作要求、管理机构等。三是制定《农村土地整治权属调整异议处理规定》、《农村土地整治权属调整操作规范》，明确权属争议处理原则和依据、操作程序、补偿标准等，规范土地整治权属调整行为。

（二）制定推进权属调整工作政策

一是研究制定土地整治项目区地块破碎降低程度政策。分类确定各地土地整治项目地块集中度标准，纳入项目成效考核范围。二是结合农用地流转有关政策，出台土地整治项目农用地权属调整有关政策，可要求土地整治项目在立项前，寻求现代农业公司或种植大户承包经过整治后的土地，便于在土地整治过程中进行权属调整。三是结合新农村建设，出台建设农村居民点权属调整政策，可要求基本农田保护区内的零散农户搬出保护区内。

（三）加强权属调整技术支撑建设

一是制定权属调整规范文本。包括土地权属和利用现状调查文本、各类公告文本、《土地权属界限调整协议书》、《调整意愿调查书》、《权属调整协议书》、《补偿协议书》等，确保权属调整各环节工作落实和规范。二是加强土地整治质量评价方法研究。制定国家土地整治质量评价方法，发布质量评价相关技术规范和标准。三是国家层面总结推荐土地整治权属调整典型案例，提供全国各地相关单位和人员学习与借鉴。

（四）落实权属调整工作经费与专职工作人员

一是修订《土地开发整理项目预算定额标准》。在预算定额标准中单列权属调整工作经费项目与取费标准，应包括土地权属调查费、地籍测绘费、土地评估费、参与权属调整工作人员经费和后期管理费等费用。权属调整工作取费标准应达到工程建设投资总额的2.5%~3.0%。二是制定土地整治权属调整工作经费使用管理政策。着力调动乡镇和村干部的积极性，推动权属管理工作的落实。三是加强权属调整队伍建设。省级土地整理机构应设立权属调整工作岗位，落实权属调整专职工作人员。

（五）积极开展权属调整权益维护问题研究

一是加强土地权属调整权益类型研究。加强土地权利的细分研究，制订相关政策。二

是着力开展权益量化研究，保护土地整治各方权益。三是保障投资者合法权益研究。总之，应当保护各类社会资金参与者参与土地整治的权益，为做大做强土地整治事业注入资金原动力。

必须建立健全土地整治市场监管体系*

国土资源部土地整理中心　古志新　魏　华　廖琴兰

2009 年 5 月 21 日在山东省青州市召开了全国土地整理中心主任会议。会上各省、自治区、直辖市及新疆生产建设兵团土地整理中心负责同志分别就当地的土地整治情况，包括土地整治市场监管情况进行了交流。交流情况表明，当前土地整治市场的监管存在不少问题，必须及早采取措施解决这些问题，建立健全土地整治市场监管体系，方能确保土地整治市场持续、快速、健康发展。

一、土地整治市场现状及监管情况

一是农村土地整治市场已经形成。土地整治参与主体除了各级政府、土地整理专业机构、项目区民众外，还包括了社会上的规划设计编制、招标代理、监理和审计等机构，以及施工企业。这些机构和企业通过参与土地整治，在促进土地整治事业发展同时获得收益，说明土地整治已经社会化、市场化，土地整治市场已经形成。

二是土地整治市场规则初步建立。国土资源部针对国家投资土地整治项目实施颁布了一系列的管理办法，包括《国家投资土地开发整理项目实施管理暂行办法》（国土资发〔2003〕122 号）和《国家投资土地开发整理项目竣工验收暂行办法》（国土资发〔2003〕21 号）等。各地根据这些规范性文件在土地整治项目实施中建立了项目法人制、招投标制、公告制、监理制、合同制、审计制等 6 项制度。国土资源部还颁布了一系列的技术标准，如《土地开发整理规划编制规程》、《土地开发整理规划设计规范》、《土地整理项目验收规程》、《国家投资土地开发整理项目预算定额标准》等。社会相关机构及相关企业遵照这些规则和技术标准参与土地整治。

三是各地区针对土地整治市场监管采取了一些具体措施，出台了一些规章制度。各地区对土地整治市场监管工作进行了探索和研究，采取了一些切实可行的措施，出台了一些规章制度。如江苏省从 2008 年开始试行以资质推荐认定方式确定规划设计、监理、审计等中介机构的从业资格。湖北省采取公开摇号方式确定规划设计和招标代理机构，实行“统一组织、异地监理、双向选择、持证上岗”确定监理单位，并制定和实施了《土地整理监理手册》、《土地开发整理项目施工单位考核办法》等。

二、土地整治市场监管存在的主要问题

一是尚未形成系统的土地整治市场监管体系。总体来说，土地整治市场监管尚处于探

* 本文原发表于《土地整理动态》2009 年第 28 期（总第 498 期）。

索和研究阶段，尚未形成全面、系统的监管体系。对于参与土地整治的规划设计、监理、招投标等从业机构和施工企业，以及他们的服务质量、市场价格等缺乏系统、全面的监管制度、措施和手段。

二是土地整治市场规则还不完备。缺乏市场准入及退出机制。国家没有统一的土地整治从业队伍资质认定等方面的规定，相应的退出机制也没有。这就导致了从业队伍鱼龙混杂，参差不齐，最终使得：或者一些项目的规划设计和施工设计深度和精度不够，严重影响施工；或者一些项目不能按设计意图进行施工和监理，造成工程进度缓慢和工程质量不高等问题。

三是缺乏明确的市场监管机构。没有法律、文件、政策明确由哪个机构来对土地整治市场准入、招投标行为、工程质量等进行监管，因此没有一个专业化的机构来负责土地整治市场监管。

三、对策建议

为尽早建立健全土地整治市场监管体系，以确保土地整治市场持续、快速、健康发展，促进社会主义新农村建设，建议采取如下几项措施：

一是研究建立土地整治市场监管体系，明确土地整治市场监管机构。借鉴国家各类市场监管体系的相关制度设计，开展土地整治市场监管研究，明确监管主体及监管对象、范围、机制。按照公正、透明、专业化、诚信、独立、接受监督原则，建立或明确各级土地整治市场监管机构，这些机构按照规则以公开、专业的方式对市场准入、价格、交易行为及服务质量等进行监管。

二是明确界定各级土地整治市场监管机构的责权。监管不同于传统的行政管理的地方在于，它既不是什么都管，也不是放手什么都不管。因此，合理地确定监管的边界尤为重要，土地整治市场监管机构既不能放弃监管职责，任由市场无序，又不能过度监管。另外，要按照责权对等的原则，明确而合理划分国家级监管机构与地方监管机构的职责和权力。

三是建立土地整治从业资质管理机制。建立明确规则，实行土地整治行业资质管理，以规范土地整治项目规划设计、预算编制、工程监理、工程招投标、工程施工等相关机构的从业行为。具体措施包括：实行从业机构及人员登记备案，未备案的不得从事相关工作；建立从业队伍考核考评制度，加强对规划设计队伍、工程监理队伍、工程施工队伍等的业绩、质量、职业道德操守等情况综合考评，形成优胜劣汰机制；实行从业人员持证上岗制度。

四是建立土地整治工程质量监管机制。各级土地整治市场监管机构要代表政府行使工程质量监督职能，依据有关法律、法规和土地整治工程建设标准等技术规范，对工程质量进行监督检查。建议由省级监管机构对工程质量负总责。

五是加强信息化建设，服务土地整治市场监管。以信息化建设为手段，促进土地整治市场的规范管理，促进土地整治相关信息的公开透明，加强社会公众的监督。通过土地整治市场监管平台，建立全国土地整治有资质项目规划设计、预算编制、工程监理、工程招投标、工程施工机构数据库以及具有相关资质从业人员数据库，并可供社会查询；面向社会发布土地整治招投标信息。

关于开展土地整治绩效评价工作的思考*

国土资源部土地整理中心项目计划处　杨　剑

土地整治是国家实现“工业反哺农业、城市支持农村”政策目标的重要公共投资行为。在“部级监管、省负总责，市县人民政府组织实施、相关部门共同参与”的管理体制下，绩效评价可以很好地将土地整治的决策、执行和监督等各阶段工作串联起来，是完善土地整治管理工作的重要抓手。

一、土地整治绩效评价工作已有了一个良好的开端

首先，从制度建设上看，《国土资源部关于进一步加强土地整理复垦开发工作的通知》明确提出了“部和省级国土资源部门要实施绩效评价和动态监管”，“市、县人民政府及国土资源部门要开展绩效评价工作”的要求。其次，从经费保障上看，财政部和国土资源部联合印发的《中央分成新增建设用地土地有偿使用费资金使用管理办法》将绩效考评的支出列入了“其他支出”项，为土地整治绩效评价的工作经费提供了保障。再次，从技术支撑上看，近年来，国土资源部土地整理中心先后开展了土地整治成效分析和绩效评价的研究工作，初步建立了较为完善实用的土地整治项目成效分析和绩效评价指标体系。最后，从工作基础上看，很多地区的国土资源部门已经充分认识到绩效评价工作的重要性，有的要求与国土资源部土地整理中心（以下简称中心）共同开展研究，有的要求将其纳入试点范围，有的在省内单独申请了课题，开展绩效评价工作的积极性很高。根据土地整治工作实际，按照“先易后难、局部试点、由点及面、逐步推开”的原则，目前国土资源部耕地保护司已发函部署了浙江、湖南、山西、宁夏和黑龙江等5个省份的绩效评价试点工作，要求各试点省份按照评价手册开展试点工作，并结合本省土地整治重大工程和万村整治示范工程等专项工作的需要和各省份的实际情况，继续丰富和完善评价指标体系。

二、全面推进绩效评价工作应重视以下几个问题

一是全力抓好试点评价工作。2008年以来，中心针对土地整治绩效评价开展了大量研究，解决了为什么评价、谁负责评价、对谁进行评价、以什么为评价对象、用什么方法进行评价的问题，并结合当前土地整治工作的需要，对绩效评价的工作需求进行了分析，初步形成了一套较为完整的土地整治绩效评价体系。在试点中，要加强指导，上下结合，加大成果的转化应用，进一步探索科学实用的绩效评价方法和指标体系，为全面推进土地整治绩效评价工作奠定技术基础。

---

* 本文原发表于《土地整理动态》2009年第35期（总第505期）。

二是建立土地整治绩效评价制度。为使此项工作有法可依、有章可循，要借鉴财政部门的经验，积极推进相关制度建设，在认真总结试点工作经验的基础上抓紧研究制定《土地整治绩效评价管理暂行办法》，以国土资源部或与财政部联合发文的形式尽快发布。同时，还应积极研究在今后制定或修订《土地整治条例》和《中央分成新增费分配使用稽查办法》等法规文件时增加土地整治绩效评价的内容，确立绩效评价的工作地位，为全面推进此项工作奠定扎实的制度基础。

三是明确绩效评价工作机构。土地整治绩效评价作为一项日常性工作，必须明确组织实施机构。西方国家为更好地开展公共项目绩效评价，一般在项目所在部门设有专门机构，如美国既有联邦绩效评估委员会，又在有关部门内设有专门的绩效评估组织。结合我国土地整治工作的实际，土地整治绩效评价工作在政府部门组织下，可由土地整理机构具体承担，中心负责全国土地整治绩效评价工作，省级及其以下各级土地整理中心负责本区域的土地整治绩效评价工作，并在信息查询、资料获取、独立取证以及奖罚建议等方面赋予必要的职权。

四是建立完善的绩效评价信息系统。土地整治绩效评价工作量大、技术性强，需要建立网络技术支持系统和土地整治基础资料数据库，在此基础上还要建立评价信息交流与沟通机制。西方国家在推进政府绩效评价工作时，根据需要提出了构筑以公众为导向的数字政府和在线服务的发展目标，以提高收集处理绩效评价信息和对公众的回应能力。因此，在构建土地整治绩效评价系统时，可充分利用现代信息技术，将绩效评价与信息报备系统有机结合起来，建立土地整治绩效评价信息子系统，开展绩效信息的有效报备和公开，实现全国土地整治绩效信息的可查实、可分析和可奖惩，为土地整治各项管理和决策提供基础支撑。

五是构建科学完善的评价指标库。评价指标是绩效评价的载体，也是绩效评价内容的外在表现。从适用性角度考虑，各类指标可划分为通用指标、特性指标、补充指标和评价指标等4种类型。从指标范围考虑，要尽可能简单实用，不宜太多，主要对建设成绩、社会效益、经济效益及生态效益等进行考核。从更好地为不同地区、不同类型土地整治项目评价工作服务出发，还要在掌握共性的基础上，建立包括通用指标和特性指标在内的评价指标库，将局部与整体、当前与长远、评价与指导等有机结合起来，做到既通用可比、简单适用，又便于采集统计、分析评价。

抓住关键环节 强化土地整治监管*

——成都市土地整治监管调研报告

国土资源部土地整理中心 巴特尔 高世昌

2011年8月3日~5日，国土资源部土地整理中心派员对成都市土地整治实施监管情况进行了调研，听取了成都市国土资源局和成都市土地开发整治服务中心（以下简称市整治中心）有关人员对土地整治实施监管情况介绍，召开了土地整治项目规划设计、招标代理、工程监理、资金管理等单位有关人员参加的座谈会，走访了蒲江县白马新村和复兴乡土地整治项目。总体上看，成都市土地整治监管工作抓住了关键环节，充分发挥了中介服务机构的作用，探索创新了实施监管方式，项目实施运作较为规范。

一、加强土地整治监管的主要做法

（一）加强土地整治项目规划设计管理

规划设计是保证土地整治项目合理布局和整治质量的前提。成都市土地整治有关管理部门高度重视项目规划设计工作，针对土地整治项目前期工作准备时间较长，项目区地形地貌易于发生变化的实际，采取项目规划设计与施工图设计分离做法，并建立了设计审查制度。市整治中心专门成立立项管理科，负责规划设计和项目经费预算审查工作，确保项目规划设计符合实际，减少设计变更；确保项目各项经费使用合理，符合国家有关规定。虽然成都市项目分为规划设计和施工图设计，但该两项费用合计不超过国家规定的取费标准。

一是实行四级现场踏勘制度。为了确保项目规划设计的科学性，四川省要求设计公司、区（县）政府、市整治中心和省整治中心有关人员必须逐级到项目区现场进行踏勘，听取当地群众对项目规划设计的意见与建议，尊重群众意愿，着力解决项目区水系与道路布局以及土地平整等问题。二是实行项目区地形图实测制度。成都市要求所有项目在立项前，进行项目区地形、地籍实测，比例尺不能小于1∶2000，重点整理的地方比例尺为1∶500，为提高规划设计精度奠定基础，保证了工程量预算的准确性。三是建立项目规划设计会审制度。在项目规划设计图纸完成后，由区（县）国土资源局组织有关部门进行会审，再征求当地群众意见，经修改合格，当地村民代表在图纸上签字盖手印后，送市国土资源局会审。会审内容主要包括项目基本情况、规划设计科学性、新增耕地潜力、项目投资预算等方面，最大限度地解决项目规划设计落地难和投资合理性等问题。

---

* 本文原发表于《土地整理动态》2011年第11期（总第540期）。

（二）规范中介服务机构管理

由于土地整治参与单位资质管理涉及国家行政许可，目前国家对参与土地整治服务的中介机构还没有实行统一的资质管理制度。近年来，参与土地整治服务的中介机构素质参差不齐，土地整治也成为工程领域治理腐败问题关注的一个重点。规范选择中介服务机构一直是各级土地整治主管部门努力探索解决的问题，成都市在中介服务机构管理和选择方面进行了较好的尝试。

一是建立中介机构备选库。成都市国土资源局制定了《成都市国土资源局中介机构入库选用暂行办法》，在成都市整治中心设立了土地整治项目土地勘测与规划设计、工程招标代理、工程监理、资金审计等单位和评审专家备选库，公开接受符合条件的中介服务机构和专家报名，经审查合格后，纳入备选库管理，并规定成都市所有土地整治项目的中介服务机构必须从备选库中选择，纳入监管范围。二是完善中介服务机构选择办法。由项目承担单位提出选择中介机构书面申请，在同级政府纪检人员的监督下，到成都市整治中心采取“随机抽取”的办法，从备选库中抽取参加比选的中介机构（抽取比选机构比例不少于1:3），再由项目承担单位向抽取的比选机构发出邀请通知；比选机构根据项目情况和业主要求提交比选文件，由项目承担单位和纪检部门组织专家依据事先确定的原则进行比选，确定中介服务代理机构，签订中介服务合同，较好地解决了土地整治业务委托“个人”说了算的问题。三是加强中介服务机构管理。项目竣工研究完成后1个月内，项目承担单位对参与服务的中介机构进行评价，交成都市国土资源局备案；每年成都市国土资源局对中介服务机构进行一次考核评价，主要内容包括群众意见、服务质量（如规划设计会审后变更次数等）、服务态度、违法违规等，实行末位淘汰制。同时每年组织1～2次中介服务机构执业培训，不断提高中介机构执业水平。从近几年的实践看，成都市土地整治中介服务机构选择较为规范，在相关制度的保障下，项目承担单位选择中介服务机构过程中受到的“干扰”较少。

（三）严格项目实施监管与验收

成都市委市政府将土地综合整治纳入统筹城乡综合配套改革试验的“四大基础工程”之一，成立了成都市农村土地综合整治和农房建设工作领导小组，组长由分管副市长担任，领导小组成员由国土、规划、建委、农委、交委、水务局、房管局、财政局、审计局、监察局等相关部门主要领导或分管领导组成；领导小组下设办公室，设在市国土资源局，办公室主任由市国土资源局局长担任，提升了土地整治监管层级，强化了监管力度；出台了《关于加强农村土地综合整治项目实施监管工作的通知》（成国土资发〔2011〕171号）和《关于下发〈成都市农村土地综合整治项目实施监管工作细则〉和〈成都市建设用地整理项目土地复垦监管审查试行办法〉的通知》（成国土资发〔2011〕230号），明确了监管主体、监管内容、方式、责任划分与责任追究，以及处罚措施，确保了工程实施全面完成项目规划设计任务和规范实施。

一是实行分片监管负责制度。成都市整治中心将全市分为3片，由3个分管领导和3个科室各自负责1片区，确保监管工作责任落实到部门和个人，有利于准确掌握每片区项目实施情况。据了解，每年市整治中心分管领导到每个项目现场的次数达到7～8次，工程管理科科长长期在负责的片区内各项目现场巡查和指导。二是对土地整治资金实行全程监管。从项目动工至工程竣工，每月由项目资金管理公司（会计师事务所）对资金使用与管理情况进行审计，出具审核意见，作为工程款拨付的主要依据。审计内容主要包括项目承担单位财务报表、凭证、支付单位、发票真实性、农民补偿款支付方式与到位等情况。在项目竣工后，全面对项目业主管理费、竣工验收费、不可预见费、工程款和应收应付款等进行审计，出具项目审计报告，作为项目验收的重要依据。三是严格工程设计变更管理。在项目工程施工过程中，原则上不予工程设计变更，确需工程设计变更的，由项目承担单位召集设计单位、监理单位、村民监督小组成员、施工单位确定工程变更方案，工程设计变更方案报成都市整治中心审查、成都市国土资源局批准后方可实施。四是实行实际工程量和补充耕地实测制度。成都市所有土地整治项目竣工后，全部由测量单位进行现场实测，出具项目实际完成工程量和补充耕地数量测绘报告，解决工程实施过程中“工程量缩水”、补充耕地面积不实等问题，确保完成工程量和补充耕地的真实性。五是实行土地综合整治耕地质量监控和培肥。成都市农委和国土资源局联合制定了《成都市土地综合整理中耕地质量监控和培肥的暂行管理办法》（成农办〔2008〕155号），由成都市农业技术推广总站负责对全市土地综合整治耕地质量进行监控，对土地综合整治前后的耕地地力分别进行调查检测，出具耕地质量评价报告，并对新增耕地进行培肥工作。六是实行项目资金审核制度。由项目所在区（县）审计局进行工程造价审核，确保工程造价真实、支付合理。七是注重尊重农民群众意愿。在项目立项时必须提交开展土地整治工作的宣传单、村民动员大会情况纪要、项目所在地乡（镇）、村和村民同意规划设计方案的文字材料、土地权属调整实施方案及农民意见（经乡镇、国土资源局盖章）、土壤耕作层剥离、堆放与铺垫实施方案（经农业部门书面同意盖章）、青苗及附着物补偿实施方案以及农民意见等，确保农民群众知情、参与权，为工程顺利实施创造条件。八是加强验收管理。四川省规定所有土地整治项目的竣工实行三级验收，即县国土资源局自验、市国土资源局初验、省国土资源厅终验。在各级验收前，必须经区（县）、市、省整治中心现场核查合格后才能进行验收，确保验收效果。

成都市政府和市、县国土资源管理部门在土地整治实施监管方面进行了大量的探索，取得了较好的成效，但仍然存在新增费使用与国家现行管理政策规定相违背、无法分账核算各类土地整治专项资金使用绩效、有关标准在预算定额中未体现等问题。

二、加强实施监管的启示与建议

（一）土地整治运作模式清晰，各级管理部门职责明确

成都市开展土地综合整治较好地实行了“政府主导，国土搭台，部门联动，区（县）政府实施，群众参与”的模式，明确了区（县）政府和国土资源管理部门在土地整治中的作用和职责分工，充分发挥了农民群众的主体性作用，形成了各司其职，共同抓好土地整治工作的局面。

（二）创新土地整治监管方式，落实责任追究制度

成都市整治中心制定了项目实施管理细则，详细规定管理程序、审查工作要点、处罚

措施、管理责任追究等内容，确保监管工作依法依规进行，特别是针对土地整治监管工作幅度大、项目情况复杂等特点，创新项目实施监管方式，采取分片承包的监管方式，强化了监管力度，较好地履行了监管工作职责，解决了监管工作情况不明、底数不清、协调不力、进度无法保证等问题。

（三）加强土地整治市场管理，规范中介机构服务行为

成都市初步建立和完善了土地整治中介服务机构进入与退出市场机制，促进了各类中介服务机构有序竞争；实行年度考核与培训制度，培养了一支较高水平的中介服务队伍，起到了支撑作用，也较好地解决了土地整治业务委托和工程发包过程中中介服务机构为“特定人”服务等腐败问题。

当前，各地党委和政府高度重视土地整治工作，土地整治事业处于快速发展时期，为了确保土地整治监管责任落实，各地应尽快建立健全市、县（区）各级土地整治机构，明确了各级土地整治机构工作经费来源渠道，充实工作人员，发挥实施监管支撑作用。国家层面应对各地探索创新进行总结，及时上升为制度性成果，加强指导与监督，确保土地整治规范有序开展。

关于土地整治管理方式和实施模式的调研报告*

国土资源部土地整治中心　巴特尔　高世昌　姚　艳

为了解各地土地整治制度创新和实施管理方面的典型做法与经验，分析不同管理方式的效果和存在的问题，推进不同区域土地整治实施模式的形成，进一步提升土地整治管理工作绩效，国土资源部土地整治中心（以下简称部中心）于2012年开展了专题调研，形成了本报告。

一、基本情况

总体看，近年来各地对土地整治管理方式和实施模式进行了大量的探索和创新，积累了宝贵的经验，取得了明显的成效，呈现出三大特点。但目前多数地方还没有形成一个可以长期坚持、可以固化的做法，既适合当地实际，又体现当地特色的实施模式还没有形成。

（一）大部分地方积极谋划土地整治工作，管理理念不断创新

一是土地整治目标明确，推进工作的思路不断创新。经过10多年的探索与实践，大多数省份对土地整治的认识不断深化，逐步把握了土地整治的规律。如湖南省提出“三结合三促进一聚合”的土地综合整治模式，即土地整治与提高农业综合生产能力相结合，促进高标准基本农田建设；与新农村建设相结合，促进基础设施和人居环境改善；与发展现代农业产业相结合，促进农业增效、农民增收；以土地综合整治为平台，有效聚合各类涉农资金，集中投入项目区建设。四川省成都市提出按照“发展性、多样性、相融性、共享性”的原则，着力打造以统筹城乡发展为主要内容的土地整治平台，促进城乡生活等值化的理念。河南省2008年提出“统一规划、集中布局、规模整理、分步实施”的总体思路，要求市、县编制土地整治工作5年实施方案，逐步推进区域集中建设，实现全面整治的目标。

二是调整土地整治项目安排方式，示范引领作用显现。在2007年国家改革中央分成新增建设用地土地有偿使用费（以下简称新增费）分配使用方式后，各地积极探索土地整治专项资金使用方式，发挥资金规模使用效益，避免资金“撒芝麻盐”的弊端，广西、湖北等大部分省份将地方留成新增费集中到省级部门统筹使用；在国家实施土地整治重大工程和示范省建设项目的带动下，各地积极将地方留成的新增费和有关涉地涉农资金集中投

* 本文原发表于《土地整治动态》2013年第3期（总第565期）。

向重大工程或示范省建设区域。黑龙江省从2008年开始，调整了项目布局，重点在粮食主产区安排集中连片的大项目，着力打造三江地区现代农业示范区和中西部粮食主产区，全面停止小项目建设，项目规模由几千亩提高到4万亩以上，最大规模超过10万亩，投资额也由几百万元提高到6000万元以上。

三是以需求为导向，推进土地整治与经济社会发展紧密结合。部分省份从经济社会发展全局出发，深入分析社会需求，开展了多种类型的土地整治。福建省以土地整治为平台打造经济效益型现代农业，推行“公司+农户”、“公司+农科+农户”、外企租赁、“种植大户和运销大户+农户”等灵活多样的经营模式，实现贸工农一体化、产加销一条龙的发展格局，使传统低效农业向现代高优农业转变。漳州市万亩现代农业整理示范区，被农业部确定为全国100个蔬菜出口生产基地之一。上海市开展生态廊道土地整治，以“都市多功能农业”为导向，强化农地的景观和休闲功能。浙江省嘉兴市通过高标准规划、政策创新等措施，鼓励和引导农户向新市镇和城乡一体新社区搬迁集聚，优化城乡建设用地结构，推进农村居民点整治。

（二）大部分地方土地整治管理制度不断完善，运作逐步规范

一是积极推进土地整治法制建设。土地整治工作涉及土地权属调整、增减挂钩收益返还、群众权益维护等多个方面，亟须专门法律做支撑。近年来各地积极推进土地整治法治建设，2006年12月，湖南省在全国率先颁布实施了《湖南省土地开发整理条例》，明确了地方各级政府、有关部门的职责和管理要求。贵州省2011年3月1日实施了《贵州省土地整治条例》，明确规定县级以上人民政府为土地整治工作的责任主体，国土资源行政管理部门负责土地整治工作管理和监督检查工作，土地整治机构负责土地整治的具体工作。这为依法开展土地整治工作提供了法制保障。

二是积极创新土地整治管理制度。各地不断完善土地整治项目管理制度，基本建立涵盖群众意愿调查、土地权属调整、规划设计评审、中介机构管理、工程实施监管、竣工验收、资金使用、档案管理等环节的管理制度。宁夏、湖北、河北、广东等省份将土地整治工作开展情况纳入政府效能考核和耕地保护目标责任考核范围。河南省建立了国土部门领导分片包干和督导巡查制度。湖南省、重庆市实行中介服务机构对项目资金使用全程跟踪审计制度，建立由纪委、监察、检察等部门参与的风险防控共同责任机制。黑龙江省实行省政府立项审批和市县政府建设管理“两权分离”，行政把关和技术审查“两线运行”，主管部门和受益群众“两端对接”的工作机制。江苏、广西、云南等省份在项目建设中积极发挥农村集体经济组织和农民的主体作用，让农民参与设计、施工和监督。

三是积极探索建立调控与监管机制。为大力推进土地整治工作，全面完成高标准基本农田建设任务，各地积极探索新的调控手段，初步建立起相关调控制度。江西、云南等省份实施省、市、县三级工作调度会制度。山东省建立了督查制、调度制、参与制、通报制的“四制”监管模式，要求市级国土部门每月在县区轮流召开一次现场调度会，督促进度，交流经验；各县区每周在现场召开一次县区长参加的工作例会，查问题、提要求、保质量、促进度；每月定期对全省土地整治项目进度、工程质量和资金使用情况进行检查，并在全省范围内进行通报。

（三）各地土地整治差异化逐步显现，发展不平衡将更加明显

对29个省份的调研报告进行分析，发现中东部经济发展水平较高的地区，对土地整治工作的认识较深，地方政府对土地整治工作较为重视，积极性较高，推进工作的力度较大，而经济发展水平较落后的部分地区，开展土地整治工作的积极性不高。土地整治工作的目标和实施方式逐步分化，东南部地区以发展现代农业、促进城乡统筹和节约集约用地为目标，逐步引入市场机制，调动社会资本参与土地整治；中部地区以提升耕地生产能力为主，着力促进农民增收和农村发展；西部地区仍沿袭传统的土地整治思维方式，主动性和创新性有限。

二、特色做法

根据调研报告分析，各地土地整治工作的典型做法可归纳为5种模式。

（一）政府主导型模式

目前，多数省份建立了政府主导的土地整治工作模式。地方各级政府成立了土地整治工作领导小组，由主要领导担任负责人，负责统筹指挥和协调，国土、财政、农业等部门负责人为成员，国土部门具体牵头实施，形成推进工作的合力。如山东省、市、县、镇四级政府均成立了以主要领导为组长，分管领导为副组长，监察、国土、财政、农业、林业、水利、审计、检察院等部门负责人为成员的领导小组，形成部门联动、相互配合、齐抓共管的土地整治工作格局，并有效聚合各部门涉地涉农资金，提高了资金使用效能。湖北、湖南、河南、宁夏等省份完善了政府主导、国土搭台、部门联动的土地整治工作机制，土地整治工作成效明显。这种以行政管理为主的工作模式，执行力较强，工作效率高，是在现行管理体制下推进高标准基本农田建设的一种有效模式，有利于保障国家粮食安全，促进土地资源集约利用。当然，个别地方在推行这种模式时也遇到了一些困难，政府主导工程施工招标，工程实施管理责任交给国土部门，有的工程实施管理难度加大，需要进一步完善该模式。

（二）村民自治型模式

在国家政策的鼓励下，各地积极探索土地整治实施主体改革方式，将项目实施主体交由农村集体经济组织承担。项目由农村集体经济组织向国土管理部门申请，经当地国土管理部门审查同意后，开展项目规划设计与报批工作，再由农村集体经济组织负责实施。如2012年11月，广西壮族自治区国土资源厅、财政厅、农业厅联合出台《自治区鼓励农民自发开展“小块并大块”耕地整治以奖代补专项资金管理暂行办法》，鼓励农村集体经济组织或农民开展土地整治工作。2008年，重庆市垫江县白家镇也实施了农民联户开展土地整治工作试点，取得了明显成效。江西省贵溪市成立村级土地整治理事会，充分发动村民全程参与土地整治工作。河南省邓州市实行“四议两公开”做法，即将开展土地整治工作的决策权、实施权交给村集体经济组织，由党支部提议、村支两委商议、党员大会审议、村民代表大会或村民大会决议，并公开决议结果和实施结果，确保了群众的知情权和参与

权，得到了群众的大力支持。这种模式是农民用国家的钱整自己的地，激发了基层组织和农民的积极性，实现土地整治目标与农民土地利用意愿的有效结合。但是这种实施模式，要求农村集体经济组织的组织能力和管理能力较高，需要相关部门的技术指导，资金安全和规范使用存在一定的风险。

（三）市场导向型模式

部分省份充分发挥地缘和市场化程度较高的优势，以市场需求为导向，引入社会资本，发展现代农业和特色农业。湖南省望城县光明村实施土地整治后，成立了湖南省第一家土地流转合作社，采取村民入股、合作社开发等形式对 800 亩水田、1400 亩旱田和 4000 亩山林进行集中流转，引进 9 家蔬菜企业和 5 家生态园企业落户项目区，促进土地承包经营权向农业公司、农民专业合作社集中流转，优化了农业产业结构，实现了土地变“资本”、农民变“工人”，促进了城乡统筹发展。四川省成都市 2010 年建立了“持证准用”的建设用地指标交易制度，吸引近百家企业、100 多亿元社会资金投入土地整治中。浙江省嘉实集团参与秀洲区陡门村土地整治、卡森集团参与海宁市斜桥镇华丰村土地整治。这种模式有利于将各级管理部门从具体事务性工作中解脱出来，加强实施监管，加快建设进度，但要求当地市场化和农业组织化程度高，农村集体经济组织谈判能力较强，并要建立投资者权益保护制度，对企业投资经营期满后，相关投资形成的固定资产交回原农村经集体经济组织需要有相关政策规定。

（四）综合整治型模式

随着土地整治实践的深入和农民改善生产生活条件需求的增长，土地整治内涵和外延不断拓展，以农用地为主的土地整治逐步向农用地和农村集体建设用地综合整治转变。2009 年，《国土资源部关于促进农业稳定发展农民持续增收推动城乡统筹发展的若干意见》启动“万村整治”示范工程建设。2010 年 5 月，国土资源部和财政部与 10 个省份签订了示范省建设协议，开展了田、水、路、林、村综合整治，土地整治与新农村建设结合更加紧密。四川、江苏等多个省份开展了土地综合整治，特别是湖南省委省政府下发了《关于推进农村土地综合整治的意见》（湘发〔2009〕26 号），明确实施“千村示范万村整治”，集中连片开展田、水、路、林、村综合整治，受到广大农民的欢迎。目前多个地方均实施了“全域规划、科学分区，集中连片推进”的全域整治方式，土地整治品质不断提升。这种模式有利于优化土地利用结构和布局，促进农用地规模化和产业化经营，进一步改善村庄面貌，推进城乡一体化进程，发挥土地整治的示范和带动效应。

（五）城乡互动型模式

各地以增减挂钩政策为支撑，积极探索农村集体建设用地整治的新模式，优化城乡建设用地布局，促进农村集体建设用地节约指标有序流动，进一步盘活农村闲置、低效用地，解决城市建设缺土地、农村建设缺资金的难题。四川省成都市整治农村新型社区和聚居点 1400 多个，配套建设 13 项公共服务配套设施，改善了近 30 万户 90 余万农民的生产生活条件，初步实现了农村生活与城市生活等值的目标。重庆市地票交易制度是城乡互动型模式的典型代表，它结合户籍制度改革，唤醒“沉睡的”农村土地资产。上海市实行城市化推进型和乡村更新型土地整治。江苏省实施万顷良田建设，促进农村承包经营权的流转，完成“农民”向“市民”转变。实施这种模式，需要国家相关配套改革的共同推进、深化土地使用制度改革和建立城乡土地统一市场，完善市场交易机制，充分发掘农村集体建设用地的市场价格。

三、有关建议

（一）开展土地整治实施模式评价，提出推进改革创新的指导意见

当前大多数地方对开展土地整治工作的积极性较高，土地整治管理制度不断创新，实施方式也不断成熟和固化，区域特色初步显现。为了进一步引导和提升各地开展土地整治工作的水平，应组织对各种实施模式进行评价，认真总结各种模式的具体做法、不同模式的运行效果以及存在的问题，提出修改完善建议，形成以实施模式推进管理方式改革创新的指导意见，建立规范的、可复制的土地整治模式。

（二）加强制度建设指导，积极推进实施模式和管理方式相互协调

应当开展土地整治制度建设培训工作，指导地方的制度建设工作，提高地方对不同实施模式和管理方式的不同绩效的认识，自觉调整管理方式或实施模式，推动地方长期坚持和固化相对成熟的做法，形成特色模式，并根据实施模式的需要逐步改革管理制度，使管理方式和实施模式相互匹配和协调，不断提升土地整治工作绩效。对土地整治制度建设或管理方式落后的地方，加强专项督导，改变其落后现状，形成全国整体推进土地整治工作的新局面。

（三）开展土地整治差别化管理政策研究，加大政策储备和制度供给

在对各地土地整治做法和经验进行总结与提炼的基础上，分析不同区域不同经济发展阶段对土地整治工作的需求，结合各地开展高标准基本农田建设、促进现代农业发展、社会主义新农村建设和城乡统筹发展的实际，按照《全国土地整治规划（2011—2015 年）》确定的目标任务，研究制定土地整治差别化管理政策，鼓励地方围绕国家任务的实现，积极改革创新，主动作为，构建保障和促进土地整治事业持续健康发展的新机制。

关于土地整治绩效评价工作的思考*

国土资源部土地整治中心实施管理处　张　燕

土地整治绩效评价是根据设定的绩效目标，通过选取评价指标、确定评价标准，以及运用一定的评价方法，对专项资金的分配使用及其安排项目的实施管理、建设成效等进行的综合性评价，旨在更好地实现土地整治目标，持续改善土地整治运行管理手段，建立健全激励约束机制，不断提高土地整治能力和专项资金使用绩效，促进资金管理的规范化、科学化。对于土地整治而言，如何在引入绩效评价概念的同时，进一步拓展和丰富内涵，切实发挥绩效评价的功用，使其成为推动和强化土地整治实施监管的有效手段，值得深入研究和思考。

一、土地整治绩效评价工作的制度基础

（一）建立健全土地整治绩效评价制度是国家政策的一贯要求

2008 年以来，财政部和国土资源部（以下简称两部）连续下发 5 个文件（含 1 个修订文件），对建立健全新增建设用地土地有偿使用费（以下简称新增费）等土地整治专项资金绩效评价制度作出规定。

2008 年 4 月，两部首次在《中央分成新增建设用地土地有偿使用费资金使用管理办法》（财建〔2008〕157 号）中提出，省级财政、国土资源管理部门要建立健全新增费的绩效评价制度，新增费资金的分配要与绩效考评结果相挂钩。同年 8 月，《关于进一步加强土地整理复垦开发工作的通知》（国土资发〔2008〕176 号）规定，部和省级国土资源部门要定期分析项目建设、资金征收和使用情况，实施绩效评价和动态监管。2009 年 7 月和 10 月，两部又相继在《关于中央分成的新增建设用地土地有偿使用费分配使用及管理有关事项的通知》（财建〔2009〕286 号）和《关于加强土地整治相关资金使用管理有关问题的通知》（财建〔2009〕625 号）中进一步明确，省级财政、国土资源部门要加强对新增费分配、使用及项目管理、项目实施、项目后期维护的绩效考评和监督检查，促进资金管理的规范化、科学化；要抓紧制定和完善土地整治相关资金使用监管制度，加强对资金使用的监督检查和绩效考评。在 2012 年 4 月印发的《新增建设用地土地有偿使用费资金使用管理办法》（财建〔2012〕151 号）中，两部对财建〔2008〕157 号文有关内容作了修订，不仅将地方留成新增费正式纳入国家监管范畴，更明确提出各级财政、国土资源管理部门要建立健全新增费使用管理的绩效评价制度，逐步完善绩效考评工作，并将新增费资金的分配与绩效考评结果相挂钩。5 个文件，从建立中央分成新增费绩效评价制度、实施土地整理复垦开发项目绩效评价，到加强土地整治相关资金使用绩效考评，再到建立

---

* 本文原发表于《土地整治动态》2013 年第 7 期（总第 569 期）。

健全绩效评价制度、完善绩效考评工作，国家推进土地整治绩效评价工作制度化、常态化的意图越来越强、要求越来越高。

（二）实施绩效考核评估是国家加强重大项目监管的重要手段

2009 年以后，为整体连片推进土地整治，充分发挥资金统筹使用的规模效益，国家批准实施了土地整治重大工程和示范省建设，并要求对统筹使用的相关资金加强监管与考评。2010 年 5 月，两部与 10 个省（区）人民政府签订整体推进农村土地整治示范协议，明确提出，“为加强对示范区建设及资金使用的监管和指导，应建立绩效考核制度，对示范区建设实施效果进行考核评估。”

二、国内相关部门绩效评价的制度设计

他山之石，可以攻玉。为科学合理设计土地整治绩效评价工作流程和指标体系，我们对财政、农发等部门和部分省份制定出台的绩效评价管理办法进行了收集整理和分析研究。

（一）相关部门和地方机构工作进展概况

2001 年，财政部首次提出对中央财政预算安排项目实行绩效考评制度，并陆续下发和修订多个文件，不断完善财政支出项目绩效评价有关内容。随后，农发、林业、发改等部门根据各自工作职责，以加强部门履职和提升工作水平为目的，相继出台文件推进绩效评价工作。

一些省份也结合实际，在土地整治等方面做了大量基础研究和实践探索。宁夏、黑龙江 2009 年启动土地整治重大工程绩效评价研究，初步形成重大工程项目绩效评价管理办法和工作规程等成果，并开展试点应用；河北、江西分别制定出台《河北省国土资源专项资金项目绩效评价实施办法（暂行）》（冀财预〔2011〕72 号）和《江西省土地整治项目绩效评价暂行办法》（赣财建〔2013〕56 号）；山东省财政厅和国土资源厅正在会商制定《土地整治项目绩效考评办法》。目前，江西、山东两省正积极准备，计划下半年对全省示范建设项目进行绩效评价，为制定完善省级办法和例行开展评价工作奠定基础。

（二）相关部门和地方机构制度设计情况

（1）评价对象。都是对某一或几种类型资金安排的项目或是对某一或几种类型项目开展绩效评价，项目是开展资金支出评价或项目绩效评价的主要载体。

（2）评价内容。绩效评价都涉及项目管理、资金管理、项目产出、项目效益等内容，有些部门合并了项目和资金管理的内容，有些部门单设了综合管理评价，作为项目管理的补充。对于项目管理，主要考评程序管理、组织实施、制度建设与执行等；对于资金管理，主要考评资金筹集、分配、拨付、支出、使用管理等；对于项目产出，主要考评产出数量和质量等；对于项目效益，主要考评经济、社会、生态等效益。

（3）指标设计。一是基本选取与绩效目标直接和密切相关的指标；二是过程评价指标（如项目、资金、综合管理等）与结果评价指标（如产出、效果、绩效目标等）的权重基

本相当，财政资金项目更侧重产出和效果评价，农发和地方土地整治项目更侧重过程管理评价；三是根据评价层级和对象，考虑指标设计的差异性。

（4）评价方法。主要选择标杆管理法评价模型，如财政部以预算部门在申请预算时填报的绩效目标为标杆，江西省以项目实施后预期达到的绩效目标为标杆。从执行效果上看，事前设立的绩效目标作为编报、审核和批复预算的重要依据，对预算执行和管理能起到更强的控制与约束作用。

（5）评价程序和方式。从组织管理上说，一般采取分级指导、分类评价的方式开展工作，上级部门组织指导下级部门进行自评，对下级部门有选择地开展绩效评价或再评价；从工作流程上说，一般按照确定评价对象、下达评价通知、成立评价组织、制定评价方案、收集审核材料、形成评价结果、提交评价报告、建立评价档案等程序开展工作；从评价方式上说，采用自行组织或委托评价方式开展。

（6）评价结果和应用。采取评价、评分、评级相结合，通报评价结果，在适当范围内公开，作为以后年度预算安排和资金分配的重要依据。

（7）制度管理体系。财政部和国家农发办开展绩效评价时间较长，均建立了较完善的制度管理体系，印发的办法均规定了绩效评价的对象、内容、评价指标、标准、方法和结果应用。此外，财政部在办法中还特别明确了绩效目标、组织管理、工作程序和绩效报告，附带出台了《财政支出绩效目标申报表》、《财政支出绩效评价指标框架（参考）》、《财政支出绩效报告（参考提纲）》、《财政支出绩效评价报告（参考提纲）》和《财政支出绩效评价工作流程图》，这些附件连同办法形成的绩效评价制度体系，不但具有约束力，还对地方开展绩效评价起到了很好的指导作用。

三、对土地整治绩效评价制度设计的一些思考

中央分成新增费分配方式调整后，为强化资金使用的宏观调控和监督管理，两部下发多个文件对开展土地整治绩效评价做出制度安排，但至今未制定出台专门的规范性或指导性文件对有关程序要求进行细化明确。

土地整治绩效评价工作的制度化、规范化和常态化，依赖于科学合理的制度设计和健全完善的技术体系。按照“工作推动、标准先行、政策跟进、逐步完善”的思路，力争在“十二五”时期，通过 2 ~ 3 年土地整治重大或特定项目绩效评价的先期示范和经验积累，总结一套有效、可行的组织架构和工作模式，提炼上升为国家制度和标准，最终在宏观监管层面形成有管理办法作统领、标准规范作支撑、工作通知作部署、操作手册作指导的制度架构。具体来说就是，两部联合制定出台《土地整治绩效评价管理办法》，为指导开展绩效评价提供政策依据；制定发布《土地整治绩效评价规程》（行标），为规范开展绩效评价提供技术支撑；两部根据经济社会发展需求和年度工作重点，制定印发土地整治绩效评价工作通知，并配以专门的操作手册，为部署开展绩效评价提供技术指南。

（一）明确评价对象是开展绩效评价的前提

按照国家规定，两部有职责对土地整治专项资金及其安排项目的实施管理情况进行绩效评价。根据文件要求，土地整治资金实行专款专用并落实到项目，因此，通过对项目的

绩效评价可以实现对资金的追踪问效，也可以通过考评项目的组织实施和运行管理，实现对项目承担单位或项目主管部门工作管理的考评。土地整治绩效评价之初，可优先选择对完工或验收的重大项目开展评价，逐步推广至各级各类项目，同时划分评价类型和层次，市（县）部门组织实施各级各类项目评价，省级部门以国家和省重点项目评价为主，两部以国家重大项目或重大专项资金评价为主。

（二）设定绩效目标是开展绩效评价的基础

绩效评价是对绩效目标实现程度及为实现绩效目标所安排预算执行结果的考核。土地整治绩效评价即是对各级人民政府（或国土和财政部门）按照有关政策组织实施土地整治项目，及为项目建设所安排专项资金使用管理情况的综合考评。土地整治绩效评价之初，建议以具体项目为抓手，将审批立项和规划设计有关内容（如项目特性表等）作为项目绩效目标，以其实现程度来考评专项资金的使用绩效；随着工作不断推进，再逐步纳入绩效目标管理审核的内容，将绩效目标作为项目立项和批复预算的重要依据之一，同时不断扩充对专项资金使用管理绩效的考评，逐步将不以项目形式安排使用的专项资金纳入考评范围，最终实现对各级各类专项资金征收、分配、使用和管理情况的考评。

（三）构建评价指标体系是开展绩效评价的关键

评价指标是衡量绩效目标实现程度的考核工具，评价指标应能充分体现国家监管要求，最能反映评价对象实施效果，适当揭示政策激励方向，并与绩效目标直接相关。评价指标应尽可能量化可比，降低人为干预和主观判断对评价结果的影响；适当平衡项目实施行为、实施过程和实施效果指标权重的关系；考虑地域差异和项目特色，设置开放性指标接口；区域性评价应设计土地整治规模效应和对宏观环境影响的评价指标。土地整治绩效评价之初，在绩效目标不明确、政策标准不健全、备案信息不完备的情况下，可以结果评价为主、过程评价为辅，一是通过评价及时掌握实情，二是通过评价督促报备信息，三是通过评价促进加强监管。随着工作不断推进，可逐渐提高过程评价权重，实现以评价促监管、提绩效。

（四）培养评价机构队伍是开展绩效评价的保障

开展绩效评价目前主要有两种方式，一种是组织相关部门人员开展评价或自评，另一种是委托指导专家、中介机构等第三方开展再评价或评价。不论是自主式还是委托式，都应优先培养、稳固一支国土资源系统内部的专业评价队伍。随着土地整治绩效评价的常态化发展，更需要由具备相应能力、人员相对稳定的专门机构来组织实施例行评价、年度评价、前中后期评价等各项考评工作。

（五）加强评价结果应用是开展绩效评价的抓手

奖惩机制是绩效评价制度体系的重要组成部分，其核心是对实施行为的塑造。绩效评价制度不仅是明文规定的规章制度，更是实际发生的奖惩机制。关于土地整治绩效评价结果的应用，国家政策有明确规定，要“将新增费资金的分配与绩效考评结果相挂钩”。制度设计中，应进一步强化和落实有关要求，在一定范围内、有选择地公开绩效数据和评价结果，并根据考评结果实施奖惩。通过绩效评价，在土地整治行业内树立标杆、培育典型，形成示范效应，督促各地在“比、学、赶、帮、超”中，切实采取措施加强监管、提升绩效、改进工作。

（六）制定评价规程和手册为开展绩效评价提供技术指导

为落实两部文件精神，统一、规范指导绩效评价工作的开展，2008年部中心正式启动土地整治项目绩效评价课题研究。2011年，在已有研究基础上，结合新形势和新要求，部中心设立“土地整治项目成效调查和绩效评价”专题开展深化研究，形成了《土地整治绩效评价规程（建议稿）》、《土地整治绩效评价操作手册》等技术成果，并于2013年4月通过专家评审验收，其成果之一《土地整治绩效评价规程》也列入2011年国土资源标准制修订计划。目前，我们正在修改完善有关成果，待征求有关部门和地方意见后，以行业标准发布实施。

（七）合理布局工作为开展绩效评价积累实践经验

推进土地整治绩效评价工作的总体思路是围绕土地整治事业发展大局，以实现三个业务定位为导向，即作为强化实施监管手段的主线业务、落实绩效考评制度的长线业务、支撑发布年度土地整治蓝皮书的核心业务；以促进形成土地整治实施监管“双轮驱动”工作格局为目标，即深化开展以例行检查、专项稽查、重点督查为主线的日常实施监管，不断推进以过程管理、结果考核为主线的绩效评价；以中央支持重大工程和示范建设考核评价为突破，按照“完善基础、重点切入、先期示范、逐步推开”的部署，有序推进土地整治绩效评价工作。鉴于目前工作基础，我们建议2013年重点以示范建设总结收口为契机，组织开展10个示范省建设绩效评价工作；2014年重点对已完工重大工程建设情况进行绩效评价；2015年重点开展116个基本农田保护示范区或500个高标准基本农田示范县建设绩效评价；“十三五”期间，逐步推广并建立分级分类的土地整治绩效评价工作体系。

德国不同地区土地整治模式及经验借鉴*

〔按〕德国是世界上最早开展土地整治的国家之一，其历史可以追溯到中世纪。在不同发展阶段和不同区域，德国土地整治的侧重点有所不同，但从本质上都体现了对土地利用布局和土地关系的调整。2013 年，国土资源部土地整治中心在德国汉斯·赛德尔基金会和德国国际合作机构资助下，选派多人赴德进行了培训学习，以下两篇文章分别以德国东南部的巴伐利亚州（原属西德地区）和东北部的梅克伦堡-前波美拉尼亚州（原属东德地区）为例，介绍了德国的土地整治工作，希望能对我国的土地整治事业发展有参考借鉴意义。

服务于乡村发展政策的德国巴伐利亚州土地整理及其对我国的启示

国土资源部土地整治中心国际合作与科技处　肖　文

在欧盟乡村发展政策指引下，德国巴伐利亚州（以下简称巴州）长期致力于以提高农林业竞争力、加强自然资源和环境保护、乡村经济多元化和提升乡村居民生活质量为目标的乡村发展。乡村发展政策为乡村地区发展注入新的动力，带来新的生机。土地整理在乡村发展中起到重要作用。巴州通过开展土地整理项目合并地块、完善农林业基础设施，进一步促进农林业发展，提高管理效率，增强农林业竞争力。同时，加强自然生态环境与人文景观保护，促进地区旅游业及其他产业发展。巴州土地整理类型和目标多样，旨在配合实现各项乡村发展目标，是促进乡村发展的重要措施。

一、巴州土地整理概述

（一）巴州土地整理的历史演变

德国土地整理服务于乡村政策。随着乡村政策在不同历史时期的发展和变化，德国土地整理也经历了变革，其中德国巴州具有较强代表性。

德国的土地整理始于巴州。1886 年，巴州以法律的形式正式明确了“土地整理”的概念、目标、实施机构和实施程序。由于当时对乡村发展的认识主要局限于提高粮食产量，因此土地整理的目的是通过合并分散的田块和调整田间道路来提高农业生产力。第一次世界大战后，土地整理的目的和内容得到了扩大，增加了居民点改造和农业基础设施建

* 本文原发表于《土地整治动态》2013 年第 9 期（总第 571 期）。

设等内容。第二次世界大战后，联邦德国于1953年在巴州土地管理法律规范的基础上，制订并颁布了德国第一部《土地整理法》，该法典明确土地整理以保护国内粮食安全为主要任务，提出要通过地块合并等方式，合理调整地块结构，促进机械化、规模化农业生产以及加强农业基础设施建设，完善道路和水利设施建设，进行荒地开发、土壤治理。20世纪70年代，简单提高粮食产量已不再是乡村政策的首要目标，人们开始意识到曾经的土地整理工作破坏了原有良好的生态环境，对地区生物多样性和生态平衡产生了巨大影响，于是随着乡村政策的改变，德国土地整理的内容又增加了景观和环境保护，旨在追求经济、社会、环境效益的协调统一。

20世纪80年代后期，随着欧盟乡村发展政策（Rural Development Policy）的提出和完善，巴州土地整理得到很大发展，外延进一步丰富。1988年，巴州政府提出了《巴州通过土地整理与村庄更新促进乡村发展的纲要》（以下简称《纲要》）。《纲要》仍将促进农业发展、提高农林业生产管理效率作为土地整理的目标之一。但此时提高粮食产量已不再是土地整理的目标，相反，避免生产过剩成为新的目标。同时，《纲要》将保护人文自然景观、促进乡村发展、落实公众参与确定为土地整理的目标。根据新的目标要求，确保巴州农林业竞争力，恢复、规划和维护受到破坏的农业景观，改善当地居民的生活和劳动条件，以及保护自然生态环境成为土地整理的主要任务。

纵观巴州土地整理的发展历程，促进农业发展始终是其重要目标和任务。但是其具体指标经历了两个重大转变：一是由最初盲目追求粮食产量提升转变为如今的追求农业生产效率和竞争力提高；二是由最初不顾忌对生态环境产生的影响转变为大力保护生态环境和人文景观。

（二）巴州现行土地整理的概念和类型

根据1976年修订的《土地整理法》，德国将土地整理定义为：为改善农林业的生产和工作条件，促进土地改良和乡村发展，对乡村地块进行调整。其整体目标是支持乡村发展，具体包括改善农林业基础、维护自然生态平衡、保护乡村地区人文景观、促进经济多样化和提高乡村生活质量。

巴州土地整理类型多样，主要有常规土地整理、工程土地整理、简单土地整理、快速合并土地整理以及自由土地交换等。不同的土地整理类型服务于不同的乡村发展目标。地方乡村发展局通常根据实践中土地整理项目的复杂程度和具体目标，决定开展何种类型的土地整理项目。

二、欧盟乡村发展政策概述

（一）乡村发展政策的历史演变

如前所述，自20世纪80年代中期以来，巴州土地整理内容得到了丰富，其主要原因是贯彻实践了欧盟乡村发展政策。事实上，无论是德国还是整个欧洲一直关注乡村发展问题。1988年，欧洲提出了有关“乡村发展的未来”及“乡村发展展望”等倡议，将欧洲未来乡村发展问题提上了议事日程。

1996年，欧盟在爱尔兰寇克（Cork）第一次召开关于乡村发展的欧洲乡村发展研讨会——“一个生机勃勃的乡村”。寇克会议使人们充分认识到乡村的重要性和广阔发展前景。在1999年召开的柏林峰会（Berlin Summit）上通过的“2000年议程”正式将乡村发展作为欧盟共同农业政策的“第二支柱”，确立了其重要地位。在此基础上，欧盟提出了乡村发展政策（2007～2013）（Rural Development Policy 2007～2013），指导欧盟乡村发展公共资金和各国、各地以及私人在乡村地区投资的分配，实现可持续乡村发展。这项政策的目标是支持乡村地区的经济增长，创造更多就业机会，满足消费者对食品质量和安全的要求，进一步增加乡村地区在环境保护方面的主导作用，改善乡村地区的生活条件，让农民生活富裕起来。

（二）乡村发展政策（2007～2013）的内容

乡村发展政策（2007～2013）目前包括以下核心内容：①对农业和林业的支持，以提高农林业竞争力；②对农民和林农在环境管理方面的支持，包括生物多样性管理、污染控制、景观维护以及在原有农田上植树等方面，以改善环境；③促进乡村经济和文化活动多样化，以提高乡村地区生活质量。

（三）乡村发展政策（2007～2013）的架构

乡村发展政策（2007～2013）主要侧重于提高农林业竞争力、提高乡村环境质量以及鼓励乡村经济多元化发展，提高乡村地区生活质量等3个主轴（Thematic Axes）。在新一期乡村发展政策中，欧盟把目前对乡村地区的投资资金合并到“欧洲农业乡村发展基金（European Agricultural Fund for Rural Development，EAFRD）”，这一基金专门用于支持乡村发展。自此，欧盟乡村发展政策实行由一个基金对乡村发展资金的投入、管理和审计统一管理的模式。

为了实现各主轴的协调发展，各成员国有义务在所有项目中平衡分配乡村发展基金。同时，各成员国还应当支持leader+项目（Leader Community Initiatives），leader+实际是前3个主轴的补充，目的是综合协调乡村经济项目之间的联系。德国在开展土地整理、村庄革新等乡村发展项目时，需严格遵守乡村发展政策，并从欧洲农业乡村基金中获得一定资金支持。

（四）城乡等值理念的内容

欧盟乡村发展政策（2007～2013）的第三个目标是鼓励乡村经济多元化发展，提高乡村地区生活质量。那么，实践中应当运用什么指标来考察乡村地区生活质量呢？巴州提出了“城乡等值”理念。城乡等值，指在城乡建立等值的生活、工作与交通条件，保持和建立同等的公共服务，保护水、空气、土地等自然资源。巴州城乡等值化发展并非简单的同质化发展，恰恰相反，巴州在提出城乡等值理念的同时，也强调乡村独有经济结构、文化、景观特征的保护。

巴州土地整理以在乡村地区创造与城市等值的生活和工作条件为理念。其认为，理想的乡村生活应当形成人与自然的和谐相处，不影响或最低程度影响地区生态环境是在乡村地区开展各种活动的前提条件。

在乡村经济结构方面，以第一产业为基础，多元化乡村地区经济结构，为乡村居民提供更多就业机会和更好的工作条件。第一产业仍然是乡村的重要产业之一，但是要在充分保护生态环境的前提下，开展高效的农林业生产活动。同时，乡村地区对于人类的贡献不应仅局限于提供粮食和农业产品，巴州鼓励乡村经济在生态导向的市场中实现多元化发展，如大力发展旅游产业；在设施建设方面，乡村地区建立与城市地区同样的水资源供应与污水处理系统、道路管网、垃圾处理等基础设施，同时建设高质量的房屋和娱乐场所，为居住在乡村地区的居民提供与城市同样便利和优质的生活条件。除了工作条件和生活条件的“等值”外，乡村地区还拥有其独特的生态环境和人文景观，这些都是乡村地区宝贵的地方特色，是其巨大吸引力所在。居住在乡村地区的居民，可以拥有良好的工作条件与生活条件，同时享受乡村独有的美好环境，这样的生活就是巴州所追求的“城乡等值”的美好乡村生活。

三、巴州土地整理与乡村发展政策的关系

在巴州，得益于于乡村发展政策，土地整理的外延得到进一步丰富。土地整理工作不再简单服务于提高粮食产量，而是兼顾维护生态平衡和自然文化景观，以及实现区域空间规划、促进城乡发展特别是乡村地区发展，从而实现乡村发展政策各项目标。

巴州土地整理在以下方面落实了乡村发展政策3大主轴：一是支持农林业发展，提高农林业竞争力方面。巴州通过开展土地整理项目实现地块合并、权属调整，为农林业规模化生产打下良好基础。如前所述，20世纪50年代，巴州土地整理以改善农林业基础设施，盲目提高农林业产量为主要目标，土地整理类型以工程建设类为主。随着乡村发展政策的萌芽和发展，基于完善的基础设施，土地整理逐渐侧重于通过进一步合并地块、基础路面修缮等措施，促进农场化生产，进一步提高农林业竞争力和管理效率。

二是维护人文自然景观，改善环境方面。通过开展以改善环境为目标的土地整理项目实现相应乡村发展目标，是巴州土地整理规划中重点考虑的内容。巴州非常注重生态保护，例如：其农田并非整齐划一的田块造型，多为整齐但不具有统一造型的田块，并不时有灌木丛或小河贯穿其中。很多小镇简单土地整理项目的内容就是恢复田间河流，把曾经修建的笔直河道改回蜿蜒自然状态，这样不仅有利于美化自然景观，同时有更好的泄洪效果。又如田间道路的修建标准。巴州共有3种类型，分别为坚固的沥青水泥路、两道车辙水泥路及砂石路面。车流量大的主要干道，采取第一种类型；车辆并不密集的次干道，多采用第二种类型，以节约经济成本，减少对生态环境的影响。在车辆很少的乡间道路上，则采取第三种类型，以进一步降低成本，更好地保护生态环境。

三是促进乡村经济和文化活动多样化，提高乡村地区生活质量方面。通过开展土地整理项目实现地块权属调整，为各项开发建设活动预留足够的空间，促进城乡等值化发展。如根据空间规划和地方建筑规划，为农业用地向建设用地转换做好筹备、为修建高速公路等公共基础设施用地提供保障。为了鼓励地产所有权人通过土地整理项目进行地块和权属调整，巴州土地整理中设立了相应的土地权属调整激励机制，如在土地整理项目中进行土地买卖流转将不收取流转税费，政府通过土地整理项目为农民免费提供农地置换服务。此外，巴州还通过土地整理项目优化乡村地区的生态人文景观，促进乡村地区旅游业发展。

四、启示与建议

（一）在实践中进一步丰富土地整理的类型和功能

通过开展土地整理项目，乡村发展政策和城乡等值理念在巴州取得了很好的效果：一是在实现农林业竞争力方面，通过土地整理项目，进一步合并地块，在不破坏自然资源的前提下，加强农业规模化生产，切实提高了地区农林业的竞争力；二是在保护乡村自然资源方面，通过土地整理与村庄革新等手段，保护地方自然环境，维护历史建筑，保留地方人文特色，充分发挥毗邻阿尔卑斯山的天然优势，挖掘旅游业发展潜力；三是在改善乡村地区居民的生活质量，促进经济活动的多样化方面，利用土地整理项目完善基础设施建设，提高乡村地区交通、污水处理、能源供给等公共服务水平，同时通过引进高新技术产业和发展旅游业，优化乡村地区经济结构，为当地居民提供良好的工作和生活条件，实现城乡等值发展。

可以说，巴州土地整理与共同农业政策等乡村政策有着密切的联系，土地整理作为促进乡村地区发展的重要抓手，类型多样，始终服务于不同时期的乡村发展目标。由此，土地整理工作重点的转变与乡村发展政策的变化有着密切的关联性。在20世纪50年代，当乡村发展政策着重于农林业补贴以提高农林业产量时，土地整理的主要任务为加强农林业基础设施建设，提高粮食产量，保障国家粮食安全。当20世纪70年代后期，人们对乡村的认识发生改变，提出乡村发展政策和等值城乡发展理念时，土地整理的外延也得到相应丰富。

我国早已提出田、水、路、林、村综合土地整治理念。国土资源部于2003年发布的《全国土地开发整理规划（2001—2010年）》就已对土地整理做出如下较为全面的定义：土地整理是指采用工程、生物等措施，对田、水、路、林、村进行综合整治，增加有效耕地面积，提高土地质量和利用效率，改善生产、生活条件和生态环境的活动。然而在实践中，土地整理在乡村发展中起到的作用仍主要集中在提高农林业生产力方面，如进行农田基础设施建设等。笔者认为，在实践中，有选择地借鉴巴州土地整理与乡村发展政策紧密结合的成功经验，丰富土地整理类型和功能，可使其更加具有针对性地服务于我国社会主义新农村建设，促进“三农”、“三化”发展，为我国城乡统筹协调发挥更重要的作用。

（二）进一步加强土地整理在提高农林业效率和竞争力方面的作用

虽然巴州土地整理内容丰富，但是一个多世纪以来，提高农林业生产效率和竞争力始终是其不变的主要任务和目标。100多年前，德国农业人口占全国人口70%左右；现在，德国农业人口仅占全国人口的2%。在1967年，农场平均面积为13公顷（195亩）；现在，通过土地整理实施农场规模化生产后，农场平均面积为35公顷（525亩），并且这个数字仍在进一步扩大。德国农业人口减少的背后并非农地的大量荒废和粮食进口依存度的提高，取而代之的是规模化、机械化农场生产，农业现代化程度的大幅提升。在巴州，几乎看不到农户在田间插秧、用牛车耕种的景象。规模化、机械化生产在解放乡村劳动力的同时，也极大地提高了本国农林产业的竞争力和管理效率。土地整理在这一过程中起到了重要作用。通过土地整理，合并田块，调整权属，修建田间道路、水利设施等农业基础设施，为实现大规模机械化生产奠定了良好的基础。

在提高农林业效率和竞争力方面，我国土地整理的任务和德国土地整理非常相似，主要包括土地平整、地块合并、农业基础设施修建以及土地权属调整等。建议进一步加强我国土地整理在提高农林业效率和竞争力方面的辅助作用，有针对性地在条件比较成熟的地区开展土地整理项目，平整土地并进行权属调整，为机械化、规模化农业生产铺平道路。

（三）在土地整理过程中进一步加强对乡村地区生态环境和人文景观的保护

巴州土地整理可谓走过一段“弯路”，其曾经历过盲目追求粮食产量而忽视了对生态环境保护的时期，并在认识到环境保护的重要性后不惜开展专门土地整理项目“复原”被整理地区。虽然我国土地整理对生态环境保护的重视程度正不断提高，如在土地整理中增加了对生物多样性的保护等，但是其保护程度和力度较当今德国土地整理还有一定差距。同时，对于历史遗迹、具有地方特色历史建筑等人文景观的维护还相对不足，不利于文化传承。

因此，笔者建议在开展土地整理项目及其他乡村发展建设活动中，加强对自然资源、生态环境和乡村特有人文景观的保护，增强乡村地区的原有特色和地区居民的文化认同感。在细节设计中，更多地融入生态保护、人文景观保护理念，如修建生物多样性保护区、尽量减少田间道路水泥、沥青的利用、在修建沟渠时为青蛙等野生动物提供“逃生通道”等。

（四）通过土地整理促进乡村经济多元化发展

巴州乡村发展政策的成功还体现在促进乡村经济多元化发展方面，其为乡村地区的发展注入了新的活力。乡村地区主要从事第一产业，但是随着农业生产机械化程度的不断提高，越来越多的乡村富余劳动力投入其他产业的生产活动中。巴州为了解决乡村地区劳动力就业，缓解人口大量从乡村流向城市带来的地区发展不平衡、城市地区压力过大等问题，积极鼓励高新技术企业进驻乡村地区，同时大力发展乡村地区旅游产业，通过科学的土地规划和开展各类整理项目，提供健全的基础设施和生产用地保障，在提供就业机会的同时，带动了当地经济发展。笔者建议在提高我国农林业竞争力的基础上，利用有针对性的土地整理项目，进一步推进乡村经济多元化发展。可根据不同地区实际情况，充分借鉴巴州的实践经验及总结我国农家乐、生态采摘等典型试点，进一步因地制宜地推进乡村地区经济多元化发展。

德国东部地区土地整理模式综述

——以德国梅克伦堡－前波美拉尼亚州为例

国土资源部土地整治中心　周　同

土地整理在欧洲开始于13世纪，发展于第二次世界大战结束之后。德国的土地整理，无论是在制度、理论、技术等方面都具有一定的代表性，特别是德国东部地区的土地整理，其发展阶段、目标、工作内容、意义，都与我国有一定的相似之处，在开展过程中也积累了很多好的经验，值得我们借鉴。

一、概　　述

德国位于欧洲中部，总人口 7910 万，是欧洲人口密度最大的国家之一。国土面积 35.7 万平方千米，其中，农用地占国土面积的 53.5%，森林覆盖率达到 29.5%。梅克伦堡－前波美拉尼亚州（Mecklenburg－Vorpommern）位于德国东北部，是由原梅克伦堡州约三分之二的区域以及普鲁士时期的波美拉尼亚州西部，还有普里格尼茨（Prignitz）的一部分地区和北部的乌克马克（Uckermark）组成。

第二次世界大战后，大批德国居民被波兰、匈牙利等东欧国家驱逐。东德地区农业生产力低下，新移民迁返东德后，为了维持生计，在境内开荒进行农业生产，在人为影响下，田块变得零乱、破碎。为了提高粮食产量，德国政府无偿占用大片森林组织开展农业生产。在缺少相关制度政策的约束下，大量权属纠纷频繁涌现，大批植被被破坏，水土流失现象日趋严重，自然灾害频发，生态环境受到严重威胁。为有效缓解各类威胁与矛盾，德国政府组织开展土地整理，先后经历了以下三个阶段：

（一）提高农地生产力，确保国家粮食安全

贫穷、饥饿以及田块的破碎化是在开展土地整理工作之初，东德地区面临的最主要问题。1953 年颁布的德国《土地整理法》中提出“土地整理是对零散、破碎的田块进行归并、对田间道路进行调整，对农村基础设施进行完善，从而有效提高农业生产力的活动。”土地整理的目标是在满足国民粮食生产需求的前提下，不断提升土地质量，完善田间道路、灌排等基础设施，提升农地生产力；全面推进村庄重建，协助新移民对住宅进行翻新、重建，提升当地居民生活质量；同时尝试将对环境与自然的保护纳入土地整理工作中。

（二）确认土地权属，推进农地集约规模化经营

20 世纪 70 年代起，在美国马歇尔计划的援助下，德国经济逐步复苏，粮食生产逐渐满足国民需求。如何有效保护农民土地的合法权利成为开展土地整理工作的重中之重，而调整和明确土地产权及他项权利的归属是贯穿土地整理全过程的关键。1976 年新修订的《土地整理法》中提出，“土地整理是在得到土地所有者认可的前提下，对农地和林地进行重划和重新分配，以提高农地的规模化程度，提升农民的生产生活条件的一种有效工具。”由于新移民的回迁和国家集体的无偿占用土地，导致德国东部地区的大量土地被重划，相关地籍资料也未能及时变更，致使土地所有权难以区分，土地权属纠纷不断。因此在 1990 年，针对东德地区的特殊现状，德联邦政府颁布《德国东部地区农业调整法案》，对境内居民的土地统一进行确权登记，确认新移民对其现有土地的占有。对于因历史原因，造成土地损失的受害者，由国家统一予以赔偿。

（三）缩小城乡差距，推进区域化可持续发展

随着欧共体农产品市场的供过于求，德国农业生产结构发生转变，从事农业生产人口骤减，城乡差距也逐步拉大，大批劳动力从村镇向市区转移。空心村、农村常住人口老龄化等问题逐步显现。如何有效缩小城乡差距，提升村庄吸引力成为德联邦政府亟待解决的问题。对此，土地整理的主要任务转变为：推动乡村发展，提升社区居民责任。鼓励乡村社区居民自发组织开展改造社区的活动；推进乡村生产生活质量，提高乡村居民收入；维护自然景观生态，打造村镇旅游观光平台，找寻各区域发展的趋势和特色，以吸引城乡居民回迁；在保持现有土壤和水源质量的前提下，稳步提升土地资源的可持续利用性；创造更多的就业机会，以提升乡村对外迁人口的吸引力。

如今德国的土地整理已经从单纯的促进农业生产，保障国民粮食安全成功转型为集农业规模化集中经营、生态环境保护、水资源利用与保护、村镇革新、城镇区域发展等为一体的农村区域整体可持续发展。

二、德国东部地区土地整理特点

（一）完备的法律体系保障土地整理事业的深入推进

经过60多年的发展，在借鉴德国巴伐利亚州土地整理发展历程的基础上，德国东部地区逐步形成了其自身特有的法律体系。主要包括：欧盟乡村发展政策（2007～2013）、德联邦宪法、德联邦土地整理法以及德国东部地区农业调整法案等。通过逐级对土地整理工作的内容、程序、发展方向、资金支持比例进行明确，以提升土地整理工作的层次性和严谨性。

（二）部门联动确保土地整理工作顺利开展

由于历史原因，梅克伦堡－前波美拉尼亚州的土地整理工作涉及3家机构，分别为州农业、环境和消费者保护部（简称州农业部），州能源、基础设施与土地发展部（简称州土地发展部），以及市县地籍管理部门。其中，州农业部负责项目实施和投资，下设6个区域农村土地整理发展局，作为推进土地整理工作的基层单位；州土地发展部负责土地整理区域发展规划与项目规划设计；地籍管理部门由各市县单独管理。不同的管理主体，决定了地籍管理部门和各区域农村土地整理与发展局之间的合作关系。当发生地籍管理信息变更时，由地籍部门将变更信息发送至农村土地整理与发展局进行变更，以确保两家单位地籍管理数据的一致性。

（三）社会公众高度参与项目实施

由于德国实行土地私有制，德国公众高度关注土地整理项目。德国土地整理项目分两种模式，即群众自发式项目与政府主导式项目。群众自发式项目是指由群众自发组织开展，对其自有土地进行置换、归并、整理的项目。农村土地整理发展局负责组织开展测绘、地籍变更等工作。群众在项目实施过程中，较高程度地参与了土地整理工作的开展。

而政府主导式项目，则是指对涉及公众利益，由政府组织推动实施的土地整理项目，如公路、水坝等基础设施的修建；幼儿园、医院、学校等基础设施的配套。通常由区域农村土地整理发展局承担，负责说服群众参与项目，并组织实施。群众全程参与监督项目实施。

（四）政府与群众共同配套项目资金

由于德国的土地整理项目同时涉及公共权利与私人利益，因此在项目组织实施时，按照项目性质，由欧盟、德联邦政府、州政府、市县、农民分比例投入项目资金。通常情况下，由国家投资70% ~80%（由欧盟、联邦、州政府按比例分摊），土地整理参与者自行承担20% ~30%。通过按比例分摊资金的方式，促使土地所有者积极参与项目设计与实施，有效提高了公众参与项目实施积极性与关注度。

（五）农民协会切实维护农民权益

德国的农民协会（DBV）始创于1948年，现有会员约34万人，超过德国农民总数90%以上。协会代表会员与政府、媒体、社会大众进行沟通交流，切实维护农民权益。同时，为农民提供资金方面的支持与技术交流的平台。协会不定期邀请技术人员、专家学者进行专业讲座，在向农民推广新技术、新机械用于农业生产的同时，不断向农民灌输环境保护和可持续发展的理念。

（六）探索运用生物能源促进农村可持续发展

目前，德国部分土地整理项目中，已经开始尝试运用生物能源。一是通过对水土流失严重地区的土地进行治理与恢复，采取休耕、轮耕、秸秆还田、土壤改良等多种手段，有效控制水土流失，提升土壤质量。二是采用生物燃料代替化石燃料的方式，降低人类对生态的影响和破坏。目前，与化石燃料有关的农业生产活动主要包括：农业生产的机械化运营，化肥、农药的使用，农产品加工，集约化畜牧业发展等。通过运用生物燃料代替化石燃料，一方面可以有效减少碳排放，降低对环境的污染，同时，可以有效提高土壤肥力，保持土地的可持续利用，提高农业收入，使农民受益。

三、对我国的借鉴意义

（一）加快土地整治立法工作

通过建立一套完善的法律体系来保障土地整治事业的健康发展非常必要。德国土地整理事业的成功与完善的法律体系密不可分。当前，我国已经颁布了一些土地整治法规、政策规范性文件和地方性法规，如《土地复垦条例》、《全国土地整治规划（2011—2015年）》，湖南、贵州等省出台了省级《土地整理条例》，新一轮的《土地管理法》也正在修编。但全国土地整治方面的法律法规仍属空白，建议在充分考虑国内现实的基础上，加紧出台全国土地整治方面的法律法规，以促进土地整治事业的健康发展。

（二）提高农村吸引力，有效应对“空心村”

随着我国工业化、城镇化的快速推进，大量农村青年劳动力外出务工，农村大量人口的流失，导致农村资源匮乏，农业生产萧条。据统计，2012年，我国外出务工农民约1.6亿人。据估算，2002～2012年，全国每天约消失80～100个自然村，行政村平均年减少2.41%。反观德国发展历程，德国东部地区在20世纪90年代初曾面临同样的困境，大量青年劳动力的迁移，人口的流失，导致了村庄的合并与消失。而针对此类现象的发生，德国联邦政府通过制定乡村区域发展规划，明确区域发展重点，形成村镇集聚规模效应，打造农业产业化链条，对农业生产实行区域化布局、规模化生产、企业化管理，来有效留住农村劳动力，确保农村发展生机。同时，全面推进村庄景观建设，打造生态观光平台，带动村镇经济发展，提升当地居民收入水平和生活质量。

（三）建立项目前期培训制度，带动公众参与土地整治

公众参与土地整治，可以对各方权利起到制约作用，同时有效维护农民权益。随着土地整治工作的宣传力度不断加大，越来越多的农民认识到土地整治的重要性，也愿意参与土地整治工作，但心有余而力不足。由于文化、生活背景的约束，农民在参与土地整治过程中往往很难对工程中专业性的内容提出意见。建议考虑建立项目前期宣讲培训制度。即在土地整治项目规划设计前，组织行业专家、技术人员到现场就土地整治发展的趋势、必要性，在项目过程中可能会遇到的问题和需关注的重点进行讲解。同时与农民进行沟通交流，减轻农民对开展土地整治工作的顾虑，充分调动农民积极性，以便更加顺利地推进项目实施。

土地整治实施模式创新的探索和实践*

——来自四川省绵阳市涪城区回龙沟村的调研报告

四川省土地统征整理事务中心　李何超　钟　燕　王东华

〔按〕土地整治工作在经济社会发展中扮演着日益重要的角色，土地整治实施模式创新正在成为社会关注的热点。近年来，各地在创新土地整治实施模式方面进行了大量探索，也积累了一些经验。为加大对各地经验做法的宣传力度，《土地整理动态》将陆续刊登有关地方推进土地整治实施模式创新的调研报告和相关文章，供大家参考。

如何打破现有土地整治实施模式的局限性，让土地整治项目更加符合现代农业发展需求，提高农户参与的积极性与满意度？四川省绵阳市丰谷镇回龙沟村做了有益尝试，采取“限额补促、村民自治”的创新模式，鼓励和发动群众实施土地整治，取得了良好效果。为跟进了解实施情况，四川省土地整理中心调研组对绵阳市涪城区回龙沟村土地整治实施模式进行了实地调研。

一、调研点概况

绵阳市丰谷镇地处绵阳科技城南郊，距城中心 15 千米、南郊机场 8 千米，素有绵阳南大门与绵阳“水码头”之称，是典型的近郊型乡镇。回龙沟村距丰谷镇 7.5 千米，全村辖 11 个农业合作社，500 户 1287 人，面积 5066.6 亩，现有耕地 2766.92 亩，2011 年人均纯收入 1.75 万元。项目投入资金 444.9 万元，建设规模 198.32 亩，已完成坡改梯 107.21 亩，格田整理 91.32 亩，配套生产道路 9 条 1663 米。

二、主要做法

（一）发挥试点工程示范效应，确定推进思路

2012 年 9 月，绵阳市委市政府决定将该村作为土地整治实施方式改革试点，采取“整合资金、部门包片、分期进驻、定额补促”的办法，由村社自行组织实施土地整治工程。工程实施方面，市、区、镇 3 级打破常规，一改过去全部由政府职能部门统一实施的做法，直接交由村社负责实施。

---

* 本文原发表于《土地整治动态》2014 年第 12 期（总第 593 期）。

（二）积极争取项目资金

回龙沟村土地整治工程分为土地平整、田间水利、道路交通三项建设单元。市国土资源局申报乡镇批次土地整理项目，区水务局申报“五小水利”工程项目，交通局申报“农发项目”，共争取到中央及地方配套资金449.5万元，投入项目建设。

（三）明确村集体经济组织作为项目实施主体

项目领导小组确定由项目所在地村社集体经济组织作为业主，具有法人资格，全权负责项目建设。由村民通过招投标选定施工队，招募本村社农民投工投劳，将适宜群众性施工的项目单元如土方疏浚、土地平整、表土堆放、道路施工、地力培肥等均采取由受益农民来进行施工。成立协调领导小组、质量监督小组、理财小组，全面加强项目管理。

（四）规范项目管理，提升公众参与度

一是做好项目的宣传工作，广泛征求群众意见，根据村民的意见进行规划调整；二是建立项目公示制度，及时将项目实施情况向村社社员公开；三是成立了回龙沟村项目监管委员会，对项目公示内容进行评定，充分发挥基层民主监督作用，使群众在资金使用和财务支出等重要问题上有发言权；四是加强档案管理，对“村民自治”、“一事一议”等内容进行建档归宗，以备审计。

三、经验与启示

（一）简政放权，增强村社集体经济组织主观能动性

“管理延伸到基层、资源配置事权下放到基层”。通过提高公众参与，有效地起到了规范管理作用，群众对项目建设的认可度提高，村干部的公信力得到提升，涉农经济纠纷能够及时有效化解。简政放权激发了乡村管理效率，村民自治的活力得以提升，充分调动了项目区内干部群众的主观能动性。

（二）实施方式转变，提高建设标准

管理与施工对接链条缩短，有利于提高工作效能。相关职能部门从繁杂事务中抽离开来，重点做好项目资金的筹措及工程质量的监管工作。村集体经济组织作为项目实施主体，由于是“在自家的地上办自己的事”，土地权属矛盾相应减少，项目的工程进度快，质量好。项目区基础设施完善，以“田网、水网、路网”三网配套建设为重点，实行自流灌溉，着力加强地力培肥，增加了新增耕地面积。

（三）尊重民意，规划论证充分

农户有着丰富的农耕经验，对当地农耕综合条件情况更为了解。项目实施过程中，在规划设计的基础上，施工方主动向当地农户征求意见，共收集各类建议50余条，经专家评议，农户合理化建议均得以采纳，规划设计方案四易其稿后才得到项目区农户的肯定。

由于广大农户的主动参与，土地整理项目中规划设计调研充分，对当地综合情况了解充分，规划设计认可度高，从而保证了项目的顺利实施。

（四）资源整合，无缝对接

项目区采取整合资金的形式，将国土、交通、水利资源打捆集中的同时，也将各部门的管理经验带入村社，项目建设中相得益彰，共享成果转化带来的益处，避免了农村基础设施建设中职能部门各自为政，重复投入的机制弊端。

（五）后续管理有保证

按照“谁受益，谁管护”原则，项目管护交由村委会负责。土地整治后，农民“惜地”意识和组织化程度有所提高。如回龙沟村村民自发成立农民用水户协会，对蓄水池等水利设施的管理维护、用水灌溉及水费征收、财务管理等内容做出规定，有利于项目区基础设施管理维护。项目区的道路也划段包片，后续管理有保证。

四、问题与建议

（一）加强培训，提高农民群众对土地整治的认知水平

村集体经济组织自行实施土地整治，存在实施过程中操作较随意的特点。应加强培训工作，改善农民群众对土地整治认知水平不高的现状。制定土地整治实施方案、规范程序和操作标准，提升村集体经济组织的专业化水平，做到合理规范操作。

（二）加强技术指导，注重土地整治生态景观建设

村集体经济组织自行实施土地整治，在项目规划理念上缺乏生态景观建设概念。以项目区为例，农户普遍认为混凝土浆砌砖渠经久耐用，选择方案时均要求灌排渠道采用混凝土浆砌砖渠。但长远来看，砖砌渠耐久性强度差，景观生态效果差，不利于水道生态修复和沥水渗透。应发挥职能部门专业化水平高的优势，加强生态意识的教育引导，并通过专家评审提升规划整体水平。

（三）规范招投标工作，避免低价中标造成资金缺口

总的来看，项目区工程质量较好，实现了“用较少的钱办较多的事”，但也出现了低价竞争导致实际支出高于计划资金、部分收尾工作不能及时完工的情况。建议对施工招投标采取合理定价，设置最低保护限价，对低于限额标准的，作为废标出局，避免低价竞标引起工程质量下降。

（四）立足长远，适应农业生产机械化发展要求

项目区按高标准基本农田建设要求，基础设施得以全面提升，但仍存在部分田块相邻机耕道之间无接口，农机无法下田，现代农业化生产插秧、耕地与农机收割等较困难。建议提高规划设计延伸度，切实改善基础设施条件，适应农业生产机械化发展需求。

（五）村务管理亟须加强

建议把土地整理工作的开展成效作为镇（乡）及村社考核的内容，签订责任书，做到齐抓共管，责权一致，形成市、县（区）、乡（镇）、村四级联动的工作机制。

土地整治实施模式创新的探索和实践*

——来自湖北、浙江两省的调研报告

国土资源部土地整治中心调研组

近年来，国土资源部大力倡导创新土地整治实施模式，鼓励农村集体经济组织和农民依据土地整治规划开展土地整治，一些地方相继进行了大量探索。为深入了解各地在土地整治实施模式创新方面的做法和成效，以更好总结经验并加以推广，2014 年 5 月 23 日至 27 日国土资源部土地整治中心调研组对湖北、浙江两省土地整治实施模式创新情况进行了深入调研。

一、两省的探索与实践

近年来，湖北、浙江两省结合地方实际，在创新土地整治实施模式方面进行了积极探索，特别是在实施主体、管理程序、资金筹措和关键环节等方面进行了改革尝试。

（一）创新实施主体

2012 年前，湖北天门等一些地方国土部门就与项目所在地乡镇签订委托代建协议，乡镇政府成为项目实施主体；2013 年 12 月，湖北发布《省国土厅关于开展土地整治项目农业龙头企业和农民专业合作社自建工作试点的通知》，明确市州以上政府及相关部门认定的龙头企业和合作社是相关试点中土地整治项目的实施主体；2014 年 5 月，湖北出台《省国土厅关于开展土地整治工程农民自建以奖代补试点工作试点的通知》，明确乡镇政府是相关试点中土地整治项目的实施主体，农村集体经济组织是作为奖补对象的建设主体。浙江近年来逐步形成“农民知情、农村集体经济组织申报、乡镇政府实施、国土部门牵头、多部门联动、县级政府考核”的土地整治工作总体格局，同时鼓励企事业单位和社会团体积极参与。2012 年杭州出台《关于印发〈临安市自筹资金垦造耕地项目实施意见（试行）〉的通知》，鼓励各类农业经营主体参与或承担土地整治项目实施。

（二）优化管理程序

2014 年 4 月，湖北国土厅下发《关于下放土地整治项目三项审批权有关事项的通知》，将省投项目立项审批权和规划设计变更审批权下放至市州国土局，并在 6 市试点将省投项目竣工验收权下放至所在市国土局；在龙头企业和合作社自建试点中，项目选址、测绘、可行性研究、立项申报、规划设计、中介机构选择及竣工验收等执行现行规定，施

---

* 本文原发表于《土地整治动态》2014 年第 16 期（总第 597 期）。

工单位选择可以采取邀标方式；在农民自建以奖代补试点市县，当地政府先行垫资启动建设，相关农村集体经济组织实施，项目完工并经省国土厅验收合格后足额补助。2014 年 4 月，浙江国土厅出台《关于贯彻落实省政府办公厅〈关于进一步加强耕地占补平衡管理的通知〉有关事项的通知》，明确县级政府负责垦造耕地项目审批立项、实施和验收，县级国土部门加强垦造耕地项目管理；自筹资金垦造耕地项目采取“先建设、后验收、再拨款”模式，土地承包人自己垫资建设，验收合格后政府回购用于占补平衡。

（三）多元筹措资金

湖北一些地方以土地整治项目为平台，集中投入土地整理、农田水利等涉农资金，发挥资金的集聚效应和放大效应；龙头企业和合作社自建项目需出具承担不低于试点项目资金 15% 比例的自行投入承诺，从调研情况看，龙头企业或合作社出资额往往超出这一比例，如天门华丰农机专业合作社土地整理项目总投资 2944. 76 万，该合作社自筹 1100 万元，孝感春晖集团承担的土地整治项目投入资金 6000 万元，该集团自筹 1600 万元；开展农民自建以奖代补试点的农村集体经济组织需筹集 70% 整治资金（自筹资金或投工投劳、以物折资等），当地政府才垫付 30% 的奖补金额启动建设。浙江各地根据实际，出台不同资金补助方式，鼓励社会资金参与土地整治；嘉兴积极探索土地整治项目融资贷款模式，实施主体可向国开行等申请涉农贷款，同时整合村庄整治、农田水利建设等涉农资金，发挥各项资金的叠加效益；在自筹资金垦造耕地项目实施中，各类农业经营主体、企事业单位和社会团体等都积极参与。

（四）抓住关键环节

湖北试点下放 3 项审批权后，着力构建“省级备案—市级审批—县级实施”机制，严格依法合规审批，切实落实监管责任，推进建立绩效评价信用机制和责任追究机制；在龙头企业和合作社自建试点中，加强督促项目建设，严格资金使用，推进建立绩效评价机制和责任追究机制；在农民自建试点中，县级国土部门会同财政、农业部门严格审核奖补申请，市级国土部门会同财政、农业部门组织验收。浙江着重加强土地整治项目准备、实施、竣工验收和后评价 4 个阶段管理，县级国土部门负责开发项目的立项审批、实施监管和县级初验审核，市级国土部门负责整理复垦项目的立项审批和市级验收审核，省级国土部门负责省级验收审核和抽查监督；垦造耕地项目审批立项、实施和验收权下放后，浙江着重强调市级国土部门定期抽查复核（比例≥40%）通过县级验收项目，省级国土部门定期以市为单位抽查复核（比例≥15%），发现问题的及时整改。

二、取得的成效与经验

湖北、浙江两省围绕农村改革发展大局和土地整治事业发展大计，因地制宜推进土地整治实施模式创新，取得了初步成效，也积累了有益经验。

（一）取得的初步成效

两省取得的成效主要表现为：一是适应了规模经营需要，促进了现代农业发展。通过实施土地整治调整权属关系、配套基础设施，推动了农业规模化生产、集约化经营。湖北天门华丰农机专业合作社土地整理项目围绕形成和发展板块农业，通过土地流转、村庄集并，达到“土地集中、居住集中、种植集中、收割集中”，促进了企业化管理、机械化耕作；孝感春晖集团自建土地整治项目根据现代农业发展需要，将农田统一建成30～50亩一块、机耕路配套、沟渠相连、旱涝保收的高产田。浙江嘉兴通过整合资金推进土地整治，加快了新农村建设步伐、改善了农村居住环境，分散农田建成了连片高标准农田，便于集中流转和规模经营，为推进农业现代化打下了坚实基础。

二是提高了农民参与水平，改善了农村治理水平。通过引导群众参与、发挥主体作用，进一步激发了群众热情、满足了群众意愿。湖北试行的委托乡镇代建和浙江推行的乡镇政府实施，充分发挥了乡镇政府与农村集体和农民群众关系较近的优势，调动了群众主动性，激发了参与积极性，村民自治效果突出。湖北试点的龙头企业、合作社和农民自建项目，着力做到农民事农民办，克服了常规实施模式导致的建用分离和脱离实际等弊端。浙江试点的自筹资金垦造耕地中，各类农业经营主体参与或承担项目建设，政府回购占补平衡指标，做到了项目实施的权责统一，既调动了农民当家做主的积极性，也有利于增强基层政权的组织凝聚力。

三是开拓了资金筹措渠道，提高了资金利用效率。通过创新实施模式，不仅确保了国家财政投入维持在较高水平，还拓宽了土地整治资金筹措渠道。湖北试点的龙头企业和合作社自建项目，以及正在部署开展的农民自建试点，较好发挥了财政资金的引导作用，撬动了农村集体经济组织、工商资本投入和农民以工投劳、以物折资等。浙江嘉兴以土地整治项目融资贷款开启了信贷资金投入土地整治的探索，杭州自筹资金垦造耕地项目也积极尝试了土地整治资金的市场化运作模式。社会资本的积极参与，不仅有利于构建较为合理的土地整治投入机制、有效降低财政资金风险，而且促进了财政资金利用效率、发挥了财政资金“四两拨千斤”作用。

四是保证了工程建设质量，促进了后期有效管护。通过创新实施模式，克服了常规实施模式因为赶工期、保进度而导致脱离地方实际和偏离群众需要的缺陷，也有利于加强后期管护。湖北龙头企业、合作社和农民自建土地整治项目往往根据实际需要进行规划设计，规划设计的科学性和操作性相对较高，而且免去了标书制作、投资评审、公开招投标等程序，有利于建设单位合理安排施工时间，再加上因为事关切身利益而加强监管，从而有助于确保工程质量，工程完工后也因为直接服务于农业产业发展规划而得到应有管护。浙江自筹资金垦造耕地项目只有经过验收合格后政府才予以回购，土地承包人因而应该更加重视施工质量。

（二）积累的有益经验

湖北、浙江两省积累的经验主要有：一是必须加强组织领导。两省各级国土部门根据职责和任务要求，积极争取当地党委、政府支持，推动部门协作和资金整合，落实绩效评价和考核检查。湖北天门高度重视华丰农机专业合作社土地整理项目，成立了由市领导任组长、相关单位主要负责人为成员的领导小组和工作专班，以及市政府有关领导、项目区乡镇和市国土局主要领导参加的指挥部和监理部；浙江杭州土地综合整治整乡镇推进试点在杭州土地综合整治工作推进协调小组领导下开展工作。

二是必须尊重群众意愿。两省在推进试点时都能坚持群众自愿、群众参与、群众受益。湖北明确规定，龙头企业或合作社自建项目必须“先流转、后实施”，项目区内土地承包经营权先行流转面积不低于实施面积的70%；农民自建以奖代补项目确定实施区域、建设内容和整治资金，必须以行政村为单位，通过村民会议、“一事一议”等方式广泛征求农民意见。浙江嘉兴农村土地整治搬迁安置全程吸收群众代表参与，通过公告、听证、公示、票决等方式广泛征求意见。

三是必须先试点后推广。两省在探索时都采取了试点引路、规范开展的方式。湖北龙头企业和合作社自建试点虽然在全省开展，但原则上每个县（市、区）每年只安排一个试点项目，而且选定的龙头企业和合作社必须经过市（州）以上政府及相关部门认定；农民自建以奖代补也是在十堰、黄冈和恩施三市州和竹山、英山和恩施三县市先行试点，积极摸索符合实际的项目建设管理办法及实施程序。浙江自筹资金垦造耕地和整乡镇推进土地综合整治也都按要求先行试点。

四是必须强化服务指导。两省国土部门高度重视规范推进创新工作，在强化服务指导方面做了大量工作。湖北天门华丰农机专业合作社土地整理项目建设中，市国土整治办落实了现场管理员、技术员和宣传员，做好现场施工指导、督导和工程资料完善等工作；即将推进的农民自建试点，县级国土部门将做好整治区域合规审查、土地权属审核、整治技术指导及组织成果核定等服务。浙江国土部门在自筹资金垦造耕地项目试点中统一委托规划设计、监理等业务。

三、存在的问题与对策

湖北、浙江两省在创新土地整治实施模式方面进行的探索和实践，既取得了成效、积累了经验，也遇到了一些问题和困难，需要进一步加大改革创新力度。

（一）存在的主要问题

两省土地整治实施模式创新已经或者可能遇到的问题主要有：一是认识程度尚需提高。两省当前正在开展相关试点的地方政府及其有关部门大都认识到创新土地整治实施模式的重要性和紧迫性，而且本着高度负责的态度去积极推进。但如果扩大试点范围，有些地方政府和相关部门可能不一定都持有这种认识，进而影响实施模式创新实际效果。不少农民在常规实施模式中都可能认识不够、参与不足，更不用说对于公众参与依赖程度更高的实施模式创新了，这就给实施模式创新中村民意见统一难、筹资筹劳到位难等埋下了伏笔。

二是制度设计还需加强。根据现行项目管理制度，龙头企业或合作社很难独力组建满足全程工作需要的机构队伍，也很少完全符合项目管理制度要求，这正是湖北突破招投标法律确定工程施工单位的原因。另外，现行资金管理制度下如何确保农业龙头企业和农民专业合作社兑现投资承诺、如何确保资金拨付满足工程建设进度要求等都要进一步研究。农民自建土地整治项目或者自筹资金垦造耕地遇到的类似难题事实上会更多。

三是配套政策亟须构建。两省推进土地整治实施模式创新只是针对个别环节进行突破，缺乏整体设计和配套政策，导致当前的创新只能以试点形式探索。龙头企业、合作社自建项目需要围绕农业产业发展规划推进，但现行土地整治缺乏明确分类标准，工程验收和补助核定只能依照平均水平计算，不能满足实际需求；农民自建项目在不突破现行省内亩均投资标准前提下奖补，也难客观反映真实工作量；农民自筹资金垦造耕地在政府回购时同样面临标准过于统一问题。

四是实施监管有待完善。现行监管制度建设对于如何适应实施模式创新准备不足。龙头企业和合作社自建项目需要编制和汇总试点请示、专题会议等过程资料，但往往由于重视不够而给工程审计和核定补助造成困难，并易滋生套用补助资金现象。

（二）改进的对策建议

针对两省创新土地整治实施模式所遇困难和障碍的对策建议主要有：一是加大宣传力度。强化宣传工作，帮助各级政府及其相关部门知晓改革的总体方向，主动站在农村改革发展和土地整治事业长远发展的高度，积极推动实施模式创新。另外，还应加大宣传已有试点的经验和成效，特别是在服务现代农业、发动公众参与、调整土地权属，以及提高资金利用效率等方面的做法和效果，通过提供样板、树立标杆进一步增强创新的信心和决心。

二是加强制度设计。当前要在坚持和完善项目管理制度的前提下，从优化程序、简化事项等方面进行改革创新。立项申报上要突出规划引导和计划安排，县级国土部门做好指导和服务；承担单位确定可以采取邀标或者委托方式，合理设定准入门槛，适当精简相关程序和材料；在资金管理上，要合理统筹财政资金与社会资本，强化财政资金的引导作用，鼓励探索土地整治结余指标质押贷款筹资。

三是完善配套政策。当前应着重做好资金使用政策和后期管护政策制定。在不违背目前新增费支出方向原则规定前提下，可以适当拓宽资金投向，按照项目建设实际需要“缺什么补什么”，尤其要根据项目建设对象和建设内容分类确定合理的补助标准。后期管护应考虑支持农业龙头企业、农民专业合作社和家庭农场等新型农业经营主体发展，将新型农业经营主体承担土地整治项目建设形成的有关设施委托给它们管护，并且指导它们建立健全项目资产管护机制。

四是创新监管方式。各级政府及相关部门要根据自身职责和任务要求，加强实施模式创新的组织领导，切实落实监督检查责任；及时开展绩效评价，从过程监管走向结果审计。要创新实施监管方式，结合提高农村基层治理水平，统筹考虑村社（合作社）、村企（龙头企业）、村场（家庭农场）关系，强化村“两委”和农民参与监管，切实提高监管效果。

（湖北调研组成员：张晓燕、张亚龙、刘新卫、高世昌、谭明智，
浙江调研组成员：张晓燕、张亚龙、刘新卫、张欣杰、肖文）

湖南："四自"推进土地整治探索公众全程参与*

国土资源部土地整治中心　周　同
湖南省土地综合整治局　曹湘潭

2013 年 11 月，《中共中央关于全面深化改革若干重大问题的决定》中指出，人民是改革的主体，要坚持党的群众路线，建立社会参与机制，充分发挥人民群众的积极性、主动性、创造性。2014 年，湖南省在长沙、株洲选取 3 个试点全面推进土地整治公众参与，提出了"自定、自筹、自建、自管"的总体思路，让村集体按要求自定建设范围、建设内容和工程布局，自筹建设资金，自主组织项目实施，自主开展工程后期管护。让农民群众自发整治自己的土地，充分调动农村集体经济组织和农民群众开展土地整治的积极性和自觉性，确保项目设计与建设质量让群众满意。

一、公众参与模式

（一）自定建设范围、建设内容和工程布局

一是在项目选址阶段，由村集体在充分征求村民意见的基础上，按照每亩不超过 2000 元的投资标准，根据村民提出的项目建设需求和工程建设实际需要，合理确定项目建设范围，并按照有关要求，由村组从具备相应资质且已在省土地综合整治局备案的专业机构中选择确定，并组织相关专业技术人员对项目进行全方位测绘，编制可行性研究报告。二是由村组和规划设计单位与村民对接项目规划设计方案，即通过召开村民大会或村民代表大会，多方多次征求群众意见，并根据群众的意见，在符合项目建设规定的前提下，合理完善项目规划设计和预算。项目规划设计完成后，相关工程建设内容、布局和各项工程费用预算需在项目所在区进行公示，经公示无异议、村民签字确认后，由县级国土资源部门对项目规划设计方案的合规性、合法性、合理性进行审查，确认后下达设计和预算批复。

（二）自筹项目建设资金

由项目所在村委会作为项目业主单位，负责项目建设资金筹集工作。株洲柏市镇试点项目以村集体的名义向银行贷款 50 万 ~100 万元，作为项目启动资金，每期工程建设通过验收后，由县级国土资源部门向同级财政部门申请资金拨付，作为二期工程建设资金，推进二期工程建设。下一步，湖南省拟探索通过由村集体向村民贷款的方式获取项目启动资金，贷款利率参照银行利率，以村民自愿为原则，按照各家实际情况，由村民自主决定出

---

* 本文原发表于《土地整治动态》2014 年第 19 期（总第 599 期）。

资额度，在项目全部竣工验收后，统一返还。

（三）自主组织项目实施

由项目所在村委会根据工程建设内容和布局按照“包工不包料”的原则组织项目施工，项目所在地乡（镇）政府负责督促村委会按照设计做好项目实施，维护施工环境，协调解决项目实施过程中出现的矛盾和纠纷。以株洲柏市镇试点项目为例，项目所在村组分别组建项目实施工程队（20人左右）和工程组（10人左右），对于村民能够自建的工程，按照工程量大小和工程技术难度分为一类村级项目和二类组级项目，酌情委托工程队（组）承担工程建设。对于工程技术难度较大，村民不能自建的工程，按照《中华人民共和国招标投标法》有关规定，通过公开招投标确定施工建设队伍。

（四）自主开展工程后期管护

项目验收后，由村委会按照村务公开的原则，采取一事一议的方式建立工程后期管护制度，由农民自主确认工程管护范围，并与村委会签订管护协议，落实到户。同时，从工程建设结余资金中，提取10%～15%专项用于项目后期管护，有效发挥村组在后期管护中的重要作用。

二、创新与亮点

（一）加大前期宣传力度，提高农户认知程度

湖南省在土地整治项目启动前，加大基层宣传力度，以村为单位，多次组织召开村干部、支委会成员和村小组长会议，并到各组召开工作会议，向村民宣传通过土地整治建设所带来的发展机遇、相关工作要求等，及时为群众答疑解惑，普及了土地整治的相关知识，拉近了土地整治与群众的距离，切实做到了家喻户晓，人人皆知，统一了思想，达成了共识。

（二）创新基层组织建设，引导农民参与土地整治

湖南省在推进土地整治过程中，通过建立理事会、监事会等多种方式引导当地群众积极参与土地整治项目建设全过程。一是由村主任、村支书统筹项目进展，及时协调项目建设过程中出现的各类纠纷和矛盾，同时为了避免腐败现象的发生，湖南省明确提出，土地整治项目涉及的各村村主任、村支书不得成为理事会或监事会成员，不得干涉村民大会选举结果。二是由村民自主组成理事会，处理项目实施过程中的日常事务。理事会成员由村民大会选举产生，原则上不得少于5人，负责评估工程建设难度，并根据评估结果选择施工单位，组织开展原材料采购、设备租赁和项目实施管理。三是由村民自主组成监事会，对项目实施全过程进行监督管理。监事会同样由村民大会选举产生，原则上不得少于5人，负责对项目建设中的资金、质量和进度进行管控，对工程建设过程中的人力、材料、设备数量及运行状况、进场原材料数量和质量等进行监管，监督工程建设进展，对工程量变更、延期等进行管控，同时记录工程建设进度、工程建设过程中各种原材料的使用情

况，形成工作日志。

（三）多渠道保障工程质量，有效降低项目运行风险

一是聘请技术顾问，为工程建设提供技术保障。由于项目理事会、监事会成员均由村民担任，考虑到村民在土地整治工程建设方面的专业经验不足，容易出现由于缺乏相关业务知识而导致工程建设存在质量问题的现象出现，因此为了保证项目建设质量，湖南省要求项目所在村需聘请1～2名具有国家建筑资质三级以上的工程技术人员负责现场技术指导和后期资料整理，同时，为了对工程技术人员起到约束作用，湖南省要求在项目建设过程中，相关工程技术人员的建造师证需提交至湖南省土地综合整治局进行押证管理，在项目通过验收后予以返还。二是收取质量保证金，从资金上对项目建设质量进行控制。为了使土地整治项目能够保质保量完成，湖南省要求县级国土资源部门在拨付每期工程建设资金时，需预留项目建设资金的10%作为质量保证金，在项目验收合格后一次性拨付。

（四）合理选择施工队伍，科学使用项目经费

湖南省土地整治项目根据项目建设基本农田保有量，按照2000元/亩的标准核定工程建设资金，通常情况下，由具有相关资质的施工企业承担项目建设。按照当前市场价格计算，企业正常合理利润、相关税费和企业管理费等约占到工程建设资金的25%，如果由村民自主承担小型单项工程建设，则该部分工程款可由村组直接获得，用于部分配套工程的调整和完善，并设立项目后期管护专项资金。

三、相关建议

（一）加强监督管理，合理规范项目实施

湖南省通过探索“四自”模式，引导广大农民群众积极参与土地整治项目实施，加强了政府与百姓之间的沟通，充分调动了公众参与的积极性，但由于项目区群众对于土地整治项目建设的相关工程技术标准并不十分了解，尽管有技术顾问从旁协助，但工程量大，专业技术人员少，难免会出现疏漏，建议地方国土部门要加强专业技术培训和项目监管，严格按照行业标准对单项工程进行验收，切实保证项目质量。

（二）灵活构建土地整治公众团体，保证公众参与渠道畅通

湖南省在土地整治过程中由村民自主选举，组成村民监事会、理事会等基层公众团体，全程参与项目建设。在项目实施过程中，理事会、监事会一方面要代表村民与国土部门、技术顾问及时沟通，确定项目进展和项目建设要求，同时还要及时解答村民疑问，协调各类项目建设纠纷，这就要求理事会、监事会成员要具备较强的沟通协调能力，建议地方国土部门加大培训力度，除了专业技能培训，还应加强沟通协调能力和组织管理能力，不断增强群众代表的责任感和使命感，提升其参与土地整治管理决策的能力和综合素质，从而更好地为群众服务，保持公众参与渠道的畅通无阻。

（三）推进公众参与法制建设，健全公众参与规范

2006 年，湖南省率先颁布实施《湖南省土地开发整理条例》，从法律层面对土地整治项目实施全过程进行了规定，条例中提出村民小组、村民代表应参与土地整治项目实施，但并未对公众参与土地整治的具体内容做出规定，建议尽快对条例进行修订，补充完善公众参与土地整治相关内容，明确公众参与的渠道、方式、内容和程序，明确相关民间团体的设置和激励措施，确保公众参与的合理性与合法性，切实提高土地整治决策的民主性和科学性。

土地复垦

TUDI FUKEN

中外专家相聚北京　共话世纪复垦大业*

——北京国际土地复垦学术研讨会取得圆满成功

国土资源部土地整理中心办公室

为了充分展示我国土地复垦工作的成果，加强我国土地复垦界与国际的合作与交流，促进国内外先进复垦技术及产品的推广与应用，以“21世纪的矿区土地复垦与生态重建”为主题的北京国际土地复垦学术研讨会于2000年5月16日至18日在北京召开。来自澳大利亚、中国（包括中国香港）、美国、德国、巴西、英国、捷克、斯洛伐克、加拿大、斯洛文尼亚、波兰、俄罗斯、伊朗、爱沙尼亚、希腊、芬兰等16个国家的200多名代表相聚北京，交流土地复垦经验，共话新世纪的土地复垦大计。会议代表提交了大量学术文章，其中93篇被选为优秀论文。国际土地复垦家联合会主席 William T. Plass 教授、英国国家土地复垦委员会主席 Harry Shipley 教授、美国露天采矿与土地复垦学会代表 Geraid Schuman 教授、美国露天采矿与土地复垦学会前主席 Jack Nawrot 教授等应邀参加了会议。国土资源部副部长鹿心社出席了会议的开幕式和闭幕式，发表了重要讲话，并与全体代表合影留念。

鹿心社副部长在讲话中指出：土地、矿产等国土资源是经济发展必不可少的条件。几十年来，中国矿产资源的开发利用极大地促进了国民经济的发展，但由于主客观原因，资源开发缺乏宏观规划，许多矿山无序、粗放开采，不仅占用和破坏了大量耕地和建设用地，也造成了严重的生态环境问题。通过土地复垦，对废弃的矿山土地进行生态重建，既可以缓解人地矛盾，也可以改善生态环境，这是实现土地资源可持续利用的重要措施。中国近年来在土地复垦方面取得了一定的成效，但由于起步晚，待复垦土地面积大，资金投入相对不足，土地复垦率远远落后于发达国家的水平，因而中国的土地复垦事业任重而道远。首次在北京举办的国际土地复垦学术研讨会，将对促进中国的土地复垦事业产生深远的影响。国土资源部部长强调指出，当前中国在西部矿产资源的大开发中，要坚持“在保护中开发，在开发中保护”的原则，一定要在地质环境调查的基础上做好规划，并把土地复垦纳入规划中，做到边开采边复垦，保护好矿区的土地资源和生态环境。

鹿心社副部长在开幕词中指出：当今世界，人口、资源、环境和发展问题已成为世人普遍关注的热点和重点问题。随着社会经济发展、人口急剧膨胀，各种自然资源以前所未有的速度被消耗掉，出现了资源短缺，环境、生态恶化，自然灾害频繁等一系列的重大问题，全球正经历着如何合理利用资源，保护生态环境的变革与挑战。严重的问题，严峻的形势，迫使人们不得不对过去进行反思，努力寻求一条人口经济、社会、环境和资源相互协调，既能满足当代人需求又不伤害后代人利益的可持续发展道路，土地复垦技术正是开

---

* 本文原发表于《土地整理动态》2000年第15期（总第64期）。

发矿业资源与生态环境发展的重要手段，并已得到了广泛的应用，取得了可喜的成效。中国土地复垦工作起步较晚，待复垦面积大，复垦工作任重而道远。鹿副部长指出，中国当前和今后一个时期土地复垦的基本任务和工作要求是，以改善生态环境、提高人民生活质量、实现可持续发展为目标，以科技为先导，以重点地区复垦为突破口，把土地复垦与生态环境、经济发展紧密结合起来，促进生态效益、经济效益与社会效益的协调发展。鹿副部长认为，中国当前和今后一个时期要重点做好以下几个方面的工作：一要建立和完善土地复垦规划体系，用规划统筹部署土地复垦工作；二要加强土地复垦法制建设，依法保护和治理土地生态环境；三要把科技进步放在突出位置，大力推广先进适用的科技成果；四要抓好重点地区土地复垦与生态环境建设，不断提高土地复垦质量水平；五要建立健全多元化、多渠道土地复垦资金的保障机制，不断加大土地复垦投入力度。

在为期3天的会议中，代表们紧紧围绕着“21世纪的矿区土地复垦与生态重建”这一主题，畅所欲言，各抒己见，进行了广泛的交流和深入的研讨。交流、研讨的范围涉及复垦政策教育及法规研究、复垦规划和复垦评价、露天矿土地复垦的技术工艺、景观设计和侵蚀控制、开采沉陷——环境影响、沉陷预计和沉陷地的复垦、矿山固体废弃物的处理与复垦（主要是煤矸石、粉煤灰和尾矿）、复垦土壤的特性与改良以及重新植被和森林再造、污染土地复垦、废弃矿山土地复垦、矿区生态重建的理论与方法、GIS在复垦中的应用、复垦技术交流与推广和国际合作等14个方面。代表们对中国的土地复垦工作提出了不少宝贵的意见和建议。会议在土地复垦政策、理论、技术交流等方面取得了丰硕的成果，达到了预期的目的，受到了国土资源部领导及与会代表的高度评价。

为了配合研讨会议的召开，主办单位举办了专题展览，向中外专家及代表们简要介绍了我国土地资源的现状，土地资源破坏的主要类型，各地土地复垦技术及成果。还组织外国专家实地参观了唐山土地复垦示范区。展览及唐山之行给与会代表留下了深刻的印象。

这次研讨会由中国土地学会主办，国际土地复垦家联合会和国家自然科学基金委员会协办，国土资源部土地整理中心、北京矿冶研究总院、中国矿业大学（北京）、中国土地学会土地整理与复垦分会承办。《人民日报》、《人民日报（海外版）》、《中国日报》、新华社、中央电视台、中央人民广播电台、中国国际广播电台、《中国国土资源报》等近20家新闻单位对大会进行了采访报道。

从调兵山土地复垦项目公众参与试点效果看土地开发整理项目公众参与的必要性*

国土资源部土地整理中心项目计划处

土地开发整理项目公众参与是指除项目管理者、责任者、承担者之外的相关人，因与项目的实施及其成果利用相关联，而对项目的各个环节通过合法、规范的方式施加影响的过程。实行土地开发整理项目公众参与，在项目选址、可行性研究、设计、工程实施、权属调整、利益分配和竣工验收等环节征求和收集相关群众的意见，了解他们的要求，吸纳他们的合理建议，则可使项目实施工作具有坚实的群众基础，有助于项目顺利实施和提高工程质量。

但是，自我国开展土地开发整理工作以来，多数情况下，土地开发整理项目管理者只是向村里打个招呼、通知一声而已，不到农户中详细了解情况、征求农户意见。因此，在项目实施过程中，常出现诸如规划脱离实际、施工影响群众生产等问题，严重时还会发生村民阻挠施工、聚众上访等问题。这些问题的发生，往往导致土地开发整理项目或者工期延误，或者工程质量达不到规定要求。

为了给各地提供土地开发整理项目公众参与工作经验，进一步搞好土地开发整理项目实施工作，把每个土地开发整理项目都做成促进农村经济社会发展和新农村建设的平台，国土资源部选定辽宁省调兵山土地复垦项目作为联合国开发计划署（以下简称UNDP）的项目公众参与试点。

一、调兵山市土地复垦项目公众参与试点工作情况

辽宁省调兵山市土地复垦项目是2004年国家投资项目，项目建设规模310公顷，总投资328万元，建设期2年。成为UNDP项目公众参与试点后，调兵山市国土资源局严格按照UNDP的有关要求，从做好公众参与的准备工作入手，对项目的立项、设计、实施及工程验收等4个阶段开展了公众参与工作。

（一）认真做好项目公众参与的前期准备工作

（1）成立项目区公众参与临时委员会（以下简称临时委员会）。临时委员会共9人，由村民代表、土地承包人代表和相关利益人代表组成。临时委员会设1名主任、2名副主任，一般由村干部担任。临时委员会的主要职责是完成工程实施和验收阶段的公众参与活动和协调公众与实施项目的各个工作部门的关系。

---

* 本文原发表于《土地整理动态》2006年第26期（总第349期）。

（2）加强宣传培训，增强公众参与意识。一是以“UNDP是怎样一回事”、“调兵山市是如何被确定为示范区的”、“示范区需要开展的工作”、“实施UNDP项目给公众带来的益处”、“调兵山市UNDP项目组织机构”、“土地复垦政策”、“调兵山示范区沉陷土地复垦项目”、“土地复垦方案”等为题，向项目区群众发放了宣传单1200多份，并到群众中去宣讲，让群众基本了解土地开发整理工作的目的意义，提高群众参与的积极性。二是积极参加国家项目办组织的各项业务学习活动。示范区技术、管理人员先后参加土地开发整理学术研讨会2次，土地开发整理现场交流会1次，UNDP项目示范区考核指标讨论会1次，国内示范区观摩学习2次，赴美国学习考察土地开发整理1次。三是对项目区群众进行培训。根据示范区的实际，先后举办了4期培训班，接受培训的人员有镇政府主管农业的副镇长、镇政府农业、林业、水利、财政等相关工作人员及村委会相关成员和农民群众等共计370多人次。

（二）认真做好项目公众参与工作

（1）立项阶段的参与工作。这一阶段的公众参与工作，主要是向临时委员会充分宣传讲解实施项目的意义，就实施该项目的必要性、拟达到的目标及与当地社会、自然情况的适宜性等内容征求临时委员会成员的意见，使项目的可行性研究报告更加切合实际，使项目实施工作从一开始就具有广泛的群众基础。

（2）设计阶段的参与工作。这一阶段的公众参与工作，主要是以下5项内容听取临时委员会的意见：整体工程与拟定目标的适宜性，单项工程的可行性和实用性，竣工后的产权调整方案，因施工导致的农业损失补偿方案，因实施项目对周边环境影响的补救方案。

（3）工程实施阶段的参与工作。这一阶段的公众参与工作，主要是在不违反设计总原则的前提下，对确因自然条件的突然变化或发生其他极特殊情况而必须对个别单项工程内容进行调整时，征求临时委员会的意见。

（4）验收阶段的参与工作。这一阶段的公众参与工作，主要是以临时委员会为主，配合项目管理者，对项目的工程施工质量和竣工验收工作进行监督。

（三）项目公众参与的主要效果

（1）调兵山市土地复垦项目本身实施工作顺利，确保了工程保质保量按期竣工，把工程建成了富民工程、民心工程。

（2）在土地开发整理工作指导思想上，实现了从给农民指定种植农作物品种和脱离市场因素算效益的做法，向为农民搭建起一个改善了生态条件的、高效能的农业平台的转变。调兵山市土地复垦项目工程实施的结果表明，这一改变，可以导致土地开发整理最终提供给农民的“产品”是能够与我国的农业产业政策相适应、与社会主义市场经济的发展要求相适应、与项目区经济社会总体发展水平相适应、与项目区自然环境条件相适应的农用地，从而确保项目区经济社会的可持续发展。

（3）生态重建观念得到加强。过去在土地复垦中追求的是田成方、树成行、路成网、挖深塘，而现在更多考虑的是农业生态重建和生物物种的保护，维护自然生态链的平衡。调兵山市土地复垦项目在做鱼塘护坡时，开始采用的是用石头与水泥砌筑的立面挡土墙；后来考虑这样会阻断地面和水塘之间的生物链，因此将鱼塘周边修成45°坡体，不使用石头与水泥砌筑，让坡面杂草、植物能正常生长，塘内塘外生物链不被阻断。现在，他们还准备在个别鱼塘进行加拿大金字塔集团的边坡技术（即纯绿色的生态边坡技术）试点，以便推广这一技术，使项目区农业生态条件彻底得到改善。

（4）总结建立了“土地整理项目公众参与基本制度”。该制度涵盖了公众参与的含义、公众参与的原则、公众参与的人员、公众参与的方式、公众参与的环节和内容、公众参与的步骤等6个方面。

二、所有土地开发整理项目都应开展项目公众参与工作

辽宁省调兵山市土地复垦项目公众参与试点的效果表明，在所有土地开发整理项目中开展项目公众参与工作是完全必要的。之所以必要，是因为土地开发整理项目公众参与是项目顺利实施的基础，不但可以避免过去一些土地开发整理项目实施中存在的诸多问题及其所导致的许多不良甚至严重后果，且可确保项目工程建设成符合实际，符合最广大群众切身利益的民心工程。

需要指出的是，根据调兵山市提供的经验，做好土地开发整理项目公众参与工作，要注意处理好以下几个问题：

（1）公众参与应该作为一个原则和理念提出，并贯穿于项目的全过程。公众参与有其特定含义，不能将其视同于方案论证会、群众座谈会、评审会、公示等。

（2）公众参与不能脱离项目所在地农村现实状况。要考虑公众参与的形式与当地经济、社会、文化水平相协调。要处理好规划与个人利益的矛盾。

（3）公众参与要有组织、有计划地进行。要用民主集中制的方法开展公众参与工作。公众参与不能干涉土地承包制度；土地使用权的分配不能采取绝对平均的方法；要切实做到数量和质量相当。

河南省焦作市采煤沉陷区土地复垦情况调研报告*

国土资源部土地整理中心　罗　明　刘喜韬　王　敬　周　际

土地复垦是土地整治的重要内容。为了了解各地土地复垦做法，研究制订相关政策，2010 年 4 月 14 日至 17 日，国土资源部土地整理中心组成专题调研组，对河南省焦作市采煤沉陷区土地复垦情况进行了专题调研。现将有关情况报告如下：

一、焦作市采煤沉陷区基本情况

（1）焦作市概况。焦作市位于河南省西北部，北依太行山与山西省接壤，南临黄河与郑州市、洛阳市相望。焦作市是以煤炭生产为主导产业的资源型城市，共辖 2 市 4 县 4 区和 1 个高新区，总人口 361 万人，土地总面积 4071 平方千米，其中矿区总面积 1300 平方千米，含煤面积 971 平方千米，耕地总面积 290 万亩，人均耕地仅 0.80 亩，接近联合国的警戒线。

（2）采煤损毁土地情况。焦作市有数百年的煤炭开采历史，最早是一个矿区小镇，1949 年新中国成立后，焦作市的煤炭工业迅速发展，成为全国著名的“煤城”之一，是全国优质无烟煤生产基地。但是多年的煤炭开采，造成地表大面积塌陷。以原焦作矿务局（现改制为河南煤业化工集团焦煤公司）为例，曾有生产矿井 13 个，因煤炭资源枯竭，目前已有 6 个矿井关闭；现有生产矿井 7 个，实际生产能力 300 万吨/年，其中多数矿井已进入残采期。焦作矿区属于厚煤层和多煤层开采，具有矿井分布范围广、开采深度变化大、地表沉陷区面积大、移动延续时间长等特点。据统计，13 个矿井因煤矿开采形成的 13 个大的采煤沉陷区，地表最大下沉值为 8.134 米，最大水平位移值为 1.958 米，沉陷区总面积为 70.16 平方千米，其中：稳定沉陷区面积为 48.16 平方千米，非稳定沉陷区面积为 22.00 平方千米。另外，煤矸石和粉煤灰等尾矿（含工业固体废弃物）的存量达 4000 万吨，仅焦煤集团就有 17 座大型矸石山，堆存量 2400 多万吨，占地 900 余亩。采煤塌陷、压占等造成居民住宅、医院、学校以及城市基础设施整体或部分破坏，造成损毁的农田达 48353 亩，使当地群众的生产生活受到极大影响，由此引发的各类社会矛盾日趋尖锐。

（3）采煤沉陷区治理现状。目前焦作市对采煤沉陷区的治理采取“救灾工程”模式，即在充分利用城镇已有基础设施的条件下，对受损房屋、医院、学校等地面建筑物进行维修加固、搬迁安置等。对损毁农田，国土资源管理部门由于资金等方面的原因，主要争取

* 本文原发表于《土地整理动态》2010 年第 7 期（总第 516 期）。

国家投资土地整理项目对损毁耕地、搬迁村庄进行整理复垦，近年来共实施国家投资土地整理项目 2 个，治理总规模 1.7160 万亩，投资总额 2008 万元。

二、焦作市采煤沉陷区土地复垦工作存在的主要问题

（1）复垦责任难以落实。目前，焦作市的多数煤矿或已关停倒闭或已进入残采期，土地损毁情况严重。按照国家“谁破坏、谁复垦”的相关规定，采煤企业必须对破坏的土地承担复垦义务。一方面，由于历史原因，一些关停倒闭的矿井已没有复垦义务人，复垦责任无法落实；另一方面，正在进行采煤生产的企业，由于对土地复垦工作认识不到位、理解不充分，或认为损毁面积的认定缺乏严格法律依据，或认为农田治理不属于采煤沉陷区综合治理范畴，同时因经济效益滑坡、前期损毁仍未开展复垦的土地过多、资金压力过大等原因，不愿履行复垦义务，复垦责任难以真正落实。

（2）土地复垦法规政策贯彻不力，监管不到位。虽然 1988 年国务院就颁布了《土地复垦规定》，近几年又相继出台一系列文件对加强土地复垦工作做出了相关规定，但目前国土资源管理部门依然存在对土地复垦工作重视程度不够、没有专门机构及人员负责的现象，造成在监督复垦责任和资金落实等方面工作力度不大、政策执行不力、管理不到位，导致复垦工作进展缓慢。

（3）土地复垦资金不足。一是对于已关停倒闭的煤矿，由于申请的国家投资土地整理项目资金有限，目前仍有大面积历史遗留损毁土地没有得到复垦。二是对不能自行履行复垦义务的煤炭企业，焦作市自 2009 年 7 月开始，按照河南省有关规定征收土地复垦费。由于复垦工作技术要求高、实施难度大，特别是大面积耕地甚至基本农田受到损毁，当地国土资源管理部门反映，复垦费的收取标准明显偏低，缴纳的土地复垦费难以满足实际复垦工作需要。

（4）从事复垦工作的人员力量难以满足工作要求。由于土地复垦工作涉及范围广、内容杂，采煤沉陷区的治理需要地质、采矿等专业知识，如沉陷区是否稳定、水文地质条件是否同非采煤区一致等。因此，从事复垦工作的人员不仅要具备土地整理方面的知识，而且要具备地质、采矿等方面的专业知识，才能设计出科学合理的方案，从而有利于土地复垦工作的开展。但从现实情况看，目前从事土地复垦的人员力量难以满足工作要求。

三、几点建议

土地复垦作为践行科学发展观、落实保护耕地基本国策、促进土地资源可持续利用的重要举措，对统筹保障发展与保护资源、促进我国经济社会全面协调可持续发展具有十分重要的意义。近年来，虽然土地复垦工作逐渐得到重视，但实际工作中依然存在一些问题和不足，难以满足实际工作要求，复垦开展情况不尽如人意。今后一段时期，需要在制度设计、政策研究、技术标准体系建设和队伍建设等方面进一步加强。结合焦作市的情况，具体建议如下：

（1）明确土地复垦责任，落实土地复垦资金。一是对仍在生产的煤炭企业，应根据国家法律规定，督促其履行复垦义务、落实复垦资金，并将复垦任务完成情况作为申请建设

用地或通过采矿许可证年检的前提条件；对其中不能自行履行复垦义务的企业，应结合当地实际情况征收土地复垦费，由有关国土资源管理部门代为组织复垦，并将复垦费收缴、使用纳入政府行政监察和审计范畴，定期审验。二是对复垦义务人灭失的历史遗留损毁土地，应积极争取国家资金，制定土地复垦专项规划和年度计划，逐步加大治理力度。

（2）加大宣传力度，发动社会力量积极参与土地复垦。要对土地复垦工作进行全方位宣传，让仍在生产的煤矿企业能够自觉履行复垦义务；让群众认识到土地复垦工作对于改善其生存环境、提高其生活水平的重要意义，使他们从维护自身权益的角度监督复垦义务人开展工作。同时，对复垦义务人灭失的大量历史遗留损毁土地，可按照“谁投资、谁受益”的原则，由政府给予一定的政策和资金倾斜，鼓励有积极性、有社会责任感和有能力的企业或个人开展土地复垦。通过上述方式，提高全民参与土地复垦的积极性。

（3）合理确定土地复垦费的缴费标准。对不能自行履行复垦义务的企业，要结合国家有关要求和当地实际情况，总结近几年土地复垦工作经验，综合考虑损毁前的土地类型、损毁程度、复垦标准、复垦用途等因素，合理确定复垦费的缴纳标准，确保企业缴纳的复垦费能够满足保质保量完成复垦任务的需要。

（4）加强组织管理，培养专业人才。根据国家相关法律法规要求，加强土地复垦监督管理工作，国土资源管理部门要将土地复垦纳入工作日程，指定专人负责土地复垦工作，并列入岗位目标责任考核，切实抓好土地复垦工作。同时，加强土地复垦从业人员的政策和技术培训，提高土地复垦工作管理水平。

产学研用结合　资金持续保障
山西省平朔矿区土地复垦效果显著*

——山西省平朔矿区土地复垦调研报告

国土资源部土地整理中心　刘喜韬　周　妍　张清春

为深入了解土地复垦方案编报制度实施以来采矿企业实施土地复垦的做法和效果，并就土地复垦监管问题听取采矿企业和基层国土资源管理部门的意见和建议，国土资源部土地整理中心派出调研组，于2010年4月24日至26日赴山西省朔州市平朔矿区开展了土地复垦专题调研，实地考察了露天、井工煤矿土地破坏的类型和复垦前、复垦中、复垦后土地的基本特征和效果，并与企业和基层国土资源管理部门进行了座谈。现将有关情况报告如下：

一、平朔矿区土地复垦的主要做法

（1）以规划为先导，年度实施计划与采矿生产计划统筹安排。平朔煤业公司一直以来坚持采矿生产与土地复垦统筹规划同步实施。1985年，安太堡露天矿建设伊始，平朔煤业公司就在《环保篇章》中提出了土地复垦方案，将土地复垦规划纳入矿区总体规划。安家岭露天矿、安家岭井工一矿、安家岭井工二矿、东露天矿从立项开始，就积极主动编制《土地复垦规划》。科学、合理的远景规划为矿区实现“边生产，边复垦”的总体目标提供了基础保障。同时，为确保规划目标的实现，以规划为基础，矿区还制定了土地复垦年度实施计划，将规划目标细化分解，并将其纳入年度采矿生产计划统一安排，保证了复垦工作的有序开展和复垦目标的落实。

（2）复垦资金纳入生产成本，为土地复垦的实施提供了持续的资金保障。平朔煤业公司开国内煤炭企业之先河，将土地复垦专项资金打入生产成本，保证了资金的及时到位，做到有资金、有落实、有验收。截至2009年底，矿区已累计投入土地复垦种植费用8000余万元，加上排土、整地、水土保持等工程费用，总计投入达3亿多元。科学的土地复垦资金管理模式，为复垦工程的实施和复垦目标的实现提供了持续的资金保障。目前，矿区已完成土地复垦总面积30000余亩，土地复垦率达45%以上，已复垦完毕的排土场复垦率达到90%以上，昔日寸草不生的矿区已变成绿树成荫的野生动物乐园。

（3）产学研用结合，积极探索因地制宜的土地复垦与生态重建模式。平朔矿区具有高寒、干旱、水蚀风蚀并存的区域特点，在此类半干旱生态脆弱区，采煤废弃地退化严重，

* 本文原发表于《土地整理动态》2010年第10期（总第519期）。

土地复垦的生态重建难度大、任务重。平朔煤业公司注重采用多学科交叉融合、多专家联手攻关的方式，与中国地质大学（北京）、山西农业大学等多所高等院校、科研单位联合，结合矿区土地复垦工作实际，联合承担了国家“八五”、“九五”及国家自然科学基金等生态重建与土地资源综合利用等重大课题，致力于新技术、新方法的研究应用，因地制宜地研究总结出具有区域特色的矿区废弃土地复垦与生态重建模式，为晋、陕、内蒙古接壤区大型露天煤矿的土地复垦和生态环境综合整治，提供了切实可行的理论支撑和实践依据。

二、需要探讨的几个问题

（1）土地复垦方案时间跨度过大，难以满足土地复垦实施和验收工作的需要。目前，由国土资源部审批采矿权的矿山土地复垦方案大多是依据 20～30 年采矿周期的开发利用方案编制，服务年限一般为 30～40 年。而实际开采情况往往与最初设定的开发利用方案出入较大，相应的土地破坏情况也与土地复垦方案中预测的情况差异较大，完全按土地复垦方案设计的内容实施复垦工程、落实复垦资金往往不切实际，也很难作为土地复垦工程最终验收的依据。平朔煤业公司在土地复垦方案（或规划）的基础上，根据年度开采计划制定土地复垦年度实施计划的做法值得我们借鉴。

（2）土地复垦监管基础薄弱，监管体制、机制和相关的技术手段急需加强。生产建设项目土地复垦监管在我国基础十分薄弱，缺位现象十分严重。在平朔矿区，企业有没有实施复垦、复垦到什么程度、复垦效果如何等，基本处于无人问、无人管的状态。平朔煤业公司这样的大型国有矿山企业出于社会责任意识和企业社会形象，能够自觉履行复垦义务；而大多数小型私有矿山企业，为追求最大的经济效益，往往逃避履行复垦义务，监管手段亟须跟上。鉴于目前国土部门人员相对偏少、工作任务十分繁重的状况，加强土地复垦监管首先需要探讨监管内容和方式，注重制度建设和机制创新。通过与朔州市国土资源局和平朔煤业公司座谈，我们认为，当前，土地复垦实施监管应当研究探索一种差别化管理的模式，即以实施效果监管为基础，以土地复垦资金监管为手段，激励机制和约束机制并举，充分调动企业自觉履行土地复垦义务的积极性和能动性。

（3）现行土地复垦标准单一，难以适用全国范围状况迥异的土地复垦工程建设实际。我国幅员辽阔，自然地理环境千差万别。不同矿种、不同开采方式对土地破坏的形式和程度差异较大。1995 年版的《土地复垦技术标准（试行）》中，对各项复垦技术手段和标准做了统一、宽泛的规定。复垦工程实践中直接套用该标准，必然导致针对性不强、不符合实际的问题。平朔煤业公司多年来致力于研究适宜半干旱生态脆弱区极度退化采煤废弃土地复垦与生态重建模式的做法，启示我们应当根据区域特点和破坏土地的实际情况因地制宜地制定土地复垦标准。

（4）复垦后土地的产权流转机制尚未建立，既加重了企业负担，也不利于土地的可持续利用。平朔矿区属大型露天矿，土地使用和征收的数量巨大。从 1984 年至 2006 年，平朔煤业公司以划拨方式取得 42 宗土地，共计 61928.43 亩。目前，平朔煤业公司已复垦土地 3 万余亩。但当前由于复垦后土地特别是耕地的产权流转机制未明确，一方面，平朔煤业公司每年需投入大量资金来养护复垦后的土地，对企业是一种负担，一定程度上挫伤了企业履行土地复垦义务的积极性；另一方面，平朔煤业公司将复垦后的土地出租，但由于距离农民居住地较远，农民耕种的积极性不高，耕地存在撂荒退化的可能。

三、对加强土地复垦监管工作的思考及建议

加强土地复垦监管工作，检查验收是核心，资金监管是关键，标准制定是基础。结合当前土地复垦工作存在的几个突出问题，调研组对加强土地复垦监管工作提出以下建议：

（1）督促编制阶段实施方案，制定年度复垦计划。对于时间跨度较大的土地复垦方案，督促生产建设单位依据土地复垦方案和实际开采计划，原则上以5年为一个阶段，编制阶段土地复垦实施方案。在土地复垦阶段实施方案中，应制定并细化年度土地复垦实施计划，包括年度应完成复垦工程量、年度复垦资金计提和使用计划，以及阶段应达到的复垦标准。为年度复垦质量检查、复垦资金监管和阶段复垦效果验收提供依据。

（2）加强土地复垦有效监管，突出复垦效果检查。国土部门应加强对土地复垦工作的有效监管，落实监管的共同责任机制，做到层级管理，分级负责，切实从项目管理模式中解脱出来。基层国土部门的职责是根据复垦义务人的申请和土地复垦阶段实施方案，及时组织开展复垦工程质量的检查验收，特别是侧重阶段复垦实施效果的检查验收，淡化复垦工程实施过程的监管；根据检查验收的结果采取有针对性的差别化土地复垦资金监管手段，通过资金监管落实土地复垦激励机制和约束机制。

（3）签订资金监管协议，完善资金监管制度。依据土地复垦方案和土地复垦阶段实施方案，与企业签订《土地复垦资金监管协议》，使之成为约束采矿企业履行复垦义务的手段。《土地复垦资金监管协议》中明确企业应将土地复垦资金纳入生产成本，并设立土地复垦资金账户，该账户由“企业所有，政府监管，银行监督，专户存储，专款专用”，企业按照提前计提的原则，分年度将土地复垦资金存入该账户，复垦资金的提取和使用受国土部门的监督。国土部门根据阶段土地复垦质量检查和复垦效果验收的结果，决定下一复垦阶段企业能从账户中提取、使用的复垦资金额度。

（4）加强复垦技术基础研究，制定土地复垦标准。土地复垦标准是土地复垦实施监管的技术基础，应加大基础研究的力度，在总结提炼已有研究成果的基础上，加快修订《土地复垦技术标准（试行）》，制定因地制宜的《土地复垦工程建设标准》。一是吸收借鉴土地开发整理工程建设标准的研究成果，尤其是破坏土地复垦为耕地的工程建设标准，可以在分省的土地开发整理工程建设标准的基础上，根据复垦的特点予以补充完善，体现复垦标准的区域性特征。二是对典型矿区土地复垦进行调研，总结先进复垦经验，提炼出针对不同破坏单元的复垦工艺和施工技术。

（5）探索建立复垦后土地的使用权流转机制，盘活企业的采矿用地。按照《土地复垦规定》，企业用自有资金复垦的土地，其使用权应归企业所有。但对企业来说，复垦后的土地使用权如果能够有偿流转，不但能增加企业经济效益，调动企业自觉履行土地复垦义务的自觉性，也能有效提升土地资源的利用效益。调研组认为，下一步应加强调研和试点研究，总结提出复垦后土地产权流转的政策建议，加快建立土地复垦激励机制。

老矿区土地复垦带来的新思考*

——江苏、安徽采煤塌陷地土地复垦情况调研报告

国土资源部土地整治中心调研组

自2011年3月《土地复垦条例》(以下简称《条例》)颁布实施后，各地土地复垦进程加快。为进一步了解地方土地复垦情况，国土资源部土地整治中心组成调研组，赴江苏省徐州市、安徽省淮北市开展了针对高潜水位采煤塌陷区土地复垦情况调研工作。期间，调研组与徐州市张双楼煤矿、淮北市国土资源局等有关人员进行了座谈交流，并实地考察了徐州市铜山区和沛县5个土地复垦项目及塌陷地现场、安徽省淮北市杜集区4个复垦项目，对江苏、安徽两省复垦义务人履责情况、政府部门土地复垦政策落实及今后的工作设想等进行了深入了解。有关情况如下：

一、土地复垦工作取得的经验与成效

(一) 上下联动、形成合力，共同推进土地复垦工作

《条例》颁布实施后，江苏、安徽两省国土部门认真学习《条例》精神，分类型分层次以多种形式开展宣传普及活动，积极构建社会公众广泛参与机制。一是采取召开座谈会、举办培训班等形式，深入学习、宣传《条例》的主要内容及重大意义，形成齐抓共管合力；二是对采矿企业进行有针对性培训，增强土地复垦责任感，树立自觉履责意识；三是通过宣传标语、制作专题片等方式，加大《条例》宣传覆盖面，提升公众对土地复垦、耕地保护的认知度，形成广泛参与的舆论氛围。

(二) 积极探索，先行先试，不断创新土地复垦模式

江苏徐州与安徽淮北均属于高潜水位地带，因采煤活动造成土地塌陷后形成大面积积水。经过多年探索，徐州、淮北等地已总结形成了若干土地复垦新模式。如淮北市的深层塌陷区水产养殖模式，浅层塌陷区挖塘造地发展种植和水产养殖模式，煤矸石等填充塌陷坑造地用作城镇建设模式，鱼鸭混养、果蔬间作模式，利用塌陷区水资源建设山水生态城市模式等。这些模式经过实践证明，不仅保护了耕地，也对促进农业增效、农民增收及农村发展作出了积极的贡献。

---

* 本文原发表于《土地整治动态》2012年第12期(总第558期)。

二、土地复垦中存在的主要问题

（一）损毁土地面积大，且多为耕地

据统计，江苏徐州沛县因采煤塌陷而形成的水面约8万余亩，安徽淮北因采煤已累计塌陷约25万亩，预计到2020年还将新增塌陷地10万亩。由于地处高潜水位的平原地带，因采煤活动而造成的损毁土地不仅面积大，塌陷深（有些地方已达3~7米），且绝大部分原是耕地，甚至是基本农田。这造成两方面不利影响：第一，给当地农民的生产生活造成一定困难。由于地表稳沉后才能复垦，在此之前农民虽能得到矿山企业的部分补偿，但并不能从根本上解决农民的生计问题。第二，给当地国土部门带来巨大的耕地保护压力。徐州、淮北两市采煤活动频繁，许多塌陷区地表稳沉后，塌陷深度已达3米以上，这些地区即使通过挖深垫浅，复垦出一部分耕地，但仍然会损失另一部分，由于目前的耕地保有量基于调查数据，这些损失的耕地无法变更地类，补充耕地不仅缺乏政策依据，也缺少表土，征地又未列入计划，这就造成地方国土部门进退两难，耕地保护压力加大。

（二）历史遗留损毁土地复垦资金缺口较大

徐州、淮北两市煤炭开采早，许多塌陷地是1989年之前造成的，属历史遗留损毁土地。《条例》规定，“对历史遗留损毁土地和自然灾害损毁土地，县级以上人民政府应当投入资金进行复垦，或者按照‘谁投资，谁受益’的原则，吸引社会投资进行复垦。”然而调研中发现，两省在复垦资金上存在较大的缺口。具体表现在两个方面：第一，县级以上人民政府财政吃紧。1994年分税制改革后，中央上收了财权，并未上收事权，这使得地方财政偏紧，导致用于土地复垦的资金少之又少。第二，吸引社会投资缺乏有力的激励政策，导致社会投资土地复垦的积极性普遍较低。

（三）土地复垦义务人履责情况参差不齐

《条例》明确规定，“生产建设活动损毁的土地，按照‘谁损毁，谁复垦’的原则，由生产建设单位或者个人（土地复垦义务人）负责复垦。”土地复垦方案作为监管义务人开展复垦工作的抓手，有些乏力。以徐州沛县为例，地方国土部门对省属的矿企因没有隶属关系而造成监管困难。《条例》第六章虽规定对未补充编制土地复垦方案的处以罚款，但基本未执行。而在安徽淮北，如淮北矿业和皖北煤电是市属企业，国土部门具有一定的监管力量，义务人履责情况良好。

（四）地方出台的政策文件与《条例》脱节

以江苏省为例，江苏省国土资源厅与财政厅、物价局等相关部门于2009年联合发布《关于调整采煤塌陷地征迁补偿标准的意见》，对塌陷深度大于1.5米不能用于农业生产的，经国土部门等确认后，办理征地手续；塌陷1.5米以下不具备征收条件的，塌陷地稳沉后煤矿企业与原集体经济组织签订复垦协议，按照以下标准确定复垦费用：塌陷平均深度0.5米以下的，每亩5000元；塌陷平均深度0.5~1.0米的，每亩6000元；塌陷平均深

度1.0米以上的，每亩7000元。《条例》中规定，“义务人不复垦，或验收不合格的，缴纳复垦费，由国土部门代为复垦。”该文件中煤矿企业直接与原集体经济组织签订复垦协议，首先国土部门监管缺位；其次不应将复垦义务直接转嫁给原集体经济组织；最后补偿标准与实际不符，随着采煤塌陷的深度增加，其难度和所需资金并非呈简单的算术级数增长，5000元、6000元、7000元这样简单递增的补偿标准是否能够满足复垦为农用地的投资标准值得进一步探究。

三、土地复垦工作亟须解决的几个问题

（一）先期出台的地方政策应及时与《条例》相衔接

调研中发现，部分地方仍以先期出台的地方政策、法规为依据，导致《条例》的贯彻实施不尽理想。经过近20余年的发展，土地复垦的内涵及相关管理要求等均已发生了质的变化，尤其是2011年3月发布施行的《条例》更是重点针对当前生产建设活动土地复垦实际，从社会责任、管理机制、实施要求、质量控制等方面进行了明确规定，具有较强的操作性和法律约束性。当地方先期出台的政策、法规与《条例》冲突时，应当以《条例》作为依据，地方政策是对《条例》的具体补充和完善。各地在宣传、贯彻《条例》的同时，应当梳理不适应新形势需求、与现行法律法规不相一致的旧政策、法规，围绕《条例》来制定发布符合地方实际的配套政策，维护《条例》的权威性，保持上下政策的统一。

（二）矿区土地复垦活动应有别于通常的土地整治活动

矿区土地复垦是指对因采矿等生产活动损毁的土地，采取整治措施，使其达到可供利用状态的活动，与通常的土地整治活动既有联系又有区别。联系之处在于：矿区土地复垦是土地复垦类型的一种，都属于广义土地整治的范畴。而另一方面，矿区土地复垦在责任及投资主体、工程建设内容和投资成本上又有别于通常的土地整治活动。首先，矿区土地复垦按照“谁损毁，谁复垦”的原则，责任主体和投资主体属于复垦义务人，而通常的土地整治目前仍以政府投资为主。其次，矿区土地复垦工程主要包括土壤重构、植被重建、配套工程及监测与管护等内容，与通常的土地整治工程以田、水、路、林、村综合整治工程侧重点不同。另外，从投资成本来看，矿区土地复垦因其类别复杂多样，工程措施差异较大，而导致投资成本千差万别。例如，徐州铜山区一个市级投资的土地复垦项目（塌陷0.5米以下），平均每亩投资4000元；而沛县张双楼煤矿的塌陷地（塌陷深度1.0米以上）复垦1亩地约需10000～12000元。因此土地复垦工程的投资预算不能完全按照其他土地整治活动的预算定额来编制，而宜采用量价分离的原则，根据其实际的工程量和市场决定的人、材、机等单价来综合计算。

（三）矿区土地复垦活动还应有别于矿山环境综合治理

调研中发现，地方相关人员尤其是矿山企业对土地复垦与矿山环境综合治理两者之间的关系在认识上有所含混，甚至认为二者并无二异，“缴纳了矿山环境治理保证金，为什

么还要预留复垦费用，或者缴纳土地复垦费?”土地复垦与矿山环境综合治理二者之间既有关联，又有严格的区别。二者关联之处在于都是对矿区损毁土地的治理和修复，区别在于土地复垦关注的是土地的合理利用和耕地保护问题，它是建立在环境修复、水土流失治理、地质灾害治理基础上，对破坏土地的恢复利用，采取的是使损毁土地的重新恢复利用的工程和措施；矿山地质环境综合治理关注的是地质灾害（崩塌、滑坡、泥石流、地面塌陷、地裂缝等）和地下水防治（矿产资源开发引起的地下水位下降或溢出）的问题，采取的是地质灾害和地下水的防治措施和工程。

（四）矿区土地复垦活动需理顺不同参与主体之间的关系

一是国土系统各部门之间的关系。例如，《条例》第七条、第八条规定国土部门应加强土地复垦监测监督，主要由耕地保护部门履行职责；《条例》第十三条规定，“土地复垦义务人为编制土地复垦方案或者土地复垦方案不符合要求的，有批准权的国土部门不得颁发采矿许可证”，这就要求矿产开发管理部门严格照章办事；采煤塌陷区稳沉后，耕地保护及地籍管理部门需进行调查评价，划定可复垦为耕地及其他地类的范围，再由复垦义务人进行复垦，待土地复垦项目验收后，地籍管理部门应当及时确权或变更。二是地方国土部门与矿山企业之间的关系。对于生产建设活动损毁的土地，矿山企业是土地复垦义务人，实施复垦不仅是遵守《条例》的规定，也是企业履行社会责任的体现。县级以上国土部门履行监管职责，然而在实际工作中，由于级别与隶属关系的不同，监管中会有困难。这就要求各级国土部门上下联动，形成合力。省属或跨地市的矿山企业由省级国土部门直接监管，可委托某市或县级国土部门监管；市属或跨县的矿山企业由市级国土部门直接监管，可委托某县级国土部门监管；县属或跨乡镇的矿山企业由县级国土部门直接监管。

四、几点建议

（一）采取多种措施将土地复垦工作前置

“编制土地复垦方案”、“对拟损毁的土地进行表土剥离”等都是《条例》中明确规定的，体现了将土地复垦工作前置的理念。要将这种“补救”性质的工作成本最小、收益最大，就应当变被动的事后弥补为主动的事前防范。这就需要监管部门严格遵照《条例》办事，申请采矿许可证时，加强对土地复垦方案的评审论证，必要时要综合审核其开发利用方案，禁止破坏性强的开采方式；在《条例》颁发之前已经开始生产建设活动的矿山企业，应要求其按照《条例》补报土地复垦方案。井工开采的特点决定了其破坏耕地的隐蔽性，因此地方人民政府在批准建设用地时，应出台相应的政策，要求其进行预测，划定拟损毁的土地范围，与工业广场一起纳入建设用地申请范围，从而对这部分拟损毁的土地进行表土剥离，用于今后的土地复垦。另外，井工开采方式对土地的破坏还有长期性和不确定性等特点，除在批准建设用地时预测损毁土地范围，并将表土剥离之外，还需要在开采过程中定期监测，监测对象主要是毗邻矿区但未列入拟损毁土地范围的区域，如有塌陷迹象，应及时抢剥表土。

（二）对历史遗留损毁耕地负担较重的省市，建议国家在资金和政策上予以倾斜

江苏徐州、安徽淮北等市煤矿开采较早，因为一些历史原因，牺牲了生态环境和耕地资源，造成大片历史遗留损毁耕地。这部分历史遗留损毁的耕地因面积大，复垦难度高，地方国土部门在资金投入上存在较大缺口，加上吸引社会投资的激励政策有限，社会投资的积极性不高。为加快盘活利用这部分历史遗留损毁的土地，建议国家适当对这部分省市在资金和政策上予以倾斜，结合《全国土地整治规划（2011—2015年）》划定的土地复垦重点区域，积极开展土地复垦重大工程的申报、评审论证，以保证土地复垦重大工程尽快实施。

对历史遗留损毁的耕地，经严格的调查评价确实无法复垦为耕地的，建议地籍管理部门及时变更台账，向上级国土部门客观反映情况，申请核减相应的耕地保有量；对生产建设活动损毁的耕地尤其是基本农田，建议在变更台账的同时，补划相应面积的耕地或基本农田，必要时可尝试易地补划，相应的费用由复垦义务人承担。

（三）尽快出台《条例》配套政策制度

《条例》作为土地复垦工作的指导性法规，原则性地规定了国土部门、土地复垦义务人的权利义务，但在具体实践中应配套以具体的实施细则、实施办法等。如第四章“土地复垦验收”中，应进一步明确验收的组织形式、参与部门、验收的方式等，第五章“土地复垦激励措施”中，应进一步明确收益分配或补贴的原则等。

建议在《条例》的基础上，深入开展相关配套政策研究工作，如《土地复垦条例实施办法》、《关于加强土地复垦监管工作的通知》、《土地复垦费征收管理使用办法》等，具体指导并要求各级国土部门及义务人履行各自职责。另外，地方国土部门还应当尽快梳理以往制定并仍在施行的政策、法规，及时废止旧政策、文件，并在《条例》的基础上，因地制宜地制定并出台符合地方情况的政策、法规、文件，积极探索，大胆创新。建设一套从国土资源部到地方的政策体系，顶层设计与地方配套相结合，原则方针与具体实际相结合，“上”指导“下”，“下”补充“上”。

（四）加快制定并发布土地复垦相关标准

《条例》发布实施后，土地复垦的步伐相应加快，无论对复垦义务人还是对县级以上国土部门都提出了更高的要求。《条例》中规定“编制土地复垦方案、实施土地复垦工程、进行土地复垦验收等活动，应当遵守土地复垦国家标准；没有国家标准的，应当遵守土地复垦行业标准。”截至目前，关于土地复垦的相关标准仅有“土地复垦方案编制规程”，大量有关质量、投资等的标准仍在研究制定中。标准的缺失一定程度上影响着土地复垦工作的质量和效率，当前土地复垦工作基本参照现有土地开发整理的有关投资、施工、验收的标准，并未体现矿区土地复垦区别于其他土地整治活动的特殊性，导致土地复垦工作的难度有所增加。

建议尽快建立土地复垦相关的标准体系，加快研究制定的步伐，以行业标准甚至国家标准的形式尽快发挥其标杆作用，指导土地复垦工作快速有序推进。

（五）将土地复垦作为构建“和谐矿区”的平台

在调研中，安徽淮北市提出了“把土地复垦作为构建‘和谐矿区’的平台”的理念，真正建立起了“政府主导、国土搭台、部门联动、公众参与”的模式。淮北市制定了“三级会议联系制度”，要求乡镇与矿山企业至少每月交流一次，县政府与矿山企业至少每季度交流一次，市政府与矿山企业至少每半年交流一次，密切了各级政府与矿山企业的沟通联系。

建议在全国土地复垦任务较重的地区推广这种“和谐矿区”的理念，政府及国土部门在行使监管权利的同时，还应当强化其服务职能，在政府、矿企和矿区村民集体组织之间搭建沟通平台，加强《条例》的宣传贯彻，因势利导，促进土地复垦工作有序高效地开展。

（调研组成员：刘喜韬、杜亚敏；调研报告由杜亚敏执笔）

生态文明与土地复垦*

——新形势下我国土地复垦工作的问题与建议

国土资源部土地整治中心　罗　明　周　旭　周　妍　周　际　张丽佳

土地复垦是指对生产建设活动和自然灾害损毁的土地，采取整治措施，使其达到可供利用状态的活动。党的十八大报告提出将“生态文明”纳入中国特色社会主义建设“五位一体”的总体布局。土地复垦是统筹矿产资源开发与土地资源保护、推动生态文明建设的重要措施，在生态文明建设的背景下，如何加强土地复垦工作，是当前国土资源管理部门面临的重大课题。

一、基本情况

（一）土地复垦总体情况

据测算，截至2009年底，我国生产建设活动和自然灾害共损毁土地约13507万亩（其中生产建设活动损毁约11407万亩，自然灾害损毁约2100万亩），已复垦约3382万亩，还有约10125万亩未复垦。每年新增损毁土地约435万亩（生产建设活动每年新增损毁土地约275万亩，自然灾害每年新增损毁土地约160万亩）。“十一五”期间，我国复垦土地600多万亩，其中耕地400多万亩，共投入资金132.085亿元（其中政府投资113.96亿元，土地复垦义务人投资12.78亿元，其他投资5.344亿元）。

（二）工矿废弃地复垦利用试点情况

工矿废弃地复垦利用，是将历史遗留的工矿废弃地以及交通、水利等基础设施废弃地加以复垦，在治理改善矿山环境基础上，与新增建设用地相挂钩，盘活和合理调整建设用地，确保建设用地总量不增加，耕地面积不减少、质量有提高的措施。2012年，国土资源部批准河北、山西、内蒙古、辽宁、江苏、安徽、江西、河南、湖北、四川、陕西、宁夏等12个省份开展工矿废弃地复垦利用试点。按照试点要求，各地开展了资源调查、利用评价、潜力分析工作，编制了工矿废弃地复垦利用专项规划。从专项规划来看，12个试点省份涉及21个试点市、75个试点县（市、区），其复垦资源潜力总规模136.23万亩，其中复垦耕地潜力规模95.06万亩，拟申请复垦利用规模124.68万亩。2012年度国土资源部下达给各试点省份复垦利用规模共22.60万亩。

---

* 本文原发表于《土地整治动态》2013年第4期（总第566期）。

（三）采矿用地方式改革试点情况

采矿用地改革试点，是指对矿体埋藏较浅、适合露天开采，在5年内能复垦为耕地或恢复土地原用途的采掘场用地，经国土资源部批准为试点区域的，可采取临时用地方式取得土地，用于矿产资源开采活动，不办理土地征收和农用地转用手续。截至2012年，广西平果铝土矿累计6个批次获得采矿临时用地1.19万亩；鄂尔多斯市5个试点，涉及临时用地面积34.94万亩；中煤平朔煤业有限责任公司3个露天煤矿试点，涉及临时用地面积14.16万亩；昆明市4个露天磷矿试点，涉及临时用地面积0.62万亩；辽宁省被批准在全省范围内开展采矿用地方式改革试点。

二、主要做法

（一）加强领导，健全机构

一是强化土地复垦领导，将复垦工作提上日程。多数省份逐渐把土地复垦作为国土资源管理工作的一项重要任务提上日程。例如：湖南省政府下发《关于规范和推进土地复垦工作的通知》，明确政府主要负责人为本行政区域土地复垦工作的第一责任人；河南省政府下发《关于加强土地复垦管理工作的通知》，强化了部门职能，发挥了政府的主导作用；吉林省政府在有关土地整治文件中对土地复垦提出要求，要求各地、各部门要按照《条例》规定规范开展土地复垦活动。二是健全土地复垦机构，充实土地复垦队伍。各级国土资源部门明确了由耕地保护处（科）专门负责土地复垦管理工作，土地整治中心或规划院为土地复垦技术支撑单位。例如：广西、湖南等省（区）土地整治中心专门成立了土地开垦复垦科。安徽省在厅内增设了资源恢复整治处，具体负责土地复垦等工作。

（二）完善制度，创新机制

一是完善《土地复垦条例》配套政策制度。《土地复垦条例》颁布实施后，国土资源部启动了《土地复垦条例实施办法》的起草工作。《土地复垦条例实施办法》对《土地复垦条例》在费用监管方式、机构设置、激励机制和监管措施及内容等方面做了全方位的补充和完善。各省份结合当地实际情况，在《土地管理法》和《土地复垦条例》的制度框架下，制定地方土地复垦管理制度。例如：内蒙古自治区着手起草了《内蒙古自治区土地复垦实施办法》，山东省起草了《山东省土地复垦管理办法》，宁夏回族自治区起草了《土地复垦保证金暂行办法》等。二是创新土地复垦工作机制。各地结合贯彻落实《土地复垦条例》不断创新土地复垦工作机制。例如：山西省在管理复垦工作中提出了“八个结合”即：土地复垦与矿业用地改革相结合，土地复垦与设施农业建设相结合，土地复垦与生态环境建设相结合，土地复垦与科学研究相结合，土地复垦与企业建设相结合，土地复垦与农民集体组织相结合，土地复垦与政府复垦资金相结合，土地复垦资金提取与市县监管相结合。

（三）严格把关，强化监督

一是严把土地复垦方案审查关。据统计，截至2011年底，全国各类生产建设项目共编制土地复垦方案6000多个，其中报国土资源部评审的400多个。土地复垦方案已成为申请建设用地和采矿权申请的必要条件之一。各地已逐步开展推进在建项目土地复垦方案编报审查工作。例如：广西、湖南、安徽、山西等10省区结合日常检查，督促已经办理建设用地手续或者采矿权许可证的在建项目单位补充编制土地复垦方案。二是开展监督检查，确保方案落实。广西对全区14个市县审查的1043个生产建设项目土地复垦方案实施情况进行了专项检查，督促土地复垦义务人按照土地复垦方案落实资金、实施土地复垦，并对有关情况进行了通报。辽宁省列出专项资金分别于2009年、2011年采取市县全面检查和省厅重点抽查相结合的方式开展土地复垦实施情况监督检查，并将检查结果通报。

（四）科学规划，健全标准

一是科学编制土地复垦规划。安徽省将采煤塌陷区治理与新农村建设、土地复垦、矿山地质环境治理恢复、农业产业结构调整以及交通、水利等其他相关工程结合起来，将矿产资源开采与土地复垦利用、塌陷区村庄搬迁安置统筹考虑。依据《全国土地利用总体规划大纲（2006—2020年）》、《安徽省土地利用总体规划大纲（2006—2020年）》、《安徽省矿产资源规划（2008—2015年）》以及城乡建设规划，组织编制《皖北五市采煤塌陷区土地综合整治规划（2009—2020年）》。二是健全土地复垦标准体系。国土资源部土地整治中心联合有关单位，已研究完成并发布完成《土地复垦方案编制规程》，研究完成《土地复垦质量标准（待批稿）》、《土地复垦验收规程（送审稿）》，正在开展土地复垦估算标准、土地复垦调查评价标准、土地复垦工程建设标准、工矿废弃地复垦利用专项规划编制规程等技术标准研究，逐步健全土地复垦技术标准体系。

（五）科研探索，模式创新

一是注重土地复垦科学研究。例如：平朔煤业公司注重采用多学科交叉融合、多专家联手攻关的方式，与中国地质大学（北京）、山西农业大学等多所高等院校、科研单位联合，结合矿区土地复垦工作实际，致力于新技术、新方法的研制应用，研究总结出了具有区域特色的矿区废弃地土地复垦与生态重建模式，为晋、陕、内蒙古接壤区大型露天煤矿的土地复垦和生态环境综合整治，提供了切实可行的理论支撑和实践依据。二是注重土地复垦模式总结。例如：淮北市经过探索总结，形成了适合高潜水位平原区的6种复垦模式，即深层塌陷区水产养殖模式、浅层塌陷区挖塘造地发展种植和水产养殖模式、煤矸石等填充塌陷坑造地用作城镇建设模式、粉煤灰充填塌陷区覆土营造人工林模式、鱼鸭混养与果蔬间作模式、利用塌陷区水资源建设山水生态城市模式。

三、存在的主要问题

（一）统筹协同推进土地复垦的工作机制尚未形成

土地复垦工作，尤其是矿区土地复垦，涉及多个利益相关方，包括政府、国土、环保、水利、农业、林业、交通、社会保障等多个部门，以及矿山企业和农民。不同利益相关方，在土地复垦有关工作上有着不同的利益关注点或管理目标。以矿产资源开发为例，不同的利益相关方的利益关注点或管理目标如表1。

表1　土地复垦工作各利益相关方情况表

利益相关方	关注或管理对象	主要利益关注点或管理目标
矿山企业	待开发利用的矿产资源	最大限度开发资源，降低成本、获取最大的经济效益
政　府	矿区经济－社会－生态符合系统	获得保障经济发展的土地和矿产资源，保护环境、维护社会和谐稳定
农　民	矿区土地	生活有保障
国土矿管部门	待开采的矿产资源	合理开发利用矿产资源
国土耕保部门	由于矿产资源开采，造成全部或部分利用功能丧失的土地	将损毁土地复垦恢复到可供利用的状态，以实现耕地保护与治理恢复、优化土地利用结构和促进土地节约集约利用
国土地质环境部门	由于矿产资源开采，被破坏的地质环境（自地表面下的坚硬壳层，即岩石圈）	预防和治理矿产资源开采等活动造成的地质灾害、地下含水层破坏等地质环境问题
环保部门	由于矿产资源开采，被污染或破坏的环境（地下水、地表水、空气、噪声、固体废弃物、生态环境）	控制污染，保护生态环境，预防、减轻和治理生产建设活动造成的不良环境影响
水利部门	矿产资源开采造成水土流失的地表	保护和合理利用水土资源，预防、减轻和治理生产建设活动造成的水土流失，减轻水、旱、风沙等灾害

由于相关政策制度间衔接不够充分，存在各利益相关方均希望达到各自利益和目标最大化的冲突，均衡各方利益、统筹协同推进土地复垦的工作机制尚未形成。

（二）历史遗留损毁土地复垦任务难落实

一是历史遗留损毁土地复垦资金难保障。《土地复垦条例》明确了历史遗留损毁土地复垦责任主体为县级以上地方人民政府。近年来，国家逐步加大了对土地复垦的投入。目前已安排的土地复垦项目资金来源主要为新增建设用地有偿使用费、耕地开垦费、土地复垦费、土地出让金用于农业开发部分。然而这几类资金中，除了土地复垦费外，其他资金使用规定中都没有明确提出用于土地复垦的比例和方式。由于多数地方财政并不宽裕，地方政府缺乏投资复垦的积极性；加之土地复垦资金筹措渠道较少，吸引社会投资缺乏激励机制，造成复垦资金难保障。二是工矿废弃地复垦利用试点管理需完善。2012年开始实施的工矿废弃地复垦利用试点是推进历史遗留损毁土地复垦的重要举措，但试点范围只限于建设用地，规模也十分有限（2012年全国批准规模共22.3万亩）。由于该试点是一项全新工作，一些试点地方“重建新，轻复垦”，在专项规划审查通过和年度复垦利用规模下达后急于建新，以至于对试点管理程序和复垦技术难度认识和估计不足。

（三）生产建设活动土地复垦监管体系不健全

一是土地复垦方案的监管抓手作用未能充分发挥。自2007年以来，我国逐步开展了新建和改、扩建生产建设项目土地复垦方案编报审查工作。然而，大量在建生产建设项目和已完工或闭坑的生产建设项目土地复垦方案编报尚未全面启动。此外，一些生产建设周期较长的项目土地复垦方案服务年限较长。例如，报国土资源部审批采矿权的矿山土地复垦方案大多依据20～30年采矿周期的开发利用方案编制，服务年限一般为30～40年。而实际开采情况往往与最初设定的开发利用方案出入较大，相应的土地损毁情况也与土地复垦方案中预测的情况差异较大，完全按土地复垦方案实施复垦工程、落实复垦资金往往不切实际。二是土地复垦监管内容与方式不明确。《土地复垦条例》明确了国土部门对土地生产建设活动土地复垦的监管职责与要求。但由于缺乏具体操作细则，监管方式、手段和约束机制不明确，有关技术标准和技术手段不健全，加上管理人员相对偏少、缺乏工作经费、其他工作任务繁重，造成国土部门无力全面开展生产建设活动土地复垦监管工作。

（四）矿业用地政策存在缺陷

一是缺乏复垦后土地退出机制。例如，山西平朔矿区，露天采矿每年需使用和征收大量土地。仅1984年至2006年间，以划拨方式取得的土地，达61928.43亩。目前，平朔煤业公司已复垦土地3万余亩。但因复垦后土地特别是耕地的产权流转机制未明确，平朔煤业公司每年需投入大量资金来养护复垦后的土地，一定程度上挫伤了企业的土地复垦积极性。二是大量矿业用地处于违法状态。目前，国家下达给地方的新增建设用地计划指标既包含了常规的经济社会发展所需的建设用地指标，也包含了矿业用地指标。由于新增建设用地计划指标的限制，造成大量矿业用地的违法。以安徽省两淮矿区为例，由于多年大规模的开采已形成了约480平方千米的采煤塌陷区，其中60%为耕地。尽管安徽省出台了有关政策，要求将这些塌陷积水耕地区分不同情况分别予以征收或复垦。但由于积水较深且缺乏土源，复垦难度较大。同时，受新增建设用地计划指标的限制，多数无法办理征收手续，造成大量因塌陷积水而无法耕种的耕地在地籍图上仍然维持耕地地类。

（五）现有技术和模式无法适应新情况和新问题

一是新的开采方式带来了新的问题。随着科学技术的进步和经济社会的发展，我国矿产资源开采的速度和规模不断增大，且逐步转向深部开采、二次开采、多煤层开采、露井联采。新的开采方式下，土地损毁速度和程度加大，呈现出与以往不同的特点；且部分已复垦土地、搬迁村庄和城市建设区需要二次复垦、二次搬迁。二是现有复垦技术和模式未能充分与生产工艺结合。目前我国大多数土地复垦工作均在土地损毁后开展。这种被动复垦方式存在被损毁的土地不能及时恢复，且后期缺乏回填土源，能够复垦比例较小的弊端。

四、思考与建议

党的十八大报告提出了建设“生态文明”的四大举措：优化国土空间开发格局、全面促进资源节约、加大自然生态系统和环境保护力度和加强生态文明制度建设。结合生态文明建设的要求和我国土地复垦工作存在的问题，对我国下一步土地复垦工作提出以下建议：

（一）加强规划统筹与利益相关方参与

一是科学编制土地复垦规划。按照区域主体功能区战略，在对未来矿产资源开发损毁土地预测的基础上，将土地复垦与环境治理、新农村建设等统筹考虑，整合土地复垦有关资金和项目，编制土地复垦规划，调整优化复垦后土地空间结构，促进生产空间集约高效、生活空间宜居适度、生态空间山清水秀。二是加强部门协调与社会参与。探索建立政府主导、国土搭台、部门与企业协作、农民参与的组织方式。将土地复垦纳入经济社会发展评价体系，建立相应的目标体系与考核办法。通过联席会议的方式，让多个利益相关方充分表达自己的诉求，在协商的基础上达成共识，形成各方共同遵守的规则，提高决策的科学性与可操作性。

（二）加大历史遗留损毁土地复垦投入与规范管理

一是设立历史遗留损毁土地复垦专项基金。按照生态文明制度建设的要求，建立土地复垦补偿机制。从资源补偿税、采矿权出让收益、土地出让金、新增建设用地有偿使用费等资金中，提取一部分资金，设立历史遗留损毁土地复垦专项基金，稳定复垦资金来源。建立专项基金项目管理制度，优先用于历史遗留损毁耕地的复垦。二是规范土地复垦利用试点管理。加强对试点地方的政策和技术指导，进一步明确工矿废弃地复垦利用管理要求与程序；加快建设工矿废弃地复垦利用备案与监管系统，加强试点实施监管与考核评估，并将考核评估结果与下年度复垦利用指标挂钩；研究制定工矿废弃地复垦利用试点专项规划与实施方案编制要点与技术要求。

（三）构建信息报备与费用监管结合的土地复垦监管体系

一是实施土地复垦信息报备。构建“分级负责，层级管理”的“国家—省—市—县—企”5级土地复垦监管体系，并依托国土资源综合监管平台和“一张图”，建设土地复垦信息报备与监管系统。报备与监管主要内容是土地损毁情况、土地复垦费用使用情况、土地复垦工程实施情况以及土地复垦效果。具体包括6个环节的指标：土地复垦方案指标、阶段土地复垦计划指标（生产建设周期长、需要分阶段实施的复垦方案）、年度土地复垦实施计划指标、土地复垦实施情况年度报告指标、土地复垦实施情况年度检查指标、土地复垦验收指标。二是签订土地复垦费用监管协议。依据土地复垦方案，县级国土资源主管部门与土地复垦义务人签订《土地复垦费用监管协议》。明确土地复垦费用纳入生产成本；以“企业所有，国土监管，专户存储，专款专用”的原则设立土地复垦费用账户；土地复垦义务人分年度存入土地复垦费用；复垦费用的提取和使用受国土部门的监督。

（四）完善土地复垦激励机制

一是探索土地复垦义务人存量建设用地复垦激励机制、流转机制。在循环经济理论的指导下，探索建立复垦后土地的使用权流转机制，盘活土地复垦义务人存量建设用地。将复垦后经验收合格的土地（尤其是耕地）进行收储和有偿流转，不但能增加企业经济效益，调动企业履行土地复垦义务的自觉性，也能有效提升土地资源的利用效益。二是创新新增矿业用地管理模式。从节约集约利用资源的角度，创立“新增矿业用地”单行指标，实行“封闭循环”管理。在保障农民合理合法补偿的前提下，鼓励企业将土地复垦与生产工艺结合，预先谋划、优质高效复垦。经验收合格的土地可以用来置换新的“新增矿业用地”指标。

（五）加强土地复垦科学研究与技术推广

一是加强土地复垦科学研究与国际合作。加大与土地复垦发达国家的交流与合作的广度、深度和力度，学习国外的先进理念、技术措施和经验做法。同时，鼓励高校科研机构协同攻关，注重土地复垦融合矿产学、地质学、生态学、土壤学、经济学等交叉学科研究，大力推动土地损毁预测和复垦关键技术研发，强化土地复垦基础理论与技术方法的创新与应用研究。二是加强对土地复垦先进技术的推广。成立土地复垦先进技术推广的专门机构，建立土地复垦先进技术推广平台，实施搜集、总结、宣传土地复垦先进技术。对应用先进技术实施土地复垦的企业，予以表彰和奖励。

耕地质量管理

GENGDI ZHILIANG GUANLI

农用地分等定级估价工作取得重大进展*

国土资源部土地整理中心项目计划处

按照《中华人民共和国土地管理法》第二十八条“根据土地调查成果、规划土地用途和国家制定的统一标准，评定土地等级”的规定，从1999年起，农用地分等定级估价项目被列入“新一轮国土资源大调查土地资源监测调查工程”，这是继土地详查摸清农用地数量和权属后，对农用地质量、价格的大调查，是实现土地资源由数量管理向数量、质量、生态管护相协调管理转变的重要基础性工作，对贯彻落实《国务院关于深化改革严格土地管理的决定》（国发〔2004〕28号）、推进国土资源管理与改革具有重要作用。

受国土资源部委托，国土资源部土地整理中心承担农用地分等定级估价工作的技术指导、检查验收和国家级汇总建库。6年来，在国土资源部相关业务司的指导下，通过广大国土资源管理工作者和科研工作者的共同努力，农用地分等定级估价工作取得了重大进展。

一是完成了相关规程的编制工作。2003年8月1日，《农用地分等规程（TD/T 1004—2003）》、《农用地定级规程（TD/T 1005—2003）》和《农用地估价规程（TD/T 1006—2003）》正式以国家行业标准颁布实施。

二是全面开展农用地分等定级估价工作。至目前止，已有山西、内蒙古、黑龙江、江苏、安徽、福建、湖南、广西、新疆、河北、山东、河南、湖北、海南、四川、吉林、浙江、广东、辽宁、江西、重庆、贵州、甘肃、陕西、北京等25个省（自治区、直辖市）部署开展了这项工作。其中山西、内蒙古、黑龙江、江苏、安徽、福建、湖南、广西、新疆、河北、河南、湖北、海南、四川、浙江等15个省（自治区）的成果已通过预检，山西、江苏、福建、广西、河北、河南、湖北等7个省（自治区）的成果已通过国家验收。

三是建立农用地分等成果数据库。这项工作从县、市、省到国家逐级向上进行，每级汇总是对下一级成果数据进行平衡、协调、接边，形成该级行政区内可比的农用地分等成果，并建立相应的数据库。目前全国已有15个省、110多个市、1300多个县完成了汇总建库工作。2004年底，启动了河北、湖北、河南3省的国家级汇总建库试点。2005年底将初步完成18个省级数据库及相应国家级汇总建库工作。

四是开展农用地分等定级估价成果的转化应用工作。根据国土资源部的统一部署，重点安排了农用地分等定级估价成果在土地利用总体规划、征地制度改革、耕地占补平衡、土地开发整理、耕地生产能力核算等5个方面的应用研究，同时要求各地区开展成果转化应用试点工作。浙江省在全省范围内实行了按征地区片价测算征地补偿标准的办法；河北省霸州市根据农用地分等成果建立了耕地占补平衡当量系数换算关系；四川省成都市应用农用地分等定级成果在全市范围内对基本农田进行了调整划定。这些成果应用资料为国务

* 本文原发表于《土地整理动态》2005年第27期（总第302期）。

院 28 号文件的出台与贯彻落实提供了依据。国土资源部土地利用管理司起草了《征地区片综合地价制订技术指南（征求意见稿)》；国土资源部耕地保护司起草了《关于开展耕地占补平衡中补充耕地数量质量实行按等级折算基础工作的通知及技术指导意见（征求意见稿)》；国土资源部规划司正在研究起草有关规定与要求，积极推动农用地分等定级成果在新一轮土地利用总体规划修编中的应用。

国务院 28 号文件规定“补充耕地的数量、质量实行按等级折算”，“建立耕地保护责任的考核体系”，“制订并公布征地区片综合地价，征地补偿做到同地同价”，这不但给深入开展农用地分等定级估价工作提出了要求，也指明了方向。“十一五”期间，将按照国务院 28 号文件的要求和指明的方向，继续开展并完成全国农用地分等定级估价工作；围绕国土资源管理的新形势和新要求，进一步加强成果的转化应用；在现有成果的基础上进一步拓展新的调查领域，逐步建立农用地资源数量与质量并重管理的长效机制，为落实严格的土地管理制度，深化国土资源管理改革服务。

农用地分等定级估价工作快步推进*

国土资源部土地整理中心土地评价处

通过5年的努力，我国农用地分等定级估价工作取得了重大进展，全国近一半的省份完成了农用地分等工作与县级定级估价试点工作；初步建立了全国农用地分等定级估价体系和标准样地永久标志等。

据国土资源部土地整理中心副主任郧文聚介绍，目前规程编制工作已经完成。开展了规程编制的相关研究，完成了全国农用地分等光温生产潜力测算、全国标准耕作制度、农用地分等定级野外诊断指标、农用地分等标准样地设置与应用、土地利用系数制定、土地经济系数制定等研究报告；在相关研究和试点经验的基础上，编制完成了《农用地分等规程》、《农用地定级规程》、《农用地估价规程》，并于2003年8月正式以国家行业标准的形式颁布，构建了我国农用地分等定级估价的技术体系框架，为全国在统一的技术规范下开展工作奠定了技术基础。

农用地分等定级估价工作从1999年开始试点、2000年分省部署至今，已分年度在25个省份开展起来。目前，江苏、广西、河南、河北、新疆、山西、四川、福建、安徽、湖南、湖北、海南、浙江、内蒙古、黑龙江等15个省份已完成分省工作，并通过国土资源部组织的省级成果预检，占已部署省份的60%；除内蒙古、黑龙江外，其余13个省份的省级成果通过国土资源部组织验收，占已部署省份的52%。同时，各省（区）安排的县级农用地定级与估价试点工作也进展顺利。这期间，国土资源部土地整理中心作为技术指导单位，编发了50期《技术简报》；对25个省的技术方案进行了审查；对已开展工作的省份进行了100余次巡回指导、现场答疑、工作检查、专题调研等。

形成了一系列专题研究成果，包括农用地分等定级估价与数据库建设总体方案研究、农用地分等国家级汇总与数据库建设总体方案研究、标准样地汇总与数据库建设总体方案研究、农用地定级估价成果汇总与数据库建设总体方案研究等，进一步细化了全国汇总建库工作的技术要求；通过试点积累经验，在河北、河南与湖北3省开展的农用地分等成果国家级汇总建库试点已经完成，这标志着国家汇总工作由理论研究进入实际操作阶段。在理论研究和试点总结基础上，将全国划分为东部、中部、西部三片开展全国汇总工作。目前已有11个省（区）开始汇总，其中东部区包括江苏、福建、浙江、海南4省；中部区包括黑龙江、山西、湖南、安徽4省；西部区包括四川、广西、内蒙古3省（区）。

目前已有15个省份基本完成了省级农用地分等和县级定级估价试点工作，形成了一系列图、文、表、库、标准样地等系列成果，形式多样、内容丰富。如安徽省形成了3个省级成果报告、106个县级农用地分等工作报告和技术报告，8张省级农用地分等成果图件、106个县级成果图，以及11张省级农用地分等数据表、106个县的12种农用地分等

---

* 本文原发表于《土地整理动态》2006年第9期（总第332期）。

数据表等；湖北省形成了 9 个省级成果报告、85 个县级农用地分等成果报告，7 张省级农用地分等成果图件、85 个县的 9 种农用地分等成果图件，以及 13 张省级农用地分等数据表、85 个县的农用地分等数据表等。另外，国家层面上，已形成 3 个行业标准，以及规程相关研究、国家级汇总相关研究、成果应用研究等 25 个研究报告和 3 个省的农用地分等国家级汇总建库试点成果。

耕作层土壤剥离再利用的若干问题探讨*

宁波市土地开发整理中心　蔡　洁

近年来，随着社会经济发展对用地需求的增加，实现建设占用、补充耕地数量质量平衡的难度愈来愈大，耕地保护形势已经相当严峻。切实提高补充耕地质量已经成为国土资源管理部门最为关注的问题之一。继国土资源部发文要求推广吉林省开展被占用耕地耕作层土壤剥离工作有关做法后，浙江省国土资源厅也在2007年8月发文要求有条件的地市积极开展表土剥离利用工作。但在实际推行中，却面临政策、资金、技术等诸多问题。

一、制约耕作层土壤剥离再利用的主要难题

（1）法律法规遇到瓶颈。一是《中华人民共和国土地管理法》相关规定有“弹性”。建设占用耕地表土的剥离是在建设单位占用耕地之前就要实施的，但建设单位往往选择的不是将表土剥离，而是直接倒入塘沟进行填埋，这无疑浪费了珍贵的土壤资源。《土地管理法》第三十二条规定：县级以上人民政府可以要求占用耕地的单位将所占用耕地的耕作层的土壤用于新开垦的耕地、劣质地或其他耕地的土壤改良。这种规定是有“弹性”的，且其权限仅隶属于“县级以上地方人民政府”。要真正开展土壤剥离，单靠“可以要求”这样的弹性规定，力度远远不够。二是地方政府规定缺乏可操作性。为进一步落实国土资源部、浙江省国土资源厅关于开展表土剥离利用的要求，宁波市人民政府在2007年10月转发了市国土、财政、农业、水利等4个部门《关于加强耕地开垦项目管理意见的通知》（下文简称《意见》），首次明确：所有利用丘陵山地、溪滩地、废弃矿山、建设用地等开垦耕地项目，其表土必须为建设占用耕地剥离的优质耕作层，且耕作层达到30厘米以上，以确保新增耕地质量；建设用地单位不得以任何理由阻止表土剥离，否则，停止供地。但该《意见》对表土如何剥离利用、资金如何落实等没有提出具体办法，缺乏可操作性。三是镇政府规定显得法律依据不足。为保证建设占用耕地的耕作层表土能被剥离利用，余姚市临山镇在2007年底出台的《关于新批建设项目占用耕地须进行耕作层剥离的实施意见》规定，建设用地单位必须将所占耕地约30厘米厚的耕作层无偿提供给镇政府，并集中运送到指定地点。待耕地耕作层表土剥离后，凭镇土地整理办出具的验收证明，方能办理建设项目施工许可证，并领取事先缴纳的每亩1万元的耕地耕作层表土剥离保证金。按此规定，用地单位如果不剥离耕作层表土，就意味着领不到施工许可证，也就开不了工，这项刚性规定正是临山镇的耕地表土剥离政策能被有效执行的最大保障。但临山镇的《实施意见》，附带着政府强制性行政命令，没有相应的国家法律作为支持。

（2）表土剥离费用落实有困难。耕作层土壤剥离再利用工程需要经过剥离、运输、存

* 本文原发表于《土地整理动态》2008年第23期（总第443期）。

储、覆盖等4道主要工序。据有关部门测算，1 亩地剥离 30 厘米表土后，运到 5 千米以外的项目区上再利用，以实际值计，每亩剥离和搬运成本需 4300 元，每增加 5 千米，剥离和搬运成本每亩增加 2000～3000 元（表 1）。以宁波市目前已实施表土剥离利用的 3 个工程为例，余姚临山镇废弃矿山复垦项目增加表土剥离利用费用 3500 元/亩，鄞州区章水镇长潭村表土剥离项目增加 3000 元/亩，奉化市西坞街道税务场村沙滩造田项目增加 2833 元/亩。然而，按照现行土地管理法律法规的规定，建设单位依法缴纳耕地开垦费后就已履行了补充耕地义务，在目前没有法律硬性规定的情况下，要求用地单位再增加投入开展土壤剥离工作，推行难度较大。

表 1　耕作层土壤剥离费用预测表

工程或费用名称	实际单价/元	理论单价/元	备　注
挖运 5 千米 + 平整	4830	5900	2 立方米挖机，8 吨自卸车，74 千米推土机
挖运 10 千米 + 平整	6620	8100	
挖运 15 千米 + 平整	8410	10290	
挖运 20 千米 + 平整	10210	12480	
挖运 25 千米 + 平整	12000	14670	
挖运 30 千米 + 平整	13800	168602	

（3）表土剥离、利用存在时间差。对于剥离出来的耕作层土壤，最好的处理办法就是直接用于土地开发整理项目。这种“点对点”的处理，理论上是可能的，但在实际工作中往往受到客观条件的限制。首先是受到剥离点与造地点之间距离的制约，若运距过长，则成本较高；其次是建设项目与造地项目在实施时间上往往很难同步；再者是受到沿海丘陵、平原不同区域之间土壤性质的差异性影响。由于时间差的存在，导致剥离的土壤往往不能直接用于造地，势必要考虑堆放场地。堆放场地如何取得、谁负担费用、如何堆放、如何利用等都是实际面临的问题。就宁波市而言，气候潮湿，雨水较多，为防止土壤被冲刷和流失，堆放场地需要修筑坚固的堤坝。

二、耕作层土壤剥离再利用措施与建议

（1）要有政府部门强硬的行政措施作为保障。建设用地单位必须无偿无条件提供优质表土，积极配合支持表土剥离项目的实施。任何单位和个人不得妨碍建设占用耕地表土剥离工作。国土部门在与建设用地单位签订土地出让合同时，必须同时签订表土剥离协议，不签订协议的应停止供地。妨碍表土剥离工作情节严重的，应注销土地出让合同，收回土地使用权。

（2）要有乡镇街道的大力支持。乡镇街道作为基层组织，是表土剥离、土地开发整理项目的直接实施者。表土剥离后，应根据就近、方便、经济的原则，安排优质表土用于本乡镇街道土地开发整理项目或低产田的土壤改良。本辖区内暂无土地开发整理项目的，应集中统一堆放储存，或由市统一调运到临近乡镇街道的土地整理项目使用。

（3）要建立健全有关的实施规范。建设用地单位依法取得土地使用权在开工建设前，必须主动向所在乡镇街道书面提交建设占用耕地表土剥离申请，乡镇街道经实地勘查，根

据该宗土地的质量情况，制订表土剥离和再利用方案，报市审批。市、县政府在接到审批报告7个工作日内，会同国土、农业和财政等部门组织实地评估，批准实施方案，明确表土剥离厚度、剥离面积和表土再利用项目。表土剥离深度一般在30～50厘米。土壤污染严重，缺乏肥力不宜种植农作物的劣质土经批准可以不剥离。乡镇街道或建设用地单位按批准方案实施完毕后，经验收合格才能下拨表土剥离工作经费，并出具建设用地许可证明。没有实施建设占用耕地表土剥离的项目（批准不符合表土剥离条件的除外），相关部门不得出具建设用地许可证。违反规定的要追究部门领导和相关人员的责任。

（4）要落实经费保障。相关经费可以由财政承担，按一定标准在土地出让收入中提取，设立资金专户，实行集中统一管理，专项列支，接受财政监督和审计。乡镇街道实施建设占用耕地表土剥离项目，经验收合格后按标准下拨专项资金。建设用地单位自己组织实施表土剥离的项目，经乡镇街道验收合格，按标准给予建设用地单位资金补助。有条件的规模较大建设占用耕地表土剥离项目（一般在10亩以上），应实行公开招投标，欢迎社会有实力的法人参加，并接受社会公开监督。

（5）要建立考核奖励制度。建设占用耕地表土剥离和优质耕作层保护利用工作，列入乡镇街道年度工作目标考核，年终组织统一验收，并按实际垦造的优质耕地面积，给予每亩1万~2万元（各地自定）的奖励。对未实施建设占用耕地表土剥离，优质耕作层保护利用工作未达到市里规定要求的，取消当年评比农业先进单位的资格；暂不安排第二年建设用地计划；暂停第二年建设用地农转用申报工作。

（6）要切实加强组织领导。这是一项新工作，推进情况复杂，难度较大，必须切实加强领导。各地土地开发整理工作领导小组，负责建设占用耕地表土剥离和优质耕作层保护利用工作；下设办公室，由国土、财政和农业等部门抽调业务骨干参加，主要负责组织协调和指导督促工作。国土部门是该项工作的职能部门，负责牵头该项工作的规划计划制订，工作指导和监督验收等工作；财政和农业等相关部门要积极支持、密切配合，形成工作合力。乡镇街道要根据自身的工作任务，建立专门，明确一名分管领导，指定专人负责这项工作，建立工作网络，真正把这项工作落到实处，以保证各地建设占用耕地表土剥离和优质耕作层保护利用工作，深入规范有序地开展。

以农用地分等成果为支撑促进耕地数量质量并重管理*

国土资源部土地整理中心　张蕾娜

2000 年 11 月，温家宝同志在全国国土资源工作会议上指出："发达国家管理保护土地资源，已经跨过了数量管护、质量管护两个阶段，正向生态环境管护的更高层次发展，而我国耕地数量管护还处在初级阶段"。随着我国土地管理制度改革的不断深入，耕地数量和质量并重管理的理念已逐步深入耕地保护工作中，并逐渐转化为具体的行政管理行为。《国务院关于深化改革严格土地管理的决定》（国发〔2004〕28 号）提出，补充耕地数量质量实行按等级折算。《省级政府耕地保护责任目标考核办法》在考核耕地保有量的基础上，增加了基本农田保护面积、补充耕地的面积与质量两个考核标准，其目的是将耕地质量等级管理落到实处。

一、耕地数量质量并重管理的必要性

社会经济可持续发展不仅要求资源在数量上得到保证，同时必须在质量上有所保证，没有一定质量的数量是不可靠的，只有具备一定质量的数量才是可靠的保障。18 亿亩耕地红线不仅是耕地保护的必要条件，也是充分条件，耕地数量质量并重管理的实质是要保护耕地的生产能力，而生产能力又取决于数量与质量两个因素，因此，既要发挥耕地数量在耕地管理中的基础作用，又要发挥耕地质量在耕地管理中的保障作用，只有统筹耕地的数量与质量管理，耕地保护的国策才能全面、正确地落到实处。

据统计，我国"七五"、"八五"、"九五"、"十五"期间，耕地减少量分别为 5333 万亩、4933 万亩、7261 万亩、11380 万亩，共计 28907 万亩，即从 1986 年到 2005 年的 20 年间，我国耕地共减少 2.89 亿亩。近几年，耕地数量减少趋势得到遏制，但每年因经济建设占用耕地的数量仍达 300 万亩左右，耕地面积减少不可避免。这种国情决定了要保障耕地资源生产能力，耕地保护必须严管占用"闸门"，走"内部挖潜"的道路，应该从数量管护转向数量质量并重管护。

二、耕地数量质量并重管理的理论依据

我国不同时期、不同部门或学者对耕地质量有不同的认识。土地生产力和适宜性，是应用最早、最广泛的土地质量概念。有学者认为耕地质量首先是土壤本底条件的反映，将

* 本文原发表于《土地整理动态》2009 年第 36 期（总第 506 期）。

土壤肥力作为耕地质量评价的标准，并以作物产量或者单纯以有机质含量的高低来评价土壤肥力的高低。随着全球环境变化凸显，土地污染日趋严重，土地质量的概念、内涵也在不断地延伸与扩展，有学者认为土地健康是土地质量的同义语。

本文认为，耕地质量应该是个多层次的概念。第一，是在当地光、热、水、土、气等自然背景条件下，由土壤本底条件所能达到的生产能力，这些自然条件是不能改变的。第二，是由可以改变的灌溉、排水、道路等土地基础设施条件决定的生产能力。第三，农田管理与经营状况，农民是否愿意种田，种粮积极性及投入这种参与劳动的过程直接影响着耕地质量的高低。第四，科学技术、良种、化肥的研究与应用，也是影响耕地生产力高低的重要因素。第五，耕地质量还应重视土地形态的构建，构建集中连片的土地形态是建设现代农业的必要条件。综上所述，光、热、水、土、气等自然条件是影响耕地质量的先决条件，人类社会经济因素，如技术水平、农田基础设施、农田管理与经营状况对土地生产力的影响，也是影响耕地质量的重要因素。

农用地分等是依据作物生产力形成原理、土地适宜性理论等，在测算作物光温（气候）生产潜力，形成覆盖全国的、连续的“土地质量背景值曲面”的基础上，分区域选取土壤、地形、土地利用等因素，通过土地利用水平、经济效益水平的逐级修正，评定出农用地质量等别，其最终结果是一个土地潜力、土地利用水平和土地经济水平的综合评价结果。但农用地分等未将土壤污染等相关因素选作分等因素，主要是防止出现人为污染土地，降低耕地等别，从而实现耕地转用的现象。土地质量地球化学评估主要是查明全国主要农业经济区生态地球化学背景，评价农作物产地和人类生存环境质量，为农业经济规划、结构调整和发展优质、高产、高效、生态、安全农业提供基础数据。农用地分等与土地质量地球化学评估成果相整合，是一项面向国土资源管理改革与发展需要，不断深化土地科技研究的一个重要成果，将为耕地数量质量并重管理提供重要的理论依据及成果支持。

三、耕地数量质量并重管理的基本目标

在我国，全面实现耕地数量质量并重管理任重而道远，组织开展年度抽查，并对国家有投资、等级有变化的重点地区的耕地等级进行调查与监测，形成农用地等级年度报告制度，是实现耕地数量质量并重管理的基本目标，可以为探索建立基于耕地分等成果的等级动态调查、评价和监测体系这一长远目标服务。

重大工程耕地等级调查与监测。利用农用地分等成果和土地质量地球化学评估成果，重点对国家土地整治重大工程实施前后的耕地质量等级、产能状况进行调查、评价与监测，确保通过实施重大工程实现增地增优质耕地、增能增绿色产能、增粮增商品粮，以及节约用地、节约用水的目标。

基本农田保护示范区耕地等级调查与监测。通过对全国 116 个基本农田保护示范区基本农田的等级和产能状况进行监测，确保通过建设实现基本农田等级和产能的稳步提升。

粮食生产能力建设备选县耕地等级调查与监测。对全国 800 个产粮大县耕地等级和产能状况进行调查评价与监测，指导产粮大县的粮食产能建设，使其充分发挥在国家粮食生产中的重要作用。

补充耕地等级调查与监测。对于作为补充耕地的土地整治项目管理，应该朝着按等设计、按等实施、按等考核的方向努力。①量化补充耕地等别。按照耕地分等技术标准对补充耕地项目进行设计，明确补充耕地的设计等级，按照规划设计进行管理和验收，通过保证工程项目等级来确保补充耕地的等级。②量化占补平衡考核。在各省（区、市）开展的按等级折算基础工作和试行工作的基础上，完善有关政策和制度，推行按等级折算工作，将其纳入补充耕地考核的范畴。③依据耕地分等成果，量化、细化相关政策，研究耕地开垦费“按等核收”、耕地保护补贴“按等补贴”，把耕地等级提升战略落实到主要管理环节。

四、提升耕地质量等级的基本途径

根据我国耕地资源管理现状，要实现 18 亿亩耕地的数量质量并重管理，保障国家粮食安全，应把扩量（增加数量）、提质（提高质量）、增效（增加效率）作为一个系统工程来建设。开展土地整治，在做好耕地资源扩量的基础上，通过提升等级、优化布局、严格控制占补平衡等手段实现耕地数量有增加，等级有提高的目标。

提升等级。通过大力推进土地整治，加大补充耕地力度，确保 18 亿亩耕地红线数量不减少，质量不降低。同时，要依据我国耕地等别、分布现状，大力推进耕地等级提升战略，建议将 15 亿亩基本农田作为重点，引导我国耕地向“优质、集中、连片”的集聚方向发展。顺应时代发展要求，不断促进我国农业发展战略转型，即从以依赖良种、化肥和劳动集约为主的农业生产技术体系，向以农田水利化、田块标准化、耕作机械化的省力型、资金技术密集型农业生产体系转变。对于因过量施用化肥、农药而遭受一定程度破坏的耕地，要严加管理，防止环境污染造成耕地等级降低。

优化布局。划定基本农田是一项十分有效的耕地管理手段，在耕地保护工作中发挥了重要作用，但是由于各种因素的影响，基本农田在一定程度上呈现“劣质、分散、细碎化”状态。新一轮土地利用总体规划，应该采取有效措施，解决好基本农田“划劣不划优、划远不划近、划零不划整”问题，促使基本农田向“优质、集中、连片”的集聚方向发展，进一步优化基本农田布局。划定永久基本农田应着眼宏观全局，从战略高度，划定集中连片的以等级建设为方向的永久基本农田，防止各类非农建设包围、切割基本农田保护区，逐渐归并“小斑块”基本农田为“大板块”基本农田。实现基本农田集中连片优质高产高效，适应基本农田基地化管理的需要。

严格占补。“占多补少、占优补劣、占而不补、补而不用、用而不养”是导致耕地质量不高、产能下降的重要原因。唯有实施建设避让耕地、发展少占耕地、补充高等耕地的战略，才能落实“严格执行耕地占补平衡制度，决不能搞账面平衡，必须做到面积和产能双平衡”的指导方针。

关于今后一个时期土地评价工作的思路*

国土资源部土地整理中心　程　锋

开展全国农用地分等定级估价是新一轮国土资源大调查的一项重要任务。2005年国土资源部土地整理中心土地评价处的成立，标志着农用地分等定级估价已经从一项机遇性工作转变为一项职能性工作。10年来，我们一方面紧紧围绕国土资源大调查"十五"、"十一五"规划的目标任务，大力推进各项工作；另一方面随着工作的深入开展，不断谋划和设想未来土地评价工作的重点和任务，为建立农用地等级价调查评价与监测长效机制而不懈努力。

一、10年工作回顾

全国农用地分等定级估价工作从统一技术方法、分省组织实施，到全国汇总工作的完成历时10年。这10年，农用地分等定级估价工作从点到面、从小到大，开创了局面，取得了成绩，为继续深入开展工作奠定了基础。

（一）构建了农用地等级价调查评价的技术体系框架

20世纪70年代末甚至更早的时候，我国就开始了农用地分等定级的研究工作。80年代初，国务院在部署全国土地资源调查的时候，也明确提出对农用地的质量进行评价。1986年国家土地管理局成立之后，陆续在黑龙江等省选择了7个有代表性的县（市）安排了农用地分等定级的试点工作。90年代中期，在总结试点经验的基础上，编制完成了《农用地分等定级规程》。2001年，结合国土资源大调查工作，形成了《农用地分等规程》、《农用地定级规程》和《农用地估价规程》的征求意见稿，并在实践中不断完善，于2003年8月正式以行业标准的形式颁布，构建了我国农用地等级价调查评价的技术体系框架，为全国在统一的技术规范下开展工作奠定了基础。

（二）全面查清了我国耕地质量等级状况

按照国家统一的技术思路与方法，通过开展全国31个省（区、市）的农用地分等定级估价工作，以及农用地分等成果的国家级汇总工作，建立了全国统一可比的耕地等别序列，形成了全国1:50万耕地分等数据库，编制了全国1:450万耕地质量等别图，全面掌握了我国耕地等级分布状况。这是一项重要的国情、国力调查，拓展了最严格的土地管理制度的科技基础。全国农用地分等定级估价成果与土地详查相配套、与"金土工程"相衔接，并将与土地质量地球化学评估成果相整合，是一项面向国土资源管理改革与发展需

---

* 本文原发表于《土地整理动态》2009年第38期（总第508期）。

要、不断深化土地科技研究的重要成果。

（三）成果转化应用纳入管理制度体系

经过多年的努力，农用地分等定级估价成果已在国土资源管理工作中得到初步应用，为切实加强耕地质量管理提供了技术支撑。2004 年国务院 28 号文件中明确规定补充耕地数量质量实行按等级折算，目前该项工作已在全国试行；2005 年国务院办公厅下发的《省级政府耕地保护责任目标考核办法》把规划期内补充耕地和基本农田的面积与质量不降低作为考核内容之一；《全国土地利用总体规划纲要（2006—2020 年）》将农用地分等定级成果作为基本农田调整划定、耕地占补平衡考核、实施耕地差别化管理的重要依据；土地整理复垦开发项目信息报备系统已明确将项目区建设前后耕地平均质量等级和新增粮食产能作为备案信息。这些都充分显示了农用地分等定级估价工作在实现土地资源数量质量并重管理中的基础性、战略性和公益性作用。

二、今后一个时期土地评价工作思路

（一）指导思想

以科学发展观为统领，以十七届三中全会精神为指导，以服务于土地资源管理能力建设为导向，以构建农用地等级动态数据库为平台，深化农用地等级调查评价与监测，加强农用地管理科技创新和基础性研究，全面提升土地资源数量质量并重管理的科技支撑能力。

（二）工作目标

以农用地分等定级估价工作为基础，建立全国农用地等级更新制度，构建农用地等级和产能动态监测体系，形成农用地等级和产能年度报告制度；开展重点区域和重点任务农用地等级和产能的全面监测，形成分区域分重点的农用地等级和产能状况分析报告，为国家战略研究和宏观决策提供重要依据；加强农用地定级估价工作，探索市场机制配置农用地资源的新机制，为深化农村土地管理制度改革提供保障；拓展农用地分等领域，探索其他农用地分等的技术方法；进一步巩固成果在国土资源管理各领域应用的政策性成果，逐步拓展成果应用方向，为实现土地资源数量质量并重管理提供支撑。

（三）工作任务

一是继续深化以服务管理为导向的农用地分等定级估价工作；二是开展以科技创新为导向的相关基础研究和试点示范工作。

1. 深化农用地分等定级估价工作

开展全国农用地分等成果更新。以第二次土地调查成果为基础，按照 1∶1 万比例尺精度开展全国 31 个省（区、市）农用地分等成果更新工作，形成全国统一时点的农用地分等成果，为更好地应用成果奠定基础。

建立全国农用地等级动态监测体系。在进一步合理布设各级标准样地、规范标准样地设置、建立标准样地信息管理系统的基础上，构建基于标准样地的全国农用地等级动态监测体系，形成全国监测样点数据库和农用地等级状况年度报告。

开展重点地区农用地等级和产能监测。分粮食主产区、东部经济快速发展区、西部生态脆弱区等区域开展农用地质量等级、生产能力状况调查评价与监测，形成区域农用地等级和产能状况分析报告。

开展重点任务农用地等级和产能监测。对土地整治重大工程实施、基本农田保护示范区建设、产粮大县粮食生产能力建设，以及土地复垦区域农用地的质量等级、生产能力状况进行调查评价与监测，形成各重点任务的农用地等级和产能状况分析报告。

开展新增耕地等级调查与评定。应用农用地分等成果和方法，研究确定新增耕地等级调查评定的技术方法，对土地整理复垦开发项目信息报备系统中各项目新增耕地的质量等级和粮食产能进行调查与评定，为耕地占补平衡考核提供重要依据。

拓展农用地分等对象。以耕地分等为基础，研究园地、草地等其他农用地以及宜耕未利用地分等的技术思路与方法，开展规程制定和试点工作，为建立完善的农用地等级调查与评价体系奠定基础。

加强农用地定级估价工作。在农用地定级估价试点基础上，全面开展农用地定级估价工作；研究设计农用地定级估价成果在农用地流转管理中的应用方案，引导和规范通过市场机制形成农用地流转价格体系，为建立统一的城乡土地市场提供支撑。

2. 相关基础研究和试点工作

耕地网格化管理技术体系研究。通过合理设定网格，确定网格主导用途，实现网格化的管理模式，达到耕地的集中连片分布，不断优化土地利用空间布局，更好地实现耕地的生产和生态功能。

耕地健康产能评价研究。加强环境对耕地产能的影响评价，通过开展农用地分等成果与地球化学评估成果的整合，探索健康产能评价的技术方法，为土地利用优化提供政策性建议。

优等耕地可持续利用风险评价研究。开展经济快速发展城市周边优等耕地集中区可持续利用风险评价，建立预警机制，为下一轮土地利用总体规划修编提供依据。

耕地等级提升途径与方法研究。开展边际耕地可持续利用评价，研究低等耕地等级提升的技术手段与措施；选择典型地区建立耕地等级提升示范基地，研究工程装备对耕地等级提升的重要作用。

土地适宜性评价及其应用研究。农用地分等定级属于土地质量评价范畴，要进一步深化土地评价内涵，结合农用地分等，研究土地适宜性评价尤其是耕地作物适宜性评价的方法，探讨适宜性评价成果如何应用于生产实践，以指导土地资源的科学合理利用。

关于吉林省开展耕作层土壤剥离与再利用情况的调研报告*

国土资源部土地整理中心　陈　原　陈桂珅

耕作层表层土壤是大自然赐予人类的难以再生的宝贵资源，是耕地生产力的核心。开展被占用耕地耕作层土壤剥离与再利用工作，可以使耕作层土壤得以保存并实现永续利用，是以建设促保护的重要举措，对提高耕地质量，保障国家粮食安全具有重要意义。吉林省得天独厚的耕地资源优势，使他们对耕地保护有着更加深刻的认识，一场黑土地保卫行动正在吉林大地展开。

一、基本情况

吉林省耕作层土壤剥离与再利用工作始于20世纪80年代。据不完全统计，截至2010年，吉林全省通过实施表土剥离累计造地3万多亩，总投资约1.5亿元，完成工程总量5000万立方米，年增产粮食1.75万吨。经过多年探索与实践，吉林省在被占用耕地耕作层土壤剥离再利用的实践中形成了3种模式：一是城市建设占用耕地耕作层土壤剥离搬迁造地的图们模式；二是道路交通主干线建设永久征收土地和取土场用地表土剥离后，复垦取土场的长余模式（长春至扶余拉林河段高速公路）；三是利用剥离的耕作层土壤复垦工矿废弃地的乾安模式。以上3种模式已在吉林省推广应用，并逐渐显现出经济效益、社会效益和环境效益。

二、主要做法

（一）图们模式

图们市地处图们江畔，山多地少，“八山一水一分田”，耕地总面积1.25万公顷，70%以上为低等级耕地，人均耕地不足1.3亩，耕地后备资源严重不足。随着图们市城镇化步伐的加快和经济的迅速发展，人地矛盾日益突出。1982年以来，图们市依托现有的河滩地资源和城市建设占用耕地剥离的耕作层土壤，通过土地整理、水利治理、城市菜篮子建设等工程，累计投入2600多万元，造地380多公顷，约占全市耕地总面积的3%。

图们市耕作层土壤剥离造地的特点是：政府主导，民间参与，多方筹资，充分利用建设占用的耕地耕作层土壤造地，既满足了城市建设的用地需求，又保护了耕地资源。

近年来，白城市、大安市、临江市、江源区、靖宇县等地积极借鉴图们模式，利用城

---

* 本文原发表于《土地整理动态》2010年第20期（总第529期）。

市建设占用耕地时剥离的耕作层土壤异地造地，新增耕地约180多公顷。

（二）长余模式

1998年，国道主干线三亚至同江高速公路长春至扶余拉林河段（简称长余高速公路）开工建设。这条高速公路贯穿松嫩平原腹地，除主线需征用一定数量的耕地外，35个取土场还需使用3900多亩耕地。为了尽可能地保护黑土资源，原吉林省土地管理局提出了剥离主干线永久用地和临时用地表层土壤，复垦取土场的新方案。

在对长余高速公路取土场进行复垦的过程中，形成了“设计复垦方案——签订复垦协议——项目施工——项目监理——项目验收”的一整套做法。吉林省国土资源厅及时总结了长余高速公路取土场耕作层土壤剥离复垦的经验和做法，在国家和省级重点公路建设中全面推行长余模式。先后有国道203公路松原至（四平市）服先（镇）段、国道102公路四平段、四平市环城公路、通化至梅河一级公路、江密峰至延吉一级公路等项目，都采取长余模式对全部或部分取土场实施了复垦。

（三）乾安模式

近年来，吉林油田扩大了在乾安的钻井勘探规模，到目前为止，该油田在乾安县共打井2420眼，占用了大量的耕地，每口钻井仅泥浆坑占地一项就达500多平方米，泥浆中含有重金属盐等污染物，对环境破坏严重。乾安县国土资源局积极探索工矿废弃地复垦的有效途径，经过多年摸索，总结出一整套油田废弃地（主要为泥浆坑）复垦办法。他们的主要做法是：除油井等建设用地实行永久性征收外，其他用地一律按临时用地审批，在审批的同时足额收取复垦保证金。勘探钻井前，由土地承包人负责对耕地的耕作层土壤实施剥离并集中堆放，勘探钻井结束后，油田负责对泥浆坑进行无害化处理，再由土地承包人回填耕作层土壤和平整土地，恢复耕种。油田给予土地承包人临时用地补偿和复垦补助。

多年来，该县通过这种方式复垦了2000多眼钻井周边的土地，复垦耕地约120多公顷。大安市、长春市双阳区等地也采取同样方式开展了油田钻井复垦工作，复垦耕地约130公顷。

三、主要经验

（一）政府主导是关键

从目前的情况看，建设占用耕地耕作层土壤剥离与再利用工作，主要由建设占用耕地的用地单位组织实施，增加了建设单位的资金负担，加大了建设成本，其对剥离工作并不支持。2006年，吉林省国土资源厅出台《关于进一步做好被占用耕地耕作层土壤剥离工作的通知》（吉国土资耕发〔2006〕11号），要求能源、交通、水利等单独选址建设项目、城镇建设用地范围内分批次建设用地，拟占用耕地具备耕作层土壤剥离条件的，实行耕作层土壤剥离，用于土地复垦、高标准农田建设和中低产田改造。同时，一些地方政府也出台了相关文件，如松原市前郭尔罗斯蒙古族自治县下发了《前郭尔罗斯蒙古族自治县人民政府印发关于建设占用耕地表层耕作层土壤剥离利用的实施意见的通知》（前政发

〔2009〕57 号）、《前郭县国土资源局关于印发〈建设占用耕地表层耕作层土壤剥离操作规程〉的通知》（前国土资发〔2009〕31 号）等，对耕作层土壤剥离的范围和操作程序等进行了详细的规定。

吉林省耕作层土壤剥离与再利用工作从星星之火到遍地开花，政府主导起到了关键性作用。各级政府对耕地保护的深刻认识、对耕作层表土的珍惜态度以及对耕作层土壤剥离再利用的积极推动，是该项工作顺利开展的关键。

（二）利益机制是推手

吉林省各级政府在推动耕作层土壤剥离工作的过程中，充分调动用地单位积极性，让企业、农民在耕地复垦中得到实惠。长余高速公路取土场复垦项目中，将 35 个取土场占用的 3900 多亩耕地从以往的永久征收改为临时使用，为用地单位节约了几千万元的征地费用，使企业获得了实实在在的利益。乾安县将勘探钻井的泥浆坑作为临时用地审批，由耕地承包者对泥浆坑占用耕地耕作层土壤进行剥离、堆放、回填和土地平整，油田对泥浆坑进行无害化处理，农民不仅得到临时用地补偿，还在参与复垦的过程中得到每眼井 2000 元左右的报酬，油田也节省了大量的征地费用。

四、存在的问题

调研中发现耕作层土壤剥离与再利用工作主要存在三方面的问题：

（一）缺乏与法律规定相配套的硬政策

《土地管理法》第三十二条规定："县级以上地方人民政府可以要求占用耕地的单位将所占用耕地耕作层的土壤用于新开垦耕地、劣质地或者其他耕地的土壤改良"。《关于进一步做好被占用耕地耕作层土壤剥离工作的通知》（吉国土资耕发〔2006〕11 号）规定："能源、交通、水利等独立选址建设项目、城镇建设用地范围内分批次建设用地，拟占用耕地具备耕作层土壤剥离条件的，实行耕作层土壤剥离，用于土地复垦、高标准农田建设和中低产田改造"。其中的"可以要求"是一种弹性管理方式，"具备耕作层土壤剥离条件"的含义没有明确的解释，使耕作层土壤剥离与再利用缺乏强制性要求。

（二）缺乏可操作、可检查、可验证的相关技术标准

据调查，目前有关规定中仅对耕作层土壤的剥离厚度（30 厘米以上）有较为明确的要求，而对耕作层土壤质量评价、是否适宜剥离、剥离厚度如何确定、剥离回填方法以及复垦后耕地质量等级变化等并没有做出规定，缺乏相关技术标准。

（三）缺乏整个过程的全面的项目统一管理

吉林省虽然对耕作层土壤剥离与再利用项目的建设环节有明确要求，但还缺乏统一的项目设计、实施管理、验收、资金管理等规范性制度。

五、几点建议

（一）完善相关制度

由于《土地管理法》没有对耕作层土壤剥离做硬性规定，全国除个别省份外，大多数没有开展此项工作。要保护不可再生的土壤资源，国家应明确开展耕作层土壤剥离再利用的要求，建立相应规章制度。

（二）制定技术规范

结合目前已经开展的耕作层土壤剥离工作，安排不同类型项目试点，在实践中研究、解决有关技术问题，制定技术规范，保证表土剥离质量和安全，防止引起水土流失、土地退化等问题。同时，规范并有效利用剥离耕作层土壤。

（三）严格项目管理

参照土地整治项目的管理办法建立耕作层土壤剥离与再利用项目的管理制度，从立项、可行性研究、项目实施、监管、验收、备案、绩效评价等方面规范耕作层土壤剥离与再利用项目。

（四）推广长余模式

鉴于长余模式实施和管理相对简单，易于各地接受，建议在全国道路交通建设项目中先行推广。

坚持数质并重扎实推进耕地保护上新台阶*

国土资源部土地整理中心　张蕾娜　程　锋

国土资源部历来高度重视耕地数量质量并重管理工作。近几年，国土资源部党组贯彻落实中央决策，大力推进土地整治，加强耕地质量管理，提高耕地综合生产能力。2011年，又将“守红线坚持数质并重”作为“双保行动”的主题。

近期，我们结合耕地保护责任目标考核、双保行动以及耕地质量等级监测调研等工作，深入思考了“守红线坚持数质并重”的相关问题，结合耕地质量等级评定工作，提出了关于“扎实推进耕地保护上新台阶”不成熟的意见和想法。

一、耕地质量是耕地生产能力的综合体现

目前，国土资源部、农业部、环保部都在关注耕地质量，但各部门对“耕地质量”的理解和认识有所不同。

农业部门关注耕地质量，侧重土壤肥力管理、用地养地措施。耕地质量主要是指耕作土壤肥力及其养分状况，直接服务于农田合理施肥等生产环节，是保护耕地质量的重要过程。

环保部门关注耕地质量，侧重于较为微观的土壤地球化学指标含量的分析和评价，是从地球化学的角度反映土壤肥力、环境和健康因素对土地功能的影响程度。

国土资源部门关注耕地质量，着眼于耕地资源保障能力的保护、建设和提升，突出稳定因素和主导因素对土地质量及生产力水平的影响，是从资源管理的角度揭示耕地质量，强调耕地质量的综合性。

我们应认识到，耕地保护的主要目的是保护生产条件和生产能力，耕地质量是由耕地的综合生产能力来决定的。耕地质量是耕地条件的等级状况，即耕地综合生产能力的高低，不仅取决于土壤肥力、化学元素含量的高低、污染状况，而且还与耕地所处的光温、降水、熟制、水源、农田基础设施、土地利用政策等密切相关。

所以，树立科学的耕地质量观，科学理解耕地质量含义是当前必须首先解决的一个带有正本清源性质的大事。科学的耕地质量管理应该以数量为前提，以健康为保证，以提升产能为核心，用养结合，兼顾效率，并实施有效监管。

二、耕地质量管理是多部门的共同责任

耕地质量具有综合性，耕地质量建设与保护涉及多方面的内容，应是数量、质量、生

* 本文原发表于《土地整理动态》2011年第17期（总第546期）。

态的统一管理，不可能由单一部门独立完成，是多部门的共同责任。国务院批准的农业部、环保部、国土资源部的“三定方案”中，三部门都具有耕地质量管理的职责。

近期，我们了解到，湖南、吉林、辽宁、天津、浙江、甘肃等6省已出台了耕地质量管理条例或办法，广东、辽宁、湖南、江西、广西、浙江等6省农业、国土部门已联合印发补充耕地质量评定办法，四川、湖北等10个省（区、市）正在研究制订补充耕地质量评定办法或者规范，并主动找国土部门会签下发。但是，虽然称为耕地质量评定办法或者规范，但实质上耕地质量基本上是土壤肥力的概念。最为关键的是，如果农业部门组织开展的补充耕地质量评定结果作为补充耕地项目验收的重要环节，将在很大程度上制约我们国土部门组织开展补充耕地项目验收，在项目验收管理工作中将很被动，并丧失主动权，这让国土资源管理部门感到很有压力。

《土地管理法》第二十八条规定：“县级以上人民政府土地行政主管部门会同同级有关部门根据土地调查成果、规划土地用途和国家制定的统一标准，评定土地等级。”第三十三条规定：“省、自治区、直辖市人民政府应当严格执行土地利用总体规划和土地利用年度计划，采取措施，确保本行政区域内耕地总量不减少；耕地总量减少的，由国务院责令在规定期限内组织开垦与所减少耕地的数量与质量相当的耕地，并由国务院土地行政主管部门会同农业行政主管部门验收。”

从法律规定来看，国土资源管理部门承担着耕地保护的重要责任，必须保障耕地数量与质量的双平衡，耕地质量管理的责任责无旁贷。也就是说，耕地质量评定及管理，以及补充耕地质量评定是法律赋予国土资源管理部门的一项重要职责，应牢牢把握耕地质量保护和建设的主导权，协调各有关部门，共同做好耕地质量保护工作。

三、耕地质量管理需要多部门分工协作

从耕地质量含义上看，耕地质量评定包括了工程质量、耕地等级评定、土地质量地球化学状况、污染状况等。土地管理部门应会同农业部门做好耕地质量评定工作，落实部门分工，主导耕地质量评定。同时，土地管理部门要加强农田水利设施、林网、道路等工程质量的后期管护，促进耕地质量和产能的持续提高。

农业部门应充分发挥部门优势，开展耕地土壤肥力评定工作，为制定土壤培肥措施和评定耕地综合质量提供依据，并有针对性地开展培肥地力工作，指导农村集体经济组织和农民个人提高补充耕地地力水平。

土地整治和地力培肥是提升耕地产能的重要措施，两者既有联系，又有区别。土地整治是对耕地外在条件的改善，地力培肥是对耕地内部条件的改良，整治后的耕地如果不及时培肥地力，不能得到科学合理地利用，那么土地整治效益仍然难以发挥。

应充分认识到，科学的耕地质量建设应该采取综合性措施，坚持“整治是基础、用养是保障”的基本原则，各相关部门相互配合，有效做好耕地质量建设工作。

四、标准规范是耕地质量管理的支撑

我国地域辽阔，各地自然条件差异较大，只有在统一的、科学的技术标准与规范的指

导与要求下，各地区耕地质量的评定结果才具有可比性，才有利于对全国耕地的统一管理。

目前，国土资源部组织完成了原创性的耕地质量等级评定成果，提出了一系列耕地质量评定的技术标准与规范。2009年12月，在全国农用地分等成果发布之际，徐绍史部长强调指出，从此耕地保护和管理进入数量质量两手并举的新阶段。这表明我国开展耕地数量质量并重管理的各方面条件已经成熟。

《国务院关于严格规范城乡建设用地增减挂钩试点切实做好农村土地整治工作的通知》（国发〔2010〕47号）提出："要依照耕地分等定级技术规范和标准，严格土地整治新增耕地质量评定和验收，稳步提升新增耕地产能。"这为应用质量等级调查与评定成果开展耕地质量管理工作提供了更好的平台及支持。

为此，我们也进一步规范耕地质量等级评定技术，并将耕地质量等级成果广泛应用于耕地质量管理工作中。目前，我们丰富和完善了《农用地分等规程》（行业标准），现已报国家标准委员会审定，即将以《农用地质量分等规程》（国家标准）颁布实施。为全面推进土地整治和高标准基本农田建设，国土资源部以文件形式下发了《高标准基本农田建设规范》（试行稿），下一步将推进规范上国标的工作。

目前，国土资源部土地整理中心在国土资源部科技司的支持下，正在开展国土资源部公益性行业科研专项《耕地等级变化野外监测技术集成与应用示范》项目研究。在国土资源部利用司支持下，正在研究开展农用地质量等级成果完善工作。在国土资源部耕地司支持下，正组织15个省开展耕地质量等级监测试点工作。

通过各项工作，力求集成"定位、定量、快速"的耕地等级监测技术和方法，形成国家、省、县、样区4级耕地等级监测管理技术体系，并对年度内因整、补、占、毁、调、退等因素引起的耕地等级和产能变化进行监测，建立耕地质量等级年度变更和报告制度。

另外，对因农业综合开发、农田水利、林业、交通建设等影响农用地质量等级变化的因素，也需要开展等级监测工作。

五、队伍建设是耕地质量管理的保障

耕地质量科学评定与持续管理必须依托稳定可靠的技术队伍。全国农用地分等工作历时10年，在国土资源部利用司支持下，国土资源部土地整理中心组织北京师范大学、中国农业大学、中国地质大学（北京）等多家单位的专家学者，积极开展耕地质量等级调查与评定的技术实践与探索。无论是在国土系统内部，还是在高校，无论是国家层面，还是省、市、县都积累了丰富的组织实施经验，形成了较为成熟的组织管理体系，培养、锻炼了一大批科技工作者，形成了一支强有力的技术队伍，这为深入开展耕地质量管理工作提供了有效的人员与技术力量保障。

总之，耕地质量包含耕地肥力、土壤环境、生产能力等多方面综合内容，同时受气候条件、耕作制度、管理水平等多种因素的影响和制约。耕地质量的评定需要国土、农业、环保等多部门相互配合、协作完成。国土资源部在完成农用地分等定级工作的基础上，提出了科学可行的标准规范，形成了稳定可靠的技术队伍，已经具备了耕地质量评定的扎实基础。国土资源部应当承担起全国耕地质量评定的责任，在全国耕地质量评定中占据主导地位，协调各相关部门，切实做好耕地质量评定工作，以有效保障耕地数量与质量的双平衡，这也是法律赋予国土部门的神圣职责。相信在国土资源部党组的正确领导下，我们有决心，也有信心通过采取有效措施，全面围绕“守红线坚持数质并重”主题，扎实推进耕地保护工作。

附：相关信息

（1）各地立法情况。《湖南省耕地质量管理条例》，2007 年，湖南省人民代表大会常务委员会。《吉林省耕地质量保护条例》，2010 年，吉林省人民代表大会常务委员会。《江苏省耕地质量管理条例》，2011 年，江苏省人民代表大会常务委员会。《辽宁省耕地质量保护办法》，2006 年，辽宁省人民政府。《天津市耕地质量管理办法》，2007 年，天津市人民政府。《浙江省耕地质量管理办法》，2007 年，浙江省人民政府。《甘肃省耕地质量管理办法》，2010 年，甘肃省人民政府。四川省正在制订《四川省耕地质量管理办法》。

（2）耕地质量定义。辽宁省耕地质量保护办法中，耕地质量是指能够满足农作物生长和安全生产所需的土壤地力和土壤环境质量。其余省份耕地质量包含了耕地地力、田间基础设施、耕地环境质量等内容。

（3）负责耕地质量管理单位。条例或办法均规定，县级以上人民政府农业行政主管部门负责本行政区域内耕地质量监督管理工作，其他部门按照职责分工，做好耕地质量保护工作。

（4）补充耕地质量验收规定。①湖南。涉及耕地质量建设的项目竣工验收前，应当由农业行政主管部门出具耕地质量验收报告。农业行政主管部门应当组织或者参与耕地质量建设项目的竣工验收，并听取村（居）民委员会、农村集体经济组织及耕地使用者对耕地质量的意见。②吉林。由县级以上人民政府国土资源行政主管部门会同农业行政主管部门负责对补充耕地的数量和质量进行验收，并对验收结果承担责任。③江苏。补充耕地质量由县级以上地方人民政府农业行政主管部门组织评定，出具质量评定意见，作为省国土资源、农业行政主管部门进行项目验收的依据。④辽宁。政府投资建设的标准粮田和改造的中低产田，由县以上人民政府组织农业行政主管部门、国土资源管理部门和其他有关部门进行验收。⑤天津。新开垦的耕地和国家投资改造的中低产田工程竣工后，应当由县级以上农业行政主管部门、土地行政主管部门、财政部门和项目主管部门对耕地质量进行验收。⑥浙江。因征占用耕地需要补充划入的耕地和耕地建设项目中的耕地质量状况由省或者设区的市农业行政主管部门进行评定，并出具评定意见。⑦甘肃。县级以上农业行政主管部门的主要职责之一是对占补平衡补充耕地的质量进行评定验收。⑧另据了解，广东、辽宁、湖南、江西、广西、浙江等 6 省农业、国土部门已联合印发补充耕地质量评定办法，四川、湖北等 10 个省区市正在研究制订补充耕地质量评定办法或者规范。

关于贵州省开展耕作层土壤剥离利用的调研报告*

国土资源部耕地司　国土资源部土地整治中心调研组

2012 年 11 月 27 日至 30 日，国土资源部耕地司、国土资源部土地整治中心共同组成调研组，赴贵州省开展了耕作层土壤剥离利用调研，并参加了贵州省耕作层土壤剥离利用现场会，通过组织座谈、实地踏勘等形式，深入调研和总结了贵州省开展耕作层土壤剥离利用的具体做法，掌握了工作的环节与问题，并对下一步工作进行了思考与研究。有关情况如下：

一、主要做法

贵州省处于喀斯特地貌地区，石漠化状况严重，现有的耕地资源显得尤为珍贵，开展耕作层土壤剥离利用工作具有非常重要的现实意义。贵州省各类建设占用耕地需求量大，落实耕地保护需要多种手段与途径，利用耕作层土壤实施土地整治是解决建设占用和补充耕地这一矛盾的有效措施。贵州省采取先行试点的方式，在全省 9 个市确定 16 个县开展耕作层土壤剥离利用试点，组织得力，先行调查和规划，合理利用剥离土壤，取得了较好的效果。

（一）领导高度重视

贵州省各级主要领导高度重视耕作层土壤剥离利用工作。2012 年 11 月 28 日，慕德贵副省长参加了耕作层土壤剥离利用现场会，省人民政府办公厅下发了《关于转发省国土资源厅省农委贵州省非农业建设占用耕地耕作层剥离利用试点工作实施方案的通知》，极大地促进与推动了贵州省耕作层土壤剥离利用工作。在试点工作中，有些地区的副市长、副州长作为试点工作领导小组组长，亲自牵头组织试点工作的落实，加大了试点工作的推进力度与成效。各试点县人民政府组织有关单位，认真实施试点工作，能够结合实际，因地制宜地将耕作层土壤剥离利用工作落到实处、切实发挥效益。

（二）具体实施步骤

从示范项目情况来看，耕作层土壤剥离利用主要采取 5 步实施。第一步开展耕作层土壤剥离利用规划。在开展资源调查的基础上，结合土地利用总体规划、建设占用耕地计划等相关规划、计划，在允许建设区内确定半年内即将占用的耕地区域为剥离区。第二步按

* 本文原发表于《土地整治动态》2013 年第 2 期（总第 564 期）。

照实施剥离耕作层土壤时期的征地补偿标准，先行开展征地工作。第三步由农业、国土部门共同论证，确定剥离厚度，实施土壤剥离。第四步在剥离区附近就地堆放，采取相关措施保水保肥，防止土壤损失与贫化，重点防治土壤污染。第五步开展剥离土壤利用，结合土地整治规划等，将剥离土壤用于土地整治、中低产田改造和城市绿化等方面。

（三）示范项目实施情况

贵州省织金县三甲乡、官寨乡耕作层土壤剥离示范项目位于土地利用总体规划中的允许建设区内，总面积 110 公顷，总投资 560 万元，全部由县财政支持。剥离耕作层厚度 20～60 厘米，目前已完成了 63.21 公顷耕地耕作层土壤剥离，剥离耕作层土壤 18.97 万立方米。其中 12.90 万立方米土壤用于 7.06 公顷的耕地土壤改良和 18.65 公顷的土地开发，剩余 7.07 万立方米土壤拟用于已申报的土地整治项目。调研组实地察看了利用剥离土壤实施的土地整治项目，实施了垒石筑埂，土壤质地及厚度较好，开展了权属分配，落实到户，已具备农业生产条件。

从剥离后土壤利用类型上看，剥离土壤用于土地开发的，剥离面积与开发土地面积比例大概为 2∶1；剥离土壤用于土地整治、中低产田改造项目的，剥离面积与土地整治面积大概为 1∶3。相同数量的剥离土壤用于土地整治、中低产田改造面积大于土地开发项目。从剥离土壤运输成本上看，示范项目中，运距小于 7 千米的，土壤运输成本为 25 元/立方米；大于 7 千米小于 20 千米的，每增加 1 千米成本增加 1 元/立方米；运距大于 20 千米的，运输成本倍增，基本不具备实际效益。

二、存在的主要问题

贵州省织金县三甲乡、官寨乡耕作层土壤剥离利用示范项目取得了很好的效果，得到了当地百姓的广泛欢迎，形成了典型的民心工程。但在与当地有关部门座谈和实地调研中，我们发现下一步全面推进表土剥离工作，仍存在着剥离土壤的利用、生态保护和缺乏资金来源等问题。

（一）剥离土壤利用问题

喀斯特地区土壤资源稀缺，实施耕作层土壤剥离利用具有很好的现实意义与长远意义，但该地区特殊的地形地貌等自然条件，也限制了剥离后土壤的再利用，技术难度大。一是剥离后土壤的利用方式问题，喀斯特地区地形坡度复杂，地表裸岩量大，宜耕后备资源稀缺，实施土地整治难度很大，用于城市绿化等其他方式往往由于运距过远难以实施。二是剥离利用相关配套技术不完善，需要统筹结合耕作层土壤的分层剥离与堆放技术、土壤保肥存储技术、土壤改良技术和地灾防治工程技术等，十分科学合理地开展耕作层土壤剥离利用需要庞大的技术体系支撑。

（二）生态保护问题

耕作层土壤剥离利用是资源脱离原有生态环境的再利用过程，在各个实施环节均要防止发生生态问题。在土壤剥离与存储过程中要防止发生土壤的面源污染、重金属污染和水土流失等问题；剥离土壤利用过程要防止改变小区域生态环境，影响生物多样性，用于山区耕地开发的，还要防止地质灾害等情况的发生。

（三）缺乏资金来源问题

目前，耕地开垦费、新增建设用地土地有偿使用费均缺乏用于耕作层土壤剥离和运输的相关依据，资金来源成为重要制约因素。耕作层土壤剥离利用成本较高，从调研实际情况看，在10千米范围内利用剥离土壤开展土地整治项目，土壤剥离、运输、利用的成本为20000元/亩以上，与当地8000元/亩的耕地开垦费收取标准差距较大。剥离土壤用于土地开发的，由于会产生耕地占补平衡指标，地方有一定的积极性；剥离土壤如用于土壤改良、中低产田改造及其他土地整治项目，由于成本过高，缺乏资金支持，没有激励措施，存在难以实施的客观因素。

三、有关建议

耕作层土壤剥离利用是一项有利于生态工程建设，保护千年形成优良土壤的有效措施，在促进耕地保护方面发挥了重要作用，随着近年来各地的普遍尝试，也发现了此项工作的主要制约因素。为了科学、合理保护优质土壤资源，促进耕作层土壤的循环利用，应制定激励措施，明确相关原则，进一步推进耕作层土壤剥离利用工作的顺利开展。

（一）遵循的基本原则

一是坚持规划先行的原则。结合相关规划、计划，编制耕作层土壤剥离利用规划。二是坚持因地制宜的原则。根据不同情况，将剥离土壤用于土地整治中耕地开发、中低产田改造、其他农用地改良和城市绿化工程等。三是坚持生态保护的原则。开展生态与环境影响评估，有效保护生物多样性，切实防止生态问题的发生。四是坚持成本合理的原则。选择最优的剥离利用方式，做到应剥尽剥。

（二）加大资金支持力度

国土资源部研究制定耕作层土壤剥离与利用的经费支持政策，省级制定具体实施措施，可将耕地开垦费、土地出让金、新增建设用地土地有偿使用费等资金，部分用于耕作层存储、管理工作经费。

（三）降低剥离土壤的城镇建设用地等级

研究制定开展耕作层土壤剥离在用地方面的优惠政策。拟建设占用的土地，在实施剥离土壤后，可在原划定等级基础上降低等级缴纳有关税费。

（四）实行补充耕地数量质量按等级折算

应用农用地分等定级成果，对剥离土壤用于中低产田改造、土壤改良的，评定耕地质量提升等级，按照等级折算系数计算补充耕地面积，用于占补平衡。

（五）适当扩大耕地后备资源范围

对利用剥离土壤改良、改造未计入耕地管理，以农民自主开发等形式产生的耕地，达到当地优质耕地水平，经验收备案后，新增耕地可用于占补平衡。

（六）给予建设用地计划指标等奖励

建立耕作层土壤剥离实施评估，对工作推进较好、成效明显的县，由省级国土资源管理部门适当给予建设用地计划指标奖励。

（七）加大宣传力度

加强耕作层土壤剥离利用典型调研和宣传，树立耕作层土壤剥离利用典型做法，持续开展跟踪报道宣传，营造良好的社会舆论氛围。

（调研组成员：巴特尔、薛山、李展辉、陈正；调研报告由陈正执笔）

充分发挥耕地质量等别成果在耕地保护与管理中的支撑作用*

国土资源部土地整治中心　程　锋

为贯彻落实党的十八大、十八届三中全会及中央近期一系列重要会议关于严防死守保护耕地红线的精神，国土资源部近日下发了《关于强化管控落实最严格耕地保护制度的通知》（国土资发〔2014〕18号）（以下简称18号文件），明确提出要通过进一步严格建设用地审批，强化耕地占补平衡数量、质量监管，严格划定和永久保护基本农田等措施来落实最严格的耕地保护制度，其中多处提到要应用耕地质量等别成果，进一步加强耕地质量管理。那么，如何充分发挥耕地质量等别成果在耕地保护与管理中的支撑作用，国土资源部土地整治中心研究人员结合工作实践，从以下方面提出几点思考：

一、支撑永久基本农田划定

18号文件明确要求，按照耕地质量等别从高到低的顺序，交通沿线的优质耕地、建成的高标准农田、经批准确定的粮棉油生产基地、农业科研和教学试验田等，必须划为基本农田。其实，过去对于基本农田划定也有相关的要求，但由于缺乏全国统一的耕地质量信息基础做支撑，对于划定基本农田的质量无法用量化的指标进行衡量与考核，以至于相关政策要求和规定难以落实。

全国耕地质量等别调查与评定工作的开展，为确保划定基本农田的质量提供了量化的依据。《全国土地利用总体规划纲要（2006—2020年）》首次提出了将耕地质量等别成果作为调整划定基本农田的重要参考，并要求调整划定后的基本农田平均等级不得降低。一些工作基础较好、积极性较高的地方尝试应用耕地质量等别成果开展了基本农田调整划定工作，取得了实效。如：西南某省基本农田调整前后高等别耕地比例提高0.23%，中等别耕地降低0.23%；东部某省基本农田调整前后低等别耕地比例降低2.30%，基本农田平均质量等别提高0.2等。

当前，基于第二次全国土地调查及土地利用变更调查的最新耕地质量等别成果已经形成，在新的耕地保护形势和新的技术支撑条件下，更应该充分发挥好耕地质量等别成果在基本农田划定中的作用。借此次土地利用总体规划调整之际，建议国土资源部一方面要指导各地全面应用最新耕地质量等别成果，严格按照等别从高到低的顺序，将质量等别较高的耕地优先划为基本农田，并将质量等别信息纳入基本农田数据库；另一方面，应用国土资源部所掌握的最新耕地质量等别成果，对各地基本农田划定结果进行认真复核，检查是

* 本文原发表于《土地整治动态》2014年第8期（总第589期）。

否存在“划劣不划优”、“划远不划近”的情况，确保划定基本农田的质量。

二、支撑耕地质量占补平衡

耕地占补平衡制度执行以来，“占优补劣”、“占近补远”现象客观存在。究其原因，有主观上重发展轻保护、重占用轻补充，重数量轻质量的问题。此外，管理工作在精细化、规范化上也还有提升空间，对补充耕地的质量，无法定量考核。目前，有耕地质量等别成果和调查评价方法做支撑，耕地质量占补平衡将有据可依、有章可循。

2004 年，《国务院关于深化改革严格土地管理的决定》（国发〔2004〕28 号）就提出“补充耕地的数量、质量实行按等级折算”，国土资源部在 2005 年和 2007 年分别部署开展了补充耕地数量质量按等级折算基础工作和试行工作，全国除西藏外的 30 个省（区、市）应用耕地质量等别成果，编制了占用和补充耕地按等级折算系数表，并选择部分建设用地项目进行了试行。但由于受耕地后备资源制约等问题，始终没有全面实施。那么，新的耕地保护形势下又将如何有效解决耕地“占优补劣”问题呢？

按照 18 号文件要求，耕地占补平衡要严格执行以补定占、先补后占的规定。笔者认为，今后的以补定占不仅是数量方面的，关键要在质量方面把好关，即以补充耕地质量等别来约束建设占用耕地，严格执行建设占用耕地的质量等别不得高于补充耕地的质量等别，可利用耕地占补平衡动态监管系统，先按照拟占用耕地的质量等别，选择补充耕地，如补充耕地质量等别达不到占用耕地的，需要重新选择确定占用耕地，以实现耕地质量占补平衡。这样做能够让地方充分认识到“补不了好地就不要占好地，要占好地必须先努力提高补地质量”，从而可以有效遏制建设占用优质耕地。另外，对于国家重大工程、重点项目占用耕地，在实现数量“占一补一”的基础上，如果补充耕地质量等别确实达不到建设占用耕地质量等别的，可以考虑在允许的耕地质量等别范围内，增加补充耕地数量来弥补损失的耕地产能，确保耕地占补产能平衡。

三、支撑土地整治项目管理

开展土地整治耕地质量等别评定是衡量土地整治实施成效和加强耕地质量占补平衡考核的重要前提和基础。2008 年，国土资源部下发的《关于土地整理复垦开发项目信息备案有关问题的通知》（国土资发〔2008〕288 号）已明确将项目区建设前后耕地平均质量等级和新增粮食产能列为项目报部备案信息，但当时由于考虑到各地工作基础、技术力量以及技术方法等方面的问题，3 项指标只是作为选填项，因此各地在执行过程中并未很好地落实。

从目前情况看，耕地质量等别调查与评定工作已开展两轮，技术方法成熟，技术队伍日趋稳定，成果精度显著提高，能够较好地支撑土地整治项目管理。《国土资源部办公厅关于印发〈耕地质量等别调查评价与监测工作方案〉的通知》（国土资厅发〔2012〕60 号）明确提出，“由部下发文件，建立土地整治耕地质量等别评定制度，明确要求各级各类土地整治项目，在竣工验收阶段，必须按照有关技术标准和要求，开展耕地质量等别评定工作，不开展的不予验收。”18 号文件明确规定，“土地整治补充耕地要先评定等级再验收，没有达到要求的不得验收。”

因此，要尽快建立土地整治耕地质量等别评定制度，将耕地质量等别评定真正纳入土地整治项目管理环节。一是在项目设计阶段，根据项目所在区域耕地质量等别情况，提出设计等别，再针对耕地质量等别评定的各因素分级标准，进行各项工程的具体设计；二是在项目竣工验收阶段，按照《农用地质量分等规程（GB/T 28407—2012）》，开展耕地质量等别评定工作，并在项目验收后将评定结果及时填报土地整治监测监管系统和耕地占补平衡动态监管系统，为统计分析土地整治实施成效及耕地质量占补平衡考核提供准确可靠、方便实用的基础数据。

四、支撑建设用地审批和补充耕地审查

以往在建设项目预审中对补充耕地方案的审查主要集中在补充耕地的方式、数量、位置和资金保障等方面。根据18号文件规定，对确需占用耕地100公顷以上的线性工程和70公顷以上的块状工程，“按照确保粮食生产能力不下降的要求，提出补充耕地安排，补充数量质量相当的耕地，并作为通过预审的必备条件。建设用地审查报批时，要严格审查补充耕地落实情况，达不到规定要求的，不得通过审查。”所以，今后的审查除了对耕地数量是否平衡进行审查外，还要对补充耕地的质量等别进行审查。这样，一方面要求地方上报建设用地审批材料中的补充耕地方案必须明确建设占用和补充耕地的质量等别；另一方面审查过程中，要充分运用耕地占补平衡动态监管系统和耕地质量等别数据库，对建设占用和补充耕地的质量等别进行复核，以确保上报材料的真实可靠，从源头上保证每个建设占用耕地项目都能实现耕地占补数量质量双平衡。

五、支撑耕地保护责任目标考核

2005年国务院出台的《省级政府耕地保护责任目标考核办法》，将耕地保有量、基本农田保护面积、耕地占补平衡和基本农田占用补划3项内容作为考核省级政府履行耕地保护责任目标情况的重要指标。18号文件提出，要完善省级人民政府耕地保护责任目标考核办法，将永久基本农田划定和保护、高标准基本农田建设、补充耕地质量等纳入考核内容，健全评价标准，实行耕地数量与质量考核并重。所以，建议在考核评分体系中增加区域年度内建设占用耕地平均质量等别、补充耕地平均质量等别、耕地平均质量等别变化等考核指标。此外，建议将有关耕地质量管理制度建设、技术队伍、经费保障等情况纳入考核内容，增加耕地质量方面考核指标的权重，深入落实省级政府耕地保护责任目标考核制度。

土地整治补充耕地质量等别评定调研报告*

联合调研组

为切实加强土地整治补充耕地质量等别评定工作，2014 年 5 月 8 日至 9 日，国土资源部土地整治中心组织有关专家组成调研组，赴四川省开展土地整治补充耕地质量等别评定技术指导与专题调研。调研组召开了由土地利用处、耕地保护处、土地统征整理事务中心（以下简称省中心）等部门的负责同志及技术骨干参加的座谈会，实地调研了西充县土地整治补充耕地质量等别评定工作开展情况，对补充耕地质量等别评定的技术方法、工作程序进行了指导。另外，我们还通过电话、网络等形式，对浙江、江西、云南等省份给予技术指导。根据四川省调研情况，结合日常工作中了解到的相关情况，我们对土地整治补充耕地质量等别评定工作进行了总结，并提出了工作建议。

一、面临的形势与主要做法

《国务院关于严格规范城乡建设用地增减挂钩试点　切实做好农村土地整治工作的通知》（国发〔2010〕47 号）要求科学评价耕地质量，严格土地整治新增耕地质量评定和验收，稳步提升新增耕地产能。《国土资源部关于提升耕地保护水平　全面加强耕地质量建设与管理的通知》（国土资发〔2012〕108 号）系统提出了加强耕地质量建设与管理的措施，要求对补充耕地项目进行验收时，要依据耕地质量分等定级结果等，综合评定补充耕地质量，形成验收结论。

党的十八大以来，党中央、国务院更是将耕地质量推上了新的战略高度，习近平总书记明确指出，一些地方在耕地占补平衡中存在占多补少、占优补劣、占近补远、占水田补旱地现象；为贯彻落实最严格的耕地保护制度，国土资源部下发了《关于强化管控落实最严格耕地保护制度的通知》（国土资发〔2014〕18 号，以下简称 18 号文），提出以严格建设用地审批、强化耕地数量质量占补平衡、推进永久基本农田划定等为主要内容的耕地保护专项行动。

按照 18 号文要求，国土资源部在建设用地审批时，要求进一步严格审查补充耕地质量等别情况，没有按照要求落实的，一律不能通过建设用地审批，耕地质量等别评定已成为用地审批的硬约束。18 号文还要求，强化耕地数量和质量占补平衡，对于土地整治补充耕地要先评定等级再验收，没有达到要求的不得验收。很显然，土地整治补充耕地质量等别评定应该是项目验收的前置条件，也是验收的重要内容。这也引起了地方的足够重视。据了解，四川、浙江、辽宁等省份因为没有对补充耕地质量等别情况予以说明，国土资源部退回了建设用地审批报件。这一举措让地方各级国土资源部门充分认识到开展补充

* 本文原发表于《土地整治动态》2014 年第 15 期（总第 596 期）。

耕地质量等别评定工作的重要性，四川省国土资源厅要求省中心立即组织人员开展补充耕地质量等别评定。同时，国土资源部正在研究解决耕地占补平衡中存在的“占水田补旱地”问题，建设占用补充耕地已不仅仅局限于数量质量双平衡，还要实现“占水田，补水田”，做到数量、质量、地类三平衡。面对新形势、新要求，一些省份积极贯彻落实国土资源部相关精神，正着手制定相关办法或手册，江西省正在研究制订《江西省建设项目占补耕地质量等别评定工作指南》，浙江省正在研究制订《浙江省土地整治补充耕地质量等别评定办法》和《浙江省土地整治垦造水田建设标准》。综上可知，加强土地整治补充耕地质量等别管理刻不容缓，开展土地整治补充耕地质量等别评定与验收势在必行。

二、存在的困难及问题

（一）补充耕地质量等别结果的核实认定问题

在各级国土资源管理部门推动和技术单位的支持下，经过 10 多年的不懈努力，目前形成了基于第二次土地调查和年度变更调查的最新耕地质量等别成果。这项工作作为一项公益性、基础性国土资源调查工作，在做的过程中没有过多考虑其他问题，人为干预少，成果相对客观准确。2012 年，国土资源部办公厅制定下发了《耕地质量等别调查评价与监测工作方案》（国土资厅发〔2012〕60 号），建立了耕地质量等别年度更新和监测评价制度，形成了从以前没人愿意干，到现在抢着干的大好局面。

由于目前耕地保护形势发生了重大变化，不能完全排除人为干预评定结果的可能，会面临评定结果是否客观真实的问题。四川省国土资源厅已要求各县开展补充耕地质量等别评定工作，并作为建设用地审批的硬约束，对评定结果的核实认定无疑会成为各级国土资源部门普遍关心的问题。“谁来评、怎么评，谁来认定、怎么认定，谁来核查、怎么核查”等问题，涉及职能分工和责任追究问题。迫切需要国土资源部统筹考虑，通过设定管理环节，建立评定与验收制度，保证结果的客观性和准确性。

（二）后备资源匮乏，补充耕地质量等别不高的现实问题

全国第二次土地调查显示，我国后备耕地资源严重不足，目前上海、天津、海南、北京宜耕未利用地已近枯竭，江苏、安徽、浙江、贵州也已很有限。不可否认，后备资源严重匮乏已成为全国普遍存在的问题。调研发现，四川省目前大多是通过土地整理减少田坎增加有效耕地面积实现占补平衡，西充县则完全通过这种方式来实现本县耕地占补平衡。通过历年耕地占补平衡检查和抽查发现，补充耕地质量不高，也一直是大家公认的看法。尤其是前几年各地按照先建备补、先补后占的要求，开垦了一定数量的耕地用于占补平衡，但当时过于突出补充耕地数量，普遍轻视耕地质量建设，对于一些已经报备的可用于占补平衡的项目，其耕地质量等别评定结果可能普遍偏低，无法满足占用耕地与补充耕地质量相当的要求。建议国土资源部在正确认识此现象的基础上，提出加强补充耕地，尤其是报备系统中已完成项目的耕地质量建设的指导性意见。

（三）缺乏专业的技术队伍

县级耕地质量等别评定成果及相关参数是补充耕地质量等别评定工作的依据，但是一

半以上省份的县级耕地质量等别评定工作由省统一组织完成，县级只负责配合开展资料收集、实地调研等工作，在全省范围内没有几家专业机构开展过耕地质量等别评定，无法形成稳定的专业技术队伍。四川省及各县（区、市）耕地质量等别评定由省组织实施，委托四川师范大学统一完成。南充市国土资源局只参加过相关会议，没有人能掌握具体业务，其他县级国土资源部门也是这种情况，全省各县国土资源部门正急于向省中心寻求技术支持。尽管在开展耕地质量等别评定过程中，省中心成立了土地评价科，但目前只有6名专业人员，其中1名在编人员，其余为聘用人员和在校研究生，在现阶段由省中心完成全省各县工作，根本不可能。目前，省中心只能尽自己最大力量，指导、协助县级国土资源部门开展土地整治补充耕地质量等别评定工作，一是带动队伍，二是探索建立适用于全省的补充耕地质量技术体系。

三、相关工作建议

（一）建议国土资源部研究建立补充耕地质量等别评定与验收制度

建议国土资源部通过设定行政管理环节，明确谁评定、谁认定、谁验收的工作制度，并督促各省根据实际制定符合各省的评定制度。从各部门工作任务来看，国土资源部负责全国工作组织实施及技术指导，对农村土地整治监测监管系统中补充耕地质量等别报备情况进行审核和监督。省级国土部门负责制定本省补充耕地质量等别日常评定工作制度及相关管理办法，建立补充耕地质量等别评定结果检查和验收制度，对补充耕地质量等别评定结果逐一确认核实，认定评定结果，对评定结果负总责。县级国土部门负责组织本县补充耕地质量等别日常评定工作，确保评定结果客观、真实、准确。对下级上报评定成果有明显出入的，上级国土部门应制定严厉的处罚措施。

（二）采取多种措施努力提升补充耕地质量

针对耕地后备资源不足、补充耕地质量等别不高的客观事实，对于新立项的项目，严格补充耕地项目管理，从规划、立项、设计、施工、验收等环节，努力提升补充耕地质量。在科学编制土地整治规划的前提下，严格项目选址，按照本区域或邻近区域最高等别要求，优化项目规划设计，强化项目实施，改进补充耕地质量验收。要按照18号文要求，补充耕地要先评定等别再验收，没有达到要求的不得验收。建设占用耕地特别是基本农田的耕作层应予以剥离，用于补充耕地质量建设。

对于已报备的项目，有些具备提升耕地质量等别条件的，尤其对于具备整治为水田、水浇地条件的，应鼓励地方积极增加资金投入，通过采取工程和技术措施，优先整治为水田和水浇地，经验收合格的可用于占补平衡。

（三）提升现有成果的科技支撑能力，加强技术培训和指导

建议各省按照《农用地质量分等数据库建设标准》要求，以现有成果为基础，着手建设耕地质量等别数据库，以便为补充耕地质量等别评定提供便捷和全面的数据支撑。从技术体系来看，要设计严格的耕地质量等别核查和检查方法，比如：旱改水、坡改梯、客土

回填、冷浸田排水等措施会引起耕地质量等别显著变化，对于没有采取这些措施，而引起等别变化的，应重点进行检查。对于各省工作开展过程中可能遇到的具体技术问题，国土资源部应及时给予解决。要加强对各级国土资源部门，尤其是各省土地整治机构有关政策和技术指导，让补充耕地质量等别评定工作成为各级土地整治机构一项日常性的技术管理工作。鼓励各省自行对中介机构开展培训，考试合格后持证上岗，并建立诚信制度、黑名单制度，对故意造假、评定结果不真实的坚决剔除。

（国土资源部土地整治中心调研组成员：张中帆、张蕾娜、赵玉领，中国农业大学调研组成员：孔祥斌，中国地质大学（北京）调研组成员赵华甫；调研报告由国土资源部土地整治中心张蕾娜、张中帆执笔）

土地整治科技（技术标准）

TUDI ZHENGZHI KEJI（JISHU BIAOZHUN）

学好土地开发整理标准　进一步推进土地开发整理工作*

——全国土地开发整理培训班材料选登

〔**按**〕经国土资源部批准，国土资源部土地整理中心于2000年10月中旬在北京举办了全国土地开发整理标准培训班。参加培训班的有各级国土资源管理部门主管土地开发整理工作的领导同志及土地开发整理机构的有关负责同志。

培训班结束时，国土资源部鹿心社副部长作了题为《以十五届五中全会精神为指导，努力开创我国土地管理工作的新局面》的讲话。他在讲话中要求，各级国土资源管理部门要认真学习领会党的十五届五中全会精神，站在大局的高度思考和认识国土资源管理工作；要结合实际，因地制宜，创造性地抓好土地整理工作；要勇于探索，开拓创新，把土地管理工作不断推向前进。

培训班开班时，国土资源部耕地保护司潘明才司长作了题为《耕地保护形势以及相关制度和政策》的报告。国土资源部土地整理中心高向军主任致了开幕词。培训班举办期间，一些专家、学者讲了课。

本刊拟从本期起连续刊载鹿副部长的讲话摘要，潘司长的报告摘要，高主任的开幕词摘要，以及部分专家、学者的讲课稿，以飨读者。

鹿心社副部长的讲话（摘要）

近年来，围绕贯彻实施《土地管理法》，我们加大了土地整理的力度。第一，初步形成了土地整理的法规政策体系。围绕着土地管理法规的贯彻实施，国土资源部下发了一系列政策性文件，对土地整理做出了一些政策性规定，近期又要相继出台项目、资金、财务管理办法。第二，开拓并初步理顺了资金渠道。土地整理最早没有正规的资金渠道，围绕土地管理法规的实施，已经把路子开出来了，关系初步理顺了。一个是新增建设用地有偿使用费缴上来了，70%留地方，30%交中央，再根据项目返回去；一个是建设占用耕地要占补平衡，用地者如果做不到，就要交耕地开垦费。无论是耕地开垦费还是新增建设用地有偿使用费，都专项用于耕地开发。国土资源部和财政部联合下发了文件，预算也列进去了。第三，制定和颁布了主要技术标准，突出体现在这次学习研讨的土地开发整理3个规程。随着今后工作的进展，还要制定其他的规程。第四，设立了国家土地整理示范区，从上到下不同层次也都启动了试点项目。总之，这几年土地整理在关键性的工作上初步有了

* 本文原发表于《土地整理动态》2000年第35期（总第84期）。

点眉目，下一步的工作重点，除需继续解决上一步没有解决的问题之外，要大力推进土地整理工作的实施。

法律法规政策要求包括技术要求，都是站在全国的角度提出的带有普遍性的一般的原则要求，各省、自治区、直辖市，要按照这些原则要求，结合当地的具体实际，因地制宜，开展土地整理工作。东部经济发达地区，要把土地整理与城镇化进程、农业结构的调整和农业现代化建设结合起来，大力地推进农田整理和村庄土地整理。在城乡结合部，要把土地整理和城镇的发展建设结合起来，推动城郊、城乡结合部的城镇和村庄土地整理。西部地区，要结合生态退耕和基本农田建设，开展低坡、缓坡土地整理。目前，在生态退耕上出现了一些不好的苗头和倾向，一刀切，一律退。前不久，国务院专门发出文件强调要有计划按步骤地退，在退的同时，要考虑到基本农田建设，要考虑到将来的粮食问题。对于矿区，要结合矿山土地的生态恢复和建设，开展矿区废弃土地的整理。对于后备资源比较丰富的地区，要结合生态环境的建设，在保护和改善生态环境的条件下，开展后备土地资源的开发。总之，开展土地整理一定要结合本地实际，做到既增加有效耕地面积，提高耕地质量，改善农业的生产条件，提高农业的综合生产能力，又保护和改善生态环境和生活环境。

为了进一步推进全国土地开发整理工作，我想强调以下几点：

第一，要进一步加大对土地整理的宣传力度以及对政策、技术标准的学习和培训。土地整理在我国有很长的历史，但真正提出土地整理工作的时间并不长，具体从事这项工作的或许还能明白土地整理是怎么回事，社会上很多人甚至不知道什么叫土地整理，这就需要我们加大宣传力度，讲清楚什么叫土地整理，土地整理起什么作用，有什么好处，土地整理怎么开展，只有这样才能得到全社会的理解、支持和参与。同时，国土资源部下发了很多规定、政策、标准，因为时间不长，所以大家把握得也不一定准确。我们这次是集中办全国的培训班，同志们回去就是业务骨干，要继续抓好所在省、市、区、县的培训，通过层层学习，层层培训，使从事这项工作的同志能大体上把握政策规定，大体上掌握技术要求，为土地整理工作提供最起码的条件。

第二，要重视编好土地整理的专项规划。目前，全国各地申报的土地整理项目很多，但大多不是在土地整理专项规划的指导下提出的。各地在今后的工作中，要通过系统的调查，摸清当地土地整理的基本状况和潜力，结合土地利用总体规划，编制比较全面的土地整理专项规划，作为全面开展土地整理的总体指导，同时，通过规划正确处理好包括建设和环境在内的一系列关系。

第三，切实抓好项目的实施。要掌握好几个环节，如开展项目的可行性研究，做好项目的规划设计，搞好项目的审查报批，抓好项目的实施管理，搞好项目的检查验收等。

第四，加强对新增建设用地有偿使用费的收缴力度，逐步建立新的投资机制和资金运行机制。新增建设用地有偿使用费是土地整理重要的资金来源，以前我们做了大量工作，但收得不是很理想，后来加大了一些力度，情况有所好转，但还是不尽如人意。希望我们上下同心，团结一致，统一思想，统一认识，加强收缴。另外，土地整理光靠这个资金渠道还不够，还难以解决实际问题。要形成多元的投资机制，通过对外合作引资，通过企业投入、农民投入、投工投劳等，集中各方面的资金共同投入土地整理。同时，要在实践中积极探索，认真总结，建立土地整理资金投入的良性循环机制，以使土地整理深入持久地开展下去。

第五，要建立和健全土地整理的工作机构。在国土资源部，负责土地整理行政指导的是耕地保护司，在事业上具体负责技术操作的是土地整理中心。这几年，土地整理工作取得的成效与机构的逐步完善有很大关系，没有钱办不成事，但有钱没有人同样也办不成事。因此，在地方国土资源管理机构的改革中，行政上要明确相应处室负责管理，在事业机构的设置上要组建专门的土地整理机构。这是土地整理工作中的一件大事，将来国家每年按项目投放的资金不是小数目，各地要做规划，又要做可行性研究、项目设计、检查验收、监督指导，没有机构绝对不行。如果土地整理机构单独设立不了，可以跟其他机构放在一起，并明确该机构内设的具体部门承担这项工作。没有具体机构，土地整理工作不可能搞好。如果工作搞不好，国土资源部在资金上也不会重点安排，各地一定要高度重视。

（本文主题为编者所拟）

应当积极推广3S技术在土地整理项目管理中的应用　努力实现项目直观动态监管*

国土资源部土地整理中心　贾文涛

〔**按**〕土地整理工作涉及大量的地理空间信息，如地块的地理位置、坡度分布、高程变化等，正确解读这些空间信息是对土地整理项目做出科学判断的基础。3S技术作为一种高效的信息采集、处理和分析手段，可以辅助监管人员挤干项目“水分”，识别项目的真实面目，监测项目的实施情况，使决策更具科学性和时效性。积极推动3S技术在土地整理工作中的应用，努力实现土地整理项目直观动态监管，是当前和今后一段时间土地整理机构及土地科技工作者工作的重点之一。

3S技术包括遥感（RS）、全球定位系统（GPS）和地理信息系统（GIS）。遥感（RS）技术可用于大面积、快速获取项目区各种地物信息，是地物信息采集的主要手段。全球定位系统（GPS）可用于重要地物的快速空间定位，辅助外业踏勘；激光技术结合GPS技术可以用于快速、精确地采集项目区三维空间信息。地理信息系统（GIS）可对多源空间数据进行综合处理、集成管理和各种空间分析，辅助项目决策。

土地整理信息化构想的提出，使3S技术在土地整理项目管理中的应用研究得以启动

自2001年土地整理信息化构想被提出以来，3S技术受到越来越多的关注。为提高项目决策水平，实现对项目实施过程的动态监测和项目竣工验收的定量化，总结出一套检查项目的真实性、监控项目“水分”的方法体系，国土资源部土地整理中心于2002年启动了3S技术在土地整理项目管理中的应用研究。

该项研究分为三个阶段。在第一阶段，研究人员使用了北京市顺义区北小营镇、房山区长沟镇、大兴区西红门、海淀区农大地区、苏家坨地区等5个实验区的遥感影像数据。所选实验区涵盖了平原和丘陵两种地貌类型以及农用地、建设用地、未利用地3种土地利用类型，具有较强的代表性。从影像分辨率上看，涵盖了从10米、5.8米、2.5米、1米到0.61米的各种分辨率、全色和多光谱遥感影像数据，以对不同分辨率影像应用效果进行对比分析，针对不同的应用目标提出合理的建议方案。

在第二阶段，根据第一阶段研究得出的结论，研究人员对福建省莆田市荔城区黄石镇

---

* 本文原发表于《土地整理动态》2006年第48期（总第371期）。

土地整理项目、北京市密云县巨各庄镇土地整理项目、湖北省英山县土地整理项目等国家投资项目进行了监测评价。

在第三阶段，主要开展了 IKONOS 立体像对在大比例尺测图中的应用研究以及 GPS 和激光相结合的快速测图系统研究。试验区覆盖 9 幅 1∶10000 地形图，面积近 240 平方千米。土地整理项目监管工作中 3S 技术应用流程图见图 1。

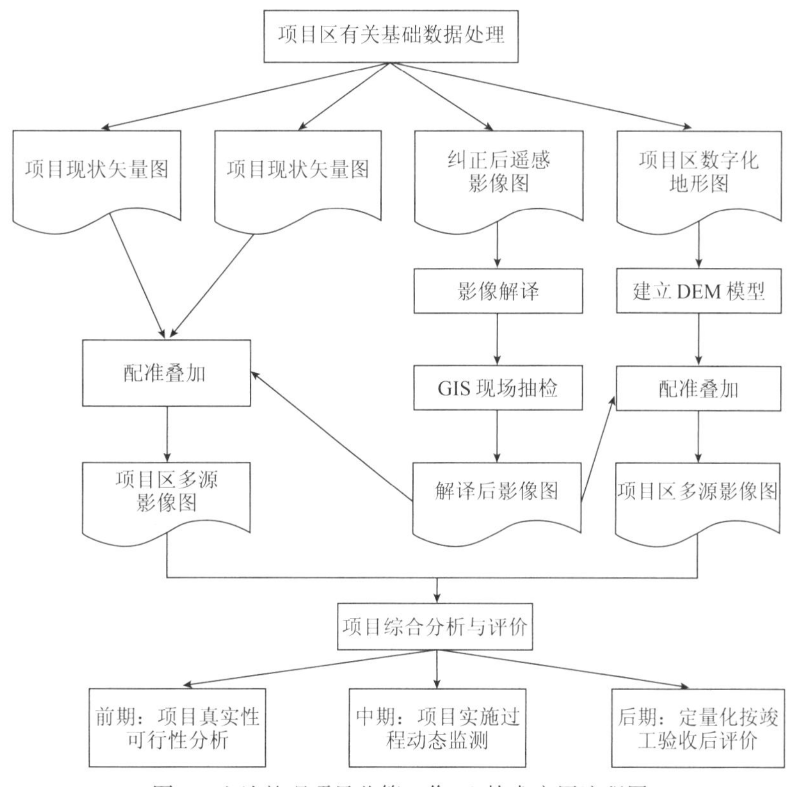

图 1　土地整理项目监管工作 3S 技术应用流程图

研究和实践证明，3S 技术可以作为土地整理项目管理的辅助手段，能帮助管理者获取真实、准确的信息

经过 4 年的研究和实践，一个结论显示出来：3S 技术可以作为土地整理项目管理的辅助手段，帮助管理者获取项目真实、准确的信息，成为对项目做出科学判断的好助手。

通过解译土地整理项目区的遥感影像，可以反映项目申报信息的真实性和准确性。因此 3S 技术可以辅助项目审查人员掌握项目的真实情况，避免虚假项目、重复申报项目套用资金的现象，提高审查人员对项目真实性的识别能力。

将项目区遥感影像和 DEM 模型叠加，可以构建起项目区三维影像图，管理人员可以对项目的地貌特征、坡度坡向、土地利用类型和基础设施的分布等情况进行分析。运用可视化飞行技术则可以更加直观、动态、多角度、全方位地观察项目区，在模拟三维环境中执行显示、查询和分析操作。将项目规划图与三维影像图叠加，管理人员就可以检验规划设计方案是否符合实地情况，还可以辅助进行工程量的审查。这种不同数据源的叠加分析，还可以提高项目审查的效率和审查人员对项目合理性、可行性的判断能力。

利用3S技术解译项目实施过程中不同时相的遥感影像，进行前后对比，可以对项目是否按设计施工及工程进度进行动态监测，使工作人员可以实时了解项目实施进展情况。利用3S技术还可以实现对项目完工后的定量评价，确认工程任务完成情况，检验项目实施单位上报数据的真实性，辨别工程建设数量中存在的虚假成分，使竣工验收定量化、科学化。

此外，将项目实施前的影像和竣工后的影像进行对比分析，还可以计算实际新增耕地面积，辅助开展项目影响评价等。

3S技术的应用中还存在遥感数据获取周期过长和遥感影像应用成本高等缺陷

目前，从遥感影像数据的可获取性看，3S技术在土地整理项目中的应用还受到一定制约，例如遥感数据的获取周期较长。遥感数据分为存档数据和编程数据。存档数据从订购到收到数据一般不会超过1个月，但存档数据主要集中在城市。编程数据需要提前预订，从预订到收到数据一般需要3～4个月。遥感影像的获取受气候条件影响也较大。遥感影像最佳时相为春末至秋初，但是这段时间我国大部分地区通常多云雨天气，这对于可见光遥感摄像不利。此外，当前遥感影像特别是高分辨率影像应用成本较高，给3S技术的推广应用造成一些困难。

但是，遥感技术的迅速发展有望解决数据获取的缺陷。拟于2007年发射的IKONOS Block－Ⅲ卫星系统，为能够全天候采集数据的合成孔径雷达卫星，可以弥补可见光遥感的不足。前不久新研制成功的无人飞艇遥感监测系统，可快速获取地表高分辨率影像，且成本低、操作灵活，特别适用于多云多雨、气候多变和地质条件、地貌环境复杂地区。

利用GIS和GPS系统替代遥感技术完成一些工作，可以降低3S技术在土地整理项目监管中的成本。例如，单纯使用GIS，至少可以完成以下几项工作：可以重新量算项目区规模和各种地类面积，验证申报数据的准确性；可以重新统计工程内容和工程量，验证是否存在虚报工程量问题；可以辅助分析项目区地貌特征，判断田块布置及沟路林渠的布置方案是否合理、可行；可以根据田块布置方案和设计高程，判断土方量计算是否合理、准确。研究结果表明，利用GIS计算土方量可以提高土方量计算效率。

构建3S技术支撑体系的战略构想

实践证明，3S技术是提高项目决策质量、强化项目监管力度、提高行业工作水平和效率的一种有效手段。因此，应当积极推广这一技术在土地整理项目管理中的应用，努力实现项目直观动态监管，并在加大已有研究成果推广应用力度的基础上，逐步构建起一套包括如下5个方面的成熟的3S技术支撑体系：

◎ 快速测图系统。目前常用的测图方法普遍效率较低，成本较高，因此很有必要研制一种在土地整理领域具有推广应用价值的全数字三维信息采集及成图系统。目前，国土资源部土地整理中心与中国农业大学精细农业研究中心正在合作开发一种基于激光和GPS

技术的快速测图系统。

◎ 土地整理三维辅助决策系统。通过建立该系统，让设计人员直接在三维可视化场景中实现规划构想，进行坡度坡向分析、土方量计算、表面积计算、工程内容及工程量统计、空间查询等，可以提高决策的智能化水平。

◎ 土地整理项目遥感影像库。建立遥感影像库是3S技术应用的基础和关键。所建影像库需要定期更新，并实现资源共享。通过建立遥感影像数据库，主要是用于两方面：一是用于项目前期核查、评审工作；二是用于项目实施监督检查工作。

◎ GPS辅助现场调查系统。其核心目标就是把PDA技术和GPS技术融合在一起，将项目矢量图件导入PDA，利用GPS的定位、导航功能，实现图件与实地的联动，引导调查人员开展现场调查和野外信息采集工作。有了这个系统，就等于建立起了“天上看、地上查”的立体监管体系。

◎ 全国土地整理综合知识库。综合知识库的内容包括全国各地自然资源条件、农业气象资料、水文地质资料、土壤资料等相关基础资料，以及规划、政策法规、技术规范等。综合知识库的建立是进一步提高土地整理决策水平的基础。

激光平地技术在农田建设及土地开发整理中大有用武之地*

国土资源部土地整理中心　贾文涛

引　　言

我国是一个水资源短缺的国家，水资源问题已经成为经济社会可持续发展的主要制约因素之一。节水是实现水资源优化配置与可持续利用的前提和关键。《中华人民共和国水法》明确规定："国家厉行节约用水，大力推行节约用水措施，推广节约用水新技术、新工艺，发展节水型工业、农业和服务业，建立节水型社会"。我国是农业大国，农业是用水大户，因此发展农业节水是建立节水型社会的关键。当前，地面灌溉在我国农业灌溉中占主导地位，灌溉水利用系数较低，尚有很大的节水潜力。激光平地技术作为实现土地精细平整、提高地面灌溉水利用率的高效手段，对促进农业节水发展具有重要的现实意义，在土地开发整理中具有广阔的应用前景，受到越来越多的关注。

改善农田平整状况，提高地面灌溉水利用率，是我国农业节水发展的必然要求

农业节水发展需求取决于未来农业的发展和水资源供需状况。农业作为国民经济的基础产业，是国家长治久安的头等大事，不允许有丝毫的削弱。当前我国农业用水占全国总用水的65%以上，水资源供需缺口主要在农业，因此，农业节水事关全局，必须积极发展。

根据《全国节水规划纲要（2001—2010年）》，我国农业节水重点是灌区的节水改造，基本对策包括：以节水增产为目标对灌区进行技术改造；因地制宜加快发展节水灌溉工程；加强用水定额管理，推广节水灌溉制度；平田整地开展田间工程改造；大力推广节水农业技术；积极发展节水综合技术。地面灌溉是我国目前采用最多的一种灌水方式，现有地面灌溉面积约占全国总灌溉面积的85%以上，预计今后相当长的一段时间内，仍将占主导地位。据分析，地面灌溉用水损失中，田间部分损失占到35%左右，说明田间节水潜力很大。造成田间用水损失的原因是畦块过大，地块大平小不平，致使灌水不均匀，深层渗漏严重。因此，实施平田整地，改善农田平整状况，提高地面灌溉水利用率是一项投资省效益大、节水增产效果良好的重要措施，是我国农业节水发展的必然要求。

---

* 本文原发表于《土地整理动态》2007年第6期（总第377期）。

激光平地是提高农田平整精度的关键技术，对提高农田灌溉水利用率、促进农业节水可持续发展具有重要的现实意义

常规平地方法通常采用的设备有推土机、铲运机和刮平机等，具有土方运移量大、平地费用相对较低的特点，适合于地面起伏较大、原始平整程度较差的农田粗平作业，可以改变农田的宏观地形。这种常规地的效果主要取决于机械设备的施工精度，受设备自身缺陷和人工操作的影响，当达到一定平整精度后很难进一步提高，难以满足实行地面精细灌溉的要求。此外，进行田块设计时对田块的方向、规模、长度和宽度、田面纵向比降、田面平整度等都是有明确要求的，如在水田格田内田面相对高差不应超过 ±3 厘米，种植旱作物的条田田面纵向比降一般在 1/2000 ~ 1/500 等。采用常规平地方法是很难达到这样精度的，并且对平整后的效果无法给出定量化的评价。

激光技术的发展则为实现农田精细平整提供了一种新思路。激光平地技术就是利用激光束参照平面作为非视觉控制手段，代替常规平地设备操作人员的目测判断能力，自动控制液压调节系统实现平地铲的升降，达到精细平整土地的目的。激光平地感应系统的灵敏度至少比人工视觉判断和平地机上操作人员的手动液压调节系统精确 10 ~ 50 倍。激光平地作业效率较高，适宜在常规粗平的基础上完成农田田面精平，从而大幅度提高田面平整精度。

激光平地技术是与现代大规模农业生产相适应的新型平地技术，不仅适用于冬小麦、玉米、棉花、大豆等大田灌溉区，而且也适用于水田灌溉区，特别是作为推广水稻“浅、湿、晒”控制灌溉技术的重要配套技术，激光平地技术推广潜力很大。国内专家认定，激光平地是我国灌区改造首要工程，是节水关键技术。在我国推行激光平地技术，对改变我国地面灌溉的落后状况、从整体上缓解农业水资源短缺的矛盾、促进农业节水可持续发展具有重要的现实意义。

激光平地技术在国外农田平整中应用已 20 余年，是一项比较成熟的技术，取得了较好的经济效益。如在美国和葡萄牙，应用激光平地技术，农田灌溉水均匀度提高了 17% ~ 20%，农作物产量提高了 7% ~31%；在印度，节水 15% ~20%；在土耳其，灌溉水效率提高了 25% ~100%，小麦增产了 35% ~75%，棉花增产了 20% ~50% 等。近 10 年来，我国也开展了激光平地技术的应用实践，引进了光谱精仪、拓普康等激光平地设备，在黑龙江、吉林、新疆等省区的规模化生产农场推广使用，取得了良好的效果。例如可节水 30% ~50%，作物产量提高了 20% ~30%，灌水效率提高了 30%，同时减少了田间杂草，减少了肥料流失。

激光平地系统的国产化使该项技术在国内大规模普及应用成为可能

国外激光平地系统从价格看比较昂贵。如美国 Trimble。公司较低档次的激光平地系统价格至少在 5 万元，AGL 公司一般档次的激光平地系统需要 8 万元左右。同时，与国外

激光平地系统相配套的一般都是大功率（100马力[1]以上）的牵引拖拉机。因此，直接从国外大量引进并推广这样的激光平地系统是不合适的，不仅激光控制设备价格太高，而且无法利用我国农村现有的动力资源，用户必须重购大马力的拖拉机来支持整个系统。此外，由于我国大部分地区实行联产承包责任制度下的中小规模生产方式，地块分割零碎，也决定了国外这种大型激光平地设备仅适用于某些地区，不可能在我国普及应用。

基于我国的基本国情，借鉴国外激光控制系统的研究成果，研制开发出价格较低、操作简单、性能良好、适用于农田精平作业的激光控制系统是很有意义且至关重要的。2002年初，中国农业大学现代精细农业系统集成教育部重点实验室与菲律宾国际水稻研究所合作，由"863"节水农业重大专项课题支持，通过多年的努力，研制出了具有自主知识产权、适合我国国情、廉价易用的激光平地系统，并在北京昌平区、大兴区、海淀区，河北邯郸市，四川广汉市和广州市等地的旱田和水田分别进行了大量的试验，取得了理想的平地效果。该系统的研制成功，填补了我国在该领域的空白（图1、表1）。

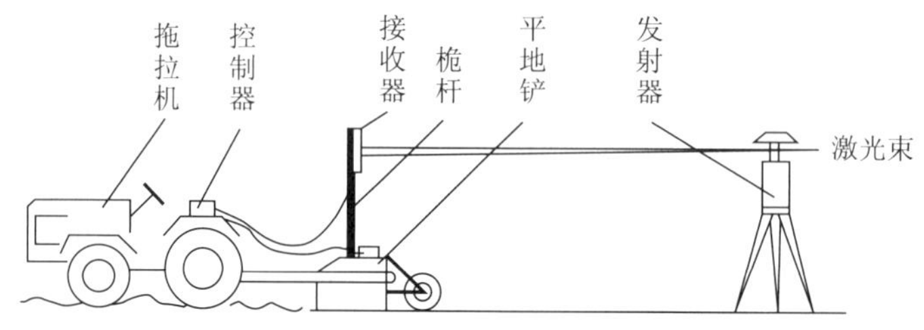

图1　激光平地系统工作原理图

表1　中国农业大学激光平地设备平地前后效果对比表

平地作业地点	作业时间	作业面积/亩	作业前的均方差/厘米	作业后的均方差/厘米
河北邯郸市	2005年1月	10	5.60	2.20
北京海淀区上庄镇	2006年4月	15	8.20	2.30
四川广汉市（一）	2006年5月	5	2.90	0.52
四川广汉市（二）	2006年5月	6	2.55	0.49

在大力开展基本农田建设与保护、土地开发整理的新形势下，激光平地技术大有用武之地

《国务院关于加强土地调控有关问题的通知》（国发〔2006〕31号）对新增建设用地土地有偿使用费征收政策进行了调整，调整后中央和地方所得的新增费将大幅度提高，并全部用于基本农田建设和保护、土地整理和耕地开发。据测算，新增建设用地土地有偿使用费、土地出让金用于农业土地开发部分，加上耕地开垦费等专项资金，今后每年用于土地开发整理的资金总额将达到1000亿元以上。这样大的资金量，对于加强基本农田建设和保护、土地开发整理，加快新农村建设，将会起到巨大的作用。

土地开发整理作为一项综合性较强的社会经济活动，不仅需要科学的规划、正确的决

[1] 1电工马力=746瓦。

策、资金的投入等，还需要现代农业工程高技术的支撑，使规划、决策得以顺利执行，达到理想的效果，并且以最小的成本和资源消耗获得最大的效益。激光平地就是一项能够提高土地平整工程施工质量的有效手段，激光平地技术的应用可以为将来的农业生产构筑一个能够进行精细地面灌溉的耕作平台。土地平整工程是土地开发整理工程体系中的重要一部分，其内容包括田块归并、田面平整及土壤改良等，田面平整是重点。土地平整工程施工费一般占项目总投资的20%以上，基本农田整理项目比例可能会低一些，即使按10%进行测算，则全国土地开发整理专项资金每年用于农田平整的费用也在100亿元以上。这是个相当惊人的数字！这么多的资金专门用来搞农田平整，应该也必须得到理想的平地效果，至少应达到设计的田面平整度，为实现农业节水目标、建立节水型社会助力。其实，采用激光平地技术平整后的土地不仅能够节省农田灌溉用水，而且可以改善种床条件，有利于控制杂草和虫害，降低化肥使用量，减少环境污染，实现农田土壤的精细管理。对土地进行精细平整，还可以消除盐斑，有利于盐碱地改良。

由于激光平地技术在基本农田建设、土地开发整理领域大有用武之地，有着广阔的应用前景，国土资源部土地整理中心正致力于激光平地技术的引进、完善和应用研究工作。激光平地技术在土地开发整理中的推广应用，必能较好地发挥带动和辐射作用，促进现代高技术研究成果的转化，逐步构建起土地开发整理科技支撑体系，真正把好事办好。

在土地开发整理中推广应用激光平地技术应当做好如下三项工作

一是研究制定激光平地规程。尽管激光平地技术已在国外得到广泛应用，引入我们国家也有很长一段时间了，但由推介、普及力度不大，土地开发整理行业对这项技术还比较陌生，对国产化的激光平地系统更是知之甚少。因此，推广激光平地技术的前提是首先要制定激光平地规程，明确操作方法、技术规定和平地效果评价方法等。

二是建立激光平地应用及成本核算机制。在现有的土地开发整理政策、管理办法和技术标准框架内，并未涉及激光平地这项施工工艺，考虑的只是常规的平地方法。今后在调整土地开发整理管理机制、制定相关技术标准时应补上这一块，如在进行施工组织设计时要考虑到激光平地方法。此外，平地是要花钱的，相对于常规平地方法，激光平地成本要高一些，其成本主要由人工费、燃油费、设备维修、折旧费等构成。在进行《土地开发整理项目预算定额标准》修编时，应就激光平地有关定额进行专题研究，明确成本核算方法。

三是激光平地服务要产业化。为了推动激光平地技术的应用和发展，应成立激光平地服务公司，有专人管理，专人经营，服务于用户。激光平地服务公司可以参加土地开发整理工程施工招投标，承揽土地平整任务。刚起步时，国家应给予一定的扶持。激光平地服务的产业化，有利于促进农业节水灌溉事业的发展。

完善土地开发整理技术标准体系是做好新形势下土地开发整理工作的关键*

国土资源部土地整理中心　张中帆　杨　剑

新《土地管理法》实施以来，我国土地开发整理工作取得了飞速发展，在耕地保护工作中发挥了不可替代的作用。随着经济的快速发展，我国新增建设用地需求量十分巨大，坚守18亿亩耕地红线的任务非常艰巨。为了更好地保护耕地，国土资源部采取了多种措施和手段限制占用耕地，并积极主动地通过大力开展土地开发整理去实现土地资源的开源节流。同时，2006年以来，随着财综〔2006〕48号和财建〔2007〕84号文件的下发，国家投资土地开发整理项目资金分配体制产生了重大变化，国土资源部的工作重点主要集中在宏观调控和监管上。在这一新的形势下，完善土地开发整理技术标准体系就成为做好土地开发整理工作的关键。因此，抓紧土地开发整理技术标准体系建设，使之尽快完善，也就必然成为当前一个时期我们工作的重点。

一、完善技术标准体系是做好土地开发整理工作的关键

（1）技术标准是技术法规，是国家投资决策的重要依据。随着社会主义市场经济体制建设的不断深入，尤其是我国加入世贸组织后，依法行政就成为当前政府开展各项工作的前提。技术标准作为技术法规的一个重要内容，是国家投资决策的依据之一，是技术的集中体现，在土地开发整理工作中的作用是行政管理层面的法律法规所无法替代的。它与行政管理层面的法律法规相辅相成，互为依据，互相补充，在土地开发整理工作中都发挥着各自的作用，缺一不可。在当今西方资本主义发达国家，技术标准作为一种重要的公共基础设施和技术政策工具，受到了越来越多的重视，在社会经济生活领域中发挥着广泛的作用。如许多西方国家通过制定技术标准把国家意志推广到社会生活的各个领域，将政治的社会规范控制变成技术理性的内在控制，以利于社会各项管理工作的实施和开展。同时，随着经济全球化的加快，作为“软”法规的技术标准的作用和地位越发突出，并成为各国产业竞争的前沿。因此，我们既要抓好行政法规的建设工作，又要积极推动技术标准的建设工作，将其作为行政法规的重要补充，用技术标准来规范和约束土地开发整理工作，真正做到两手都要抓，两手都要硬。

（2）技术标准是进行宏观调控的重要手段。宏观调控是国家从国民经济全局出发，综合运用各种调节控制手段把微观经济活动纳入宏观经济协调发展的轨道上的活动，是宏观调整和宏观控制的总和。具体来说，宏观调整就是要综合运用法规、规划和计划等手段，

* 本文原发表于《土地整理动态》2007年第39期（总第410期）。

调整产业、资源、投资等的方向和结构；宏观控制主要是依靠技术标准对经济、市场、产业等的发展进行规范、引导和限制，保证经济社会的健康发展。在中央明确要求土地资源工作要积极参与宏观调控的背景下，土地开发整理作为保护耕地，实现土地资源开源节流，促进土地资源全面、协调、可持续利用的重要手段，应该而且可以参与宏观调控，缓解经济发展与耕地保护的矛盾。当前，国土资源部工作的重点放在了综合运用行政、技术和经济手段参与宏观调控工作上，技术标准作为政府进行宏观调控的重要手段之一，既是宏观调控的直接手段，也是运用行政手段和经济手段的基础和前提，在土地资源参与宏观调控中发挥着十分重要的作用。

（3）技术标准是开展土地开发整理宏观监管的重要工具。随着新办法、新制度的实施，今后用于土地开发整理的资金规模会更大，任务也将越来越繁重。为了全面落实规划目标，完成补充耕地任务，高效合理地利用国家资金，使其发挥出最大效益，就必须加大土地开发整理工作的宏观监管力度，对项目进行监督和稽查。过去，我们的项目管理工作经常陷入“一统就死，一放就乱”的局面，项目监督检查也是形式大于内容，给土地开发整理工作的顺利开展带来很多困难。这主要是由于我们没有建立起科学合理的土地开发整理技术标准体系，缺少进行宏观监管的工具和依据，无法对项目建设工作进行科学的规范和限制。现在，国土资源部不再管具体的项目立项和审查，而是集中精力开展项目绩效评价和监督稽查工作，这就更需要我们在完善相关法规制度的基础上，尽快建立起一套科学、合理、完善的土地开发整理技术标准体系，作为我们开展宏观监管工作的技术支撑和依据。

（4）技术标准体系是土地开发整理项目各项建设工作的基础。土地开发整理项目涵盖了从可行性研究到立项决策、从规划设计到施工建设等多个工作阶段和环节，包括了土地平整、灌溉排水、田间道路、农田防护与生态建设等诸多工作内容。如何通过制定相关标准，将这些复杂多样的工作阶段和工作内容串起来，最终实现土地开发整理项目建设目标，是我们开展标准化建设的重要目的。《土地开发整理若干意见》（国土资发〔2003〕363 号）指出：“要从土地开发整理实际出发，大力推进土地资源调查评价、项目规划设计、工程建设、预算定额、效益评价等标准的制定工作，逐步形成技术、经济和管理的标准化体系。”这就要求我们要针对土地开发整理不同工作阶段、不同工作内容开展标准化建设工作。土地开发整理标准化体系的完善程度，标志着土地开发整理工程建设科学的技术水平，关系到是否能科学、合理地开展土地开发整理各项工作，是我们开展土地开发整理各项工作的基础。

（5）技术标准是我们与其他部门进行协调沟通的依据。土地开发整理是对田、水、路、林、村进行的综合治理，是项系统工程，需要我们在具体的措施手段上，与相关部门通力协作，围绕专项规划共同开展。这种协作是在坚持土地开发整理工作内涵基础上进行的，要求我们必须要有一个系统完整的土地开发整理标准体系，用于全面指导土地开发整理建设工作的各个方面和各个环节，为我们与其他相关部门进行沟通协调提供科学的原则和依据，防止土地开发整理建设出现方向上的偏差，确保项目建设目标的顺利实现。

二、土地开发整理标准化建设工作正积极开展

由于完善土地开发整理技术标准体系是做好土地开发整理工作的关键，因此部土地整理中心作为部负责土地开发整理工作的事业单位，历来高度重视土地开发整理标准化建设工作。早在2000年，国土资源部土地整理中心就组织开展了《土地开发整理标准（TD/T1011～1013—2000）》的编制工作，并以行业标准的形式下发，在此后的土地开发整理工作中发挥了重要作用。

2005年，国土资源部土地整理中心从进一步规范土地开发整理工作角度出发，启动了以《土地开发整理工程建设标准》为龙头，《可研报告编制规程》、《设计报告编制规程》和《项目规划设计规范》为辅，《土地开发整理工程工程量计算规则》、《土地开发整理项目制图标准》和《3S技术应用规程》等为补充的三级标准体系的建设工作，取得了较大进展。

（1）《土地开发整理工程建设标准》（以下简称《工程建设标准》）已由试点转入全国开展阶段。2005年，国土资源部下发了《关于开展〈土地开发整理工程建设标准〉编制试点工作的通知》（国土资厅发〔2005〕120号），在全国选择了9个省（区）先行开展了《工程建设标准》的编制试点工作。为进一步推动《工程建设标准》编制工作，2007年7月，国土资源部又下发了《关于编制〈土地开发整理工程建设标准〉有关问题的通知》（国土资厅发〔2007〕137号），要求从2007年8月份开始，在其余22个非试点省份开展《工程建设标准》编制工作。截至目前，各试点省份已完成了《工程建设标准》的编制工作，并陆续开展了试行。非试点省份正着手开展工作方案的编制工作，要求于2007年9月底报国土资源部课题组备案。同时，国土资源部课题组还召开了多次专家会，就全国标准的编制工作进行了研讨，初步明确了编制原则、指导思想和技术思路，为下阶段全国标准的编制奠定了基础。

（2）《可研报告编制规程》和《设计报告编制规程》已完成起草工作，正准备上报审批颁发。经过近两年的努力，我们已经完成了两个规程送审稿和编制说明的编写工作，通过函调等形式广泛听取了专家和各省意见，并针对反馈意见进行了修改完善。目前，我们正在积极开展标准报批的相关准备工作，力争尽快以部颁行业标准的形式印发。

（3）《项目规划设计规范》（以下简称《设计规范》）正积极编制中。《设计规范》是土地开发整理项目实施阶段的标准，是对土地开发整理活动中的项目规划和设计工作进行的规定，在一定程度上与《工程建设标准》在内容和范围上存在相互交叉的现象。为更好地开展《设计规范》的编制工作，我们组织专家对《设计规范》的外延和内涵进行了深入研究，对研究思路进行了全面清理，完成了《规划设计规范修订工作大纲》，对规范修编的指导思想、工作思路和编制大纲等进行了详尽的阐述。同时，针对其与《工程建设标准》关系密切的特点，采取与《工程建设标准》套做的方式开展编制工作，稳步推进了研究工作，避免了与《工程建设标准》过多重复、交叉问题的产生。

（4）《土地开发整理工程工程量计算规则》（以下简称《计算规则》）已完成征求意见稿。一直以来，土地开发整理行业没有自己的工程量计算规则，给项目的设计和预算编制工作带来很大不便。为此，我们在总结几年来项目设计与建设实践经验基础上，开展了

《计算规则》的研究。目前，我们完成了《计算规则（征求意见稿）》和编制说明的编写工作，并将发函广泛征求专家和各省意见，进行修改完善后形成送审稿。同时，我们还组织开展了部颁标准的申请工作，报国土资源部审批通过后正式发布。

（5）《土地开发整理项目制图标准》（以下简称《制图标准》）已完成征求意见稿。为有效解决当前土地开发整理项目图件编制中存在的较多问题，进一步明确土地开发整理项目制图要求，规范制图行为，提高项目管理的科学化和信息化水平，我们组织开展了《制图标准》的制定工作。经过课题组大量的调研工作和专家研讨，形成了《制图标准》的征求意见稿。下一步将组织相关设计单位进行试用，并根据试用情况做进一步的修改完善后形成报批稿，报国土资源部批准后以部颁标准下发。

（6）《土地开发整理3S技术应用规程》（以下简称《3S应用规程》）已完成相关课题的研究工作。随着信息技术的迅速发展，3S技术已经在国土资源管理部门广泛使用。通过3S技术的应用，可以帮助我们认识项目的真实面目，监测项目存在的水分，使项目决策更具科学性和时效性。因此，从加大项目监管力度，提高项目管理的科学化水平出发，我们开展了《3S应用规程》的研究工作。截至目前，已完成了“国内、外土地开发整理3S技术应用现状分析”、“土地开发整理3S技术应用技术要求及规定研究”和“相关行业3S技术应用规程的调查研究”等3个子专题的研究，为开展下一步研究工作创造了良好条件。

三、要加快推进标准体系建设

经过几年的努力，我们在标准化建设中取得了较大进展，成效显著。2007年7月，徐绍史部长到国土资源部土地整理中心走访时，听了我们开展土地开发整理标准化建设工作情况的简要汇报，对我们的工作感到十分满意，同时希望我们要进一步加大工作力度，尽快形成完整的土地开发整理标准体系，更好地为土地开发整理工作服务。因此，我们要在现有成绩基础上，进一步加快推进标准体系建设工作，不辜负部长对我们的殷切期望。

（1）进一步加快全国《工程建设标准》编制工作，为项目管理体制改革服务。根据当前项目管理体制改革形势发展的需要，我们将进一步加快全国《工程建设标准》编制的工作进度，争取尽早完成全国《工程建设标准》的编制工作，更好地为项目管理体制改革服务。

（2）突出重点，逐一落实，构建完整的土地开发整理标准体系。在现有成果基础上，要根据项目管理工作的需要，在一个时期内，有计划、有重点地开展其他相关标准的制定工作。一是要以行业标准的形式下发《可研报告编制规程》、《设计报告编制规程》、《设计规范》、《计算规则》、《制图标准》和《3S应用规程》。二是积极开展土地开发整理绩效评价研究，建立起科学合理的绩效评价体系，为国家资金的高效合理利用，开展项目监督稽查提供科学的依据。三是要根据工作需要，陆续着手开展勘察测量、现场踏勘、权属调查调整等的相关标准、规范和规程的起草编制工作。通过几年的努力，逐步构建起一个完整、统一的国家土地开发整理标准体系，以更好地指导土地开发整理工作，最大限度地发挥国家投资的效益。

（3）坚持编制工作的科学性，提高标准的可操作性。标准是以科学、技术和经验的综合成果为基础制定出来的，即制定标准的基础是“综合成果”，不仅是科学或技术成果，还要经过综合研究、比较和分析，要在实践活动中检验其可行性、合理性。同时，标准是用来指导具体实施的，要不断按照实践的要求修订完善。因此，我们要在今后的标准编制工作中坚持科学性，努力提高可操作性，更好地为土地开发整理事业服务。

应当积极推广遥感技术在土地整理复垦开发项目监管工作中的应用*

国土资源部土地整理中心　孟宪素　李少帅

土地整理复垦开发是确保我国粮食安全、提高粮食综合生产能力的有力支撑，是保住18亿亩耕地红线的重要举措。虽然我国土地整理起步较晚，但发展迅速，自2001年国土资源部下达首批国家投资土地开发整理项目开始，截至2007年底，已累计下达了3054个项目，分布在30个省（直辖市、自治区和新疆生产建设兵团）、1370多个县，总投资近450亿元，对约249万公顷土地进行了整理复垦开发。土地整理复垦开发项目数量多、分布广、规模大、涉及金额大等特点，使得依靠传统监管手段难以胜任项目监管工作。近几年来，国土资源部土地整理中心在总结项目管理经验的基础上，对应用3S技术特别是遥感技术监管土地开发整理项目进行了有益探索。结果表明：结合遥感技术对项目进行监管可大幅度提高工作效率，扩大土地整理复垦开发成效。

一、遥感技术在土地整理复垦开发项目监管工作中具有十分重要的作用

（1）通过遥感可查找全国空心村、零星农村建设用地、主要工矿废弃地和未利用地的分布情况，为科学规划农村建设用地整理项目，制定相关复垦工作规划和土地整理开发规划，执行项目建设效益与资金分配挂钩提供依据。

（2）在项目可行性研究和规划设计阶段采用项目区遥感影像，结合遥感影像分析项目区地形、地质和配套情况可以减少用于实地勘测的资金和工作量（只需对部分地形较复杂的区域进行实地勘测），同时可以使可行性方案和规划设计方案成果更加客观、科学。此外，根据遥感影像制作项目土地利用现状图、规划图和施工图，对项目实施的指导意义更强，更加利于建设单位有效实施。

（3）在项目实施中期或者其他重要的主体工程完工时点获取项目区遥感影像，结合项目的土地利用现状图和规划设计图，对比分析和掌握项目的工程建设进度情况，根据遥感监测结果有针对性地对项目过程情况进行督导，可有效避免因监测不到位而导致的重大损失。项目竣工后将竣工的遥感影像与规划图对比，校对和分析工程量完成情况并确定实地验收路线，可减少验收的工作量，节省验收时间，保证验收工作质量；对于监管部门来说，可通过竣工后的遥感影像评估项目的整体建设情况，利于项目验收主持单位正确做出验收结论。

---

* 本文原发表于《土地整理动态》2009年第16期（总第486期）。

（4）在项目经过验收投入运行后，可通过遥感了解项目建成区工程设施的管护情况，通过对比项目实施前后生态环境的改善情况进行评价；对项目区作物长势和粮食产量进行评估，对比项目实施前后粮食产量增减情况。

二、遥感技术在土地整理复垦开发项目监管工作中的优势和不足

（1）与传统土地整理复垦开发项目监管方式比较，遥感技术具有明显优势。一是运用遥感很容易判断项目区范围是否变动，申报的项目土地现状资料是否真实。二是运用遥感可快速掌握主体工程建设情况。三是运用遥感可有针对性地开展项目检查验收工作，而传统方式在项目区检查和验收时则会重点不突出。四是运用遥感对项目实施前后进行监测，可判断出项目新增耕地来源和数量是否真实准确。

（2）应用遥感开展项目监管工作也存在着一些不足之处。一是遥感影像的成本较高。二是卫星遥感影像获取难，部分地区由于气候、地形等因素，无法获取相应的卫星遥感影像，只能使用航空摄影的方法获取。三是对于目标较小的工程或隐蔽工程，遥感手段无法对其进行监测。遥感技术虽然有其局限性，但可通过使用GPS或其他常规的测量手段相结合的方式进行监测，使其不足之处得以弥补。

三、集成运用3S技术可以更好地发挥遥感监测的作用

（1）系统提供的5项功能可以极大地提高项目监管工作效率。系统可以提供如下5项功能：一是项目基本信息、土地利用结构变化信息和工程量信息的录入功能；二是现状图、规划设计图、竣工图与各阶段遥感影像对比分析的平台；三是具有项目遥感监测报告生成和遥感监测图件的制图功能；四是实地核查辅助功能模块；五是可以在内部网络上实现遥感数据共享。在针对某一具体项目进行监管时，业务人员借助上述5项功能可在准备项目相关数据，获取遥感影像，内业对比分析相关信息，外业进行核查，形成最终报告等全部工作过程中得到支持，极大地提高了项目监管工作效率。

（2）系统以GIS技术为依托，同时可加载遥感数据，二者融为一体，使遥感监测工作更加容易、快捷。一是形成三图联动功能，使任何阶段的遥感影像、现状图、规划设计图在经过镶嵌配准后，处于同一投影和坐标系下，同时显示在一个屏幕中，当对其中任何一图进行放大、缩小、平移或者进行勾画时，在其他两张图上会有相同的操作，这样非常便于遥感影像与其他图件进行对比分析，容易找出三张图间的差异，提高了效率。二是规范了遥感监测操作，系统统一了坐标系、投影方式，在对各种工程信息勾画时按照《土地开发整理标准》提供了统一的图符库。三是提供了遥感监测成果自动输出功能，当业务人员完成了对差异信息的勾画时，只要经过简单的操作就可将各种信息汇总到一起，生成遥感监测报告和遥感监测图。

（3）系统便于与GPS结合使用，以提高稽查效能。如需要对项目区进行实地核查，使用该系统的地标功能可以事先对需要核查的目标进行标注，形成核查重点和路线，由于地标可以存储文字和照片，且能显示其经纬度信息，因此将装有该系统的笔记本电脑与GPS结合使用的话，可以在项目区快速、准确寻找目标，并将该目标的实际情况存储到地标中。

四、要积极推广遥感技术在土地整理复垦开发项目监管工作中的应用

实践表明，遥感技术在土地开发整理项目监管工作上用途广泛，优势明显，可以提高监管工作的效率，如与GIS、GPS集成使用可以最大限度地提高监管水平。随着土地整理事业蓬勃发展与进步，不同的发展阶段，确定了不同的发展目标。现阶段国家提出补充耕地由单纯的注重增加耕地面积要向数量、质量和生态并重的方向转变。这就要求必须积极推广遥感技术在监测项目工程质量、项目区生态环境建设与改善等方面的应用。但由于目前运用遥感技术对土地整理复垦开发项目进行监管尚处于起步阶段，仅掌握覆盖了少数区域的遥感影像，因而需加大相关投入，同时结合国土资源部二次调查成果和“一张图”工程，建立一个覆盖全国、以遥感数据管理应用系统为载体的、具有多时段遥感影像的土地开发整理项目数字化监管体系，充分发挥遥感技术在土地整理复垦开发项目监管中的作用，以促进土地开发整理事业优化升级。

科技为土地整理增添新动力*

国土资源部土地整理中心　王　军　郭义强

新疆生产建设兵团（以下简称兵团）土地整理项目是国土资源部土地整理中心牵头承担的国家“十一五”科技支撑计划重点项目——“土地整理关键技术集成与应用”的科技示范区之一。近日，国土资源部土地整理中心组织北京师范大学、中国地质大学（北京）、南京农业大学等有关专家，赴兵团实地考察了农六师、农十师、农十二师等辖区内的土地整理中科学技术应用状况，与项目管理人员进行了座谈，就示范区土地整理项目规划设计、节水技术、土壤改良技术等进行了探讨与交流，形成如下报告。

一、兵团土地整理项目实施效果

多年来，国家共批准兵团土地整理项目 78 个，建设总规模 126178 公顷，总预算约 21 亿元，涉及兵团 13 个农业师和兵直 222 团。截至目前，已竣工并验收项目 36 个，新增耕地 15911 公顷，已竣工未验收项目 16 个，新增耕地 3282 公顷，其他 26 个正在实施的项目进展顺利。

土地整理在改善兵团农业基础设施、提升粮食产能、优化生态环境等方面成效较为明显。一是改善了农田基础设施。基本建成了田块平整、地块规模大、便于机械化作业的高标准农田。基本建立了节水节电的农田水利设施体系，形成了较为系统的农田道路交通网络和农田防护林体系，优化了耕作条件。二是提高了粮食综合生产能力。整理后的土地利用率与耕地质量明显提高，农作物产量明显增加，如小麦、玉米、籽棉亩均单产分别提高约 30 千克、70 千克、66 千克。三是推动了节约型农业发展。通过布设滴灌系统，比传统地面灌溉节水 35% ~40%、节肥 25% ~30%、节约劳力费 30% ~50%、节约机耕费 20% ~40%，大大降低了农业生产成本。四是优化了农田生态环境。兵团通过土地整理，加大了生态保护和生态环境工程建设力度，提高了农田防风固沙能力，增强了农作物防灾能力。

二、典型技术

通过多年的土地整理实践，兵团在科技成果应用方面积累了一些好的做法和经验，调研组认为有 3 种典型技术值得总结推广。

（1）土壤改良技术。兵团土地大多分布于冲积扇缘、河流低阶地和湖滨滩地，由于灌溉水源溶解了山地及盆地岩石风化物中的可溶盐，导致土地出现不同程度的盐碱化现象。

* 本文原发表于《土地整理动态》2010 年第 19 期（总第 528 期）。

在土地整理项目实施中，兵团注重利用盐碱地治理的新技术，降低盐碱化危害。根据土壤中盐碱“随水来、随水走”的特点，主要采取3种排碱方式：一是暗管排碱，利用专业埋管机将PVC管埋于地下1.7～2.0米处，把碱水引到暗管，集中排到明渠，从而降低土壤的碱性。二是利用作物灌溉时间控制盐碱，每年大水漫灌1～2次，将盐碱引入1.8～2.0米的排碱渠。三是生物措施改碱，通过种植绿肥、耐盐碱作物，增施有机肥，降低土壤盐碱度。

（2）节水节地技术。兵团在项目规划设计阶段，结合当地农业产业发展需要，充分利用节水节地技术进行工程设计。按照灌溉制度、田块形状、轮灌方式需求，喷、滴灌系统一般包括骨干管网系统、田间管网系统、管道附件系统、过滤系统，设计灌溉保证率约85%，设计灌水定额25～30立方米/亩，灌水周期5～10天，喷头射程20～30米，滴头流量小于2升/小时。一般单井控制灌溉面积800亩左右，比较经济的系统为2000亩左右。采用加压滴灌技术，减少了沟渠的建设、节约了土地，可提高土地利用率10%，节省劳动力50%，节约灌溉水量40%、增加20%～30%作物产量。灌溉系统规模较大，如已建成的皮墨垦区自压滴灌系统可控制灌溉面积20余万亩。

（3）生态保护技术。受人为和自然因素影响，兵团大面积乔灌木林草植被退化严重，土地沙漠化、盐渍化以及风灾等严重制约了农业生产水平提高。通过加强土地整理项目的景观生态设计，可以防止生态环境恶化，保证整理后的土地持续发挥效益。当地主要采取工程与生物措施保护生态环境，一是春季在荒漠边缘种植梭梭、红柳等沙漠植被，尤其是224团采用红柳接种大芸的种植方式，既起到防风固沙、保持水土的作用，又可产生可观的经济效益。二是布设农田防护林，根据主要风向，一般采用稀疏或疏透结构布设主、副林带，林带间距约300米、600～800米，林带宽度为6～8米，主要树种有榆树、新疆杨、沙枣等，有效改善了农田环境，降低了风灾对农业种植的危害。

三、存在的问题与建议

（1）存在的问题。近年来，兵团通过土地整理，有效促进了耕地保护，对农业发展起到了积极推动作用，但在土地整理工程中也面临一些亟须解决的问题。一是田间砂石含量高，影响土地整理质量。受成土条件和成土母质影响，一些团场的土壤结构差、耕层浅，表面0.1～0.6米为沙壤土或壤质土，其下是卵石粗砂，约占60%～70%，严重影响了整理过程中的土地平整和深松深翻。二是地膜残留量不断增加，制约耕地产能提升。地膜覆盖是种植棉花、番茄等农作物过程中普遍采用的栽培技术，兵团每年地膜用量约在2～3千克/亩，但每年作物收获后仍有15%～20%的地膜残留在土壤中，残膜量不断增加，破坏了土壤结构、影响了农作物生长，甚至引起土壤次生盐碱化等问题。

（2）有关建议。针对兵团土地整理工程中存在的问题，建议加强土地整理技术研发与应用，加大科技投入。一是开展土壤砂石剥离技术研究，研制土地整理拣石机，提高砂石剥离效率，降低工程施工难度。二是研发残膜清除技术。研究设计去除地表和土壤中残留地膜的机械化设备，保护耕地质量和农田生态环境。

关于土地整理科技发展现状与思考*

国土资源部土地整理中心　鞠正山

我国现代意义上的土地整理事业自1999年正式启动以来，通过标准化建设规范行业管理，专业技术攻关提升业务水平，重大基础研究增强科技支撑能力，国际合作跟踪世界技术前沿，历经10年发展，基本奠定了土地整理的科技发展框架，取得了较丰硕的研究成果，同时也存在有待进一步完善或创新解决的问题。

一、土地整理科技发展成就

（1）开展土地整理发展战略研究，提出土地整理发展方向与布局。先后启动了《土地整理区域模式与发展战略》、《全国土地整理专项规划》等前瞻性和战略性研究项目，引导土地整理未来发展方向与布局。

（2）开展土地整理系列重大基础研究与科技攻关项目，为土地整理提供理论基础与科技支撑能力。在国家层次，针对土地整理在“十一五”科技支撑计划立项2项，“863”高技术领域立项1项，自然科学基金项目10余项。在部门层次，国土资源部在国土资源科技专项、重点项目、公益性行业专项、自由探索等多领域均就土地整理设立了系列基础性研究项目。

（3）开展系列标准研究，基本建立土地整理的行业管理规范。国土资源部土地整理中心牵头凝聚了全国相关领域的专家学者，完成了《土地开发整理规划设计规范》等10多项技术标准（规范）的研究制订工作，计划开展20项相关标准的研究。

（4）完成全国统一可比的农用地（耕地）分等工作，为土地质量管理提供了技术平台。历时10年全面完成了31个省（区、市）的农用地分等工作，建立了全国统一可比的1∶50万农用地分等国家级汇总数据库。

（5）多层次拓展国际合作空间，开创了土地整理国际合作新局面。与联合国开发计划署（UNDP）、世界银行、欧盟等项目合作，引进吸收生态整理、公众参与、土地整理的生态系统原理等国际先进理念和技术方法，提高了土地整理的前瞻性和科技发展水平。与美国、欧盟等10多个国家或国际组织建立了土地整理技术交流与培训平台，多层次拓展了国际合作空间。

二、土地整理科技发展存在的主要问题

（1）土地整理战略性和前瞻性研究有待加强。土地整理事业发展10年间，土地整理

* 本文原发表于《土地整理动态》2010年第11期（总第520期）。

自身发展目标也在不断调整更新，呈现出科技跟在政策与实践后面跑的被动局面，战略性、前瞻性及对政策的有效支撑不足。

（2）对土地整理的基础支撑能力有待提高。一是全国水土资源匹配等土地整理重大基础性研究成果不足，缺乏对土地整理规划、重大工程等国家土地整理重大布局的基础支撑能力。二是土地整理技术性基础研究针对性不足，对土地整理标准、规范的制定等具体业务的支撑能力不强。

（3）土地整理科技项目系统性有待完善。目前土地整理科技项目还没有形成系统的研究体系，课题之间有效配合不够，很难发挥科研项目的技术集成与群体效应，也较难产生系统性重大研究成果。

三、未来10年土地整理科技发展战略思考

（一）土地整理科技发展的整体架构设想

土地整理科技发展战略布局应当着眼于战略性、整体性、系统性、基础性、技术性问题开展。

（1）战略性问题。根据当前经济社会和土地利用现状及发展态势，提出未来10年土地整理整体发展目标及系列战略性目标，而不仅仅局限于对耕地保护和粮食安全的贡献。

（2）整体性问题。要建立土地整理科技发展规划，形成研究计划，纲举目张，形成一个整体。

（3）系统性问题。土地整理科技项目应该相互配合，互为支撑，形成科技体系。

（4）基础性问题。一是技术性基础研究，为土地整理的具体技术或标准制定提供科学依据。二是全国性的土地整理重大基础研究，例如全国土地资源综合评价、全国农用地分等定级等重大基础性研究。

（5）技术性问题。根据不同部门业务发展的具体需要设立研究项目。

（二）打造“四位一体”的科技发展机构及人力资源保障机制

“四位一体”的科技发展机构及人力资源保障机制就是实现土地整理科研机构、科研人员、科研项目及科研基地的一体化。一是强化国土资源部土地整治重点实验室在土地整治科技研究领域的龙头地位，辐射全国土地整理系统，提升整体系统的研究层次。二是选择重点高校及省级土地整理机构，建立起辐射不同区域、不同研究领域的土地整治（工程）研究中心。三是在研究中心之下，依托各类土地整治项目，建立一批土地整治野外研究基地。四是以国土资源部重点实验室、研究中心、野外科研基地为节点，面向全国，吸纳凝聚不同领域的专家学者与技术人员，形成合力。五是以科研项目的形式建立合作机制，申请大项目，争取大成果，打造最权威的研究团体。

（三）未来10年土地整理科技发展重大研究计划建议

（1）土地整治科技发展战略研究计划。从战略高度，系统研究基于我国土地利用现状与历史背景下的土地综合整治的战略，抓住“十二五”的发展机遇期，重点研究未来10

年土地整治战略、技术前沿以及未来土地整理形态等问题。

（2）新一轮土地资源综合评价研究计划。我国最新的系统性土地资源综合评价工作是 20 世纪 80 年代 1∶100 万土地资源图，已近 30 年没有更新，无法反映国土资源的现状及发展变化趋势。在当前二次土地调查成果基础上，应尽早启动土地资源综合评价研究计划。

（3）全国耕地质量等级监测网研究计划。在全面详查耕地数量的基础上，提出建立全国耕地质量监测网研究计划，全面掌握和跟踪全国耕地质量状况，为耕地质量管理提供科技支撑。

（4）建设用地集约利用研究计划。建设用地集约节约利用是破解保障发展与保护耕地矛盾的关键所在。应加强建设用地集约利用标准、宏观调控决策模式以及土地集约利用成本的投入产出分析等方面的研究，为国土资源管理参与宏观调控提供决策依据和技术平台。

（5）全国水土资源匹配研究计划。水土资源匹配是确定有效水土资源布局的基础，是优化土地利用时空布局与结构的重要条件。应重点研究区域水土资源时空布局、区域综合整治水土保障条件、区域土地整理潜力分析等内容。

（6）耕地生态功能研究计划。耕地生态功能研究是土地科技包括土地生产、经济在内的三大基础研究领域之一。目前，关于耕地生态方面的评价、规划、环境管理等业务工作科技支撑力量十分薄弱。建议重点加强耕地的基本生态功能及生态指标研究；耕地的生态指标监测研究；区域耕地生态功能的景观规划与设计等领域的研究。

（7）土地整理学科体系研究计划。加强土地整理学科体系研究主要是从理论上解决土地整理所依托的理论基础与理论体系问题，为土地整治科技的深入发展提供原创力。该领域重点研究土地整理基础理论、土地整理学科体系、土地整理学科基本内容、土地整理学科的重点发展方向等问题。

积极推进土地整治科技创新 保障土地整治健康发展*

国土资源部土地整理中心　王　军　郭义强　鞠正山　张亚男

人多地少、优质耕地稀缺、耕地后备资源不足，是我们不可回避的土地国情，也是我们保障发展、保护资源必须破解的难题，土地整治已经并将长期发挥不可替代的重要作用。伴随转变经济发展方式和保障国家粮食安全的新形势，现代农业、城镇化发展都对土地整治工作提出了更新、更高的要求，同时土地整治面临建设4亿亩高标准基本农田和耕地数量管控、质量管理、生态管护三位一体管理的压力。缓解压力，破解难题，科技创新至关重要。围绕土地整治的科技问题，笔者对河北、福建、贵州、新疆兵团等地土地整治情况进行了调研，结合国土资源部土地整理中心科技成果，形成如下报告。

一、土地整治科技的意义与成就

（一）意义

1. 落实国家战略，为事业发展提供技术支撑

党中央、国务院对土地整治工作高度重视，土地整治已经上升为国家战略。十七届三中全会的《决定》、《国民经济和社会发展第十二个五年规划纲要》都对土地整治提出了明确要求，“十二五”期间将再建设4亿亩高标准基本农田。胡锦涛总书记在第31次集体学习的重要讲话中提到“加快农村土地整理复垦，大规模建设旱涝保收高标准农田”，温家宝总理在国土资源部考察时强调要“大力推进科技创新，加强科技支撑”，这为土地整治科技研究指明了方向。开展土地整治科技工作，一是为耕地保护和城乡统筹发展提供技术保障；二是为土地整治关键技术示范推广提供基础平台；三是为打造科学、高效的土地整治工作格局提供有力技术支撑。

2. 提高耕地产能，为增强粮食安全提供技术保障

粮食安全始终是关系我国经济发展、社会稳定和国家自立的全局性战略问题，我国农用地以7～13等为主，平均等别为9.80等，占全国农用地评定面积的78.10%，生产能力大于15000千克/公顷的耕地仅占6.09%，农用地等别总体偏低。土地整治通过规划设计技术研发、装备研制等科技手段，一是增加有效耕地面积，稳定粮食播种面积；二是提升耕地质量等级，为耕地产能提供有效途径；三是改善田间生产条件，加快推进农业现代化。

3. 强化科技服务，为破解“两难”问题提供决策支持

国土资源管理面临着保障发展、保护资源的“两难”局面。破解“两难”问题要实

* 本文原发表于《土地整理动态》2011年第14期（总第543期）。

施资源节约优先战略，对资源管理实行总量控制、供需双向调节，通过提高资源利用效率，促进发展方式转变。通过研发耕地产能提升等土地整治关键技术，利用农用地分等、土地质量地球化学调查等先进技术成果，一是为实现耕地占补数量、质量双平衡提供技术保障；二是为实现耕地资源科学化、精确化和差别化管理提供有力支撑。

（二）主要科技成就

1. 构建了较完善的战略规划和标准规范体系

积极参与了科技部组织的国家级发展战略《农业及粮食科技发展规划（2009—2020年）》以及国土资源部《国土资源“十二五”科技和技术发展规划》等编写工作，正在开展《土地整治“十二五”科技与国际合作规划》编制工作。颁布了《土地开发整理规划编制规程》、《农用地分等规程》等7项技术标准（规范），已经报批《土地开发整理项目验收规程》等标准（规范）6项，目前正在研究试用《土地开发整理规划数据库标准》、《农用地质量动态监测规程》等标准（规范）19项。

2. 开展了国内外多层次的科技项目研究工作

承担了国家“863”、国家科技支撑、国家自然科学基金等项目数10项，成功申请了UNDP“中国国土整治与土地资源可持续利用”项目等10个国际合作项目，完成了近100项土地整理相关技术的研究任务，形成了研究报告、图件、数据库、标准样地等一系列丰硕成果；出版专著和研究报告共计150多部，在国内外学术期刊发表论文200余篇；获得国家科技进步二等奖1项，国土资源部科技进步一等奖1项、二等奖12项，其他省部级科技进步奖1项，基本奠定了土地整治事业发展的技术平台。

3. 建立了野外科研基地和国际合作交流平台

建立了部级土地整治重点实验室，筹建了平朔安太堡露天煤矿产学研基地，成功申请了东南丘陵地区土地整理——福建建阳野外基地和矿区土地复垦——山西朔州野外基地；通过开展多边/双边国际组织、重点国家政府部门以及我国其他部委支持的国际合作，与美国、加拿大、澳大利亚、德国、荷兰、比利时等10多个国家和国际组织建立了技术交流与培训平台，进行了1000余人的国内外技术交流与培训。

二、土地整治科技的机遇与挑战

经过10多年发展，土地整治构建了比较完整的标准体系，突破了一批关键技术，培养了一支科研队伍，建立了一批科研示范基地，取得了丰富的研究成果，基本形成了有法律保障、有规划引导、有标准可依、有科技支撑、有监管平台、有机构推进、有稳定资金渠道的工作格局，在保护耕地、提高粮食产能、改善农民生产生活条件、促进城乡统筹发展等方面发挥了重要作用。当前及今后较长时间内，我国经济社会的快速发展对土地资源环境的压力日益凸显，土地整治科技创新能力略显不足，土地整治科技发展面临新的机遇与挑战。

（一）土地整治科技面临的机遇

1. 土地整治是落实国家宏观政策的重要举措

温家宝总理在国务院第 164 次常务会议上强调，加快建设高标准基本农田，力争“十二五”期间再建成 4 亿亩旱涝保收的高标准基本农田；胡锦涛总书记在政治局第 31 次集体学习时提出，加快农村土地整理复垦，大规模建设旱涝保收高标准农田；温家宝总理在视察国土资源部的重要讲话中提到，大力推进科技创新，加强科技支撑。这些都充分体现了党中央、国务院对土地整治工作的高度重视，土地整治已经上升为国家战略，是优化区域土地利用结构与生态环境的必然要求。

2. 土地整治是粮食安全和生态安全的迫切需求

粮食安全始终是关系我国经济发展、社会稳定和国家自立的全局性战略问题，我国农用地以 7～13 等为主，平均等别为 9.80 等，占全国农用地评定面积的 78.10%，生产能力大于 15000 千克/公顷的耕地仅占 6.09%，农用地等别总体偏低。此外，农村生态环境保护形势十分严峻，点源污染与面源污染共存，生活污染和工业污染叠加，各种新旧污染与二次污染相互交织，工业及城市污染向农村转移，这些已成为农村可持续发展的制约因素。土地整治将为保障国家粮食安全、坚守耕地红线、保护生态环境、实现到 2020 年补充耕地 5500 万亩国家目标提供重要技术支撑。

3. 土地整治是推动部门与行业发展的有力抓手

土地整治工作符合科技部、国土资源部等 14 部门联合编制的《农业及粮食科技发展规划（2009—2020 年）》中提出的“土地整治科技工程”、“建立不同类型的土地整治技术示范区”和“在粮食主产区重点进行土地综合整治技术开发与示范，在生态脆弱区重点进行土地保护与修复综合技术研究示范”的要求，也符合《国土资源部中长期科学和技术发展规划纲要（2006—2020 年）》提出的“开发土地整理复垦的新技术，开展生态脆弱地区、粮食主产区等重要区域土地综合整治的科技示范”等优先主题的要求；同时土地整治也是建设 4 亿亩高标准基本农田和耕地数量管控、质量管理、生态管护三位一体管理的根本要求。

（二）土地整治科技面临的挑战

1. 学科体系相对欠缺，科学指导作用不明显

土地整治学科的建立有赖于完整的科学理论和方法体系的构建。近年来，土地科学工作者从事了大量的土地整治实际工作，为我国耕地保护、农业发展和粮食安全作出了应有的贡献。但是，土地整治学科体系不系统、不完善，理论研究滞后于客观实际，严重影响了土地整治工作的深入开展。随着工业化、城镇化、农业现代化的同步快速推进，土地整治发展面临更大的压力，亟待建立健全土地整治学科体系以科学指导土地整治管理与实践工作。

2. 技术体系不完善，综合整治技术有待集成

经过 10 多年的土地整治科学研究，土地整治开展了规划设计、工程施工、土地评价、信息报备等关键技术研究，基本建立了土地整治技术支撑体系，但是，还无法满足耕地保

护由数量管理向数量管控、质量管理和生态管护三位一体管理转变的要求。一是现有的土地整治规划技术不能满足“田、水、路、林、村”综合整治的要求，规划设计技术亟待创新，如贵州省土地整理规划与生态化一体化连接技术尚需深入。二是土地整治技术发展滞后，尚不能满足生态化、综合化发展的要求，集成程度尚需加大。三是土地整治监测技术落后，土地整治项目工程检查和验收过程缺乏有效技术监测手段。

3. 基础平台尚不稳固，基地作用尚未充分体现

近年来，科研基地对土地整治技术研发、示范等工作的重要性越来越明显，我国在建设土地整治科研基地方面进行了积极探索，取得了一定的进展。但是，当前基地建设不足以满足土地整治科技需求，一是与地矿领域相比，土地整治领域的科研平台建设起步较晚，科研平台规模较小、相对零散，地方科研平台建设形式单一，尚未形成全国土地整治科研平台体系。二是野外科研基地作用尚没有充分发挥，如国土资源部土地整理中心与福建省土地开发整理中心联合共建的东南丘陵地区土地整理——福建建阳野外基地各项机制尚不健全，导致一些关键技术的试验不及时、显现度不高，制约了一些先进技术的试验、示范、应用及推广。

4. 人才机制不健全，科技人才培养机制亟待创新

土地整治系统现拥有一支以中青年力量为主的科技人才队伍，为事业发展提供了必要的智力支持。但是，尚未形成健全的科技队伍建设和人才培养机制，一是缺乏统领或指导土地整治系统科技人才规划和人才培养制度政策。二是在项目管理方面缺乏灵活有效的激励机制和措施，使一些本来具备较好工作基础的科技人才，在这种“分配大锅饭”的环境下慢慢退化，失去科研进取的动力和能力。三是土地整治科技人才以中青年为主，缺乏系统内科技领军人才，尚未形成老中青土地整治科研人才梯队，如新疆兵团土地整理储备中心从事土地整治业务的技术人员不足10人，科技人才严重匮乏。

三、土地整治科技发展的对策

（一）加强综合研究，构建土地整治学科体系

土地整治涉及多种错综复杂的自然因素和社会经济因素，其研究必然涉及从自然科学到社会科学的众多学科。为了科学指导土地整治实践工作，促进城乡经济快速发展与土地生态环境改善的有机协调，土地整治科学应该深入研究和分析我国土地资源特点与土地整治的巨大潜力，一要形成多层次的由基础科学、应用科学和技术科学构成的土地整治相关理论与学科体系，切实为保护耕地和保障用地发展提供丰厚的理论基础；二要同人口、资源、环境、粮食等问题进行整体研究，研究如何采取技术、经济、法律和行政等综合手段。

（二）依靠关键技术，建设土地整治技术体系

未来5年，通过“以项目促研发、以技术促成效”的方式，集中突破一批土地整治关键技术，构建相对完善的土地整治技术体系。一是革新现有土地整治规划设计技术，研发新的土地生态诊断技术、生态化规划设计技术等以指导土地整治的规划设计。二是将土地

整治与农业现代化、城乡统筹有力结合，集成“田、水、路、林”生态化土地综合整治技术。三是研发精准采集、信息智能一体化调查与监测信息化集成技术和装备，为提升耕地质量和粮食综合生产能力提供有力保障。

（三）加大建设力度，完善土地整治科技基础平台

土地整治是一项涉及多领域的系统工程，土地整治科研平台也是以土地为主导，农、林、水、环境等部门为辅的新型科技创新体系。结合国土资源“十二五”科技规划总体布局和要求，一要大力加强土地整治科技创新基础条件及大平台建设，努力建设 1 个土地领域的国家重点实验室，重点建设 3 ~ 5 个土地整治野外科研基地。二要鼓励、支持地方建设多种形式的开放实验室、研究中心、工程中心等科研平台，构建以土地整治科研基地、仪器设备、科学数据、科技成果转化公共服务等为主体框架的土地整治科技基础条件平台，促进科技资源高效配置和综合利用。

（四）深化体制机制，健全土地整治科技人才培养机制

科技人才是土地整治事业发展的动力源和智力支撑，人才队伍建设是土地整治事业发展的永恒主题。建立健全土地整治科技人才培养机制和管理体制，一是开展科技人才需求与发展的调研工作，从顶层设计科学制定土地整治系统人才发展规划。二是完善科技人才发展的项目引导机制，积极探索以重点学科、创新平台、重点科研基地为依托，以科研项目为纽带，创新项目管理机制，激发研究人员的主动性和积极性。三是加强科学研究领军型人才的培养，加大国外高层次科技人才的引进力度，围绕重大项目凝聚学术队伍的人才组织模式，努力铸造一批优秀创新团队。

依托科技深挖土地整治潜力　搭建农业现代化基础平台　助力国家高效生态经济区建设*

——暗管改碱项目组山东东营示范区研究纪实

国土资源部土地整理中心　鞠正山　王　军　张亚男　郭义强

东营市黄河三角洲保护与发展研究中心　杨玉珍

"盐碱地暗管改碱与生态恢复技术开发与示范"项目是落实温家宝总理批示，由科技部立项，国土资源部科技与国际合作司组织，国土资源部土地整理中心牵头承担的国家"十一五"科技支撑重点项目。该项目于2010年正式启动，依托吉林、河北、天津、山东、江苏5省（市）土地整治项目开展研究示范工作。项目以暗管改碱技术为核心，遵循研用结合的技术思路，从研发成套机械装备、攻克关键技术、建立规范标准三方面打造工程化改造盐碱地的技术装备，实现依靠技术手段深度开发利用盐碱地资源，提高区域耕地资源保障能力的目标。

山东省东营示范区以暗管改碱技术为核心，通过灌排渠系转换等技术创新，有效拓展了现有耕地的整治潜力，实现了20%以上的新增耕地率，为农业规模化经营搭建了基础设施平台，得到了省、市主要领导的充分肯定，被纳入国家《黄河三角洲高效生态经济区发展规划》东营市高效生态农业示范区。示范区规模已由原来的1万亩拓展到2万亩，为东营市打造以"七型"（节约型、集约型、生态型、循环型、园区型、设施型、精准型）为方向的农业高新技术园区创造了良好的基础条件。东营示范区的经济技术先导示范作用主要体现在如下几方面。

一、新增耕地率达到20%以上

根据以往的经验，土地整理新增耕地率约在3%左右。东营示范区实施了由"明排明灌的渠道水利"转换为"暗排暗灌的管道水利"，成功实现了排灌模式的整体转换。通过对原农级排水沟进行填埋、复垦，新增耕地潜力达到了20%以上。比如，东营一个10869亩的示范区通过以排灌模式转换为核心的土地整治后，可新增耕地面积2334亩，新增耕地率达到了21.5%。如在这个示范区6万亩灌区土地上，普遍实现排灌模式的转换升级，则可新增耕地面积13000亩。如果将新增耕地纳入"占补平衡"指标，可满足该区"低碳产业区"、"生物科技园"、"现代物流园"等3个新兴产业园区建设对耕地的占用需求，而不需开垦有限的耕地后备资源。

---

* 本文原发表于《土地整理动态》2011年第7期（总第536期）。

二、低产田达到了中高产田水平

通过暗管改碱技术改良黄河三角洲中、重度盐碱地，可在1～2年内使盐渍土迅速脱盐，实现土地质量由低产到中产、中产到高产的升级。东营市10万亩重盐碱地改良3年后，耕作层含盐量由10‰～30‰降为3‰～4‰；河口区1万亩低产田铺设暗管后当年种植棉花，每亩增收可达500多元。先验性示范结果表明，中低产田年均产值可达1400元/亩，比改碱前增加收入约600元/亩；中、重盐碱地从改良前颗粒无收到改良后预期年产值分别达700元/亩和500元/亩。

三、灌排渠系由地上转到地下，为农业机械化、规模化经营搭建了基础平台

通过实施暗管改碱技术，原有的农级灌水渠、排水沟全被埋于地下1米的灌排管道所取代，对地表不造成影响，有利于大型农业机械化操作。东营示范区整治后形成单片面积达1500亩左右的成方连片区块，可实现大面积机械化作业，同时也为规模化经营提供了完善的基础设施平台。

四、在土地整治中研发了系列改造盐碱地创新性、实用性新技术

围绕暗管改碱核心技术，开发了系列实用新技术。包括应用数学模型对暗管系统设计进行模拟运算技术、科学配置管网形成紊流排除管道淤积技术、多功能泵站自动控制技术、激光制导控制暗管比降技术、土地激光精平技术、保水改土抗蒸发技术等。形成了面向应用、以暗管改碱为核心的、较完善的技术体系。

暗管改碱技术已在东营示范区得到了成功验证，未来在两大领域有更广阔的应用前景。一是在开发利用盐碱地资源方面，潜力巨大。盐碱地是我国耕地后备资源中的优质资源，在我国现有中低产田中也占有很大的比重。据估算，我国现有耕地后备资源中盐碱地面积为1.8亿亩，盐碱化耕地1.1亿亩。如果利用暗管改碱技术开发利用10%的盐碱地资源，新增耕地潜力将达1800万亩；一半的盐碱化耕地得到整治，将有5000万亩中低产田质量得到提升。这对守住18亿亩耕地红线，保障我国粮食安全具有重大意义。二是项目所研发的暗管改碱技术不仅适用于盐碱地改造，也适用于现有灌区排灌系统的改造，由明排明灌转为暗排暗灌，无论在节地还是在节水方面，潜力都是巨大的。这也是美国、荷兰等诸多国家排灌系统的发展趋势。

加强科技创新，转变经济发展方式是“十二五”时期国家经济社会发展的主旋律。通过科技创新，利用技术手段拓展资源空间，挖掘资源潜力展现出了巨大的生命力。国土资源部土地整理中心牵头的“暗管改碱”项目研究团队因此提出“一项技术的突破，引领一个行业发展”的口号，依托科技创新，助推土地资源利用与发展空间，服务于“保增长保红线”战略。

科技支撑土地整治*

——盐碱地暗管改碱与生态修复技术开发与示范项目取得重要成果

国土资源部土地整治中心　鞠正山　王　军　张亚男　郭义强

2007年12月，温家宝总理在全国政协洪绂曾委员、中国工程院卢良恕、刘更另、汪懋华院士《关于加快推广暗管改碱技术推动我国东部沿海地区国土（耕地）资源开发的建议》后，要求农业部、科技部、国土资源部参考研究。2009年，由科技部立项、国土资源部科技与国际合作司组织、国土资源部土地整治中心牵头承担的国家“十一五”科技支撑计划项目——“盐碱地暗管改碱与生态修复技术开发与示范”项目立项。该项目于2010年正式启动，依托土地整治项目在吉林、河北、天津、山东、江苏5省（市）开展研究示范工作。2012年1月22日，项目7个课题通过验收，完成了既定的任务目标，在暗管改碱装备研制、关键技术研发、技术成果应用示范和技术标准制定等4个方面取得了显著成果。

一、目标与任务

项目目标是研制出国产化暗管改碱成套装备，实现国外产品替代，提出不用盐碱地条件和改良利用目标下的暗管改碱关键与配套技术，构建暗管改碱技术标准与信息管理系统，进行暗管改碱国产装备与技术应用示范，改善盐碱区生态系统，为暗管改良盐碱地提供成套产品与技术体系，满足工程化改造盐碱地的技术需求，推动暗管改碱技术产业化发展。

主要研究任务包括暗管改碱装备开发与研制、黄河三角洲盐碱地暗管改碱工程技术提升与示范、天津滨海新区城市生态绿化暗管改碱技术研究与示范、河北滨海缺水区暗管改碱生态工程技术开发与示范、松嫩平原粮食主产区暗管改碱及改土培肥技术开发与示范、江苏滨海盐碱地暗管改碱与湿地建设技术开发及示范、土地整理暗管改碱工程技术规范与管理信息系统共7方面的研究内容。

二、研究成果及创新

（一）研制出了我国第一套暗管改碱装备，打破了国外技术垄断，填补了国内空白

项目成功研制出了我国第一套暗管改碱装备，具体包括1KPZ－250暗管改碱开沟铺管

＊ 本文原发表于《土地整治动态》2013年第5期（总第567期）。

机、滤料拖车、覆土机及其配件。该装备的研制打破国外在该领域的技术垄断，促使该产品的市场价格降低 1/3 以上，并建立了国内的后备保障技术队伍，摆脱了对国外技术产品的依赖，成为我国工程化改良盐碱地的第一套专用装备。

（二）提出了一套基于多级暗管农田灌排一体化“管道水利”建设技术，达到国际先进水平，节地节水效果显著

基于多级暗管农田灌排一体化“管道水利”建设技术是针对我国传统的农田明灌明排的“渠道水利”而言的，通过科学设计地下排水暗管、集水暗管、灌溉暗管的管径、埋深、间距、系统布局以及配套设施，以暗管取代农田明沟和灌渠，实现灌排模式整体转换的农田灌排水利建设技术。该技术的创新性及意义主要体现在 4 个方面。一是实现了由传统农田“渠道水利”向“管道水利”整体转换，是对传统“渠道水利”的一次重要技术创新。二是该技术通过定量化的灌溉与排水控制，辅助以激光精平等现代技术，并以暗管代替明沟，节水节地效果显著，项目山东东营示范区和河北沧州示范区实现节地 20%，节水 16% 以上。三是该技术有效减少了渠道对地块的切割，扩大了田块面积，有利于农业机械化作业，对促进现代农业生产和农田生态环境保护方面均具有重要意义。四是该技术体现了国际上农田灌排渠系发展的最新水平，在推动我国农田由传统的“渠道水利”向现代化的“管道水利”转变方面提供了重要的技术支撑，为现在土地整治中农田水利工程提出了新的发展方向。

（三）集成研发了 5 套暗管改碱关键与配套技术

项目根据不同盐碱地条件和改良利用目标，在我国东部 5 省（市）分别研发了黄河三角洲暗管改碱工程提升技术、天津滨海盐碱区城市生态绿化暗管改碱工程关键与配套技术、河北滨海低平原雨养及亏缺灌溉暗管改碱工程关键与配套技术、江苏淤进型海涂盐碱地暗管改碱工程关键与配套技术和吉林苏打盐碱地暗管改碱工程关键与配套技术。上述技术成果在示范区得到了推广应用，产生了良好的经济、社会与生态效益。

（四）编制完成了以行业标准为核心，地方标准与企业标准为补充的 11 项技术标准

项目根据暗管改碱技术成果，在示范区实践经验的基础上编制完成了《土地整治暗管改良盐碱地技术规程（报批稿）》行业标准，《滨海盐碱区暗管改碱排水技术规程（DB13/T1692—2012）》和《江苏沿海新垦区暗管改碱技术规程（征求意见稿）》两项地方标准，以及《排水暗管土工织物外包滤料（Q/0500SZK）》等 8 项企业标准，为推动暗管改碱工程产业化发展提供了技术标准。

（五）建立了总规模 3.6 万亩的暗管改碱示范区

在吉林、天津、河北、山东、江苏 5 省（市）建立了 5 个不同特色的暗管改碱示范区，总规模达到了 3.6 万亩，工程投资 1.5 亿多元，为地方盐碱区高标准农田建设、盐碱地开发利用及生态环境修复发挥了重要的技术支撑与示范作用。

（六）项目申请了23项专利和1项软件著作权，开发了1套暗管改碱管理信息系统

项目成功申请了“一种开沟铺管机作业功率自适应控制方法及系统”、“基于节水节地的农田排灌装置”、“一种盐碱地灌排生态改良方法”等专利23项，申请了“土地整理暗管改碱工程信息管理系统V1.0”软件著作权1项。其中，发明专利12项，已获得国内专利授权7项，拥有了暗管改碱技术系列知识产权。

三、应用前景展望

（一）暗管改碱技术为开发利用盐碱地资源提供了一种现代工程技术手段

盐碱地是我国重要的后备耕地资源，分布广泛，也属于我国主要的低产田类型。据保守统计，我国现有盐碱地面积1.5亿亩，盐碱化耕地1.1亿亩，改良和开发利用前景广阔。盐碱地暗管改碱技术作为一项物理性和工程化改良盐碱的技术，可广泛适应于东部沿海和中西部我国盐碱地主要分布区域，为开发利用盐碱地资源，挖掘耕地资源潜力提供了一种现代工程技术手段。

（二）暗管改碱技术可为我国传统的农田灌排“渠道水利”向现代化的“管道水利”转变提供技术支持

农田“管道水利”体现了国际上农田灌排渠系发展的最新水平。暗管改碱技术为促成我国农田灌排由传统的“渠道水利”向现代化的“管道水利”整体转换提供了一套技术思路，在节地节水、促进农业现代化和农田生态环境保护方面具有重要意义。

（三）暗管改碱技术可应用到南方非盐碱区发挥农田排涝除渍作用

暗管改碱技术的技术核心是暗管排水，因此对南方涝渍危害地区可利用暗管改碱技术发挥暗管排水的作用排涝除渍，减少更多的排水沟对农田的切割，效果优于排水沟，并能有效提高土地利用率，节地效果显著。

关于民用无人机技术在土地整治中应用的调研报告*

国土资源部土地整治重点实验室

为了解无人机装备与技术在土地整治中应用的可行性，土地整治重点实验室组织人员开展了国内民用无人机产品技术特点、应用领域以及无人机产品市场与相关技术服务情况等的专题调研，形成了本报告。

一、民用无人机产品与技术发展概况

（一）无人机及遥测系统简介

1. 无人机简介

无人机最早出现在1917年，早期的无人驾驶飞行器的研制和应用主要在军事上用作靶机。20世纪80年代以来，随着计算机技术、通信技术以及各种数字化、重量轻、体积小、探测精度高的新型传感器的不断面世，无人机的性能不断提高，应用范围由军事领域向民用领域迅速拓展。

无人机是一种以无线电遥控或由自身程序控制为主的不载人飞机，主要由飞机机体、飞控系统、发射回收系统、地面测控站等软硬件系统组成。根据动力类型不同，分为汽油动力无人机和电动无人机；根据系统组成和飞行特点，无人机可分为固定翼型无人机、旋翼无人机（无人直升机）两大类。固定翼无人机和旋翼无人机在实际应用过程中，各有优缺点。

固定翼无人机的优点主要包括：飞行速度较快、飞行高度较高，更大的单次拍摄范围使单个架次能够覆盖更广的面积，空中姿态相对稳定，成图质量较高，能适应高海拔飞行。缺点：起降条件要求较高，降落损坏风险相对较大；转向角度较大，不能悬停，不适用于定点的监测。旋翼无人机的优点主要有：起降环境要求低，可实现垂直起降；能够实现随时悬停拍摄，可控性好，更适用于定点目标及小区域拍摄。缺点：飞行速度相对较慢，续航能力低，一次性拍摄范围相对较小。

2. 无人低空遥测系统

无人机低空遥测系统是以无人机为平台（载体），加载数码相机、摄像机、高光谱相机、机载激光雷达等机载照相及传感设备，在测控软件的支持下适时获取高精度地面影像。满足航空摄影、测绘、动态监测、遥感信息提取等高分辨率影像的应用需求。主要包括无人机飞行平台、机载遥测设备和信息处理软件系统三部分。

---

* 本文原发表于《土地整治动态》2013年第18期（总第580期）。

（二）无人机遥感的优势和不足

1. 无人机遥感的优势明显

一是与传统卫星遥感、航空遥感相比，无人机遥感具有灵活机动、高精度、成本可控以及能在复杂地形遥测的特点，有效避免云层的干扰。二是无人机遥感影像分辨率可达到0. 02 ~0. 40 米，成图比例尺一般在 1∶5000 至 1∶500 之间，是对传统遥感必要而有益的补充，比较适用于面积集中、范围不大的区域数据获取。

2. 无人机技术的不足

一是续航时间较短约在 2 小时左右，载重较轻在 2 ~5 千克之间，无人机测控半径大约在 15 千米左右，对大面积的测控需要多架次起降，一定程度上限制了无人机的使用面积。市场上长航时的无人机价格则高达几百万元乃至上千万元，性价比较低。二是无人机尤其是固定翼无人机在降落时可能出现部分飞行设备损毁或者严重时设备全部毁坏的情况，飞行损毁风险仍旧存在。

（三）我国民用无人机发展的水平与应用领域

1. 总体发展水平

军用无人机需要高空、高速、中远程、长航时、大载荷等特性，技术门槛高；而民用市场对无人机技术要求相对较低，当前我国民用无人机产品与技术迅速发展，研发机构与相关企业也比较多。无人机技术相对成熟，对无人机的各系统均能够实现国产化和自主研发，但发展水平和技术成熟度参差不齐，存在差异。目前具有较强的自主研发能力，主流的民用无人机研发机构主要有中国测绘科学研究院、北京航空航天大学、中国科学院光电研究院、武汉大学、中国农业工程科学研究院、中国科学院遥感与数字地球研究所等科研院所以及总参 60 所、沈阳自动化所、中航工业自控所等机构，不同研发机构均有代表性的无人机产品。

2. 无人机应用领域

从 20 世纪 80 年代起无人机开始在民用领域应用，最先在航拍、测绘、气象领域应用。随后在石油、电力工程巡视、交通监管、资源环境、防灾减灾、搜索营救等方面发挥了越来越重要的作用，成为信息及时快速获取的必要手段之一。在国土资源领域主要用于国土整治的规划与管理，环境和灾害监测，水文地质、工程地质勘查，建设工程选址、选线规划和违法用地查处等方面。随着土地整治的全面推进，宁夏、重庆、辽宁和广西等省（区、市）探索利用无人机技术开展了土地整治项目的管理工作，主要是购买具有无人机飞行和测控能力的公司服务，取得了不错的效果。

二、土地整治引入无人机装备与技术的需求

（一）无人机技术在土地整治中应用的紧迫性

当前，党中央国务院高度重视土地整治，已经上升为国家战略，国家每年投资土地整治超过 1000 亿元。近年来，通过土地整治新增耕地 4200 多万亩；“十一五”期间新（修）

建排灌沟渠670多万千米，建成田间道路590多万千米。根据国务院批复的《全国土地整治规划（2011—2015年）》，规划期将新建4亿亩旱涝保收的高标准基本农田，其中建设5000处万亩连片的高标准基本农田保护示范区；通过土地整治将补充耕地2400万亩。按照每个项目平均新增耕地200亩测算，将有12万个土地整治项目，要建成数百万千米的田间道路、排灌沟渠、桥梁和农田防护林等工程。如何保证这么多的项目选址合理、规划设计可行、工程数量足额、质量可靠以及高标准基本农田建设成效是土地整治管理部门面临解决的突出问题。12万个项目即使按1%的比例进行抽查，也有上千个项目需要实地核查，仅靠人工去野外测量和核查工程量几乎是不可能的，土地整治利用高新技术快速有效地进行监测监管显得尤为重要和迫切。根据宁夏、重庆和广西等地利用无人机技术在土地整治中的应用实践看，相比传统的测量方法和实地核查，无人机技术具有高效率、低成本、精度高、成果全面直观的特点，能有效避免因监管不到位而导致的重大损失，提升土地整治监测监管工作的科学化、标准化和精细化水平。

（二）无人机遥感在土地整治监管中可作为卫星遥感的有效补充

一是土地整治监管中所需的影像数据时效性强，但由于受到卫星临空周期、气候和供给渠道的制约，所需的高分辨率卫星数据在覆盖度、时效性以及分辨率方面受到较大影响，难以全部满足土地整治的监管需求。二是土地整治的重大工程集中连片面积大，比较适宜于卫星遥感影像使用，而很多土地整治项目呈离散式分布，一些项目在经济交通欠发达的偏僻农村地区，无法获得或很难及时获取高分辨率遥感数据。三是利用无人机可以对土地整治项目和土地整治重大工程的重点区域定期监测和工程验收，能客观准确了解工程的进展情况，尤其是道路、渠系和防护林等工程的实际进展情况，有效避免谎报瞒报、以点盖面等情况。四是工矿废弃地多处于山区等复杂地形条件，且土地复垦区点多面广，利用无人机遥感手段更为有效和便捷。五是对土地整治项目的应急监测手段应该未雨绸缪，无人机技术作为应急抽查是最为有效的手段之一，将来会越来越受到重视和应用。

（三）无人机遥感在土地整治的其他方面应用

一是在基于全国“一张图”的土地整治报备系统中，能够为卫星遥感数据提供项目区的机井、道路、渠道、防护林等丰富的工程成果信息。二是无人机遥感的精度达到厘米级，可有效用于土地整治项目的选址、规划设计和工程施工等环节，能满足土地整治项目选址的合理性、三维地形地貌和施工进度等分析，也可用于计算土地平整的工程量等。三是随着机载激光和高光谱遥感技术的发展，也能为土地整治前后土壤质量信息的获取提供一种信息化技术手段。

三、相关建议

（一）加快推进无人机技术在土地整治监管中的应用

随着土地整治的全面推进，逐步构建“天上看、网上管、地上查”的监管体系，实现土地整治的全面、全程监管。无人机由于其机动性强、分辨率高等优点，可作为土地整治监管中卫星遥感手段的有效补充，形成高中低平台结合、粗中细分辨率互补的全天候、全天时、全覆盖的立体监测体系。宁夏、重庆、辽宁和广西等省（区、市）已经探索使用无人机开展了土地整治项目的监管，取得了良好的效果。国土资源部土地整治中心作为全国的土地整治技术支撑单位，建议在土地整治监测监管中利用卫星遥感数据大面积定期监测的基础上，购买部分无人机技术服务进行重点区域重点项目的监测，开展无人机技术在土地整治监测中的应用研究。

（二）适时引入无人机装备与技术

随着无人机技术和遥感技术的发展，无人机的使用成本会逐步降低，操作将简便易行，在土地整治中利用无人机开展经常性和应急性的监测监管已是大势所趋。建议国土资源部整治中心在条件具备情况下适时引入无人机装备与技术，在无人机专业化培训的基础上，建立3～5人的无人机飞控与应用小组，开展航线设计、飞控作业、后期数据应用等的研究，独立自主进行无人机在土地整治中的应用实践，强化技术基础，发挥国土资源部整治中心在该领域的主导和引领作用。

（三）积极谋划无人机与土地整治相结合的科研项目，进行技术储备

无人机融合了飞控、计算机、遥测等高新技术，作为一项重要的数据获取手段，方兴未艾，应用行业与领域日益广泛。而在土地整治的选址分析、规划设计、工程施工、竣工验收等方面具有广阔的应用前景。建议立足土地整治行业的发展应用，及早谋划提前布局，与有研发能力的科研单位和企业从多种渠道联合申请科技部和部门公益性科研专项等科技项目，以合作的方式加强无人机相关技术和应用方面的储备工作，研发适合土地整治需求的机载激光雷达、机载高光谱、三维成像、土地整治项目工程地物信息提取等相关技术，形成面向土地整治管理的无人技术遥感应用信息平台，推动无人机技术在土地整治行业的应用与发展。

（调研组成员：王军、鞠正山、郭义强；调研报告由王军执笔）

推广暗管改碱技术　推进新疆盐碱地整治*

——新疆生产建设兵团盐碱地改良调研

国土资源部土地整治中心　鞠正山

新疆是我国盐碱地分布的核心区域，解决盐碱化问题是新疆土地整治尤其是高标准基本农田建设必须面对的三大区域性问题（荒漠化、盐碱化、水资源限制）之一。2013 年 9 月 3 日至 8 日，国土资源部土地整治中心组织专家赴新疆生产建设兵团（以下简称兵团）开展了盐碱地整治及暗管改碱技术在新疆推广应用可行性专项调研。通过调研，了解了新疆盐碱地改良利用的历史、开发治理现状及存在的问题，基本明确了暗管改碱技术在新疆推广应用的可行性。有关情况报告如下：

一、全新疆及兵团盐碱地基本情况

（一）全新疆盐碱地面积达到 1 亿亩（包括盐碱化耕地）以上

据专家介绍，新疆耕地中盐碱化耕地比重在 40% ~50% 之间。新疆耕地约为 7600 多万亩，按照 40% 比例核算，盐碱化耕地为 3000 万亩左右。另外，在新疆未利用地中，还有 7500 多万亩盐碱地，两者合计达到了 1 亿亩以上，数量巨大。

（二）新疆新开绿洲区土壤盐碱化严重，耕地质量低，治理难度越来越大

随着新疆人口的增长和开发力度的不断加大，导致绿洲面积不断扩大，已从传统的古老绿洲扩展到新绿洲。古老绿洲主要分布在山前洪积扇中下部，地下水埋深相对较深，排水条件较好，土壤盐碱化程度和改良难度相对较好。新绿洲主要分布在扇缘洼地地下水溢出带，地下水位高，排水不畅，土壤条件差，次生盐碱化危害严重。随着新疆绿洲区的扩大，土壤盐碱化尤其是次生盐碱化的面积和危害程度随之扩大，耕地质量低，治理难度也越来越大。

（三）兵团 40%以上的耕地为盐碱化耕地

兵团耕地面积 1585 万亩，其中盐碱化耕地 659 万亩，比例达到耕地面积的 42%。另据 2006 年统计数据，兵团 11184 万亩土地总面积中，还有 647 万亩未利用地为盐碱地，约占兵团土地总面积的 6%。

---

* 本文原发表于《土地整治动态》2013 年第 13 期（总第 575 期）。

（四）在兵团盐碱化耕地中，中重度盐碱地比例超过了1/3

在兵团670多万亩可灌溉耕地中，轻度盐碱化耕地436万亩，占65%；中度盐碱化耕地177万亩，占26%；重度盐碱化耕地58万亩，占7%。中重度盐碱化耕地占35%，超过了总灌溉耕地的1/3。盐碱地类型以硫酸盐型为主，约占盐碱地面积的71%，碱土面积0.5万亩，仅占0.08%。

（五）兵团盐碱地主要分布在天山南北两侧冲洪积扇边缘地下水溢出带，占全兵团盐碱地面积的80%以上

兵团盐碱地主要分布在天山南北两侧冲洪积扇边缘地下水溢出带。包括农一师、农二师、农三师、农六师、农七师、农八师，这6个师盐碱地面积543万亩，占全兵团盐碱地的81%。

二、兵团盐碱地治理主要方式与问题

（一）当前兵团普遍采用传统明沟排碱与膜下滴灌技术相结合的模式进行盐碱地改良

兵团农业发展的历史，就是一部盐碱地改良的历史。兵团盐碱地改良，大体可分为冲洗改良荒漠盐土、综合改良、竖井排灌综合治理以及现代膜下滴灌改碱技术4个阶段。当前，兵团普遍采用膜下滴灌技术与传统明沟排碱工程相结合的盐碱地改良措施。膜下滴灌技术在盐碱地改良方面的主要作用有4个方面。一是采用膜下滴灌的方式，受地膜覆被的作用，有效阻止了水分的蒸发，抑制了土壤盐分的表聚作用。二是采用滴灌方式，通过根际淋洗，有效改变了土壤耕作层的盐分分布，将作物根际盐分淋洗到了下层和根际周边，降低了土壤根际周围的盐分含量，保障了作物出苗和生长。三是滴灌洗盐只能将盐分淋洗到土层40～60厘米左右，没有与土壤地下水联通，有效防止了地下水盐分的上升。四是膜下滴灌方式不需要大的排灌等水利工程的配套。目前兵团滴灌的普及率达到了98%以上，尤其在北疆地区，采用膜下滴灌方式是在已有水利灌排工程基础上主要的盐碱地改良措施，发挥着巨大的作用。

（二）兵团盐碱地治理主要存在5方面的问题

1. 膜下滴灌的盐碱地治理模式存在局限性，在盐碱地改良方面不可持续

专家指出，当前兵团普遍采用的膜下滴灌的盐碱地治理模式尽管表现不错，但对盐碱地的改良效果受到限制，而且该模式在盐碱地治理方面不可持续，存在较大风险。主要表现在6个方面。一是膜下滴灌改碱模式只是改变了土壤表层0～40厘米土壤盐分的分布，并没有从根本上排出盐分，根据水盐运移规律，土壤耕层中的盐分始终存在，危害始终存在。二是膜下滴灌棉花的种植方式最多连续12～15年，应当轮换，且耕作层存在盐分累积的风险，不可持续。三是膜下滴灌的改碱方式对轻度盐碱地效果相对较好，对中度盐碱地改良效果有限，对重度盐碱地很难达到治理效果。四是膜下滴灌的改良方式不适宜地下

潜水较高的地区。对地下潜水较高的地区，单纯的滴灌改碱方式不适应，还必须借助传统的灌溉洗盐方式。因此对南疆高潜水区和新垦绿洲区，地下水位普遍较高，单纯的膜下滴灌方式并不能有效解决盐碱危害的问题。五是单纯采用膜下滴灌的改良方式最多维持中产田水平，盐碱危害依然存在，很难达到高产。因此，兵团尽管采用了先进的滴灌技术措施，由于普遍受到盐碱危害，中低产田较多，除土壤贫瘠、荒漠化以及管理问题外，盐碱危害是主要原因之一。六是兵团目前普遍采用膜下滴灌改良措施，对传统的灌排工程依赖性降低，忽视了传统排灌渠系在盐碱地改良方面的基础性作用，导致排灌渠系缺乏必要的维护。

2. 传统的挖沟排碱方式占地多、清淤工程量巨大、改良效果受限制

一是传统的挖沟排碱等工程措施占地多。据兵团统计，兵团排渠的占地约占农田面积的15% ~25%，占地量很大。二是排碱区除占地很大外，淤积问题也很严重，一般需要1 ~2 年清淤一次。清淤工程量大，维护费用很高，每年如果不清淤的话，直接影响到排水效果，不能一劳永逸。三是传统的挖沟排碱改良效果直接决定于排碱沟的密度，为了达到良好的排碱效果，排碱沟往往越挖越密。在南疆二师 27 团，因地下水位较高，排碱沟甚至达到了 50 ~100 米，几乎达到了排碱沟密度的极限。

3. 受灌溉水资源逐年紧张的约束，大水漫灌洗盐的方式受到挑战

在北疆地区，由于地下水位相对较低，土壤盐碱化程度也相对较低，采用膜下滴灌的方式基本能保证作物的生长，一般不再需要传统大水漫灌洗盐的过程。但在南疆地区，由于地下潜水较高，在采用膜下滴灌的同时还需要每年秋冬进行传统的灌溉洗盐一次。据阿克苏农一师 8 团介绍，现在灌溉用水量还在逐年核减，一旦冬灌、春灌不能实现的时候，苗都保不住。这个难题不攻克，盐碱化耕地迟早还会出现严重问题。

4. 因土壤次生盐渍化，开垦—撂荒—再开垦的恶性循环现象依然存在

兵团尽管在农业生产技术方面领先全国，机械化作业和滴灌技术普遍推广，由于受盐碱地改良治理的现实条件约束，部分地区因盐碱危害较重，开垦—撂荒—再开垦的恶性循环现象依然存在。

5. 盐碱地问题在部分团场已成为影响发展和稳定的大问题

在兵团，盐碱危害已经成为影响团场发展的根本性问题。兵团农二师 28 团，因处在博斯腾湖周边，地下水位高，土壤盐碱化危害最重。27 团 6 万亩灌溉面积中 90% 有不同程度的盐渍化，全团重盐碱化面积占了 1/2，中盐碱化占 1/3，轻盐碱化仅为 1/12，有近 3 万亩因盐碱化而弃耕。“成片的低产田、低洼地、盐碱荒滩地”等成了 27 团贫瘠落后的代名词，成为困扰团场提高农业生产水平和增加职工收入的重要因素。目前，27 团仍为兵团级贫困团场。

三、盐碱地暗管改碱技术在新疆推广应用的可行性

（一）新疆盐碱地区大部分水土环境条件适合暗管改碱技术

通过实地考察和典型土壤剖面理化性质分析，新疆盐碱地主要以硫酸盐和氯化盐为主，土壤 pH 值不高，土壤通透性相对较好。在南疆地区，盐碱地多分布于水库、河流等

边缘，地下潜水位较高，水土条件满足暗管改碱技术要求。相对于我国东部沿海盐碱地区，新疆几乎不受暴雨影响，农田没有防洪压力，其排水沟更适宜于用暗管替代。通过实地考察南、北疆主要盐碱地分布区，大部分盐碱地水土环境条件适合暗管改碱技术。

（二）暗管改碱技术在新疆进行了局部实验，具有可行性

通过调研了解，新疆石河子大学已有专家在石河子地区进行了 20 亩地的暗管改碱试验，效果很好，在南疆也有专家做过类似的实验，说明在新疆推广暗管改碱技术具有可行性。

（三）23 位院士提出了在新疆引进暗管改碱技术的建议

经了解，2013 年 4 月 12 日，由沈国舫、周济等 23 位院士提出的《关于兵团发展现代农业的建议》（《中国工程院院士建议》第 6 期（总第 246 期））中，有 2 条建议涉及暗管改碱技术，分别是：加大管道输水工程技术研发与示范应用的力度，立项引进和消化管道暗排治碱技术，并示范推广。上述建议与国土资源部土地整治中心在盐碱地暗管改碱项目结题时提出的下一步研究建议不谋而合。院士建议从战略高度肯定了暗管改碱技术在新疆推广应用的前景和可行性。

（四）暗管改碱技术在新疆推广应用预期效益显著

1. 采用暗管改碱技术对现有耕地进行改造，可增加 1000 万亩耕地潜力

以暗管代替明沟，可在已有耕地基础上新增 15% 左右的耕地（明沟占地 15%～25%），全新疆不需要新开发未利用地，在现有耕地上即可增加 1000 万亩耕地潜力，说明利用暗管技术节约土地比新开土地要强得多，新增耕地潜力很大。同时也能有效降低每年巨大的渠道清淤费用。

2. 实施暗管改碱技术，棉花每亩单产可提高 100 千克以上

暗管改碱技术能够长期降低盐碱危害。根据新疆盐碱地的改良利用经验，轻度盐碱化耕地减产 10% 左右，中度盐碱化耕地减产 15%～30%，重度盐碱化耕地则减产 30%～50%。保守估计，通过实施暗管改碱技术每亩可增产籽棉 100 千克以上（新疆中产田棉花单产每亩在 200～300 千克左右，低产田低于 200 千克），若达到高标准农田的建设效果，相当于新增 700 万亩高产耕地（400 千克/亩）潜力。

3. 暗管改碱技术节水效果显著

在新疆灌溉水供给日益紧张的形势下，实施暗管改碱技术改造传统的明沟排碱工程，可根据土壤盐碱化水平做到定量化的淋洗灌溉，能够有效缓解每年秋冬大水漫灌洗盐的现状，节水效果也十分显著。

基于此，由国土资源部土地整治中心牵头研发的暗管改碱新技术可替代新疆传统的明沟排碱工程模式，技术可行。由暗管改碱工程技术与膜下滴管改碱技术结合能够对新疆盐碱耕地改良带来根本性改变，在节水、节地、提高耕地质量方面效益显著。从这一意义上说，如果在新疆土地整治中推广暗管改碱工程技术，必将对新疆的盐碱地治理和农业基础设施水平提升产生深远影响，应用前景广阔。

四、相关建议

（一）调动资源，在新疆设立土地整治暗管改碱示范区

暗管改碱技术在新疆推广应用技术上基本可行，应用前景广阔。尽管国土资源部土地整治中心具有一定的技术储备，但在新疆推广应用必须走先示范后推广的路线，只有看到实实在在的效果，眼见为实才能达到推广的目的。通过土地整治工程设立示范区，可为新疆暗管改碱技术推广形成一个窗口效应。据了解，有数量可观的社会资金十分看好暗管改碱技术在新疆盐碱地改良的潜力，均在等待暗管改碱的示范效果。兵团对该技术推广应用十分积极，也有用土地整治项目进行工程配套的意愿。在实地调研的农八师121团、农二师28团、农一师8团等基层团场也很积极，纷纷要求纳入试验区。建议调动科研、土地整治项目等相关经费，在新疆设立土地整治暗管改碱技术示范项目。具体建议包括：一是请国土资源部科技与国际合作司向科技部争取对国土资源部土地整治重点实验室承担的暗管改碱科技支撑项目滚动支持；二是利用土地整治资金，在新疆设立土地整治暗管改碱示范区，发挥示范效果；三是加大土地整治资金对土地整治科技投入的扶持力度，并给予政策支持，促进土地整治科技成果的转化应用。

（二）深化研究，面向应用研制暗管改碱系列技术与产品

当前，国土资源部土地整治重点实验室通过暗管改碱科技支撑项目的研究，从装备、技术、示范、标准4大方面建立起了暗管改碱技术在国内的领先地位。更重要的是，暗管改碱技术得到了社会上越来越多的关注，习近平总书记视察中国科学院时，曾获得国家科技最高奖的李振声院士专门向习总书记汇报盐碱地改良问题；新华社成立调研组，专门对环渤海地区盐碱地开发利用开展调研，准备上报中央领导；23位院士联名在《关于兵团发展现代农业的建议》中也提到加强暗管改碱技术问题的研究。目前，耕地保护工作已进入数量质量并举新的阶段，暗管改碱技术及盐碱地改良得到社会的广泛关注，正在成为研究与应用热点，建议深化该领域研究，面向应用研制暗管改碱系列技术与产品。

（三）成立协会，形成暗管改碱技术的行业优势

暗管改碱技术产业发展初见雏形，市场发展前景很好，为了确保暗管改碱技术在行业发展中的技术优势和竞争优势，建议以国土资源部土地整治中心为依托，聚合暗管改碱项目各课题组技术人员、参与单位和相关企业的力量，备案成立盐碱地暗管改碱技术发展协会，凝聚技术力量，形成暗管改碱技术在推广应用中的行业优势。

（四）科技投入，土地整治需要高科技支撑

兵团的科技水平在全国农业领域处于领先地位，一般的农业基础设施配套对粮食增产作用相对有限。目前最需要解决的是水资源短缺、荒漠化、盐碱化和现代农业基础设施建设等问题，这些不是一般的工程措施能够解决的。土地整治，尤其是高标准基本农田建设急需加大科技、资金、技术方面的投入，特别是需要高科技的支撑，打造土地整治工程升

级版。建议在兵团优先设立现代化土地整治工程试点，建立以暗管改碱、膜下滴灌、农田无线传感信息技术为核心的土地整治现代工程技术示范区，为现代土地整治打造一个新的展示平台。

关于土地整治标准化工作的思考*

国土资源部土地整治中心　李红举

土地整治发展历程证明，标准化已成为支撑事业发展的重要基石。多年来，国土资源部土地整治中心一直将土地整治技术标准建设作为一项基础工作来抓，先后制定了一系列技术标准，初步形成了以“项目管理”为核心、以“过程控制”为内容的土地整治技术标准体系框架。本文针对土地整治技术标准的现状进行分析，对比相关行业标准化工作的成熟做法，指出土地整治标准化建设中存在的问题，最后对土地整治标准化工作提出建议。

一、我国土地整治标准化现状及取得的成就

（一）总体情况

截至2013年8月，我国土地整治领域已经颁布实施的国家标准3项、行业标准14项；已经编制完成及进入报批程序的国家标准1项、行业标准5项；正在研制的行业标准24项。在地方标准制修订中，据2012年6月全国统计数据显示，各地已颁布实施的地方标准103项，正在研制的地方标准43项，计划研究和制订的地方标准48项；另据2013年8月对9个典型省份土地整治技术标准的统计，计划到2013年底制订标准66项，与2012年6月统计的标准数量相比增加了16项，一年内新制订的标准数量是前几年标准总量的32%。全国和典型省土地整治技术标准名称见附件。

上述已颁布的标准中，国家标准以GB/T的方式发布，行业标准主要以土地行业标准TD/T的方式发布，仅有《土地开发整理项目预算定额标准》（财建〔2011〕128号）以财政部、国土资源部联合发文的方式颁布，属于技术文件。地方标准中仅有6项以DB（地方标准的文号）的方式发布，其他主要以省级国土资源行政主管部门或相关部门发文的方式颁布，属于技术文件，又称“准标准”。为方便统计，本文提到的地方标准包含了上述“准标准”。

（二）国家和行业标准制订情况

国家标准中，已经颁布实施的3项国家标准涉及农用地质量分等、定级和估价等内容；另外由国土资源部土地整治中心主编的《高标准农田建设通则》已形成报批稿，不久将颁布。

行业标准中，主要根据土地整治业务类型和管理工作需要制定了一系列技术标准。在已颁布和报批的19项行业标准中，按照业务类型划分，涉及重大工程类1项，基本农田

* 本文原发表于《土地整治动态》2013年第14期（总第576期）。

类 2 项，土地开发类（盐碱地改良）1 项，土地复垦类 3 项，综合类（土地整治、土地开发整理）12 项；按照管理工作划分，涉及工程建设标准及质量控制类 2 项（属于基础标准），规划类 4 项，可行性研究（含方案编制）类 2 项，设计类 4 项，预算类 1 项，实施管理类 3 项（含施工、监理），项目验收类 3 项。初步构建了不同业务下土地整治规划、可研、设计、预算编制、实施管理和验收等以“项目管理”为核心、以“过程控制”为内容的土地整治技术标准框架。

（三）地方标准制订情况

据全国 31 个省份问卷调查数据显示，全国 31 个省均制订了省级土地开发整理（土地整治）工程建设标准，7 个省制订了高标准基本农田建设标准（规范），8 个省制订了省级土地开发整理项目预算定额标准，其他地方标准主要涉及耕地质量评价、勘测、可研、设计、权属调整、施工技术、实施管理、工程量复核和验收等。地方标准也主要以“项目管理”为核心进行编制，与国家标准和行业标准相比，地方标准中主要增加了项目勘测定界、施工技术、工程量复核等专项规定。在上述地方标准中，全国仅有 2 省 6 项标准是以 DB 的方式颁布。其中，湖北 5 项，广西 1 项。年内广西计划将现有 3 项“准标准”升级为 DB（地方标准）。

（四）取得的成就

规范了项目管理工作。以 2000 年 10 月颁布的“土地开发整理标准”3 项标准为基础，指导了第一轮《全国土地开发整理规划》编制，指导了全国 3000 多个国家投资土地开发整理项目规划设计和验收工作，规范了土地开发整理项目管理工作，奠定了行业发展的基础。2005 年 7 月，以部省联合开展的《土地开发整理工程建设标准》为契机，带动地方开展土地整治基础标准研究，较好地化解了项目管理方式变化带来的项目管理困境，也规范了土地整治重大工程和示范省建设工作。2011 年 3 月，以《高标准基本农田建设标准》编制为始点，指导全国各地开展新一轮土地整治技术标准编制，带动了各地高标准基本农田建设研究工作，规范了全国高标准基本农田建设工作。技术标准在项目管理中的作用初步显现。

推动了行业发展。现已制定的土地整治技术标准已涵盖多个业务类型，包括土地整治重大工程、基本农田整理、高标准基本农田建设、土地开发、土地复垦等。另外，根据业务类型的不同，按照技术规律的要求，划分了不同的工作阶段，分别制订了标准化工作内容。这些工作内容既是土地整治实践工作的总结，也是支撑土地整治事业发展的基础。以技术标准为规范性文本，指导土地整治实践活动，既规范了技术流程，也推动了土地整治行业发展和学科建设。

奠定了技术标准在项目管理中的工作基础。以技术标准规范项目管理工作，以此推动项目管理水平的提升，这是建设项目管理的普遍规律。早期的土地整治项目管理，也走过了以制度文件管理项目的过程，随着业务类型和项目数量的不断增加，特别是在国家有关项目管理方式发生重大变化之后，这种“制度化”管理就不能够适应“中央与地方分级负责”和“部级监管、省级负总责、市县人民政府组织实施”的管理模式。随着以“项目管理”为核心的土地整治技术标准体系逐步建立，以“标准化”工作推动项目管理，越来越得到多数人的认同，土地整治技术标准在项目管理工作中的基础地位越来越显现出来。

二、存在的主要问题

新一轮《全国土地整治规划（2011—2015 年）》提出了“健全土地整治技术标准体系”目标。《土地开发整理若干意见》（国土资发〔2003〕363 号）初步提出了土地整治技术标准体系工作思路，即“从土地开发整理实际出发，按照自上而下、上下结合、有计划、分步骤的要求，大力推进土地资源调查评价、项目规划设计、工程建设、预算定额、效益评价等标准的制定工作，逐步形成技术、经济和管理的标准化体系”。但在上述“意见”出台后，既没有建立相应的工作机制，也没有建立土地整治技术标准体系。当前，在土地整治标准化建设中存在了一些问题，主要归纳如下：

（一）业务范围变化快，土地整治标准化对象不稳定

1998 年颁布的《土地管理法》提出：“国家实行占用耕地补偿制度”，“国家鼓励土地整理”，在法律层面奠定了土地整治的工作基础。从 2000 年开始，以国家投资土地开发整理项目为主导，土地整治资金量逐年增加。随着土地整治工作的不断深入，土地整治被赋予了更多的内涵，业务范围不断外扩。从早期单一的土地开发、土地整理和土地复垦，到 2005 年的基本农田整理、“增减挂钩”，再到 2008 年的土地整理复垦开发、农村土地综合整治、土地整治重大工程和示范省建设，以及高标准基本农田建设。项目类型的每一次创新，大大地推动了土地整治事业的发展，但从标准化工作来看，业务类型的每一次变化都将带来标准化对象的改变。

不同项目类型的出现，既反映了土地整治内涵和目标的多样性，也反映了土地整治条件的复杂性。鉴于业务类型的多样化，如果不及时出台项目管理办法或技术标准，项目管理的难度就会不断增加，行业发展就会受到制约。

（二）未建立有效的工作机制，土地整治标准化工作不连续

现有土地整治标准化工作依据为《国土资源标准化管理办法》（国土资发〔2009〕136 号，以下简称《办法》）。《办法》把国土资源划分为土地资源、矿产资源、地质、海洋、测绘 5 个门类，将工作内容分为调查、评价、规划、监测、整治、保护与节约集约利用 7 个序列。从目前土地整治工作来看，土地整治主要以项目实施为主，工作内容涉及项目建设全过程，包括调查评估、可研立项、规划设计、建设管理、监测监管、绩效评价等，基本覆盖了国土资源管理所涉及的所有工作序列。虽然《办法》提出，土地资源技术委员会按专业领域设立“分技术委员会”，由分专业委员会开展相关标准化工作，但没有细化相关工作制度，标准化工作的实施主体、管理范围和工作职责不清楚，造成分专业标准化工作不连续、不协调。

由于缺乏专门的土地整治标准化工作制度，国家和地方均不能把土地整治标准化作为日常工作开展，也没有成立专职机构，这与成熟行业有很大的不同。虽然少数省级土地整治机构成立了总工办，专门负责土地整治标准编制，但多是一事一议，有标准就做，做完

了又换其他工作，工作人员不稳定，标准化工作更不持续。

（三）未建立系统的技术标准体系，土地整治标准化工作无计划

技术标准体系是开展标准制订的基础。两轮土地整治规划均提出了土地整治技术标准体系建设目标。基于土地整治项目管理工作的需要，2003年国土资源部土地整治中心曾提出土地整治技术标准体系框架的思路；2009年8月国土资源部土地整治中心对原标准体系进行了细化，初步提出以“土地整治项目”为对象、以“规划、计划、项目、实施、验收、评价”为内容的土地整治技术标准体系框架，并划分了基础、通用、专业3个标准层次。2010年4月报批的《国土资源标准体系》，将土地整治划分为一个专业类别，提出了21项标准编写计划，但没有细分土地整治专业和工作内容，未提出国家标准和地方标准的分工，未构建完整的土地整治技术标准体系。时至今日，国家层面已报批和颁布的土地整治技术标准已超过23项，正在研制的技术标准达24项，超过“国土资源标准体系”列出的标准计划。

由于缺少统一、完整、系统的标准体系，出现了诸如国家标准、行业标准、地方标准的分工不明，标准名称乱用，同一标准重复立项，标准内容不完整，标准化用语不规范等现象。而且，土地整治作为一项综合性土地利用工程，也不能只停留在项目管理层面，需要从更高层面谋划土地整治工作。

（四）重管理制度轻技术标准，没有土地整治标准化工作机构

从1998年至2005年，围绕土地开发整理项目管理，国家出台的制度文件多达50多个；2005年项目管理权下放后，各省配套出台的项目管理办法也在10个以上。从2005年7月开始，结合《土地开发整理工程建设标准》研究，部分省份将项目管理工作由依靠政策文件逐步向技术标准转变，但各省的标准编制工作情况不一，多数省仍停留在靠制度管理项目的思路上。另外，从已制定的技术标准使用效果来看，使用时间一般只有2～3年时间，主要原因是：标准编制时间较短，专业积累不够等。纵观标准化成熟的行业，一般要指定技术协作单位，把标准化建设作为一项长线业务来抓，如农业部规划设计研究院承担了大部分农业工程技术标准的编制；中国灌排发展中心承担了多数农田灌溉与排水方面技术标准的编制。

从各地已制订的土地整治技术标准来看，主要以技术文件方式发布的“准标准”为主，管理要求多，一方面技术标准内容过于简单，不符合技术规律要求；另一方面技术标准的执行效力不够，“准标准”与政策文件之间存在冲突。而且，由于未建立标准化工作机构，在相关标准颁布实施后，不能对标准及时进行宣贯和培训，不能进行适时跟踪评估，也会带来标准使用受限、应用转化能力降低等问题。

三、有关标准化工作的建议

《标准化法》提出：“国务院有关行政主管部门分工管理本部门、本行业的标准化工作。”国土资源部下发的《办法》提出，“国土资源领域内，需要在全国范围内统一的技术要求，应当制定国家标准；需要在国土资源相关行业范围内统一的技术要求，应制定行

业标准；尚无国家标准和行业标准，而又需要在省（区、市）范围内统一的技术要求，应依据相关法规制定地方标准。”上述法规政策提出了土地整治行业标准化工作的一般要求。结合不同专业特点，还需细化相关措施，有效推动标准化工作。建议从以下方面加强土地整治标准化工作：

（一）合理确定土地整治内涵，科学划分土地整治业务，稳定工作内容

按照《标准化法》要求，标准化应具有明确的对象和工作范围。按照通常的理解，土地整治是指对低效利用、不合理利用、未利用以及生产建设活动和自然灾害损毁的土地进行治理，提高土地利用效率的活动。土地整治是综合措施的运用，涉及工程、规划、资源管理、经济、权益等专业知识。仅就一个建设项目而言，土地整治的关键在于工程技术，这是专业发展的基础。土地整治经过多年实践，在内涵上，已由增加耕地数量为主向增加耕地数量、提高耕地质量、改善生态环境并重转变；在目标上，已由单纯的补充耕地向建设性保护耕地与推进新农村建设和城乡统筹发展相结合转变。在内涵和目标双转变的同时，需要深入探讨土地整治专业未来发展方向，关注土地整治学科发展，系统分析土地整治目标，以目标细化工作任务和业务类型。

建议按照国家经济社会发展战略，开展土地整治顶层设计，明确土地整治内涵，划分土地整治业务范围，达成土地整治专业共识。在条件具备时，通过固定土地整治核心业务，固定标准化对象，以核心业务推动土地整治学科建设。土地整治标准化工作，既要重视工程技术，也要重视土地政策和农民权益保护，以及水土资源综合利用、农业产业发展、农村环境治理、乡土景观建设等基础问题，将标准化工作对象与专业发展结合起来。

（二）建立土地整治标准化工作机制，推动标准化工作的长效发展

在《标准化法》颁布后，农业、水利、林业和交通等部门及时制订了行业标准化管理办法，明确了标准化对象、组织机构和工作职责，以及标准制订的程序和跟踪评估等要求。农业、水利部门还依托专业机构（设计院、科研院所）成立了分专业委员会，组织专门人员管理分专业标准化工作。国土资源部于 2003 年发布了《国土资源标准化管理办法》，并于 2009 年进行了修订，但《办法》缺少针对土地整治专业的标准化工作管理规定。根据土地整治业务特点，土地整治兼有《办法》提出的工作序列，即工作过程涵盖了国土资源管理的所有工作环节，需要围绕项目实施专门研究标准化内容。而且，土地整治与水利、农业和交通等专业领域有交叉，也需从行业上区分工作内容。

建议在《办法》框架下，单独制订《土地整治标准化工作办法》，明确组织机构和职责，明确不同层级标准的工作范围和分工，规定标准立项、编制、审查等工作程序，规定标准培训和监督检查工作。同时制订《土地整治地方标准编写规定》，明确地方标准的工作范围和审查规定。国家层面应建立专门的工作机构，统筹土地整治技术标准工作，统一标准制修订计划，落实标准编制年度任务，负责国家标准和行业标准的编制；地方在国家指导下开展区域性标准和地方标准的编制。

（三）制订土地整治技术标准体系，明确工作计划及国家和地方标准化工作的分工

按照《标准化法》要求，行业标准体系建设是标准化工作的基础。从成熟行业的标准化路径来看，均把技术标准体系作为标准化的基础工作来抓。水利、农业、交通等行业较早构建了技术标准体系，以后逐年更新。其中，水利、交通等建设部门，均按照专业类别和工作过程两个维度划分标准化对象；然后按照基础、通用和专用等标准化要求，划分国家、行业、地方等标准层级；最后针对不同标准层级，提出强制标准、推荐标准内容。2013年初，国土资源部土地整治中心启动了《土地整治技术标准体系》研究。结合阶段研究成果，首先应明确标准分类，即明确技术标准、工作标准和管理标准；其次明确土地整治对象，即按照农用地整理、土地复垦、未利用开发、农村集体建设用地整治、城镇建设用地整治、区域综合整治、生态环境治理等划分业务类型；再次明确工作序列，即按照基础、调查评估、建设管理、材料与装备、工程技术等落实工作内容。

建议在开展土地整治技术标准体系研究时，落实国家标准、行业标准和地方标准的分工，提出强制标准和推荐标准的内容要求，明确哪些标准由国家规定，哪些标准由地方规定；哪些内容是强制的，哪些内容是推荐的。同时，应考虑区域的差异性，分区域总结土地整治专业特征，划分专业类别，提出基础、通用和专用等标准的制订范围及内容要求。

（四）加强土地整治标准化知识的培训和宣传，建立常态化的工作机构

实践证明，任何专业的发展都需要标准化的支撑。当前，随着“四化”建设同步推进，农业现代化建设是农田基础设施建设的重点，是“三农”投入的重点，也是农用地整治和高标准基本农田建设的主攻方向。当前，农用地建设（农用地整治）将是各个涉农部门争夺的主要领域，也是当前土地整治技术标准完善的重点领域。加强技术标准建设，不但需要专业知识，更加需要专业人才。加强专业知识和标准化知识的学习，是标准化工作的前提。

建议依托现有土地整治机构，成立标准化工作专门机构，固定专职人员，有针对性开展专业知识和标准知识培训，为土地整治事业长效发展培养专业技术人才和标准化人才。国家层面应建立标准化工作的信息交流平台，建立不同行业之间的联系通道，搭建部中心和省中心之间的交流渠道，分享土地整治及相关行业标准制修订计划，以及地方标准的制修订内容，开展网上标准知识交流和培训，全面指导土地整治技术标准编制工作。

附件：

现有土地整治技术标准汇总（含计划中）

一、国家标准

国家标准共4项，其中已颁布实施的标准3项，正在走报批程序的标准1项。

（一）已发布实施的标准

（1）《农用地定级规程（GB/T 28405—2012）》（替代 TD/T 1005—2003）
（2）《农用地估价规程（GB/T 28406—2012）》（替代 TD/T 1006—2003）
（3）《农用地质量分等规程（GB/T 28407—2012）》（替代 TD/T 1004—2003）

（二）正在走报批程序的标准

（1）《高标准农田建设通则》（国标，20130001 - T - 334）

二、行业标准

行业标准共 43 项，其中：已颁布实施的标准 14 项，正在走报批程序的标准 5 项，正在研制的标准 24 项。

（一）已发布实施的标准

（1）《土地开发整理规划编制规程（TD/T1011—2000）》
（2）《土地开发整理项目规划设计规范（TD/T1012—2000）》（新标准正在研制）
（3）《土地开发整理项目验收规程（TD/T1013—2000）》（新标准已报批）
（4）《土地复垦方案编制规程（TD/T1031—2011）》
（5）《基本农田划定技术规程（TD/T1032—2011）》
（6）《高标准基本农田建设标准（TD/T 1033—2012）》
（7）《市（地）级土地整治规划编制规程（TD/T 1034—2013）》
（8）《县级土地整治规划编制规程（TD/T 1035—2013）》
（9）《土地复垦质量控制标准（TD/T 1036—2013）》
（10）《土地整治重大项目可行性研究报告编制规程（TD/T 1037—2013）》
（11）《土地整治项目设计报告编制规程（TD/T 1038—2013）》
（12）《土地整治项目工程量计算规则（TD/T 1039—2013）》
（13）《土地整治项目制图规范（TD/T 1040—2013）》
（14）《土地开发整理项目预算定额标准（财综〔2011〕128 号）》

（二）正在走报批程序的标准

（1）《土地整治项目验收规程》（2008018）
（2）《土地整治项目施工监理规范》（2008022）
（3）《土地整治工程质量检验与评定规程》（2012029）
（4）《暗管改良盐碱地技术规程》（2011029）
（5）《生产建设项目土地复垦验收规程》（2012031）

（三）正在研制的标准

（1）《土地整治（开发整理）项目规划设计规范》

（2）《土地整治（开发整理）项目可行性研究报告编制规程》
（3）《土地开发整理工程项目建设标准》
（4）《土地开发整理项目稽查工作规程》
（5）《农用地产能核算技术规范》
（6）《农用地质量动态监测规程》
（7）《土地整治规划数据库标准》
（8）《土地整治绩效评价规程》
（9）《土地复垦估算标准》
（10）《土地整治信息分类与编码规范》
（11）《土地整治重大项目年度方案编制规程》
（12）《土地整治重大工程项目实施方案编制规程》
（13）《土地整治重大工程项目年度评估规范》
（14）《土地整治工程建设标准编写规范》
（15）《土地整治权属调整规范》
（16）《土地整治项目社会影响评价规范》
（17）《土地整治术语标准》
（18）《耕作层土壤剥离利用技术规范》
（19）《工矿废弃地复垦利用专项规划编制规程》
（20）《工矿废弃地复垦利用实施方案编制要点》
（21）《阶段土地复垦计划与年度土地复垦实施计划编制要点》
（22）《矿区土地复垦验收规程》
（23）《土地整治项目预算定额标准》
（24）《土地整治投资控制标准》

三、地方标准

地方标准列示了9个典型省份统计数据，截止时间为2013年8月。典型省份包括：湖南、广西、四川、河南、宁夏、江苏、重庆、黑龙江、湖北。据统计，典型省份共制订技术标准66项，其中工程建设基础类13项，勘测类2项，可研和设计类9项，预算类5项，施工管理（包括施工、监理）类13项，评价类2项，实施管理和项目验收（含信息化）类13项，其他（复垦、权属）9项。分别列示如下：

（一）工程建设基础类

（1）《湖北省土地整治工程建设规范（DB42/T 682—2011）》
（2）《广西壮族自治区土地整治工程第1部分：建设规范》（计划替代《广西壮族自治区土地开发整理工程建设标准》）
（3）《湖南省土地开发整理工程建设标准》
（4）《四川省土地开发整理工程建设标准》
（5）《河南省土地开发整理工程建设标准》

（6）《宁夏回族自治区土地开发整理工程建设标准》
（7）《江苏省土地开发整理工程建设标准》
（8）《重庆市土地开发整理工程建设标准》
（9）《黑龙江省土地开发整理工程建设标准》
（10）《重庆市高标准基本农田建设技术要求》
（11）《黑龙江省高标准基本农田标准》
（12）《黑龙江省高标准基本农田工程建设标准》
（13）《广西壮族自治区高标准农田建设实施细则》

（二）勘测类

（1）《四川省农村土地整治项目勘测定界技术导则》
（2）《广西壮族自治区土地整治项目测绘技术要求》

（三）可研和设计类

（1）《湖北省土地整治项目规划设计规范（DB42/T 681—2011）》
（2）《湖南省农村土地综合整治（土地开发整理）设计报告编制规范》
（3）《四川省农村土地整治项目规划设计导则》
（4）《重庆市土地整治项目规划设计技术规范》
（5）《湖南省农村土地综合整治（土地开发整理）项目设计与预算审查要点》
（6）《广西壮族自治区土地整治项目立项审查要点》
（7）《广西壮族自治区土地整治项目规划设计审查细则》
（8）《宁夏回族自治区中北部土地开发整理重大项目规划设计、预算审查手册》
（9）《广西壮族自治区土地整治项目三级联审技术要求》

（四）预算类

（1）《湖南省土地开发整理项目预算定额标准》
（2）《四川省土地开发整理项目预算定额标准》
（3）《河南省土地开发整理项目预算定额标准》
（4）《重庆市土地开发整理项目预算定额标准》
（5）《黑龙江省土地开发整理项目预算定额标准》

（五）施工管理（包括施工、监理）类

（1）《湖北省土地整治通用工程施工质量检验标准（DB42/T 562—2009）》
（2）《湖北省土地整治专项工程施工质量检验标准（DB42/T 563—2009）》
（3）《广西壮族自治区土地整治工程第2部分：质量检验规程》（地方标准，计划替换《广西壮族自治区土地开发整理项目工程质量评定规程（试行）》）
（4）《湖南省土地开发整理项目工程监理导则》
（5）《湖南省土地整治项目实施管理规范》
（6）《广西壮族自治区土地整治工程质量评定规程》

（7）《四川省土地整治项目工程施工监理规范》
（8）《河南省土地整治工程施工质量检验与评定标准（试行）》
（9）《河南省土地整治工程施工监理规程（试行）》
（10）《宁夏回族自治区中北部土地开发整理重大项目质量评定规定》
（11）《重庆市土地开发整理工程质量评定标准》
（12）《重庆市土地开发整理工程监理规范》
（13）《重庆市土地整治项目实施管理规范》

（六）评价类

（1）《宁夏回族自治区中北部土地开发整理重大项目绩效评价规程》
（2）《重庆市土地整治耕地质量评价规范》

（七）实施管理和项目验收（含信息化）类

（1）《湖北省土地整治工程施工质量验收规范（DB42/T 564—2009）》
（2）《广西壮族自治区土地复垦技术要求与验收规范（DB45/T 892—2012）》
（3）《广西壮族自治区土地整治工程第3部分：验收技术规程》（地方标准，计划替换《广西壮族自治区土地开发整理项目验收技术规程（试行）》）
（4）《广西壮族自治区土地整治项目工程复核技术要求》
（5）《广西壮族自治区土地整治项目业主管理操作手册》
（6）《河南省土地整治工程验收规程（试行）》
（7）《湖南省土地整治项目工程质量验收规范》
（8）《宁夏回族自治区中北部土地开发整理重大项目验收手册》
（9）《宁夏回族自治区土地开发整理工程量复核技术手册》
（10）《四川省县级土地整治规划数据库建设技术细则》
（11）《宁夏回族自治区中北部土地开发整理重大项目规划图、竣工图数据标准》
（12）《广西壮族自治区土地整治关键岗位标准化流程管理手册》
（13）《湖南省土地整治项目技术成果数字化标准》

（八）其他

（1）《河南省土地开发整理基本术语集》
（2）《河南省土地开发整理项目单体工程设计范例图集》
（3）《四川省城乡建设用地增减挂钩试点项目区实施规划编制指南》
（4）《四川省工矿废弃地复垦利用试点项目区实施方案编制指南》
（5）《四川省农村土地整治项目单项工程设计范本图集》
（6）《重庆市农村建设用地复垦技术规范》
（7）《重庆市土地整治项目权属调整技术规范》
（8）《广西壮族自治区非农建设项目耕地耕作层表土剥离施工技术指南》
（9）《广西壮族自治区土地整治项目权属调整工作范本》

土地整治成效

TUDI ZHENGZHI CHENGXIAO

国家土地开发整理示范区建设总结报告（摘要）*

国家土地开发整理示范区建设验收组

〔按〕为探索土地开发整理项目建设与管理经验，树立典型，引导和推进土地开发整理工作，1999 年 2 月国土资源部设立国家土地开发整理示范区。经过两年多的建设，示范区项目已全面建成竣工。在省（区、市）国土资源管理部门初验基础上，2000 年 12 月至 2001 年 12 月，国土资源部耕地保护司、财务司和土地整理中心以及部分省份派员组成验收组，对示范区项目进行了验收，对示范区建设进行了总结，并形成了《国家土地开发整理示范区建设总结报告》。《总结报告》表明，示范区建设取得了经济效益、社会效益、环境效益三丰收，并为全国各地开展土地开发整理积累了成功经验，确实起到了典型示范作用。现将《总结报告》摘要刊发如下，以供各地学习参考。

一、示范区项目建设基本情况

国家土地开发整理示范区共设 20 个，其中，13 个土地整理（含 6 个灾毁土地整理）示范区，5 个土地开发整理示范区，2 个土地复垦示范区。示范区涉及全国 16 个省（区、市）的 31 个市、县（市、旗、区）。

（一）示范区项目建设任务完成情况

两年多来，示范区根据批准的项目规划设计和实施方案，按照示范区设立的宗旨，认真组织，精心施工，严格管理，圆满完成了项目建设任务，部分示范区项目还超额完成计划任务。依据批复，示范区项目计划开发整理复垦土地 43. 8 万亩，其中新增耕地 18. 7 万亩。经过建设，20 个示范区项目实际共开发整理复垦土地 49. 0 万亩，其中新增耕地 20. 2 万亩，分别完成计划的 112. 0% 和 108. 0%，新增耕地率 41. 2%；累计投资 101806. 0 万元，其中，国家财政资金 4541. 0 万元，地方财政资金 50114. 2 万元，银行贷款和其他渠道资金（包括群众自筹）47150. 8 万元。据统计，20 个示范区共搬运土方 7099. 25 万立方米，新建和修复机耕路 582. 88 千米，新建和修复渠道 1084. 53 千米，新打和修复机井 3699 眼，建设桥涵 477 座，铺设地埋管道 281. 20 千米，架设农电线路 332. 50 千米，购置变压器 49 台（套），购置大型农机具 63 台（套），建设农田林网面积 21. 12 万亩。

---

* 本文原发表于《土地整理动态》2002 年第 15 期（总第 147 期）。

从验收总体情况看，项目区内田（地）块平整，具有规模，路、渠、井、桥、电等设施配套齐全，布局合理，工程质量符合要求，满足了农业生产需要，包括遇旱能灌、遇涝能排等要求，比较全面地完成了项目建设任务。

（二）示范区项目建设效益情况

（1）经济效益。示范区项目建成后，高质量耕地面积明显增加，农业基础条件得到改善，农民收入得到提高。据统计，示范区增加机耕面积30.77万亩，增加有效灌溉面积16.19万亩，增一加林网面积2.50万亩，示范区农业抗御自然灾害的能力和农业综合生产能力明显增强。20个示范区增加粮食生产能力4439万千克，平均每亩增加42.95千克。遂宁示范区的坡改梯工程，将坡薄地开发整理为梯田梯土，土地资源得到了合理利用，净增耕地面积4%以上，粮食作物旱涝保收，平均增幅为30%～50%，每亩平均年增产值300余元。无锡示范区建成吨粮田12500亩，每年增加粮食产量190余万千克，土地利用率由原来的80%～90%提高到100%。永城等地以示范区建设为带动，引入现代农业观念，理清农村经济发展思路，积极调整产业结构，为培育农业经济新的增长点探索了新路。据验收了解，示范区项目建成后，所在村农民收入普遍提高。最低的人均年收入增长65元，最高的增长2060元。

（2）社会效益。许多地方通过示范区建设，人地矛盾得到缓解，部分农村剩余劳力得到安置，农村面貌得到改善，收到了很好的社会效益。蓬溪等示范区通过村庄整理，加强规划管理，不仅增加了耕地面积，同时也加快了城镇化建设，农村面貌焕然一新。由于土地开发整理增加了耕地面积，提供了农业生产条件，巩义、涞源等地一些祖居深山的农民因此走出了大山，促进了脱贫致富。永城等地由于示范区农业生产和经营提供了新的就业机会，部分下岗职工得到了安置。一些地方反映，示范区建设是政府真正为群众办实事、办好事，农民欢迎，干群关系得到改善。

（3）生态效益。示范区通过营建农田防护林、水源涵养林、经济适用林，因地制宜开展水土保持工程治理等，生态环境得到明显改善。据统计，20个示范区共植树造林种草19.1万亩，植被覆盖率增长2.4个百分点。金塔示范区根据西北地区风沙大、防风固沙任务重的特点，在示范区的周边设立了宽50～100米乔灌结合的防风林带，在开发的耕地上每隔160米栽植乔灌混合树木，对减弱风速、阻挡流沙、调节农田小气候发挥了重要作用。巩义示范区邙岭示范点的土地整理项目结合坡改梯工程建设，整理土地面积5000亩，营造用材林、生态林，大搞林网建设，使项目区内生态绿化面积达到2000亩。无锡示范区通过土地整理，将原来“七高八低、杂乱无章”的土地变成了“春有花、夏有荫、秋有果、冬有青”的园林式现代化田园，大大改善了农村生态和农民生活环境。大兴示范区通过沙荒地治理，增加林网面积，提高了植被覆盖率，有效阻挡了风沙，改善了生态环境。

（三）示范区建设存在的不足

一是，各示范区发展不平衡，有的示范区建设启动较晚；有的示范区项目建设质量偏低，与周边地区相比，示范作用不明显；有的示范区项目存在一些扫尾工程，如沟渠不完善、林网不配套等；有的示范区有待于将新增耕地划入基本农田保护区并落实到图上。

二是，示范区项目建设与管理的规章制度有待进一步建立和完善。各示范区有关项目管理与资金管理的规章制度并不多，许多都是注重了项目实际建设，在总结做法、形成制度上不够。特别是作为示范区建设任务，在土地开发整理投入机制、规划设计、技术规范与补充耕地有关政策等方面研究探讨不深，成果不够。

三是，在资金使用与管理上有待进一步严格，一些示范区项目建设资金尚未进行资金决算与审计部门的审计。

对于这些问题和不足，各验收组在总结验收过程中，与当地进行了具体意见交换。从总体上看，示范区建设经过艰苦努力，完成了建设任务，特别是在增加耕地与示范区建设的综合效益等方面情况良好，对于需要完善的方面，也明确了有关意见，因此，示范区项目建设应予通过验收。

二、示范区建设取得的经验

示范区建设取得的经验主要表现在以下几方面：

（一）加强组织领导，将示范区建设纳入政府重要议事日程

示范区所在市、县（市、旗、区）、十分重视示范区建设工作，普遍成立了有党政领导参加的组织领导小组，吸收国土、农业、水利、林业、财政、计划、城建、银行、审计等部门为成员单位，负责组织协调、政策制定、方案审查及有关重大事项决策，日常工作由国土资源管理部门负责。涞源县成立土地开发整理指挥部，将土地开发整理作为政治任务、民心工程和脱贫致富的重要措施，党政一把手负总责、亲自抓，并建立严格的考评制度，落实责任。县委、县政府分阶段召开调度会、现场会组织现场观摩、评比、交流，保证示范区建设的顺利进行。为支持商河示范区建设，济南市政府成立了“济南市支持商河县开发治理涝洼荒地领导小组”。商河县水利部门更是全力以赴，调度100多名工程技术人员，在工程规划、勘测、施工过程中把好技术关；农机部门调配22台（套）挖掘机、推土机等大型作业机械参加土地平整；农业部门为巩固开发整理成果，实地指导农民改良土壤，帮助农民选用农作物良种；林业部门也积极参与，负责田间林网规划与配套。临朐、大兴等示范区将工作一直做到村上，县（区）、乡、村之间层层签订目标责任书，做到目标明确、责任到人、管理到位，在全县（区）形成了齐抓共管的局面。金塔示范区规模较大，成为当地经济增长点，甘肃省委、省政府主要领导亲临示范区，为开幕式剪彩，极大地鼓舞了当地干部和群众建设好示范区的热情和信心。

（二）搞好规划设计，科学制定示范区建设方案

做好项目的前期论证，进行科学的规划设计，是搞好示范区建设的前提。各示范区按照要求，组织技术人员，深入现场，通过详细的勘测、调查、分析，因地制宜，探讨适合本地特点的土地开发整理复垦途径，搞好项目规划设计，并制定科学的实施方案。金塔县坚持高起点、高标准、高质量、高效益的要求和努力把示范区建设成为生态农业示范区、节水灌溉农业示范区、新兴产业示范区和集约经营示范区的指导思想，做到：一是在项目规划设计过程中，加大技术创新力度，与科研院校签订技术合作协议；二是在产业结构

上，改变以粮为主的传统种植模式，大量引进新品种，大量种植名贵中药材、优质饲草、反季节蔬菜、苗木花卉、优质水果，调整农业产业结构；三是在灌溉方式上，改变传统的大水漫灌方式，采用先进的喷灌滴灌技术，有效地节约水资源；四是在生态环境治理上，配套建设完整的防风林带，调节田间小气候，使农作物免受风沙侵袭。商河县根据示范区地形呈碟状，四周高，中间低，地下水位高，蒸发量大，属于盐碱涝洼区的特点，组织工程技术人员，通过科学的规划设计，从除涝改碱入手，以治水为龙头，采取“封闭洼区、分片治理、大河深沟、灌排分设”的治理模式，把示范区按实测高程分为方田区、条田区、台田区进行分割治理，按照“三成四结合，四通三配套”（即田成方、沟成网、树成行，沟、渠、路、林四结合，沟沟、沟河、沟渠、沟田四相通，桥、涵、闸三配套）的标准和要求，实施高低分排，排灌分设，调控水流，以达到旱能浇、涝能排、碱能改的目的。澧县、公安等灾毁土地整理示范区将土地整理与迁村腾地、新村建设相结合，与现代化、规模化农田建设相结合，按照田、水、路、林、村高标准要求，统一规划，集中建设，改善了农业生产条件和农村面貌。

（三）发挥各方面积极性，多渠道筹措资金，保障示范区建设的投入

各示范区依靠政府投资引导，采取有效机制，发挥企业、群众投资的积极性，多方筹措资金，保障了示范区建设的投入。综合各地的做法，筹资渠道主要有以下几方面：一是国家、省、地（市）级资金扶持；二是当地市县级财政投入；三是有关部门项目资金；四是乡镇和村级集体自筹；五是农民投工投劳；六是按照“谁投资、谁受益”的原则吸收社会资金；七是银行贷款；八是机关、企事业单位和干部捐款。永城市通过建立以政府投资为导向，以股份投资为主体，以银行贷款投入为补充，以个人投资为调节，以实行优惠政策为激励的运作机制，共筹集资金 1.25 亿元，为示范区的建设提供了资金保障。为搞好金塔示范区建设，甘肃省从省级收取的新增建设用地土地有偿使用费、耕地开垦费中拨付 1300 万元，省的扶持成为示范区投入的一个重要渠道。涞源县通过采取“人三劳七”（即发包新增耕地时，人口因素占三成，投劳因素占七成）新开耕地分配方式、乡村负责前期投资农户负责后期投资、自愿入股联合投资和单户承包等四种做法，鼓励农民群众投劳投资，使示范区建设自筹资金达到 2000 多万元。临朐示范区在采取劳动积累工制度、先干后补办法和土地承包、荒山使用权拍卖等做法基础上，采取“八个一点”性即县财政挤一点、县直部门帮一点、乡镇财政投一点、村集体拿一点、农民出一点、从银行贷一点、干部职工捐一点、向上级争取一点的办法，共筹集和投入资金 14600 多万元。无锡示范区也采取了上述“八个一点”的办法，同样收到了很好效果。

（四）以确保工程质量为核心，搞好项目施工建设

各示范区从实际情况出发，在项目组织实施上采取了行之有效的办法。特别是对于政府投资的、以机械化施工为主的大型项目，多采用招标承包的办法。澄县、慈溪、金塔、遂宁等示范区在项目实施中实行业主负责制，并引入市场机制，推行工程招投标制、施工监理制、合同管理制，并实行工程质量终身负责制。

为确保工程质量，示范区大都制定或明确了项目建设质量标准和检查办法，对土地平整、耕作层、农田水利设施、田间道路、农田防护林建设等的工程质量做出了明确的规

定，并在项目实施中，加强监督检查。澄县、巩义、遵义、奉贤等示范区从有关部门抽调专业技术人员组成技术指导组，做到“一把尺子量到底，一个标准验到底”，项目建设中，及时进行技术指导，竣工后全面检查验收。无锡示范区建设坚持高标准，严把“四关”，即施工队伍关、施工标准关、建筑林料造价关和工程验收关。公安示范区为保证水毁耕地整理质量，区分了 0 至 50 厘米、50 至 100 厘米、100 厘米以上等淤积泥沙的不同厚度，采取辗压耕耙、深沟滤水、搬运泥沙、土壤夯实、翻耕施肥等不同的工程、技术措施，并种植不同的农作物，促进土壤熟化。遵义示范区寒婆岭示范点在土地复垦前，针对硫矿开采污染废弃土地特点，取土化验，反复进行水土保持及环境治理论证，确保了示范区建设有利于治理水土流失和环境污染。苏州示范区注重硬件建设与软件建设，在硬件建设上，按照吨粮田的建设要求，田块方格化，田间林网化，沟渠永久化，设施配套化。在软件建设上，结合示范区建设，对全市土地开发整理项目立项标准、立项程序、项目实施、验收标准、项目材料及建档要求等，以技术监督局的规范性文件进行规定，推进了项目的规范化管理。

（五）建立规章制度，严格资金管理，发挥资金使用效益

示范区注重加强资金管理，做到专户储存、专人负责、专款专用，并建立监督检查机制。巩义示范区在上述“三专”基础上，又实行了定开发任务、定投资额度、定奖惩条件、定审计制度的“四定”管理办法，保证资金管得住、用得好。澄县示范区按照人员专业化、安排合理化、管理规范化、拨款程序化、审计经常化的“五化”管理要求，县土地整理中心根据每项工程进度分期拨付工程款，并经主管县长签字审批后在专户账上支出，县财政部门、审计部门定期对资金使用进行专项检查，使项目资金做到收有凭、支有据。永城、澧县等市县积极推行拨借款报账制，结合工程决算，严格把关，效果明显。宜兴市坚持“三专”、管用分离的原则，建立项目投入预决算申报审批制度、财务专项管理制度和项目资金支付验收审计制度，保证了资金使用效果。永城市坚持每季度组织一次财务大检查，检查情况报市委、市人大、市政府和市政协，接受监督和指导，并由分管市长专门召集会议通报检查情况。遵义示范区通过制定实施《遵义市土地开发整理复垦专项资金管理规定》，规范了资金使用管理。有的示范区还加强了对资金使用、财务管理制度的宣传、培训，对资金使用情况实行公示，接受社会监督。

（六）注重权属管理，保障农民利益，巩固示范区建设成果

增加高质量耕地面积是示范区建设的重大成果，搞好土地权属管理，保障农民利益，确保开发整理后土地的有效利用是巩固示范区建设成果的必然要求。示范区在建设过程中，普遍重视了有关权属调整工作，对开发整理后的耕地和其他农用地及时确权利用。

涞源示范区在适当考虑人口因素的前提下，将开发投入与成果分配直接挂钩，人口数量和投入的劳动力在分配新增耕地时分别占一定的比重。澄县、遂宁等地因地制宜实行“按人分配”、“按工分配”、“集体支配”等多种调整权属方式。慈溪示范区结合新一轮土地承包责任制的签订，按原承包 1∶1.2 的比例重新发包，其余的新增耕地由乡镇、村集中管理，按照农业结构调整的要求，培植和发展规模经营。奉贤示范区打破村、组甚至乡镇界线，按照与原承包面积相等的原则进行调整。农民不想承包土地的，其原承包的土地交

村集体重新发包，由新承包者每年定量供应原承包者一定数量平价或免费的口粮，新增加的耕地，由村民委员会统一发包经营。遂宁、临朐等采取“治包结合”、“先包后治”等承包方式，由农民投资投劳对荒山、荒坡、荒沟、荒滩进行开发治理，经验收合格后，国家投资以政府补贴形式补贴给农民，开发治理的土地由农民承包经营，承包期限 30 年，开发难度大的，承包期限 50 年。

由于土地权属调整合理、及时，管理到位，示范区建成后，土地得到了有效利用，农民群众感到满意。

三、示范区建设的几点启示

实践证明，设立国家土地整理示范区是成功和富有实际意义的。通过示范区建设，在土地开发整理复垦的指导思想、政策制定、规章制度建设和项目管理等方面都给予我们许多启示。

（一）开展土地开发整理，要努力适应我国农业经济结构调整和切实增加农民收入的需要

在当前和今后一个相当长时期内，我国农业和农村工作的重点是积极实行经济结构的战略性调整，切实增加农民收入，全面实现小康目标。土地开发整理是促进我国农业生产和农村经济发展的重要因素，应当围绕农业结构调整和增加农民收入展开，使之在促进农业增产、增效和农民增收上发挥重要作用。

总结验收中看到，示范区建设普遍受到农民群众的欢迎，其中一个重要原因就是示范区的建设与当地农村经济的发展结合起来，与发展高效农业、生态农业、特色农业、设施农业结合起来，与增加农民收入结合起来，示范区成为当地农村经济和农民收入的增长点。在今后土地开发整理指导思想、管理政策与规划设计上，要从增加和建造高质量耕地与农用地出发，立足于服务现代农业，服务农业规模经营，服务提高农业质量和综合经济效益，只有这样，土地开发整理才真正具有生命力。

（二）在土地开发整理投入机制上，政府投资要体现公益性，其他社会投资要坚持有偿性

农业是一个弱质产业，世界各国政府通过不同形式对本国农业予以补贴扶持。我国政府投资进行土地开发整理属于农业基础建设投资，是间接补贴农业的一种重要形式，符合世贸组规定的“绿箱”政策。土地是一种战略性资源，属于“半公共物品”性质，对于土地的开发整理，应在尊重市场经济规律的前提下，更多地坚持政府行为，体现公益性。在我国大部分地区，特别是经济欠发达地区，政府投资不仅是土地开发整理的一个不可缺少的渠道，而且还发挥着重要的主导和引导作用。土地开发整理又是一项工作量浩大的系统工程，除政府投资外，必须拓宽渠道，从社会各方面筹集资金，建立高效的、市场化的筹资机制。从示范区建设过程中形成的投资主体多元化看，筹资机制的核心问题就是效益问题。各种经济组织、企业和个人参与土地整理，其根本原因就是土地整理的后续产业有非常好的效益和非常高的回报，因此，土地开发整理中社会性投资必须体现自愿和有偿的

原则。在社会主义市场经济条件下，土地整理体现政府行为的性质，同时兼顾市场选择，从中找到政府行为和市场选择的结合点。政府的目的是增地，企业的行为是增效，个人的目的是增收，尽管角度不同，出发点不一样，但都以土地为对象，这就是政府、企业和个人三者的结合点，围绕这个结合点，建立良性机制，推进土地整理事业。

（三）开展土地开发整理，应当从提高粮食生产能力出发，立足于建造高质量、良好生态效益耕地的前提下，努力增加耕地面积

通过土地开发整理增加耕地，实质是新增粮食生产能力。提高粮食生产能力应当是耕地数量、质量和生态保护并重。耕地数量、质量和生态保护是耕地全面保护的一个有机整体，是耕地保护发展方向的必然要求。特别是在我国耕地后备资源十分有限和当前农产品供需基本平衡的条件下，提高耕地质量和改善生态环境尤为重要。从金塔、临朐等示范区建设经验看，示范区粮食生产能力提高明显和综合效益突出的地方都是耕地数量、质量和生态保护并重做得好的地方。

在当前农村经济进入新的发展阶段、促进农业增产增效、农民增收的情况下，从保障粮食生产能力出发，对土地开发整理复垦补充耕地任务还有待于进一步分析研究，进一步提出衡量标准。对耕地以外、具有粮食生产能力的其他农用地作为完成补充耕地任务有待于明确有关政策、提出有关要求。

（四）土地开发整理必须根据不同区域特点，从当地实际情况出发，因地制宜地展开

综合示范区建设情况，有一个共同特点就是无论是零星地块、水冲沙压等的土地整理还是工矿废弃地的复垦、坡改梯工程或村庄搬迁等，都是从示范区实际情况出发，因地制宜地确定土地开发整理复垦的重点方向和建设要求。

我国土地开发整理复垦资源分布广泛，类型很多，各地自然条件和农业生产要求差异很大，因此，在实施土地开发整理复垦时，在有关田、水、路、林等的建设重点、标准、要求等方面，都应区分情况，分门别类地加以指导。同时，在全国土地利用总体规划的指导下，在各省份开展土地开发整理专项规划基础上，进一步确定全国土地开发整理复垦的重点区域和类型，提出不同的建设要求，以适应补充耕地宏观管理的需要。

同时，在土地开发整理、实现农业综合发展上也应因地制宜。通过土地开发整理，既要增加耕地，也要从当地实际出发，适宜林、牧、渔业生产的，开发整理复垦成林、牧、渔业用地，努力促进土地资源可持续利用和农村经济的发展。土地开发整理不仅仅是建造耕地，同时也必然建造农用地，甚至通过土地开发整理复垦，达到整个土地资源综合整治的目的。

（五）开展土地开发整理，必须加强制度建设并落实好项目实施的各项管理工作

从示范区建设的实践看，搞好土地开发整理项目管理，必须做到“两个加强”。一是加强有关规章制度建设。这是项目管理科学化、规范化的基础，也是项目开好头、起好步并提高项目管理水平的保障。当前，在国家投资土地开发整理项目管理上，要在现有管理

办法和部门规章基础上，从项目考察、审核、建设实施、资金管理、检查验收、建后管护等各个环节进一步建立规章制度，逐步形成体系。

二是加强项目实施管理。实施管理是项目建设过程的重要环节，决定着项目建设的成败与质量。对于有关部门项目管理中一些成功做法，如项目法人制、招投标制、项目监理制等行之有效的现代管理方法，有的示范区已经试行，收到了很好效果，为指导面上工作，应进一步调研、总结和推广。同时，加强项目实施过程中的监督检查，保障各项规章制度的贯彻落实。

土地开发整理大力支持国家粮食主产区生产能力建设*

国土资源部土地整理中心项目计划处

党中央国务院历来十分重视国家粮食安全和粮食主产区的生产能力建设。尤其近两年更是加大了重视力度，继2004年中央一号文件要求集中力量支持粮食主产区发展粮食产业，促进种粮农民增加收入之后，2005年的中央一号文件又进一步强调，要切实加强对粮食主产区的支持，支持粮食主产区加强生产能力建设。2004年底发布的《国务院关于深化改革严格土地管理的决定》也明确提出新增建设用地土地有偿使用费要严格按法定用途使用，由中央支配的部分，要向粮食主产区倾斜。由国土资源部颁发的《全国土地开发整理规划》将东中部粮食主产区基本农田整理工程列为七项重大工程之首。根据党中央国务院文件精神，国土资源部于2005年2月下发了《关于加强和改进土地开发整理工作的通知》，进一步明确了土地开发整理工作的方向和重点，包括建立项目指南制度，促进资金与资源合理配置，向重大工程和粮食主产区、粮食主产县、基本农田保护区倾斜。

从2001年至今，已下达预算的国家投资土地开发整理项目中有三分之二安排在了国家粮食主产区内。13个粮食主产区省（自治区）共计安排项目997个，占下达预算项目总数的66%，国家投资总额116亿元，占全部国家投资的66%的997个项目中，示范区项目16个，示范项目96个，重点项目761个，补助项目124个，总计拟开发整理面积66万公顷，新增耕地达18万公顷的997个项目中，河北安排83个，总投资87719万元；河南安排97个，总投资79422万元；黑龙江安排48个，总投资36351万元；吉林安排30个，总投资20200万元；辽宁安排39个，总投资52813万元；湖北安排56个，总投资50058万元；湖南安排101个，总投资75717万元；江苏安排124个，总投资211744万元；江西安排68个，总投资52169万元；内蒙古安排28个，总投资10010万元；山东安排208个，总投资370903万元；四川安排75个，总投资70080万元；安徽安排40个，总投资43793万元。

国家投资土地开发整理项目对粮食主产区省份支持力度是逐年加大的。2001年在粮食主产区省（自治区）安排项目160个，开发整理面积15.8万公顷，总投资11亿元，占当年全国项目预算总额的54%；2002年安排项目52个，开发整理面积1.8万公顷，总投资3亿元，占当年全国项目预算总额的75%；2003年安排项目275个，开发整理面积15.3万公顷，总投资32亿元，占当年全国项目预算总额的65%；2004年安排项目达510个，开发整理面积33.1万公顷，总投资69亿元，占当年全国项目预算总额的68%（图1）。

2005年中央一号文件要求，新增资金主要安排在粮食主产区集中用于低产田改造，建

---

* 本文原发表于《土地整理动态》2005年第17期（总第292期）。

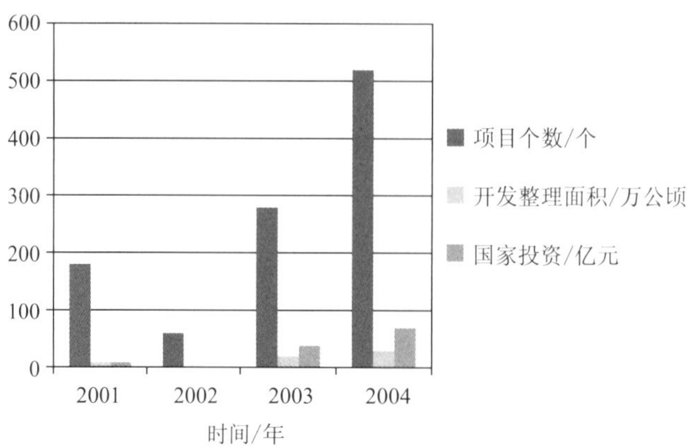

图 1　粮食主产区国家投资土地开发整理项目年度情况

设高标准基本农田。而实际上，4 年来粮食主产区的国家投资土地开发整理项目也一直侧重于土地整理，提高耕地质量。在全部 997 个项目中，开发面积总计仅为 8.8 万公顷，只占开发整理总面积的 13%，复垦面积仅为 4.9 万公顷，只占 7%；而整理面积则达 52.4 万公顷，占 80%（图 2）。通过项目实施，集中力量对中低产田进行整理，加大对小型农田水利基础设施建设和盐碱渍害治理的投入力度，推进节水灌溉示范，重点建设旱涝保收、稳产高产基本农田，提高了项目区粮食产量，增加了农民收入。

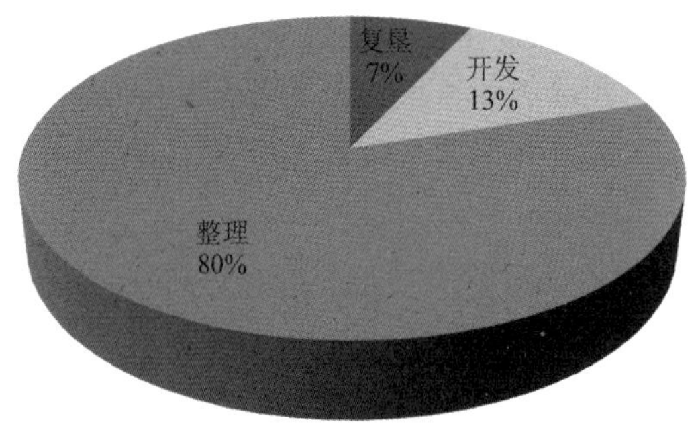

图 2　粮食主产区国家投资土地开发整理项目性质情况

粮食主产区是我国农业和农村经济发展的重点地区，肩负着加快农业和农村经济发展，保证粮食等农产品供给的重大任务。国土资源部在大力支持生产区建设的同时，也加强了项目实施管理，严格管好用好项目资金，确保国家资金真正用在改善耕地质量、促进土地集约利用、提高粮食生产能力、增大土地效益产出上，努力实现国家粮食安全的战略任务。

实行田、水、路、林、村综合治理积极促进社会主义新农村建设*

——关于邛崃市金堂县土地开发整理情况的调查报告（摘要）

国土资源部土地整理中心项目计划处

〔按〕下面刊发的是国土资源部土地整理中心项目计划处有关邛崃市金堂县结合土地开发整理，进行田、水、路、林、村综合治理，促进社会主义新农村建设情况调研报告的摘要。

土地开发整理怎样才能更好地促进社会主义新农村建设，是业内许多人士一直在研究的重大课题，也是决策部门关注的焦点问题之一。带着这个问题，国土资源部土地整理中心项目计划处组织人力于近期对四川省成都市所辖的邛崃市和金堂县进行了专题调研。调研组深入当地农村，在与广大干部群众进行广泛交流，了解研究当地土地开发整理工作情况及其在促进社会主义新农村建设中所起到的重大作用的基础上，撰写了这个调研报告。报告总结了邛崃市和金堂县结合土地开发整理，开展田、水、路、林、村综合整治，促进社会主义新农村建设方面所取得的显著成绩和主要经验，提出了今后土地开发整理如何服务于社会主义新农村建设的设想建议，可资借鉴参考，故予摘要刊发。

四川省成都市所辖市的邛崃市和金堂县人均耕地占有量低于全国平均水平，耕地中低产田比例较高，粮食综合生产能力和农民生产生活条件较差。近年来，当地党委、政府和国土资源部门从实际出发，结合土地整理，进行田、水、路、林、村综合整治，取得了显著成效。一是新增耕地 2.7 万余亩，改善和新增灌溉面积 1.9 万亩，农田平均复种指数由 2 提高到 2.5。二是建成了较为完整的农田水利工程体系，形成了沟渠相连、路桥畅通、林网环绕的水利、交通和农田防护林体系，零碎田块得到归并，为农业机械化生产打下了基础，农业综合生产能力显著提高，粮食平均亩产增加 80 多千克。三是实现了农业产业结构调整，促进了农业产业化经营，农民增收显著，农村集体经济得到发展壮大。四是极大地美化了自然生态环境，改善了农村居民的生产、生活条件，促进了城乡一体化发展和当地社会主义新农村建设，为全省社会主义新农村建设起到了良好的示范作用。

* 本文原发表于《土地整理动态》2006 年第 1 期（总第 324 期）。

一、主要做法

（一）实行综合整治

邛崃市、金堂县按照省委、省政府制定的“金土地”工程实施规划，以土地整理项目建设为契机，统筹规划、综合布局，大力开展农户搬迁，集中建设中心村和聚居点，推进社会主义新农村建设。邛崃市乐平乡坚持用统筹城乡的观点进行规划，按照“生产发展、生活宽裕、乡风文明、村容整洁、管理民主”的要求，紧紧把握住田、水、路、林、村综合整治的原则，实施土地开发整理项目。他们在广泛征求群众意见基础上，以村为单位，集中连片，科学选址，统一规划农民集中居住区、配套商业区和文化娱乐区。通过综合整治，乐平乡项目区耕地连片、规整，道路通畅；新建的中心村庭院整洁，水电气统一，极大地改善了村容村貌和农民群众的生产生活条件。

（二）加强统一领导

邛崃市、金堂县的土地整理工作之所以能在较短的时间里取得很好的效果，主要是因为当地党委、政府加强统一领导，国土、财政、农业、水利、交通、规划等部门充分发挥各自部门的职能特点和技术专长，分工协作，形成合力，避免了各行其道的单打一方式，集中了资金、技术、人力、物力，加快了项目实施进度，提高了工程质量。金堂县福兴乡土地整理项目建设内容包括土地整理、宅基地复垦、小流域综合治理、中心村和聚居点、生活配套设施、古镇保护、畜禽养殖场等的建设和改造。在金堂县委、县政府的统一领导下，县国土部门牵头，县财政、农业、水利、交通及规划等相关部门共同参与该项目的总体规划制定、可行性研究、施工设计，并共同为该项目筹集配套资金900多万元，集中打造中心村的水、电、路、燃气和通信、绿化等配套设施，安装了排污管道，建设了畜禽养殖中心和现代农业科技园区，建设了乡级公路，美化了周边环境。

（三）完善相关政策

邛崃市、金堂县十分重视制定完善与田、水、路、林、村综合整治和社会主义新农村建设相适应的政策和制度创新。他们在政策制定工作中，十分注重发挥市场配置资源的基础性作用，从实际出发，经过调查研究后开展政策制定工作，逐步建立起了一套与田、水、路、林、村综合整治，建设社会主义新农村相适应的政策。金堂县为促进城乡一体化建设，在开展占补平衡土地整理项目建设时，根据当地经济发展状况和农民经济条件，按照“统一规划、统一建造、统一分配、分批拆建、集体补偿、保护耕地”的原则，制定了建设中心村、聚居点的补助政策，对搬迁农户平均每人给予5000元的建房补贴，基本解决了农民建房资金不足的问题。工程完工后，项目区三分之一左右的农户搬入中心村居住。其中部分农民利用这个机会弃农经商，既活跃了农村商品经济，提高了农民收入，又促进了耕地集约化使用，为农业产业结构调整创造了良好条件。

（四）拓宽投资渠道

按照工业反哺农业的指导思想，根据城乡一体化建设的需要，邛崃市和金堂县对项目投资体制和投资范围进行了大胆改革，坚持政府主导、群众参与、项目运作、社会介入、科技支撑的运作模式，努力实现投资结构多元化，促进土地整理工作的深入开展。这两个市、县投入土地整理项目的资金中，既有国土部门的新增建设用地有偿使用费、土地复垦费、土地出让金用于农业土地开发部分、新增耕地折抵指标流转收入等资金；也有来自农业、林业、建设、水利和规划等各部门的中低产田改造资金、农田水利建设资金、水利部门的小流域治理资金、交通部门“村村通资金”等。同时，他们还积极鼓励单位和个人开展土地整理，通过指标流转市场，有偿流转农用地整理指标折抵和建设用地指标置换政策，筹集资金。为加强资金的统一管理，他们建立了土地整理专项基金，设立了土地整理资金管理专户，对上述三类资金统一管理，统筹安排，合理使用，集中投入土地整理项目区建设，使之产生良性互动，形成 1 + 1 大于 2 的良好效果。另外，他们根据迁村并点工作的需要，在充分调查研究基础上，适当扩大了项目的投资范围，加大了对占补平衡项目区农民房屋搬迁、补偿和重建的资金投入。

（五）保护生态环境

在土地开发整理中，邛崃市、金堂县从构建社会主义和谐社会出发，十分重视对土地景观和生态环境的保护，尽量减少土地整理项目对动植物生存环境和自然景观的破坏，并在此基础上采取积极的改良措施，形成更加合理、功能更强的景观生态环境。邛崃市在开展土地整理时，特别注意在项目规划、工程设计和施工建设中采取多种技术手段和措施，加强对项目区土地、景观、生态环境、历史遗迹和旅游文化设施的保护与建设力度，实现了项目区农业、环境、自然生态、土地景观、旅游文化产业的综合发展，满足了项目区域人与自然多元化协调发展的需要，促进了区域经济协调统一发展。

二、几点建议

邛崃市、金堂县以土地整理为契机，实行田、水、路、林、村综合治理，积极促进社会主义新农村建设的做法，使人们进一步认识到了土地开发整理在推动社会主义新农村建设中所具有的重大作用。为了充分发挥土地开发整理在推动社会主义新农村建设中的作用，使土地开发整理为社会主义新农村建设作出应有贡献，特就今后的土地开发整理工作提出以下几点建议：

（一）统筹城乡，综合布局，进行田、水、路、林、村综合整治

过去许多地方在开展土地开发整理工作时，由于认识上不到位，注重了对田、水、路、林的治理，忽视了对村庄的整治，影响了项目建设综合效益的实现。因此，今后在开展土地开发整理时，要注重土地开发整理项目建设与其他有关部门专项规划的衔接，综合考虑不同地区地貌地形特点、制约农业经济发展的主要问题及经济社会发展水平等不同因素，在广泛征求当地群众意见基础上，把农村的建设和发展纳入城乡一体化的布局中，使城镇社区与农村村落、居住区与畜禽饲养加工区、工业园区与农业生产基地、生产生活设施与生态环境成为一个有机整体。要以村为单位，集中连片，综合治理，形成腾地、归并、整治、造田的一条龙实施模式，做到农田向规模经营集中、居民点向中心村和小城镇

集中、乡镇企业向工业园区集中，最终实现彻底改变农村面貌，提高农民居住水平和生活质量的目的。

（二）坚持“四统一”运作模式，形成合力

随着中央对农村工作重视程度的不断提高，各部门投入农业和农村的资金也不断增加，但目前存在资金投入较为分散的问题。具体表现为部门之间各搞各的规划，各作各的项目，各投各的资金，没有形成合力。这种分散管理的局面不能满足项目区田、水、路、林、村综合整治的需要，也不利于开展社会主义新农村建设。因此，今后各地在开展土地开发整理项目建设时，应实行统一领导、统一规划、统一投入和统一实施，也就是“四统一”的模式。即在各级党委、政府的统一领导下，围绕土地开发整理的总体要求和建设目标，由国土资源部门牵头，有关部门共同参与项目规划，对项目区田、水、路、林、村进行综合整治。各部门在统一规划基础上，分工协作，集中投入，统一实施项目建设，实现土地开发整理与小流域治理、生态环境保护、现代农业园区建设、农业综合开发、农村宅基地改造、城乡一体化建设相结合。“四统一”模式的好处是打破了部门壁垒，使各部门在土地开发整理工作中相互支持，协同配合，充分发挥各部门的职能特点、技术专长和资源优势，形成合力，更好地推进项目实施工作。

（三）完善政策法规，提高项目管理水平

要通过不断完善土地开发整理的法规政策，健全项目管理机制，规范项目运作，提高项目管理水平，使土地开发整理更好地服务于社会主义新农村建设。一是要积极研究土地开发整理参与社会主义新农村建设的工作目标和行动计划，指导部署今后一个时期土地整理的工作任务。二是要勇于创新，敢于突破，以统筹的观念和科学的态度积极开展政策制定工作，逐步建立起一套适应田、水、路、林、村综合整治和社会主义新农村建设需要的政策法规体系。三是进一步完善土地整理项目指南发布制度，提高项目计划管理水平，充分发挥计划工作的宏观调控作用。在项目安排上，要向粮食主产区、主产县倾斜，大力推进基本农田整理。四是加强土地整理项目管理机制建设，努力完善土地整理的项目决策、工作协调、利益分配、监督管理等管理机制，进一步完善项目工程立项、项目设计、实施建设和资金管理等方面的规章制度和管理办法。五是积极研究制定土地开发整理的技术规范和工程标准，加大对从业人员的培训工作力度，提高从业人员素质。通过完善政策法规和各项管理制度，使土地开发整理工作逐步走上法制化、制度化和规范化轨道。

（四）创新投资体制，实现土地整理资金多元化

土地开发整理具有高投入和收益慢的特点，对资金的要求很高，如果不能形成多元化的投资体制，仅靠政府投入的资金支持是远远不够的。同时，完全的政府投资可能导致无人负责、效率低下等问题的产生。因此，为更好地促进资金与资源的合理配置，从当前土地开发整理工作的实际出发，应加大对项目投资体制的研究力度，积极探索实现土地开发整理投资结构的多元化。要在现有国土部门的新增建设用地有偿使用费、土地复垦费、土地出让金用于农业土地开发部门等资金基础上，结合农业、林业、建设、水利、规划等相关部门的配套资金建立土地开发整理专项资金的集中投入机制，统筹规划，共同开展项目

建设。要支持鼓励单位和个人灵活运用农用地整理指标折抵和建设用地指标置换政策，有偿流转，筹集资金。要积极探索以地入股、新增耕地使用权流转、政府贴息贷款、提供信用支持等途径，广泛吸纳社会资金和民间资金，逐步形成土地开发整理多元化投融资机制。同时，要积极研究对策，调整完善国家投资土地开发整理项目投资范围，以更好地适应田、水、路、林、村综合治理的需要。

江西实行农地与建设用地整理并举积极参与新农村建设*

国土资源部土地整理中心　江西省土地开发整理中心

党的十六届五中全会通过的《中共中央关于制定国民经济和社会发展第十一个五年规划的建议》提出了建设社会主义新农村的重大历史任务，赋予了当前乃至今后一段时期土地开发整理工作新的内涵，对新时期土地开发整理工作提出了更高的要求。土地开发整理不仅是建设高效、现代化农业的重要手段之一，也与社会主义新农村建设密不可分，通过农用地与农村建设用地整理项目的实施直接参与新农村建设，是国土资源部门支持、配合、促进新农村建设的工作重心。近几年来，江西省充分发挥土地开发整理在新农村建设中的作用，为该省的社会主义新农村建设作出了积极贡献。

一、江西省新农村建设中的村庄整治的主要类型

江西作为农业大省历来重视农村建设，各级政府根据新农村建设目标和农村经济状况，有计划、有步骤全面推行新农村建设。全省各地按照新农村建设的总体要求，积极参与村庄整治工作，从总体情况来看主要有以下几种类型：①为加强农村建设用地管理，促进节约集约用地而开展的空心村整治和移房上山，宜春市政府和国土资源部门早在20世纪90年代就大力推行拆旧建新、空心村整治和移房上山。②为避免各种灾害的侵袭，保障农民的生命和财产安全而开展的村庄整体搬迁，如高安市田南镇东村村因地下为煤矿，属煤矿采空沉陷区，村民生命和财产安全受到严重威胁，于2004年起村庄逐步搬迁至地质条件稳定的山坡上。③为改善农民的生活居住条件，在基本不动迁房屋的情况下，增加基础设施投入，改造电网，修筑村道、巷道，疏通排水，整治村内环境。如2004年起赣州带动的以村镇规划、“三清六改四普及”（清垃圾、清污泥、清路障，改房、改栏、改水、改厕、改路、改环境，普及沼气池、普及有线电视、普及电话、普及太阳能）和以文明村镇创建为重点，以增加农民收入、提高农民素质和生活质量等为主要内容的新农村建设。④以改善农村生态环境，完善农田基础设施功能，改善耕作和农民居住条件，增加农民收入等为主要内容的土地整理项目的实施。

二、江西省新农村建设的主要做法与成功经验

（一）政府引导，规划先行

新时期、新形势、新概念的新农村建设，需要打破农村建设中一些传统的旧观念，要

* 本文原发表于《土地整理动态》2006年特刊第1期。

废除诸如迷信选址与房屋座向等陋习，还要引导农民按规划要求建房，实行节约集约用地等，这就需要各级政府和有关部门加强宣传，正确引导。以农民为主体，充分调动农民自身的积极性，逐步建立农民自我管理、自我发展的机制和良好的社会风尚，科学有效地指导新农村建设。赣州市专门成立了新农村建设工作领导小组，市国土资源局为领导小组第一责任单位。市委、市政府出台了《关于加强新农村建设工作的决定》等一系列配套政策，对该市新农村建设起到了积极的引导作用。

以规划为龙头，统筹发展，着眼长远，按照“立足当前，适当超前”的原则，体现地方特色，综合考虑新农村建设中的旧村改造、空心村整治、废弃宅基地复垦、农田整理和环境优化等，最终达到节约集约用地、改善居住环境和农业生产条件，提高农民生活水平和增加农民收入的目的。江西省宜春市农村旧村改造始于20世纪90年代，从2004年起市财政每年给市国土资源局拨款100万元专项用于村镇建设规划，按照宜改则改、宜迁则迁、宜并则并的思路，力求建设与复垦整理并举，实现保护耕地的目标。目前全市80%村镇已编制了村镇建设规划。高安市田南镇东村村因地处煤矿采空沉陷区，全村人口762人，180户在确定整体搬迁后，市政府和国土资源局立即组织队伍对新址进行地质灾害勘察评估，在此基础上，市国土资源局和建设局分别承担新村土地利用规划和村庄建设规划。严格按照“一户一宅，不超标准”的规定安排宅基地，实行统一规划、统一平整、统一配套、统一建设。东村新址的建设，通过按规划实施，房屋布局整齐，道路、给排水配套，实现节约集约用地，新村建设用地总面积107亩，是原村庄的40%。市国土资源局与搬迁户已签订了原籍宅基地复垦协议，待农户全部搬迁完毕后，开始实施旧村宅基地复垦，预计可新增耕地面积200多亩，有效地保护了耕地。

（二）公众参与，民主决策

新农村建设涉及千家万户，不能全靠行政措施来完成，需要充分考虑当地的民风民俗和经济实力等因素，更需要广大的农民支持、配合与参与。赣州、宜春等地的新农村建设，基本上是在新农村建设方案拟定后，广泛征求村民意见。在房屋宅基地拆迁、安置和择位等敏感问题上，涉及村庄整治的有关方案均通过村民集体民主商议。高安市田南镇东村村新村建设中，因有煤矿企业提供地灾赔偿，在确定拆迁补偿标准时，委托市房管局根据房屋的不同年限、结构、类型等对原有房屋及附属设施进行综合评估，然后由村委会对评估结果张榜公告，在广泛征求村民意见的同时，对补偿标准有异议的，村委会组织村民代表协商，补偿标准基本上得到村民普遍接受。

（三）整理复垦并举，有效保护耕地

新农村建设内容不仅仅是指村庄和集镇的建设，还包括村镇周边的环境建设、建设高标准农田和增加农民收入等，这与土地开发复垦整理的含义是一致的。农用地整理是对已利用的耕地实行田、水、路、林、村综合整治，完善农田基础设施，提高耕地质量，改善生产条件和生态环境。新农村建设中的村庄整治是拆旧建新、空心村整治、中心村建设等为主要建设内容，达到村庄建设布局合理、节约用地、设施配套、环境整洁、村貌美化的目的。所以在新农村建设中，应切实将农用地整理和建设用地整理有机地结合起来，将新农村建设中的村庄建设规划纳入土地复垦整理规划。应充分挖掘村镇建设用地的潜力，该

迁则迁，该并则并，该拆则拆，合理提高村庄用地的建设容积率，提倡多层化，实现农村建设用地的节约集约利用。对迁移、拆并的废弃宅基地，要根据其适宜性，按宜建、宜耕、宜果、宜林的具体情况，及时进行复垦整理，充分发挥每一寸土地的功效。要实行田、水、路、林、村的综合整治，实现村庄整齐美观、道路畅通、田园风光如画的目标，提高农村生产、生活水平。兴国县高兴镇文溪村现有农户217户，人口1090人，在没有实施新村建设统一规划前，村庄原有房屋200多栋，每户建房占用宅基地在150平方米以上，甚至存在一户两宅或多宅，且村庄内部有大量的空闲和破旧房屋，致使大量的宅基地空闲和浪费。该村实施新农村建设后，经过重新布局，统一规划，严格实行一户一宅制，已完全能满足320多户农民居住用地需要，有效地控制了新建房屋占用耕地。按照每户120平方米建房占地面积计算，通过新农村建设，已节约建房用地30多亩。再如高安市石脑镇赤岸东头村，人口390人，91户，由于村庄处于锦河北岸，地势低洼，连年遭受洪涝的侵袭，造成了部分房屋坍塌，严重威胁村民财产和生命安全。为此，市国土资源局为免除该村连年遭受洪涝灾害，新选择了地势较高的桥西村北面的荒坡地，进行新村规划。采取整体搬迁，分三期建设，该项工作得到村民的积极响应与参与，国土、卫生、交通、体育等部门和单位给予了一定的支助，帮助该村做好整体搬迁工作。目前70%的村民已迁至新村，市国土资源局与老村庄的91户农户签订了宅基地复垦协议，通过复垦，预计能新增耕地面积60余亩。新规划的村庄只用了荒坡地40余亩，减少了占用耕地，改善了村民生产、生活条件和生态环境，有效地推进新农村建设的健康、有序发展。

（四）因地制宜，形式多样

江西虽不是少数民族聚集的省份，但各地的生活习俗和地方文化也千差万别，甚至有些地方具有浓厚的传统地方特色。如上饶市婺源县就有浓厚的徽派建设特色，而赣州市大部分地方则有鲜明的客家特色。因此，在新农村建设过程中应注重保留和续存地方特色的地源文化，根据当地经济状况，决定村庄整治模式和标准。兴国县高兴镇蒙山村和长径村在新村建设过程中就是两个截然不同的模式。蒙山村是按照新村建设的统一规划，全面整治；而长径村则是不改变村庄的原貌、不拆迁旧房，对村庄的村路、巷道、给排水进行改造，充分利用村庄内边角地种树植草，增建公益公共设施，对房屋的外墙统一刷白，使得村内整洁、村容美观。

（五）以点带面，稳步推进

新农村建设是党在新时期提出的新概念和新任务，不是短时期就能完成的，是今后很长一段时期的重要任务。积极探索比较成熟的建设模式，总结经验，少走弯路，防止浪费，是全面推进新农村建设的有效办法。农村村庄点多、分散，各个居民点的实际情况各不相同。实践证明，通过试点示范总结经验是很好的做法，示范点是新农村建设“试验田”。通过实践检验，积累经验，树立榜样，点面结合，增强信心，积极参与，以推动新农村建设向纵深发展、赣州市示范点工作比较到位，打造了一批根据“五新一好”的要求全面发展的综合型精品示范点，使该市新农村建设得以稳步推进。

（六）多元筹资，尽力而为，量力而行

建立新农村建设的内生和长效机制是新农村建设持续开展的原动力。新农村建设资金如果仅靠政府补助、部门扶持、社会捐助、农民筹集来支撑，就形成不了全面推行新农村建设的内生和长效机制。通过村庄整治，推进农村建设用地的合理流转，宅基地有偿使用、集体土地租赁等收入和村民筹资，作为新农村建设资金主要来源，实现新农村建设多元筹资。在新农村建设过程中应做到尽力而为、量力而行，不搞浮夸、虚假和形式。高安市田南镇东村村整体搬迁的直接原因是煤炭开采导致该村遭受地质灾害。因此，该村新村建设的资金来源：一是煤炭开采企业按照有关规定给予该村的750万元煤矿地灾治理费；二是采取“竞价择位”的方式筹集的70余万元资金。所谓“竞价择位”，就是对较好位置的地块进行公开竞价。该村择位费最高达到23800元/宗，最低的也有7000元/宗。

三、当前土地开发复垦整理参与新农村建设存在的主要难题

（1）农村建设用地整理是促进新农村建设的重要举措之一，是一项长期而艰巨的任务，规划是新农村建设的龙头，如何将村庄整治规划纳入土地开发整理规划还有待于进一步探讨。

（2）现行的农村宅基地使用制度不完善，法定的“一户一宅”制没有很好地落实，对超面积和一户多宅的现象没有有效的限制措施，导致建设用地整理实施中拆迁难，改变农民传统观念难，影响规划实施的老宅基地调整难，存在相关法律规定与现行保护农民利益政策衔接不到位的问题。

（3）农村集体经济组织或个人参与农村建设用地整理复垦缺乏国家政策性支持。由于投资成本较高，且还耕后的耕地指标缺乏兑现渠道，无法按照“谁投资、谁受益”原则实现投资回报，导致人们缺乏参与农村建设用地整理的积极性和内在动力，农村建设用地整理难以全面介入新农村建设。

（4）国家、地方土地开发整理项目投资对农用地开发复垦整理有了明确的规定，但没有明确土地开发整理专项经费投向项目区内村庄整治的内容和资金比例。农田通过整理后，田园风光秀美，而项目区内农村居民点居住条件、环境依旧落后，不能很好地将土地整理与新农村建设有机地结合起来。

（5）建设用地占用耕地实行补充平衡任务有专项资金保障，而农村建设用地通过整理后，实现了节约集约用地，减少了占用耕地，达到了以建设促耕地保护的目的，却无相应的鼓励和扶持政策。

四川全面实施“金土地工程”以实际行动贯彻落实中央关于建设社会主义新农村战略部署*

四川省土地统征整理事务中心

2005年12月24日，四川省人民政府在成都市金堂县栖贤乡向前村隆重举行“金土地工程”启动仪式，宣告正式全面实施“金土地工程”，以实际行动贯彻落实中央关于建设社会主义新农村的战略部署。

四川省委、省政府对开展土地整理，实施“金土地工程”工作高度重视，省委、省政府主要领导多次做出重要批示。省政府成立了“金土地工程”协调小组，省委副书记、常务副省长蒋巨峰任组长，省委农办、省政府发改委、财政厅、农业厅、水利厅、国土资源厅等相关部门负责人为成员。省委办公厅印发了省国土资源厅《整理土地，服务三农》的专题调研报告。省政府第84次常务会对“金土地工程”进行了专题研究，并下发了《四川省人民政府关于实施专项土地整理（金土地工程）工作的通知》，印发了《“金土地工程”实施方案》。“金土地工程”已经成为四川省推进社会主义新农村建设的重要内容和载体之一，受到全省各级政府和社会各界广泛关注。

四川省“金土地工程”的主要目标是：2005～2010年在全省投入150亿元，整理1000万亩土地，新增耕地不少于100万亩，建成600万亩高产稳产基本农田，实现全省耕地占补平衡。耕地质量得到提高，耕地利用效率明显提高，生态环境明显改善，农村城镇化和农业产业化得到协调一致、高速发展，促进社会主义新农村建设。

四川省“金土地工程”的基本思路是：在政府主导下，国土资源部门牵头，政府各组成部门配合，社会广泛参与，综合运用地球化学调查成果，依靠科技手段，采取各项工程技术措施，对农村田、水、路、林、村进行综合整治，建设和增加高标准基本农田，改善农业生产条件和农民生活条件，增加农民收入，提高全省农业综合生产能力。主要采取分级负责，层层落实；科学规划，示范引路；集聚资金，加大投入；尊重民意，实事求是；规范运作，落实制度等工作措施，实现“金土地工程”目标。

在省、市、县、乡等各级人民政府和广大人民群众的共同努力下，“金土地工程”已取得初步成效。以成都市蒲江县复兴乡项目为例。通过对坡地、荒地、废弃地进行坡改梯，对零碎的田块进行归并，改造坡耕地1558.2亩，归并田块2616.6亩，整理后每块地达5亩以上；对山坪塘、蓄水池、河堰、河堤和支斗牛毛渠进行规范化、标准化改造，建渠沟74.6千米，山溪堰49道，山坪塘12口，蓄水池95口，修复水毁河堤56米，改善和新增灌面3200亩；平整农田、改造下湿田1400亩；修建机耕道，形成村通水泥路、社通

---

* 本文原发表于《土地整理动态》2006年第11期（总第334期）。

油路、户通碎石路；在充分尊重农民意愿前提下，拆院并院，对原宅基地实行复垦整理，新建农舍，使农民住上了新居。土地整理项目的实施，彻底改变了当地农业生产条件，农田能排能灌，旱地旱涝保收，机械化耕作程度大为提高，为当地农业产业结构调整、土地规模化经营奠定了扎实基础，农民生活条件得到极大改善。随后成都邛崃市等地相继大规模实施“金土地工程”。成都市2005年新开工的“金土地工程”项目总规模就达到30余万亩，全省其他试点县、区如南充市仪陇县、宜宾市翠屏区“金土地工程”进展也十分顺利，并得到了群众的积极拥护和大力支持，“金土地工程”开局良好。

在2006年年初召开的全省国土资源管理工作会上，省政府把“金土地工程”任务列入了对地方政府的考核目标中，实行目标管理。

根据省政府下达的目标要求，列入2006年四川省“金土地工程”计划的项目总计106个，建设总规模101.60万亩，计划完成投资额16.68亿元。其中，国家投资项目28个，项目总规模29.94万亩；省投资项目15个，项目总规模20.58万亩；地方投资项目63个，项目总规模51.07万亩。

该计划已分解落实到各市（州）政府，实行目标考核。下一步将进一步围绕服务社会主义新农村建设，加大贯彻落实力度。一是进一步完善政府主导，国土资源部门牵头，各部门配合协调，上下联动的“金土地工程”建设工作领导机制。二是积极探索以国家和地方财政投资为主，社会各方力量广泛参与的“金土地工程”投资的长效机制。三是加强项目实施监督管理，修改完善项目管理办法和规章制度，规范“金土地工程”可研、设计、施工、监理等市场行为，把“金土地工程”纳入科学、规范管理的轨道。

海南土地整理积极服务新农村建设对新农村建设发挥很大促进作用[*]

海南省土地整理中心

海南省土地整理积极服务于社会主义新农村建设，正在对社会主义新农村建设发挥着很大促进作用。

一、对农田特别是基本农田进行整理，改善了农田基础设施和农业生产条件，提高了农田生产能力，增加了农民收入

琼海市大路洋土地整理项目和屯昌县坡心镇土地整理项目是海南省首批两个国家级基本农田整理项目，项目实施的重点在于对基本农田区域内中低产田进行改造。

屯昌县坡心镇项目实施前，每年一到雨季，3500 多亩基本农田就严重受涝，大量积水排不出，农民无法种植反季节瓜菜。项目实施后，完善了排涝设施，彻底解决了长年困扰项目区的涝灾问题。2005 年冬季该农田第一次没有被浸泡，农民也第一次在该地块种植瓜菜，加上当年海南冬季瓜菜收购价格奇高，大大增加了当地农民的收入。另外，部分田间道路建成后，项目区内村庄之间的交通便利了，人们从此不再绕道行走。年初海南省国土资源厅组织对项目进行实地检查时，当地村民拉着检查组人员的手不放，一个劲地称赞政府为农民办了一件大好事，涝灾解除了，他们的日子也好过多了。

琼海市大路洋项目在解决区内排水问题的同时，通过对 U 形槽的科学设计和合理施工，不仅大量节约了用水，还使灌溉条件和交通环境大大改善。当地一农户承包了项目区已完工的 8 亩土地，抢种了青皮冬瓜，生产期只有 3 个多月，亩产平均达 0. 6 万千克，又赶上好价钱，青皮冬瓜的地头收购价就达 1. 6 元/千克，每亩单季的产值近万元。而之前，由于没有排灌设施，无雨时农民种冬瓜，要从较远的地方提水灌溉，有雨时则被水淹，造成生产成本高、产量低。土地整理后，生产条件改善了，产量提高了，收入增多了，农民笑得很开心。

二、将土地整理与生态文明村建设相结合，改善了当地农村面貌，提高了农民居住水平和生活质量

与生态文明村建设相结合实施得比较成功的项目是昌江县七叉镇道烈坡易地开垦耕地示范项目。该项目于 2005 年 11 月 19 日竣工。

---

* 本文原发表于《土地整理动态》2006 年第 22 期（总第 345 期）。

昌江县七叉镇道烈坡项目建设规模总计 1264 亩，项目总投资预算 325 万元，由三亚市海坡二线开发商出资。昌江县政府另外配套资金 124 万元建设了一座长 44 米的拦水坝和一条长 1320 米的渡槽，将附近山上的泉水引入项目区，既解决了项目区 5000 亩耕地的灌溉问题，也基本解决了项目区群众饮水难问题。同时，结合当地少数民族扶贫、民房改造和村庄整治工程，将项目区田间道与附近村庄道路相连，形成路网，道路两边种植整齐的防护林带，使项目区的生态环境和居住、交通条件得到根本改善。

项目实施后，新增耕地 1007 亩，不仅落实了占一补一的任务，还为当地少数民族村提供了大片新耕地，为调整农业产业结构，发展多种经营，促进当地农民脱贫致富，打下了坚实的基础。为此，当地农民专程到省国土资源厅送地瓜酒，送感谢信，称这是真正的民心工程。

三、将土地整理与建设高效农业相结合，发展了农村经济，带动了农民致富

东方市杨凌高效热带农业基地土地开发整理项目位于东方市华侨农场境内，西临弯溪水库，北靠柴头水库，东、南与东方市杨凌高效热带农业基地相邻。项目区实施前大部分土地利用现状为荒草地，东方市土地利用总体规划将其确定为一般耕地开垦区。项目总建设规模 218.47 公顷，总投资 686.77 万元，实施期为 1 年。目前项目工程已竣工验收，确认新增耕地面积 110.34 公顷。

该项目通过公开竞投的方式选择确定，由海南优秀农业龙头企业——杨凌（东方）高科技热带农业有限公司作为项目的实施单位。项目竣工后子项目实施单位将新增的耕地一并纳入其高效热带农业基地，种植经济效益高的热带香蕉，每年亩均产值接近 1 万元，亩均净利润可达 6000 元以上。不仅带动当地农民致了富，改善了村容村貌，稳定了社会环境，还使得杨凌基地成为目前海南省规模较大的香蕉种植基地，被省农业厅认定为省级农业龙头企业。

各地反映：土地整治给力抗大旱保丰收*

国土资源部土地整理中心　杨　磊　赵晓波　杜亚敏

〔**按**〕2010年10月以来，我国华北黄淮地区降水持续偏少，山东、河南、安徽、江苏等地出现了严重旱情。国土资源部对旱情高度关注，采取了一系列有效措施。2011年2月15日，徐绍史部长亲临一线，出席全国国土资源系统抗旱找水打井行动启动仪式，视察土地整治工程抗旱现场。

在国土资源部耕地保护司的指导下，土地整理中心与中国国土资源报社合作，开展了"土地整治项目抵御旱情"的专题调研与报道；郧文聚副主任赴河南邓州调研土地整治项目区的抗旱情况。

从各大媒体的抗旱报道中不难发现，土地整治工程的抗旱效应充分显现出来，得到了社会的广泛认可，土地整治项目已经成为抵御自然灾害的重要民心工程。土地整治工程在这次抗大旱中的表现，充分证明了中央大力推进土地整治的高瞻远瞩。

◎ 国土资源系统抗旱打井行动启动，徐绍史出席（《大众日报》）

◎ 山东：吹响"抗旱打井"集结号，第一口井在临沂出水（中央人民广播电台）

◎ 宁夏：中北部土地开发整理为农民春耕减负（《宁夏日报》）

◎ 河南：旱情考问土地整理进程（《河南日报》）

◎ 广西：土地整理抗旱显身手（《广西日报》）

◎ 江苏：新沂市20万亩土地整理项目区灌溉到位（《中国国土资源报》）

◎ 山东：开启农家新生活（《中国国土资源报》）

◎ 河南：土地整理增强作物抗旱能力，河南400万亩小麦绿意浓浓（《中国国土资源报》）

◎ 河南：邓州土地整理为农业增产保驾护航（《中国国土资源报》）

◎ 安徽：淮北土地整理项目优先保障打井（《中国国土资源报》）

◎ 湖北：枣阳16万亩田地"从容抗旱"（《襄阳日报》）

◎ 武陟土地整理项目给力春季抗旱（《中国国土资源报》）

◎ 辉县土地整理解抗旱燃眉之急（《中国国土资源报》）

◎ 旱情连连，整理过的土地何以滋润（《中国国土资源报》）

◎ 温县土地整理项目造福群众（《中国国土资源报》）

◎ 农村土地整治给力抗春旱（《中国国土资源报》）

---

* 本文原发表于《土地整理动态》2011年特刊第1期。

1. 国土资源系统抗旱打井行动启动，徐绍史出席

2 月 15 日上午，全国国土资源系统抗旱找水打井行动启动仪式在临沂市沂南县举行。国土资源部部长、党组书记、国家土地总督察徐绍史，省委副书记、省长姜大明出席并讲话。

徐绍史在讲话中说，当前旱情严峻，国土资源部对旱情高度关注，及早安排，提前部署，采取了一系列有效措施，支援抗旱找水工作。国土资源系统抗旱找水打井行动，将调集全国精干地勘队伍，携带先进的物探装备和钻机设备，支援旱区抗旱找水打井工作。在这次抗旱找水打井行动中，全系统、全行业要继续发扬政治素质高、业务能力强的优良作风，发扬特别能吃苦、特别能战斗、特别能忍耐、特别能奉献的光荣传统，主动服务，发挥优势，向党和政府以及灾区人民群众交出一份满意答卷。(《大众日报》)

2. 山东：吹响“抗旱打井”集结号，第一口井在临沂出水

据中国之声《新闻和报纸摘要》报道，全国国土资源系统和山东省投入数亿元资金、500 台钻机，在山东开展抗旱打井找水工作，第一口井昨天在临沂出水。经过 8 个小时的奋战，临沂市沂南县桃花埠村的第一口井钻井深度已经达到 188 米，每小时出水 16 吨。(中央人民广播电台)

3. 宁夏：中北部土地开发整理为农民春耕减负

又是一年春来早，春节“年味”气息还未散去，各地农民已开始忙春耕生产。记者 2 月 15 日在宁夏产粮大县平罗县采访时发现，随着我区农机化水平的提高和中北部土地开发整理重大工程项目的实施，往年忙于春耕生产的农民省了不少功夫。(《宁夏日报》)

4. 河南：旱情考问土地整理进程

“这次抗旱浇麦，土地整理项目发挥了至关重要的作用。”省国土资源厅厅长张启生说。1997 年以后，根据《土地管理法》，国家鼓励土地整理。“按照土地利用总体规划，对田、水、路、林、村综合整治，提高耕地质量，增加有效耕地面积，改善农业生产条件和生态环境。”现阶段的土地整理，主要包括土地平整、农田水利、田间道路和农业生态等四项工程。今年我省将进一步加大土地整理项目力度。对旱情严重的宜阳县，国土资源厅将提供 200 万元资金，帮助抗旱、帮助解决山区群众吃水问题。

去年秋天以来，我省遭遇罕见的旱情，严重威胁到生产安全，这对土地整理项目是一次严峻的考验。由于已建成项目区水利排灌设施完善，保证了有效的灌溉面积，不仅缓解了旱情，满足了项目区的取水需求。而且项目区内作物生长明显好于周边，展示了巨大的综合效益。

张启生说，河南目前还有 6000 多万亩中低产田，从河南省长期进行中低产田改造的实践来看，每改造一亩中低产田，可平均增产 150 ~ 200 千克粮食生产能力，土地整理空间巨大，6000 多万亩中低产田蕴藏着巨大的粮食生产潜力。(《河南日报》)

5. 广西：土地整理抗旱显身手

在伏德村伏店片有一个大约 20 亩的蓄水塘，由于土地整理项目水源修补防漏工程的及时修复，地下涌出的泉水得以有效保存，即使在大旱之年，每两天就能抽水灌溉周边 11 个屯的田地。

土地整理之前，因为蓄水塘漏水蓄水少、流水渠道不畅，尽管泉涌不断，但灌溉用水从来都不够。每年春耕急于用水时，一旦近水点的村屯围堤用水，稍远一点的村屯就无水可用。每年，为争夺水源，两个村屯的群众摩擦不断。

据天等县土地整理中心主任刘政海介绍，为了让土地整理项目更惠民，在项目实施过程中，该县国土部门专门聘请了水利专家，根据水资源调查情况对水塘承载的灌溉量比例进行分析，精确设计蓄水塘拦坝高度和宽度，以达到水量平衡；同时，对水源蓄水塘修补防漏并科学合理拦坝进行公平分配。

在小山乡小山村片，进行土地整理的项目区域和未进行土地整理的可谓“泾渭分明”——在土地整理项目区，稻田里的水满满当当，水稻一片翠绿；而在非项目区，田里光秃秃的，虽然地已翻好，但还得等待雨水降临。（《广西日报》）

6. 江苏：新沂市20万亩土地整理项目区灌溉到位

近年来，江苏省新沂市在实施土地整理项目过程中，注重水利设施建设，通过项目实施，新修灌溉泵站13座，斗渠防渗118.966千米、农渠防渗132.018千米，开挖农沟115.271千米、斗渠97.77千米，这些水利设施在此次大旱中发挥了巨大作用。目前土地整理项目区内20万亩耕地全部得到及时灌溉，小麦长势普遍良好。（《中国国土资源报》）

7. 山东：开启农家新生活

小河口社区2006年被国土资源部门列为市级投资土地整理项目区。在项目规划设计时，国土部门充分征求群众意见，把解决引水灌溉难题作为项目区整理的重点，专门聘请了山东农业大学专家对项目进行科学规划，依据项目区地形特点和临河优势科学选址，最终确定在沂河边修建大口井。

通过土地整理，先后建成2眼大口井，1座泵站，2座变电站，增设2台变压器，建成3个蓄水池，埋设PVC管道4244米，确保了整个项目区旱能浇、涝能排。如今，土地整理让原来“望天收”的低产田变成了旱涝保收田。（《中国国土资源报》）

8. 河南：土地整理增强作物抗旱能力，河南400万亩小麦绿意浓浓

2008年10月至今，河南省大部分地区干旱少雨，遭遇了自1951年以来的特大旱情。令人欣喜的是，在河南省各大土地整理项目区，处处麦苗青青，绿意浓浓。目睹此情此景，河南省政府一位负责同志感慨地说：“国土资源部门实施的土地整理工程功不可没！”

河南省是全国重要的产粮区之一，小麦产量占全国的1/4。为提高产粮区抗旱排涝能力，2001年开始，河南省共实施国家、省级土地开发整理项目929个，建设规模近400万亩。各地在平整土地、提高耕地质量的同时，共修建排灌渠道2160千米，打机井23035眼，修建大型水窖、坑塘和蓄水池450个。同时，国土资源部门与电业部门合作，完善了机井抽水设备及变压器等设施，一旦需要，即可开闸抽水灌溉。（《中国国土资源报》）

9. 河南：邓州土地整理为农业增产保驾护航，9个国家级投资土地整理项目新打机井2320眼

2月26日，河南省邓州市响起了今年来的第一声春雷，淅淅沥沥下起了春雨。该市自去年以来，连续140余天无有效降雨，但土地整理项目区内冬小麦长势良好。当地群众高兴地说：“土地整理项目给我们带来了实惠。”目前，该市已实施了国家投资土地整理项目9个，共新打机井2320眼，有效缓解了旱情。

邓州市地处豫西南，为全国商品粮生产基地县（市）、粮食主产区、国家基本农田保护示范区。近年来，邓州市十分重视土地整理工作，与“两整治一改革”活动两相促进，高位管理、高标整治，创新开展国土资源综合整治，提高农业综合生产能力，全市土地整理项目区实现了“田块平整肥沃、水利设施配套、田间道路畅通、林网建设适宜、农业优质高效”的农业示范区目标。已实施的 9 个项目区，整治规模 21.62 万亩，投资总额达 2.61 亿元，敷设高低压输变电线路 837.345 千米、变压器 357 台，配套了输水管道和井灌设施。

在持续干旱天气的严重影响下，该市充分利用项目区的农田水利设施，组织项目区群众积极抗旱保苗。至今年 1 月底，项目区内所有农作物均浇灌两遍以上，不但保证了冬小麦的播种面积，而且长势喜人。以该市桑庄、腰店土地整理项目区为例，该项目区通过水利化、机械化、信息化建设，提高了土地产出率及农业劳动生产率，达到了农业增效、农民增收的目的。示范区自建设以来，2009 年至 2010 年小麦平均单产 478.5 千克，比前三年平均单产增 100.5 千克，增长 23.2%；玉米平均单产 547.7 千克，比前三年平均单产增 99.4 千克，增长 22.2%。项目区亩均节支近 100 元，亩均年增效 500 元，农民人均纯收入达到 6360 元，比全市农民人均纯收入 5580 元比高出 15 个百分点。

据介绍，在南水北调渠首及沿线土地整治重大工程的支持下，该市计划五年时间把全市 60% 的耕地建设成为高效农业示范区。（《中国国土资源报》）

10. 安徽：淮北土地整理项目优先保障打井，近两个月累计打井 126 眼，可灌溉 1.8 万亩农田

自去年 9 月份以来，安徽省淮北市遭遇 50 年来罕见旱情。淮北市国土资源局主动服务，助力乡镇抗旱保苗。该局在土地整理项目中调整施工顺序，启用专项资金，采购机井配套设备，优先保障打井。近两个月以来，累计新打机井 126 眼，解决了项目区约 1.8 万亩耕地的灌溉需求。

自 2010 年第四季度以来，面对严重的旱情，淮北市国土资源局土地复垦整理中心及时召开工程例会，在确保项目整体质量和进度的前提下，调整施工顺序，优先保障打井，保证农区灌溉水源。同时，要求施工单位在春节过后尽早开工，按照项目的设计内容抓紧打井，确保抗旱硬件设施到位，提高项目区的灌溉能力。

该局还积极采购机井配套设备，扩大灌溉水源覆盖面。在项目区水利设施迅速推进的前提下，为确保灌溉专用配套设备及时到位，该局实行并联工作，专题研究落实灌溉配套设备专项资金提前使用方案，依据项目规划设计方案提前启动专项资金 41.7 万元，为乡镇采购水泵及配套软管等灌溉设备共 126 套，投入抗旱保苗工作。（《中国国土资源报》）

11. 湖北：枣阳 16 万亩田地“从容抗旱”——土地整理项目送水来

“这回天干咱可不怕了，瞧瞧这泵站提的水，可给力了，土地整理可帮了大忙!”去冬今春枣阳干旱肆虐，可是 2 月 15 日笔者到枣阳市兴隆镇大堰村一组察看时，村支部书记王式凯却喜滋滋地对笔者说出这样一番话。

兴隆镇大堰村是枣阳市 2009 年底实施的省级投资 1.47 亿元建设的 6 万亩高产农田示范建设项目所在村之一，该村一组有一条河，可由于没钱建泵站，眼看着水白白流走就是用不到，枣阳市国土资源局专门在这里新建了一座泵站，重新整修了淤塞的河流、沟渠，修建了两口堰塘，一举解决了该组 3000 亩岗地见水用不到水的难题。（《襄阳日报》）

土地整治是粮食稳定增产的资源保障工程*

国土资源部土地整理中心　赵玉领

我国是一个人口大国，未来人口增长还要达到15亿，粮食安全关系国家长治久安，改革开放30年来，以家庭联产承包为标志的改革取得成功，全国粮食基本实现自给自足，进入新的世纪，我国农业的发展面临粮食安全、食品安全、环境安全三大挑战，为此，党中央、国务院根据“三农”工作新形势提出了发展现代农业的重大战略目标。2011 年是“十二五”开局之年，毫不放松地抓好粮食生产，保障有效供给，对于管理好通胀预期、稳定消费价格总体水平、实现经济平稳较快增长和社会和谐稳定，具有十分重要的意义。

《国务院办公厅关于开展　2011 年全国粮食稳定增产行动的意见》（国办发〔2011〕13 号）文件提出：“切实做好农村土地整治工作，大力推进农业综合开发高标准农田示范工程建设，抓紧制定实施全国高标准农田建设总体规划，按照统筹规划、分工协作、集中投入、连片推进的要求，大规模建设旱涝保收高标准农田。”国土资源部土地整理中心对青年同志们在下基层锻炼的同时，也提出了“带着问题去调研”的要求，笔者结合广东、广西粮食稳定增产行动督导检查工作，对土地整治和粮食安全的关系进行了总结和分析。

一、土地整治对稳粮增粮贡献突出，是耕地质量建设的基础工程

“十一五”期间，广东省共安排土地开发整理项目 112 个，项目建设总规模 137 万亩，预计新增耕地面积 5. 35 万亩，到 2010 年底，已完成 131. 17 万亩。同时，完成国家级、省级、市级和县级基本农田示范区建设规模 109. 02 万亩。如新增耕地的粮食产能平均按 500 千克/亩测算，可增加粮食产量 0. 25 亿千克；整治后的耕地按照平均每亩单产提高 50 千克测算，可增加粮食产量 1. 15 亿千克。根据省部合作节约集约用地试点示范工作的要求，广东省从 2008 年 4 月开始推进利用低效园地、山坡地开发补充耕地工作，共实施 5070 个项目，新增灌溉农田面积 129 万亩，新补充耕地粮食产能平均按 400 千克/亩计算，可增加粮食产量 5. 15 亿千克。

广西壮族自治区在“十一五”期间，结合新农村建设、农业产业化发展、城乡建设用地增减挂钩和城乡风貌改造工程，加快推进“田、水、路、林、村”综合整治的中低产田改造土地整理项目实施，全区共批准实施土地整治项目 445 个，实施土地整理面积达 335. 28 万亩，完成基本农田示范区建设面积 11. 59 万亩，新增耕地 13. 51 万亩，共修建各类田间道路 6969 千米，修建沟渠 5. 5 万千米，植树 6. 5 万株。如新增耕地的粮食产能平均按 500 千克/亩测算，可增加粮食产量 0. 675 亿千克；整治后耕地按照平均每亩单产提

---

* 本文原发表于《土地整理动态》2011 年第 15 期（总第 544 期）。

高 50 千克测算，可增加粮食产量 1.665 亿千克。

土地整治项目的实施，既达到了增加耕地面积，改善农村和农民生产生活条件，提高耕地质量的目标，一定程度上也弥补了因灾害损毁、生态退耕和农业结构调整等原因造成的耕地面积的减少和产能损失，实现了耕地总量的动态平衡，为确保粮食播种面积的稳定和粮食产量的稳定增产起到了资源保障和基础支撑作用。

二、土地整治促进了农业技术的推广和应用，是发展现代农业和推动稳粮增粮行动的先锋工程

调研中，广东、广西各级政府和农业部门均汇报了农业生产技术在粮食稳定增产行动中发挥的支撑作用，调研组实地察看了两省（区）“粮食高产领导示范片”、“农业部（水稻）万亩高产创建示范片”、“水稻生产示范基地”、“千万亩农作物间套种技术示范片”、“农业部整建制二十万亩水稻高产创建示范”等多种类型、多个项目区，其中每个项目区在实施的政策保障或关键技术中无一例外地都提到了农田基础设施建设或农田整理，进一步凸显了土地整治在粮食高产创建中的重要作用。

在广西玉林市陆川县“农业部整建制二十万亩水稻高产创建示范”项目区，政府明确提出了“完善水利、农田基础设施建设”，并将其作为粮食高产创建的政策保障之一。在广东省江门市新会区“区领导粮食高产示范片”项目区，政府明确提出了“搞好农田基本建设，改善生产条件”的措施，并将其作为粮食高产的关键技术之一。广西贵港市港北区“农业部（水稻）万亩高产创建示范片”项目区在粮食高产创建中提出了“五个统一”，其中第一个统一即为“统一整地”。广东省通过建设“三面光”硬底化渠道，扩大了有效灌溉面积，增加了旱涝保收面积，农业抗灾能力得到显著提高，使项目区农田灌溉水的有效利用率从原来土渠的 0.3 ~ 0.4 提高到 0.6 以上。广西玉林市陆川县通过土地整治，对零碎、不规则田块的归并和调整，新建和维修农田水利设施，完善整理项目区道路网络，改善了农业生产条件，提高了农业生产能力，为农业部在该县创建“整建制二十万亩水稻高产示范区”，推广应用先进农业技术奠定了坚实基础。

调研中，督导检查组专程拜访了中国工程院罗锡文院士，他指出：“农业机械化是应用农业科技的主要载体，农业机械是优良耕作栽培技术的载体，土地整治是农业机械化推广和应用的载体，它有利于推动农业的规模化和现代化进程。”

三、土地整治深得农民群众认可，是惠农富农的民心工程

在广东省高要市金利镇西坝村基本农田保护示范区调研走访中，该村谭满福、欧明基两位村民说：“他们承包的田以前容易发生涝灾，稻田的水排不出去，杂草很多，影响了水稻的高产稳产。现在通过土地整治以后，路、渠、沟等基础生产设施得到完善，灌溉排水问题得到了有效解决，农业生产的便利程度也提高了，水稻年产量比以前提高了 100 ~ 150 千克/亩。”在广西壮族自治区南宁市武鸣县双桥镇水稻生产基地，唐仙葵、覃新琴两位村民反映，他们承包的土地经过土地整治后，灌排条件比以前好多了，能够实现旱涝保收，生产路的修建提高了机械化耕种水平，以前需要 1 个星期的劳动时间现在 1 天就能完

成了，劳动成本也得到了降低，大大提高了他们种田的积极性，水稻单产比以前提高了100千克/亩左右。广东省部分项目区通过土地整治后，耕地生产条件得到了改善，拓宽了农民调整种植结构的空间，提高了农民种田的积极性，促进了冬季农业的发展，通过增加一季冬种作物，亩收入增加1000元以上，使农民得到了实实在在的利益。

调研中，我们也走访了没有实施土地整治项目的村组，从贵港市港北区港城镇富岭村村民苏远高那里了解到，他所承包的耕地距灌溉支渠不足1千米，但由于灌溉沟渠等基础设施不完善，只能靠各家各户自己拉塑料管（200～300米）浇灌田地，他今年已经拉两次管子浇地了，平均每灌溉一次的费用为50～60元/亩，每次需要专人轮流花费1～2天的时间才能够浇灌好自家承包的2亩多地，迫切希望尽快开展土地整治，提高当地的灌排设施。在陆川县温泉镇官田村村民代表座谈会上，大家普遍认为国家“三农”政策深入人心，对地方政府抓农稳粮、国土部门开展土地整治、农业部门开展技术指导服务等工作比较满意，但同时也反映当地农业生产中农渠、沟渠配套设施不完善，支渠、斗渠的水不能直接引到农田进行灌溉，田间生产道路基本没有硬化，不便于机械化作业和农业技术有效推广，导致部分农田撂荒、耕地有效利用率低等问题，希望国家能够在土地整治、农田基础设施建设等方面给予更大规模的支持。

四、土地整治是探索建立农村土地流转机制，实现农业生产规模化、集约化、高效化的改革试点工程

广西壮族自治区崇左市龙州县以屯为单位，以连片田块为基础，以户与户结对并块为切入点，实行“结对并地”、“小块并大块”。村民黄忠伟说：“以前我家6亩地分成18块，种植甘蔗，亩产4吨，除去成本，纯收入只有3000元；现在我们可以用大马力拖拉机深耕，种植的果蔗每亩平均产量达到8吨，每亩地可增收3000元。”上龙乡农民自愿、自发、自主“互换并地”带来诸多好处的同时，也碰到了道路、沟渠等基础设施不完善的难题，对此，2006年，广西壮族自治区国土资源厅对上龙乡土地整理项目进行立项，投入资金1115万元开展田、水、路、林、村综合整治工作，土地开发整理后，地界减少、地类分清、生产道路通达、渠道边沟成网状，诸如用水纠纷、土地纠纷等多发性的矛盾基本消失。2008年，广西壮族自治区开始充分运用“互换并地”土地整治的经验做法开展工作，对农民自行开展土地整治，结对并地，政府直接给予农民相应的经济补偿，“以奖代补”充分发挥农民的主体作用，鼓励农民通过土地整治方式实现农业产业发展方式的转型，有效调动了农民自发开展农田建设、调整农业种植结构、稳定粮食播种面积的积极性。

在广东省与全国粮食生产大户标兵钟振芳座谈中了解到，他目前承包的土地已从起步时的300多亩发展到现在的15万亩，他说要推进农业集约化生产经营的前提，必须是积极开展土地整理，提高农业现代生产基础设施，尽快建立农村土地流转机制，有效改善土地资源配置效率，进一步激活农业剩余劳动力的转移，为农业规模化、集约化、高效化经营提供广阔空间。

综上所述，土地整治是粮食稳定增产的基础工程，是发展现代农业的先锋工程，是稳定粮食播种面积、富农惠农的民心工程，是探索推进土地流转的改革工程，是关乎国家粮食安全和社会稳定的战略工程。

加快土地整治　力保粮食安全*

——访国务院发展研究中心农村经济研究部副部长刘守英

中国经济时报社　李海楠

〔按〕日前，《全国土地整治规划（2011—2015年）》（以下简称《规划》）经国务院批准实施。《规划》以保障国家粮食安全为首要目标，以推进新农村建设和统筹城乡发展为根本要求，确立了我国“十二五”时期土地整治目标任务。

土地整治工作当前正面临哪些待解难题？《中国经济时报》记者就此专访了国务院发展研究中心农村经济研究部副部长刘守英。现予以转刊，供大家学习。

生态安全影响土地整治战略设计

中国经济时报：你认为如何在城镇化加速推进的背景下有序开展土地整治工作？

刘守英：目前，我国的城镇化路径正从以“土地城市化”向以“人口城市化”为主转变。20多年以来，我国大中城市的框架已基本搭建完成，当前面临的主要问题是如何在现有城市规模内接纳更多的城市人口。

原来的工业城镇化模式是以牺牲土地甚至是多占土地为制度代价的。随之而来的2亿多农村人口不断涌入城市带来了进城农民原先占有宅基地、承包经营土地如何退出的问题。对土地整治制度设计而言，重点是要创造“人地分离”的机制。

中国经济时报：随着农村人口大量进城或外流，农业人口减少和国家粮食安全间的关系有着怎样的变化？

刘守英：在城镇化快速推进，农村人口大规模进城前，农业份额比重和农村就业率都较高，当时的粮食安全是以自我平衡为前提和基本设计的，小规模农户是提供粮食安全的主体。

然而，当农业份额不断下降，农户收入结构中的非农收入比重提升后，农户的生产积极性也显著下降，促使以小农作为粮食安全供给主体的思路面临巨大挑战。

当劳动力供求发生变化后，农村和城市间争夺劳动力的局面也随之加剧，结果就是“不合算就弃耕”。在这种格局下，一是以低价粮支撑，靠小农户支持的粮食安全时代要结束了；二是粮食安全区域自给政策含义要发生很大变化，需要重新考虑。这需要注重对所谓农业份额下降后的国家粮食安全战略展开研究。

中国经济时报：我国的土地整治未来面临的形势怎样？

* 本文原发表于《土地整理动态》2012年第5期（总第551期）。

刘守英：就我国农业发展和土地整治宏观战略而言，生态安全的重要性正在不断提高，并对土地整治战略设计产生着重大影响。

原来的农业制度设计主要是出于保证粮食安全的考虑，现在则更多要考虑生产和生活之间的竞争，未来则会重点考虑生态因素。因此，后期的土地整治要更多考虑生态因素的制约作用，进行土地整治区域综合分析，对从生态角度不适宜进行整治的区域，就要坚决予以退出。

保障粮食安全和实现城乡统筹

中国经济时报：本次《规划》对土地整治提出保证粮食安全和统筹城乡发展的目标要求，你如何理解？

刘守英：首先，从早前目标较为单一的土地整理向综合整治的土地整治改革方向转变是正确的。其次，从原来整治单一为“保障粮食安全”的目标变为“保障粮食安全和实现城乡统筹”的目标要求，正是对土地整治与经济社会发展相适应的有力尝试。

为此，要加强对城乡统筹制度设计中有关土地整治与其他相关制度安排之间关系的研究。城乡统筹是个大的宏观目标，而土地整治则是其中的一项工具，其与其他制度、机制是有关联但并不完全统一的。目前，针对城乡统筹的整体制度安排与土地整治制度安排之间的关系研究还不充分。

中国经济时报：据了解，实现《规划》建设 4 亿亩旱涝保收高标准基本农田的目标，预计总投资约需 6000 亿元，你认为这笔资金投入该如何花？

刘守英：这是土地整治资金组合使用的问题。目前来讲，涉农资金下达到地方以后，会按照不同来源途径划分资金的不同功能和用途。其中，农业、农发、水利、交通、国土等不同部门的资金会通过不同路径下达，也会发挥不同作用，并实现不同目标。因此，要将这些资金从中央角度进行统筹是不可能的。

对此，究竟需要落实到哪一个层面，才能有效促进这些资金有机整合，继而使不同资金聚合以后为土地整治服务，并使土地整治的整体效益发挥到最大值得关注和思考。

中国经济时报：你认为我国当前土地整治制度还有哪些问题，应如何应对？

刘守英：目前，土地整治的项目管理制度在保证大项目实施上是比较有效的，但这套制度目前存在两个问题：一是农民的亲切度不够，即农民的参与度不足。这就容易导致整治项目仅是“国家在整治”。二是整治后的后续维护机制不够。

因此，应做好三方面考虑：第一，重大项目和一般项目应该有所区别。当前，国家工程和地方工程都混在一起，国家项目基本建设完成后就不管了，这样就使一些重大工程丧失了长期维护的能力。第二，土地整治资金的使用。从国家层面来讲，主要应考虑如何建立监督机制和评价机制来保证土地整治资金的有效投入和使用。第三，加强研究以农户为主体的整治机制。如果整治后的新增耕地完全在政府手中，农户对土地的使用积极性就不高，重大工程整理出来的土地在权属上应该有一整套制度安排，以长期保持项目和农民之间的利益契合。

以“三化”同步发展为导向　探索推进大都市区有特色的土地整治*

——上海市农村土地整治调查

国土资源部土地整治中心　郧文聚

上海是“长三角”区域发展的领头雁、核心城市。在迈向国际化大都市的过程中，上海坚持“两个不动摇”，即城乡统筹发展的战略方针不动摇、农业的基础地位不动摇，在探索特大都市型现代农业的发展道路，在快速推进工业化、城市化的进程中，同步推进农业现代化方面迈出了坚实的步伐。重点调研的浦东新区位于上海市东部，东临东海，南滨杭州湾，面积1210平方千米，其中基本农田330平方千米，行政村374个、农村常住人口183万、农业户籍人口30万。近几年，浦东新区在参与加快建设上海现代化国际大都市，加速推进工业化、城市化的同时，大力推进都市现代农业建设，着力实施“村庄改造”、“农民收入倍增”两个计划，取得良好效果。2009年以来，累计完成了165个村、近10万户的村庄改造。2011年，浦东新区农业总产值74亿元，农村居民年可支配收入1.59万元，同比增长14.1%。浦东新区的创新实践，是农村土地整治助推都市区“三化”同步健康发展的有力证明。

一、以发展“都市型现代农业”为导向，建设“设施粮田”和“设施菜田”

以提高设施粮田、设施菜田比重为目标，加强农田基础设施建设，是上海发展都市型现代农业的基础。这里需要做一个解释，上海的“设施”粮田和菜田，不是指设施农业条件的粮、菜生产大棚、玻璃温室，而是田、水、路、林、电等基础设施配套齐全的大田。目前，上海累计建成130万亩设施粮田和21.8万亩设施菜田，建成有区域特色的食用菌、花卉、果林等农产品基地74个。在这些区域，基本实现了灌排通畅、安全高效的农田水利化、农作物生产全程机械化、农业经营全域信息化。2011年，上海农用地承包权流转率达到59.3%，为大力推进多种形式的规模化经营、品牌化生产创造了良好条件。

在浦东新区，正在建设5个现代农业示范基地。一是东滩5万亩高效生态现代农业示范基地，二是孙桥种源农业示范基地，三是浦东农耕文化旅游体验示范基地，四是曹路设施菜田绿叶菜生产调控循环农业示范基地，五是祝桥名特优农产品精致农业示范基地。浦东新区拥有国家驰名商标1个，国家地理标志保护产品1个，市著名商标7个，市级名牌

---

* 本文原发表于《土地整治动态》2012年第6期（总第552期）。

产品12个，无公害农产品1228个，绿色食品21个，有机食品323个，开发出“8424”西瓜、大团水蜜桃、红刚青扁豆等知名农产品，“浦东白猪”、“浦东三黄鸡”被列为国家地方品种保护名录。该区通过土地承包权流转补贴、农产品品牌建设补贴等措施，引导土地集中和建设，发展多种形式规模经营，为提升现代农业科技和装备水平创造了条件，瞄准国际现代农业先进水平，努力实现“五个领先”，即生产设施装备领先、单位面积产能领先、社会化服务领先、生产科技集成领先、产加销一体化领先，加快了农业产业化、标准化、组织化、品牌化进程，初步实现了改造传统农业，发展有特色都市型现代农业的增长方式转变，主要农作物良种覆盖率达到100%、粮食生产全程机械化率达到90%。

“十二五”期间，浦东新区将对330平方千米基本农田保护区进行提升改造，全面完成发展都市型现代农业的良田建设工程。

上海以现代农业为导向的农田基础设施建设始于1986年，第一轮“良田工程”是以“标准粮田”的名义推进的。1994年，提出了“三高粮田”的概念，进行了第二轮“良田工程”建设。2004年，提出了“设施粮田”建设，2010年又改称为高水平“设施粮田”建设。上海认为，“设施粮田”是第三轮“良田工程”建设，基本要求是参照发达国家标准，依据自身发展特点，着眼都市高效生态农业需要，有利于新技术推广和先进机械作业，有利于推进社会化服务。

“设施粮田”的建设，显著提高了土地、水电、劳力等要素的使用效率，有效耕地面积增加了5.1%，灌溉水利用系数提高到了0.71，劳动用工量减少50%，2011年的水稻每亩单产达到了555.2千克。上海“设施菜田”的建设标准高，亩均投资达到了1.4万元，投资范围包括灌排系统、耕作和运输机械、预冷设施、设施大棚等。

上海市正在执行的“设施粮田”建设政策依据是2010年发布的《上海市高水平粮田设施建设的实施意见》，其中对所建设的设施做出了定量化规定：集中连片规模千亩以上，灌溉保证率90%以上，除涝标准达到20年一遇，防洪标准达到50年一遇，田块最小规格20米×80米，田间道路分干支两级，干道宽度3.5～4.0米、支道宽度2.0～2.5米。

二、以建设“江南水乡、田园风光”为意象，大力推进基本农田保护区内村庄改造

上海市认为，深化农村改革，大力推进体制机制创新，是推进都市型现代农业发展的制度保障，有两个重点，一是完善土地承包关系、促进土地规范流转、发展适度规模经营；二是统筹城乡发展规划布局，协调好经济社会发展规划与城市发展、产业发展、土地利用、主体功能等规划的关系，逐步引导形成合理的城镇建设、产业集聚、农地保护、村落分布、生态涵养等空间格局。

浦东新区提出，在2009年以来累计完成165个村、近10万户村庄改造的成功经验基础上，对330平方千米基本农田保护区范围内的230个行政村、约20多万户进行全面改造。村庄改造的任务包括村内道路硬化、危桥改造、河道整治、生活污水处理、农宅外立面整修、宅前屋后环境整治、村庄绿化、公共服务设施建设等8项内容。村庄改造的基本要求是与农业产业化发展、农田基础设施建设相结合，促进都市型现代农业发展、提升农业生产设施装备水平，改善农业生产和农村生活环境。村庄改造的目标是水清、岸洁、宅

净、路平、桥安。

奉贤区庄行镇万亩粮田高产创建示范方是“设施粮田”建设、“村庄改造”、“休闲农业”、“高产创建”、“规模经营”等现代理念相融合共发展的典型。该镇使用国土资源政策，实施基本农田整治、城乡建设用地增减挂钩项目，推进了“设施粮田”建设和“村庄改造”，保障了油菜、水稻、小麦种植面积和先进技术应用，为“高产创建”搭建了物质基础平台；农民住进了设施配套的新型农民社区，分享了都市化发展带来的多种便利和服务。2011 年，该镇水稻种植面积 31578 亩，万亩“高产创建”示范方平均亩产 712 千克；小麦种植面积 20821 亩，万亩“高产创建”示范方平均亩产 511 千克。该镇的“油菜花节”已经连续举办 6 届，每年吸引几十万人踏青赏花。

上海的“村庄改造”是对规划确定的需要保留的中心村、农村居民点进行改造（一般不少于 50 户，并具有一定的产业、自然和人文特色，能够与相关工作相结合）。2007 年开始试点，当年完成近 7000 农户的再造。2009 年，村庄改造列入市政府办实事项目、重点工作、环保三年行动计划。截至目前，已经在 400 多个行政村实施，市级财政投入奖补资金 6 亿多元，对农户的奖补标准是每户 2 万元。

三、以凸显“生态功能、服务功能”为支撑，合理配置和利用农用地资源

上海根据特大型现代化国际大都市的发展要求，努力实现农村土地利用与城市发展的相互融合，顺应城市发展进程，推动都市型农业从单一功能向多功能转变，不断促进农村土地利用更好地服务于都市农产品供应需要、都市生态涵养需要、都市休闲观光需要。

第一是合理安排确保基本食品的应急保障生产用地，满足都市农产品供应需要。上海拥有 2300 多万常住人口，日均消费粮食 1.6 万吨，蔬菜 1.5 万吨，猪肉 2300 吨，适度粮食自给能力、鲜活农产品应急保障能力是一个关乎民生的基本任务。在土地利用安排上，上海稳定实现了两个调控目标：一是保障 10 亿千克粮食生产任务，实现 20% 的粮食自给率；二是稳定和扩大蔬菜种植面积，保障蔬菜特别是绿叶菜的生产和供应，实现 50% 的蔬菜自给率，90% 的绿叶菜自给率。

第二是合理配置和建设绿色基础设施用地，满足都市生态涵养需要。上海 6300 多平方千米的土地面积中，建设用地占全市陆域面积（扣除崇明三岛）的比例接近 50%，市区范围还将进一步扩展。农村土地，尤其是农用地在城市生态保护与建设中的地位越来越突出，保护自然生态、涵养水源、调节微气候的作用越来越明显。上海提出，保护上海的 300 多万亩耕地，就是管护上海的“绿肺”；保护上海的 160 多万亩水田，就是管护上海的“湿地”。

第三是适度发展和培育休闲观光农业，满足城市居民回归自然、亲近自然的需要。上海充分利用郊区特有的江南田园风光，开发集生态、观光、休闲为主体的农业旅游节庆，如桃花节、油菜花节、草莓节、荷花节等，实现“季季有活动、月月有节庆、天天有游客”，并连续举办了 5 届的油菜花节，累计接待游客 200 多万人。上海认为，这些油菜的产量对上海食用油市场的供应几乎可忽略不计，但其承载的休闲服务功能却不容忽视。2011 年，上海建成具有万人以上接待能力的农业旅游点 90 个，年接待游客 1640 万人次，

实现旅游总收入10.9亿元。上海城乡融合发展，处处呈现出一派“农家是老家、田园是乐园”的欣欣向荣、和谐融洽的新气象。

四、以强化“科技装备、新型组织”为支点，大幅提高土地资源利用效率、多渠道增加农民收入

现代农业的基本特征是“良田良种良法”相结合。“良田”是现代农业的物质基础，“良种”是现代农业的核心要素，“良法”是现代农业的生产手段，是农艺和农机的深度融合。换句话说，现代农业的基本要求是现代生产要素和组织管理方式在农业生产全过程中发挥主导作用。上海发展都市型现代农业的着力点无疑也在于此。

如前文所说，上海大力推进“设施粮田”、“设施菜田”建设，为都市型现代农业发展夯实了“良田”物质基础。正是在这个良好的物质基础上，上海的都市型现代农业得到了快速发展，充分发挥出了现代农业科技、现代农业生产技术和装备、现代农业组织管理方式的威力，大幅度提高了农用地资源利用效率，多渠道开辟了农民增收的渠道。

上海农业科技创新注重“两个高端、一个特色”。“两个高端”，一个是指高端种业，是以生物技术为支撑，现代育种与常规育种相结合，开发优质水稻、节水稻、双低杂交油菜等新品种；另一个是瞄准国际一流，开发国内领先、有较大影响力和辐射力的新技术。上海浦东孙桥现代农业园区依托从荷兰引进的3公顷智能温室技术，不断消化、吸收、改进、完善、定型，形成了独具特色的现代温室产业，在全国推广1000多公顷，并出口日本、印度和塞舌尔等国家15万平方米。孙桥还向全国10多个省市推广蔬菜、花卉良种60多万千克、种苗几千万株，建立良种繁育基地、蔬菜特约生产基地3万多亩。“一个特色”是指面向上海自身市场需求的现代农业技术体系研发和建设。上海市绿叶菜产业技术体系建设就是一个成功范例。根据上海市绿叶菜自给90%的目标，上海农业科学院牵头，组织整合科研力量和基地，建立了由创新团队负责研发、综合试验站承担试验示范、技术示范点进行成果示范转化的技术支撑体系，攻克了设施大棚夏季和冬季生产技术，绿叶菜现有品种提升、进口品种替代、新品种研发及良种繁育技术，绿叶菜周年茬口模式及配套栽培技术，现代化育苗、精准生产和工厂化生产技术，绿叶菜生产土肥管理、循环利用技术，采后处理技术等，实现了设施与品种、农机与农艺、高效与生态的结合，高效组织了绿叶菜的大田生产、设施生产和无土生产，有效地保障了上海特需绿叶菜的均衡供应。

上海推进都市型现代农业发展的一个重要抓手是提高农业组织化程度、提高现代农业社会化服务水平，发展家庭农场、农业合作社、农业龙头企业。2011年，上海有农业合作社2950家，实现销售收入68亿元，合作经营土地140万亩，占农田面积的56.5%；入社农户6.86万户，占务农农户的59.5%；有农业龙头企业405家，其中国家农业龙头企业20家，市级65家，农业龙头企业实现销售收入663亿元，其中年销售额超亿元的有6家。上海积极推动粮食家庭农场的规模化经营和“种粮养猪”结合生产。松江区给予粮食家庭农场每亩200元的土地流转费补贴，保证粮食家庭农场亩均净收入在400~500元，户均年收入在5万~6万元。2011年与2007年相比，粮食种植户从4900户减少到1167户，户均经营土地面积由33亩提高到114.7亩，家庭农场亩均净收入866.4元，户均年收入10.1万元。2011年浦东新区百亩粮田家庭农场发展到1167户，粮食生产面积13.38万

亩。该区的李爱云种养家庭农场，2011 年承包经营土地 200 亩，猪场占地 3 亩，实现种植业收入 17 万元、养猪收入 3. 6 万元。

五、以覆盖到村的“农民一点通”为窗口，构建涉地信息综合监管服务平台

上海农业信息化建设可以追溯到 2000 年。在这一年，成立了上海农业信息有限公司，开发完成了上海农业网。经过 10 多年的建设，上海涉农监管平台以“农民一点通”、LED 电子大屏幕等多方式覆盖到村，以电视交互方式服务入户。其中，有 3 个涉地监管服务模块，一是涉农补贴资金监管平台上的“农村建设资金监管服务模块”（村庄改造奖补资金）；二是农村集体“资金资产资源”监管平台上的“集体土地收益监管服务模块”；三是“农村土地承包经营信息管理平台”。

在“农民一点通”上，打开村庄改造奖补资金模块，可以查看的信息包括项目所在村组、涉及农户、开工时间、竣工时间、施工单位、监理单位、监管方式、咨询方式、相关政策、项目总投资、市级补助资金额、区县补助资金额、乡镇财政投入资金、其他资金投入等基本情况。打开项目实施情况，可以查看建设项目、实施内容、工程量、资金量的详细科目，比如建设项目栏下，细化为村内道路整修、村内桥梁整修、水系环境整治、生活污水处理、供水管网改造、农宅墙体整修、宅前屋后环境清理、村庄绿化、环卫设施建设、公共服务场地场所建设、各类前期费用等科目；实施内容栏目就更加细化，比如村内道路整修，细化为新建、修复，村内桥梁整修，细化为新建、整修、加固，水系环境整治，细化为河道综合整治、疏浚土方、石驳岸、水桥、河坡整修等。

打开“集体土地收益监管服务模块”，可以区别机动地、农户放弃地、鱼塘果园、集体建设用地、其他土地等 5 类土地，查看历年的集体土地收益情况。

“农村土地承包经营信息管理平台”，是一个大型信息管理系统，实现了市、区、镇、村 4 级联网，可对土地承包、流转、纠纷案件进行可查询、可追溯、可汇总、可展示的动态化管理，实现了承包合同、流转合同、经营权登记变更发证、纠纷调解仲裁等业务的网上办理、监控跟踪。触手可得的信息服务，规范了土地流转、促进了规模经营、方便了登记发证，对维护农民土地权益、农业增效、农民增收发挥了重要作用。

六、问题与建议

通过调研，深刻地认识到，上海作为一个国际化大都市，其所处发展阶段、经济社会发展的用地需求和可调整腾挪的空间是国内其他省（市、自治区）所不可比拟的。上海的人口密度是全国第一，高达 3632 人/千米^2，是处于全国第二位的深圳的 2. 78 倍；第一产业占 GDP 的比重已经下降到 0. 7%（已经低于 2% 的城市还有北京、天津、广州、深圳、厦门、太原和乌鲁木齐），这个水平与美国相当；第一产业从业人员比重下降到 3. 4%，美国是 20%（可能统计口径有不同，目前已经低于 20% 的城市全国范围内还有北京、天津、广州、深圳、厦门、大连、宁波、太原、乌鲁木齐、南京、武汉和成都）。面对优化土地利用、保持经济活力、建设宜居都市的任务，上海既需要“破两难”，保护耕地、保

障发展；更需要探索并走出一条高水平的土地整治之路。对上海和其他已经处在“三化”同步发展第一方阵的城市，明确其差别化土地利用政策已经成为保障和促进科学发展，保护和建设土地资源的重要课题。就上海而言，有以下几个突出问题需要予以重视和考虑。

一是提升保有耕地、基本农田的高标准建设问题。全国土地利用总体规划确定了上海 2020 年底的耕地保有量 374 万亩，基本农田保护面积 328 万亩。按照这个数据推算，上海高水平设施粮田、菜田的比重为 41. 6%；如果 151. 8 万亩高水平设施粮田、菜田都是基本农田，那么基本农田的高标准整治率是 46. 3%。从全国来看，这个比率无疑是真正的“高水平”，问题是这个比率还能够提高吗？怎么提高？还需要上海做出符合实际的规划和切实可行的计划。

二是如何开展差别化农村土地整治问题。财政部、国土资源部关于《新增建设用地土地有偿使用费资金使用管理办法》已经发布实施。在适用范围上，新办法回应了一些特殊的土地整治资金需求，明确新增费可以用于“财政部商国土资源部确定的其他支出”。对于上海等都市化程度已经进入高级阶段的城市，可以按照这一规定，积极探索开展符合自身特点的土地整治。建议将上海的高水平“设施粮田”、“设施菜田”建设、村庄改造等工作纳入土地整治范畴。

三是如何落实占补平衡制度问题。上海的市域空间不到 1 万平方千米，远小于几十万甚至过百万平方千米的省域空间，是典型的高度都市化区域，土地后备资源极其有限。如果按照普通省域空间的管理政策，实行一刀切，将严重制约上海的经济社会发展。在上海落实占补平衡制度，完成补充耕地计划，必须有新思维、新路径。建议不减少上海补充耕地义务，坚持两条腿走路，恰当确定上海在市域范围内补充耕地计划，同时允许上海以交纳土地开垦费方式履行补充耕地义务，实现占补平衡。

四是如何处理其他农村用地管理问题。上海都市型现代农业的快速发展，提出了一系列特殊用地需求，比较突出的是设施农用地、农业旅游用地、农村各类服务站所用地、农业龙头企业用地等问题，农村征地留用地、农民建房用地等也不同于其他地区，需要重点关注，给予指导和解决。

五是加强绿色基础设施建设问题。上海土地整治的一项重要任务是在推进都市型现代农业发展、继续搞好新农村建设的同时，加强生态环境建设，建议专门研究上海市土地整治生态景观建设规划，突出对由农用地构成的绿心、绿色走廊的建设和保护、对特色农产品原产地的保护、对有历史文化价值的农村风貌保护和提升、改造，促进上海率先实现城乡融合发展。

感谢上海市农委丰东升、上海市规划和国土资源局温祖良同志对调研提供的帮助。

整村推进国土整治　城乡统筹协调发展[*]

——重庆市城口县整村推进国土整治示范村建设的做法与经验

重庆市农村土地整治中心　李晓庆

〔按〕城口县地处重庆市最北端，属大巴山区，素有“九山半水半分田”之说，是典型的山区贫困县。近年来，城口县高度重视农村土地整治工作，努力克服基础条件差、经济发展水平不高等困难，在葛城街道庙垭村、修齐镇淡坪村、坪坝镇光明村等3个村开展国土整治整村推进示范村建设项目，取得了明显成效。城口县作为全市经济发展水平靠后的地区，能够因地制宜，创新思路，聚合力量，在以农村土地整治项目为平台，助推社会主义新农村建设和城乡统筹协调发展方面探索出一条切实可行的路子，值得我们总结深思。

一、基本情况

在市局发出开展国土整治整村推进的号召后，城口县选择在葛城街道庙垭村、修齐镇淡坪村、坪坝镇光明村等3个基础设施相对较好、产业发展相对配套、农民群众支持度高的行政村进行先行先试。2011年5月，市国土房管局批准修齐镇淡坪村、坪坝镇光明村等2个县级投资国土整治整村推进项目入库备案，实施规模368.09公顷，预计新增耕地138.04公顷，工程估算投资3701.53万元；同年10月，批准葛城街道庙垭村市县共建国土整治整村推进项目入库，实施规模182.39公顷，预计新增耕地24.00公顷，投资概算2492.00万元。城口县人民政府多次就3个国土整治整村推进项目相关事宜进行专题研究部署，细化建设目标，明确国土、交通、水务、农综、文广新等部门及各镇（街）具体责任，分批次按时序稳步推进。

目前，由县国土房管局负责投资建设的3个示范村房屋风貌改造工程已全部结束，共拆除农村危房38间，改造农村危旧房672栋，新建巴渝新居74户，彻底改变了以前农房布局凌乱、风格各异的状况，风貌改造尽显巴渝民居特色。随着修齐镇淡坪村、坪坝镇光明村等2个国土整治整村推进项目土地整治工程部分的即将竣工，城口县按照“依法、自愿、有偿”的原则，在3个示范村积极开展了土地承包经营权流转。葛城街道庙垭村引导农业开发公司入驻，推进农业规模化经营，建设无公害蔬菜基地380亩；修齐镇淡坪村建立农民专业合作社4个，培训专业大户17户，发展大巴山森林人家11户；坪坝镇光明村则引进工商企业，建设猕猴桃基地350亩、樱桃基地300亩、中药材基地400亩。通过土

---

* 本文原发表于《土地整治动态》2012年第10期（总第556期）。

地合理流转，3 个示范村农民户均增加财产性收入 5400 元/年；通过农民就近务工，户均增加工资性收入 6180 元/年；通过引进农业龙头企业和培育本地大户，建立“公司＋基地＋农户”产业发展模式，发展养鸡、养猪、养蜂等畜牧产业和药材、蔬菜、水果等特色农业产业 10 多个，户均增加经营性收入 7600 元/年。

二、主要做法

（一）争取领导重视，强化部门配合，推行“上下联动、齐抓共管”的工作模式

一是争取领导重视，建立“政府牵头、部门协作、共同推进”工作机制。从踏勘选址到建设实施，做到“常请示、勤汇报”，努力争取县委、县政府的高度重视，并将领导的重视落实到政策制定、工作部署、财力投放和干部配备上，建立了“党委领导、政府负责、部门协同、上下联动、齐抓共管”的共同推进机制和责任体系。二是明确建设目标，细化各部门和各镇（街）工作。县人民政府就国土整治整村推进示范村建设有关事宜进行多次专题研究部署，除明确项目总体建设目标外，还逐步细化了各部门和各镇（街）工作：由县国土房管局负责 3 个示范村的土地整治及房屋风貌改造；县交通局负责项目区乡村道路建设；县水务局负责供水管道建设；县农综办负责大巴山森林人家、林间休闲点、林间露营场、特色标准化养殖示范小区和葛城街道庙垭村钢架大棚、坪坝镇光明村观光人行道建设；县文广新局和项目区乡镇人民政府（街道办事处）负责文化体育设施等社会公共事业部分建设工作。

（二）改革项目立项方式，实施差额比选，变“要他干”为“他要干”

一是大规模开展摸家底活动，择优重点考察。采取下村、走现场等方式分批次深入全县 184 个行政村，全面掌握地形地貌、自然资源禀赋和社会经济发展等基本条件，初步筛选出 5 个符合基本建设条件的行政村纳入继续考察对象。二是设立竞争立项机制，优中选尖。根据区位条件、资源禀赋、产业基础、帮扶力量、群众意愿、村级班子建设等多项因素设定考核分值，纳入设立的竞争立项机制，并组织县级有关职能部门进行科学的考核评价，依据得分排序，最终确定葛城街道庙垭村、修齐镇淡坪村、坪坝镇光明村等 3 个基础设施好、产业发展配套、农民群众支持度高的行政村为国土整治整村推进示范村。

（三）强调规划先行，明确建设目标，合理布设“六改三建一美化”工程

一是统一规划设计，因地制宜确定土地整治建设目标。依据土地利用总体规划，结合城乡建设、产业发展等相关规划，委托规划设计单位编制 3 个示范村的近期和远期土地利用规划，对 3 个示范村均按照市级示范村建设标准进行统一规划，本着因地制宜的原则明确各项目区土地整治建设目标。二是坚持规划“三注重”，合理安排土地整治规模、布局和时序。注重规划的全面性、持续性，加强与城乡建设、水利、交通、扶贫等其他规划的衔接，确保规划的项目没有遗漏；注重规划的现实性、合理性，综合考虑人力、物力、财力和项目建成后的实用性，实事求是进行规划，不好高骛远搞政绩工程；注重规划的前瞻

性、科学性，对示范村未来一段时期发展方向进行把握，预留发展空间，在满足近期功能要求前提下，不搞重复建设。以此充分发挥规划的引领和指导作用。三是把握基本原则，明确“六改三建一美化”工程主要内容。根据国土整治整村推进建设要求，按照“要什么有什么、缺什么补什么”的原则，高起点编制3个示范村的《可行性研究报告》、《规划设计报告》和《实施方案》；实施以改房、改路、改水、改土、改圈、改厕，建简易垃圾收集池、建简易污水处理池、建沼气池和美化庭院为主要内容的“六改三建一美化”工程。❶

（四）拓展筹资渠道，多方整合资金，建立以土地整治为平台聚合相关涉地涉农项目和资金的“1+N”运作模式

基于县财力薄弱的实际困难，以国土整治整村推进项目为平台，以农村土地整治专项资金为牵引，建立“1+N”的投入机制，按照“渠道不变、用途不乱、捆绑使用、形成合力、各计其功”的原则，整合国土、财政、交通、水利、农业、林业、扶贫、农机等多渠道项目和资金，集中投入，打捆使用，“各炒一盘菜，共办一桌席”，充分发挥涉地涉农政策、项目和资金在农村土地整治项目区的叠加效应，实行多元投入、多位一体的资金聚合模式，在解决建设资金缺乏难题的同时，大大增强示范村在交通、水利、电力、通信、绿化、环卫、文化、卫生、体育等方面的公共服务能力，极大地提升示范村建设质量和水平。

（五）落实“六制”规定，强化工程监管，按时序分批次统筹推进各示范村建设

一是全面推进“六制”规定，增强工程质量立体监管力度。项目实施过程中，全面落实并严格执行“项目公告制、工程招投标制、项目法人制、工程监理制、合同管理制、预决算审计制”，建立起工程质量立体监管机制，强化工程质量监管。二是结合具体实际，按时序动态同步推进“全域整治”。针对3个示范村基础条件、资金到位情况等的不同，按照“全域规划、全域设计、全域整治”的总体要求，统筹推进田、水、路、林、村综合整治，促进农业生产和农民居住条件的不断改善。

（六）尊重农民意愿，引导产业入驻，切实促进示范村农民可持续增收

一是坚持农民自愿，切实维护农民合法权益。始终把充分尊重农民意愿放在第一位，以农村产权制度改革为基础，集体土地确权颁证为前提，充分尊重土地所有权人和使用权人的意愿；规划设计和项目实施中，广泛征求并充分尊重农民提出的意见和建议，引导农民全程参与项目区建设。二是引进配套产业，保障农民共享发展成果。依托已初具规模的药材、蔬果和小家禽家畜等产业基础，结合各示范村产业发展规划，引导社会工商企业入

❶ “六改”即房屋按巴渝风貌实施改造，新建房屋严格按巴渝风貌控制，D级危房拆除重建；改造农户与农户之间的土路，方便群众出行；改善农民生活用水，解决人畜饮水；实施国土整治；改建新式畜禽栏圈，做到隐蔽、卫生；修建卫生厕所，改变人畜共厕的状况。“三建”即按照适当距离设置简易垃圾收集池，确保垃圾有池可入；在村民集中居住点建设简易的生活污水处理设施，解决农村污水乱倾乱倒的问题；按照城乡居民需求修建沼气池，节约能源，保护生态环境。“一美化”即对城乡农户庭院实施院坝硬化、花台建设等，使农户庭院统一美观。

驻或大力扶持当地“大户”，发展适度规模的特色效益农副产业；通过土地合理流转增强农户财产性收入，通过农民就近务工，增加工资性收入，通过规模化经营降低农民生计风险，增加经营性收入，切实做到“建设一个示范村、富裕一方百姓”，实现项目区农业增效、农民增收和农业发展的目的。

三、取得的经验

（一）争取领导重视是关键，解决“事怎么办”的问题

城口县把国土整治整村推进项目作为加快社会主义新农村建设、推进统筹城乡发展的一个重要载体和平台，积极争取市、县各级领导重视，县委、县政府主要领导亲自抓，县委常委会、县政府常务会多次召开专题会议对建设中出现的相关问题进行研究解决，特别是资金整合与统筹方面，通过强化政府职能强势推进，要求相关部门给予高度配合，依据规划设计方案，分片包干，相关镇（街）层层落实责任，加强督查、考核，确保了国土整治整村推进示范村建设工作高效、务实推进，取得实实在在的效果。

（二）建立创新机制是动力，解决“钱怎么来”的问题

建立以农村土地整治为统揽，一次规划、分批建设、整体推进的机制，切实提高了整村推进的建设速度和质量；建立以农村土地整治后新增耕地指标收购净收益和农村集体经济组织所得地票价款全部用于“三农”的机制，有效缓解了贫困区县资金配套不足的问题；建立“1+N”资金运作模式，整合各行各业涉地涉农政策、项目和资金，充分发挥农村土地整治“四两拨千斤”的作用，实现资金的多元投入和多位一体，有效解决了建设资金如何统筹投入到位这个难题。

（三）调动农民积极性是前提，解决“质量怎么保证”的问题

充分调动项目区农民的积极性，使其主动参与示范村建设，明确其主人翁地位，是项目顺利推进和工程保质保量完成的前提。在工程施工时，聘请当地具有一定业务能力和代表性的人员担当工程质量监督员，参与并监督整个工程施工过程；在对房屋风貌改造时，让户主象征性地按面积缴纳一定费用，完全视自己为工程业主，进一步履行监督职责和协调工程施工中出现的矛盾纠纷问题。

（四）强化工程管理是保障，解决“监管怎么到位”的问题

在建设过程中严格执行基本建设程序，各有关职能部门履职到位，严格执行规划，加强工程管理，注重工程质量；对施工不规范、质量不合格的建设项目做到及时发现，坚决督促整改到位，确保了示范村建设高标准推进。

国土整治整村推进是耕地保护的新动力和农民增收、农业增效的新抓手，也是拓展农村土地整治内涵外延、助推统筹城乡发展的新路径。城口县以国土整治整村推进示范村建设为契机，从规划选址、工程布局、施工监管、产业入驻等各方面着手，实施田、水、路、林、村综合整治；同时，通过创新机制、转变思路切实解决了农村土地整治“何处突

破”、“钱从何来”等根本问题，有效缓解了城镇发展“缺资源”、新农村建设“缺资金”、耕地保护“缺动力”、农民增收“缺渠道”、城乡统筹“缺抓手”、项目建设“缺合力”等一系列难题，具有牵动全局的意义。下一步，城口县将继续主动思考、大胆探索，多方整合政策、项目和资金，围绕“六改三建一美化”建设标准，进一步加大国土整治整村推进力度，为重庆市农村土地整治提供典型示范，为推动统筹城乡发展和社会主义新农村建设提供实践参考。

土地整治促进扶贫开发情况调研报告*

国土资源部土地整治中心　贾文涛　任　佳　薛　剑

《中国农村扶贫开发纲要（2011—2020年）》在对未来10年扶贫开发工作做出全面部署时，多处提到要加强土地整治，充分表明土地整治已经成为我国扶贫开发工作的重要举措。为系统总结10多年来土地整治在促进扶贫开发方面取得的成就和典型经验做法，有针对性地提出下一步支持扶贫开发工作的措施建议，我们采取全国函调、问卷调查、实地考察、案例分析、座谈交流等方式，开展了全面深入的调研。

一、基本情况

土地整治是对城镇和农村低效利用、不合理利用和未利用的土地进行治理，对废弃土地进行恢复利用，以提高土地利用效率的活动。根据整治对象的不同，可分为农用地整治、建设用地整治、土地复垦和未利用地开发等几种类型。多数扶贫开发重点县都位于自然资源禀赋差、基础设施条件差、生态环境脆弱、产业结构不合理的传统农区牧区，一般对土地整治特别是农用地整治有强烈的现实需求。

自2001年我国大规模开展土地整治以来，国土资源部门认真贯彻中央扶贫开发方针，立足部门职能，积极探索土地整治与扶贫开发相结合的途径，坚持土地整治项目和资金安排向贫困地区倾斜，以促进农业增效、农民增收和农村发展为出发点和落脚点，在广大贫困地区大力推进以农用地整治为重点的土地整治工作，掀起田地平整、农田水利、田间道路及生态环境保持等工程建设的热潮，着力改善贫困地区生产生活条件和生态环境。据调查统计，10余年来，共在扶贫开发重点县安排土地整治项目约1.5万个，投入资金520多亿元，建设总规模达3400多万亩，惠及1200多万贫困人口，参与土地整治的农民人均收入年均增加700余元，有力地支撑了国家扶贫攻坚战略目标的落实。仅湖北省就为全省38个贫困县安排土地整治项目326个，建设规模达416万亩，总投资86.5亿元。

国土资源部于2006年在全国设立了116个基本农田保护示范区，2008年以来会同财政部安排了10多个土地整治重大项目和10个示范省建设，2012年又全面启动了500个高标准基本农田示范县建设，重大工程和示范建设逐渐成为新时期推动土地整治工作的重要抓手，同时也成为土地整治促进扶贫开发的重点示范区域。新疆伊犁河谷地土地开发、青海黄河谷地土地整治、云南“兴地睦边”土地整治、黑龙江东部地区基本农田整治、宁夏中北部土地开发整理等重大工程项目的实施，极大地改变了当地农村面貌，产生了深刻的社会影响，对促进当地经济社会发展和社会和谐稳定发挥了重要作用。

* 本文原发表于《土地整治动态》2013年第1期（总第563期）。

二、取得的成效

（一）改善了农业生产条件，促进了农业增效、农民增收

通过土地整治，耕地基础设施条件大为改善，防灾减灾能力大幅提升，耕地质量平均提高1~2个等级，粮食产能普遍提高10%~20%，生产成本平均降低5%~15%，同时还增加了耕地数量，从而直接增加了农民务农收入。三峡库区移土培肥土地整治项目总投资10.7亿元，实施规模6136公顷，建成了一批高产稳产基本农田，促进了库区移民大幅增收。云南省“兴地睦边”土地整治重大项目自2010年实施后，新增耕地9.93万亩，耕地粮食产能亩均提高200多千克，项目区内农民人均增收500~800元。吉林省在连片特困地区镇赉县和大安市实施土地开发整治重大项目建设，项目建成后将新增耕地130万亩，最先受益区为蒙古族自治乡，对推进民族地区发展具有重要意义。安徽省金寨县是一个集老区、库区和国家扶贫开发重点县为一体的山区大县，近年来积极开展土地整治，大力推进农业产业化，先后形成了“白大农场优质烟叶种植基地”等一批规模化经营示范区，项目区农民人均增收超过千元，加快了老区人民脱贫致富的步伐。重庆市城口县是典型的山区贫困县，实施了葛城街道庙垭村等3个村国土整治整村推进示范建设项目，并积极开展土地承包经营权流转，推进农业规模化经营，3个示范村因此每年户均增加财产性收入5400元、增加工资性收入6180元。

通过鼓励、引导农村劳动力参与土地整治工程建设，还可增加农民务工收入。陕西省自2001年开展土地整治以来，在项目实施过程中积极雇用项目区农民参与项目建设，仅支付项目区群众工资和机械费用达4.2亿元，项目区近220万群众受益，极大地提高了农民的收入水平。三峡库区移土培肥土地整治项目10.7亿元投资中，当地农民以劳动报酬和青苗损失赔偿方式获取收入近3亿元。

（二）改善了农村生活条件，促进了新农村建设和城乡一体化发展

在广大贫困地区，农村建设用地散乱、废弃、闲置、低效利用问题普遍存在。通过统筹推进田、水、路、林、村、矿综合整治，改变了农村散、乱、差的面貌，土地利用布局得以优化，农村基础设施和公共服务设施得以完善，农民的居住条件和生活环境显著改善。同时，依靠城乡建设用地增减挂钩政策，实现了土地、人口、资本等要素在城乡之间有序合理流动，促进了城镇化、新农村建设和农业现代化协调发展。据调查，开展废弃、低效农村建设用地整治平均节地率达到40%，有效拓展了城乡发展空间，支持了贫困地区县域经济的发展。

20多年来，国土资源部坚持在江西赣南8县开展定点扶贫工作，对上犹县社溪镇乌溪村和社溪村、赣县江口镇旱塘村等14个定点扶贫开发重点示范村，实施田、水、路、林、村综合整治，走出了一条定点扶贫开发与新农村建设、土地整治同步进行、整体推进的扶贫新路子。重庆市地票交易制度的实施，在全市范围内实现了建设用地指标的置换，这种远距离、大范围的置换将产生更高的级差收益，利用级差地租提升农村特别是偏远地区土地价值，实现了城市反哺农村、发达地区支持落后地区，加快了重庆市城乡一体化进程。

（三）改善了生态环境，破解了制约贫困地区生存发展的难题

耕地是农业生态的重要组成部分，发挥着湿地、绿地、景观等多种自然生态功能。大多数扶贫开发重点县依据规划大力推进农田整治，建设了一大批适应现代农业发展要求的高标准、成规模的基本农田，既夯实了贫困地区现代农业发展的基础，又维护了农业生态系统的稳定，优化了农田景观，也为区域生态环境保护提供了保障。通过采取工程、生物等整治措施，还有效控制了土地沙化、盐碱化、石漠化，减轻了水土流失，提高了土地生态涵养能力。

西藏自治区日喀则市在宽阔河谷地带探索出以生物措施为主，辅以水利工程措施，对荒漠化土地进行综合整治的模式，消除了流动沙丘沙埋危害，降低了河滩地和阶地地面起沙风力，改善了整体环境。地处毛乌素沙漠边缘的陕西榆林，为改善生态环境，创新土地整治施工工艺，利用沙地础砂岩与沙复配成土核心技术，经过土地平整、农田水利、道路、电网、林网、土壤改良等配套工程的建设，变础砂岩和沙土为高产稳产的高标准农田。吉林省通过实施西部土地开发整治项目，新增基本农田200万亩，扩大水田面积300万亩，盐碱地状况得到极大改善，大大改善了农业生产条件和生态环境。在贵州等石漠化地区，结合生态退耕，建设保水、保土、保肥“三保田”，既治理了水土流失，又保障了粮食生产。宁夏回族自治区通过实施生态移民土地整治工程，不仅保护了生态环境，还引导移民依靠整治后的优质耕地积极发展设施农业、特色产业，走上了靠产业致富的道路。河北省邯郸市实施的“千矿万亩”综合治理工程，对已经闭坑的1000座矿山，利用其排弃的废渣废石充填矿井矿坑，然后覆土进行复垦绿化，恢复地貌，从根本上改善了矿区生态环境和人民群众的生产生活条件。总体来看，通过土地整治对生态系统的修复和保护，实现了生态安全和粮食安全的双重保障，促进了区域生态环境质量的整体提升。

（四）增强了农民的自我发展能力，提高了农村的文明程度

各地在推进土地整治过程中，大力推行公众参与，让项目区群众有机会、有动力、有热情参与项目的选址、规划设计方案的拟订以及工程施工、工程监管和后期运营管护等具体工作。通过参与土地整治项目，农民的知情权、参与权和收益权得到了保障，同时还增强了农民的科学观念、参与意识，提高了农民的参与能力和自我发展能力。通过土地整治，还促进了农村文明社区建设，完善了贫困地区的生活和文化设施，提高了村民文明素质，加快了农村民主化管理进程，提高了农村的文明程度。

调查结果表明，98%的受访农民对土地整治项目表示满意，90%以上受访农户收入有明显增加，93%的受访者表示土地整治治理了村内的脏、乱、差，村容村貌得到了较大改善。当前，土地整治已上升为国家层面的战略部署，也是国土资源部门积极推进行业扶贫的重要抓手，对落实国家扶贫开发战略起到了重要的支撑作用。

三、下一步工作思路和措施建议

当前，我国正处于全面建成小康社会的关键时期。党的十八大对新时期土地整治和扶贫开发工作都提出了明确的要求。面对新形势、新任务、新要求，土地整治应以生态文明

理念为引领，把促进扶贫开发放在更加突出的位置，按照全国土地整治规划的总体布局，加大对革命老区、民族地区、边疆地区、贫困地区土地整治扶持力度，切实改善老少边穷地区生产生活条件和生态环境，进一步丰富和拓展土地整治承载的社会功能，为全面建成小康社会作出应有贡献。

（一）以改善贫困地区农业生产条件为重点，大力推进农用地整治

组织实施全国土地整治规划确定的粮食主产区基本农田整治重大工程，加快推进贫困地区高标准基本农田示范县建设，大规模建设旱涝保收高标准基本农田，着力提高贫困地区农业综合生产能力，夯实农业现代化基础，大幅增加农民收入。在基本农田整治项目和资金安排上，进一步加大向扶贫开发重点县倾斜的力度。

（二）以改善贫困地区生活条件为前提，稳妥推进农村建设用地整治

在充分尊重农民意愿、充分考虑当地条件的前提下，适度调整优化贫困地区农村居民点布局，推进新型农村社区建设。通过土地整治腾出的建设用地，首先要满足当地农民建房、基础设施和公共服务设施配套建设和非农产业发展、自然生态恢复用地需要。节余指标产生的土地增值收益应全部返还农村，用于农村建设和发展。

（三）以改善贫困地区生态环境为目的，切实加强土地生态环境整治

加快部署推进全国土地整治规划确定的土地复垦重大工程和西部生态建设地区农田整治重大工程。积极实施贫困地区土地生态环境整治示范工程，在加强退化土地生态环境建设和生态功能区保护的基础上，结合退耕还林、退牧还草，治理水土流失，推进土地生态环境综合整治，提高退化土地生态系统的自我修复能力，增强防灾减灾能力。

（四）以机制创新为动力，切实发挥土地整治在促进扶贫开发中的平台作用

建立健全以政府为主导、以土地整治为平台、部门协调联动、整合资金、集中投入的扶贫开发工作机制，努力形成大扶贫格局，整合各方力量共同促进贫困地区发展。以实施土地整治项目为契机，加强对贫困地区农民的培训，提高农民自身发展和脱贫致富能力。积极探索市场化运作模式，吸引社会资金参与土地整治和扶贫开发工作。

（五）以信息化建设为依托，全面强化土地整治实施监管

从完善制度设计、健全标准体系、整合监管平台、创新技术手段、加强检查督导、推进绩效考评、规范行业管理等方面入手，着力构建“天、地、网”一体化的实施监管和考核评估体系，实现对各类土地整治活动“全面全程、集中统一”有效监管，确保土地整治规范有序推进。

以土地综合整治助推新型城镇化发展*

上海市规划和国土资源管理局　庄少勤

〔按〕上海作为一个特大型城市，在人口高度集中、土地等资源供需矛盾突出、环境容量十分有限的情况下，进一步改革国土资源管理思路，转变土地利用方式，以土地综合整治助力土地节约集约利用和新型城镇化发展，探索出了具有上海特色的“创新驱动、转型发展”之路。现将上海做法予以刊发，供各地参考。

上海作为一个特大型城市，人口高度集中、土地等资源供需矛盾突出、环境容量十分有限，走“资源节约、环境友好”的绿色发展之路，是提升城市竞争力的必然选择。根据党的十八大和十八届三中全会关于“生态文明建设”和“推进新型城镇化”的新要求，上海进一步改革国土资源管理思路，转变土地利用方式，以土地综合整治助力土地节约集约利用和新型城镇化发展，探索符合上海实际、具有上海特色的“创新驱动、转型发展”之路。

一、转型之势——上海土地整治工作的宏观背景

（一）构建城乡生态文明格局，是上海建设高品质“宜居、宜业、宜游”城市、提升城市国际竞争力的迫切需要

从新一轮规划发展定位来看，上海将明确“全球城市”的功能定位，着力提升国际竞争力，进一步提升全球资源配置能力和国际影响力。根据国际经验，城市的国际竞争力总是与其具备的高品质生态环境联系在一起，尤其是生态空间的保护、生态廊道的构建以及郊野地区的建设。2012 年底，全市常住人口规模达 2380 万人，且持续增长压力巨大。从上海土地利用的大结构看，城乡建设用地占比已接近全市土地总面积的一半，高于大伦敦、大巴黎和东京圈等国际大都市的比例，重要的生态结构空间仍然面临被进一步蚕食的压力；从建设用地内部的小结构看，上海工业用地规模占比明显高于巴黎、东京等国际城市，而公共绿地规模占比仅为发达国家城市平均水平的 1/3 左右。上海郊野地区集中了本市绝大部分的耕地、生态和空间资源，如何把这些宝贵的资源转化为上海建设国际化“全球城市”的竞争力，缓解人口、经济、社会持续增长对城市安全、生态资源和基础设施等带来的巨大压力，必须要对广阔的郊野地区进行战略资源的统筹安排，坚持人性化、生态化、集约化、一体化导向，强调舒适的生态环境，宜人的空间尺度，复合的城市功能，有机的城市肌理和特有的文化内涵，构建高品质的城乡环境，提升生态文明水平。

---

* 本文原发表于《土地整治动态》2013 年特刊第 10 期。

（二）建立城乡内涵式增长模式，是上海破解城镇化进程中资源瓶颈、提高用地效益、保护可持续发展战略空间的需要

自贸区设立、长三角区域一体化进程加快等，都为上海带来了新一轮的发展机遇，但上海也同时面临着土地等资源的发展制约因素。在用地总量上，全市现状建设用地已接近国务院批准的《上海市土地利用总体规划（2006—2020 年）》中 2020 年的规划目标，若按照以往的新增建设用地增长速度，将提前突破建设用地的“天花板”。在用地效率上，集中建设区内的现状地均 GDP 产出仅为巴黎的 1/3，东京的 1/9，同时，中心城地均 GDP 是全市均值的 4 倍多，可见土地产出差距主要在郊区。而在集中建设区外，现状建设用地绝大部分为农民宅基地和低效工业用地，布局零星分散，基础设施配套不全，环境污染大；土地权属和实际使用情况复杂，利用效率较低，安全生产、社会稳定等存在一定隐患。因此，“增效”和“减量”成为上海土地管理的两大主题词。如何在大力推进集中建设区外低效建设用地减量化的同时，捆绑集中建设区内土地供应的调控机制，坚持紧凑布局，坚持功能复合，提高土地利用的综合效益，推动上海市土地管理制度的改革和创新，已成为上海市可持续发展必须要面对和解决的问题。

（三）在快速城市化的同时，坚持城乡一体化、平衡化发展，为农村地区发展建立“造血机制”，是以人为本、全民共享新型城镇化发展成果的需要

近年来，上海城市化进程快速推进，然而全市发展的不平衡现象也较突出。相对于中心城、新城的资源集聚，上海郊区新市镇及农村地区的发展相对滞后，与上海城市发展水平极不相符。农村、农业也是上海新型城镇化的重要组成部分，甚至可以说没有农村、农业的现代化就没有上海的新型城镇化。在中央关于“新型城镇化必须以‘和谐发展、共同富裕’为基本特征”的要求下，上海要打造“区域一体、城乡统筹、生态宜居、经济低碳、服务完善、人文发达、智能高效、人民幸福”的新型城镇化，实现经济、社会、生态、文化和空间的有机统一，就必须要着眼农民，涵盖农村，完善新城与周边小城镇及乡村社区的发展体系，着力推进城乡发展规划、产业布局、基础设施、资源配置、公共服务、社会保障和社会管理等“七个一体化”。其中，通过建立长效“造血机制”壮大镇村两级集体经济组织实力尤为重要，要让广大农民真正融入和分享到城市发展红利，切实提高上海城镇化的含金量。

二、整治之道——土地综合整治战略定位四个转变

围绕“创新驱动、转型发展”和提高国际竞争力的大局，结合上海发展定位和人口密集、土地资源紧缺的实际情况，上海市对规划国土部门如何通过土地综合整治助力推进上海新型城镇化建设的战略思路做了进一步思索。在“有效补充耕地、确保国家粮食安全”的土地整治基本要求下，着力实现土地整治内涵四个转变，全面提升土地整治工作站位，以土地整治助力“可持续”、“集约高效”、“综合统筹”、“公平共享”的新型城镇化，实现上海城乡经济、社会、生态、文化和空间的有机统一。

（一）以土地综合整治助力构建城乡生态文明格局，土地整治目标由“增地提等”，向锚固城乡生态空间等综合目标转变

经国务院批复的新一轮上海市土地利用总体规划，以及市政府批准的上海市生态网络结构规划，开创性地划定了大面积基本农田为主的“生态保育区”，借力刚性的耕地保护特别是基本农田保护制度，大大强化了上海对于城市生态安全基本底线的控制力度。2012年，结合市、区两级土地整治规划的编制研究，上海市制定了“145”土地整治战略，即坚持“以综合型土地整治推进上海转型发展”为战略导向，聚焦“增加耕地数量”、“提高集约水平”、“完善生态网络”、“优化空间形态”四大战略目标，并确定了积极推进多功能农地整治、分类推进农村建设用地整治、积极开展低效工业用地整治、重点推动零星工业用地搬迁复垦与创新性探索市地整治、合理有序推进滩涂圈围开发等五项主要任务。同时，开创性地提出了“郊野单元规划”概念，以土地综合整治为平台，以提升郊野地区生态效益和用地效率为首要目标，率先提出对上海郊野地区开展全覆盖单元网格化管理的思路。郊野单元规划的产生虽然基于镇乡级土地整治规划，但更强调土地整治理念的宏观站位、区域统筹、政策配套和实施管理，结合市域生态网络结构实施的需要，从传统的土地整治项目引导和管理向“改善生态环境、锚固城乡生态结构、优化城乡空间布局”的规划目标延伸。

（二）以土地综合整治助力紧凑型城市建设，土地整治对象由农村土地，向全域用地的“增减挂钩，流量管控、结构优化”转变

从生态宜居城市和转型发展的要求来看，上海建设用地从“增量管理”转向“流量管理”是必然趋势。依托上海“规土合一”的管理体制优势，郊野单元规划整合运用城乡规划和土地规划编制方法，将土地综合整治的管理要求和政策保障前置植入规划编制过程，依据节约集约用地和建设紧凑型城市的标准，对既有城乡规划土地利用效益进行全面评估，在保障集中建设区外现状低效建设用地实施“减量”前提下，可对既有城乡规划的用地规模、布局、结构等进行适当优化和完善，使存量用地的减少转化为新增用地流量的增加，进而通过规划实施的动态管控来保障城乡发展的用地需求。这种“总量控制、增量递减、存量盘活、流量放大、质量提高”的规土管理新方针和实施机制设计，是破解上海城镇化进程中土地资源制约、提高用地综合效益、整理未来发展战略空间的创新和探索。

（三）以土地综合整治助力涉农资源整合，土地整治推进思路由项目实施操作，向依托整治平台统筹各方资源转变

郊野单元规划建立起了统筹农村地区各类涉农规划、建设管理要求以及实施政策措施的平台。规划编制过程中，根据土地利用总体规划划定的基本农田、生态网络等禁止和限制发展空间，划定重点减量化整治区域，整合关于土地整治、产业结构调整、生态补偿、片林建设、农田水利、农业布局、村庄改造等各部门涉农专业规划、工程、资金及其他政策资源，综合谋划郊野地区人口、生产、生活、生态等城乡建设格局，引导城乡郊野地区有序发展，避免反复投入、错时投入造成的大量资金浪费和流失，整合政策措施聚焦支持郊野地区发展。

（四）以土地综合整治助力地区经济社会发展，土地整治效益由完成耕地保护任务，向激发郊野地区发展内生动力转变

上海市郊野地区通过郊野单元规划实施土地综合整治，旨在“重整山河”的同时，壮大实施减量化的镇村两级集体经济组织的实力。一方面，引导集体经济组织建立长效的“造血机制”，即在土地利用总体规划尚有部分未落地规划空间的前提下，将减量的建设用地空间按一定比例转化为可供开发的新增用地空间，或者安排到规划布局合理、基础设施配套齐全、土地开发效益较高的区域，将所获利益反哺实施减量的集体经济组织，提升用地效率、提升经济收入、提升生态品质、提升规模生产水平。另一方面，倒逼农村地区“排毒”，即淘汰复垦有污染、高能耗、低效益的工业用地，适当归并零星分散的宅基地，盘活闲置的其他集体建设用地等，减少低端产业、减少环境污染源、减少人口压力、减少征地动迁矛盾、减少社会管理成本。这样，以“减量化”为前提的土地综合整治就实现了腾挪土地空间、盘活农村集体土地、壮大集体经济组织的目标，能够为上海郊野地区发展提供内生动力，让广大农民在不改变原来农民身份的同时，均等享受城市建设的成果，落实“以人为本”的城乡一体化发展要求。

三、实施之术——郊野单元规划核心内容和实施途径

2012 年以来，上海开展了郊野单元规划编制的理论、技术和实施政策研究。作为郊野单元规划试点，本市率先启动了 5 个郊野公园单元规划的编制。2013 年以来又陆续开展了松江新浜、崇明三星、嘉定江桥等 3 个处于不同城镇化进程阶段的郊区镇的郊野单元规划试点。

在编制研究过程中，上海市始终把握郊野单元规划“减量化”、“生态化”、“人文化”、“城乡一体化”的基本要求，在国家关于增减挂钩、土地整治的相关要求和既有节约集约用地政策基础上进行创新：一是以“减量化”为抓手，在增减挂钩政策基础上，叠加关于优化空间资源、集约用地布局的空间政策，并建立“造血机制”。二是以“生态化”为基调，加强土地整治项目的生态要求，改善农村生产生活环境、推进农业规模经营、落实生态网络规划。三是以“人文化”为特点，在充分尊重农民意愿基础上，保留地方乡土文化特色，保护传统城镇的水乡特色，保护历史文化遗存，延续历史文脉。四是以“城乡一体化”为原则，在整合郊野地区各类涉农资源的同时，提升规划统筹引领作用、提高农村地区公共服务能力和经济社会发展水平。

（一）核心内容

郊野单元规划的核心内容以土地整治内容为基础，以解决上海新型城镇化过程中存在的问题为导向，努力成为上海推进新型城镇化、城乡一体化发展和美丽乡村的有效载体。具体包括：

一是农用地整治。包括田、水、路、林等农用地和未利用地的综合整理、农业布局规划、高标准基本农田规划、农田水利系统规划、农田防护与生态环境、设施农用地规划等内容，全面落实市、区两级土地整治规划任务要求，是郊野单元内后续土地整治项目实施

的直接依据。

二是建设用地整治。确定集建区外现状建设用地的分类处置和新增建设用地的规模、结构和布局，重点是通过对集建区外的现状零星农村建设用地、低效工业用地等进行拆除复垦实现减量化。一方面，根据企业和农民搬迁意愿度调查结果制定减量化目标；另一方面，根据减量化激励措施和实施机制，明确集建区外现状建设用地减量化相应类集建区的空间规模、布局意向、适建内容及开发强度区间等，初步明确用地供应方式，建立建设用地“增”与“减”之间的勾连机制，做到地类和资金初步平衡测算，为未来郊野单元内增减挂钩项目区的选择和规划编制提供依据。

三是专项规划梳理。对单元内现有的各项专业规划进行梳理，专项规划与单元规划一致的，整合纳入并落图控制；单元规划对专业规划有调整的和专业规划缺位的，经与相关专业部门协调、对接后，进行分析和论证说明，并提出规划编制建议，待后续专项规划明确，再纳入郊野单元规划中，重点体现郊野单元规划的开放性和统筹性。

（二）政策机制

郊野单元规划强调规划的实施性和可操作性，在规划编制阶段就要求将实施要求和政策保障纳入规划成果，因此更加注重规划实施政策和机制的研究。在整合衔接国家已有的关于增减挂钩、土地整治等土地实施政策基础上，重点进行了四个方面的研究创新：一是实施增减挂钩升级版的减量化规划空间奖励机制。二是提高带动地块开发强度的紧凑集约策略。三是研究为减量化集体经济组织提供长远收益保障的土地出让方式。四是建立减量化工作与土地出让计划和用地计划管理联动的管理考核机制等。

（三）具体案例

新浜镇郊野单元作为郊野单元规划试点，于 2013 年年中启动。落实新浜镇土地利用总体规划和城镇总体规划的指导，通过对现状企业和农民搬迁意愿度的充分调查，对集中建设区外现状零星工业用地和宅基地进行整治归并。实现三减少、三增加、三提高，即：减少低效用地、污染排放和社会管理成本，增加发展空间、生态用地和农民收入，提高当地的生产生活水平、用地综合效益和城镇化水平。目前，规划即将进入批复阶段，针对低效工业用地的减量化工作业已正式启动。

搭建整治平台　用好挂钩政策　积极推动千村示范万村整治工程和美丽乡村建设*

浙江省国土资源厅　陈铁雄

〔**按**〕2003 年，浙江省委省政府做出实施“千村示范万村整治”工程的决策部署，将农村建设用地复垦、农村土地综合整治和城乡建设用地增减挂钩政策纳入新农村建设和城乡统筹发展大局中，有效地解决了新农村建设中“地从哪里来？钱从哪里筹？人到哪里去？”的棘手问题。现将浙江做法予以刊发，供各地参考。

浙江省人多地少，耕地资源十分紧缺。全省常住人口 5442.7 万人，陆地面积 10.18 万平方千米，其中山地和丘陵占 70.4%，平原和盆地占 23.2%，河流和湖泊占 6.4%，是我国陆域面积最小的省份之一，有“七山一水两分田”之称。改革开放以来，浙江省在党中央、国务院的正确领导下，通过全省上下的共同努力，经济社会快速发展，经济总量持续增长，国民生产总值、财政收入等多项指标一直来位于全国各省区前列。2012 年，全省国民生产总值达到 34665.33 亿元，人均 63374 元，财政收入 6408.49 亿元，城镇居民和农村居民人均可支配收入分别达到 34550 元和 14552 元。浙江省以约占全国 1% 的土地，养活了占全国 4% 的人口，创造了占全国 6.7% 的 GDP。但与之形成鲜明对比的是，快速发展的城市化与农村建设的滞后，城乡差别仍然较大，农民收入的快速增加与农村建设的滞后，农民富了，但农村环境仍然比较差。进入 21 世纪的浙江农村，普遍存在村庄建设无序、环境脏乱差、基础设施缺乏、用地粗放浪费等问题。

为改善农村生产生活条件和农村面貌，推进城乡统筹发展，2003 年，习近平同志时任浙江省委书记，浙江省委省政府审时度势，果断决策，做出了实施“千村示范万村整治”工程的重大部署，以此作为统筹城乡发展的龙头工程、全面推进社会主义新农村建设的有力抓手，揭开了浙江美丽乡村建设的宏伟篇章。在国土资源部的大力支持和直接指导下，按照省委、省政府统一部署和要求，浙江省充分利用农村土地综合整治平台和城乡建设用地增减挂钩试点政策，切实加强规划空间、用地指标、整治资金等方面的保障，积极推动“千村示范万村整治”工程和美丽乡村建设，经过 10 年一任接一任抓，一届接一届干，取得了明显的成效。

一、基本情况

浙江省农村土地综合整治大体分为三个阶段：

---

* 本文原发表于《土地整治动态》2013 年特刊第 11 期。

（一）探索起步阶段（2000～2010年）

2000年以来，浙江省根据国土资源部《关于土地开发整理工作有关问题的通知》（国土资发〔1999〕358号）和《关于加强耕地保护促进经济发展若干政策措施的通知》（国土资发〔2000〕408号）等文件精神，探索开展以农村建设用地复垦为主要内容的城乡建设用地增减挂钩试点工作。这一阶段主要有三个特点：一是实行“先复垦、后置换”；二是对建设用地复垦实行项目管理，复垦出来的新增耕地建立指标账册，实行台账管理；三是建设用地复垦指标（即建设用地增减挂钩指标）在全省范围内按照市场经济规律，有偿调剂使用，发挥市场在资源配置中的基础性作用。指标的使用参照城市分批次用地审批土地置换，挂钩安排建新用地。截至2010年底，全省累计投入建设用地复垦资金225亿元，实施建设用地复垦项目6675个，建设用地复垦新增耕地33.43万亩；安置农户18.06万户，其中住房安置7.06万户，货币安置10.99万户。

（二）规范完善阶段（2010～2012年）

2010年以来，浙江省为深入贯彻党的十七大与十七届三中全会精神，优化农村土地资源配置，促进城乡统筹发展，加快新农村建设，根据国务院《关于严格规范城乡建设用地增减挂钩试点切实做好农村土地整治工作的通知》（国发〔2010〕47号），以及国土资源部与浙江省政府签订的《关于深化改革推进农村土地整治工作的合作协议》和国土资源部等八部委清理检查工作要求，省委省政府下发了《关于深入开展农村土地综合整治工作扎实推进社会主义新农村建设的意见》（浙委办〔2010〕1号），开展农村土地综合整治工作，通过农村土地综合整治，建设美丽乡村。主要做法是，按照统筹城乡发展和建设新农村的要求，以城乡建设用地增减挂钩试点工作为抓手，全域规划、全域设计、全域整治，积极推进土地整治复垦，深入开展农村土地综合整治，优化农村土地利用结构和布局，提高农业综合生产能力，推进农村住房改造，加快社区公共服务和农村基础设施建设，推动农村人口和村庄集聚。在具体实施中，浙江省按照项目管理、封闭运行，建新区与拆旧区一一对应，坚持严格审批、严格规范、严控范围。一是坚持政府主导、市场推动。加强政策引导和工作统筹，充分发挥市场对土地资源配置的基础性作用，建立规范统一的建设用地指标流转市场，鼓励企业、个人等参与农村土地综合整治。二是坚持统筹规划、整体推进。按照统筹城乡发展的要求，依据土地利用总体规划、县市域总体规划和村庄规划，科学编制农村土地综合整治规划，统筹安排农村生产、生活、生态等用地规模和布局，整体推进村庄改造、产业发展、公共事业、农田水利、生态保护等建设。三是坚持村为主体、惠及农民。农村土地综合整治以村为主体开展，要在坚决守住耕地总量和基本农田红线、努力增加耕地的前提下，使农民群众通过土地综合整治得到实实在在的利益。四是坚持节约土地、集聚人口。实行开发与整理联动、复垦与盘活并重、增量与减量挂钩，统一规划、整体开发、配套建设，促进人口向中心村集中、住户向居住点集中、产业向功能区集中、耕地向规模经营主体集中。五是坚持注重实效、量力而行。从实际出发，综合考虑政府财力、村集体和农民群众的承受能力，重点解决当前生产、生活中的突出问题，先易后难，有序推进。对照上一个阶段的做法，主要有三个变化：一是将建设用地增减挂钩试点的范围和规模严格控制在国土资源部下达的年度规模之内；二是将建设用地增减挂钩项目区设置控制在县级行政区域之内；三是将建设用地增减挂钩指标由全省范围内有偿调剂使用，调整为县域内有偿使用。

（三）整合提升阶段（2013 年以来）

2013 年上半年，国土资源部批复了《浙江省推进节约集约用地实施亩产倍增行动计划》，浙江省政府提出在全省全面实施“812”土地整治工程，计划这一届政府（2013～2017 年）期间，在完成省政府已经批准的 1326 个农村土地综合整治项目建设任务的基础上，全省再实施 2000 个项目，5 年再整治农村建设用地 20 万亩。为进一步加快农村土地综合整治进度和质量，浙江省明确了三个方面的政策：一是在搬迁农民自愿并处理好搬迁农户经济补偿政策和安置措施落实的情况下，经县级政府批准，允许先行开展拆旧区建设用地复垦工作。建设用地复垦完成后，再根据城乡建设用地增减挂钩工作要求，组织申报农村土地综合整治项目，以加快项目实施进度，确保建设用地复垦到位。二是允许农村土地综合整治项目净增耕地面积用于耕地占补平衡。三是允许将建设用地拆旧区按照因地制宜的原则复垦为耕地、园地等农用地，特别是对下山脱贫高山移民搬迁、地质灾害避险搬迁后的建设用地拆旧区，根据建设用地周边土地利用状况，可以按照生态建设的要求，复垦为耕地、园地、林地等农用地。截至 2013 年 6 月底，省政府已批准农村土地综合整治项目（即建设用地增减挂钩项目）1538 个，使用增减挂钩指标 13.74 万亩，计划搬迁农户 23.3 万户，概算需投入资金 1077 亿元。到目前，全省已累计投入资金 416.88 亿元，建设农民新村 475 个（建设用地 2.75 万亩），建造农村住房 1961.29 万平方米、城镇住房 704.16 万平方米，已有 6.12 万户农户、21.02 万人住进了安置新房；建设用地复垦新增耕地 4.71 万亩。

二、主要做法

2003 年浙江省委省政府做出实施“千村示范万村整治”工程的决策部署，将农村建设用地复垦、农村土地综合整治和城乡建设用地增减挂钩政策纳入新农村建设和城乡统筹发展大局中，有效地解决了新农村建设中“地从哪里来？钱从哪里筹？人到哪里去？”的棘手问题，有力地推动了“千村示范万村整治”工程和“美丽乡村”建设。

一是政府主导，国土搭台，部门配合。省委、省政府高度重视新农村建设，2009 年，省政府与国土资源部签署了《关于深化改革推进农村土地整治工作合作协议》，在国土资源部的大力支持下，省委省政府紧紧抓住这一有利时机，做出了推进新农村建设的决策部署，2010 年省委省政府下发了《关于深入开展农村土地综合整治工作扎实推进社会主义新农村建设的意见》（浙委办〔2010〕1 号），把建设用地复垦、农村土地综合整治作为推动美丽乡村建设的重要抓手和重大政策，党委政府建立工作领导小组或协调小组，纳入政府年度工作目标责任制进行考核。发改、国土资源、农办、财政、建设、环保、农业、林业、水利等有关部门齐心协力，密切配合，相互支持，合力推进。

二是明确政策，严格规范，有序推进。建设用地复垦工作开展以来，浙江省就建立了一套管理制度，规范运作，2001 年以来，浙江省先后制订出台了建设用地复垦周转指标管理办法、复垦项目管理办法等政策文件，推动复垦工作规范有序开展。2009 年、2010 年在嘉兴、湖州等地开展农村土地综合整治试点工作，2011年按照国土资源部的要求，开展专项清理整改工作，完善农村土地综合整治政策。为了规范建设用地增减挂钩试点工作，省厅制定出台了《关于加快实施农村土地综合整治项目的通知》，建立了农村土地综合整治项目管理、资金管理等4项工作制度。2013年省政府又下发了《关于印发全省“812”土地整治工程实施方案的通知》（浙政办发〔2013〕60号）。省厅也下发了《关于加强和改进农村土地综合整治项目报批和实施工作的通知》，从项目立项、规划设计、组织报批、实施监管、验收备案等各个环节，建立了一套比较严格、规范的制度和程序。

三是科学统筹，整合资金，强化投入。按照“渠道不乱、用途不变、专账管理、统筹安排、各计其功”的要求，在农村土地综合整治和美丽乡村建设中，有效整合各类涉农资金，统筹安排，合理利用，用于新农村建设和农村基础设施建设。明确农村建设用地复垦节余指标挂钩安排城镇建设用地或二、三产业用地的，实行指标有偿使用。如，宁波市鄞州区对建设用地复垦节余指标有偿调剂使用的，按每亩100万元由区政府统一收购。海宁市规定挂钩指标县域内有偿调剂指导价每亩30万元，由乡镇自行调剂，市财政给指标调出方再每亩奖励补助10万元。绍兴县在对每个项目给予每亩30万元补助的基础上，节余指标有偿调剂的，县政府按每亩20万元统一收购。有偿使用收入返还农村，用于土地综合整治项目和美丽乡村建设。有的地方，从土地出让收益中安排一定比例资金用于农村土地综合整治项目。同时，农办新农村建设补助资金、建设部门农村住房改造补助资金、环保部门农村环境整治补助资金等各项涉农资金，有效整合，集中投入新农村建设。

四是尊重民意，维护权益，和谐整治。在建设用地复垦、农村土地综合整治中，浙江省把维护农民群众合法权益放在重要位置，土地复垦整治方案、农房搬迁补偿方案、安置方案、新农村建设规划设计和建设方案等与农民切身利益紧密相关的事项，事先都要开展民意调查，通过发放调查表、征求意见表，通过召开听证会、意见征询会等形式，广泛听取集体经济组织和农民群众的意见建议，做到农民自愿、农民参与、农民满意。农村土地综合整治中，搬迁农户安置采取多种方式，由农民自愿自行选择，主要分为4种形式：一是本村宅基地安置，在本行政村范围内，异地重新安排农村宅基地进行住房建设；二是跨行政村安排住房建设用地，让农民向经济更发达、生活更便利的中心村搬迁；三是鼓励农户到中心镇、建制镇、集镇参与公寓房安置；四是货币补偿安置。海盐县探索“模拟搬迁式”，预先公布政策，农户自愿申请搬迁率达到一定比例后，才启动项目规划、报批，把搬迁的主动权、知情权、选择权交给农户，实现了农户“要我搬”到“我要搬”的角色转变。海盐县西塘街道王庄、曙光项目涉及的291户农户，模拟结果同意搬迁290户，同意率达到99.7%。

通过10多年的探索实践，根据浙江省农村经济发展水平、地形地貌、地域区位、产业结构的不同，主要形成了3种农村土地综合整治类型。

（一）中心村集聚型

该模式重点针对城镇规划区以外区域，以新农村和美丽乡村建设为目标，与空心村整治、自然村撤并、历史文化村落保护等有机结合，统筹安排农村生产、生活用地，通过农村土地综合整治，促进村庄由分散向中心村集聚，耕地集中连片，向规模经营集聚，居住空间集中用地集约，生产空间集中连片，实现居住环境美化、洁化，农业生产规模化、机械化。

例如：海盐县百步镇得胜村农村土地综合整治项目。得胜村位于百步镇东北部，区位相对偏远，由于历史的原因，农村居民点布局散乱，全村369户村民分布在大大小小近50个居民点，生产生活极不方便。该项目总投资9346万元，其中一期实施3999亩，搬迁农户272户，通过建设用地复垦整理，新增耕地569亩，其中建成高标准化农田528亩。新农村按照社区标准进行建设，统一规划，统一建设标准，以联排为主，公寓为辅，安置房建设占地面积134亩，户均节地0.61亩。土地整治后，全村耕地进行流转，农民从承包地中获得租金，从承包田中解放出来，而收入反而增加，腾出时间从事非农劳动，平均每户每年增加收入7000元。增收主要有三方面：一是全村有3403亩耕地进入流转，土地流转收益每年每亩550斤稻谷，按现行价825元/亩。二是海盐县规定，对土地全部、长期（10年以上）流转的农民，在土地流转期间，参加城乡居民社会养老保险并按照失地农民缴费标准缴费的，可享受失地农民的参保补贴，领取养老金300~500元/月。三是土地流转后实行规模经营，创办家庭农场，农民可在就地农场从事农业生产，拿工资，增加了劳务工资收入。

（二）扶贫避险型

该模式主要针对偏远山区交通不便或地质灾害易发区自然村落，通过政府主导，以下山脱贫、地质灾害点避险为目的，整村搬迁到交通比较方便，自然条件相对较好的地方，对原自然村落旧址进行复垦，改善农民住房条件、生活环境，确保居住安全，逐步实现脱贫致富。

例如：临海市杜桥镇南溪村农村土地综合整治项目。南溪村交通闭塞，自然条件较差，经济落后，村民住房比较拥挤，房屋依山而筑，每逢自然灾害来临特别是台风暴雨，群众生命财产安全得不到保障，村民要求改善住房条件的愿望十分强烈。该项目共搬迁农户214户，涉及人口724人，拆旧区面积17.5亩，现已完成复垦，新增耕地16.9亩。安置建新区充分利用旧村改造存量建设用地，建造联排式住房，目前安置村民已搬入新房，大大改善了村民住房条件。建设用地节余指标用于村建造标准厂房，标准厂房出租每年收益预计在60万元。

（三）城镇社区型

该模式是针对城镇郊区、近郊农村，以统筹城乡发展和推进新型城镇化为目标，与城中村改造、推进城镇化等有机结合，通过城镇社区化安置，引导农民建房“立改套”和“社区化”，促进农村人口市民化和新型城镇化。

例如：嘉善县姚庄镇武长村农村土地综合整治项目。姚庄镇是浙江省接轨上海市的第一站，区位优势明显，经济发达，农民收入较高，已脱离自给自足的农耕生产方式。2012年姚庄镇入选第三批全国发展改革试点城镇。武长村农村土地综合整治项目由姚庄镇人民政府按照城乡一体化，“整镇规划、整体推进”的思路实施。该项目总投资4590.2万元，搬迁农户117户，涉及人口379人，拆旧区面积143.9亩，建设用地复垦新增耕地141.5亩，建成高标准农田。安置新社区用地43.6亩，其中联排式住房安置71户，复式公寓房安置21户，公寓房安置13户，货币安置12户。项目结余建设用地增减挂钩指标97.7亩，其中60%结余指标用于发展第二产业，40%结余指标用于发展第三产业。三产用地的平均收益在100万元/亩，共收益3900万元；二产项目3年后亩均税收可达20万元，预计每年税收收入达到1100万元，其中地方所得500万元，整个项目资金在8年内能够得到平衡。土地整治后的新增耕地，统一由村集体经济组织进行流转，流转费平均为600元/亩·年，流转收入全部归村集体经济组织，用于村民福利。

三、取得的成效

建设用地复垦、农村土地综合整治和建设用地增减挂钩政策，可以统筹解决耕地保护“缺动力”、农民增收“缺渠道”、新农村建设“缺资金”、城镇化建设“缺土地”、城乡统筹“缺抓手”等一系列问题，在推动“千村示范万村整治”工程、美丽乡村建设，促进城乡统筹发展中，发挥了十分重要的作用，得到了农民群众的欢迎和支持，是一件利国利民的实事工程、民生工程。主要体现在以下几个方面：

（一）有效地促进了耕地资源保护和农业规模化现代化经营

农村土地综合整治通过对农村建设用地、村庄布局散乱的自然村、零散村搬迁，农村居民点集聚，旧村建设用地复垦后新增加的耕地与周边耕地田块相连，渠系相通，实现耕地的有效补充、连片布局和长效保护。截至2008年底，全省通过建设用地复垦新增耕地28.09万亩；2009～2013年6月底，浙江省批准开展农村土地综合整治项目1538个，涉及行政村7741个、自然村11904个，计划搬迁农户23.3万户，计划可新增耕地13.64万亩。到目前，全省已拆除自然村、零散村2109个，建设用地复垦新增耕地4.71万亩，不少地方通过农村土地综合整治，整出了旱涝保收、集中连片的千亩良田、高标准农田。

（二）在破解城镇和农村建设用地“两头扩张”难题上走出了一条新路子

一直以来，在城镇化快速推进、城镇建设用地规模迅速扩大过程中，农村建设用地规模并没有随着农民数量的减少而下降，同样呈增加趋势，这种城乡建设用地“两头扩张”和农村建设用地粗放低效利用给耕地保护带来了巨大的压力，也给建设用地供需带来了巨大的压力。农村土地综合整治为农村大量闲置、粗放、低效利用建设用地整治复垦提供了机遇。同时，通过建设用地增减挂钩政策，不需要新增建设用地计划指标，又不需要耕地占补平衡指标，缓解了浙江省建设用地供需矛盾，农民建房用地指标更是优先得以保障，调动了各地推进新农村建设的积极性，受到了基层政府和农民群众的欢迎，实现了城乡统筹发展中“保护耕地与保障发展”的双赢，缓解了土地管理保护保障“两难”局面。

（三）为美丽乡村建设提供了有效的资金保障，极大地调动了农民群众和基层政府推动新农村建设的积极性

新农村建设需要大量的资金投入，仅靠政府财政投入，难以承受，不可持续，政府也没有积极性。通过将农村土地综合整治中节余的建设用地指标，在优先保障拆旧区农户搬迁安置用地和新农村建设用地后，有节余的，挂钩安排城镇建设，用于发展二、三产业项目建设用地，使土地收益大大增值，政府利用土地增值收益返还农村，有力地支持了新农

村建设。截至2008年底，浙江省跨市、县调剂建设用地复垦指标3.27万亩，调剂资金达32.8亿元。2013年，海盐县已将5个农村土地综合整治项目节余的320亩建设用地指标中的96亩，用于挂钩新市镇和新社区商业、商住等三产服务设施用地，按每亩增加收益50万元计算，能净增收益4800万元。他们将这些收益全部用于农村土地综合整治项目和美丽乡村建设，形成了政府得发展空间，农民得经济实惠，良性互动、城乡互补、良性循环。同时，通过建设用地增减挂钩政策和土地收益返还，解决了农民住房建设、新农村改造建设等一系列资金和用地问题，因为，没有新增建设用地，农民建房不需缴纳新增建设用地土地有偿使用费、耕地开垦费，减轻了农民负担。

（四）促进了农村土地利用结构和布局的优化，农村建设用地节约集约利用水平有了新的提高

农村土地综合整治和建设用地增减挂钩政策打通了统筹城乡建设用地通道，推进城乡要素平等交换，优化了国土空间开发利用格局，突破了城镇建设用地瓶颈，开辟了城乡经济社会发展新空间。同时，通过农村土地综合整治，撬动了农村存量建设用地开发利用，减少了农村闲置土地，一户多宅，“空心村”问题得到了有效整治，提高了农村土地利用率，也同步实现了农村环境的美化和农民居住条件的改善。通过整治，浙江省归并了2109个自然村和村民居住点，建设中心村475个。浙江省嘉兴市通过农村土地整治，平均每户宅基地面积减少了50%以上，农村建设用地节约集约利用水平得到了进一步提高。

四、问题与建议

当前，特别是2013年浙江省在工作推进过程中，遇到的困难和问题，主要是资金问题和规划空间问题：

一是资金缺口问题日益突出。浙江省农村土地综合整治项目主要由基层政府组织实施，由乡镇人民政府负责筹集资金。整治项目资金，很大一部分来自于建设用地节余指标用于二、三产业用地所得收益。由于节余指标不能在全省范围内统一交易调剂，指标的经济效益得不到充分体现。据测算，浙江省平均每个农村土地综合整治项目使用增减挂钩指标89亩，搬迁安置农户150户，投入资金近7000万元，通过建设用地复垦产生增减挂钩指标每亩成本约79万元。当前地方政府融资比较难，影响了土地整治项目资金筹措，土地整治项目资金平衡比较困难。

二是规划空间严重不足。浙江省土地利用总体规划各项控制指标十分紧缺，建设用地总规模严重不足，一些地方已经突破规模，致使建设用地增减挂钩建新区块无法落地，严重影响了整治工作的推进。同时，对拆旧区复垦后与周边现有耕地及基本农田集中连片的耕地，由于受规划限制不能与城郊零散、低质量的基本农田进行空间调整或置换，也使得规划空间问题更加突出。

为此，浙江省提出以下建议：

一是允许探索农村土地综合整治项目节余指标省内统一交易平台建设。通过在全省范围内统一交易调剂，最大限度发挥节余指标经济效益，所获收益全部返还农村土地综合整治，扩大土地整治工作资金来源，以缓解经济欠发达地区整治项目资金平衡压力和经济发

达地区用地紧张矛盾。通过统一调剂和规范管理，使城乡土地资源、资产、资本有序流动、互补互助，实现“以城带乡、以工补农”，更好地支持区域统筹发展、城乡统筹发展和美丽乡村建设。

二是允许农村土地综合整治项目搬迁农户建新安置区可直接使用有条件建设区，以更好地发挥农村土地综合整治在推动美丽乡村建设中的政策优势。

三是允许在确保耕地“数量不减少、质量有提升”的前提下，探索农村土地综合整治项目拆旧区复垦后形成的集中连片的高标准农田，与城镇周边的基本农田实行空间置换试点工作，促进基本农田布局更加集中连片、质量建设标准更高、保护更加有效，为农业规模化、现代化经营奠定基础。

浙江省海盐县多措并举 推进农村土地综合整治 建设美丽乡村*

浙江省国土资源厅耕保处 浙江省海盐县国土资源局

近年来，浙江省海盐县委、县政府多措并举，扎实推进农村土地综合整治工作，并将其作为优化城乡建设用地布局和结构，促进城乡一体化发展，建设美丽乡村的重要抓手，实现了“耕地数量不减、农民住房改善、农村环境美化、农业生产提升、城乡人口集聚”的多赢局面。2012 年，该县农村土地综合整治工作在嘉兴市政府工作目标考核中名列第一，2013 年 5 月，浙江省农村土地综合整治工作现场会在该县召开。现将有关做法和取得成效总结如下：

一、强化统筹，提高土地综合整治工作的整体性

一是坚持农村工作统筹。把土地综合整治与“两新”工程（新市镇、新社区）、土地流转、美丽乡村建设有机结合起来。在尊重搬迁农户意愿的基础上，制订差别化补助政策，引导土地综合整治项目中的搬迁农户安置到各镇、街道的新市镇。目前，该县通过土地综合整治，整治了 177 个空心村、小散村，已形成新市镇集聚点 9 个，集聚农户 6000 多户，整合了千亩以上连片良田 28 块，新增土地流转面积 2.1 万亩，促进了农民居住集中、耕地集中、产业集中，为农业增效，农民增收，美丽乡村建设，城乡统筹发展，奠定了坚实基础。

二是坚持土地利用统筹。把握城乡建设用地增减挂钩指标使用方向，优化挂钩指标使用结构，通过合理安排二、三产业用地的比例，提高土地整治项目挂钩指标的土地收益，发挥节余指标的最大效益。2013 年，该县将 5 个整治项目节余的 320 亩指标中的 96 亩，用于挂钩新市镇和新社区周边商业、商住等三产服务设施用地，按每亩增加收益 50 万元计算，比工业用地净增收益 4800 万元，且收益全部用于农村土地综合整治项目。同时，该县还将年度计划指标，实行集中统筹、计划管理，主要用于社会公益事业、重大工业及新兴产业项目建设，保证另类项目不挤占土地整治项目挂钩指标。

三是坚持涉农资金统筹。建立农村土地综合整治工作统筹协调机构，协调引导县级各部门优先安排涉农项目向土地综合整治所在区域倾斜，以土地综合整治项目为平台，积极争取上级各类支农惠农资金，通过项目整合实现资金整合。如该县百步得胜项目整治复垦区域结合高标准基本农田建设，整合投入资金 260 万元；武原华星整治项目结合高效节水工程提升农业基础设施水平，整合投入水利建设资金 432 万元；新市镇、新社区建设结合

* 本文原发表于《土地整治动态》2013 年第 15 期（总第 577 期）。

农房改造和乡村公路建设等。在保证部门管理渠道和资金用途不变的情况下，充分发挥资金综合叠加效应，确保工程建设和项目资金优化配置，实现效益的最大化。

二、建立机制，提高土地综合整治项目的可控性

一是建立项目立项评估机制。变以往单纯“报项目”为“评项目”、“选项目”，由土地综合整治项目立项评估专家组对各镇、街道申报的土地整治项目进行多方面综合性可行性评估，按拆旧、建新、安置、资金四大指标进行审核并逐项分析计分。立项评估采用100分制，得分80分以上为合格项目，列入县项目库，在安排分配年度增减挂钩指标和申报项目时，从项目库中择优筛选上报。80分以下的，不列入项目库，不安排增减挂钩指标。2013年申报的5个项目均采用该方式通过立项评估，保证了申报项目的科学性和可行性。

二是建立节余指标统筹机制。减轻乡镇土地整治项目资金负担，集中土地资源推进城乡统筹发展。各镇、街道申报的农村土地综合整治项目产生的增减挂钩指标，在保障农民住房搬迁安置用地和新农村建设用地的情况下，节余指标的，按20%～30%的比例实行县统筹，县级财政支付镇、街道统筹指标费用50万元/亩。统筹指标专项用于城市化、工业化，做大做强县城和中心镇，2013年从申报的5个项目中统筹了193亩挂钩指标，由县集中使用。同时，县里建立城乡建设用地增减挂钩调剂与交易平台，鼓励增减挂钩节余指标在县域范围内有偿调剂使用，有偿调剂费由双方自行协商确定。

三是建立资金风险防控机制。抓好项目资金筹划，对项目进行收支预测，严控项目成本，落实项目资金来源，明确融资规模和还贷措施；建立资金偿还机制，提前一年安排资金偿还计划，并对计划的可行性进行科学评估，对偿还确有困难的及时进行预警；建立偿还基金，从土地出让金和融资贷款中计提一定比例资金纳入偿还基金，降低偿还风险；加强资金使用监督，规范资金使用管理，定期组织专项检查，对不符合资金管理要求的乡镇、街道，在融资资金方面进行相应限制。

三、强化保障，提高土地综合整治工作的规范性

一是组织保障严密。海盐县高度重视农村土地综合整治工作，在原有土地整治工作领导小组基础上提高层次，2013年初，新成立由县委、县政府主要领导任组长的土地整治工作领导小组，县政府分管副县长任领导小组办公室主任，高配组织机构，统筹研究解决整治项目推进中的一些重大问题。各乡镇、街道成立工作小组，负责政策制订、农户签约、农房拆除、新房建设、土地复垦等具体工作，对项目实施进行全过程管理。2013年的项目进展顺利，已完成复垦1129亩，正在复垦700亩，该县2013年上半年在嘉兴市政府半年度考评中名列全市第一。

二是政策保障惠民。对农村土地综合整治政策进行梳理提炼，出台了《关于进一步推进农村土地综合整治工作的实施意见》，对整治工作从项目储备立项、指标有偿调剂、资金筹措、资金管理、风险预警控制等方面进行创新，及时进行引导；各乡镇、街道对农户搬迁安置、经济补偿政策进行充分细致的调查摸底，多方征求意见，制订搬迁补偿政策时

充分考虑农户的合理诉求和利益平衡，充分考虑一切可以考虑的因素。各乡镇、街道政府均出台了农房搬迁和引导农民集聚实施办法，根据农户生产生活习惯有针对性地制订鼓励措施。如元通街道办事处根据农民生猪养殖习惯，制订养殖权流转退养政策；通元镇在安置区附近预留农田提供搬迁农户每户0.5亩的自留地。由于政策体现惠民，目前全县有多个村、组主动要求开展土地综合整治。

三是资金保障充足。积极筹措土地整治专项资金，按3%的比例从土地出让收入中计提土地整治专项资金。加大对拆旧区土地复垦工作奖补力度，提高补助标准，对复垦新增耕地实行每亩“5+5”的复垦奖励和节地奖励，2013年全县安排土地整治复垦专项奖励资金1.5亿元；整治项目建新地块供地免收指标费、耕地开垦费等土地规费，所得收益全部返还乡镇、街道和整治村，用于项目资金平衡；积极与国家开发银行、农业发展银行等金融机构对接，多渠道筹集建设资金，目前，已获国家开发银行授信资金32.00亿元，已到位资金18.15亿元。近年来，全县累计用于“两新”建设与农村土地整治资金达28.00亿元。

目前，该县2009年批准的2个项目，已顺利通过省级复核验收；2010～2013年批准的14个项目，截止到2013年9月底，已完成建设用地复耕2869亩，占规划复垦面积的63%，已搬迁安置农户3400户，占搬迁农户总数的86%。农村土地综合整治工作深得广大农民群众的支持与积极参与。

土地整治：农村增地农业增效农民增收的有效平台*

——河北省太行山前土地整治示范区建设调研报告

河北省土地整理服务中心　刘树明　孙学东

2010年以来，河北省按照部省协议实施了太行山前平原农村土地整治示范区建设（以下简称示范区建设），对石家庄、保定、邢台、邯郸的19个县250万亩农村土地进行了综合整治，截至2013年10月，60个示范项目已全部通过验收。近期，河北省土地整理服务中心（以下简称省中心）成立专题调研组，对其中6个示范县15个示范项目进行了深入调研，并随机对1000个农户进行了群众满意度问卷调查。调研发现，示范建设各级领导高度重视，规划设计科学，项目施工规范，资金使用安全，群众满意度高达99.9%，真正取得了农村增地、粮食增产、农民增收、农业增效的多赢效果，打造了一条太行山前展示土地整治效果的靓丽风景带。现将调研报告刊登如下，供各地参考。

一、示范区建设的主要成效

（一）补充耕地数量和提高耕地质量并举，既坚守了耕地红线，又大大增加了粮食产能

（1）通过新增耕地增加产能。受农业结构调整、生态退耕、自然灾害损毁、非农建设占用等因素影响，河北省耕地数量逐年减少。为坚守耕地红线，实现全省9800万亩耕地保有量的目标，示范区建设通过适度开发未利用地，整理废弃居民点、工矿废弃地、沟渠、坑塘、农村道路、晒谷场等，新增耕地10余万亩，新增粮食产能1.2亿~1.6亿斤。

（2）通过提高耕地质量提升产能。示范区在长期的耕作中，生产方式粗放，造成土壤有机质缺乏，养分失衡，土地利用重用轻养，农田基础设施老化失修现象严重。示范区建设通过平整土地183万亩、新打机井9433眼、安装变压器5143台、修建水泥路6486千米等，改善了示范区灌排、农机具通行等农业生产条件，耕地质量平均提高1~2个等级，生产能力普遍提高10%~20%，灌溉保证率达75%，排涝标准达到10年一遇，涌现出一大批亩产吨半粮田。

（3）通过提高农民种粮积极性释放产能。问卷调查显示，项目实施前，农民对改善灌排条件和田间道路最为期待，项目实施后，农民对此最为满意。整治后的农田旱能灌、涝能排，农机具出入更加方便，小麦、玉米等大田作物亩产平均提高50~200斤，耕种成本

* 本文原发表于《土地整治动态》2014年第9期（总第590期）。

亩均下降 50 ~ 100 元，种粮效益大大提升，农民种粮积极性十分高涨，纷纷采用新型农机具、优良品种和先进农业技术进行科学种田，粮食增收潜能正在逐步释放。

（二）扩大田块规模和优化用地结构并重，既提高了土地利用率，又大大激活了农村土地流转

（1）提高了农村土地利用率。通过示范区建设，把小规模经营、零星分散、区块差异较大的耕地，整治为集中连片的高标准农田；把原有贫瘠的农用地、旧村庄和工矿废弃地，整治为耕地；把农村道路、沟渠、田坎、零星闲置等布局不合理用地，整治为优质农田，使示范区各类用地布局更加合理，土地利用率普遍提高 3% ~ 10%，农用地结构得到改善，集约化水平明显提高。

（2）促进了农村土地流转。通过示范区建设，农田规模化程度极大提高，耕地质量等别差异基本消除，有效破解了土地流转难、集中难、种植品种统一难等问题。同时，促进了种植大户和专业合作社的发展，带动了大批农民入社，一些农户跨村、跨乡镇流转土地，引来了大批外地特色种植能手，催生了一大批特色种植专业乡村。土地流转价格由整治前每亩 300 ~ 400 元没人要，变成整治后每亩 1200 多元争着租。以前邻里、亲友之间通过转包、代耕或者农户委托村组织代为流转的，现在纷纷要求按照市场价流转。

（三）整治过程突出景观生态建设，既恢复了生态功能，又促进了休闲农业发展

（1）修复了农村生态环境。一是坚持适度开发。在岗地留下宽宽的田埂，有利于水土保持和一些动植物的生长；在洼地开挖水库，便于浇灌耕地并建立一个以水生生物为主的生态系统；充分考虑河道水流走向和河面宽度，尽可能使河流补充地下水。二是加强对退化生态系统的修复。对废弃居民点和损毁土地进行复垦；对灾毁、污染耕地进行修复治理；对水土流失的缓坡地综合治理，增加了田间蓄水量。三是合理布置防护林带。利用村庄周边的空地因地制宜、见缝插针栽植乔木和灌木，对村庄周边进行绿化，增加绿地面积。示范区林木覆盖率整治后比整治前提高 6 个百分点，有效地控制了示范区土地沙化、盐碱化和土壤风蚀，减轻了水土流失，改善了农田小气候，提高了土地生态涵养能力和抵御自然灾害能力。

（2）激活了休闲农业。各项目区在恢复生态功能的同时，避免破坏具有文化载体功能的土地，注重保留传统农耕文化、红色文化和地方特色，做到了土地整治与当地自然景观、历史文化相协调，建成了集水土保持、生态涵养、特色农产品生产于一体的生态型基本农田，促进了休闲观光农业发展。部分乡镇、行政村重新修订或制定了环境优美乡镇和生态村建设规划。一些行政村还被环保部门推荐上报为省、市级生态村。许多乡村在项目区建起了特色种植采摘园，办起了农家乐。

（四）整治范围从田间延伸到村庄，既改变了村容村貌，又提升了农民生活品质

示范区用于解决村民饮水、村内道路、家庭用电、生活排污等农民生活问题的资金达 4.52 亿元，使 888 个村庄基础设施建设实现了集中配套，村容村貌得到了明显改善，大大

提升了农民群众的生活品质和幸福指数。

(1) 解决了“饮水难”。示范区建设为455个村打饮水井1550眼，村民从此吃上了安全、放心、方便的饮用水。从根本上解决了一些山丘区、平原严重污染区农民群众长期存在饮水不安全，给当地群众身体健康带来严重危害等问题，杜绝了部分乡村由于长期饮用高氟水、苦咸水、污染水、浅表水，带来的一些群众因水致病、因水致贫等问题再次出现。

(2) 解决了“用电难”。示范区不仅解决了灌溉耕地的动力问题，同时也协同电力部门进行部分农村电网改造，为888个村安装了5143台变压器。架设高、低压线，改善了农民生活用电条件。过去由于线路老化、承受负荷小，总是跳闸，家用电器基本成了摆设，现在统统派上了用场，就连家庭作坊也能开足马力24小时搞生产了。

(3) 解决了“出行难”。示范区建设将田间路延伸到村内。为888个村修建了6～8米宽水泥路11080米。许多村庄道路不仅和网格状的田间路相连，还和国道、省道、县道相通，彻底改变了“晴天一身土，雨天一身泥”的历史。路好走了，带来了交通工具的革命性变化。

(4) 解决了“排污难”。为445个村修建了2225米排污管道，生活污水满村流的现象得到了解决，村口坑塘常年贮存的污水得到了有效治理，使村庄面貌焕然一新。

(五) 整治目的惠农强农，既促进了社会和谐，又树立了党和政府为民务实的良好形象

(1) 惠及了当地百姓。示范区建设惠及太行山前142.5万农民群众。问卷调查显示，99.8%的群众愿意实施土地整治项目，72.6%的群众参与了项目实施，其中，37.1%的有劳动报酬，用工费40～120元/天，用于支付农民群众务工费用达5亿多元。新增耕地可满足近8.5万农民耕种，村集体通过发包新增耕地收入达1亿多元。

(2) 促进了社会和谐。示范区建设对插花地、飞地进行了调整，明确了权属界线，?减少了土地利用过程中引发的各种纠纷。过去因排水排污、浇地、用电等经常引发矛盾纠纷、打架斗殴，甚至上访告状，整治后这些现象明显减少。

(3) 融洽了干群关系。示范区所有工程不用老百姓花一分钱，乡村两级和有关部门也没有以打井、修路等名义，向老百姓摊派一分钱。乡村干部反映干群关系融洽了，民风好转了，工作好干了，巩固了党在农村的执政基础。老百姓称赞示范区建设是天上掉下来的大“馅饼”，“政府做了件大好事”。问卷调查显示，示范区群众满意度高达99.9%，非常满意达59.6%。

二、示范区建设的主要经验做法

(一) 精心规划设计，把项目建成“符合农村实际”的民心工程

(1) 优选片区。在与土地利用总体规划及各专项规划衔接的基础上，坚持“五有”：即有完成新增10万亩耕地任务的后备资源；有实现经济效益最大化的整理条件；有推动土地整理工作的群众基础；有改善农业基础设施条件的迫切愿望；有集中连片的脱贫效

果。我们摸底调查，比较筛选，把不按要求选址的藁城市、柏乡县撤出示范区，同时调入积极性高、资源条件好的磁县，最终确定19个县（含12个贫困县）作为示范区。

（2）科学设计。省中心组织河北农业大学、河北省水利科学研究院、北京地星公司等单位专家统一学习培训，统一设计标准，统一设计规范，并与清华斯维尔联合研发国土整治的计价软件，专门用于示范建设规划设计。项目设计实行“首席设计师负责制”，凡项目设计3次不能通过专家评审，取消其设计师资格。凡规划设计先由省中心组织内部审查，之后再进行专家评审，最后报省国土资源厅耕地保护处审查。这些措施确保了示范项目的科学性和合理性。

（3）尊重民意。各示范县对农民最需要什么，项目建在哪，怎么建，如何提高田间设施建设标准等，普遍召开村两委会和村民代表大会征求意见，集中民智，修改方案，满足群众的实际需求，极大地调动了农民广泛参与的积极性。问卷调查显示，97.9%的群众表示乡镇政府和设计单位在项目实施前征询过他们的意见，并且设计单位采纳了合理性意见。

（二）强化质量监控，把项目建成“实用耐用好用”的优质工程

（1）严把“招投标”关。各示范县经过严格比选确定招标代理机构，组织评标委员会，邀请有关部门参与监督，组织招标。严格审核工程施工队伍的资质和技术实力，对不达标的，坚决不准参与投标。对中标的项目工程施工队伍，签订项目工程质量保障责任书，全面实行项目工程质量终身责任制管理。

（2）严把监管关。19个示范县主动邀请监察、财政等相关单位全程跟踪监管。888个行政村都成立了村民监督小组，全权代表村民行使项目参与权和监督权。问卷调查显示，94.6%的群众表示在项目实施中采纳了他们的意见，使项目更加符合群众的要求。

（3）严把验收关。省中心针对示范区建设及时编制了工程施工质量评定标准、施工监理技术规程等。各示范县据此对项目建设质量进行全面核定、验收。对因工程质量问题无法通过验收的施工单位，对建设质量把关不严的监理单位，列入“黑名单”，5年内不得参与全省土地整治工程。

（三）管好用好资金，把项目建成“干部清白群众满意”的廉洁工程

19个示范县共投入50亿元巨资，没有发生一起资金违规问题，没有一名干部因资金问题违纪，提高了国土系统的美誉度。一是建立资金在线监控系统。各级国土和财政以内网相连，有关业务人员和相关负责人通过网上申报和审批，实现了资金预算、拨付、执行和决算的全程在线监督和管理。二是建立廉政风险监控机制。规范设计、施工、监理单位以及评审验收专家的行为，查找廉政风险点和重点防控环节，做到了分级管理、责任明确，关口前移、可防可控。各示范县变事后监督为事前、事中监督，组织财政、审计部门对资金使用情况进行全程跟踪审计，从而杜绝了挪用、挤占、浪费等现象的发生。

（四）组织领导给力，把示范区建设作为改善民生的一项政治任务抓在手上

省、市、县、乡层层成立土地整治机构并签订责任状，部分示范县成立以县（市）长为组长的领导小组。省、市、县倒排工期，挂图作战，选派专人驻县包项目，优化施工工

序，合理抢抓工期。河北省国土资源厅选派得力干部进驻19个示范县驻点督导，实行“日报制度”。同时，成立督导组，采取明察暗访、录像督查、重点巡查、现场督办等办法，对各示范县巡回督导，督查结果全省通报，对工作不力、效果不明显的媒体曝光，从而保证了示范区建设规范有序按时验收。

三、对推进农村土地整治的几点建议

（一）以省委省政府名义下发推进农村土地整治的指导性文件或出台地方法规

当前，河北省正举全省之力推进“四大攻坚战”，迫切需要深化农村土地管理制度改革，充分盘活农村土地资源。为使土地整治适应新的形势和任务，建议借鉴湖南、湖北等一些省（区）的做法，尽快以省委省政府名义下发推进农村土地整治的一系列指导性文件。同时，加快立法步伐。从全省工作实际看，制定土地整治地方性法规的条件已经成熟。湖南、贵州等一些省份已经制定出台了土地整治地方性法规，为河北省立法提供了有益借鉴。建议省政府及有关部门加快立法前期调研、论证和起草工作，争取早日列入立法计划。

（二）提高土地整治的统筹协调层次

农村土地整治是一项系统工程，涉及农业、水利、交通等多方面建设内容，更需要突破部门壁垒。河北省示范区建设虽成效显著，但也暴露出协调不力、工程推进慢的问题。为推动土地整治工作顺利实施，亟须建立由政府统一领导和协调的工作机制。建议借鉴湖南、湖北等一些省份的做法：一是成立以省长为组长的农村土地整治领导小组，加强对土地整治项目的组织领导和协调。二是压实各级政府责任，明确县级以上政府为责任主体，将农村土地整治工作列为政府领导任期目标责任制的一项内容。三是把土地整治项目纳入政府考核内容。省委省政府把农村土地整治纳入政府绩效评估和重大事项督查范围，制订专项考核办法，加强督促检查和考核评价，其结果作为市、县两级领导班子绩效考核的重要依据。

（三）以土地整治为平台聚合涉农资金

当前，全省国土、水利、交通、农开、林业等各部门支农惠农的资金不少，由于分散使用，各自为战，各不配套，综合效益较差，基层干部和农民群众反映十分强烈。河北省示范区建设资金使用规范、安全、高效，得到社会各界的广泛认同。定州市示范区建设有效整合电力资金，取得很好的经济社会效益。建议每个设区市选择一个县，开展以土地整治为平台聚合涉农资金的试点，发挥县级政府搭建平台，整合支农投资的示范效应。要出台有关政策措施，强力整合各项涉农资金，将各部门、各渠道投向农村的资金，集中投到土地整治这个“篮筐”里来，更好地发挥资金的叠加效益，提高支农惠农效果。

（四）创新农村土地整治体制机制

要加快改革创新，促进农村土地整治工作持续健康发展。一是创新监管技术手段，建立信息公开与情况通报制度，建立集中统一、分级负责、全面全程的监管制度，建立监理公司、国土部门和当地农民三方共同监督制度，确保工程质量。二是完善农民参与机制。从立项、施工到验收，尤其在施工过程中，重视发挥农民参与作用。进一步完善公示制度，充分尊重和保证群众的知情权和参与权；建立完善群众意见征集制度，尽可能满足大多数群众的合理要求。三是鼓励社会资金参与农村土地整治。支持鼓励土地权属所有单位和土地承包经营者以及各类社会投资主体，自筹资金开展农村土地整治。各地每年要有计划从土地整治项目库中选择一部分项目，通过招投标方式确定社会投资者。也可由社会投资者根据土地整治规划自行选择整治区域，按程序申报立项。四是实行以奖代补，每年列出专项资金，对完成土地整治任务突出的市、县进行奖励，以调动工作积极性。五是创新后期管护制度，让土地整治项目发挥更大的效益。

其他相关

QITA XIANGGUAN

我国首部土地开发整理法规出台*

〔按〕2006 年 11 月 30 日，湖南省第十届人大常委会第二十四次会议表决通过了《湖南省土地开发整理条例》，标志着我国首部关于土地开发整理的法规正式出台，当然也标志着湖南省土地开发整理法规体系正趋于健全和完善。这部法规的出台必将在增加湖南有效耕地面积，提高耕地质量，促进该省经济社会可持续发展等方面发挥重要作用。

当前，全国各地土地开发整理中都存在一些亟待解决的问题，急需通过立法予以规范。《湖南省土地开发整理条例》的出台，为各地制定同类法规提供了借鉴。现将《湖南省土地开发整理条例》刊发如下，期能对各地相关立法工作有所裨益。

湖南省土地开发整理条例

第一章　总　　则

第一条　为了规范和促进土地开发整理工作，实现耕地占补平衡和耕地总量动态平衡，保障土地资源可持续利用，根据《中华人民共和国土地管理法》及相关法律、行政法规，结合本省实际，制定本条例。

第二条　在本省行政区域内从事土地开发整理及其相关活动，均须遵守本条例。

本条例所称土地开发整理，是指运用财政专项资金，对农村宜农未利用土地、废弃地等进行开垦，对田、水、路、林、村等实行综合整治，以增加有效耕地面积、提高耕地质量的行为。

第三条　土地开发整理应当符合土地利用总体规划，坚持因地制宜，保护和改善生态环境。

第四条　县级以上人民政府组织领导本行政区域内的土地开发整理工作。

县级以上人民政府国土资源行政部门主管本行政区域内的土地开发整理工作。土地开发整理机构负责土地开发整理的具体工作。

县级以上人民政府财政、农业、林业、水利、环境保护等部门按照各自职责，做好土地开发整理的相关工作。

乡镇人民政府应当做好土地开发整理的有关工作。

村民委员会、村民小组和农村集体经济组织应当配合做好土地开发整理工作。

---

* 本文原发表于《土地整理动态》2007 年第 1 期（总第 372 期）。

第五条 对在土地开发整理工作中取得显著成绩的单位和个人，县级以上人民政府或者有关部门应当予以表彰和奖励。

第二章 规划与立项

第六条 县级以上人民政府应当依据国民经济和社会发展规划、土地利用总体规划，组织编制本行政区域的土地发展整理规划。

土地开发整理规划应当与村庄和集镇规划、农田水利规划等相关规划相协调，应当对规划实施后可能造成的环境影响做出分析、预测和评估，提出预防或者减轻不良环境影响的对策和措施。

第七条 县级以上人民政府国土资源行政部门应当根据土地开发整理规划，编制本行政区域的土地开发整理年度计划，拟定土地开发整理项目。

第八条 土地开发整理实行项目管理。

土地开发整理项目立项，按照资金来源分别由国务院国土资源行政部门，省、市（州）、县（市、区）人民政府国土资源行政部门批准。

第九条 申报土地开发整理项目，应当符合下列条件：

（一）符合土地开发整理规划、当地农业发展和农村建设规划；

（二）土地相对集中连片，有基本的农业生产条件；

（三）土地开发项目的预计新增耕地率一般应当达到百分之六十，土地整理项目的预计新增耕地率一般应当达到百分之三；

（四）经项目涉及地村民会议三分之二以上成员或者三分之二以上村民代表同意。

土地整理项目应当优先在基本农田保护区、粮食主产区安排。

第十条 禁止在大于二十五度的陡坡地开垦耕地；禁止毁坏森林、草地开垦耕地；禁止围湖造地或者侵占江河滩地开垦耕地；禁止在风景名胜区、自然保护区、地质遗迹保护区、森林公园、文物保护单位等区域内开垦耕地。

第十一条 县（市、区）土地开发整理机构应当根据土地开发整理规划和年度计划，按照有关技术规程组织编制土地开发整理项目可行性研究报告，向同级国土资源行政部门申报立项。需经上级人民政府国土资源行政部门批准的项目，由县人民政府国土资源行政部门逐级向上级人民政府国土资源行政部门申报立项。

土地开发整理项目批准立项或者上报前，县级人民政府国土资源行政部门应当报请县级人民政府组织农业、林业、水利、环境保护等部门和项目所在地乡镇人民政府以及有关方面的专业技术人员进行论证。

第十二条 国土资源行政部门批准立项后，土地开发整理机构应当根据立项批复和有关技术规程，委托具有资质的测绘单位进行测量，并委托具有资质的设计单位编制项目设计与预算。项目设计应当报批准立项的国土资源行政部门批准；项目预算经批准立项的国土资源行政部门同意后报同级财政部门审核。

第十三条 设计单位编制土地开发整理项目设计，应当将设计方案在项目所在地进行公告，听取项目所在地乡镇人民政府、村民委员会、村民小组和村民的意见。

土地开发整理项目设计批准后，不得擅自变更；确需变更的，须报原审批机关批准。

第三章　实　　施

第十四条　实施土地开发整理项目应当实行公告、工程招标投标、项目法人、工程监理等管理制度和合同管理方式。

第十五条　土地开发整理机构依据土地开发整理项目设计和预算，编制项目实施方案。项目实施方案应当在项目所在地进行公告，并报批准立项的国土资源行政部门备案。

第十六条　土地开发整理机构应当依法通过招标投标选定具有资质的施工单位进行工程施工，委托具有资质的监理单位进行工程监理，并分别签订合同。

施工单位应当按照项目设计和施工合同合理组织施工，因违反项目设计、施工合同延误农时或者造成其他损失的，应当依法赔偿。

监理单位应当按照项目设计和监理合同，对工程建设的投资、建设工期和工程质量实施控制，并承担监理责任。

第十七条　开发整理的耕地的耕作层、平整度、灌排水条件、道路以及生态保护措施等，应当符合有关标准，确保耕地质量。

项目所在地乡镇人民政府、村民委员会、村民小组和村民可以对施工质量进行监督。

第十八条　工程施工结束后，土地开发整理机构应当组织项目所在地乡镇人民政府以及农业、水利等方面的专业技术人员与村民代表，根据项目设计要求，对项目工程进行验收，出具项目工程验收报告。验收不合格的，工程施工单位应当返工或者返修。

第十九条　土地开发整理项目竣工后，土地开发整理机构应当向批准立项的国土资源行政部门申请验收；申请验收应当提交项目竣工验收申请报告、工程验收报告、土地权属报告、工程监理报告和项目财务决算与审计报告等材料。

国土资源行政部门应当按照有关规定和标准进行验收。其中，补充耕地的土地开发整理项目的验收，由国土资源行政部门会同农业行政部门共同进行。

验收不合格的土地开发整理项目，由负责验收的国土资源行政部门责令土地开发整理机构限期整改，直至验收合格。

第二十条　土地开发整理项目竣工验收后，土地开发整理机构应当按照土地权属，及时将土地和有关设施移交给乡镇人民政府、村民委员会或者村民小组。

有关乡镇人民政府、村民委员会或者村民小组应当建立管理和维护制度，对开发整理的土地和工程设施进行管理和维护，保证土地的有效使用和工程设施正常运转。管理和维护费用按照谁受益、谁负担的原则筹集。

第四章　土地权益保护

第二十一条　开发整理的土地，其集体所有权性质不变。

土地开发整理项目涉及土地权属调整的，在项目实施前，县级人民政府国土资源行政部门应当会同有关部门和乡镇人民政府，按照有利生产、方便生活的原则，编制土地权属调整方案，征求有关村民委员会、村民小组和村民意见后，报县级人民政府批准。

经批准的土地权属调整方案，应当在项目所在地进行公告。

第二十二条　土地开发整理项目涉及土地承包经营权权属调整的，应当按照《中华人民共和国农村土地承包法》和《湖南省实施〈中华人民共和国农村土地承包法〉办法》的规定执行。

第二十三条　土地权属调整后，有关乡镇人民政府、村民委员会、村民小组或者村民应当依法办理土地权属变更手续。

第五章　资金管理

第二十四条　土地开发整理专项资金包括：新增建设用地土地有偿使用费、耕地开垦费、土地出让金用于农业土地开发的部分等。

土地开发整理专项资金实行预算管理，专款专用、专账核算。禁止截留、滞留和挪用。

土地开发整理专项资金的具体管理办法由省人民政府财政部门会同国土资源行政部门另行制定。

第二十五条　土地开发整理项目资金实行国库集中支付制度，由财政部门按照审核的项目预算拨付项目资金。

第二十六条　确定土地开发整理项目的测量、设计、施工、监理的投资额应当符合相关行业标准和定额。

第二十七条　县级以上人民政府财政、国土资源行政部门应当对土地开发整理项目资金的使用情况进行监督检查。

审计部门应当依法对土地开发整理专项资金的使用情况进行审计。

第六章　法律责任

第二十八条　违反本条例第十三条第二款规定，擅自变更土地开发整理项目设计的，由县级以上人民政府国土资源行政部门责令限期改正；情节严重的，对直接负责的主管人员和其他直接责任人员，依法给予行政处分。

第二十九条　违反本条例第二十四条第二款规定，截留、滞留或者挪用土地开发整理专项资金的，由县级以上人民政府财政、审计等部门责令改正；情节严重的，对直接负责的主管人员和其他直接责任人员，依法给予行政处分；构成犯罪的，依法追究刑事责任。

第三十条　违反本条例规定的其他行为，其他法律法规规定了行政处罚的，按照有关法律法规进行处罚；造成他人人身、财产损害的，依法承担民事责任；构成犯罪的，依法追究刑事责任。

第三十一条　在土地开发整理工作中，有关国家工作人员滥用职权、徇私舞弊、玩忽职守，尚不构成犯罪的，依法给予行政处分；构成犯罪的，依法追究刑事责任。

第七章　附　　则

第三十二条　国有农用地和未利用地的开发整理，参照本条例执行。

第三十三条　本条例自2007年3月1日起施行。

全国土地整理机构和队伍建设情况调查*

国土资源部土地整理中心　刘昊博

为了解全国各地土地整理机构的建设情况，2008 年 1 月 2 日，国土资源部土地整理中心向全国省级土地整理机构印发了《关于开展全国土地整理机构情况调查的函》（国土整理函〔2008〕1 号）。截至目前，共收到含新疆生产建设兵团在内的 29 个省级土地整理机构的反馈材料，西藏、上海、天津未予反馈。反馈材料除涉及省级机构本身外，还涉及 347 个地级市和 2257 个县（市）相关机构。

一、省级土地整理机构基本情况

在 29 个省级土地整理机构中，全额拨款事业单位 12 家，分别为山西省、内蒙古自治区、河南省、云南省、黑龙江省、陕西省、新疆维吾尔自治区、福建省、广东省、重庆省、江西省、海南省；差额拨款事业单位 3 家，分别为北京市、山东省、广西壮族自治区；自收自支事业单位 14 家，分别为辽宁省、湖北省、湖南省、江苏省、浙江省、新疆生产建设兵团、甘肃省、青海省、宁夏回族自治区、河北省、四川省、贵州省、吉林省、安徽省。有 17 个省级土地整理机构设置了项目实施管理部门。上述 29 家省级土地整理机构共有在编人员 611 人，聘用人员 156 人，合计实有 767 人。这 767 人中有专业技术人员 495 人，占 64. 5%；从事项目实施管理的人员有 87 人，占 11. 3%。

二、市级土地整理机构基本情况

在涉及的 347 个地级市中，成立土地整理机构的有 252 个，占 73%。在这 252 个土地整理机构中，全额拨款事业单位 103 家，占 41%；差额拨款事业单位 7 家，占 3%；自收自支事业单位 142 家，占 56%。上述土地整理机构共有人员编制 2448 人，实有人员 2415 人。实有人员中专业技术人员 1106 人，占 45. 8%。

三、县级土地整理机构基本情况

在涉及的 2257 个县（市）中，成立土地整理机构的有 1321 家，占 59%。这 1321 个县级土地整理机构中，全额拨款事业单位 603 家，占 46%；差额拨款事业单位 57 家，占 4%；自收自支事业单位 661 家，占 50%。上述县级土地整理机构人员编制共 7679 人，实有 8613。实有人员中专业技术人员 3226 人，占 37. 5%。

---

* 本文原发表于《土地整理动态》2008 年第 29 期（总第 449 期）。

充分发挥市场机制在土地整治中的基础性作用*

——关于辽宁省沈阳市沈北新区土地整治情况的调研报告

国土资源部土地整理中心调研组

〔按〕2009 年 6 月初，国土资源部土地整理中心副主任郧文聚等一行 7 人，结合耕地保护责任目标履行情况抽查等 3 项检查，对辽宁省沈阳市沈北新区大力推进土地整治工作进行了深入调研，并形成了调研报告。调研报告不但为我们推介了一个值得学习的土地整治的好典型，而且语言生动，读来令人感奋。现将该调研报告刊发如下，以飨读者。

2006 年 10 月，沈北新区经国务院批准正式成立。同年 12 月，经国家发改委同意，被省政府批准为辽宁省唯一的综合配套改革试验区。沈北新区规划面积 1098 平方千米，其中：耕地面积 4.9 万公顷，是“国家土地总督察办和国家土地督察沈阳局土地管理长效机制建设联系点”、“辽宁省土地管理示范区”。

沈北新区以建设“生态新城”为发展目标，拟用 10 年左右时间，使新区常住人口达到 100 万，综合实力进入东北三省区县前列。3 年来，沈北新区以土地整治为平台，统筹城乡发展用地，经济建设成倍增长、社会事业蓬勃发展，初步构建了“创新沈北、生态沈北、和谐沈北、富裕沈北”的发展格局，经济总量已经进入沈阳市县（区）前列，成为全国最大的农产品深加工基地、辽宁通信产业基地和沈阳最佳生活区，成为推动沈阳经济快速发展的新引擎之一。

一、统筹规划，合理布局，创建市场机制有效运作的基本前提

沈北新区以土地利用总体规划为依据，编制了新区发展总体规划和各类专项规划。将 1098 平方千米土地划分为优化开发、重点开发、限制开发和禁止开发四类区域，科学规划城市空间、产业空间和商贸居住空间，以城乡共荣为基本指向，重点规划建设“一城”、“一区”。

“一城”，即蒲河新城。规划面积 270 平方千米，占沈北新区规划面积的 24%，为优化开发和重点开发区域，重点是城市化和工业化，建设“生态新城”核心区。城市空间布局为“三大组团”：道义组团、虎石台组团、辉山组团。产业空间布局为“四大产业园

* 本文原发表于《土地整理动态》2009 年特刊第 2 期。

区”：农产品精深加工产业园、光电信息产业园、创意产业园、温泉旅游休闲产业园。商贸居住空间布局为：沿蒲河景观廊道规划的生态商贸居住区。

“一区”，即新城子现代农业经济区。规划面积828平方千米，占沈北新区规划面积的76%，为限制开发和禁止开发区域，重点推进农村城镇化和农业产业化，发展生态旅游业，保护生态环境。新村镇空间布局为“四镇四村”：规划建设新城子、财落、兴隆、清水等4个中心镇，孟家、黄家、依路、中寺等4个中心村。现代农业产业空间布局为“一带”、“一园”、“四基地”：规划建设生态旅游带、现代农业示范园，以及西部绿色有机水稻生产基地、中部花卉（五味子）生产基地、东部林果生产基地、现代化养殖基地。

依照规划，沈北新区撤销了所有乡镇工业园区，重点发展集中度高、关联度高的新兴产业，将产业项目集中布局到蒲河新城先导区，集中人力、财力，集约利用土地，完善基础设施，全力做优、做精蒲河新城。彻底改变了以往“村村点火、户户冒烟”的状况，不仅节约了土地，而且整合了资源，提高了基础设施利用率，保护了发展环境。

二、统筹兼顾，协同推进，营造有利于市场机制发挥有效作用的良好环境

作为省会城市周边的城乡结合地区，村屯既是城镇化的重要拓展区，也是农村土地整治的重点对象。沈北新区共有144个行政村，村屯占地67平方千米，人均占地390平方米，是国家标准的2.6倍。潜在的土地存量，是新区发展的宝贵财富。但是，潜力不是现实，资源也不是资产、资本。要实现转化，必须创新机制、优化发展环境。沈北新区按照“科学规划、合理布局，政策引导、群众自愿，拆旧建新、增减挂钩，试点先行、稳步推进”的原则，扎实营造以市场机制推动土地整治工作的环境，做到了“四个到位”。

一是组织领导到位。成立新区土地整治领导小组，区长任组长，常务副区长、主管区长任副组长，发改、财政、国土等20多个部门为成员单位。领导小组下设农村土地整治办公室，抽调精干人员，全力以赴抓试点。成立农村土地整治专家咨询委员会，请国土、银行专家为土地整治工作提供全过程的指导和帮助。

二是政策制定到位。为科学有序地推进村屯整治，依据国家、省有关土地整理、增减挂钩政策和新区城镇体系发展规划，制定沈北新区农村土地整治实施方案，配套制定《沈北新区土地整治专项资金管理办法》、《沈北新区中心村镇建设回迁安置办法》、《沈北新区中心村镇建设房屋拆迁补偿补助标准》等文件，保证土地整治有章可循、有法可依。

三是资金落实到位。沈北新区在运作农村土地整治资金方面进行了大胆尝试，建立了四大渠道：其一，放开要素市场，引导民营资本投入。按照“政府引导、企业行为、市场化运作”的思路，将供电、供水、供热等可经营类项目全部市场化，引入民营资本参与农村城镇化过程中的基础设施建设。其二，集中使用各项“支农、惠民”资金。统一安排区乡财政资金，集中财力办大事，使财政资金重点向基础设施和公共服务建设项目倾斜。其三，拓展社会化融资渠道。组建国资公司、土地储备交易中心、建设开发公司等融资平台，并与金融机构建立稳固的合作关系，吸纳银团资金参与农村土地整治。其四，引进知名地产公司参与村屯整治。采取政府补贴、企业运作方式，引进知名地产公司参与村屯改造，实行以旧房换楼房，让广大农民以经济适用房的价格，住上高标准的商品楼。

四是宣传讲解到位。组织区、乡镇机关人员包村到户，印发农村土地整治手册，广泛宣传土地及宅基地整理的重大意义和有关政策，充分与农民沟通并听取意见和建议，有效调动了广大农民参与农村土地整治的积极性、主动性，得到群众的广泛拥护和支持。在大规模的村屯整治中，没有发生涉地集体上访、越级上访和进京上访。

三、为民谋利、不争民利，切实保障市场主体的知情权、参与权和收益权

在村屯整治工程中，始终坚持农民自愿、让利于民、致富百姓的原则，认真落实“五个结合”，积极探索村屯整治新模式，做活做足土地整治文章，用城建的办法建设新村镇，让农民成为最重要的参与者和最大的受益者。沈阳市过去没有改造旧城中村的包袱，未来有希望实现不形成新城中村的难题。

一是实现“五个结合”。将集约使用土地与民生问题相结合，解决农民的后顾之忧；与村屯改造相结合，提升土地价值；与中心村建设相结合，改善农民的居住条件；与建设现代农田作业方式相结合，提高农业生产效率；与复垦土地相结合，实现全区土地占补平衡。“五个结合”实现了农民生活有基本保障，居住条件有较大提高，发展环境有根本改观。

二是探索“三种模式”。第一种是对紧邻中心城区、“人多地少”的村屯，探索多予不取、政府让利的“正良模式”。在腾迁土地出让资金不足的情况下，以财政补贴方式，全部缴纳被征地农民的养老和医疗保险，并安置就业，使农民的长远利益有了根本保障，解除了农民的后顾之忧。第二种是对处于农村腹地的中心村，采取整合资源、综合利用的“大辛二模式”。在农民自愿的前提下，将中心村周边的几个村屯整体动迁，以1∶1的比例返还楼房面积，集中建设统一社区。整合后的宅基地，以市场化运作方式，引进房地产开发公司开发建设，形成农民集中居住房、商业网点，以及学校、医院、敬老院、市场等公共设施，提高农民生活水平和生活质量。利用村里的一般耕地、非耕农用地、非农用地，以市场化运作、农民出地入股或出租的方式，建工厂式大棚和标准化厂房，对外出租，确保农民长期有收益，生活有保障。第三种是对处于中心镇区内的村屯，采取壮大集体、保民增利的“虎石台模式”。这些村屯一部分已融入中心城镇，人均土地面积少，村民多为非农就业。为使有限土地资源发挥更大的效益，让百姓生活长期有保障，新区鼓励村里壮大村集体经济实力，以集体运作的方式，拆旧房，建设办公楼宇、工业厂房及现代种养殖小区出租，实行公司化经营，实现农民本地化就业，并在生活上得到补贴。村民在村屯改造中普遍受益。

3年来，沈北新区政府已经补贴15亿元，在蒲河新城整体动迁村屯24个，选择区位、环境较好的地带建设8个农民集中居住区，建设住宅150万平方米，整治和利用建设用地6.4平方千米。同时，作为辽宁省城乡建设用地增减挂钩试点单位，新区积极整治新城了现代农业经济区的10个村屯，腾迁、复垦土地331公顷，为蒲河新城提供新增建设用地309公顷。

四、严格管理、规范秩序，构建政府管制和市场激励两个轮子一起转的节约集约用地新机制

沈北新区始终坚持惜土如金，牢固树立集约节约思想，开源节流，盘活存量，走建设占地少、利用效率高的土地利用新路子。

一是严把项目入区关，向管理要土地。新区建立之初即成立了项目审核领导小组，实行项目准入制度，并设立了项目服务局，严把项目入区关。对不符合产业方向、达不到环保要求的项目坚决禁止入区；提高项目用地准入“门槛”，重点引进和支持大项目，在项目建设的投资强度、建筑密度、建设速度等方面都有严格而明确的标准，对投资5000万元以下项目不予供地，鼓励进入标准化厂房，确保工业用地容积率达到1.0以上、投资强度每亩200万元以上、投入产出比达到2.0以上，达不到这种标准的项目一律不予供地。

二是大力发展工业地产，向空间要土地。为最大限度地提高土地利用率，搭建中小企业快速发展平台，新区以政府和企业投入相结合的方式，大力发展工业地产，规划建设500万平方米的标准化厂房和研发楼宇。现已建成辉山中小企业创业园、国际科技合作产业园、闽南工业园、泵阀产业园、不锈钢工业园和道义光电企业创业园等7个工业地产项目，总建筑面积120万平方米，共引进企业400家，带动企业投资近百亿元，工业地产园区容积率达到了1.3，节约土地50%。

三是清理不良项目，向存量要土地。新区本着“整理一批、回收一批、压缩一批、督促一批”的原则，严格清理闲置用地。对土地利用率低、违反协议、闲置厂房项目，分别采取无偿收回、协议收回等方式进行处置，发现一个清理一个。到目前为止，新区已清理、压缩不良项目60个，关闭所有黏土砖厂和采石场，盘活利用土地2.7平方千米。

五、流转土地、产业经营，为现代农业发展培育市场发动机

新区以推进农村土地流转为抓手，以引进和培育农事龙头企业为突破口，用抓工业的办法抓农业，构建了生产、加工、销售有机结合的现代农业产业体系。目前，全区土地流转总量达到10多万亩，形成了4000亩的东部寒富苹果基地，1.5万亩的中部五味子基地，5000亩的花卉基地，10万亩的西部绿色水稻标准化生产基地。新区通过扩大开放，已引进、汇聚农业产业化龙头企业近400家。其中，中粮集团、泰国正大集团、美国百事可乐等世界500强企业9家，国家、省、市三级农业产业化龙头企业达到35家，形成了粮油加工、乳品加工、畜禽加工、生物制药、果蔬饮料等5大主导产业，建立了乳品、小麦、饮料（果蔬）、生猪、肉鸡、水稻、大豆、饲料、玉米等9个农产品深加工产业中心，辐射带动农户230万户，直接带动就业2万余人，促进农民增收近65.7亿元，户均增收达2856元。沈北新区已成为全国最大的农产品深加工产业基地和中国名优食品生产基地。

六、立足长远、完善服务，建立健全符合科学发展观要求的市场机制运行保障体系

区域发展离不开人民群众的支持，人民群众是区域发展的受益者、参与者和建设者。沈北新区始终把广大农民的利益放在首位，在土地整治过程中，建立完善了“四大体系”，让广大群众发挥推动发展的主体作用，分享发展带来的实惠，也为进一步发展新型经济做好了准备，储备了知识，积蓄了能力。

一是建立就业培训体系。依托辽宁省装备制造职业学院等3所农民转移培训基地，推行“定向培训、订单培训”，政府补贴1000万元，免费培训农村劳动力2万人次以上，就业培训覆盖率达100%。同时拓展就业、创业渠道，新增就业岗位2.5万个，确保零就业家庭实现1人稳定就业。

二是建立医疗卫生体系。采取政府投入和引进国内外知名医院相结合方式，科学配置卫生资源，建立健全区域性三级医疗卫生服务体系，引进了全国一流的盛京医院，投资6000万元改造区中心医院，高标准建设社区卫生服务站，形成以知名医院为龙头、区域性社区卫生服务中心为支撑、社区（村）卫生服务站（室）为延伸，功能完善、服务便捷、质优价廉、覆盖全区的医疗机构互补格局，基本实现了大病不出区，小病不出乡（镇街）、社区。

三是建立完整教育体系。依托以辽宁大学、沈阳师范大学为代表的“道义大学城”，以辽宁经济干部管理学院、北方软件学院为代表的“虎石台职教城”，以东北育才、沈阳二中为代表的“辉山名高中城”和8所九年一贯制学校，构建从小学到大学的完整教育体系，成为东北地区教育资源最完备、最密集的地区，满足广大群众对教育的需求。

四是建立社会保障体系。建立健全覆盖整个城乡的医疗、养老、失业、工伤、生育等社会保障体系，让新区人人都享有均等的社会保障。新区安排专项补贴资金8亿元，补贴被征地农民养老保险费，对符合退养条件的被征地农民全部办理退养保险，并逐步让农民达到城市居民养老保障水平。

调研组切实感受到，在沈北新区这样的中心城市近郊区开展农村土地整治，一举五得，有强大的生命力。其一，能够有力地推进城乡一体化发展，推进新农村建设；其二，能够大大缓解加快城镇化、工业化发展，对土地需求的矛盾；其三，能够大幅度下压土地违法违规案件发生，最终实现规范用地秩序的目的；其四，能够优化建设用地布局，节约集约利用土地资源；其五，能够加强耕地保护，推动农业产业化发展。人们有理由相信，加快推进沈北新区的土地整治步伐，近有助于抓住经济结构升级转型的新机遇，“化危为机”；远有利于改变农村面貌，促进农业发展和农民增收。

调研组发现沈北新区的土地整治工作模式很有特色。在土地管理机制探索上，既不同于安徽芜湖模式，也不同于广东南海模式，而是一个创建中心城市周边土地管理机制的新模式；在整治规模上，既不是整村推进，也不是整镇推进，而是全区系统推进，同样是一个新的探索。因此，调研组建议，为了沈北新区土地整治工作的健康发展，同时为了国家及时总结推广中心城市周边土地整治经验，充分发挥沈北新区“国家土地总督察办和国家土地督察沈阳局土地管理长效机制建设联系点”、“辽宁省土地管理示范区”

的作用，将沈北新区全区作为国家级土地整治示范区、国家级农村土地管理制度改革试验区。

（调研组成员：李江涛、刘洋、林占东、刘喜涛、张满红、范志生，调研报告由郧文聚执笔）

为何对涉嫌破坏耕地犯罪行为查处难*

——关于北京市破坏耕地情况的调研报告

国土资源部土地整理中心　薛　剑

2009年6月，应北京市国土资源局邀请，国土资源部土地整理中心有关人员先后参加了在北京市昌平区、海淀区和通州区举行的关于非法占用耕地并造成耕地破坏的专家论证会，目的是为北京市国土资源局出具耕地破坏程度鉴定结论提供技术支持和科学依据。期间，与会的国土资源部土地整理中心人员对北京市几宗土地违法案件和北京市利用司法手段打击土地违法行为进行了调研。调研发现，目前破坏耕地的情况比较严重，而查处时又存在调查取证难、行政处罚难和案件移送司法机关难等问题。简而言之，就是对涉嫌破坏耕地犯罪行为查处难。为何对涉嫌破坏耕地犯罪行为查处难？应当采取什么措施破解难题，最终使破坏耕地犯罪行为依法受到应有处罚？本文试就这些问题做出分析解答，希望能够对解决涉嫌破坏耕地犯罪行为查处难问题有所裨益。

一、北京市某些区县破坏耕地的基本情况

（一）破坏耕地情况严重

孟某在未办理用地手续的情况下占用北京市通州区农村集体土地建设“庄园”并对外租售。其中，建筑占地面积4304.04平方米（合6.46亩），院内地面硬化2658.04平方米（合3.98亩），共计6962.08平方米（合10.44亩），全部为耕地。

北京某商贸公司在未办理用地审批的情况下，租赁北京市昌平区农村集体土地建设“农业生态园”。其已建、在建操作间、独立管理用房和独立管理用棚房已与农业生产用房性质不符，建筑面积17242.87平方米（合25.86亩），均为基本农田。

钱某、吴某、顾某等3人分别占用北京市通州区农村集体土地建设厂房、办公用房、职工宿舍等建筑物。建筑占地面积共计14298.2平方米（合21.45亩），院内硬化面积4539.06平方米（合6.81亩），均为基本农田。

（二）破坏耕地手段多样

非法占用集体土地造成耕地破坏的早期手段是建设所谓的“小产权房”。即利用集体土地，在违反土地利用总体规划的情况下，改变农用土地用途，搞房地产开发，并对外进行租售。

---

* 本文原发表于《土地整理动态》2009年第29期（总第499期）。

针对“小产权房”问题，国土资源部多次指出：农村集体土地不得用于商品住宅开发，“小产权房”实质是违法建筑；对违法占用集体土地建造住宅出租出售的必须坚决制止、依法严肃查处。

在一片“封杀”声中，“小产权房”在北京部分区县借设施农业之名，悄然变种为“农业生态房”和“农业生态别墅”等，并采取“以租代售”方式，换装入市，从而延续着破坏耕地行为。

此外，有一些人采取“以租代征”的形式，长期租用农村集体土地，投资兴建工厂、库房、宿舍等，以开展非农业生产经营活动或出租牟取利益；还有一些人违法占用耕地甚至基本农田堆放废弃渣土。

二、破坏耕地犯罪行为处罚难

（一）行政处罚难

针对破坏耕地行为，北京市国土资源局有关分局对违法用地及时送达了《责令停止国土资源违法行为通知书》，并进行立案调查。确定行为违法后，又下发了《国土资源行政处罚决定书》。在下发处罚决定书后，一些当事人不但不履行处罚决定，反而继续占用更多土地，加紧施工，建设房屋或其他建筑物。

可见，虽然国土部门对非法占地行为进行了及时制止和行政处罚，但由于处罚措施不具有强制性，行政处罚决定成为一纸空文，难以执行到位。

（二）案件移送司法机关难

《土地管理法》第七十三条、七十四条都规定“构成犯罪的，依法追究刑事责任”。以上案件都是非法占用耕地甚至是基本农田用于非农业建设，并且有的非法占用耕地超过10亩，有的占用基本农田超过5亩，均已涉嫌土地犯罪，应当依法追究相关责任人的刑事责任。

然而，国土部门在向司法机关移送案件时，却面临缺乏当事人涉嫌构成犯罪的证据材料。其原因是国土部门由于缺乏必要的调查取证手段，而涉嫌犯罪的当事人又根本不配合国土部门的调查取证工作，甚至采取极端手段阻挠、干扰调查，致使国土部门无法取得司法机关认可的证据材料。

虽然，国土资源部起草的《非法占用耕地造成种植条件严重毁坏认定办法》（征求意见稿）对认定机关、认定的前提条件、认定结论等方面有明确规定。但是，在认定程序中规定要首先组成认定组织，具体落实须具备两个条件：一要有相关技术单位作为认定组织；二要有相应的主管部门对认定组织进行资质确认，确保其权威性。目前，由于缺乏专业的认定组织及其资质确认主管部门，其出具的耕地破坏程度鉴定结论仍无法得到司法机关认可。

三、对策建议

（一）实施司法保全措施

国土资源管理部门要在调查取证、下发《责令停止国土资源违法行为通知书》的同时，申请法院实施保全措施。待行政处罚决定、行政复议等法律程序完成后，对拒不执行处罚决定者再申请法院强制执行，以提高案件查处效率。这样，既可以有效阻止违法者在案件查处期间继续违法建设行为，大大降低执法难度和执法成本，同时，又可减轻违法者的经济损失。

（二）成立专业鉴定机构

国土资源部执法监察局负责对鉴定机构资质进行认定，制定相关政策，适时遴选、确认、发布相关机构资质，使之具有权威性。

国土资源部土地整理中心可以加挂国土资源部执法监察服务中心牌子，作为鉴定机构，具体承担相关事务。一是，国土资源部土地整理中心作为国土资源部直属事业单位负责土地整理、复垦、开发业务，其建设用地整理处专门负责建设用地整理、复垦工作。二是，国土资源部上地整理中心一直承担农用地分等定级与估价业务，其土地评价处与农业部门及有关专家有广泛联系，并与各地国土资源部门建立了可靠的业务基础。三是，依据农用地分等及农用地产能核算方法，可以确定耕地等别下降及产能损失情况，为耕地破坏程度的确定提供依据。因此，国土资源部土地整理中心具备对耕地破坏程度鉴定提供技术服务的能力。

（国土资源部土地整理中心郧文聚副主任、土地评价处程锋指导撰写）

广东省创新机制，积极利用社会资金补充耕地情况调研报告*

国土资源部土地整理中心　张中帆　田玉福　杨　剑

为创新补充耕地机制，缓解补充耕地压力，各地积极探索利用社会资金开发整理补充耕地，取得了一定的成效。2010 年 3 月 8 日至 14 日，国土资源部土地整理中心组织人员对广东省利用社会资金补充耕地情况进行了调研。现将有关情况报告如下：

一、基本情况

（一）政策背景

2008 年 12 月国土资源部和广东省人民政府签订了共同建设节约集约用地试点示范省合作协议，协议提出要“认真贯彻落实经国务院同意的《广东省建设节约集约用地试点示范省工作方案》，共同推进广东建设节约集约用地试点示范省工作”。根据《工作方案》，广东省要“开拓土地开发利用的新途径，减轻建设占用耕地压力。要积极整理开发部分低效园地和山坡地，按项目管理规定新增加的耕地用于耕地占补平衡”，要“研究探索采用政府出资、公司运作的模式和引入社会资金等多种方式进行农用地和建设用地开发整理”。

（二）管理规定

为规范补充耕地项目管理工作，广东省制订了《广东省土地开发整理补充耕地项目管理办法》（粤府办〔2008〕74 号），办法明确了利用社会资金开发整理补充耕地的两种模式和管理程序。

两种模式：一是通过市场竞争选择投资者。县级国土资源部门每年有计划地从耕地后备资源地块中分批选择项目，通过公开招投标方式确定投资者，由县级土地整理机构或具有相应职能的其他机构与投资者签订开发补充耕地合同，明确双方的权利和职责。二是土地所有单位或土地承包经营者自筹资金补充耕地。土地所有单位或土地承包经营者按规定向县级国土资源部门申请补充耕地，经审核同意后，由县级土地整理机构或具有相应职能的其他机构与申请者签订补充耕地合同，明确双方的权利和责任，投资收益补偿方式由国土资源部门与投资者具体协商确定。

社会资金补充耕地项目由县级土地整理机构组织申报材料（可行性研究）和规划设计，报县级国土资源部门会同林业、农业部门审批，送地级以上部门备案。项目施工建设由投资者自行组织。项目验收分三个阶段，县级部门负责初验，市级部门负责验收，省级

---

* 本文原发表于《土地整理动态》2010 年第 5 期（总第 514 期）。

部门负责抽查，省级抽查通过后，由市级部门（国土、林业、农业）核发验收确认函，认定项目验收合格。

经验收合格的新增耕地指标，由“投资者与项目所在地的县级人民政府按不低于6:4的比例进行分配，具体分配比例在项目招标时明确”。

（三）成效

据统计，2009年度广东省有20个地级市，95个县、市组织开展了开发整理补充耕地工作，全省共审核批复了3800多个补充耕地项目，计划建设规模130多万亩，计划新增耕地105万亩，计划投资70多亿元，2009年实际完成补充耕地53万多亩，其中利用社会资金补充耕地约占全省补充耕地总量的一半，补充耕地总量是往年补充耕地总量的5倍，这一成绩得到了省委、省政府的充分肯定。

二、创新点与启示

（一）做好制度设计，明确管理程序

2008年以来，广东省先后制订了《关于做好利用园地山坡地补充耕地有关工作的通知》（粤国土资办公发〔2008〕106号）、《广东省土地开发整理补充耕地项目管理办法》（粤府办〔2008〕74号）、《广东省建设节约集约用地试点示范省工作方案》，明确了社会资金补充耕地项目的管理程序、职责要求、验收标准等，为全省及时开展利用社会资金补充耕地提供了保障。各市、县也制订了利用社会资金开发整理补充耕地实施细则，进一步明确了具体操作方式和工作要求，为做好社会资金补充耕地项目管理打下了基础。

（二）科学规划，合理布局

广东省国土资源厅、林业局、财政厅、农业厅联合发文（粤国土资办公发〔2008〕106号），要求各级林业部门积极配合国土资源部门做好开发补充耕地的规划工作，规划报同级政府批准，并报送上一级农业、林业和国土资源部门备案。调研人员现场察看的3个市县均按要求编制了补充耕地专项规划，作为选择补充耕地项目的依据。

（三）加强管理，严格验收

补充耕地项目竣工后，各地级以上市国土资源部门要会同农业部门严格做好开发补充耕地项目的验收工作，验收合格的项目报省国土资源厅、农业厅等7个部门抽查，确保补充耕地的数量和质量。验收合格后及时做好面积统计和地类变更工作。

（四）构建政府监管，企业为责任主体的补充耕地新机制

从广东省的实践情况来看，利用社会资金开发整理补充耕地可以使政府部门从“执行者和监督者”的双重角色中剥离出来，更好地履行行政监督职能，具有建设周期短、投资见效快等优点，能解决政府既当运动员又当裁判员、自己考核自己的尴尬境地，具有一定的推广价值。

三、需要进一步关注的问题

（一）农民获益问题

现场考察的几个补充耕地项目都是企业或个体户从农民手中承租土地后，再投资开发，获取投资收益补偿。从实际效果看，承租经营者（投资者）获取收益较多，但承担投资和经营风险；土地的承包经营者农民只获得青苗补偿和土地租金，不承担投资和经营分险。

（二）投资标准核定问题

目前，广东省各县、市对投资者的补偿标准是根据项目区建设条件、建设标准、作物补偿情况以及指标转让价格等因素确定，采用指标分成比例大小或投资收益补偿额度两种形式，由于缺少具体核定标准和依据，容易出现补偿不公问题。

（三）后备资源补偿和发展权补偿问题

受耕地开垦费征收标准影响，社会资金补充耕地指标的本地收购价和跨市流转价相差不大，不能真正体现耕地后备资源稀缺的实际状况，存在经济落后地区耕地后备资源廉价转让问题。

（四）生态环境问题

在土层厚、坡度较大地区，进行低效园地（林地）开发，如果开发利用不当，保护措施不落实，后期管护不到位，有可能会引起水土流失，存在生态环境退化的隐患。

（五）耕地占用与补充质量相当问题

关于社会资金补充耕地质量，广东省制订了《广东省土地开发整理补充耕地项目质量验收标准》，并严格按标准进行质量验收。但占用耕地质量与补充耕地质量没有直接挂钩，尤其是易地补充的耕地，没有进行补充耕地等级折算。

四、政策建议

（一）进一步明确政策，制定新增耕地核定办法

针对社会资金补充耕地，应进一步明确政策，对补充耕地的来源（地类、土地利用条件）提出明确要求。制订新增耕地核定办法，进一步明确可以用于占补平衡的补充耕地类型。对补充耕地的利用和管护（包括农业结构调整）提出具体要求，确保补充耕地质量和占用耕地质量相当，确保补充耕地的持续利用。

（二）建立完善的补充耕地交易市场

目前，社会资金补充耕地指标除了当地政府统一收购外，流转到其他市县的，由投资

者自行联系，报国土资源部门登记备案。应尽快建立补充耕地指标交易市场，发挥市场配置资源的基础作用，促进和规范补充耕地指标流转的市场化。

（三）增收补充耕地易地流转的后备资源补偿费

耕地易地补充，补地一方不仅增加了保护耕地的责任和压力，当地的发展也受到一定的限制。应增收后备资源补偿费，适当提高指标易地流转的价格，使易地流转价格比当地政府购买价格明显高，促进后备资源有效利用，保证耕地保护资金的有效落实。

（四）进一步完善机制，确保农民受益

按照“政府投资，农民受益”的基本要求，完善机制，确保农民从投资中直接获益。对承租经营者自行经营投资开发整理补充的耕地，政府补偿后，应督促投资者按照补偿后的耕地质量与农民重新签订承租合同，提高承租价格，增加农民收入。

（五）新增建设用地土地有偿使用费应重点用于土地整理

在耕地后备资源紧缺地区，存在新增费和开垦费争夺后备资源的问题，影响新增费的及时使用。建议在后备资源紧缺地区，提倡新增费主要用于土地整理，加强农业基础设施建设，改善农村生产生活条件和生态环境，提高耕地质量。

（六）调整新增费分配方式

将土地开发整理计划指标细分为任务指标和义务指标。任务指标用于占补平衡，必须完成。义务指标根据耕地总量平衡需求设定，每年新增费的分配根据义务指标数量来确定，推行新增费分配与义务补充耕地数量挂钩。

关于刘建文同志先进事迹的调查报告*

国土资源部土地整理中心　郧文聚　张亚龙　杨　磊

〔按〕2010年7月23日晚至24日，陕西省丹凤县竹林关遭受特大暴雨袭击。丹凤县土地开发复垦整理中心干部刘建文同志在危急关头，挺身而出，勇敢探路，帮助4名同事安全转移，自己却不幸被泥石流吞没，献出年仅40岁的宝贵生命。国土资源部土地整理中心党委闻讯后及时派出调研组，赴陕西了解刘建文同志先进事迹，慰问刘建文同志家属并参加刘建文同志追悼会。9月初，国土资源部土地整理中心调研组陪同来京的丹凤县领导，向国土资源部办公厅作了专门汇报，并初步研究了下一步宣传方案。日前，刘建文同志已被陕西省批准为革命烈士，刘建文同志先进事迹报告会也已在丹凤县开始宣讲。刘建文同志也是全国土地整理系统的骄傲，现将国土资源部土地整理中心调研组赴陕西丹凤县的调研报告刊发，希望全国土地整理系统的干部职工认真学习刘建文同志的英勇事迹，以实际行动推进土地整理事业的持续发展。

2010年8月10日，《中国国土资源报》以《他是我们的骄傲——追记陕西省丹凤县土地开发复垦整理中心干部刘建文》为题，在头版报道了陕西省丹凤县土地开发复垦整理中心干部刘建文同志在抗洪救灾中英勇献身的事迹。国土资源部土地整理中心党委认为刘建文同志也是土地整理系统的骄傲，随即下发通知，组织开展了学习活动。同时，及时派出调研组，于8月17日至21日赴陕西，进一步了解刘建文同志的生平事迹。

一、现场踏勘情况

2010年8月17日，调研组到达西安，连夜搜集资料、制定调研方案。第二天一早，赶赴刘建文同志牺牲地——商洛市丹凤县竹林关镇。

调研组仔细踏勘了国土所周围地形、刘建文同志落水处、遗体被发现处及其生前负责的土地整理工程现场。通过现场测量，调研组核实并更正了几个重要事实：

第一，刘建文同志落水处与遗体被发现处，并非像某些媒体所说相距10多千米，而是只有300~400米远。第二，国土所地势较高，如果是单纯的暴雨相对安全，但在“7·23”特大山洪泥石流中，它就成了滚滚洪流的第一冲击对象。第三，刘建文同志生前负责的土地整理项目，虽然在此次洪灾中将近三分之二部分被冲毁，但从残存的灌溉井等设施看，工程把关较严，质量较高，不难看出刘建文同志在努力将其做成样板工程。

---

* 本文原发表于《土地整理动态》2010年第15期（总第524期）。

二、访谈、座谈情况

调研组先后与商洛市国土资源局、商洛市土地开发复垦整理中心、丹凤县国土资源局、丹凤县土地开发复垦整理中心、刘建文生前同事、项目施工方代表座谈，并重点访谈了刘建文同志的家属、一起突围的战友、高中同学等。

商洛市土地开发复垦整理中心谢主任虽然只与刘建文有几面之缘，但却对他印象深刻。原因很简单：项目乙方经常告刘建文的状，说他太死板、口气重、不会处理与企业的关系。这一点从项目乙方代表叶仓林口中也得到了证实，他与刘建文是初中同学，但之前却对刘建文牢骚满腹，因为他“尺子拉得太紧，4 个标段施工方中，只有我一家是本地企业，结果被盯得最紧。”

从刘建文同志爱人张芳华口中，我们听到了一对平凡夫妻的绵绵情意。7 月 23 日晚约 11:10 分，张芳华接到丈夫生前最后一个电话。当时，刘建文刚刚在杰安旅社与西安来的专家核对完测量数据，正在返回国土所的路上。“他告诉我，国土所东面沟渠里的水已经漫过路面了，雨大得很。他叮嘱我注意安全，照顾好老人小孩。又说最近防汛任务重，他必须返回国土所值班，不过国土所地势高，让我不必担心他。”造化弄人，在妻子眼中机灵幽默会宽慰人的刘建文，却在这个报平安电话之后 3 小时离开了人世。

刘鑫、陈磊是“7·23”当晚与刘建文一起从国土所突围的同事，根据他们的描述，刘建文在短短 20 分钟的突围过程中，两次为他们指明了生路，避免了牺牲。第一次，5 个人按照第一逃生方案，准备直接翻过国土所东墙离开，但是刘建文第一个爬上院墙后，马上告诉他们：“不行，外边水大得很，不能跳。”第二次，当第三个人爬上东边院墙后，泥墙明显已经承受不住 3 个人的重量，刘建文为了给后面的同志腾出逃生空间，便向更高处的老灶房攀爬，并第一时间告诉同伴：“后面的水也大得很，小心。”就在这声提醒后，刘建文同志不幸被洪水卷走，但却把生的希望留给了同伴。其余 4 人按照刘建文的提示，在老灶房上躲过了最凶猛的水头后才择路逃生。

我们在座谈中多次劝慰大家化悲痛为力量，抓住有利时机、尽快开展灾后重建。调研组认为，针对 2010 年集中爆发的地质灾害，大家一方面要总结地灾防治避让的经验教训，同时，要深入思考，将灾后重建与土地整治规划修编结合起来。

三、追悼会、骨灰告别仪式情况

8 月 18 日晚，刘建文同志追悼会前夜，连续工作了 15 个小时的调研组又来到刚刚布置好的烈士灵堂。郧文聚副主任说：“我一定要抱抱建文同志的老母亲和小女儿，让她们在这个夜晚感觉到温暖。”茫茫夜色中，他代表全体土地整理人告慰刘建文同志在天之灵：“建文好兄弟，一路走好。你放心，你的妻儿老母，我们会帮你照顾；你未完成的土地整理工程，我们会尽心尽力帮你做完。”

第二天一早，调研组携带 10000 元慰问金及学习用品，提前赶到追悼会现场，与省市国土资源厅（局）、丹凤县委、土地整理机构的领导，一起看望慰问了刘建文同志的母亲、妻子及女儿。

追悼会现场摆放着国土资源部办公厅、国土资源部土地整理中心、陕西省国土资源厅、商洛市委市政府、丹凤县委县政府、市县国土资源局、市县土地开发复垦整理中心、市县相关单位及刘建文同志亲人、生前好友敬献的花圈。骨灰告别仪式上，丹凤县委、国土资源局、刘建文同志家属分别致辞，从不同侧面缅怀了刘建文同志的一生。设在丹凤县国土局院内的仪式现场，挤满了各界群众约400人。仪式结束后，群众自发举起各界敬献的花圈走上街头，整个丹凤县城哀乐阵阵，沉浸在一片悲痛中。

“心系人民群众独排浊浪指生路，情牵国土事业甘化长虹兆商山。”这幅挽联是调研组到西安之日，彻夜难眠为刘建文同志追悼会撰写的，寄托着全国土地整理系统干部职工对刘建文同志的无尽哀思。

四、刘建文同志的先进事迹

经过这次实地调查了解，我们感到，刘建文同志确实像徐绍史部长所说“是一个好同志、好党员”。

在危难时，他临危不惧，敢于担当，舍己为人，勇于献身。当百年不遇的特大洪水泥石流袭来时，他挺身而出，勇敢探路，不畏牺牲，把生的希望留给了同志，自己却不幸被洪水卷走，为抗洪救灾献出了年仅40岁的生命，以忠诚无畏和大爱之举，展示了新时期国土人的精神风貌和崇高的人性光辉，用生命诠释了对党和人民的忠诚，谱写了令人震撼、催人奋进的英雄赞歌，展现了新时期共产党员的坚定信念和先进性，向党和人民提交了一份特殊的“转正申请”。

在工作上，他情牵国土事业，心系人民群众，真心实意地为民办实事、做好事、解难事，为了让水毁土地早日修复，为了让群众早日增收致富，他一心扎在项目上，长期吃住在工地，一住就是一两个月。他善于协调，积极与村组及村民沟通，争取多方理解与支持，立志把丹凤唯一的省级项目做成“样板工程”。这次洪水泥石流袭击后，项目区整理出的耕地严重损毁，但修建的水渠仍保存了大部分，部分大口井的井房虽被洪水冲毁，但大口井仍在，经受住了洪水的考验。他爱岗敬业，勤奋好学，是工作上的多面手，是单位里的顶梁柱。他扎根基层，勤奋工作，任劳任怨，从不挑三拣四，哪儿有困难就挺身往前冲。他工作能力强，完成任务好，2005~2009年连续5年被评为丹凤县国土资源先进工作者；2009年度全县县级优秀考核中，经三级联评、全县国土资源系统无记名投票选举获得优秀。

在生活中，他待人和善，总是一副热心肠，无论兄弟姐妹还是亲戚朋友，只要谁家有困难，他总是跑前跑后，深得干部职工和人民群众的好评。“他对任何人都很好，唯独对自己很苛刻。建文是个好人。”相识的人谈起他，一开口总是这句话。出事后，他的同事接到了不少乡亲的电话，县里各个乡镇都有，询问刘建文的情况。他多才多艺，自编自演的小品《考验》，教育人们工作中经受起情与法的考验，在当地久演不衰。

在家庭里，他敬老爱幼，兄弟情深，母亲最爱在他家住，家里有事最爱和他商量，他爱妻子，爱女儿，爱兄弟，是母亲眼中的好儿子、妻子眼中的好丈夫、女儿眼中的好父亲、兄弟眼中的好兄弟。他对老婆有诸多限制：不许登高拿东西，不许换灯泡，不许钉纽扣缝东西……所有这些“危险”的事情，都要等他回来亲自动手。

刘建文同志在最基层、最平凡的工作岗位上，用短暂的人生谱写了舍己救人的动人篇章，他是国土资源系统深入开展创先争优活动中涌现出来的一位抗洪英雄、“五带头”的优秀党员，他无愧于徐绍史部长的称赞：“他是我们的光荣和自豪，我们要以他为榜样，我们要向他学习，把工作做得更好。我们要永远铭记他。”

五、媒体报道及表彰情况

刘建文同志的事迹，引起各大媒体关注。7 月 29 日发表在《中国国土资源报》上的《徐绍史在陕西调研地质灾害防治工作时强调保护群众生命安全为地灾防治最高价值》一文，提到徐绍史部长在丹凤县地灾调研现场，对竹林关国土所工作人员说：“刘建文同志是个好同志、好党员，我们要牢牢铭记他的名字，向他学习”。8 月 10 日，《中国国土资源报》发表了《他是我们的骄傲》一文，深入报道了刘建文的事迹，包括抗洪救险、工作表现、日常生活的点点滴滴，较全面地描绘了刘建文的个性特点和平凡中的不平凡之处。陕西当地媒体如《陕西日报》、《华商报》、《商洛日报》也先后报道了刘建文的事迹，如 8 月 19 日的《陕西日报》发表了《一位预备党员最神圣的转正申请——追记丹凤国土局干部刘建文》，8 月 20 日《陕西日报》的《丹凤万人挥泪送别抗洪英雄》一文，配发了现场图片，产生较大影响。

8 月初，商洛市国土资源局、丹凤县国土资源局先后做出了在本系统开展向刘建文同志学习活动的决定。8 月 18 日，陕西省国土资源厅党组下发了《关于开展向刘建文同志学习活动的决定》，并授予刘建文“全省国土资源系统先进工作者”称号。

丹凤县通过商洛市政府向省政府提出了追认刘建文同志为“革命烈士”的申请，日前已获得批准。

六、调研组未完成的思考

实地调研，让我们更深切地体会到以刘建文同志为代表的基层国土人的艰辛与隐忍。

刘建文同志的爱人张芳华告诉我们，由于经常下乡，一下去就是两个月，刘建文每次回家最爱干两件事。一是给女儿洗头发，二是给爱人沏蜂蜜水。“他可能觉得这样能弥补心里的愧疚吧。”然而，因为单位转制的原因，刘建文同志 2010 年以来尚未领到一次工资。一个正当壮年的男人，让心爱的家人承受如此经济压力和精神压力，他的痛苦我们已无从追问。

当前，国土资源领域已经成为腐败案件易发多发的重点领域。可是，以刘建文为代表的基层国土人，却让我们看到了系统内真正的脊梁。他们忍辱负重，处在各种体制矛盾、系统内外矛盾的最前端；他们也许欠缺理论功底，但却在田间地头解决了最实际的纠纷；他们也许欠缺专业知识，但却恪尽职守完成了最经得起检验的基础测量。

各地进一步加强土地整理机构建设不断提升服务和支撑能力*

国土资源部土地整理中心综合业务处

近年来，为适应土地整治新形势的需要，各省（区、市）进一步加强土地整理机构建设力度，调整土地整理机构的级别、职能和人员编制，不断提升服务和支撑能力。2010年6月，上海市在原建设用地事务中心基础上成立“上海市建设用地和土地整理事务中心”，8月，重庆市也成立了“重庆市农村土地整治中心”。至此，全国31个省（区、市）和新疆生产建设兵团均有了土地整理机构。

2009年5月，为加强新疆伊犁河谷地开发整理重大工程建设和管理，新疆维吾尔自治区成立“新疆维吾尔自治区土地开发整理建设管理局”。

2009年10月，宁夏回族自治区在原土地整理中心基础上组建“宁夏回族自治区国土开发整治管理局”，加强土地整治管理职能。

2009年12月，广东省整合原土地整理中心、地价评估中心和征地服务中心，组建“广东省土地开发储备局”并加强土地整治职能。

2010年7月，湖北省机构编制委员会办公室同意将省国土资源厅国土整治办公室更名为“湖北省国土整治局”，局主要领导为厅党组成员（副厅级）。

根据调查统计，全国31个省（区、市）和新疆生产建设兵团共有县级以上土地整理机构2055个，从业人员16306人，近3年增加了6000余人。其中全额拨款单位919个（占45%），人员5973人；差额拨款单位73个（占4%），人员765人；自收自支单位931个（占45%），人员8770人；其他情况单位132个（占6%），人员798人。

共有省级土地整理机构31个，人员828人。其中全额拨款单位12个（占39%），人员240人；差额拨款单位5个（占16%），人员226人；自收自支单位14个（占45%），人员362人。

共有地市级土地整理机构335个，人员3649人。其中全额拨款单位164个（占49%），人员1653人；差额拨款单位9个（占3%），人员82人；自收自支单位145个（占43%），人员1734人；其他情况单位17个（占5%），人员180人。

共有县级土地整理机构1689个，人员11829人。其中全额拨款单位743个（占44%），人员4080人；差额拨款单位59个（占3%），人员457人；自收自支单位772个（占46%），人员6674人；其他情况单位115个（占7%），人员618人。

---

* 本文原发表于《土地整理动态》2010年第12期（总第521期）。

耕地抛荒难题亟待破解*

国土资源部土地整治中心　薛　剑　汤怀志　杨晓艳

2012年两会期间，全国政协委员、中国工程院院士袁隆平在接受媒体采访时谈道，从2010年起他在走访湖南多个县乡的农村时发现，大量耕地被荒废。无独有偶，近日以师昌绪为代表的15位两院院士联名向中央决策层提交的关于解决“三农”问题的建议指出，若不从战略上研究并解决新生代农民弃农的问题，人口大国将面临无人愿种地的境地。耕地抛荒的问题再次引起新闻媒体和全社会的广泛关注。

随着我国工业化、城镇化的快速推进，相伴而生的是愈演愈烈的耕地抛荒现象。20世纪80年代中后期以来，耕地抛荒的现象已经从二、三产业高度发达的沿海富裕地区，逐渐蔓延到非农产业并不发达的粮食主产地区，近年来各地越来越严重的耕地抛荒已经对我国的土地管理和耕地保护工作带来了严峻挑战，威胁到国家的粮食安全。

一、耕地抛荒的现状与特点

（一）耕地抛荒类型

根据耕地抛荒的表现形式、抛荒时间的长短、抛荒的原因等可将耕地抛荒分成以下四种类型。

（1）明荒与暗荒。根据耕地抛荒的表现形式，耕地抛荒可分为明荒与暗荒。明荒是指在一定时段内，农户在现有耕地上本该种植农作物然而却没有种植，致使土地荒芜的现象。暗荒则是指农户照旧在现有耕地上种植农作物，但其投入的人、财、物等生产资料明显达不到要求或远远低于平均水平，或本来适宜种植两季作物却只种一季，从而导致耕地利用程度下降、产出水平降低的现象。

（2）常年抛荒与暂时抛荒。根据耕地抛荒的时间长短，耕地抛荒可分为常年抛荒与暂时抛荒。常年抛荒是指耕地持续抛荒的时间至少在1年以上的现象。如果耕地将永久性处于抛荒状态，则为永久性抛荒。暂时抛荒则是指耕地抛荒的时间较短，只在1年中的某个时段出现。

（3）主动抛荒与被动抛荒。根据农户抛荒的态度，耕地抛荒又分为主动抛荒与被动抛荒。主动抛荒是指因农户生产效益、生产取向等自身原因发生变化，农户主动抛荒的现象。被动抛荒是指由于外在的自然灾害与生态退化等因素的胁迫，导致耕地无法继续耕种，农户只好被迫抛荒的现象。

（4）自然原因抛荒与社会经济原因抛荒。根据耕地抛荒原因，耕地抛荒可分为自然原因抛荒与经济社会原因抛荒。自然原因抛荒类似于被动抛荒是指由于自然条件改变导致耕

---

* 本文原发表于《土地整治动态》2012年第8期（总第554期）。

地无法继续耕种而出现的抛荒，包括生态型抛荒和灾毁性抛荒。社会经济原因抛荒是指由社会制度、相关政策与经济条件等因素引起的耕地抛荒，根据具体的原因，又可进一步分为经济效益驱动型、征而不用型、产权不清型和土地流转不畅型。

（二）耕地抛荒特点

从全国总体情况来看，我国耕地抛荒出现了 4 次，最早出现于 20 世纪 80 年代中后期，由于在家务农的农村劳动力相对过剩，抛荒耕地很快被人代耕，抛荒现象随之消失，没有造成大的社会影响；第二次出现在 20 世纪 90 年代初，由于粮价的回升，加上 1995 年农村土地二轮承包政策的推行，持续了几年的抛荒现象在这一时期消失；1997 年后，农产品过剩现象再次出现，农民增产不增收，耕地抛荒现象随之再起，2002 年推行农村税费改革后，抛荒现象得到治理；第四次出现在 2006 年，农村大部分青壮年劳动力纷纷外出打工，因而出现耕地抛荒现象，这次抛荒至今尚未结束。目前耕地抛荒现象呈现出以下特点：

一是抛荒区域逐渐扩大。尽管全国目前究竟有多少耕地抛荒，还没有一个比较准确的数字，但从局部看耕地抛荒的发展态势并未出现根本性扭转，无论是东部地区，还是中西部地区，耕地抛荒现象，均有增无减，并且呈现蔓延趋势。据调查，浙江省舟山市 2010 年底耕地抛荒面积为 1. 17 万亩，抛荒率达 5. 62%；湖南某县耕地抛荒面积达 4. 5 万亩，占全县耕地总面积的 23%，其中季节性抛荒占 67%，常年性抛荒占 33%；四川省武胜县 2008 年抛荒耕地 3. 2 万亩，占全县耕地总面积的 7. 8%。

二是隐性抛荒日趋普遍。相关统计表明，湖南省双峰县梓门桥镇 2007 年抛荒面积仅为 1. 3%，情况最好的桃源县桃花源乡抛荒面积只有 0. 28%，但广大农村大量存在“双季改单季”的隐性抛荒现象。一些村“双改单”的比例为 20%，有些村甚至高达 80%。事实上，很多农民已经放弃了传统的种植双季稻的习惯，改为种植单季稻，只求产点基本口粮。正是因为“双改单”隐性抛荒的作用，该省闻名全国的产粮大市——益阳市 2007 年比 2006 年少产粮食 18 万吨左右。耕地隐性抛荒已经成为一个无法否认、不容忽视的普遍现象。

二、原因分析

耕地抛荒的原因多种多样，其中一些原因是比较直接的，也是经济社会发展到一定阶段的产物。比如农民自用粮（口粮、饲料粮）减少了，口粮田观念不断淡薄，一些耕作条件不便利、土壤贫瘠、产出较少的耕地就被抛荒了，也有一些农户因为自然灾害甚至是野兽危害等原因导致有种无收而放弃种植。不过，目前不少自然条件优越、耕地分布集中、已经具备了一定基础设施条件的粮食主产地区发生大面积耕地抛荒的现象，其原因往往跟社会因素、农户心理和管理方式有关。

（一）当前农业生产效益仍比较低，农民种地不划算是最主要的原因

相对于二、三产业，农业本身效益偏低，农产品价格始终偏低，而农业生产成本逐年上升，甚至出现投入多于产出。根据笔者调查，虽然国家出台了粮食补贴等一些惠农政

策，但给农民的一些实惠又被较高的化肥、农药、种子等农资价格所抵消。以种水稻为例，农民种稻谷每亩的净收益仅 200~300 元。近年来随着农村经济的快速发展，农民的非农就业机会增加，大量农业劳动力转向二、三产业，以便获得更大的经济效益，以致耕地弃耕抛荒。以某村为例，全村 827 人，在家种地的仅 114 人，而且绝大多数都是老人和孩子，造成农村“劳力荒”，耕地无人耕种的现象。

（二）我国农户的传统观念中有着根深蒂固的家庭意识和恋土情结

在家庭承包制实行初期，传统观念确实起了积极的推进作用，但是随着市场经济的发展，这种具有极强排他性的土地观念成为农地流转的阻碍。尤其是农民强烈的农本意识、恋土情结，使得农民将土地视为基本保障。虽然目前随着我国城镇化进程的推进，越来越多的农民开始外出打工，他们在从事其他行业时仍然眷恋着自己的承包地，容易导致土地抛荒。

（三）耕地基础设施差，抗灾抗风险能力较弱。随着近年旱、涝、病虫害等自然灾害的频繁发生，大大增加了农作生产自然风险程度

第一，农民教育程度较低，运用科学技术抵御缓解灾害能力差；第二，对于基础设施、耕作条件欠缺的地区，依靠农民个体很难也没有能力整治处理。靠天吃饭的传统农业模式和基础设施薄弱的耕地，进一步加速了土地抛荒的趋势。

（四）土地征而不用导致了耕地抛荒

随着近年来我国城镇化、工业化进程的加快，相当多的城市都出现企业、政府等对土地征而不用、圈占而不开发，导致了严重的耕地闲置和抛荒。

除了上述原因，产生大面积的耕地抛荒现象更深层次的原因和我国相关制度和政策不完善有关。随着经济社会的发展，当前不少农民已经具备离开土地的前提条件，但现有的户籍制度、农村社会保障制度并不完善，离开土地后的农民并不能获得相应的社会保障，而在户籍、就业等方面又受歧视。反观农民自己承包的耕地，即便抛荒也没有相应的成本或有效的法律政策手段加以约束，多年来很多地方耕地抛荒处于放任自流的状态，隐性的抛荒甚至还能够正常得到各类粮农补贴。在这种情况下，土地发挥出来了相对更高的社会保障功能，农民不愿放弃自己手中的土地也是一种理性行为。加上现有的土地流转机制不畅通、不灵活，不少地方的土地流转处于自然、无序状态，而社会上因土地流转引起的纠纷数量呈上升趋势，集体经济组织对抛荒耕地不愿或不敢通过集体收回，没有好的办法进行承包经营权的有效有序流转。

三、政策建议

（一）总结推广成都经验，依法依规推进农村土地确权登记颁证工作，为建立“归属清晰、权责明确、利益共享、流转规范”的现代农村产权制度奠定基础

2008 年以来，成都市结合第二次全国土地调查，开展农村土地确权登记颁证，目前已

基本实现全部土地权属“应确尽确”和集体土地所有权、宅基地使用权登记颁证，为推进农村产权制度改革和保障农民合法权益打下了坚实基础。产权明晰是推进农村土地管理制度改革的基础。依法确定农村集体土地产权，按照“明确所有权、稳定承包权、放活使用权”的要求，进一步明确产权主体的权利义务关系，确保农村土地管理制度改革和土地流转工作稳步推进。

（二）按照依法自愿有偿原则，在稳定农村土地承包经营制度基础上，积极推进集体土地流转

优化土地资源配置，积极发展多种形式的农业适度规模经营，为促进现代高效农业发展、增加农民收入发挥了积极作用。可采取出租、转包、土地入股等多样化的流转形式促进土地流向种养大户或农业龙头企业。积极鼓励专业大户、龙头企业、农民专业合作社等规模经营主体采取多种形式集中连片流转土地，扩大生产基地，发展多种适度规模经营。要大力引导农民更新观念，提高素质，积极调整和优化农业结构，改变传统的种植模式和粗放的生产经营模式。以市场为导向，大力调整农业结构，满足市场对农产品多样化、多层次、体质化和生态发展的要求，依靠科技进步改善农产品品质和质量，发展高产、优质、高效农业，增强市场竞争力，提高农产品商品率，把农业和农村经济增长转到以质量和效益为中心的轨道上来。针对目前农地流转中农地流转中介组织缺失的情况，应当在镇或街道办事处一级设立专业性的农地流转中介机构，且需要明确该中介组织的职责。

（三）加大农村土地整治力度，改善农业生产条件，积极推进农业产业化，降低农业生产成本，提高种地比较效益

大力推进农村土地整治，着力提高耕地质量，大规模建设旱涝保收高标准基本农田，夯实农业现代化基础。推进土地平整工程，健全田间道路和防护林网系统，加强农田灌排工程建设，改善农业生产物质条件，增强抵御自然灾害的能力。建设标准田块，促进规模化、集约化、机械化和标准化经营，提高农业劳动生产率和生产要素利用效率，降低农业综合生产成本，增强农业生产市场竞争力，提高种地的比较效益。

（四）加快完善农村社会保障体系

社会保障是国家通过立法，为保障公民基本生活需要，促进社会生产发展和社会稳定所制定的一系列社会保险、福利制度与措施。对农村社会保障的建立，应着力于发展农村经济，减少农民收入波动，增加农民财产性收入，同时要淡化土地社会保障功能。一是要建立和完善农村基本养老和医疗保险制度；二是要建立最低生活保障制度，实行应保尽保；三是要积极完善社会福利、社会救济和社会互助等社会保障体系；四是要加快农村社会保障制度的法规建设，做到有法可依。这样可以改变大多数农民把土地当作“命根子”的看法，解除农民在城市找到工作之后转包其土地承包经营权的后顾之忧，充分保障农民的长远生计，为土地流转机制的建立清除观念上的障碍。

（五）政府应适当提高粮食收购价或提高种粮补贴，提高农民种粮积极性

一是，建议政府提高粮食收购价，由政府高价收购农民粮食，再平价销往市场。二是，种粮补贴应当因地制宜，调整种粮补贴的份额；要补到种粮户，不能补给耕地“原始承包人”。谁种地补贴谁，这是制止耕地抛荒的重要抓手。三是，改革种粮补贴的发放办法，按实际耕种面积乘以复种指数来确定补贴量，宜以组为单位造册，张榜公布，村、乡（镇）审核，种粮户领取补贴。四是，对抛荒者采取相应的制约措施（如收取荒芜费等），对现有的种粮大户实施累加补贴或奖励。要使种粮者有奔头，抛荒者有压力，种粮大户能致富。

学而知不足　深情藏沃土*

——国土资源部土地整治中心第一批参加“进村入点”活动综述

《中国土地》编辑部　孙国瑞

〔按〕“进村入点”是2012年3月国土资源部土地整治中心在全国四级土地整治机构“联创齐争”中组织开展的一项专项活动。组织从家门、校门出来直接进单位门的“三门”干部进村进项目点，与基层干部群众同吃、同住、同工作、同学习（即“四同”），接受为期一个月的实践锻炼很有必要。搞土地整治的，不进农村、不入项目点、没见过土地整治项目、不了解农村是一件很尴尬、很纠结的事。

“放下架子，端正态度，甘当小学生，进农户，入项目点，接地气；带着感情下去，带着问题下去，带着基层的好经验、好作风回来”。这是国土资源部土地整治中心主任吴海洋对第一批“进村入点”8位同志的寄予的期望。8人分为3组，分赴四川绵竹、湖南湘潭和浙江嘉兴参加锻炼。究竟练得如何呢？记者在四川绵竹真切听到了、看到了，也从去湖南组、浙江组的青年人身上感受到了他们的变化。

四川绵竹：下来了才知道土地整治要加大宣传

绵竹是“5·12”汶川地震的重灾区之一。2012年5月10日记者随国土资源部土地整治中心同志来到绵竹。透过车窗，路边的标语吸引了记者，心灵一下子被震撼了。“感谢无锡人民的无私援助”，“共产党好”，“感谢亲人解放军”，“感恩政府，感恩祖国”。没有经过那场灾难的人也许没有那么深的体会。记者一问当地人才知道，江苏无锡是绵竹的对口支援城市。他们对绵竹的灾后重建投入了大量的人力财力物力。一次灾难一次心灵的洗礼。我们在城市里已经很少看到这种标语了，街上往往被商业广告充斥视线。

5月10日下午，经过一路奔波，记者在绵竹市国土局会议室看见了国土资源部土地整治中心博士汤怀志和实习生余攀锋、谭枭3个“80后”，一个月就把3个白面书生晒得黑黝黝的。有专业、肯吃苦基层就欢迎。他仨是3月27日来四川绵竹学习锻炼的。活动一开始，他们就确定了将学习锻炼与当地土地整治规划编制结合的方式，同步开展“进村入点”活动与规划编制工作，促进两项内容的深入开展。期间，他们深入基层、进村下田入户，与乡镇干部、村干部和农户进行了直接交流，共调研了4个县（市、区）38个乡镇，

* 本文原发表于《土地整治动态》2012年特刊第4期。

收回有效调查问卷 1086 份，形成调研日志 68 份。

一个月的基层锻炼很快就结束了，地震灾区那些人那些事时时在小汤脑子里回放。绵竹市是“5·12”汶川特大地震极重灾区，3 年的灾后重建期过去后，平坦的公路、重新规划的小镇、崭新的农居、黄灿灿的油菜花不时地映入眼帘，但仔细观察，就可以发现，市区里不少的楼房是空洞洞的，小汤他们每天出门，都会看见对面楼房胳膊粗的裂缝。这里生活的很多人都有一个非凡的故事，平时很少提及。而当被问及此事，无论是平时多爱说话的人语速就会立刻变缓，之后总会将话题过渡到脚下新修的公路、漂亮的楼房、工业园区，因为这些是在他们手中重新建造的家园。

距离近了心才能近。小汤说：“绵竹市国土局在 2011 年 10 月才搬进新楼，震后 3 年里全局 100 来人一直在板房里办公。灾后重建期间，各类用地需求极大，损毁耕地、农房、工矿的整治项目一个接一个，要处理好这些事，国土人只能连轴转，一直到现在，同样是不分平时和周末、不分白天和黑夜地工作，加班工作成了常态，用他们自己的话说，现在的工作是地震前的三倍，不加班干不完。以前总觉得中心工作忙，来之后发现基层同样忙，甚至更忙，但即使工作再累再多，大家都是打起精神继续干，仅仅是看到大家任劳任怨的工作、履行着自己岗位上的责任就已经让人感动。”

在做入村调研期间，曾经遇到个别村干部不愿意接受问卷调查，有的说：“我们这地方偏，调研也实施不了项目”，还有的说：“不修堤、不修桥、不修干渠、不清淤”、“整了还有问题”等。也遇到一个镇长在小汤去现场调研离开后，自己带着村民测算拟实施项目区潜力、估测投资和效益，编写分析报告后赶夜路找到小汤讨论实施的可行性；还有的镇因为担心错过调研，乡镇干部带着全村的村干部和部分村民坐了满满两辆大巴车到小汤正在的调研所在地，在一个临时借用的小餐馆中，填写了问卷，完成了农户访谈。

在绵竹市国土局座谈采访时，小汤 3 人深深感到，土地整治的宣传工作还不到位，不少基层干部、群众对土地整治的认识不完全、不准确，调查中发现绝大多数乡镇干部对土地整治的核心工作即权属调整完全没有概念。在土地整治的内容上，县、乡的干部，群众都迫切希望土地整治能彻底解决土地利用问题包括区域的灌渠、道路体系等，希望土地整治应该发展成为内涵和内容更加丰富的国土整治。

土地整治项目的实施层面是在乡镇，调动乡、村基层干部的积极性，才能够全面宣传土地整治工作、提高公众参与程度、组织农民在项目实施中投工投劳、主动去协调农户关系、监管项目实施过程，以及组织实施后期管理与维护等。

进村入户调查中有老农问汤怀志说：“一个项目有多少钱?”然后就开始合计自己能分到多少，算完就问能不能按人头分，然后自己整；国土所干部带着小汤 3 个年轻人下乡时，总能指着现场告诉小汤，哪里需要修渠，哪里需要清淤，大概需要多少资金和多长时间。也有经济条件好的乡镇的领导，会指着乡镇规划图告诉小汤，这些区域需要通过土地整治进一步提高基础设施，实施土地流转，以后就有条件进行规模经营，就能形成产业了；有的村干部说，如果土地整治能解决某条路或渠，将农田联系起来，再集中整治，他们村就有条件引进农业龙头企业了。

土地整治的最终受益人是农民，但目前土地整治项目的整个实施过程中，农民甚至基层干部的参与度有限。实践表明，与规划设计单位相比，更了解当地实际情况的还是农户和基层干部，他们通过长期的实践活动积累了不少问题解决方法和经验。土地整治要注意走群众路线，充分尊重当地村民的意见，从农民自身的角度去思考问题，方案要从群众中来，再回到群众中去。

不同区域的土地整治因基础条件、经济社会条件、土地利用方向不同，整治的实施模式、工程标准、投资范围都会有所差异，国土部门应充分鼓励开展不同形式、不同组织方式的土地整治，对条件成熟的整治模式提供必要的政策保障，同时不断完善相关工作。

在编制规划过程中，3 个小伙子花了很多时间去做基础数据的分析工作，对有疑义的就去问、去现场调查。有地方领导说："一开始我担心你们整不清，听了你们的汇报后，发现有些问题只有你们能整清"，"你们来做规划，既好也不好，'好'是因为有你们编制规划能够让我们的工作达到国家水平，'不好'是因为让地方工作交了家底"。这种既想解决实际困难又怕暴露问题的矛盾心态几乎是各地的普遍想法。

绵竹灾后重建期间，土地整治发挥了巨大作用，但灾后重建 3 年的跨越式发展，遗留了不少土地问题有待去解决，如依然存留的大量倒塌或受损的农房整治问题、临时用地和灾毁基础设施用地复垦问题、灾后重建期间新建农田基础设施、公共服务配套设施及农村居民点的后期维护问题等。进入"后灾后重建时期"，更多想不到的问题逐步暴露出来时，常规处理办法、政策措施必然不适用，只有对这类特殊地区的土地工作给予更多关注，才能更有效地解决这些问题。

在谈到这次进村入点的主要感受和体会时，小汤说："进村入点"这种形式非常容易拉近与基层、与群众的距离。基层工作者面对不同身份、不同想法的人，工作方式随时会变化，有很多土办法；农民在长期的农业实践中对土地整治有很多自己的想法，积累了很多土经验。这些土办法、土经验大多与在书上学的、文件上规定的不完全一样，对我们的思想冲击也是最大的。正是这种不一样是最切合实际、最具原创精神、最具研究价值的素材来源。因此，在调研学习期间，最不能的就是先入为主和思维定式，要主动消除和他们之间的隔阂，工作中多沟通，多听听他们的看法和意见，了解他们工作的阻力有哪些，一同感受他们的喜怒哀乐。

在"进村入点"期间，3 个"80 后"目的十分明确，就是结合土地整治规划编制工作，开展"进村入点"学习锻炼活动，这也得到了省、市、县国土部门的认可和好评。在整个工作工程中，小伙子们根据需要拟定了调研计划，并与当地共同商议后确定下来，整个行程安排做到双方心中有数。

基层锻炼期间，3 个小伙子感觉最不够用的就是时间，每天接触的人多、信息量大，需要充分利用各种时间随时学习，调研回来后，更要以讨论、写总结报告、日志、规划简报、微博等各种形式及时记录。

小汤体会到，下来以后要摸清问题，认真分析，谨慎表态。在活动期间，经常会有干部群众反映或咨询各种各样的问题，同一问题不同的人看法不完全一样，需要我们一方面尽可能融入当地的工作中，弄清事情的本质；另一方面要跳出来，结合自身优势多想想全国其他地方是不是也有类似问题，又是如何解决的。在没有摸清的情况下，绝不指手画脚随意表态。

记者在采访中，得知小汤下来之前他与爱人双方家里老人就已经给小两口订好了婚期。小汤是湖北武汉人，下来前家里老人一再叮嘱早点回家结婚。预订酒席、置办结婚用品、走亲访友等事项都已经订好了。小汤"进村入点"后，家里老人一再催促。为了抓住这次锻炼机会，小汤推迟了婚期，圆满完成了“进村入点”的任务，一直到活动结束后才回武汉完婚，完成了人生一桩大事。

记者感言：脸晒黑了，距离近了，和基层群众的心贴近了，想到一块了，接地气了。通过此次活动，年轻人有机会深入第一线了解基层工作，从不同角度更加全面、系统地认识土地整治工作，更加清晰地认识到基层土地整治工作的需要，明白自己所处岗位的责任，更好地为土地整治事业服务！带着感情下去，带着问题下去，带着收获回来。

学会了和基层打交道，交朋友，交心。指责别人是最容易的事。而很少反思自己。扪心自问自己做得如何呢？基层实践是最好的检验。谁过得了实践这一关，谁就会终身受益。

湖南湘潭：跑点最多见识广，辣子却考验了他们的胃

首批参加“进村入点”学习锻炼活动到湖南湘潭的张清春、赵庆利两个人年龄稍大一点，同是“70 后”。张清春告诉记者，他来自山东农村，但问了他一些农村的事很快就露馅了。他说在家时主要是在校读书了，虽生活在农村却并不了解农村。首批青年干部“进村入点”活动湖南组小张、小赵两名同志 2012 年 4 月 5 日至 4 月 20 日、5 月 2 日至 5 月 9 日分两个阶段，深入到湖南省湘潭市湘潭县、常德市鼎城区和长沙市宁乡县土地整治项目一线，开展了为期近一个月的学习锻炼活动。记者问小张：“你下去遇到的最大问题是什么？”“最大问题是吃饭不习惯，湖南人吃辣的太厉害了。嗓子真的快受不了，还好一个月总算坚持下来了。”“再让你第二批接着下去，你去不去？”“没问题。”湖南人吃辣子是有名的，下去后看来饮食习惯也是一大考验。

小张、小赵“进村入点”学习锻炼活动主要以湘潭县、常德市鼎城区和宁乡县 3 个活动点为基础展开。同时，为从点上更加全面地了解学习湖南省土地综合整治模式的具体做法和成效，利用活动间隙，他们还深入到邵阳武冈市邓元泰土地综合整治项目现场进行了考察学习。最后，又从面上对湖南省近 5 年来在探索构建湖南土地整治模式过程中形成的政策法规保障体系、技术标准支撑体系和行业管理制度规范体系进行了系统学习。

小张、小赵下去后，以项目指挥部为活动根据地。项目指挥部是县级土地整治机构作为项目建设单位的食宿、办公场所，是土地整治系统与项目对接的最终端，一般是租用项目所在村的农户住宅组建而成，吃饭由农户按人均标准提供。为便于全面融入项目建设一线，活动期间，他们大部分时间都吃住在项目指挥部，真正做到了与基层土地整治机构、监理单位、施工单位、设计单位工作人员及项目区村民“四同”，感受他们的生活、工作环境。

记者看了他们拍回来的照片，全部是施工现场，走访农户，与村干部交谈的图片，指挥部条件也很简单。单调、孤独、寂寞、远离亲人他们都忍受住了，都扛过来了。

小张、小赵以学习湖南省土地整治模式的代表性做法为活动重点。由点到面、系统学习湖南省土地综合整治模式的做法、成效和经验是此次活动的重点内容。概括来说，湖南省土地整治的典型做法主要包括：一是政府主导，聚合资金，集中投入；二是引导土地流转，发展现代农业，转变农业生产方式；三是统筹规划，整村推进，促进新农村建设，转变农民生活方式；四是构建政策保障体系、技术支撑体系、制度规范体系，强化项目的精

细化管理。

走出办公室到一线去摔打磨炼。每到一个项目点，小张、小赵首先与县级土地整治机构的工作人员沟通，了解当前项目实施一线正在开展的具体工作任务，尽可能想尽办法、创造条件能够直接参与相关工作，切实感受基层的工作现状。具体来说，与县级土地整治机构、设计单位、监理单位、施工单位工作人员一起参与开展了田间路、灌排沟渠等工程的计量抽查与复核，细部平整、田坎修筑、生产路整修等部分工程的收尾工作，到项目区开展日常的巡查和督导，发现问题及时督促监理单位和施工单位进行整改。对于没有机会现场直接参与实施管理的工作，两个小伙子通过翻阅项目档案资料、座谈交流咨询以及茶余饭后闲暇时间的聊天等方式进行了解学习。比如，如何确保政府作为责任主体的职责履行到位、如何解决施工期短与工程量繁重的矛盾、隐蔽工程的认定、施工过程中当地村民的参与方式等。

为增强学习锻炼活动的深度和广度，小张、小赵还分别走访了项目所在地的国土所、村支部和农户，与分管镇长、国土所长、村支书、村主任和村民进行座谈，了解国土所的工作职责、日常工作任务、工作困难和在土地整治项目实施中的职责、作用；了解土地整治项目对村域经济发展和村民增收的影响，听取他们对土地整治工作的意见和建议。

针对基层土地整治工作开展的需求，两人还就高标准基本农田建设任务的落实、亩均投资、项目投资范围、新增耕地率、土地平整工程土方量等政策技术问题与基层工作人员进行了交流。同时，还对2012年土地整治工作的重点工作布局进行了简要宣讲，从而拉近了与基层的距离，增进了相互了解，扩大了上下联动的共识。

为记录活动轨迹、宣传活动成效和总结典型做法，学习锻炼过程中，两人注重利用“微博”这一新兴的网络传媒工具，作为活动的宣传载体，记录每天的工作情况和心得体会。坚持每天写工作日记、及时发微博、适时撰写通讯报道和调研报告，对整个活动的轨迹做了全面及时的记录和宣传，对基层代表性的好做法和成功经验进行了总结提炼，形成38篇微博、23篇工作日记、2篇通讯稿和1篇调研报告。

谈到收获，小张、小赵说，通过“进村入点”活动增进了对基层工作的了解，锤炼了工作作风，增强了责任心。通过具体参与县级土地整治机构土地整治项目实施管理的日常工作，比较全面地了解到项目一线工作人员的生活、工作现状，切实体会到了他们工作的难处。由于人手少、工程施工周期短、项目任务量大，县级土地整治机构的同志一年中90%的时间都在项目现场，累计在办公室的时间不超过一个月，周末很少有时间休息，同时还承受着村民上访、天气影响施工等工作和精神上的双重压力，很多处境是坐办公室的两人难以体会到的。

两人还认识到当前土地整治事业发展应更注重土地整治市场的培育和完善。目前，如若从国家层面难以出台针对行业中介队伍的资质认证管理，应尽快出台全国宏观层面的土地整治管理办法，引导、推动全国大部分省份走出一条有政策法规保障、行业中介机构管理制度和项目全过程管理制度完善、技术标准体系健全的土地整治管理新思路，真正做到土地整治的制度化、标准化和规范化运作。

两人通过一个月由点到面、点面结合的学习锻炼，认识到土地整治的作用应更加注重改变农村生产生活方式，使土地整治后的区域成为当地新的经济增长点。土地整治要为带动一片产业，搞活一方经济，富裕一方人民起到带头示范作用。也只有这样高位思考，站在政府的层面积极谋划土地整治的发展，当地政府和群众才更有积极性，土地整治才能有出路，才能发挥最大效益，才能有更好的发展前景。

在大量接触基层群众生产生活后，两人深刻感受到，群众把他俩看作党和政府的代表，在项目区现场经常能听到“感谢党、感谢政府”的朴素表达。常德市桃园县国土局退休的姜局长在盘唐镇项目现场赋诗一首：“杂草杂树变金山，发财致富抢在先。人人都夸国土好，山水田路变新颜。”

一个月的时间不算短，也不算长。张清春说，从生活上来说，我对“进村入点”活动的感受是，经历了一次饮食不适应给我带来的挑战，当地村民做的菜集辣、咸、油于一体，有好长一段时间我的肠胃强烈抗议。张清春、赵庆利两人以及省、市土地整治机构的同志一起深入湘潭县云湖桥、花石等乡镇，与项目指挥部工作人员、国土所工作人员、村干部及其他基层同志一起开展土地综合整治项目的管理、协调工作，并就村支两委、基层党员及群众如何在项目实施中发挥作用、国土基层所如何更好地服务和支撑乡镇产业发展等问题进行了探讨。

记者看到湘潭市土地开发整理中心给他们的评语鉴定中说；“在这次主题活动中，国土资源部土地整治中心二位同志做到了四个注重：即更加注重解决突出问题，更加注重改进工作作风，更加注重提升服务群众本领，更加注重加强基层组织建设。特别是二位同志在条件简陋的情况下日夜奔走在田间地头，不辞辛苦、任劳任怨、努力工作，给我们留下了深刻的印象，是我们学习的榜样。”

记者感言：基层锻炼是苦熬苦等数着日子过，还是在锻炼中增长才干。是做匆匆过客，走马观花、蜻蜓点水、无所用心、空手而归；还是做有心之人，仔细观察、用心学习、用心体验、来有所得。态度不同，结果必然不同。人勉强下来了，心下来了没有呢，只有自己心里明白。下去很容易，领导不在身边，基层领导又因他们的特殊身份不像管理自己员工一样严格，在这种情况下是来当客人还是当主人主动参与，主动为基层分忧解困。基层的评语是最好的验证。

浙江嘉兴：了解了基层很多创新，弥补了知识空白

梁梦茵是参加“进村入点”活动 8 人中的唯一女性。记者在国土资源部土地整治中心座谈会上见到了这位清秀的小姑娘。谈到这次活动的体会时她说，在这一个月里，她和张岐以编制南湖区及所辖 5 个乡镇的土地整治规划为载体，深入调研，了解省、市、区、乡镇、村、农户 6 级不同层次主体对土地整治的关注焦点，调查土地整治项目实施过程中存在的具体问题，与基层干部群众“四同”，努力做到多学多问、多看多听、多总结提炼，收获颇丰。

小梁介绍说，他俩在这一个月里主要有两个任务：一是深入基层、了解基层国土管理的真实情况，关注农民的真正需求，学习地方国土工作的实践经验；二是与自身业务相结合，搜集资料、开展调研，为南湖区土地整治规划做前期准备，同时修改嘉兴市土地整治规划。

2012 年 4 月 6 日至 4 月 12 日，是资料搜集与基本情况梳理阶段。他俩在分局规划科同志带领下到各个相关部门搜集资料，分析南湖区自然、经济、社会、环境等基础条件，

并与嘉兴市国土局、南湖区国土分局和各乡镇国土所的工作人员多次开展交流。通过梳理分析，他俩对南湖区的总体定位、发展方向、土地利用现状和需要土地整治解决的问题有了初步的认识，也对各乡镇土地整治的整体情况有了大致的了解。

2012 年 4 月 13 日至 4 月 22 日，是乡镇调研阶段。他俩对南湖区所辖 5 个乡镇进行实地调研，与乡镇主要领导、乡镇国土所工作人员、各行政村村主任或书记、农民代表进行座谈。通过交流，他俩了解到乡镇发展的总体构想，乡镇对土地整治的需求，调查了农民对新社区选址、土地流转等方面的意愿，设计并发放了乡镇、村、农户 3 级调查问卷，更详细地调查了解基层的实际需求。会后他俩对每个乡镇的典型项目进行了实地踏勘，并在项目区内随机选择农户进行访谈，更直接地了解到农户的真正想法。

2012 年 4 月 23 日至 5 月 10 日，是土地整治基础问题研究阶段。他俩分析收集的基础资料与调研基本情况，对土地利用特点、土地整治潜力、土地整治需求等问题开展研究。同时，他俩还积极参加了嘉兴市向省厅的土地整治工作汇报会、嘉兴市与湖州市关于土地整治项目的交流活动、嘉兴市农村土地整治项目调整备案工作会议，通过多种方式深入了解嘉兴市南湖区土地整治的真实情况、分析目前遇到的瓶颈、积极探索解决问题的方式。

通过沟通，他俩了解到：最初的土地整治项目，项目规模普遍较小、类型单一，主要是国土部门一家参与，各部门资金不能有效整合。2009 年以来，嘉兴市推行的是农村土地综合整治，田、水、路、林、村统一规划设计，土地整治与新社区规划、标准农田建设相结合，涉及面广。嘉兴市把土地整治作为政府目标考核的主要内容，由政府主导推进土地整治活动，效果突出。目前嘉兴市正逐步建立起政府主导、国土搭台、部门联动、公众参与的工作机制，落实土地整治共同责任。“部门联合、整合资金”更有利于把各种力量集中起来，切实解决各种实际问题。

学习是一种能力，学会分析问题、解决问题是一种能力。下来发现不了问题等于没来。小梁参加的嘉兴市 5 县 2 区的土地整治项目调整备案工作会议，刚开始对于项目如何调整大家的思路都不统一，一个区县一种想法。会议上大家经充分讨论、确定了统一的调整思路，推进了下一步工作的开展。他俩充分认识到宣传力度大、沟通充分、政策传达到位，才能有利于土地整治的推进。

小梁在乡镇调研中发现，由于各个乡镇的区位条件、自然环境、经济社会水平不同，在土地整治中遇到的问题也各不相同，土地整治项目应切合实际，满足地方需求。如他俩调研的七星镇位于嘉兴市中心城区内，区位优势突出，但因地势低水位高，农民难以种植经济作物，故该镇的整治意愿较高，主要是以政府主导、整体推进、城镇式聚合的模式，农民公寓安置进入新社区，土地流转出来，由公司或种粮大户经营，规模化操作。大桥镇的云东村，靠近平湖市的工业区，农民基本已脱离农业生产，当地农民搬入新社区的意愿非常高。云东村项目最初是由农民自发组织起来的，农民安置主要是联排自建的方式。由于农民整治意愿高，项目推进顺利，对周边产生了示范效应，推动了项目二期和三期的建设。小梁、小张看到搬入新社区后农民的生活环境得到了改善，生活水平得到了提高。新丰镇是一个比较特殊的乡镇，全镇 70% 以上农户以养猪为主要经济来源，家家户户房屋周围都有猪圈，目前的土地整治项目是政府主导推进。由于土地整治项目设计时没有考虑农民养殖这一特点，新社区中没有建设配套的牧业园区，农民担心搬入新社区后无法养殖、收入水平下降，搬迁意愿不强，整个项目推进较慢。

小梁、小张通过调研发现，各个乡镇的特点鲜明，目前的整治模式有政府主导模式也有农民自发模式，但无论哪种模式都应充分考虑农民的真正需求，从当地的实际情况出发，使土地整治项目能够因地制宜。

通过一个月的工作学习小梁发现，乡镇工作是具体的、琐碎的，需要平衡各方的关系，既要保护土地资源、符合国家用地政策，又要保护农民的权益，同时还要为乡镇的长远发展考虑，很不容易。通过具体土地整治项目的跟进，两个年轻人了解到土地整治项目从立项、实施到最后验收是一个复杂的过程，远没有想象中的简单，农民关于整治的意愿和安置点的选择变化较大，有些政策虽便于规范化管理，但在实际操作中难度较大，难以实施。关于高标准基本农田建设，需要制定相应的激励政策，调动地方的积极性。只有深入基层、切实了解实际需求，不断改进完善，上面的政策才能切合基层实际，既有利于实际操作又便于规范化管理，推动土地整治的发展。

两人通过与嘉兴市局、南湖区国土分局、各乡镇国土所工作人员的交流沟通发现，他们实践经验丰富、专业基础扎实，关于土地管理、土地整治有着自己的思考。在工作过程中，结合自己的业务，两人虚心地向当地领导、同事请教，不断丰富完善自己的知识。去嘉兴之前小梁对关于土地整治的认识还是较为书面的，到嘉兴后听到了很多新理念，如针对南湖区基本农田保护率高、空间不足的问题，当地提出了“耕地、建设用地、基本农田三置换”、“城乡建设用地动态挂钩”等新思想。这些新思想让小梁认识到了目前的政策、管理方式存在着不足，更新了观念，拓宽了视野。

两人到地方学习锻炼，充分认识到需要加强与基层国土部门、农户之间的沟通交流。很多障碍都是由于交流沟通不充分造成的。比如说可能一些用语两人说得较书面，基层人员不理解；也可能有一些地方的专业用语，他俩在别的地方没有听到过。他们充分体会到只有多学多问、多看多听，把自己当成当地的一员，从当地的实际情况出发，与基层人员打成一片，这样在日常的沟通交流中也能获得很多信息，更有利于工作的开展。通过这一个月的沟通交流，不但了解了地方的实际情况与真正需求，同时拉近了与地方的距离、增进了感情的交流。

到达南湖区之初，俩人就制定了一个月的工作方案。以南湖区及所辖乡镇的土地整治规划为载体，深入调查研究，进行学习锻炼。他俩将一个月划分了不同的阶段、明确了每一个阶段的主要任务，与分局的工作人员共同商议后，确定了主要行程安排。这一个月的时间基本按照工作方案有条不紊地进行，这样目的明确，节约了时间。

这一个月里他俩看到了很多各有特色的土地整治项目，了解到嘉兴市土地整治的一系列发展演变，认识到具体项目从立项、实施到验收的整个过程，以及南湖区在推进土地整治中遇到的一些具体问题。由于南湖区经济发展较快、土地整治走在全省前列、遇到的问题也较多，这些问题很可能是别的地区以后会碰到的。因此需要通过不断的思考、分析和总结，将学习、参观和调研中的所见、所闻加以整理，总结教训，推广经验。在具体做整治规划时应切合实际，一切从真实情况出发，使规划能够更好地为土地整治工作服务。

记者感言：一个月的“进村入点”活动结束了。能否给年轻人的人生中留下一笔财富呢？每个人的感受是有差异的，一个月要想彻底解决人生观问题是不现实的。但至少对农民、农村、农业多了一分理解、一份感悟，对土地整治多了一份体验和实践；对基层少了一些误解和偏差。以后回到单位、回到工作岗位上看问题时就会首先想到基层能否落实、能否落地。

编后：下基层和不下基层肯定是不一样的。无论得失，肯定会在人生中留下些宝贵的记忆。有些年轻人在遇到挫折、遇到困难，尤其是在得不到满足又无法解决、解脱时，常常抱怨、郁闷、徘徊。我们应常怀感恩，回报社会。只有学会感恩，收获一颗平常心，才能有虚怀若谷的宽广胸怀，肩负起应尽的社会责任，坦然面对工作上、生活中的艰难困苦。

经历了一个月的锻炼后，年轻人有了很多感知、感悟。一个人，无论在家庭中、在生活中、在社会上、在单位里，只要懂得了感恩、懂得了回报，以后就会从实际出发，不说少说大话空话套话假话，向基层学习，向实践学习，说话办事实实在在，做人做事认认真真，老老实实。从身边小事做起，从一点一滴开始，踏踏实实做好每件事是非常珍贵的。工作态度变了、对待困难的看法变了，这一个月没有白去。虽然吃些苦受些累，但这算不了什么，去得值。

国土资源部土地整治中心是个成立才十几年的新单位，这几年陆陆续续进了很多高学历的年轻人。他们有专业知识，充满朝气和活力，有进取心，但是他们有的也缺少社会实践这一课。记者从他们的总结中也发现了一些问题。比如：有的虽然条理清楚，但官话套话空话较多，学生腔浓，缺少真情实感；有的缺乏深入思考，写得似流水账；有的辞藻华丽，过渡铺陈，空讲道理。看来，改文风也是个不小的问题。基层锻炼仅靠一个月是远远不够的，文风问题更是长期养成的。好文章的概念要改，不是拔高的东西才是好文章。打个比方，专业知识是一条腿，社会实践是另一条腿。要脚踏实地，两腿走路，不当“瘸腿”专家。

据记者了解，第二批青年就要出发了。期待着他们获得更大的收获。

海外土地整理法制建设经验借鉴*

国土资源部土地整治中心　周　同　任　佳　孙春蕾　贾文涛

回顾世界土地整理发展百年历史，在不同阶段、不同国家，土地整理的目标和任务在不断变化。通过全面推进土地整理法制化建设，对土地整理工作的内容、程序等进行限定、规范，能有效制约国家公权力，切实维护群众权益。本文通过梳理、总结海外土地整治法制建设的基本情况和主要特点，对我国土地整治法制建设提出了意见建议。

一、海外土地整理法制建设基本情况

为了加强对土地资源的有效利用和管理，全面实现土地整理的发展目标，各国采取不同的方式对土地整理工作从法律法规层面予以明确。总体看，大致分为三级。

（一）以国际合作组织为依托，共同推进土地整理区域化发展

随着土地整理工作的重要性不断提升，欧盟（EU）、非盟（AU）、联合国开发计划署（UNDP）、联合国粮农组织（FAO）、国际测量师联合会（FIG）、德国国际合作机构（GIZ）、俄罗斯及独联体国家的土地关系与土地整理问题国际研究学会等国际合作组织，在充分考虑各国开展土地整理工作实践基础上，对区域化土地整理工作提出发展意见和建议，为各国推进土地整理工作提供借鉴和参考。其中，欧盟的“乡村发展政策”对欧洲地区的土地整理事业发展方向进行了规划和判定，并对欧盟成员国开展的符合发展趋势的土地整理项目予以一定比例的资助和扶持。非盟的《非洲地区土地政策指导手册》则是在充分论证全球城市化进程、粮食生产安全现状的基础上，为全面巩固农民的土地权利，提高非洲地区的粮食产量，提升非洲在全球粮食生产中的地位，确保非洲人民的生活安全，而提出的非洲地区土地管理与土地整理工作的总体设想和建议。各成员国在此基础上，研究制定本国的土地管理政策，为土地整理工作的区域化、集中化与规模化发展奠定基础。

（二）以土地基本法为平台，构建土地整理工作框架

鉴于土地资源的重要性，各国纷纷以土地基本法的形式对土地资源的管理与利用进行规定，部分国家在土地基本法中明确了土地整理工作的目标和任务。《俄罗斯联邦土地法典（2001 年）》中提出，土地整理的核心是加强土地资源管理，调整土地利用关系。通过建立健全土地征用和使用制度，明确土地赋税和地租，界定城市、村镇的用地界线，构建合理的土地利用结构，有效改善和保护自然生态景观，提升土壤质量，防治水土流失。《哈萨克斯坦土地法（1995 年）》中提出，土地整理是用科学的方法保障土地资源的管理

* 本文原发表于《土地整治动态》2013 年第 16 期（总第 578 期）。

和利用。通过建立国家地籍制度，构建土地利用规划，合理调整土地利用结构，逐步加强对土地市场的管控。《坦桑尼亚国家土地政策（1999 年）》中提出，土地整理是在确保公民土地权利不受侵害的前提下，全面推进耕地规模化种植，提高农地生产潜力，提升村镇的经济社会发展水平，防治水土流失，促进社会可持续发展。

（三）以土地整理专项法规为基础，细化土地整理工作要求

随着土地整理事业的深入发展，单纯依靠在土地基本法中对土地整理工作进行大致的描述，已不能满足土地整理工作的需求，需要制定更为详细的专项法律法规对土地整理工作进行细化完善。根据《德联邦土地整理法实施条例（2011 年）》，当前德国土地整理的主要任务是：推动乡村发展，提升社区居民责任。鼓励农民自发组织开展改造社区的活动；推进乡村生产生活质量，提高乡村居民收入；维护自然生态景观，打造村镇旅游观光平台，找寻各区域发展的趋势和特色，创造更多就业机会，有力吸引城乡居民回迁；在保持现有土壤和水源质量的前提下，提升土地资源的可持续利用性。《荷兰土地整理条例（1985 年）》中提出，土地整理的基本原则是坚持使农场主和当地居民的个人利益与社会利益相协调；目标是降低田块破碎化程度，推进土地集约规模化利用，改善田间基础设施，建设生态景观，提高农民生产生活条件。肯尼亚 1977 年在非盟的政策引导下，制定了《土地整理法》，并在 2012 年修订案中提出“土地整理是在充分考虑村镇现状和发展方向，在不损害土地所有者合法权益的基础上，合理调整土地利用结构的行为”。

一些国家根据土地整理的重点和方向，分别制定了相关法律法规。

（1）在空间规划方面，荷兰 1965 年制定《空间规划法》，并于 2000 年颁布了以“营造空间，共享空间”为主旨的《荷兰第五次国家空间规划政策文件摘要（2000—2020 年）》，在对社会和空间变化进行分析的基础上，提出了未来 20 年国家空间开发的架构和理念，要求在充分满足空间需求和保证空间质量的基础上，兼顾经济增长与环境保护平衡发展。规划从国际合作、城市与乡村、城市网络、水资源管理等四方面对空间规划发展目标进行细化，并分别确定了荷兰东部、南部、西部、北部的区域发展目标。《加拿大土地利用规划和发展法》由联邦政府制定，限定重要的国有土地利用和发展方向。各省、市在此基础上，制定具备法律效力的《区域总体规划方案》，对土地利用、交通、社会设施、市容设计、基础设施建设、历史建筑保护、旅游设施建设、校园保护等方面的发展目标和具体措施进行明确，有效管理和利用城市土地和资源。

（2）在土地重划方面，泰国为了合理调整土地利用结构，促进社会经济发展，制定了《土地重划法（2010 年）》，要求分级成立土地重划委员会，组织开展地块调整与土地重划工作；社会公众必须全程参与土地重划，并按照估价结果，对其所有土地进行置换；对于在重划过程中权利受到损害的土地所有者，经土地重划委员会审核后，予以一定比例的赔偿。我国台湾地区为了合理调整城乡基础设施用地、城镇建设用地和农业生产用地的布局，制定了《市地重划条例》、《农地重划条例》及其实施细则，提出了农地重划与市地重划的理念，要求通过对区域内面积狭小、分散的地块进行综合整理，对区域周边交通、水利及公共设施予以配套完善，增加农业生产面积，开展大规模农业经营，增加生产效益。各类重划工作由农地重划协进会组织开展，工作经费由政府与农民按比例分摊。

（3）在耕地质量保护和管理方面，《美国土壤保护法（1985 年）》、《俄罗斯土地基本

法（1993年）》、《日本农地法（1982年）》、《英国农业法（1993年）》中都提出了通过采取休耕、轮种制度以有效缓解土壤退化情况，防治水土流失。对于参与休耕、轮种的农民，政府将给予一定比例的补贴。《瑞典农业保护法（1999年）》、《日本农业用地土壤污染防治法（1999年）》中，对农药、化肥等材料的使用进行严格的限制。德国在保护耕地质量方面有整套完备的法律体系，农业种植生产必须遵循《种子法和物种保护法》、《肥料使用法》、《自然资源保护法》、《土地资源保护法》、《植物保护法》、《垃圾处理法》、《水资源管理条例》等规定。《韩国农业振兴法（1962年）》中将优质农地划入农业振兴地域，实行严格保护。

（4）在资源利用与环境保护方面，《德联邦自然保护和景观维护法》、《瑞典环境保护法》、《澳大利亚环境和生物多样性保护法》、《肯尼亚环境影响评估条例》、《乌干达国家环境保护法》等都明确提出，土地整理要在尽量减少对自然环境、生态景观、动植物影响的前提下开展。德国建立了生态补偿评价制度，按照"占一补一"的原则，对项目实施过程中造成的生态环境影响予以补偿。荷兰、塞浦路斯的《土地整理法》中提出，项目实施过程中，必须同时考虑农林生态景观建设与环境可持续发展。俄罗斯、瑞士的土地整理项目，通过在景观单元间建设自然保护带、生态隔离带、生态补偿区，对项目区内现有的植物种类与生物多样性予以保护。

（5）在土地复垦方面，美国以国会颁布的《露天采矿管理与复垦法》为基础，要求各州在此基础上制定各州的土地复垦法规，构建土地复垦法律体系。英国、加拿大以法律的形式明确了土地复垦类型、资金来源，并规定了政府各级部门的职责及相关技术要求。澳大利亚在各州《矿山开采条例》中要求矿山企业要按规划设计方案保质保量完成复垦任务。德国在不同阶段的采矿法中要求在露天矿排土场上必须覆盖100厘米的土壤；矿区业主在申请采矿许可审批时必须提交对矿区复垦的具体措施，经审核通过后，方可实施采矿行为；《德联邦自然保护法》中要求通过土地复垦，对已破坏的自然景观进行恢复和治理，构造接近自然的生态景观，确保复垦的质量与可持续性。加纳和菲律宾建立了复垦保证金制度，要求矿业公司在提交采矿申请时，必须附复垦方案及一定额度的复垦保证金，由有关部门审核后，签发采矿许可证。

通过将土地整理工作纳入法制化管理的轨道，并在实践中不断细化完善，既有效引导了土地整理事业的发展方向，又保障了公众在参与土地整理工作中应享有的权利和义务，同时对事业发展中存在的一些问题起到了必要的制约作用。

二、海外土地整理法制建设的主要特点

（一）全面引导土地整理的发展方向

通过开展土地整理法制化建设，全面构建分级分层的法律法规体系，明确了土地整理工作的目标与任务，规范了土地整理工作的程序与内容，限定了法定权利人在土地整理工作中的权利与义务，对促进农业规模化生产经营，改善农村基础设施，建设与维护生态景观，全面提升农村生产生活质量，促进区域城乡均等化发展形成了强有力的支撑。在以联合国粮农组织、联合国计划开发署、欧盟、非盟等国际合作组织为平台，共同研究土地整

理发展趋势的基础上，各国结合自身实际，分别以法律法规的形式对其进行细化完善。德国先后3次修改《土地整理法》，不断对土地整理工作的目标、任务进行细化、完善，从最初单纯的促进农业生产、保障国民粮食安全成功转型为集农业规模化集中经营、生态环境保护、水资源利用与保护、村镇革新、城镇区域发展等为一体的农村区域整体可持续发展。

（二）切实保障公众参与土地整理的权利和义务

公众参与具有较广泛的参与群体，贯穿土地整理活动的全过程，具有较强的社会影响力。《德联邦土地整理法》、《荷兰土地整理条例》、《俄罗斯联邦土地法典》等多国法律法规中对公众参与土地整理工作的必要性、重要性、程序、内容进行了较为明确的阐述和规定。主要做法是：通过组建农民协会、行业委员会，有效监督土地整理项目实施的合理性与合法性；采取公投的方式决定土地整理项目是否能够组织实施；带动土地权利者参与项目前期规划设计与项目实施；要求土地权利者与政府共同出资以提高其参与土地整理工作的积极性等多种方式，有效平衡政府强制力与社会公权力之间的利益关系。

（三）高度重视生态环境保护和社会可持续发展

随着《联合国千年发展报告》的公布，各国政府高度重视生态环境可持续发展，并将其作为未来一段时间内努力实现的目标。欧盟在“乡村发展政策”中明确提出土地整理和农村发展要尽量减少对生态环境的影响，在确保自然生态环境可持续的基础上，实现对土地资源的最大化合理利用。德国、荷兰、比利时等欧洲国家十分注重对河流沿岸的土地保护，通过调整土地利用结构分布，逐渐形成沿岸生态保护系统，有效防治水土流失。德国在土地整治项目规划设计阶段，要求自然环境保护主管机关、水利部门、农业部门必须参与土地整理项目前期评价，并由土地所有者按照评价结果，进行环境补偿。荷兰要求在土地整理规划中要采取必要措施以保护土地景观生态。

（四）严格规范土地整理行业管理

为了顺利推进土地整理工作，各国在制修订土地整理法律法规时，先后纳入了关于土地整理行业管理的内容，并纷纷组织成立了行业协会，协助相关机构组织开展土地整理工作。德联邦土地整理工作协会由法律管理和规划技术两个专业委员会构成，负责收集基本资料和数据，向州政府提供政策方面的咨询，掌握土地整理的新技术、新方法，为土地整理机构提供技术支撑与服务。德联邦农民协会在为农民提供农业、经济、环境、法律、财政、教育等方面支持和帮助的同时，为农民提供技术交流的平台，邀请行业专家为农民授课，向农民推广农业生产的新技术、新机械。我国台湾地区的农地重划协进会由农民推选产生，直接参与土地重划工作，协助办理农地重划协调推进的相关事宜。同时，各国在相关法律法规中对土地整理企业（公司）、土地复垦工程公司、土地估价公司等专业机构的资质、参与土地整理的内容、程序提出了具体的要求和限制。在有效加强土地整理行业机构规范管理的同时，切实维护土地权利人的私人合法权利与国家土地市场的稳定性。

（五）有效提升土地整理法律法规的强制性和执行力

为了加强土地整理法律法规的严密性与强制性，德国、日本、俄罗斯、瑞典等较早组织开展土地整理的国家都已逐步形成了分级分层的法律体系，提出了对于土地整理工作的具体要求和规定，明确了解决土地整理权属纠纷、争议的途径和方法，并针对违反相关法律法规的行为提出了具体的惩罚措施和要求。德国、西班牙、葡萄牙成立了土地调解委员会，受一方权利人委托，组织各方权利人就土地权属纠纷与争议进行私下调解，调解不成功的，可以起诉至法院，由法院进行最终裁定。美国、德国、奥地利、英国、澳大利亚等国设立了土地法庭，对土地征用、评估、界址判定、土地侵占及国家强制征收土地的补偿事项等予以判罚，同时负责监督对违反判罚决定的强制执行。俄罗斯、英国、荷兰、美国、斯洛伐克等国家建立了土地与环保督察制度，对土地规划、土地利用、环境保护进行全方位的监督检查。美国、澳大利亚设立了矿产督察制度，在确认采矿安全的同时，对矿区安全、复垦质量进行监督。

三、对我国土地整治法制建设的启示

（一）尽快研究制订《土地整治条例》，推进土地整治法制化建设

从各国土地整理发展历史与经验看，土地整理事业的健康发展与完善的法律法规体系密不可分。当前，我国已经出台了一些相关法规、政策规范性文件和地方性法规，如《土地复垦条例》、《湖南省土地开发整理条例》、《贵州省土地整治条例》、《湖北省土地整治管理办法》等，为国家层面的土地整治立法奠定了良好基础。建议充分考虑我国土地整治事业长远发展的需要，以《土地管理法》修订为契机，加紧制订出台《土地整治条例》，为切实发挥土地整治在保发展、保资源、保权益方面的作用提供法律保障。

（二）全面加强土地整治公众参与，提高民主决策水平

土地整治工作与群众利益密切相关。从各国土地整理法律法规内容不难看出，各国高度重视公众在土地整理项目中的参与程度，并分别以法律法规的形式予以明确规定。反观我国，在现阶段，尽管已经意识到了公众参与土地整治的重要性和必要性，但在实际工作中，公众的参与意识与公众参与的程度并不十分显现。应尽快建立健全我国的公众参与机制，明确参与对象、程序，强化公众参与效果，让公众能够有效参与到土地整治工作中来，将公众参与机制常态化、长效化，尽力平衡各方诉求，提升土地整治工作的群众满意度，提高民主决策水平。

（三）以土地整治权属管理为核心，切实维护农民权益

早期开展土地整理工作的国家和地区都非常重视土地权属管理，并且在权属管理方面积累了丰富的经验。各国通过规范土地整理权属调整流程、内容，以有效避免权属调整纠纷的出现。调整和明确土地产权归属及他项权利是贯穿土地整理全过程的关键环节。在我国土地整治实践中，各地对权属管理工作的重要性认识不足，积极性不高，缺乏地方相关

配套政策和规定，致使土地权属调整纠纷不断增加。建议在《物权法》的基础上，尽快从立法角度对土地整治权属调整相关内容进行规范和完善，切实提高土地整治权属调整的可操作性与规范性，对土地所有者的相关权利予以明确，尽量减少土地权属纠纷的出现，切实维护农民权益。

（四）以行业协会为抓手，严格规范土地整治行业管理

行业协会作为市场体系中不可缺少的重要组成部分，在各国土地整理工作中起到了不可忽视的作用：一方面有效加强了政府与群众之间的沟通与联系，通过向群众宣传土地整理的重要意义，有计划地开展交流和培训，及时为群众答疑解惑，提高了群众对于土地整理的认识，化解了潜在矛盾，减少了纠纷，维护了群众权益；另一方面切实规范了土地整理市场管理，通过设立严格的行业准入制度、制定科学的行业标准、开展专业人员培训等多种方式，加强了行业自律，保障了土地整理市场的规范化发展。由于我国在国家层面还缺少对土地整治市场的有效监督和管理，不仅影响了土地整治综合效益的发挥，降低了资金使用效率，还为行业廉政建设埋下了隐患，甚至出现侵害农民权益、影响农村社会和谐稳定的极端现象。通过成立土地整治行业协会，可以加强对中介服务机构从业人员的技术培训，设立中介服务机构诚信档案，提高技术服务质量；有效推进行业资质认证和准入制度，规范市场服务行为；在当前各级政府机构简政放权、转变职能的改革背景下，切实维护土地整治市场秩序，创造公平竞争、优胜劣汰的市场环境，促进土地整治事业规范健康发展。

2013年全国土地整治机构与队伍建设情况调研报告*

国土资源部土地整治中心　张晓燕　张海峰　谭明智

为全面了解掌握全国土地整治机构与队伍建设情况，充分发挥土地整治机构支撑保障作用，2013年，国土资源部土地整治中心组织开展了全国土地整治机构与队伍情况调研，范围包括国家、省、市、县4级土地整治机构，内容涉及职能定位、性质级别、经费来源、队伍建设、业务范围等基本情况。在全国土地整治系统问卷调查的基础上，结合开展党的群众路线教育实践活动，分赴贵州、湖南、广西、海南等省区，采取听取汇报、组织座谈和个别谈话相结合的方式，对土地整治机构队伍情况进行了调查研究。主要情况如下：

一、基本情况

根据统计，截至2013年12月底，全国国家、省、市、县4个层级，共有土地整治机构2229个，工作人员21230人。其中，国家层面设立国土资源部土地整治中心，工作人员105人；31个省（区、市）及新疆生产建设兵团共设立省级土地整治机构32个，工作人员共1292人，土地整治机构在省级层面实现全覆盖；全国420个地级行政区中，有358个成立了地级土地整治机构，工作人员共4593人，机构覆盖比例达到85%；全国2765个县级行政区中，有1838个成立了县级土地整治机构，工作人员共15240人，机构覆盖比例为66%。从调研情况看，全国从上至下基本形成了一个由2000多个专门工作机构组成的土地整治工作体系，建立了一支2万多人的专职从事土地整治业务的专业人才队伍，为持续深入推进土地整治工作奠定了坚实基础。

（一）省级土地整治机构基本情况

（1）机构设置。32个省级土地整治机构中，厅局级事业单位2个，处级事业单位29个，级别未定1个。近年来，为满足事业发展需要，部分省级机构在不同程度上更名升格：新疆、宁夏、广东、湖北、湖南5个省（区）的省级机构先后更名为整治局或整治管理局，山东省和新疆维吾尔自治区的省级机构升格为厅局级，重庆市和湖北省的省级机构主要负责人高配副厅级，湖北和福建两省土地整治机构成为参照公务员管理事业单位。从总的情况看，省级党委、政府对土地整治机构建设逐步重视，土地整治机构更名和升格成为机构建设的一个重要趋势（表1）。

* 本文原发表于《土地整治动态》2014年第2期（总第583期）。

表 1　全国省级土地整治机构规格情况

机构情况		数量	占比
机构规格	厅局级	2	6%
	处级	29	91%
	未定	1	3%
是否参公	参公	2	6%
	未参公	30	94%

（2）人员编制。32 个省级土地整治机构共有正式编制 973 人，实有工作人员 1292 人。实有工作人员中，编制内 850 人，编制外 442 人，超编率为 34%（表 2）。

32 个省级土地整治机构中，编制内人员具有中级以上职称的 365 人，占 43%，其中，正高级职称 25 人，占 3%；副高级职称 121 人，占 14%；中级职称 219 人，占 26%。实有工作人员中，本科以上学历的 611 人，占 48%，其中，博士 12 人，占 1%；硕士 188 人，占 15%；本科 411 人，占 32%（表 3）。

表 2　全国省级土地整治机构人员编制情况

人员情况		数量	占比
编制情况	人员编制	973	—
	在编人员	850	87%
实有工作人员情况	人员总数	1292	—
	编制内人员	850	66%
	编制外人员	442	34%

表 3　全国省级土地整治机构人员职称学历情况

人员情况		数量	占比	
职称情况	正高级职称	25	3%	43%
	副高级职称	121	14%	
	中级职称	219	26%	
学历情况	博士	12	1%	48%
	硕士	188	15%	
	本科	411	32%	

（3）经费来源。32 个省级土地整治机构中，全额拨款事业单位 17 个，占 53%；差额拨款事业单位 4 个，占 13%；自收自支事业单位 11 个，占 34%（表 4）。

表 4　全国省级土地整治机构经费来源情况

机构情况		数量	占比
经费来源	全额拨款	17	53%
	差额拨款	4	13%
	自收自支	11	34%

（二）地级行政区土地整治机构基本情况

（1）机构设置。全国358个地级行政区土地整治机构中，局级事业单位1个（山东省青岛市土地储备整理中心为副局级事业单位）；处级事业单位132个，占37%；科级事业单位214个，占59%（表5）。

表5　地级行政区土地整治机构规格情况

机构情况		数量	占比
机构规格	局级	1	0.28%
	处级	132	37%
	科级	214	59%
	未定	11	3%

（2）人员编制。358个地级行政区土地整治机构共有人员编制4101人，实有工作人员4593人。实有工作人员中，编制内3273人，编制外1320人，超编率为29%（表6）。地级行政区土地整治机构中，在编工作人员具有中级以上职称的800人，占24%，其中，正高级职称5人，占0.15%；副高级职称162人，占5%；中级职称633人，占19%（表7）。

表6　地级行政区土地整治机构人员编制情况

人员情况		数量	占比
编制情况	人员编制	4101	—
	在编人员	3273	80%
实有工作人员情况	人员总数	4593	—
	编制内人员	3273	71%
	编制外人员	1320	29%

表7　地级行政区土地整治机构人员职称情况

<table>
<tr><td colspan="2">人员情况</td><td>数量</td><td colspan="2">占比</td></tr>
<tr><td rowspan="3">职称情况</td><td>正高级职称</td><td>5</td><td>0.15%</td><td rowspan="3">24.15%</td></tr>
<tr><td>副高级职称</td><td>162</td><td>5%</td></tr>
<tr><td>中级职称</td><td>633</td><td>19%</td></tr>
</table>

（3）经费来源。358个地级行政区土地整治机构中，全额拨款事业单位229个，占64%；差额拨款事业单位7个，占2%；自收自支事业单位112个，占31%（表8）。

表8　地级行政区土地整治机构经费来源情况

机构情况		数量	占比
经费来源	全额拨款	229	64%
	差额拨款	7	2%
	自收自支	112	31%
	其他	10	3%

（三）县级行政区土地整治机构基本情况。

（1）机构设置。全国1838个县级行政区土地整治机构中，处级事业单位5个；科级事业单位758个，占41%；股级事业单位601个，占33%；其他情况的474个，占26%（表9）。

表9　县级行政区土地整治机构规格情况

机构情况		数量	占比
机构规格	处级	5	0.27%
	科级	758	41%
	股级	601	33%
	其他	474	26%

（2）人员编制。1838个县级行政区土地整治机构共有人员编制13616人，实有工作人员15240人。实有工作人员中，编制内11570人，编制外人员3670人，超编率为24%（表10）。

县级行政区土地整治机构中，编制内工作人员具有中级以上职称的1658人，占14%，其中，正高级职称23人；副高级职称133人，占1%；中级职称1502人，占13%；初级职称2185人，占19%（表11）。

表10　县级行政区土地整治机构人员编制情况

人员情况		数量	占比
编制情况	人员编制	13616	—
	在编人员	11570	85%
实有工作人员情况	人员总数	15240	—
	编制内人员	11570	76%
	编制外人员	3670	24%

表11　县级行政区土地整治机构人员职称情况

<table>
<tr><th colspan="2">人员情况</th><th>数量</th><th colspan="3">占比</th></tr>
<tr><td rowspan="4">职称情况</td><td>正高级职称</td><td>23</td><td>0.20%</td><td rowspan="3">14%</td><td rowspan="4">33%</td></tr>
<tr><td>副高级职称</td><td>133</td><td>1%</td></tr>
<tr><td>中级职称</td><td>1502</td><td>13%</td></tr>
<tr><td>初级职称</td><td>2185</td><td colspan="2">19%</td></tr>
</table>

（3）经费来源。1838个县级行政区土地整治机构中，全额拨款事业单位共有975个，占53%；差额拨款事业单位共有66个，占4%；自收自支事业单位有711个，占39%（表12）。

表12　县级行政区土地整治机构经费情况

机构情况		数量	占比
经费来源	全额拨款	975	53%
	差额拨款	66	4%
	自收自支	711	39%
	其他	86	4%

二、主要特点

（一）国家、省、市、县4级土地整治机构队伍支撑体系基本形成

截至目前，国家层面和省级行政区已全部成立专门的土地整治工作机构，全国大多数地级行政区和2/3的县级行政区也已建立土地整治专门机构，4级土地整治机构体系基本形成。各地土地整治机构在不同程度更名、升格、参公的同时，大量优秀人才加入土地整治队伍中，人员数量和队伍素质不断提高。当前，全国各级土地整治机构工作人员共21230人，较2008年的11895人大幅增加了近80%。其中，部级土地整治机构人员素质较高，研究生以上学历占60%，省级土地整治机构工作人员中具有本科以上学历的工作人员也接近50%。

（二）土地整治机构职能和定位进一步明确

2007年以来，按照“把权力和责任放下去，把服务和监管抓起来”的改革思路，国土资源部将国家投资项目的立项审查权、规划设计和预算审查权及竣工验收权限逐步下放，逐步形成了“部级监管、省负总责、市县组织实施”的土地整治总体管理格局。国土资源部土地整治中心从重项目管理转向重指导服务，重基础研究，强化实施监管。同时，不少地方已在加强土地整治立法方面进行了积极探索，湖南、贵州、湖北等省先后出台了省级土地整治条例或管理办法，山西省土地整治条例也已提交省人大审议，为我国土地整治的立法工作提供了有益经验。

（三）土地整治机构业务范围不断拓展

经过多年的发展，各级土地整治机构所承担的业务范围不断扩大。省级土地整治机构主要业务包括：参与编制土地整治规划，承担土地整治项目的实施监管，参与耕地占补平衡及土地复垦管理，承担土地整治项目的信息报备及核查工作，参与土地整治政策、规范、标准的拟定，推进土地整治相关领域的课题研究等。市、县级土地整治机构主要业务范围包括：土地整治项目立项、可研、规划设计及预算的评审，项目招投标的组织与监督管理，组织项目实施和验收，土地整治从业队伍的管理等。

三、存在问题

（一）基层土地整治机构尚未实现全覆盖

从调研情况看，部分地区土地整治工作起步较晚，还未设置专门的土地整治机构，特别是县级行政区，还有1/3未建立土地整治机构，在这些地方，土地整治工作多由国土行政管理部门负责。同时，一些机构只有牌子没有人员、多套牌子一套人员的情况也在不同程度上存在。

（二）机构性质和职能不统一

全国土地整治机构性质、职能比较复杂，职能不清、业务不明的情况普遍存在。从调研情况看，在职能上，有的主要从事管理，有的主要开展研究，有的主要从事经营活动；在性质上，有的是参公管理事业单位，有的是公益类事业单位，还有的是公司企业等。同时，各级机构的主要业务与国土行政管理部门工作交叉较多，临时性和事务性工作较多，难以独立自主发挥职能。

（三）工作经费保障不充分

各级土地整治机构经费来源不统一、不稳定。省级土地整治机构仅有50%是财政全额拨款，地级、县级行政区土地整治机构财政全额拨款比例分别为63%和53%，其余机构经费来源多为自收自支。由于缺少持续稳定的工作经费保障，一方面影响了机构职能发挥，另一方面容易诱发违规行为。在经费不足的情况下，有些地方机构与市场争利，靠参与土地整治项目规划设计等方式筹措工作经费，极易产生违法违规和腐败行为。

（四）人员编制不足

土地整治项目多、分布广，任务十分繁重。从调研情况看，各级土地整治队伍，包括机构编制、人员力量、业务素质等方面建设较事业的发展已明显滞后。而且，各级机构大量聘请编外临时业务人员，省级机构编外人员比例达到34%，地级达到29%，县级达到24%。严重超编运行的情况普遍存在，部分地区超编率达100%，如安徽省土地开发复垦中心编制仅有52人，实有工作人员108人，编制外聘用工作人员达56名。机构队伍不稳，一方面造成编外人员工作有后顾之忧，影响工作质量，另一方面难以满足核心业务的传承与发展，不利于土地整治事业的长远发展。

（五）专业技术人才不足

高学历专业人员比较缺乏，省级机构具有中级以上职称的人才比例为43%，地市级为24%，县级仅有14%。加之人员配备流动性、随意性大，从事土地整治工作相对固定的专业技术人员难以保证，人员年龄梯次比例不当、青黄不接等问题也比较突出，难以实现土地整治的科学化、精细化管理的目标。

四、政策建议

（一）加快土地整治立法，进一步巩固提高土地整治机构法律地位

国外土地整治开展较好的国家和地区都高度重视土地整治立法工作，用完善的法律法规保障土地整治工作有序推进。我国土地整治已上升为国家层面的战略部署，但至今仍缺少针对性强的部门规章和行政法规，严重制约了土地整治事业发展，建议加快国家层面土地整治立法建设，加快研究出台《土地整治条例》，巩固土地整治法律地位，促进土地整治机构和队伍建设发展，为土地整治事业保驾护航。

（二）加强规范和指导，进一步明确土地整治机构的职能和性质

全国土地整治机构队伍承担了落实各级土地整治规划、开展高标准基本农田建设、实施重大工程和示范建设、开展实施监管等重大任务，十八届三中全会等会议又对土地整治工作提出新的更高要求。未来一个时期，土地整治工作任务重、要求高，迫切需要一支稳定的专门机构和专业队伍，为各项工作提供有力保障和支撑。建议结合行政机关职能转变和事业单位分类的改革要求，加强土地整治机构和队伍建设指导，进一步明确部、省、市、县各级土地整治机构职能，规范机构性质，推进各级政府逐步落实土地整治机构的设置和编制，促进地方财政提高对土地整治机构的经费保障力度。

（三）加强规划与培训，促进土地整治专业技术人才的培养

一是建议结合《国土资源中长期人才发展规划》，将土地整治专业人才的培养纳入国家和地方的重点人才培养计划，培养土地整治领军人才、青年人才和创新团队。二是加强土地整治专业的学科建设和人才培养平台建设，同时加强土地整治领域的国际合作和出国培训。三是加强土地整治专业技术培训力度。从调研情况看，各地普遍对培训工作的热情和需求较高，建议根据队伍和工作需要，制订长期和短期培训计划，大力组织开展土地整治专业技术培训，积极推进建立持证上岗制度，以培训为抓手促进全系统专业素质和能力提升。

（四）进一步强化行业监管

行业管理是规范推进土地整治事业发展的重要抓手，建议成立土地整治行业协会，以行业协会为平台，加强对从业单位的管理，从国家层面建立和完善项目规划设计、施工、监理和审计等企业的行业管理机制，继续推进从业单位培训和动态考核制度，建立信用评价体系；在行业准入制度方面，建议建立国家级施工单位备案制度，土地整治从业人员实行专业资格考试准入制度。

（五）进一步加强党风廉政建设

土地整治项目涉及资金规模巨大，是防范腐败滋生的重点。必须进一步加强党风廉政建设，完善廉政制度，认真落实各项廉政措施，构建防控风险体系，打造土地整治阳光工程，确保事权运行安全、项目建设安全、资金使用安全、干部成长安全。